2026 교감자격 연수 대상자, 초임 교감의 전문성 향상을 위한 교직실무 지침서!

交感하는 校監의 길잡이

潘光得 編著

- ♤ 교감이 알아야 할 교원 복무 및 인사업무
- ♤ 2026 교감자격연수 논술 기출 및 예상문제
- ♤ 2026 교감자격연수 면접고사 기출 및 예상핵심문제
- ♤ 2026 교감자격연수 시 교직실무 필독자료
- ♤ 2026 Q&A로 알아보는 교감업무

도서출판 한글

2026년도 개정판 편집과 발행에 부쳐

2021년 2월에 초임 교감과 교무부장, 그리고 교감자격 연수 대상자를 위한 교직실무 도서인 『交感하는 校監의 길잡이』를 編著하여 2024년까지 네 번째 개정판을 출간하였으며, 2025년에는 발간을 중단하였으나, 일부 회원들이 금년에 출간요청이 있어 이번 2026년도 개정판을 출간하게 되었습니다.

이 교직실무 도서를 출간하게 된 계기는 編著者가 19년 동안 희망교육사랑 카페지기로 카페를 운영하면서, 특히 일부 초임 교감들은 교직실무에 익숙지 못해 일선 교육현장에서 많은 고충과 어려움을 느끼고 있음을 알고, 앞으로 훌륭한 관리자가 되기 위한 도움 자료로 활용하도록 『交感하는 校監의 길잡이』 2026년 개정판을 발간하게되었습니다.

특히 이번에 개정판으로 발간하는 도서는 초임 교감은 물론 2026년도 교감자격연수 대상자, 그리고 교무 실무를 담당하는 교무부장을 위한 도움 자료로 그동안 카페에 올렸던 자료와 회원들이 궁금해 하는 교육활동 관련 주요 지침과 매뉴얼, 교육실무 중에서 꼭 챙겨야 할 내용을 체계적으로 편집하여 교육 현장에서 효율적으로 활용할 수 있도록 하였습니다.

또한 업무 처리에 필요한 다양한 사례와 질의응답, 업무별 참고자료를 수록하였으며, 특히 초등교감의 업무 중 가장 궁금해 하는 교원 복무, 교감자격연수에 필요한 정보를 수록하여 연수에 도움을 주는데 중점을 두었으며, 학교 상황과 실정에 맞게 적절히 활용한다면, 교감의 원활한 직무수행을 돕고 교원의 학교 업무 정상화에도 기여할 것으로 믿습니다.

아울러 이 책이 '효율적인 교직업무 수행'과 교직 전문성 향상의 길잡이'가 되기를 희망합니다.

끝으로 이 한 권의 교직실무도서가 출간될 수 있도록 수고해 주신 도서출판 한글 심혁창 대표님, 그리고 자료를 감수해 주신 희망교육사랑 운영자 '랜디'(닉)님께 경의를 표합니다.

감사합니다.

2026년 2월

編著者: 潘光得(前職 校長)

‖ 머리말 ‖

　학생을 가르치는 교사에서 관리자인 교감이 되면 교직원의 인사 관련 업무, 학사처리, 생활지도 등 수시로 처리해야 할 행정업무가 많습니다.

　이 도서를 통하여 학교 현장에서 부딪치는 실무업무를 처리하는 데 있어 조금이나마 부담을 덜어드릴 수 있기를 바랍니다.

　본 자료는 일선 초·중등학교에 재직하는 초임 교감선생님, 부장교사, 특히 2026학년도에 교감자격 연수 대상자가 된 교감선생님이 원활한 학교업무 수행을 지원하기 위해 제작하였으며, 본 자료는 법적·행정적 절대성을 갖거나 대응 근거로 활용될 수는 없습니다. 특히 인사실무는 초등학교 현장에서 수행해야 할 주요 업무를 주제별로 나누고, 이에 따른 주요 내용, 운영절차, 사례 등을 정리하였으니 단위학교 여건에 따라 처리 내용과 절차에 따라 차이가 있을 수 있으므로 학교 실정에 맞추어 사용하시기를 권장합니다.

　교감 업무를 주제별로 분류하여 업무 흐름, 업무 처리 방법, 업무별 참고자료를 수록하고, 특히 교감자격연수 대상자를 위한 면접기출 및 예상 문제, 그리고 자격연수 논술고사 대비 자료와 초임 교감은 물론 부장 교사의 원활한 업무 수행을 돕기 위한 교육실무 도서로 편집 간행하였습니다.

　교육가족의 힐링과 멘토인 '희망교육사랑' 5만여 명의 회원들에게 설문으로 일선 학교 현장에서 초임 교감이 업무 수행하는 데 가장 필요한 자료를 요청받아 이 지침서를 제작하였습니다.

　본 자료 작성 시점이 2025년과 2026년 기준으로 작성하였으며, 추후 관계 법령이나 제도, 지침 등의 변경된 내용은 지침이나 공문을 수시로 확인한 후 업무에 활용하여 주시기 바랍니다.

　또한 희망교육사랑 카페 회원을 대상으로 제작되었으므로 경기도교육청 정책이나 지침을 위주로 참조하였고, 중등보다는 초등교원을 대상으로 제작되었음도 밝힙니다.

　끝으로 아무도 가르쳐주지 않는 교감의 역할을 이 도서를 통하여 自己硏鑽의 교재로 활용하여 교직생활에서 전문성 향상에 조금이나마 일조가 되었으면 하는 바람입니다.

2026년 2월

編著者: 潘光得(前職 校長)

| 목차 |

Ⅰ. 교무 • 학사

I. 교무·학사

1 학교 규칙

가 학교규칙 세부 업무 내용

세부 업무 명	주 요 내 용

학교규칙 제(개)정 절차	관련근거	▸ 초.중등교육법 제8조, 제17조, 제18조, 제20조 ▸ 초.중등교육법 시행령 제9조, 제31조 ▸ 경기도 학생인권 조례

〈심의 전〉 ① 학교규칙 제·개정안 발의
　　　　　　② 학교구성원 의견 수렴(학생, 학부모, 교원)-법령 개정의 경우 생략
　　　　　　　가능
　　　　　　③ 교무회의 심의를 거쳐 최종 시안 마련
〈심의〉　　④ 학교운영위원회(재적2/3이상 찬성)
〈심의 후〉 ⑤ 학칙 공표(학교 홈페이지 탑재, 학교알리미사이트, 가정통신문 발
　　　　　　　송)

※ 초·중등교육법 제8조(학교규칙)관련 개정안이 공포 시행(2012.4.20.)됨에 따라 학칙
　재. 개정 시 지도 감독기관(교육청)의 규제(인가절차)를 폐지함으로써 단위학교의 학칙
　제정권 및 자율성을 강화함

학교규칙 내용

① 초.중등교육법 시행령 제9조에 의거한 학교규칙의 기재 사항
  ▸ 총칙　　　　　　　　　　　　　▸ 수업연한·학년·학기 및 휴업일
  ▸ 학급편제 및 학생정원　　　　　▸ 교과·수업일수 및 고사와 과정수료의 인정
  ▸ 입학·재입학·편입학·전학·휴학·퇴학·수료 및 졸업
  ▸ 조기진급, 조기졸업 및 상급학교 조기입학 자격 부여
  ▸ 수업료·입학금 기타의 비용징수
  ▸ 학생포상, 징계, 교육목적상 필요한 지도방법 및 학교 내 교육·연구활동 보호에
    관한 사항 등 학생의 학교생활에 관한 사항
  ▸ 학생자치활동의 조직 및 운영　　　▸ 학칙개정절차
  ▸ 기타 법령에서 정하는 사항　　　　▸ 부칙
② 00도 학생인권 조례에 의거한 학생생활규정(학칙과 분리 권장)
  ▸ 총칙　　　　　　　　▸ 학생의 권리　　　　　▸ 학생 생활
  ▸ 학생생활교육위원회와 징계　▸ 규정의 개정　　　▸ 부칙

나 **학교규칙 (예시)**

초•중등학교 학교규칙

제정   1999. 3. 31.
제1차 개정   2022. 4. 1.
제○차 개정 20○○. 4. 1.

제1장 총 칙

제1조(목적) 이 학교규칙은 초·중등교육법 제8조 및 동법시행령 제9조에 의거 ○○학교의 학사운영 등에 관한 사항을 규정함을 목적으로 한다.

제2조(정의) 이 학교규칙(이하 '학칙'이라 한다)에서 사용되는 용어의 정의는 다음과 같다.

① "휴업"이라 함은 학업을 얼마 동안 쉬는 것을 말한다.

② "수익자부담경비" 라 함은 본교 사업의 실시에 의하여 이익을 받는 자에게 부과하는 금전적인 부담을 말한다.

제2장 명칭 및 위치

제3조(명칭) 우리 학교는 ○○학교라 칭한다.

제4조(위치) 우리 학교는 ○○도 ○○시 ○○면 ○○로 ○○번지에 둔다.

제3장 수업연한·학년·학기 및 휴업일

제5조(수업연한) 우리 학교의 수업연한은 6년으로 한다. 단 조기진급 및 조기졸업 대상자는 수업 연한을 단축할 수 있다.

제6조(학년제) 학생의 진급이나 졸업은 학년제에 의한다. 다만 학교의 장은 관할청의 승인을 받아 학년제 외의 제도를 채택할 수 있다.

제7조(학기) 학기는 매 학년도를 두 학기로 나누되, 제1학기는 3월 1일부터 학교의 수업일수, 휴업일 및 교육과정 운영을 고려하여 학교의 장이 정한 날까지, 제2학기는 제1학기 종료일 다음 날부터 다음해 2월 말일까지로 한다.

제8조(휴업일) ① 휴업일은 다음 각 호와 같다.

 1) 토요일, 관공서의 공휴일   2) 겨울방학   3) 학년말 방학   4) 학교장 재량휴업일

② 학교의 휴업일은 학교장이 매 학년도가 시작되기 전에 학교운영위원회의 심의를 거쳐 정할 수 있다.

③ 제1항 제3-5호의 방학 기간은 제14조의 수업일수를 이수하는 범위 내에서 학교장이 정하여 시행한다.

④ 제1항 각 호 외에 비상재해 기타 급박한 사정이 발생할 때에는 임시휴업을 할 수 있다. 이 경우 학교의 장은 지체 없이 관할청에 이를 보고하여야 한다.

제4장 학급편제 및 학생정원

제9조(학급수) 학급편성은 당해 연도 학생수용계획에 의하여 매년 00도교육청이 정하여 통보한 학급 수로 한다.

제10조(학생정원) ① 학생 정원은 당해년도 학생수용계획에 의하여 매년 000도 교육청이 정하여 통보한 학생정원으로 한다.

② 취학의무를 유예받은 자 중 입학 이후 유예 받은 자와 정당한 사유 없이 3개월 이상의 장기 결석을 한 자에 대하여 정원 외로 학적을 관리한다.

제5장 교육과정.수업일수.평가.과정수료 및 졸업

제11조(교육과정 편성.운영) ① 학교·학년·학급 교육과정은 국가교육위원회가 고시한 국가수준 교육과정을 바탕으로 하고, 교육감이 고시한 '00도 초등학교 교육과정'및 도○○교육 지원청의 주요 계획을 반영하여 학교실정에 맞게 편성한다.

② 학교장은 매 학년 초 교육과정 운영계획을 수립하고, 그에 필요한 조직을 구성한다.

제12조(수업운영) ① 수업이 시작되는 시각과 끝나는 시각은 학교장이 정한다.

② 학교장은 교육상 필요한 때에는 인근 학교와 공동교육과정을 실시하거나 학년을 달리하는 학생을 병합하여 수업할 수 있다.

③ 학교장은 방송프로그램, 정보통신 매체를 이용하여 수업을 운영할 수 있다.

④ 학생의 흥미, 특성과 계절 등을 고려하고 다양한 현장 체험의 기회를 제공하기 위하여 초·중등교육법 시행령 제48조 및 학교생활기록부 관리지침에 의거 학교간 교환학습 및 교외체험학습을 실시할 수 있으며, 그 기간은 출석으로 처리한다.

⑤ 학교장은 보호자의 요구가 있을 시 연 10일 이내의 교외체험학습을 허락할 수 있으며, 국내.외 구분 없이 연간 10일 범위 내에서 출석으로 인정하나, 천재지변이나 현지 교통사정으로 인한 초과 일은 학교장의 판단에 의하여 출석으로 인정할 수 있다.

⑥ 학교장은 교육의 본질 추구와 학생 개개인의 특기 신장 등을 위하여 교과활동 외에 다양 한 활동을 실시할 수 있다.

제13조(교외체험학습) ① 학교의 장은 교육상 필요한 경우 보호자의 동의를 얻어 교외 체험학습을 허가할 수 있다. 다만, 사설학원, 종교단체 등에서 계획하여 실시하거나, 1명의 성인이 1명의 학생이 아닌 여려 명의 학생을 대상으로 실시하는 모든 활동 등은 인정하지 않는다.

② 기간은 횟수에 관계없이 공휴일, 방학, 재량휴업일을 제외한 연간 ○○일 이내에서 출석으로 인정한다.

③ 학생이 다양한 학교 밖 체험활동을 위해 국내.외 답사 등 체험활동을 하고자 할 때 반드시 보호자의 책임하에 실시한다.

④ 보호자는 체험학습 실시 ○일전(토·일 및 공휴일 제외)까지 교외체험학습 신청서

를 담임교사 에게 제출하고 학생은 체험학습이 종료되면 ○일 이내 교외체험학습보고서를 제출한다.

⑤ 교외체험학습 신청내용과 다르게 허위로 체험학습을 추진하는 경우에는 미인정 결석으로 처리할 수 있다.

제14조(출결처리) ① 학생이 출석하여야 할 날짜에 출석하지 않을 때에는 결석으로 처리한다.

② 다음의 각 호에 해당될 때에는 출석으로 처리한다.

　　1. 천재지변, 법정 감염병(학교장이 필요하다고 인정하는 비법정 감염병 포함)

　　2. 학교장의 허가를 받은 각종 대회 및 행사 참여

　　3. 전출.입으로 인한 소요 일수

　　4. 교환학습 및 교외체험학습으로 인하여 출석하지 못하는 경우

　5. 가족 및 친.인척의 경조사로 인한 결석 일수

구분	대 상	일 수
결 혼	○형제, 자매, 부, 모	1
입 양	○학생 본인	20
사 망	○부모, 조부모, 외조부모	5
	○부모의 조부모(증조부모, 외증조부모), 부모의 외조부모(진외증조부모, 외외증조부모) ○형제·자매 및 그의 배우자	3
	○부모의 형제·자매 및 그의 배우자	3

　　6. 초·중등교육법 시행령 제31조 제1항, 초·중등교육법 제28조 제6항, 학교폭력 예방 및 대책에 관한 법률 제12조 제14조, 경찰청 소년업무규칙 제31조에서 33조에 따른 프로그램에 참여하는 경우

　　7. 기타 학교장이 인정하는 경우

제15조(수업일수) 수업일수는 매 학년 190일 이상으로 한다. 다만 학교의 장은 천재지변, 연구학교의 운영 또는 제105조 규정에 의한 자율학교의 운영 등 교육과정의 운영상 필요한 경우에는 10분의1의 범위에서 수업일수를 감축할 수 있으며, 수업일수를 감축한 경우 다음 학년도 개시 30일 전에 관할청에 보고해야 한다.

제16조(평가) 학교장은 학생의 학업성취도를 측정하기 위하여 교육과정에 학교평가 기본계획을 포함, 학교운영위원회의 심의를 거쳐 평가를 시행한다.

제17조(과정수료의 인정) ① 학교장은 학생의 교육과정 이수과정 등을 평가하여 각 학년 과정의 수료를 인정한다.

② 각 학년과정의 수료에 필요한 출석일수는 초.중등교육법시행령 제50조의 규정에 의한 수업 일수의 2/3 이상으로 한다.

제18조(졸업) 학교장은 학교의 전 교육과정을 수료하였다고 인정하는 자에게 졸업장을 수여한다.

제6장 입학 · 전학 · 휴학 · 취학유예

제19조(입학자격) 제1학년에 입학할 수 있는 자는 다음 각 호에 해당하는 자로 한다.

1. 초.중등교육법 시행령 제17조에 의거 우리 학교 학구 내 아동으로서 읍·면장이 발행하는 취학통지를 받은 자
2. 초.중등교육법 시행령 제19조에 의거 귀국학생 및 다문화학생 등

제20조(입학시기 및 조기입학) ① 입학 시기는 학년 초부터 30일 이내로 한다.

② 학생의 재취학 또는 편입학의 시기는 교육과정 이수에 지장이 없는 범위 안에서 수시로 할 수 있다.

③ 초·중등교육법 및 같은 법 시행령 개정(2008.05.27공포)에 따라 만 5세가 된 날이 속하는 해의 다음 해에 입학을 원하는 자녀 또는 아동의 보호자는 자녀 또는 아동의 연령이 만5세에 달하는 날이 속하는 해의 10월1일부터 12월31일까지 읍·면·동의 장에게 조기입학신청서를 제출하여야 한다.

제21조(취학유예 및 휴학) 초·중등교육법 및 같은 법 시행령 개정(2008.5.27.공포)에 따라 취학유예는 학교장(1~2월중)에게, 입학연기는 읍.면.동장(10월~12월 중)에게 신청한다

제22조(출석 독촉.경고 및 통보) ① 정당한 사유 없이 계속하여 7일 이상 결석하는 아동에 대해서는 가정(보호자)에 출석을 독촉하거나 의무교육을 받는 것을 방해하지 않도록 경고한다.

② 독촉 경고 후 7일이 경과하여 2회 이상 독촉 경고하여도 그 상태가 계속되는 경우에는 거주지의 면장에게 통보하여야 하며, 학급 담임은 가정 방문을 통해 확인한다.

제23조(전.입학)

① 학교의 장은 학생이 주소의 이전으로 본교에 전입하고자 할 때에는 주소지의 변경을 확인할 수 있는 서류를 제출 받아야 하며, 재학 중인 학교의 장에게 당해 학생의 학교생활기록부와 건강기록부의 송부를 요청하여야 한다.

② 학교의 장은 학생으로부터 주소의 이전으로 다른 학교로 전학하고자 하는 통지를 받고, 전출하는 학교의 장으로부터 당해 학생의 학교생활기록부와 건강기록부의 송부를 요청 받은 때에는 지체 없이 이를 송부하여야 한다.

③ 학교의 장은 학생의 학교생활 부적응 또는 가정 사정 등으로 인하여 학생의 교육환경을 바꾸어 줄 필요가 있다고 인정하는 때에는 학생의 보호자 1인의 동의를 얻어 교육장에게 당해 학생의 전출을 추천할 수 있다.

④ 재외국민 또는 외국인이 보호하는 자녀 또는 아동이 본교에 입학하거나 전입하려는 경우에는 출입국관리사무소장이 발행한 출입국에 관한 사실증명서 또는 거류신고증을 제출받음으로써 입학 또는 전입절차에 갈음할 수 있다.

제24조(유예자 등의 학적관리) ① 취학의무의 유예는 1년 이내로 하되 학교의 장은 입학 이후 취학의무를 유예 받은 자나 정당한 사유 없이 13개월 이상의 장기 결석을 한 자에 대하여 정원 외로 학적을 관리할 수 있다.

② 학교의 장은 장기간 국외에서 거주하는 아동에 대하여 1/3개월 이상 결석할 경우 정원 외 관리를 할 수 있다.

제25조(재취학. 편입학) ① 학교의 장은 외국에서 출생 또는 장기간 거주로 인하여 외국에서 학교를 다니다가 귀국한 학생에 대하여 부모의 동의를 얻어 입학 또는편.입학을 허락할 수 있다.

제7장 조기진급 및 조기졸업

제26조(조기진급.조기졸업) ① 학교장은 재능이 우수한 자에 대하여 수업연한의 단축 (수업상의 특례를 포함한다)에 의하여 조기진급 및 조기졸업을 할 수있도록 하거나 상급학교 조기입학을 위한 자격을 부여할 수 있다. 다만 수업연한의 단축은 1회(1년)에 한하여 실시할 수 있다.

② 제1항에 의하여 상급학교의 조기 입학을 위한 자격을 부여받아 상급학교에 입학한 경우에는 조기졸업을 한 것으로 본다.

③ 법령에 정하는 바에 의하여 교과목별 이수인정평가위원회가 실시하는 교과목별 이수 인정 평가를 거쳐 학교장이 인정한 경우에는 조기진급 및 조기졸업을 결정한다.

④ 교과목별 조기이수에 의하여 진급에 필요한 소정의 교육과정을 모두 이수하고 조기진급.조기졸업.진학평가위원회의 인정을 받은 경우 1학년에서 3학년, 2학년에서 4학년, 3학년에서 5학년, 4학년에서 6학년으로 조기 진급할 수 있다.

⑤ 교과목별 조기이수에 의하여 졸업에 필요한 소정의 교육과정을 모두 이수하고 조기진급.조기졸업.진학평가위원회의 인정을 받은 경우 5학년 과정 이수 후 조기 졸업할 수 있다.

제27조(조기진급 또는 조기졸업 대상자의 선정) ① 조기진급 또는 조기졸업 평가 대상자의 선정은 학생 본인과 학부모의 동의를 얻어서 학년 초3월 이내에 하도록 한다. 단, 신입생의 경우는 4월 이내에 실시한다.

② 학교장은 심신 발달 및 건강 상태가 양호하고, 정서가 안정되고 사회적응력이 양호한 자로서 다음 각호 중 두 가지 이상을 동시에 만족한 경우에 조기진급 또는 조기졸업 대상자로 선정할 수 있다.

 1. 국어, 수학, 과학, 사회, 영어(초 1.2학년은 국어, 수학, 통합교과의 슬기로운 생활) 교과목의 학업성취가 우수한 자
 2. 두 가지 이상의 표준화된 지능 지수(IQ)가 140 이상인 자
 3. 국가기관(중앙행정부처)이 주관.주최한 전 대회에서, 학교장의 추천과 지역예선을 거쳐 3등 이내 입상한 자 또는 국제올림피아드에 국가 대표로 참가한 자

③ 조기진급 또는 조기졸업 평가 대상자의 선정은 다음 절차를 따른다.
 1. 학생과 학부모의 신청에 의하거나 학생과 학부모의 동의 후 학급 담임 추천
 2. 제26조 ②항의 선정 기준 고려   3. 교무회의 사정   4. 학교장 선정

제28조 (조기진급 및 조기졸업 평가) ① 학습방법은 조기진급 및 조기졸업 대상자로 선정된 학생의 조기이수 해당 학년의 교사들의 지도아래 대상 학생이 주도적이며 자율적으로 학습하는 것을 원칙으로 한다.

② 학교장은 조기진급 또는 조기졸업 대상 학생의 학습을 최대한 지원한다.

③ 조기진급 또는 조기졸업 대상자의 교과목별 이수인정 평가는 진급 또는 상급학교 조기진학에 지장이 없는 기간 중에서 조기진급.졸업.진학평가위원회에서 정하는 시기에 실시하되 가급적 11월 이내에 실시한다.

④ 조기진급 대상자 및 조기졸업 대상자는 진급 대상 학년의 교육과정에 편성된 전교과목에 대한 조기이수 인정을 받아야 한다.

⑤ 해당 학년도 교육과정 교과목의 이수 기준은 조기진급.졸업.진학평가위원회가 정하는 평가 에 응시하여 해당 교과목 중 과반 이상의 교과목에서 학업성취도가 만점의 80%를 넘어야 한다.

⑥ 과목 이수는 조기진급.졸업.진학평가위원회에서 정한 교과목별 조기이수 인정평가 기준을 통과한 경우에 이수한 것으로 한다.

⑦ 조기진급자가 진급학년에서 심한 부적응 현상이 있는 경우 학생 본인과 보호자의 희망사항 이나 동의를 받아 다음 학년도 초의 60일 이내에 환원 조치할 수 있다.

제29조(상급학교 조기 입학 자격 부여) ① 제28조 ② 항의 선정대상자 기준에 해당하여 상급학교 조기 입학을 희망하는 학생은 학부모의 동의를 받아 수시로 신청할 수 있다.

② 학교장은 심신 발달 및 건강상태가 양호하고 정서가 안정되고 사회적응력이 양호한 자로서 다음 1,2항을 모두 만족한 경우에 중학교 또는 이에 준하는 학교에 조기입학 자격 대상자로 선정할 수 있다.

　1. 국어, 수학, 과학, 사회, 영어의 학업성취가 우수한 자.

　2. 「초·중등교육법 시행령」제66조 제2항에 따라 상급학교의 장이 수립한 입학전형 기준 응시 가능한 자격을 갖춘 경우

③ 상급학교 조기입학 신청 학생을 대상으로 신청 후 7일 이내에 교과목별 평가를 실시한다.

④ 상급학교 조기입학 자격을 부여할 때에는 조기진급 · 졸업 · 진학 평가위원회의 평가를 거쳐야 한다.

⑤ 상급학교 전형 응시 신청자를 대상으로 6학년 교육 과정에 편성된 전교과목에 대한 평가에 응시하여 해당 교과목 중 과반수이상의 교과목에서 학업성취도가 만점의 80% 이상이어야 한다.

⑥ 조기진급 · 졸업 · 진학 평가위원회의 평가를 통과한 학생은 희망한 상급학교 입학전형에 응시할 수 있다.

⑦ 상급학교 입학 전형에 합격을 하면 조기졸업으로 인정한다.

제30조(조기진급.졸업.진학을 위한 교과목별 이수인정 평가위원회) ① 조기진급.조기졸업 대상자의 개별 교과목의 조기이수인정 평가 및 상급학교 조기입학 자격 부여 평가를 위하여 다음과 같이 조기진급 · 졸업 · 진학 평가위원회를 구성하여 운영한다.

　1. 위원회는 위원장 교감 1인을 포함하여 5~15명의 위원으로 구성한다.

　2. 위원회의 위원은 교사, 학부모 및 교육 관련 전문가로 구성한다.

　3. 교사는 교무부장, 연구부장, 각 학년 교사 등을 포함한다.

② 위원회의 평가 결과에 대하여 이의가 있는 평가 대상 학생이나 학부모는 평가 결과를 안날부터 10일 이내에 해당 학교의 장을 통하여 재평가를 요청할 수 있다.

③ 재평가를 요청받은 위원회는 요청받은 날부터 15일 이내에 재평가를 하여야 한다.

④ 개별 교과목의 조기이수 인정 평가 및 상급학교 조기입학 자격 부여 평가 대상 학생과 친족이거나 친족이었던 경우에는 위원회의 평가에서 제척(除斥)된다.

⑤ 개별 교과목의 조기이수 인정 평가 및 상급학교 조기입학 자격 부여 평가 대상 학생이나 그 학부모는 위원에게 공정한 평가를 기대하기 어려운 사정이 있는 경우에는 위원회에 기피신청을 할 수 있고, 위원회는 의결로 이를 결정한다. 이 경우 기피 신청의 대상인 위원은 그 의결에 참여하지 못한다.

⑥ 위원이 제④항에 따른 제척 사유에 해당하는 경우에는 스스로 위원회의 평가에서 회피(回避)하여야 한다.

⑦ 조기진급·졸업·진학 평가위원회는 다음 각 호의 업무를 수행한다.
1. 교과목별 이수인정 기준의 결정 2. 교과목별 이수인정 평가 방법의 결정
3. 교과목별 이수인정 평가 도구의 제작 또는 선정
4. 교과목별 이수인정 평가 및 성적 산출
5. 기타 교과목별 조기이수 인정평가와 관련된 업무

제31조(조기진급 등 대상자의 업무처리) ① 조기진급 등 대상자가 속한 학급의 담임 교사가 학교 생활기록부 정리, 성적 처리 등의 업무를 수행한다.

② 조기이수 대상자의 해당 학년 교과목의 성적 처리는 성적을 적지 않고 '이수인정'으로 기록하는 것을 원칙으로 한다.

③ 이 규정 이외에 운영에 관하여 필요한 세부사항은 조기진급·졸업·진학 평가위원회의 회의를 거쳐 학교장이 따로 결정한다.

제8장 수익자부담경비의 징수

제32조(수익자부담경비의 징수) 수익자부담경비(현장학습비, 수학여행비, 특기적성교육 활동비, 청소년단체 활동비, 급식비 등)와 같이 교육과정운영을 위하여 필요한 경우는 학교운영위원회의 심의를 거쳐 결정.징수한다.

제9장 학생포상·학생훈육 및 징계

제33조(학생생활규정) ① 학교장은 학생들로 하여금 자주적 학습 능력과 민주시민으로서의 생활과 준법의식을 함양하여 법치주의 사회실현에 기여할 수 있도록 학생생활과 관련한 제반사항을 별도로 제정.운영한다.

② 학교장은 학생 포상, 징계, 징계 외의 지도방법, 학교 내 교육·연구 활동 보호와 질서 유지에 관한 사항 등 학생의 학교생활에 관한 사항, 학생 자치활동의 조직 및 운영에 관한 사항을 제.개정할 때에는 학칙으로 정하는 바에 따라 미리 학생의 의견을 들어야 한다.

제34조(학생포상) ① 학교장은 교과별 학업이 우수한자, 교과 외 활동 우수자, 학교생활 우수자 등 타의 모범이 되거나 공로가 있는 학생에 대하여 다양한 시상을 할 수 있다.

② 학생 시상의 종류, 대상과 방법, 시기 등 기타 필요한 사항은 학교장이 정한다.

제35조(학생의 학교생활) 그밖에 생의 학교생활에 관한 내용은 학생생활규정에 따른다.

제10장 학생자치활동 조직 및 운영

제36조(학생자치활동) ① 건전한 학풍을 조성하고, 지도력과 자치능력을 육성하여 학교의 자율적 발전을 도모하고 민주시민으로서의 자질을 함양하기 위하여 전교어린이회 및 학급어린이회를 둔다.

② 학교장은 어린이회 활동의 조직 및 운영에 관하여 필요한 사항을 제정.운영한다.

제37조(학생의 의무) 학생은 학칙 등 제규정을 준수하여야 하며, 수업연구 등 본교의 기본 기능 수행에 방해가 되는 개인 또는 집단적 행위와 교육목적에 위배되는 활동을 하여서는 아니 된다.

제11장 학교규칙 개정 절차

제38조(학칙개정 절차) ① 교무회의 심의를 거친 개정안을 학교운영위원회 안건으로 상정한다.

② 학생생활규정의 제·개정과 개정 절차에 관한 사항은 규정개정심의위원회 심의를 거친 개정안을 학교운영위원회 안건으로 상정한다.

③ 학교운영위원회는 학칙과 학생생활규정의 제·개정 사항을 심의한다.

제39조(시행규칙) ① 이 학칙의 시행에 관하여 필요한 사항은 학교의 장이 정한다.

② 학칙에 없는 사항은 초·중등교육법 및 같은 법 시행령, 기타 지침, 훈령 및 제규정에 따라 처리한다.

부   칙 (20○○. ○○. ○○.)

☞ 규칙 제·개정 의결일

이 규칙은 공포한 날로부터 시행한다.

부   칙 (20○○. ○○. ○○.)

☞ 규칙 제·개정 의결일

이 규칙은 20○○년 ○월 ○일부터 시행한다.

다 학칙 제·개정 절차

절 차	추진 내용	세부 추진 내용
① 교무회의심의 (학교운영위원회 심의 전)	제·개정안 발의	▸ 관련 법령, 지침에 의해 개정이 필요한 경우 ▸ 학교구성원의 발의(학생생활에 관한 사항)
	학교구성원 안내, 필요 시 학부모, 학생 의견 수렴	▸ 제·개정 취지와 주요 사항 안내 ▸ (필요 시) 의견 수렴을 통한 개정안 작성
	교무회의 심의	▸ 제·개정안을 **교무회의(학칙 제·개정 심의위원회) 심의를 거쳐 최종 시안 마련**
② 학교운영위원회 심의	학교운영위원회 심의 및 최종안 확정	▸ **최종 시안을 학교운영위원회에 제출** ▸ **운영위원회 심의 후 최종 확정**
③ 학칙 공포 및 적용	학칙 공포 및 정보 공시	▸ 학칙 공포 ▸ 홈페이지 탑재, 가정통신문 발송 ▸ 학교구성원 대상 학칙 안내 및 연수

라 학교규칙의 개념

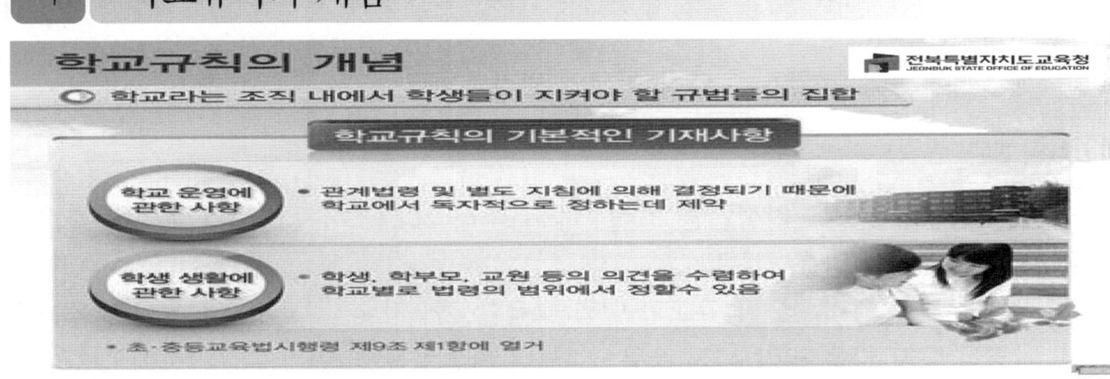

마 ○○ 학교 학생의 학교생활규정 (예시안)

전부개정 2000. 00. 00. (○○학교-0000)

제1장 총 칙

제1조(목적)

이 규정은 「초·중등교육법 시행령」 제9조와 「교원의 학생생활지도에 관한 고시」 및 「○○학교규칙」에서 위임된 사항과 그 시행에 필요한 사항을 규정함을 목적으로 한다.

제2조(교육 3주체의 책임과 역할) ① 학교의 장 및 교직원은 학생의 인권을 존중·보호·실현하고 학생의 인권침해를 방지하기 위한 여건을 마련하여야 한다. ② 학생은 인권을 학습하고 학교 공동체의 인권문화를 존중하고 실천하며, 학교 및 교원 의 「학교안전사고 예방 및 보상에 관한 법률」 제2조제4호에 따른 교육활동(이하 "교육활동"이라 한다)을 존중하고 협력하며 학생의 참여 하에 정해진 학교 규범을 준수하여야 한다. ③ 보호자(친권자, 후견인, 아동을 보호·양육·교육하거나 그러한 의무가 있는 자 또는 업무·고용 등의 관계로 사실상 학생을 보호·감독하는 자를 말한다. 이하 같다)는 학교의 장과 교원의 전문적인 판단과 생활지도를 존중해야 하며, 학생이 학칙을 준수하도록 지도하여 교육활동이 원활히 이루어지도록 협력해야 한다.

제2장 학생의 권리와 책임

제3조(학생의 권리)

모든 학생은 「○○도 학생인권 조례」 제5조부터 제27조까지의 규정에 규정에 따른 다음 각 호의 권리를 갖는다.

1. 학습에 관한 권리   2. 정규교과 이외 교육활동의 자유   3. 인권교육을 받을 권리
4. 차별을 받지 않을 권리   5. 폭력으로부터 자유로울 권리   6. 안전에 대한 권리
7. 휴식을 취할 권리   8. 개성을 실현할 권리   9. 사생활의 자유
10. 사생활의 비밀을 보호 받을 권리 11. 정보에 관한 권리   12. 양심·종교의 자유
13. 표현의 자유 14. 자치활동의 권리 15. 학칙 등 학교 규정의 제·개정에 참여할 권리
16. 정책결정에 참여할 권리   17. 복지에 관한 권리   18. 교육환경에 대한 권리
19. 문화활동에 참여할 권리   20. 급식에 대한 권리   21. 건강에 관한 권리
22. 징계 등 절차에서의 권리   23. 상담과 조사 등을 청구할 권리
24. 그 밖의 보편타당한 권리

제4조(학생의 책임)

학생은 학교생활과 관련하여 다음 각 호의 책임이 있다.

1. 학교 구성원의 인권을 존중할 책임   2. 수업 등 교육활동에 성실히 참여할 책임
3. 다른 학생의 학습권을 침해하지 않을 책임 4. 교원의 교육활동 및 교육적 권한을 존중할 책임   5. 학교규칙과 규정을 준수할 책임   6. 학생간 서로 존중하며 학교폭

력을 일으키지 않을 책임

7. 바른말과 글을 쓰고 정보통신 윤리를 준수할 책임 8. 수업 등 교육활동 중에 전자기기 사용 규칙을 지킬 책임 9. 학교 환경을 소중히 하고 학교 내 공공기물을 소중히 다룰 책임 10. 자신과 다른 사람의 건강과 안전을 위해 노력할 책임 11. 그 밖의 보편타당한 학생의 책임

제3장 학생의 기본생활

제5조(기본행동)

① 학생은 교원의 정당한 교육활동과 생활지도를 존중하고 따른다.

② 학생은 욕설, 비난 등 모욕적인 말과 행동을 하지 않는다.

③ 학생은 다른 사람에게 불쾌감이나 수치심을 주는 행동을 하지 않는다.

④ 학생은 다른 사람을 비하·조롱하거나 인권을 침해할 만한 글, 상징, 혐오 표현 등을 사용하지 않으며, 이를 표현하는 복장이나 장식물 등을 착용하지 않는다.

⑤ 학생은 성(性)에 관한 올바른 이해를 바탕으로 책임 있게 행동한다.

⑥ 학생은 교원의 조치가 부당하다고 생각하는 경우 인권우호적 의사소통 방식으로 자신의 의견을 표현하고 개선을 요구할 수 있다.

제6조(수업 태도)

① 학생은 수업을 비롯한 교육활동의 시작과 끝 시간을 지킨다.

② 학생은 교원의 수업 진행과 다른 학생의 학습을 방해하지 않는다.

③ 학생은 수업에 필요한 교재, 준비물을 가지고 참여한다.

④ 학생은 수업에 능동적으로 참여하고 수면이나 휴식이 꼭 필요할 때는 교원에게 허락을 받는다.

⑤ 학생은 교원의 허락 없이 본시 교과 이외의 과목을 공부하지 않는다.

⑥ 학생은 교원의 수업권과 타인의 학습권을 지속적으로 침해할 경우 관련 법령과 규정에 따른 책임을 진다.

⑦ 학생은 교육활동에 참여하는 사람의 허락 없이 해당 교육활동의 내용에 대한 실시간 송출, 녹화, 녹음 등을 하지 않는다.

제7조(휴식시간과 여가활동)

① 학교의 장과 교직원은 학생들의 휴식시간(식사시간을 포함한다. 이하 같다)을 보장한다. 다만, 필요할 경우 비례의 원칙에 따라 최소의 범위내 에서 교육활동, 생활지도 등을 할 수 있다.

> ○ 비례의 원칙: 과잉금지의 원칙으로 목적의 정당성, 방법의 적절성, 법익의 균형성, 제한의 최소성을 지키는 것

② 학생은 휴식시간에 자신의 취미와 적성을 살린 활동을 할 수 있다.

③ 학생은 휴식시간에 전산실, 음악실, 체육실, 도서실 등의 특별실은 교원의 허락을 받아 이용할 수 있으며, 이용규칙을 지킨다.

④ 학생은 교원의 허락 없이 학교 밖에 나가지 않는다.

⑤ 학생은 다른 사람의 건강과 안전을 위협하는 심한 장난이나 활동을 하지 않는다.

제8조(시설 이용과 환경)

① 학생은 학교의 시설물을 아끼고 학습도구를 소중히 사용한다.

② 학생은 방과후나 휴일에 학교 시설을 이용할 필요가 있을 경우 사전에 학교의 장에게 허락을 받아야 한다.

③ 학생은 수돗물, 전기 등을 낭비하지 않고 에너지를 절약한다.

④ 학생은 쾌적한 수업과 학급생활을 위해 청결, 정리정돈 등 맡은 바 책임을 다한다.

제9조(개인 소유물)

① 다른 사람의 물건을 소중히 여기고 허락 없이 사용하지 않는다.

② 다른 사람의 소유물을 훼손하거나 훔쳤을 때는 학생과 그 보호자가 책임진다.

제10조(소지·사용 금지 물품)

학생은 공동체의 건강과 안전을 위해 다음 각 호의 물품을 가지고 있거나 사용해서는 아니 된다. 다만, 교육활동을 위하여 학교의 장이 허가한 경우는 사용할 수 있다.

1. 학생 및 교직원의 안전과 건강에 위해를 줄 우려가 있는 물품
2. 관련 법령에 따라 학생에게 판매될 수 없는 물품
3. 그 밖에 학칙으로 정한 각호의 소지·사용을 금지한 물품
가. 소지 금지 물품
   1) 성냥, 라이터, 폭죽, 미용 기구(드라이기, 고데기) 등의 인화물질이나 전열기
   2) 칼, 쇠파이프, 공구류, 고무총, 각목 등 다른 사람을 해칠 수 있는 물품
   3) 레이저 포인터 등 레이저 기구
   4) 모든 형태의 도박 물품
   5) 인권침해, 혐오표현, 폭력행위를 표현하는 물품
   6) 성적 불쾌감을 일으키는 각종 자료나 물품
   7) 담배, 주류, 부탄가스, 본드, 마약, 향정신성 약물
   8) 그 밖에「청소년 보호법」제2조에 따른 매체물, 청소년유해매체물·청소년유해약물 등

제11조(소지 물품 조사)

① 제10조에 따른 가지고 있거나 사용할 수 없는 물품을 학생이 소지하였는지 확인하기 위하여 교원은 불특정 다수의 학생(전 학년·특정 학년·특정 집단 등) 대상으로 정기적·일괄적으로 검사해서는 안 된다.

② 교원이 소지 물품을 조사할 때는 학생에게 소지 물품 조사의 목적과 이유를 설명하고 동의를 구해야 한다. 다만, 제10조에 따른 소지 또는 사용할 수 없는 물품을 소지하고 있거나 소지하고 있다고 의심이 되는 합리적인 이유가 있는 경우 그러하지 않을 수 있다.

③ 교원은 학생이 자신 또는 타인의 생명·신체에 위해를 끼치거나 재산에 중대한 손해를 끼칠 우려가 있는 물품을 소지하고 있다고 의심할 만한 합리적인 이유가 있는 경우 필요한 범위 내에서 학생의 소지 물품을 조사할 수 있다.

④ 교원은 소지 물품 검사 과정에서 학생이 모욕감과 수치심을 느낄 만한 표현이나 언행을 하지 않도록 한다. (예: 공개된 장소에서의 검사, 학생 가방을 뒤집어 흔들어 쏟아내는 행위 등)

제12조(학생 개인물품 관리) ① 학교의 장은 학생이 다른 사람의 안전을 위협하는 물품과 청소년이 소지하기에 부적절한 물품을 가지고 있을 경우 이를 안전한 장소에 보관한다.

② 교원은 사안이 처리된 후에는 보호자에게 반환하거나 폐기할 수 있다.

③ 학생이 수업 등 교육활동과 관련이 없는 물품을 사용한 경우는 해당 수업 또는 교육활동 시간 동안 제출하도록 하여 교원이 보관할 수 있다.

④ 「교원의 학생생활지도에 관한 고시」(이하 "고시"라 한다) 제12조제9항에 따라 학생으로부터 분리하여 보관할 수 있는 물품에 대한 보관 방법 및 기한은 별표 1과 같다.

제13조(수업 중 휴대전화 사용)

① 학생은 수업 중 휴대전화를 포함한 전자기기를 작동시키거나 사용하지 않는다. 다만, 교육목적 및 긴급한 상황 대응 등을 위하여 교원이 허가한 경우는 휴대전화를 사용할 수 있다.

② 교원은 수업 중 학생이 휴대전화를 사용하여 수업활동을 방해한 경우 해당 학생의 휴대전화를 수거·관리할 수 있다.

③ 휴대전화는 개인 통신용 스마트폰 뿐만 아니라, 정보통신 기능을 가진 스마트워치, 태블릿 PC, 노트북 등의 휴대용 전자기기를 포함한다.

④ 2026년 3월부터 법으로 수업중 휴대전화 금지한다.
예외적으로 ▲ 장애가 있거나 특수교육이 필요한 학생이 보조기기로 사용할 경우 ▲ 교육 목적 ▲ 긴급한 상황 대응 등에 해당하면 스마트기기를 사용할 수 있다.

제14조(정보통신 윤리)

① 학생은 사이버 공간에서 타인의 정보와 사생활을 존중·보호하고, 건전한 정보를 제공하고 활용한다.

② 학생은 정보통신매체를 활용하여 폭력, 성희롱, 비방 등을 하지 않으며 다른 사람의 인권과 사생활을 존중하고 보호한다.

③ 학생은 음란, 폭력성 유해 사이트 접속이나 불법유해매체를 공유하거나 학교에 가지고 오지 않는다.

④ 학생은 다른 사람의 정보를 보호하고, 자신의 정보도 철저히 관리한다.

⑤ 학생은 다른 사람의 지식재산권을 보호하고 존중한다.

제15조(생활지도의 범위)

학교의 장과 교원은 고시 제5조에 따른 학업 및 진로·제6조에 따른 보건 및 안전·제7조에 따른 인성 및 대인관계·제8조에 따른 그 밖에 학생생활과 관련되는 분야에 대해 학생을 지도할 수 있다.

제16조(생활지도의 방식)

① 학교의 장과 교원은 고시 제9조에 따른 조언·제10조에 따른 상담·제11조에 따른 주의·제12조에 따른 훈육·제13조에 따른 훈계 등의 방식으로 학생을 지도할 수 있다.

이 경우 도구, 신체 등을 이용하여 학생의 신체에 고의적인 고통을 가하는 방법을
사용해서는 안 된다.

② 고시 제12조제6항제3호 및 제4호에 따른 수업시간 중 교실 밖 지정된 장소로의 분
리와 정규수업 외의 시간에 특정 장소로의 분리 조치에 관한 장소·시간 및 학습지원
방법 등의 세부사항은 별표 2와 같다.

③ 학교의 장은 제1항에 따른 지도에도 불구하고 유의미한 행동 변화가 보이지 않는 경우
제20조에 따라 징계할 수 있다.

제4장 학생생활교육위원회

제17조(학생생활교육위원회의 설치)

다음 각 호의 사항을 심의하기 위하여 학교에 학생생활교육위원회(이하 "위원회"라 한
다)를 둔다.

  1. 포상 대상 학생 선발 등 학생 포상에 관한 사항
  2. 「초·중등교육법」 제18조(학생의 징계), 같은 법 시행령 제31조(학생의 징계 등) 및 이 규정
제20조에 따른 학생 징계에 관한 사항
  3. 그밖에 학생생활교육에 필요한 사항

제18조(위원회의 구성)

① 위원회는 위원장 1명을 포함한 7명 이내의 위원으로 구성한다.

② 위원회의 위원은 교원 중에서 교장이 임명한다. 이 경우 학부모 및 학생생활교육에
관한 지식과 경험이 풍부한 사람을 위촉할 수 있다.

③ 위원의 임기는 해당 학년도 초부터 말까지 1년으로 하고 연임할 수 있다. 다만, 위
원의 사임 등으로 인하여 새로 구성된 위원의 임기는 전임위원 임기의 남은 기간으
로 한다.

④ 위원회의 위원장은 위원 중에서 호선으로 결정되며, 위원회를 대표하고 그 업무를
총괄한다.

제19조(위원회의 운영)

① 위원장은 다음 각 호의 어느 하나에 해당하는 경우 위원회 회의를 소집하고 그 의장
이 된다.

  1. 교장이 요청하는 경우
  2. 재적위원 3분의1 이상이 요청하는 경우
  3. 그 밖에 위원장이 필요하다고 인정하는 경우

② 위원장이 회의를 소집하는 경우에는 회의 개최 3일 전까지 회의개최의 일시, 장소
및 안건을 각 위원에게 서면, 정보통신매체 등을 이용하여 통지하여야 한다. 다만,
긴급을 요하는 때에는 그러하지 아니하다.

③ 위원회의 회의는 재적위원 과반수의 출석으로 개의(開議)하고, 출석위원 과반수의
찬성으로 의결한다.

④ 위원회의 사무를 처리할 간사 1명을 두며, 간사는 해당 업무를 담당하는 교사가 된　　다.

⑤ 위원장은 심의를 위하여 필요한 경우 관계 전문가를 참석하게 하여 의견을 들을 수

있다.

⑥ 이 조에서 규정한 것 외에 위원회의 운영 등에 필요한 사항은 위원회의 의결을 거쳐 위원장이 정한다.

제20조(학생 징계)

① 학교의 장은 「초·중등교육법」 제18조에 따라 교육상 필요하다고 인정할 때에는 학생에 대하여 다음 각 호의 어느 하나에 해당하는 징계를 할 수 있다.

  1. 학교내의 봉사: 0일 0시간 이내로 하고, 출석으로 처리한다.
  2. 사회봉사: 0일 0시간 이내로 하고, 출석인정결석으로 처리한다.
  3. 특별교육이수: 5일 이상으로 하고, 출석인정결석으로 처리한다.
  4. 출석정지: 1회 10일 이내, 연간 30일 이내로 하고, 미인정 결석으로 한다.
  5. 퇴학처분 (고등학교만 규정에 넣고, 초·중학교는 삭제)

② 제1항에 따른 학생의 징계 조치별 적용 기준은 다음 각 호의 사항을 고려하여 정한다.

  1. 징계 행위의 심각성·지속성·고의성
  2. 징계 행위를 한 학생의 반성 정도 및 선도 가능성
  3. 징계 행위를 한 학생과 피해를 입은 사람과의 관계가 회복된 정도
  4. 징계 학생의 행위로 피해를 입은 사람의 임신 여부, 장애 여부, 노약자 등 여부 및 그 정도
  5. 징계 행위를 한 학생의 장애 여부 및 그 정도

③ 교장은 제1항에 따른 징계를 할 때에는 다음 각 호의 사항을 준수하여야 한다.

  1. 학생이나 보호자에게 의견을 진술할 기회를 주는 등 적정한 절차를 거쳐야 한다.
  2. 학생의 인격이 존중되는 교육적인 방법으로 해야 하며, 그 사유의 경중에 따라 징계의 종류를 단계별로 적용하여 학생에게 개전의 기회를 주어야 한다.
  3. 학생의 보호자와 학생의 지도에 관하여 상담해야 한다.
  4. 제19조에 따른 학생생활교육위원회의 심의를 거쳐야 한다.

④ 제1항에 따라 징계를 받은 학생과 보호자 또는 학교의 장은 그 결과가 다음 각 호의 어느 하나에 해당하는 경우 0일 이내에 학교의 장에게 재심의 요구를 할 수 있다.

  1. 학교의 장이 학생생활교육위원회의 심의 결과에 대해 재심의가 필요하다고 판단한 경우
  2. 학생 또는 보호자가 조치 결정에 대해 이의를 제기하여 학교의 장이 재심의가 필요하다고 판단한 경우
  3. 학교장이 조치 이행 중 학생의 반성 정도 및 피해자와의 관계 회복 등을 고려하여 교육상 필요하다고 판단되는 경우

⑤ 제20조제1항에 따른 징계처분 중 퇴학 조치에 대하여 이의가 있는 학생 또는 그 보호자는 퇴학 조치를 받은 날부터 15일 이내 또는 그 조치가 있음을 알게 된 날부터 10일 이내에 「초·중등교육법」 제18조의3에 따른 시·도학생 징계조정위원회에 재심을 청구할 수 있다. (← **고등학교만 해당되며, 초·중학교는 해당 없음.**)

제21조(위원의 제척·기피 및 회피)

① 위원회의 위원은 다음 각 호의 어느 하나에 해당하는 경우에는 위원회의 심의·의결에서 제척된다.

1. 해당 사안과 관련된 학생 또는 그 보호자와 친족관계에 있거나 있었던 경우

2. 해당 사안과 직접 관련된 사람인 경우

② 당사자는 제1항에 따른 제척사유가 있거나 위원에게 공정한 심의·의결을 기대하기 어려운 사정이 있는 경우에는 위원회에 기피 신청을 할 수 있고, 위원회는 의결로 기피 여부를 결정한다. 이 경우 기피 신청의 대상인 위원은 그 의결에 참여하지 못한다.

③ 위원이 제1항 각 호에 따른 제척 사유에 해당하는 경우에는 스스로 해당 안건의 심의·의결에서 회피하여야 한다.

제5장 학생생활규정 개정

제22조(학생생활규정의 개정)

① 교장은 다음 각 호의 어느 하나에 해당하는 경우 법령의 범위에서 학생생활규정(이하 "규정"이라 한다)을 개정할 수 있다. 이 경우 ○○학교 운영위원회(이하 "학교운영위원회"라 한다)의 심의를 거쳐야 한다.

1. 제2항에 따른 요구가 있는 경우

2. 관련 법령(법률·대통령령·부령, 자치법규, 행정규칙을 포함한다) 및 지침에 따라 규정의 개정이 필요한 경우

3. 그 밖에 규정의 개정이 필요한 경우

② 다음 각 호의 어느 하나에 해당하는 경우 그 대표는 교장에게 규정의 개정을 요구할 수 있다.

1. 교직원협의회의 의결   2. 학부모회의 의결   3. 학생자치회의 의결

4. 제23조에 따른 학생생활규정 개정 심의위원회의 의결

③ 교장은 제1항에 따라 규정의 개정을 요청받은 날로부터 30일 이내에 제23조에 따른 학생생활규정 개정 심의위원회의 심의를 받아 학교운영위원회에 안건 제출 여부를 결정하고, 요청한 자에게 그 사실을 알려야 한다.

④ 교장은 규정을 개정할 때에는 다음 각 호의 방법으로 미리 학생, 학부모, 교원의 의견을 듣고, 그 의견을 반영하도록 노력하여야 한다.

1. 학생자치회의 회의   2. 학부모회, 학부모회 분과 모임 등의 회의

3. 교직원협의회, 교사협의회 등의 회의   4. 그 밖에 학교누리집, SNS(Social Network Service) 등 학생, 학부모, 교원의 의견을 수렴할 수 있는 방법

제23조(학생생활규정 개정 심의위원회)

① 학생생활규정의 제정·개정에 관한 다음 각 호의 사항을 심의 또는 추진하기 위하여 학교에 학생생활규정 개정 심의위원회(이하 이 조에서 "위원회"라 한다)를 둔다.

1. 학생생활규정의 제정·개정안의 적법성, 타당성 검토

2. 학생생활규정안의 검토, 의견수렴, 설문조사 등의 절차와 방법

3. 학생생활규정안의 제정·개정을 위한 토론회, 공청회 등 주관

4. 학생생활규정안의 확정

5. 학생, 학부모 및 교원 대상 학생생활규정 연수·홍보

6. 학생생활규정과 관련하여 해석상 이견이 있는 사항 등에 대한 심의
7. 학생 구성원의 학생생활규정 준수 및 실천 정도 평가
8. 그 밖에 학생생활규정과 위원회의 운영에 필요한 사항

② 위원회는 위원장 1명을 포함하여 0명 이내의 위원으로 구성한다.

③ 위원회의 위원은 교직원, 학생의 보호자, 학생대표로 구성하며, 인권 관련 지식이나 경험이 있는 사람을 포함할 수 있다. 이 경우 학생대표 위원이 전체의 40% 이상이 되도록 한다.

④ 위원의 임기는 해당 학년도 초부터 말까지 1년으로 하고 연임할 수 있다. 다만, 위원의 사임 등으로 인하여 새로 구성된 위원의 임기는 전임위원 임기의 남은 기간으로 한다.

⑤ 위원회의 위원장은 위원 중에서 호선으로 결정되며, 위원회를 대표하고 그 업무를 총괄한다.

⑥ 위원장은 다음 각 호의 어느 하나에 해당하는 경우 위원회 회의를 소집하고 그 의장이 된다.

1. 학교의 장이 요청하는 경우
2. 재적위원 0분의1 이상이 요청하는 경우
3. 그 밖에 위원장이 필요하다고 인정하는 경우

⑦ 위원회의 회의는 재적위원 과반수의 출석으로 개의(開議)하고, 출석위원 과반수의 찬성으로 의결한다.

⑧ 위원회의 사무를 처리할 간사 1명을 두며, 간사는 해당 업무를 담당하는 교사가 된다.

⑨ 위원장은 심의를 위하여 필요한 경우 관계 전문가를 참석하게 하여 의견을 들을 수 있다.

⑩ 이 조에서 규정한 것 외에 위원회의 운영 등에 필요한 사항은 위원회의 의결을 거쳐 위원장이 정한다.

부   칙 <0000. 00. 00.>

이 규정은 0000년 00월 00일부터 시행한다. / 이 규정은 공포한 날부터 시행한다.

2 학교생활기록부 관리

가 학교생활기록부관리 세부 업무 내용

1) 세부 업무 내용

세부업무명		주 요 내 용
업무이해	관련 근거	▶ 초·중등교육법 제25조 ▶ 초·중등교육법 시행규칙 [시행 2025.2.28.] [대통령령 제35211호, 2025.1.21., 일부개정]

세부업무명	주 요 내 용
	▸ 학교생활기록작성 및 관리지침 [시행 2025.3.1.] [교육부훈령 제504호, 2024.12.23., 일부개정] ① 성격 ▸ 법정장부로 반드시 작성해야 하는 문서이며, 작성하도록 되어 있는 사항은 반드시 작성해야 하는 강제성이 있음 ▸ 작성된 결과를 학생의 학습 지도 자료로 활용함과 동시에 학생을 총체적으로 이해하는 자료로써 상급학교의 진학, 취업 등의 자료로 활용 ▸ 학생의 학적에 대한 증명의 성격 ② 작성의 기준 ▸ 객관성, 계속성, 신뢰성, 타당성, 해석 가능성, 실용성, 포괄성, 경제성
참고 자료	▸ **2025학년도 학교생활기록부 기재요령(초등학교)**

처리요령

① 처리 요령
▸ 학교생활기록의 자료 입력 및 정정 업무는 당해 업무를 담당하는 입력주체가 수행함을 원칙으로 한다.
▸ 입력주체자는 직접 관찰·평가한 내용을 근거로 자료를 입력해야 한다.
▸ 문자는 한글로(부득이한 경우 영문으로), 숫자는 아라비아 숫자로 입력한다.
▸ 학교생활기록부 작성에 필요한 보조부는 각 학교의 실정에 맞게 계획을 수립하여 전산입력·관리하되, 창의적체험활동상황, 행동특성 및 종합의견의 누가기록 방법은 시·도교육감이 정한다.
▸ 학생이 전·편입학, 재취학 할 경우 원적교의 장은 재학 당시까지의 상황을 입력한 학교생활기록부 전산자료를 전·편입학, 재취학하는 학교로 이송한다.

② 자료입력항목 및 출력서식
▸ 학교생활기록부(학교생활기록부I)와 학교생활세부사항기록부(학교생활기록부II)의 전산입력은 동일하게 한다.

③ 자료 점검
▸ 학교별로 연수운영계획을 정하여 연 1회 이상 교직원 연수를 실시한다.
▸ 당해 학년도 학교생활기록부 대조·확인 작업은 당해 학교별로 별도의 계획을 수립하여 실시하되 대조·확인 방법은 학교별로 정하여 실시한다.
▸ 학교생활기록부 당해 학년도 입력이 완료되면학교생활기록부Ⅱ와 각종 보조부의 내용을 3회 이상 대조·확인 작업한다.

④ 자료 보존
▸ 학교의 장은「공공기록물 관리에 관한법률」 같은 시행령에 따라 학교생활기록부(학교생활기록부Ⅰ)와 준영구 보존한다.

세부업무명	주 요 내 용

⑤ **자료 정정**

▶ 학교의 학년도는 「초·중등교육법」제24조에 따라 3월 1일부터 시작하여 다음 해 2월 말일까지로 하며, 학년도 종료 시까지 학교생활기록부 작성을 종료하고, 매 학년이 종료된 이후에는 당해 학년도 이전의 학교생활기록부 입력 자료에 대한 정정은 원칙적으로 금지한다.

> **tip**
>
> <학교생활기록부 작성 시 유의사항>
> - 학교생활기록부는 학생의 성장과 학습 과정을 상시 관찰·평가한 누가기록 중심의 종합기록이어야 함.
> - 학교생활기록부에는 학교교육계획이나 학교교육과정에 따라 학교에서 실시한 각종 교육활동의 이수상황(활동내용에 따른 개별적 특성이 드러나는 사항 중심)을 기재하는 것이 원칙임.

2) 학교생활기록부 기제요령/ 출결특기사항-개근 입력

출석인정 결석은 출석으로 처리하며, 해당 학년 동안1회의 결석·지각·조퇴·결과도 없는 경우 출결상황 '특기사항'에 '개근'으로 입력한다.

가) 수업일수가 다른 중도 입학·취학·편입학생은 당해 학년의 전과정을 거치지 않았기 때문에 출결상황 '특기사항'에 '개근'으로 입력하지 않음(상위학년으로 중도 재취학한 경우도 동일).

나) 전입학인 경우 전출교와 전입교의 출결을 합하고, 재취학(상위학년으로 중도 재취학 제외)의 경우는 재취학 이전과 재취학 이후의 출결을 합하여 '개근'의 입력여부를 결정함.

다) 특수교육대상자 중 순회(가정 및 보호시설)교육학생, 건강장애학생(병원학교와 원격수업 수강학생)은 해당 학년 동안 1회의 결석·지각·조퇴·결과가 없어도 '개근'을 입력하지 않고 공란으로 둠.

3 2026학년도 보결수업 규정

가 보결수업 세부 업무 내용

세부업무명	주 요 내 용

| 보결수업
규정 개정 | 관련
근거 | ▸ 초·중등교육법 제20조 제4항
▸ 학교회계 예산편성 및 운영지침 - 보결수업수당 규정 |

1. **(규정 마련)** 교무회의* 등 민주적인 절차에 따라 학생의 학습권 보장을 최우선으로 고려하여 학교 자체 보결수업 규정을 마련하여 시행한다.
   * 학교에 따라 인사자문위원회, 학교교육과정위원회 등으로 대체 가능
2. **(배정 원칙)**
   ① 수업이 없는 교원을 대상으로 보결수업 배정 원칙(순위)에 따라 운영하되, 특정 교원에게 보결수업이 무리하게 배정되지 않도록 노력한다.
   ② 일정기간 이상 보결이 필요할 경우 가장 우선적으로 기간제교사(강사)를 채용하여 보결수업이 이루어지도록 한다.
   ③ 기간제교사(강사) 채용이 안 될 경우, 초등교육 특성을 고려하여 담임교사의 역할(등하교.급식.생활안전교육 등)이 소홀히 되지 않도록 유의하여 보결수업이 이루어지도록 한다.
   ④ 수업의 연계성 및 심리정서적 안정감 속에서 학습이 이루어지도록 최소한 일단위 같은 교사를 보결수업에 배정하도록 노력한다.
3. **(자격)** 초등교사 자격을 가진 교원이 보결수업에 참여하되, 보건, 영양, 사서, 상담교사 등의 보결은 관련 교과활동 및 창의적 체험활동으로 한다.
4. **(원격수업)** 원격수업도 보결수업에 준하여 처리한다.
5. **(수당)** 보결수업수당은 학교회계 예산편성 및 운영지침에 따라 학교 자체 규정에 따라 지급한다.(교원인사과)

| 보결수업
처리 절차 | ① 보결 발생 사유가 있는 교사는 최소한 하루 전에 담당자에게 미리 알림
② 보결사유가 발생하면 담당자는 보결수업 규정에 의해 보결 우선 순위에 해당하는 교사를 배치한 뒤 미리 통보
③ 우선 순위에 있는 교사에게 부득이한 사정이 있을 경우 다음 순위 교사에게 통보
④ 보결수업 사유 발생시 담당자는 결보강일지(NEIS)에 기록 후 학교 위임전결규정에 따라 결재 처리함
⑤ 업무담당자는 하루 전에 보결 수업자에게 공지하여 수업을 준비하도록 함
　(단, 부득이한 사유로 당일 보결수업 필요시 수업 시작 전에 보결 수업자를 지정하여 보결수업이 이루어지도록 함) |

핵심

단위학교 결보강 규정은 학생의 학습권 보장을 최우선으로 고려하여 결정하고 학교 공동체 협의를 통해 운영함

나 2026학년도 보결수업에 관한 규정(예시)

○○학교

제1조【목적】
본 규정은 ○○학교 보결수업에 관한 제반 규칙을 규정함을 목적으로 하고, **학생의 충실 한 학습권 보장을 최우선으로 고려**하여 운영한다.

제2조【배정사유】
보결수업은 학급 담당교사, 교과전담교사의 공무상 출장, 연가, 병가, 연수, 특별휴가 등 교원 복무규정에 의하여 수업결손 사유가 발생될 경우에 한해 배정한다.

제3조【배정 원칙】
① 보결수업은 업무 담당자가 배정하되, 업무 담당자가 부재 시에는 대리자를 지정하여 배정한다.

② 보결수업 배정은 하루 전 퇴근 시까지 보결 수업자의 확인을 받아 배정하되, 당일 사유 발생 시에는 수업 시작 전에 보결 수업자를 배정한다.

③ 수업이 없는 교원을 대상으로 보결수업 배정 원칙(순서)에 따라 운영하되, 특정 교원에게 무리하게 배정되지 않도록 노력한다.

　※ 충분한 협의를 통해 학교 자체적으로 보결수업 배정 원칙(순서)을 정함

④ 공무상 출장, 연가, 병가, 특별휴가 등의 사유로 일정기간(○일 이상) 보결수업이 필요한 경우에는 기간제교사(강사) 채용으로 보결을 처리한다.

⑤ 기간제교사(강사) 채용이 안 될 경우, 보결수업은 초등교육 특성을 고려하여 담임교사의 역할(등하교.급식.생활안전교육 등) 등이 소홀히 되지 않고, 수업의 연계성 및 심리정서적 안정감 속에서 학습이 이루어지도록 최소한 일단위 같은 교사를 보결수업에 배정하여 운영될 수 있도록 상호 협력한다.

⑥ 보건, 영양, 사서, 상담교사 등은 소지 자격과 관련한 교과활동 및 창의적체험활동으로 보결 수업을 하도록 한다.

⑦ 원격수업 시에도 수업결손 사유가 발생할 시 결보강 처리를 하며 배정원칙에 따라 순차적으로 배정하도록 노력한다.

⑧ 보결수업 배정은 교무업무시스템(NEIS) 결보강 시스템을 활용한다.

제4조【보결 수업 담당 교사의 의무】
① 보결수업 지도는 수업 전 활동, 교과 지도, 하교 및 생활지도까지 포함한다.

② 보결수업에 배정된 교사는 해당 학급의 정해진 시간표에 따라 수업에 임하여야 한다.

③ 보결수업에 배정된 교사는 보결 수업 담당 시 당해 학급에서 발생한 제반 학생 활동에 대하여 전반적인 책임을 진다.

④ 보결 수업 담당교사의 책임 한계는 담당 수업 시작에서부터 다음 교시의 시작 전까지로 한다.

⑤ 단, 4교시 수업을 담당한 교사는 점심시간 종료까지, 당일 마지막 시간 보결수당 담당 교사는 청소 및 하교 지도까지 한다.

제5조【이상 유무 통보】

① 보결 수업 종료 시에는 해당 학년 반의 이상 유무를 보결수업 담당자 또는 동학년 교사 등에게 구두 통보한다.

제6조【보결 관리】

① 보결이 필요한 경우 교사는 NEIS에서 결보강 등록을 한다.

② 제1항에 따른 교사가 결보강 등록을 할 수 없는 경우에는 접속 권한이 있는 교사 등이 결보강 등록을 한다.

제7조【수당】

① 보결수업 수당은 학교회계 예산범위 내에서 수당지급 기준에 의거하여 지급한다.

② 보결수업 교원에게는 1시간당 20,000원의 수당을 지급한다(시도교육청에 따라 다름) 단, 편성된 보결수업 예산을 고려하여 학년말 수당을 조정할 수 있다.

③ 보결수업 수당은 수업 준비, 수업 실행, 피드백 등 수업의 전반적인 과정을 담당했을 때 지급할 수 있다.

4 학생출결관리

가 학생출결에 관한 세부 업무내용

세부 업무명		주 요 내 용
초등학교 학생의 출결 상황	관련근거	▸ 초·중등교육법 제25조 ▸ 학교생활기록 작성 및 관리지침(교육부훈령 제504호) ▸ 000 학교 학업성적관리 시행지침
		▣ 출결상황 [훈령 제504호 (1~2학년)] ① '수업일수'란에 「초·중등교육법 시행령」 제45조에 따른 수업일수를 입력한다. ② '결석일수', '지각', '조퇴', '결과'는 별표 8에 따라 질병·미인정·기타로 구분하여 연간 총일수 또는 횟수를 각각 입력한다. ③ 학적이 변동된 학생의 동 학년의 수업일수 및 출결상황은 학적변동 전(원적교)의것과 변동 이후의 것을 합산하여 입력한다. ④ '특기사항'란에 결석사유 또는 개근 등 교육부장관이 별도로 정하는 내용을 학급 담임교사가 입력한다.

세부 업무명	주 요 내 용
	[훈령 제433호 (1~2학년)] ①~② ('훈령 제504호'와 동일) ③ 재취학 등 학적이 변동된 학생의 동 학년의 수업일수 및 출결상황은 학적 변동 전(원적교)의 것과 변동 이후의 것을 합산하여 입력한다. ④ '특기사항'란에 결석사유 또는 개근 등 교육부장관이 별도로 정하는 내용을 학급 담임교사가 입력한다. 특기사항 중 학교폭력과 관련된 사항은 「학교폭력 예방 및 대책에 관한 법률」 제17조에 따른 가해학생에 대한 조치사항을 입력한다.
참고자료	▸별표 8 (출결상황 관리) ▸결석 신고서(예시) ▸등교중지에 대한 협조 안내문

나 출결상황 관리 (별표8)

별표 8(출결상황 관리)

1. 수업일수

　가. 수업일수는 「초·중등교육법 시행령」 제45조에 따라 학교장이 정한 학년별 학생이 연간 총 출석해야 할 일수를 말한다.

　나. 학적변동(면제·유예·휴학·제적·자퇴·퇴학·전출 등) 당일까지를 수업일수에 산입한다.

　다. 학적 변동 전·후에 중복 일수가 있는 경우 새로 학적을 부여받은(재입학·재취학·편입학·전입학·복학 등) 일수만 수업일수로 계산한다.

　라. 학적을 새로 부여받은 자의 당해 학년 수업일수는 원적교의 당해 학년 수업일수와 합산하되, 중복되는 기간의 수업일수는 제외한다.

　마. 재입학·전입학·복학한 학생의 수업일수는 다른 학생의 수업일수와 같지 않을 수 있으나, 그 수업일수가 당해 학교 당해 학년 수업일수의 3분의 2 미만이 될 경우에는 각 학년 과정의 수료에 필요한 출석일수 부족으로 수료 또는 졸업 인정이 되지 않아 원칙적으로 당해 학년도 재입학·전입학·복학이 불가능하다(「초·중등교육법 시행령」 제50조제2항 참조).

2. 결석

　가. 결석일수의 산정

　　1) 학칙에 따라, 출석하여야 할 날짜에 출석하지 않았을 때에는 결석으로 처리한다.

　　2) 학적을 새로 부여받은 자의 당해 학년 결석일수는 원적교의 당해 학년 결석일수와 합산하되, 중복되는 기간의 결석일수는 제외한다.

　나. 다음의 경우에는 출석으로 인정한다.

　　1) 지진, 폭우, 폭설, 폭풍, 해일 등의 천재지변 또는 법정 감염병 등(학교 내 확산 방

　　지를 위해 학교장이 필요하다고 인정하는 비법정 감염병을 포함)으로 출석하지 못한 경우

2) 병역관계 등 공적의무 또는 공권력의 행사로 인하여 출석하지 못한 경우

3) 학교장의 허가를 받은 '학교·시도(교육청)·국가를 대표한 대회 및 훈련 참가, 산업체 실습과정(현장실습, 현장실습과 연계한 취업), 교환학습, 교외체험학습,「학교보건법」제8조에 따른 등교중지' 등으로 출석하지 못한 경우

4)「초·중등교육법 시행령」제31조제1항에 따른 학교 내의 봉사, 사회봉사, 특별교육이수 기간

5)「초·중등교육법」제28조제7항에 따른 상담, 진로 프로그램 등 숙려제 참여 인정 기간

6) 다음 경조사로 인하여 출석하지 못한 경우

구 분	대 상	일 수
결 혼	○ 형제, 자매, 부, 모	1
입 양	○ 학생 본인	20
사 망	○ 부모, 조부모, 외조부모	5
	○ 부모의 조부모(증조부모, 외증조부모), 부모의 외조부모(진외증조부모, 외증부모) ○ 형제·자매 및 그의 배우자	3
	○ 부모의 형제·자매 및 그의 배우자	3

※ 경조사 일수에 재량휴업일과 공휴일 및 토요일은 산입하지 않음.

7) 기타 부득이한 사유로 학교장의 허가를 받아 결석하는 경우

8)「학교폭력예방 및 대책에 관한 법률」제12조에 따른 학교폭력대책심의위원회의 개최 및 동 위원회의 학교폭력 피해학생에 대한 보호조치 요청 이전에, 학교폭력 피해가 학교폭력으로 인한 피해로 출석하지 못하였음을 같은 법 제14조제3항에 따른 학교폭력 전담기구의 사실 확인을 거쳐 학교의 장이 인정한 경우

9) 시.도경찰청「소년업무규칙」에 따른 경찰관서의 선도프로그램에 참여하는 경우

10)「공직선거법」및「지방교육자치에 관한 법률」에 따라 투표에 참가하는 경우

11)「공직선거법」에 따라 공직에 선출되어 의정활동을 사유로 수업일수의 10% 이내에서 결석하는 경우

다. 질병으로 인한 결석

1) 결석한 날부터 5일 이내에 의사의 진단서 또는 의견서(병명, 진료기간 등이 기록된 의사 소견서, 진료 확인서 등의 증빙서류)를 첨부한 결석 신고서를 제출하여 학교장의 승인을 받은경우

2) 다만, 상습적이지 않은 2일 이내의 결석은 질병으로 인한 결석임을 증명할 수 있는 자료(학부모 의견서, 처방전, 담임교사 확인서 등)가 첨부된 결석 신고서를 결석한 날로부터 5일 이내에 제출하여 학교장의 승인을 받은 경우

3) 병원학교 및 원격수업 등 방송·정보통신매체를 이용하여 수업 받는 건강장애학생이 결석한 경우

4) 의사의 진단서 또는 의견서를 통해 기저질환(천식, 아토피, 알레르기, 호흡기질환, 심혈관 질환 등)을 가진 민감군으로 확인된 학생이 미세먼지와의 관련성이 드러나는 소견 또는 향후 치료의견 등이 명시된 의사의 진단서(소견서)를 첨부한 결석 신고서를 결석한 날로부터 5일 이내에 제출하여 학교장의 승인을 받은 경우

5) 의사의 진단서 또는 의견서를 통해 만성질환 등 장기적 치료가 필요한 것으로 확인된 학생이 의사의 진단서(소견서)를 첨부한 결석 신고서를 결석한 날로부터 5일 이내에 제출하여 학교장의 승인을 받은 경우

6) 환경부로부터 가습기살균제 건강피해자 증명서를 발급받은 학생이 의사의 진단서(소견서)를 첨부한 결석 신고서를 결석한 날로부터 5일 이내에 제출하여 학교장의 승인을 받은 경우

※ 4)~6)의 경우 결석 신고서 제출 시 첨부하는 증빙서류는 학기 초 최초 제출한 의사의 진단서(소견서)로 해당 학기 질병 결석 증빙을 갈음할 수 있음

라. 미인정 결석

1)「학교폭력예방 및 대책에 관한 법률」제17조제1항제6호에 따른 출석정지

2)「교원의 지위 향상 및 교육활동 보호를 위한 특별법」제25조제2항제4호에 따른 출석정지

3)「초·중등교육법 시행령」제31조제1항제4호에 따른 출석정지

4)「초·중등교육법 시행령」제31조제6항의 가정학습 기간

5) 범법행위로 인한 책임있는 사유로 결석한 경우(관련 기관 출석, 체포, 도피, 구속(구인, 구금, 구류 포함), 교도소 수감 등)

6) 태만, 가출, 출석 거부 등 고의로 결석한 경우

7) 기타 합당하지 않은 사유로 결석한 경우

마. 기타 결석

1) 부모·가족 봉양, 가사 조력, 간병 등 부득이한 개인사정에 의한 결석임을 학교장이 인정하는 경우

2) 공납금 미납을 사유로 결석한 경우

3)「공직선거법」및「정당법」에 따라 결석한 경우

  가) 공직에 선출되어 의정활동(본회의, 상임위원회 회의 당일 참석)을 사유로 수업일수의 10를 초과하여 결석한 경우

  나) 후보등록자 본인이 선거운동을 사유로 결석한 경우

  다) 정당의 발기인 또는 당원으로서 정당활동을 사유로 결석한 경우

  4) 기타 합당한 사유에 의한 결석임을 학교장이 인정하는 경우

3. 지각·조퇴·결과

가. 지각: 학교장이 정한 등교시각까지 출석하지 않은 경우

나. 조퇴: 학교장이 정한 등교시각과 하교시각 사이에 하교한 경우

다. 결과: 수업시간의 일부 또는 전부에 불참한 경우

라. 위 의 2. 나.의 각 항에 해당되는 사유로 인한 지각, 조퇴, 결과는 각각의 횟수에 포함하지 않는다.

마. 지각, 조퇴, 결과의 사유는 각각 결석 사유와 동일하게 질병, 미인정, 기타로 처리한다.

바. 같은 날짜에 지각, 조퇴, 결과가 발생된 경우에는 학교장이 판단하여 어느 한 가지 경우로만 처리한다.

사. 같은 날짜에 결과가 1회 이상이라도 1회로 처리한다.

아. 학적을 새로 부여받은 자의 당해 학년 지각·조퇴·결과 횟수는 원적교의 당해 학년 각 횟수와 합산하되, 중복되는 기간의 각 횟수는 제외한다.

4. 소속 학교에서 실시한 원격수업 수강학생 출결 처리

가. 학교의 장이 교육상 필요에 따라 소속 학생을 대상으로 교과(목) 및 창의적 체험활동 내용의 일부 또는 전부를 「초·중등교육법」 제24조제3항제1호의 원격수업으로 실시한 경우, 학생의 출결은 등교수업에 준하여 처리하되 구체적인 사항은 시도교육청의 지침에 따라 학교장이 정한다.

5. 소속 학교 이외 기관·장소에서의 수강학생 출결 처리

가. 위탁학생의 소속 학교는 위탁교육기관에서 보내온 출결 상황을 그대로 입력하며, 위탁교육기관은 시도교육청의 관련 지침 및 위탁교육 운영 방법과 형태에 따라 학생의 출결과 수강 여부를 확인한다.

나. 학생이 수업의 일부는 위탁교육기관에서 수강하고 일부는 소속 학교에서 수강한 경우, 위탁교육기관의 수업 일수 및 출결 내용과 소속 학교의 수업 일수 및 출결 내용을 합산하여 처리한다.

다. 학교의 장은 소속 학생이 수업의 일부를 교육감이 지정한 교육기관에서 수강한 경우, 해당 학생의 출결을 위탁학생에 준하여 처리한다.

다 학생 등교 중지에 대한 협조 안내문

학년   반   이름

위 학생은 법정 제   종 전염병인   (으)로 인해 학교
보건법 제8조 및 학교보건법 시행령 제13조에 따라

　2026년   월   일 부터
　2026년   월   일 까지   (   )일간

　학생의 조속한 질병회복과 질병으로 인한 학교 내 단체생활에 있어 피해가 우려되어 의사확인서(소견서)를 근거로 위 기간 동안 등교중지 조치를 하였으니, 가정에서 부모님의 보호아래 치료.요양하여 완쾌된 후 건강한 몸으로 학교생활을 할 수 있도록 협조하여 주시기 바랍니다.

　※ 참고사항 : 등교중지기간 동안은 결석으로 처리되지 않습니다.

2026년   ○○월   ○○일

○○○ 학교

○○○학부모님 귀하

5 전입 · 전출학생 학적처리

가 전입 · 전출학생 학적처리 세부업무 내용

세부 업무명	주 요 내 용	
전입생 업무 처리	관련 근거	▸ 초·중등교육법 시행령 제21조 ▸ 2026학년도 학교생활기록부기재요령(초) ▸ 학교생활기록 작성 및 관리지침(교육부훈령 제477호)
		① 나이스에서 등록 및 자료 요청 ② 자료도착 후 누락자료(출결, 성적 등) 확인 ③ 누락자료 없으면 기안문 상신 ④ 결재완료 후 학적반영
	참고 자료	▸ <참고 1> 전입생 나이스 교무업무 처리 방법 ▸ 초등학교 교무업무 사용자 설명서 　(나이스사용자지원>자료광장: 인증서 로그인 후 자료받기 가능)
전출생 업무처리		① 나이스에서 전출자료가 요청된 학생을 확인 ② 학적변동일을 기준으로 전출생의 월간 출석 현황을 확인 ③ 학적반영일자를 확인 후 학교생활기록부 생성 ④ 전출생의 자료 확인 후 전출자료 전송을 위한 기안문 상신 ⑤ 결재완료 후 학적반영
	참고 자료	▸ <참고 2> 전출생 나이스 교무업무 처리 방법 ▸ 초등학교 교무업무 사용자 설명서 　(나이스사용자지원>자료광장: 인증서 로그인 후 자료받기 가능)

나 취학 · 면제 · 유예 관리

세부 업무명	주 요 내 용	
취학의 면제·유예	관련근거	▸ 초·중등교육법 제14조 ▸ 초·중등교육법 시행령 제25조, 제28조, 제29조 ▸ 대안교육기관에 관한 법률 제10조 ▸ 의무교육단계 아동·학생에 대한 취학 이행 및 독려를 위한 지침 고시(제2025-1호)
		① 유예 ▸ 대상 : 질병·발육상태 등의 부득이한 사유*,「대안교육기관에 관한 법률」제5조 및 제10조에따라 시·도 교육감에게 등록한 대안교육기관에 재학 중인 경우로 취학 유예하려는 아동이나 학생

세부 업무명	주 요 내 용
	* 부득이한 사유: 장기간의 치료가 불가피한 질병, 발육 부진, 그 밖에 취학 의무 유예가 필요하 다고 학교장이 인정하는 사항 ▸ 신청서류 : 의무취학 유예 등 신청서<참고 3>, 질병, 발육부진은 의사의 진단서(소견서) 그외 사유는 관련 사실을 객관적으로 증빙할 수 있는 서류 ▸ 신청기간 : 연중 ▸ 신청방법 : 취학 중 또는 취학 예정인 초등학교(학교의 장)에 직접 방문하여 서류 제출 ▸ 처리절차 : 신청(아동.학부모)→의무교육관리위원회 심의(학교내 설치)→승인여부 확정 및 통보 (학교 장) ② 면제 ▸ 대상 : 취학 전·후로 특수교육도 이수하기 어려운 정도의 장애·질병 또는 사망·유학(미인정유학제외)·정당한 해외출국* 등 부득이한 사유로 국내에서 취학 의무를 이행할 수 없는 경우 취학의무 를 일시적 또는 종신적으로 면하려는 아동이나 학생 * 정당한 해외출국: 이민, 가족의 해외취업, 공무원 및 상사주재원인 부모의 해외 파견, 연구 수행 목적의 교환 교수 등에 의해 가족이 동행하여 외국으로 출국한 경우 ▸ 신청서류 : 의무취학 면제 신청서<참고 3> 활용, 장애, 질병은 의사의 진단서(소견서), 정당한 해외 출국으로 인한 경우는 이민관련 서류, 부 또는 모의 해외 파견관련 소속기관 공문(해외근무 증빙서류), 재외국민등록부등본(거주기간확인), 출입국사실증명서(실제 체류기간 확인) 해외학교 입학 확인서 또는 재확증명서(재학 여부 확인 등), 그 외 사유는 관련 사실을 객관적으로 증빙 할수 있는 서류 ▸ 신청기간 : 연중 ▸ 신청방법 : 취학 중 또는 취학 예정인 초등학교(학교의 장)에 직접 방문하여 서류 제출 ▸ 처리절차 : 신청(아동.학부모)→의무교육관리위원회 심의(학교내 설치)→승인여부 확정 및 통보학교장)
정원외 학적관리	관련근거 ▸ 초·중등교육법 제14조 ▸ 초·중등교육법 시행령 제29조
	정원외 학적관리 대상(다음에 해당하는 학생에 대하여 학칙이 정하는 바에 따름) ▸ 입학 이후 취학 의무를 유예받은 학생 ▸ 정당한 사유 없이 해당 학년도 수업일수의 3분의 1 이상 장기 결석한 학생
재취학· 편입학 관리	관련근거 ▸ 초·중등교육법 시행령 제28조 및 제29조
	① 초등학교의 경우 유예, 면제, 정원외 학적 관리 대상 학생이 재취학할 때에는 조기진급 및 조기졸업에 관한 규정에 의하여 교과목별 이수인정평가위원회가 실시하는 교과목별 이수인정 평가의 결과에 따라 학년을 정하여 입학시킬 수 있음

세부 업무명	주 요 내 용
	② 재취학.전입생의 수업일수는 다른 학생의 수업일수와 같지 않을 수 있음(법정 수업일수가 모자랄 수도 있음) ③ 귀국학생 등이 편입학 관리는 귀국학생 재취학.편입학 관리 참고 ④ 정원외 학적 관리된 당시의 학년에 재취학하는 것이 원칙임 ⑤ 정원외 학적 관리된 학년의 학업 성적 및 결석 상황은 그대로 유지 ⑥ 초등학교에서 정원외 관리된 학생은 중학교로 직접 편입할 수 없음 (초등학교 졸업자격이 있어야 중학교 입학 가능)

6 입학(시업)식

가 2026 입학(시업식) 세부업무 내용

세부업무명	주 요 내 용

계획 수립 및 준비	관련 근거	▶ 초·중등교육법 제12조, 제13조
	① 입학(시업)식 일정 및 계획 수립 　▶입학식 및 시업식을 함께 진행 ② 행사 준비 ▶안내장 제작 및 발송 ▶입학생 명단 및 출석부 준비 ▶입학생 기념 선물 준비 ③ 식장 꾸미기(현수막 게시)	

입학(시업식) 진행	① 식전 준비 사항 ▶국민의례, 마이크, 음악 관련 방송시설 점검 ▶학년별, 반별 표지판 준비, 입학식 행사 식순 부착 ▶입학식장 재학생, 신입생 자리 배치 ② 식순 ▶① 개식사→ ② 국민의례→ ③ 신임 교원 인사 소개→ ④ 담임 발표 및 교직원 소개 →⑤ 신입생 입학허가 선언→ ⑥ 학교장 환영사→ ⑦ 신입생.재학생 간 상견례 → ⑧ 교가 제창 → ⑨ 폐식사 ③ 유의 사항 ▶입학식에 관한 새로운 아이디어 협의를 통한 적용 ▶우천 시, 자연재해 대비 계획 수립
참고 자료	▶입학식(시업식) 행사 기안문(예시) ▶학부모 안내장(예시) ▶입학 허가서(예시)

나　2026년입학(시업식) 학부모 안내장(예시)

20○○- ○호	**배움과 배려, 두 배로 성장하는 행복한 ○○교육** 경기도 ○○군 ○○면 ○○길 ○ / (061)○○-○○○○

20○○학년도 신입생 입학식 안내

　귀여운 자녀들의 ○○초등학교 입학을 진심으로 환영합니다.

　학부모님께서는 아동과 함께 9시까지 등교하시어, 학급 배정표(반편성 내역)를 확인하시고, 해당 교실(또는 강당,다목적실)로 입실하여 주시기 바랍니다. 반 편성 내역은 학교 홈페이지(http://○○○○.es.kr)의 공지사항란에 2월 ○○일에 탑재할 예정이며, 당일 입학식 행사와 관련하여 아래 사항을 참고하시길 바랍니다.

- 아　　래 -

◆ 일　시 : 20○○년 3월 2일(월) 오전 ○시(○시 ○분까지 교실 입실)

◆ 장　소 : ○○○실(○층)

◆ 준비물 : ① **생활기록부 보조자료**
　　　　　② 스쿨뱅킹 자동납부 신청 및 동의서
　　　　　③ 신입생 취학전 예방접종 확인 및 건강조사서
　　　　　④ (부모와 함께 등재된)주민등록등본
　　　　　⑤ 실내화, 신발주머니

◆ 참고사항
　★ 실내화를 준비하여 매일 가지고 다닙니다.
　★ 이름표는 학교에서 준비할 예정이오니 가정에서는 준비하지 않으셔도 됩니다.
　★ 종합장, 색연필(12색), 가위, 풀, 지우개, 알림장을 준비합니다.
　　(모든 학용품에는 낱개마다 이름을 꼭 써 주세요.)

20○○. ○. ○.

○ ○ 학 교

○ ○ 학교장　○○○

7   2026년 방학계획

가   2026년 방학계획 세부업무 내용

세부 업무명	주 요 내 용	
계획 수립	관련근거	▸ 초·중등교육법 시행령 제47조 ▸ 국가공무원 복무규정 제23조 ▸ 국가공무원 복무징계 관련 예규
	① 방학 계획 수립 　▸ 방학기간 결정　　　　　▸ 학교행사 계획 수립 　▸ 부서별 업무 반영　　　　▸ 연수계획 　- 나이스에서 연수 및 연가 신청, 공무(외) 국외 연수원 제출 ② 학교업무처리 요령 및 공문서 처리 　▸ 교무업무시스템 관리, 학교일지, 학부모 서비스 승인 등 　▸ 학생생활 지도 계획　　　▸ 비상연락망 보완·정비 　▸ 방과후 학교(특기·적성교육) 또는 보충학습 계획 수립 　＊ 방학식 운영은 학교 여건에 따라 실시 **tip** 〈유의사항〉 ▸ 각 부서별 각종 장부 및 열쇠를 행정실에서 관리하여 업무수행의 공백 발생 예방 ▸ 공문서 및 각종사안에 대한 체계적인 인계 인수 ▸ 사안 발생 시 신속하게 처리(보고 요령 숙지)	
	참고자료	▸ 학부모 안내장(예시)　▸ 방학 계획(예시)　▸ 국외자율연수계획서(예시)

나   2026학년도 여름방학계획 세부 실천계획

1) 생활지도

가) 생활 계획표를 세워 보람 있고 바른 생활을 실천할 수 있도록 지도한다.

나) 생명존중교육을 예방하고 홍보한다.

다) 야외활동, 캠프 참석 시 위험·안전사항을 확인 지도한다.

라) 학급아동 비상 연락망을 재정비 하여 비상시 또는 안전생활 지도 자료로 활용한다.

마) 방학 중 학교에 등교해야 하는 학생(예: 영어캠프, 과학캠프, 방과후교육, 돌봄교실 등)에 전화 등으로 유기적인 연락을 취하여 적극 참여케 하고 생활지도 및 관리를 철저히 한다.

바) 경제 살리기 생활교육에 적극 동참한다.(에너지 절약, 재활용 사용 등)

사) 낯선 사람 함부로 따라 가지 않도록 지도한다.(성범죄 대처 요령 익히기)

아) 지나친 노출은 자제하고 타인을 배려하는 태도를 기르도록 지도한다.

자) 학생폭력이 발생하지 않도록 학생 및 학부모에 대한 학교폭력 예방교육에 힘쓴다.

차) 마약 및 흡연 · 음주 등 약물 오·남용 예방 교육을 실시한다.

카) 8월15일 광복절 국기 게양 지도를 한다.

2) 각종 안전 지도

가) 수상 안전 지도

(1) 수심이 깊은 저수지, 배수로, 수영장의 깊은 곳, 어른이 없는 곳에는 가지 않는다.

(2) 안전하지 않은 장소에서 물놀이를 하지 않는다.

(3) 물에 들어가기 전에 충분한 준비운동을 하고 들어간다.

(4) 단체 활동 및 물놀이 시설 이용 시 안전수칙을 준수한다.(물놀이 10대 안전수칙 지도)

▶사고 발생 시 신속 대처: 119에 신고, 긴 끈 던지기

나) 교통안전 지도

(1) 차가 완전히 정지하였을 때 타고 내린다.

(2) 차가 서있을 경우 차량의 앞과 뒤로 나아가지 않고 차량 뒤쪽에서 놀지 않는다.

(3) 인도의 안쪽으로 걸어 다니고, 횡단보도로 건너고 육교를 이용한다.

(4) 횡단보도 횡단 시 친구들과 장난하지 않고 손 들고 건넌다.

(5) 무단횡단하지 않고 급히 건너지 않는다.

(6) 안전벨트 착용 생활화하고 버스나 전철 내에서 떠들거나 장난하지 않는다.

다) 위험 지대 접근 금지 지도

(1) 벼랑, 낙석, 붕괴가 예상되는 곳에 가지 않는다.

(2) 아파트 베란다, 계단, 놀이터의 높은 곳 오르지 않기

(3) 차량이 빈번히 왕래하는 곳이나 차도에서 놀지 않는다.

(4) 전기 고압선 근처, 벌집 근처, 공사장 주변 접근하지 않는다.

(5) 백화점, 대형마트의 자동문(회전문), 에스컬레이터 등의 틈새에 끼지 않도록 조심한다.

라) 놀이기구 안전 지도

(1) 자전거, 킥 보드, 롤러스케이트, 롤러브레이드 이용 시 안전모를 착용한다.

(2) 고성능 장난감 총 등 완구 사용에 대한 안전지도 철저히 한다.

(3) 놀이시설의 올바른 사용법 익히기 및 안전 수칙을 지킨다.

마) 보건 위생 지도

(1) 음식을 골고루 먹으며 편식을 하지 않도록 한다.

(2) 일찍 자고 일찍 일어나며, 규칙적인 생활을 하고 알맞은 운동을 한다.

(3) 용의를 단정히 하며 몸은 항상 깨끗이 하고 손을 자주 씻는다.

(4) 청결한 생활습관을 기르고 각종 질병 및 식중독을 예방하여 건강관리를 철저히 한다.

바) 열린 매체(정보 통신 윤리) 지도

(1) 장시간 컴퓨터하지 않도록지도한다.

(2) 청소년 유해 매체물에 접근 않는다.

(3) 매체물의 프로그램 선별 능력 키운다.

(4) 스마트폰을 보며 길을 걷지 않는다.

3) **과제 지도**
  (1) **과제는 '내가 정하는 주제가 있는 체험과제'**로 평소에 자신이 관심이 있거나, 하고
     싶었던 일을 여름방학 기간에 주제를 자율적으로 선정하여 꾸준히 실천하면서 그
     결과 다양한 책을 읽으며 독서의 생활화를 실천한다.
     (도서관 개방일 : 20   .   .   - 20   .   .   월-금, 00:00~10:00)
  (2) 교육방송을 적극 시청하도록 교육방송 시간 및 프로그램을 안내한다.

4) **교직원 복무**
 가) 복무자세 확립
  (1) 복무규정에 의거 근무, 출장(연수), 연가, 근무지 외 연수(개인연수)를 충실히 한다.
  (2) 교사의 자질 향상을 위하여 각종 직무 연수에 적극 참여한다.
  (3) 부단한 자율 연수로 전문직으로서의 자기 발전에 노력한다.
  (4) 교육자로서의 언행 및 용모를 단정히 하며, 음주 운전과 화투 등의 도박은 엄금한다.
  (5) 비상 연락망을 통하여 항상 연락이 되도록 하며, 연락처가 바뀔 경우 학교에 즉
     시 알려서 업무에 차질이 없도록 한다.
 나) 근무 방침
  (1) 근무 시간 엄수 및 인계인수를 철저히 하며 무단 이석을 금한다.
  (2) 여름방학 동안 **근무 시간(8시 30분 ~ 16시 30분)을 준수**한다.
  (3) 근무 시 에너지 절약을 실천하고 항상 깨끗한 학교가 되도록 교사 내외를 청결히 한
     다.
  (4) 공문서 처리 중 **근무자가 처리 불가능한 문서는 담당자에게 즉시 연락하여 처리토록** 한
     다.
  (5) 근무 시에는 **안전사고 미연 방지 및 예방에 힘쓰며 이상이 있을 시 신속하게 처리**한다.
     (학교 → 학교장 → 교육지원청 보고)
  (6) 외부 출입자의 신분 확인 및 통제를 철저히 한다.
  (7) 교실문, 창문 잠금 장치를 철저히 하고 화재 예방 및 도난 방지를 사전 예방하며,
     문제 발생 시 즉시 학교장에게 유선으로 보고한다.
  (8) 각종 민원은 친절하고 신속하게 처리하고, 전화를 바르고 친절하게 받는다.
  (9) 여름방학 캠프 프로그램 운영을 지원한다.(교실개방, 학생관리, 생활지도)
  (10) 교내 외 순시를 철저히 하여 수방시설 점검 및 전기시설의 누전여부를 확인한다.
  (11) 운동장 개방에 따른 기물 파손 예방에 유의한다.
  (12) 개학준비는 방학 기간 중 자율적으로 나와 개학 안내, 교실정리 정돈을 한다.
 다) 교원 연수
  (1) 개별 연수
  ▶교직관을 정립하고 전문적 식견을 갖추기 위한 자기 연찬을 성실히 한다.
  ▶근무장소 및 연수기관 이외의 장소에서의 연수는 20   학년도 2학기 교육과정 준비
     를 철저히 한다.(1학기 교육과정 추진 결과 분석 및 2학기 학년·학급교육과정
     점검)
  (2) 출장 연수(지정 장소)
     ▶각 연수목적 및 과정과 연관하여 업무 담당자를 우선 연수 대상자로 선정한다.

▶주어진 직무연수 시 성실한 자세로 임하며 교사의 품위를 손상시키지 않는다.
5) 학교 시설 및 사무관리
가) 시설 관리
 (1) 폭우에 대비한 시설물 관리에 철저를 기하고 순찰을 강화하여 재해 예방에 만전을 기한다.
 (2) 운동기구, 운동장 배수구, 전기 및 가스 안전점검 여부를 수시로 하여 필요한 조치를 취한다.
 (3) 학교 시설물 및 학교 제반 물품 관리를 철저히 한다.
 (4) 시설은 학교장의 허락을 받은 후 개방하되, 특별한 경우가 아니면 교실은 개방하지 않음을 원칙으로 한다.(방학 중 캠프 및 방과후교육 활동은 제외)
나) 장부 관리
 (1) 공문 및 법정(학교장 관리) 장부는 지정장소에 보관하여 관리한다.
 (2) 보안 점검부, 외래인 출입 기록(방문일지)에 철저를 기한다.
 (3) 학생들의 개인 정보가 유출되지 않도록 정보통신 보안 유지에 힘쓴다.

8 2026학년도 졸업식

가 2026학년도 졸업식 세부업무 내용

세부업무명	주 요 내 용
계획 수립	① 생활기록부, 생활통지표, 건강기록부 정리 ② 졸업생 성적 사정, 수상 대상자 결정③ 졸업식 계획 수립 및 업무 분장 ▶학생을 위한 테마형 졸업식
사전 준비	① 졸업대장, 졸업장, 상장, 표창장 작성 ② 학사보고서 작성, 졸업하는 선배 축하글(이벤트 등) 지도 ③ 초청장 발송, 현수막, 입간판, 졸업 식순 정리 ④ 상품 포장 및 진열 ⑤ 내빈 참석 여부 확인, 상장 전수 방법 확인
진 행	① 졸업식 시행 직전 ▶국기, 애국가, 교가 음원, 방송시설, 기타 준비물 철저 점검 후 진행 ② 졸업식 진행 시나리오 진행안 작성 ③ 졸업식 진행 ▶ 개식 → 국민의례 → 학사보고 → 졸업장 수여 → 졸업생 축하의 자리→ 졸업가 제 창 → 교가 제창 → 폐식 ④ 졸업식 후 ▶ 특별 교외 생활지도 실시 ▶ [사전 점검 후] 생활기록부 합철 보관, 건강기록부 송부
참고자료	▶졸업식 계획 ▶특색 있는 졸업식1(예시) ▶특색 있는 졸업식2(예시)

나 2026학년도 제 ○회 졸업식 추진계획

○○학교

1) 목 적

초등학교 6년간의 기초 교육과정을 마치고, 튼튼한 몸과 바른 인성을 기르며 지혜와 학식을 쌓아 영광의 졸업을 맞이하는 21세기 주역들의 떠나는 자리가, 졸업은 끝남이 아니라 인생의 시작이라는 생각을 갖고 선생님과 부모님에 대한 고마움을 새기면서 더욱더 학업에 전진하려는 각오로 재도약하는 교육적인 행사가 되게 한다.

2) 세부계획

가. 일 시 : 20○○년 ○월 ○일(토) 10시

  ※ 예행연습은 ○월 ○일(금) 10시

나. 장 소 : 본교 시청각실

다. 참가학년 : 졸업생, 재학생 축하공연 학생

라. 함께하는 졸업식 식순

순	프로그램명	활동 내용	비고
	추억의 앨범 상영	추억으로의 여행: 6년 동안 있었던 주요 장면을 영상 방영	영상화면
1	개식사	개식사	
2	국민의례	국민의례 영상 상영	영상자료
3	교육활동 보고	2026년 교육활동 보고 (영상으로 활동모습 상영)	
4	졸업장 수여	사전에 제작된 졸업앨범에 졸업장을 끼워 넣어 수여함	수상자 대표 선정
5	상장 수여	졸업생 전원 1인 1특기상 수여, 대외상(교장실에서 수여)	

순	프로그램명	활동 내용	비고
6	학교장 회고사	내빈 소개 및 학교장 회고사	
7	내빈축사	학교운영위원장(기타 내빈 축사는 생략)	
8	축하 공연	재학생들의 졸업생 축하 공연	
9	영상편지(송사)	학생 2명, 교사(6학년 교사, 행정실, 기타), 학부모 2명	영상자료
10	영상편지(답사)	학생 7명 (전교어린이 회장, 부회장, 학급 반장)	영상자료
11	선물 또는편지교환	5, 6학년이 1:1 결연으로 5학년은 축하엽서를, 6학년은 우애엽서를 제작하여 정성을 다해 쓴 글을 교환하도록 한다.	
12	졸업가 제창	졸업식 노래를 5, 6학년이 함께 부름	
13	스승의 은혜 노래	스승의 날 은혜 노래 제창	
14	어버이 은혜 노래	어버이 은혜에 감사하는 마음을 담아 노래 제창 후 "엄마 ,아빠 사랑해요. 고맙습니다. 앞으로 열심히 할게요"를 모두가 함께 외치도록 한다	
15	교가 제창		
16	폐식사		

다 졸업식 준비 업무 및 추진일정(예시)

영역	내 용	담 당
1. 학사 준비	○ 연혁, 주요 행사, 사업, 실적, 졸업생 수, 학생 재적, 졸업생 수상 현황 등	
2. 영상 제작	○ 추억의 앨범(식전 상영용) ○ 영상 편지(송사) - 학생 2명, 교사(6년 담임, 기타 교사, 행정실 등), 학부모 2명 ○ 영상편지(답사)-학생 7명 (전교어린이 회장, 부회장, 학급 반장) ○ 학사보고 (영상으로 활동 모습 제시)	
3. 졸업앨범 제작	○ 사전에 제작된 졸업앨범에 졸업장을 끼워 넣어 수여함	
4. 축하공연	○ 재학생들의 졸업생 축하공연	
5. 편지 지도	○ 5학년은 축하 엽서를 제작하여 쓴 글을 전달하도록 한다.	
6.포스터 제작	○ 본관 복도 및 6학년 복도에 졸업 축하 포스터 게시	
7. 노래 지도	○ 재학생 축가(5년) 및 졸업생 답가(6년) 졸업식 노래로 지도 ○ 축가 부를 5학년 어린이 20-30명 선발 ○ 5학년과 6학년은 축가 및 답가를 함께 부른다. ○ 스승의 은혜 노래 ○ 어버이 은혜 노래-어버이 은혜 노래 제창 후 "엄마, 아빠 사랑해요. 고맙습니다. 앞으로 열심히 할게요"를 모두가 함께 외치기 ○ 애국가 및 교가	
8. 의식가 준비	○ 애국가- 영상자료 준비 상영	
9. 물품 구입	○ 제작용 앨범 및 상품	
10. 상장출력	○ 졸업장 쓰기, 상장 쓰기	
11. 안내장 발송	○ 안내장 작성 및 발송(발송 명단 작성)	
12. 의식지도	○ 졸업장 수상 연습, 졸업생 입·퇴장 및 의식지도-교실 아동 의자 반입, 반출	
13. 식장 꾸미기	○ 방송설치, 의식가 준비 ○ 화분, 꽃, 단상 준비 (태극기, 교기, 책상, 책상보) ○ 단상 준비(식순, 내빈석 표찰), 안내표지, 입간판(현관) ○ 현수막 : 식장 ○ 표어, 포스터	
14.당일업무	○ 주차장 표시 및 관리 안내 ○ 본부석 철거 ○ 상장 수여 보조 ○ 진행(사회) ○ 비디오 녹화 ○ 의식 노래 지도 및 지휘 ○ 접대(교장실), 안내(교무실 협조) ○ 사진 촬영	

라 졸업식 식순(예시)

1. 개식   2. 국민의례   3. 교육활동 보고   4. 졸업장 수여 및 상장수여

5. 학교장 회고사   6. 내빈 축사   7. 재학생 축하공연   8. 영상편지 상영

9. 선물(편지) 교환   10. 졸업식 노래 제창   11. 스승의 은혜 제창

12. 어버이 은혜 제창   13. 교가 제창   14. 폐식

마 제 ○ 회 졸업식 시나리오

▶ 식전 행사

추운 날씨에도 제○회 졸업식에 참석해 주신 내빈과 학부모님께 감사의 말씀을 드립니다.
지난 6년간 특기적성, 체험학습, 운동회, 학급자랑 등 학교생활의 활동 모습과 꿈을
영상에 담아 보았습니다. 함께 보도록 하겠습니다.

1) 개식사

여러 가지로 바쁘신 가운데 본교 제○회 졸업식을 빛내기 위하여 자리를 함께 하신
내빈과 학부모님 여러분께 진심으로 감사의 말씀을 드립니다.
지금부터 본교 제○회 졸업식을 시작하겠습니다.

2) 국민의례

국민의례가 있겠습니다. 재학생, 졸업생 일어섯!
내빈 여러분 및 학부모님 모두 자리에서 일어나 국기를 향해 주기 바랍니다.
국기에 대하여 경례! 바로!
애국가 제창! 애국가 제창은 1절을 하겠습니다.
(○○○선생님은 단상으로 올라가 지휘한다.)
 모두 자리에 앉아 주기 바랍니다.

3) 학사보고

"교감 선생님께서 우리 학교의 연혁과 올해 교육활동 성과를 소개하시겠습니다."
 (졸업장 수여 및 상장 수여에 앞서 교장선생님께서 내빈 소개를 해 주시겠습니다.)

4) 졸업장 수여 및 상장 수여

 (내빈 소개)-소개자료 준비
 "6년 동안의 초등학교 전 과정을 성실히 마친 졸업생들에게 교장 선생님께서 영광

의 졸업장을 수여하겠습니다.”

본교에서는 개인별 특기와 품성을 찾아 졸업생 전원에게 학교장상을 수여하기로 하였습니다. 그리하여 전 학생 능력별 시상 기준에 의거 각 분야별로 공로상 ○명, 봉사상 ○명, 근면상 ○명, 예절상 ○명, 협동상 ○명, 선행상 ○명, 특기상 ○명을 선발하였습니다. 각 분야별 상장은 졸업장과 함께 수여하도록 하겠습니다.

“졸업생들 단상으로 한 줄씩 입장하여 주기 바랍니다.”

이어서 ○학년 담임선생님께서 졸업생들에 대한 소개로 졸업장 수여를 하겠습니다. (6학년 창조반 담임)

“20○○학년도 ○○초등학교 졸업장을 받을 사람 총 ○○○명에서 6학년 ○반 1번 ○○○어린이부터 수여하겠습니다.

▶ 다음은 대외상입니다.

대외상은 졸업식 안내자료에서 보시는 바와 같이 총 ○○명의 어린이에게 교장실에서 별도로 시 상하였습니다.

이 외에도 컵스카우트 연맹과 학교운영위원회에서 3명의 졸업생에게 장학금을 보내주셨으며 시간 관계상 졸업식 전에 교장실에서 전달하였음을 안내합니다. 감사합니다.

5) 학교장 회고사

“이제 졸업생들에게 교장 선생님께서 축하와 격려의 말씀을 해주시겠습니다. 졸업생 모두 일어서 주기 바랍니다.”

교장선생님께 [인사!]

모두 자리에 앉아 주기 바랍니다.

6) 내빈 축사

졸업생들에게 축하와 격려의 말씀을 시간 관계상 운영위원장 한 분만 모시겠습니다. 운영위원장님께 [인사!]

(인사 후) “모두 자리에 앉아 주기 바랍니다.”

이 외에도 ○○초등학교 졸업을 축하하는 축전을 보내주셨습니다. 소개하겠습니다.

제0회 졸업을 축하하며 앞날의 성공과 발전을 기원합니다. - ○○○ -

7) 재학생 축하공연

다음은 본교 재학생들의 축하공연이 있겠습니다.

8) 영상편지 상영

이어서 재학생들이 졸업생들에게 보내는 영상편지를 들어보는 시간을 갖도록 하겠습니다.

9) 선물(편지) 교환

재학생과 졸업생이 마음의 정을 듬뿍 담은 사연을 편지에 담았습니다. 이 편지를 교환하도록 하겠습니다. 5학년, 6학년 대표는 앞으로 나오기 바랍니다. 편지를 교환할 때 힘찬 박수 부탁드립니다.

10) 졸업식 노래 제창

이어서 5학년, 6학년 학생들의 함께 졸업식 노래 제창을 하겠습니다.

11) 스승의 은혜 제창

깊은 사랑과 배움의 기쁨을 알려주신 교장, 교감선생님 그리고 여러 선생님들의 가르침을 마음에 새기고 그 은혜에 보답하는 뜻으로 스승의 은혜 노래 제창이 있겠습니다.

12) 교가 제창

모교의 명예와 빛나는 전통을 드높이기 위하여 성과 열을 다할 것을 저희 졸업생 모두는 굳게 다짐하기를 바라면서 교가제창 하겠습니다. 내빈께서도 일어서서 함께 축하해 주시기 바랍니다.

13) 폐식사

이상으로 ○○초등학교 제○회 졸업장 수여식을 모두 마치도록 하겠습니다.

졸업을 축하해주시고 이 자리를 빛내 주신 내빈 여러분과 학부모 여러분께 다시 한 번 감사의 말씀을 드립니다. 편안히 안녕히 돌아가십시오. 감사합니다.

☞ **방학업무 처리절차 다운받는곳 :** https://cafe.daum.net/shm16/H5M2/3329

9 2026학년도 학부모회 운영

가 학부모회 운영 세부업무 내용

세부 업무명	주 요 내 용	
학부모회 운영계획 수립	관련근거	▶ 교육기본법 제5조, 제13조 ▶ 초·중등교육법 시행령 제59조 ▶ 00도교육청 학교 학부모회 설치·운영에 관한 조례
	① 학부모회 참여 구성범위 협의(교육공동체 협의) ② 학부모회 운영계획 수립	
학부모회 구 성	① 학부모회 총회 시 임원 선출 ② 운영계획 협의 ③ 당선 통지서 수여④ 학부모회 총회(학부모회 운영을 위한 협의)	
	참고자료	▶ 학부모회 구성절차 ▶ 학부모회 운영계획 ▶ 학부모회 당선 통지서

세부업무명	주 요 내 용
학부모회 운영	① 학교교육 모니터링 ▸학교교육과정, 학생수업 및 생활지도 등 학교교육에 대한 모니터링 ② 학교교육활동 참여·지원 ▸학교교육활동 의사결정과정 참여 ▸학교교육활동 참여 ▸교육기부(재능기부, 지식기부) 자원봉사 활동 ③ 학부모 교육 ▸학교교육, 자녀이해교육, 진로교육 영역 참여
참고자료	▸학부모회 규정 예시안 ▸학부모 교육 안내장 ▸학부모 재능기부 안내장 ▸학부모 학교교육 안건제안서 ▸바자회 운영 안내장 ▸학부모회 학교참여 운영계획서 ▸학교 학부모회 운영 매뉴얼 ▸2026 학부모회 운영 설명회 자료

나 학부모회 구성 절차

1) 학부모회 구성 체계

학부모회총회 [조례 제10,11조]	◯ 정기총회(「초·중등교육법 시행령」제59조 제2항에 따른 전체회의) • 시기 : 매년3월 개최 • 학부모회 총회는 전체 학부모 회원이 참여하는 학부모회의 최고 의결 기구 • 학부모회 활동 계획 수립, 규정 제·개정, 임원 선출, 학교운영위회 학부모 위원 선출 등을 의결함 ◯ 임시총회 • 시기 : 회장이 필요하다고 인정할 때 또는 해당 학교 학부모회 규정 으로 정하는 회원 수 이상의 요구가 있을 때 • 회의내용 : 전체 학부모 의견 수렴이 필요한 사항
대의원회 [조례 제9,12,13조]	◯ 정기회 • 시기 : 매년 1회 이상 개최 • 구성 : 임원, 학년별 대표, 학급별 대표, 기능별 학부모회 대표 등이 참여 하는 의결 기구(대의원의 수는 단위학교 학부모회 규정으로 정함) • 의결사항 - 총회 의결사항 외의 학부모회 운영에 관한 사항 - 총회 의결로 대의원회에 위임한 사항

<table>
<tr><td>학년별·학급별·
기능별학부모회
[조례 제9조]</td><td>● 학부모회 산하에 필요한 경우 해당학교 학부모회 규정이 정하는 바에 따라 학년별 학부모회, 학급별 학부모회, 기능별 학부모회를 둘 수 있음</td></tr>
</table>

2) 학부모회 조직(예시)

가) 단위학교

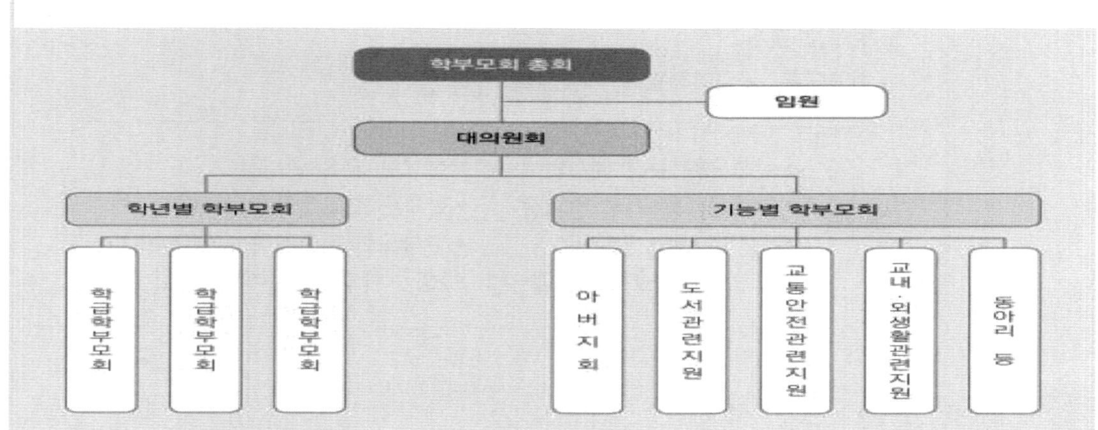

나) 학교규모

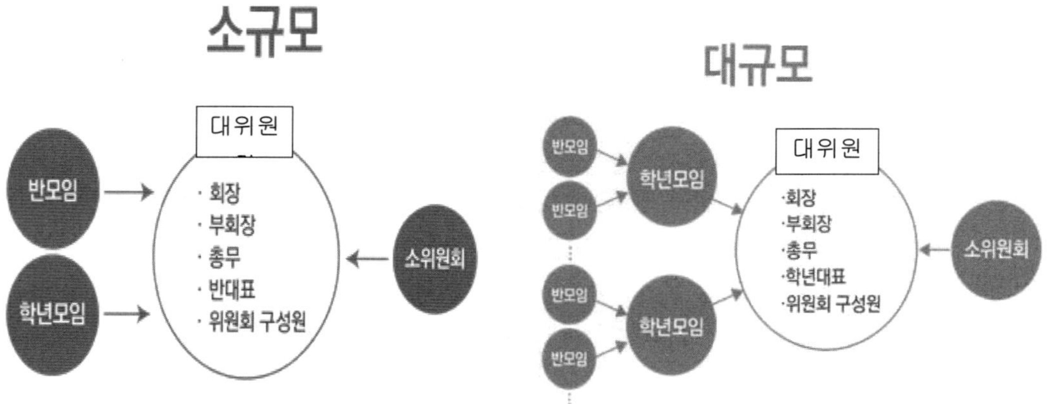

※ 학교규모와 지역 실정에 맞춰 구성하여 운영 가능

다) 학부모회 총회

▶ 총회의 정의

(1) 총회란 학부모 전체가 참여하여 학부모회의 최고 의사를 결정하는 회의체로 「초·중등교육법 시행령」제59조 제2항에 따른 학부모 전체회의를 말함

(2) 정기총회, 임시총회는 학부모회장이 소집

※ 임시총회는 단위학교 학부모회규정으로 정하는 회원 수 이상의 요구가 있을 때 소집

(3) 회장은 총회를 개최하려는 경우 **의제** 및 **일시**, **장소**를 총회 개최 7일전까지 학

교 누리집 및 가정통신문 등을 통해 공고하여야 함

(4) 총회는 회원의 **10분의 1 이상의 출석**과 **출석 회원 과반수의 찬성**으로 의결

(5) 회장은 총회 종료 후 7일 이내에 회의 결과를 **학교누리집** 등을 통해 전체 회원에게 공개해야 함

▶ 총회보고 및 의결사항

(1) 학부모회 연간활동계획수립 및 전년도 활동결과 보고

(2) 학부모회 규정의 제·개정 사항

(3) 학부모회 임원선출

(4) 학교 운영에 있어서 학부모와 직접 관련 있는 사항으로 학부모들의 의견 수렴이 필요한 사항

(5) 그 밖에 회장이 학부모회의 의결을 거치는 것이 필요하다고 인정하는 사항

▶ 학부모회 총회의 임원 구성

(1) 임원은 회장 1명, 부회장과 감사로 구성하되, 임원의 정수는 해당학교 학부모회 규정으로 정한다.

(2) 회장 선출은 학부모총회에서 민주적인 절차에 따라 선출한다.(18쪽 참고)

(3) 부회장, 감사의 선출은 회장 선출방법을 준용한다.

(4) 임원의 임기는 학부모회 규정으로 정한다.
    (다만, 학생의 졸업으로 인한 경우는 임기만료일까지 자격을 유지)

(5) 학부모회 회장의 연임규정은 **단위학교 학부모회 규정**으로 정한다.

(6) 회장이 궐위되었을 때에는 부회장 중 대의원회에서 정한 자가 궐위된 회장의 남은 임기 동안 그 직무를 대행한다. 부회장까지 궐위되었을 때에는 대의원회에서 정한 자가 그 직무를 대행한다.(단, 단위학교 학부모회 규정에 명시되었을 경우)

▶ 임원의 역할

(1) 회장은 학부모회를 대표하고, 학부모회의 업무를 총괄한다.

(2) 부회장은 회장을 보좌하며 회장이 부득이한 사유로 직무를 수행할 수 없을 때에는 그 직무를 대행한다.

(3) 감사는 학부모회의 업무 및 회계를 감사한다.
    (학부모회의 사무를 원활하게 처리하기 위하여 학부모회 회원 중에서 간사를 둘 수 있다.)

▶ **정기총회 절차**

○ 정기총회는 매년 3월 개최, 학부모회 회장이 소집
○ 최초 개최(신설교, 학부모회 미설치교 등) 시에는 학교장이 소집

절 차	내 용	일정
총회준비	○ **학부모회 총회준비위원회 구성** 임원, 대의원, 회원, 학교관리자, 교직원(담당교사)등과 협력하여 구성 ☞ 총회는 학부모회회장이 소집하나 학교의 협조가 요구됨으로 학부회	12월 ~ 3월초

총회준비위원회에 학교관리자, 교직원(담당교사)등의 참여가 필요

◯ **학부모회 총회준비위원회 역할**(총회 개최에 관한 전반적인 사항)
- 학부모회 총회에 대해 **학교와 학부모의 의견 수렴**
- 학부모회 구성에 관한 사항 준비
- 학부모총회 개최 계획 수립
- 학부모회 임원선출관리위원회 구성 계획 수립
- 전년도 학부모회 활동 결과 보고 준비
- 전년도 학부모회 예산집행 결과 보고 준비
- 학부모회 규정 제·개정(안) 준비
☞ 최초의 학부모회 규정은 조례에 근거 학교장이 마련함
☞ 개정안은 수렴한 의견을 바탕으로 학부모회에서 마련함
- 당해연도 학부모회 운영에 대한 활동계획(안) 준비
- 개인정보수집/이용·제공 동의에 관한 사항 준비
- 학부모회 총회 결과 공고

◯ 학부모회 총회준비위원회 활동 절차(예시)
- 학부모회 구성에 대해 학교와 학부모의 의견 수렴
- 총회 계획 작성(일시, 장소, 의결사항, 임원선출, 총회식순, 사회자, 총회유인물(가정통신문 및 학교설명자료), 좌석배치, 도우미, 안내 입간판, 다과 등)
- 전년도 학부모회 규정을 참조하여 제·개정할 조항의 의견수렴
- 전년도 학부모회 활동의 결과보고 및 학부모회 활동계획(안) 수립
- 학부모회 임원선출관리위원회를 구성하여 임원 선출에 관한 사항을 일임
- 원활한 학부모회 활동을 위한 개인정보 수집/이용·제공 동의에 관한 사항 준비

절 차	내 용	일정
총회 준비	◯ 학부모회 임원선출관리위원회 구성(학부모 ◯명) - 학부모회 임원의 공정한 선출을 관리하기 위하여 구성 - 학교운영위원회 학부모위원선출관리위원회에서 겸임 가능 ◯ 학부모회 임원 선출관리위원회 역할(임원선출 사무 총괄) - 학부모회 임원 선출관리위원장 선출 - 학부모회 임원 선출에 관한 세부 계획수립 • 선출홍보 및 공고에 관한 접수·확인·발송에 관한 사무 • 후보자 등록에 관한사무 • 선거인명부작성, 열람, 명부 확정 • 소견발표회의 관리 및 안내에 관한 사무 • 투표안내문의 작성	2월중 ~ 3월초

	및 발송에 관한 사무 • 선거의 공보에 관한 사무 • 선거인 후보자 명부의 작성에 관한 사무 • 투표 및 개표에 관한 사무 •당선자 공고, 통보에 관한 사무	
	⬤ 학부모회 임원선출관리위원회 활동 절차(예시) **- 임원선출관리위원은 피선거권이 제한되므로 반드시 본인 동의 필요** - 민주적 방법에 의한 학부모회 임원선출관리위원장 선출 - 학부모회 임원 선출 계획 수립(선출홍보, 선출공고, 입후보신청서, 선거인명부, 입후보자 등록, 선거공보, 투표용지 및 투표장소 준비, 개표에 관한 사항, 당선자 공고, 선거결과 홍보 등 선출에 관련된 일반사항)	

절 차	내　　용	일정
총회 안내	⬤ 학부모총회 안내(7일 전) - 학부모회 회원자격 및 투표권 안내 - 총회개최 일시, 장소, 안건 안내 - 학부모회 임원선출공고 안내(입후보 신청 및 등록) ⬤ 방법 - 총회 개최를 다양한 방법으로 안내하여 학부모회원의 1/10 이상이 참석할 수 있도록 한다.(가정통신문, 학교누리집, 현수막, SNS 등)	
총회 개최	⬤ 학부모총회 개최 학부모회 총회준비위원회와 학부모회 임원선출관리위원회의 추진계획에 따라 총회 개최 - 개회 및 국민의례 - 학교장, 학부모회 회장 인사말 - 총회 안건 : 1. 전년도 학부모회 결과(감사, 활동, 예.결산) 보고 　2. 학부모회 규정 제·개정 사항　3. 학부모회 임원 선출 　4. 학부모회 활동계획 수립　　5. 그 외 학부모회의 의결이 　　필요 한 사항 - 학부모회 임원 당선 소감 발표 - 폐회	총회 당일
결과	⬤ 내용	총회

안내	- 학부모회 임원선출 결과 공개 - 학부모회 총회 회의 결과 공개 ◯ 방법 - 가정통신문, 누리집, SNS 등 다양한 방법으로 안내	종료 7일 이내

▶ 학부모회 임원 선출 과정

- 학부모회 임원을 선출하기 위하여 아래와 같은 민주적인 절차에 의하여 선출한다.

1) 직접 투표에 의한 선출 과정(예시)

과정	내 용	담당
선출관리 위원회 구성	• 학부모 ◯명 • 주 체 : 학부모회 임원으로 입후보하지 않은 학부모로 구성 (피선거권 제한)	담당교사

↓

과정	내 용	담당
선출홍보 • 공고	• 임원선출 일시, 장소, 방법, 선출인원 안내 • 선거인명부 열람에 관한 사항 • 방 법 : 가정통신문, 게시판, 누리집 등 홍보 및 공고	선출관리 위원

↓

과정	내 용	담당
선거인 명부 작성	• 선거인의 자녀가 속한 학년별로 작성(보존용, 열람용, 투표 용지 수령용 3부) • 일정한 장소에 비치하여 자유로운 열람이 가능하도록 함.	선출관리 위원

↓

과정	내 용	담당
후보자 등록	• 학부모회 임원 입후보 신청서(회장, 부회장, 감사) • 선출관리위원회에 등록 • 후보등록 접수대장에 등록 후 후보등록 접수증 교부	선출관리 위원

↓

과정	내 용	담당
선거 공보	• 선거에 관한 사항(선거일시, 장소, 방법, 지참물 등)	선출관리 위원

↓

과정		내 용	담당
투표용지 • 투표장소 준비	대면 방식	• 후보자 기호, 이름, 기표란 기재 • 투표용지의 진위확인·위조방지를 위해 선출관리위원장의 사인 날인 • 기표소(용구), 투표함, 투표순서, 기표방법 안내 표지판 설치	선출관리 위원 및 담당 교사
	비대면 방식	• 온라인 투표 접속방법 안내	

※ 학부모총회에서 학교운영위원회 학부모위원을 선출하여야 하며, 사전에 학교운영위원회와 협의
  하여 학부모회 임원과 학교운영위원회 학부모위원을 같은 날 선출함. 이를 위해 학교운영위원회
  학부모위원 선출관리위원회가 관리하는 것을 권장

※ 학부모회 임원과 학교운영위원회 학부모위원에 각각 입후보하여 선출되면 **겸임 가능**

◑ **학부모총회 연수자료(예시)** https://cafe.daum.net/shm16/Qukg/3921

◑**2026학년도학교설명회/학부모연수자료활용안내(초.중.고)**https://cafe.daum.net/shm16/Qukg/4172026

10 2026년 학교교권보호위원회

가 학교교권보호위원회 세부업무 내용

세부 업무명		주 요 내 용
목적 및 역할	관련근거	▸ 교원의 지위 향상 및 교육활동 보호를 위한 특별법 제19조(2024.3.28.자 개정 교원의 지위 향상 및 교육활동 보호를 위한 특별법 18조2항 지역 교권보호위원회로 이관) ▸ 교원의 지위 향상 및 교육활동 보호를 위한 특별법 시행령 제15조, 제16조 ▸ 교육활동 침해 행위 고시(교육부 고시)
	① 설치 목적 ▸ 교원의 교육활동 보호에 관한 사항을 심의하기 위하여 유치원을 제외한 각급 학교에 설치 ② 학교교권보호위원회의 이해 ▸ (개념) 교원의 교육활동을 보호에 관한 교육활동 침해 기준 마련 및 예방 대책 수립, 「교원의 지위향상 및 교육활동 보호를 위한 특별법」제18조 제1항 교육활동 침해학생에 대한 조치, 교원의 교육활동과 관련된 분쟁 조정, 그 밖에 '학교교권보호위원회 구성 및 운영에 관한 규칙(학교규칙)'으로 정하는 사항을 심의하는 기능을 가짐 ▸ (법적지위) 「교원의 지위향상 및 교육활동 보호를 위한 특별법」의 교원의 교육활동보호를 위한 심의기구	

조 직	① 학교교권보호위원회 구성 및 위원 선출
	▸ (위원 수) 위원장 1명을 포함하여 5명 이상 10명 이하
	▸ (위원 선출) 다음 각 호의 사람 중에서 학교장이 임명하거나 위촉하며, 위원장은 위원 중에서 호선함. 다만, 해당 학교 교원위원은 위원 정수의 2분의 1을 초과하지 아니함
	  1. 학생 생활지도 경력이 있는 해당 학교의 교원
	  2. 대학이나 공인된 연구기관에서 조교수 이상 또는 이에 상당한 직에 재직하고 있거나 재직했던 사람으로서 교육활동 관련 전문지식이 있는 사람
	  3. 해당 학교 학생의 학부모
	  4. 변호사 자격이 있는 사람	

세부 업무명	주 요 내 용

> 5. 해당 학교가 소재하고 있는 지역을 관할하는「경찰법」제2조제2항에 따라
>   경찰서에 소속된 국가경찰공무원
> 6. 그 밖에 고등학교 이하 각급학교의 교육활동 관련 지식과 경험이 있는 사람
> ② 위원의 임기
> ▸ 위촉직 위원의 임기는 2년, 한 차례만 연임할 수 있음
> ③ 회의 소집 통지
> ▸ 학교의 장이 요청하는 경우, 재적위원 4분의 1 이상이 요청하는 경우, 그 밖에
>   학교교권보호 위원회의 위원장이 필요하다고 인정하는 경우
> ▸ 회의 진행 과정 :'2025 교육활동 보호 길라잡이'의 학교교권보호위원회 시나리오
>   참조

참고자료	▸ 학교교권보호위원회 구성 및 운영에 관한 규칙(예시) ▸ 2026 교육활동 보호 길라잡이'

기능 및 운영	

① 위원회의 기능
▸ 교육활동 침해 기준 마련 및 예방 대책 수립
  ○ 「교원의 지위향상 및 교육활동 보호를 위한 특별법」제15조 제1항 및 교육부의
    「교육활동 침해 행위 고시」제2조에서 정하는 교원의 교육활동을 침해하는 행위에
    대한 기준 마련
  ○ 교육활동 침해 예방을 위한 예방 대책 수립
▸ 교육활동 침해 학생에 대한 조치
  ○ 교육활동 침해 학생에 대하여 '교육활동 침해 학생 조치별 적용 기준'(교육부 고시)에
    따라 조치
▸ 교원의 교육활동과 관련된 분쟁의 조정
  ○ 학생 또는 학생의 보호자 등이 교육활동 중인 교원에 대하여 교육활동을 침해하
    는 행위에 대하여 분쟁을 조정함
▸ 그 밖에 학교규칙으로 정하는 사항
② 회의 운영
▸ (회의 소집) 학교의 장이 요청하는 경우, 재적위원 4분의 1 이상이 요청하는 경우,
  그 밖에 학교교권보호위원회의 위원장이 필요하다고 인정하는 경우
▸ (회의 진행 과정)'2023 교육활동 보호 길라잡이'의 학교교권보호위원회 시나리오
  참조
③ 학교교권보호위원회의 기능 강화
▸ 교육활동 침해 학생에 대한 조치   ▸ 교원 위원을 2분의 1을 초과하지 아니함
④ 교육활동 침해행위 예방 교육
▸ 고등학교 이하 각 급 학교장은 교직원.학생.학생의 보호자를 대상으로 매년 1회 이상 실
  시
⑤ 교육활동 침해행위의 내용과 보호조치 결과 보고
▸ 중대한 교육활동 침해 행위에 해당하는 경우

세부 업무명	주 요 내 용

○ 중대한 교육활동 침해 행위
 - 상해.폭행 등의 행위로 교원이 사망하거나 4주이상 치료가 필요하다는 의사
   의 진단을 받은 경우
 - 성폭력범죄 행위
 - 정보통신망을 통하여 공포심이나 불안감을 유발하는 문언·영상 등을 반복적으로
   보내 해 교원이 4주 이상의 치료가 필요하다는 의사의 진단을 받은 경우
 - 그 밖에 사안이 중대하여 교육부장관에게 보고할 필요가 있다고 교육감이
   인정하는 경우
○ 중대한 사안 발생 즉시 교육(지원)청 유무선 보고 후 24시간 이내 문서 보고
▶ 중대한 침해 행위 외 교육활동 침해 행위
○ 사안 발생 즉시 문서 보고 및 학교교권보호위원회 결과 보고
▶ 학교별 보고 체계
  ○ 초등학교 · 중학교 → 교육지원청 → 도교육청시.도교육인권센터)
  ○ 고등학교.특수학교 → 도교육청(시.도교육인권센터)

나 학교교권보호위원회 구성 및 운영에 관한 규칙(예시)

○○○학교

제1조(목적) 이 규정은 교원의 지위 향상 및 교육활동 보호를 위한 특별법 시행령
(이하 "영"이라 한다.) 제6조(학교교권보호위원회의 설치·운영)의 규정에 따라
"○○○학교 교권보호위원회"의 구성 및 운영 등에 관한 사항을 규정하여 공정
하고 합리적인 교권보호를 목적으로 한다.

제2조(기능) 학교교권보호위원회(이하"위원회"라 한다.)는 영 제6조 제1항의 규정에
의하여 교원의 교육활동을 보호하기 위하여 다음 각 호의 사항을 심의한다.

 1. 교육활동 침해 기준 마련 및 예방 대책 수립
 2. 교육활동 침해 학생에 대한 선도 등의 조치
 3. 교원의 교육활동과 관련된 분쟁의 조정
 4. 그 밖에 학교규칙으로 정하는 사항

제3조(구성) ① 위원회는 위원장 1명을 포함하여 5명 이상 10명 이하의 위원으로 구
성 한다.

 ② 위원회의 위원은 학교의 교원, 학부모 및 지역사회 인사 중 다음 각 호에 해당
하는 사람 중에서 학교장이 위촉하되, 위원의 구성이 편중되지 않도록 한다.

 1. 교장 (경기도 학교교권보호위원회 조례에 따른 당연직)
 2. 교사(업무담당교사 제외)
 3. 학교운영위원회 교원위원, 학부모 위원, 지역 위원 각 1인

　　4. 경찰공무원 또는 법률적 지식이 있는 사람

　　5. 교권보호 관련 지식과 경험이 있는 사람

제4조(위원의 자격상실) ① 위원이 다음 각 호의 어느 하나에 해당할 때에는 자격을 상실한다.

　　1. 교원위원이 소속을 달리할 때

　　2. 학부모 위원은 자녀가 졸업 및 전학·퇴학한 때, 다만, 자녀가 졸업한 경우에는 해당학년도 말까지 위원의 자격을 유지한다.

　　3. 회의소집 통지를 받고도 사전 연락 없이3회 연속 회의에 불참한 때

제5조(위원장) ① 위원장은 위원 중에서 호선하며, 임기는 1년으로 하되 연임할 수 있다.

　② 위원장은 위원회를 대표하고 회의를 소집하며, 위원회의 업무를 통할한다.

　③ 위원장이 부득이한 사유로 직무를 수행할 수 없는 경우에는 위원장이 미리 지명한 위원이 그 직무를 대행한다.

제6조(위원의 임기) 위원의 임기는1년으로 하며 두 차례만 연임할 수 있다. 다만, 보궐위원의 임기는 전임자 임기의 남은 기간으로 한다.

제7조(위원의 의무) ①위원은 무보수 봉사직으로서 수당을 지급하지 아니한다.

　② 위원은 회의에 성실히 참여하여야 한다.

제8조(회의소집) 다음 각 항 어느 하나에 해당하는 경우 학교교권보호위원회를 소집한다.

　① 재적 위원 4분의1 이상이 요청하는 경우

　② 교원의 교육활동 침해 사실을 신고 받거나 보고 받은 경우

　③ 그 밖에 위원장이 교원의 교육활동 보호를 위하여 필요하다고 인정하는 경우

제9조(회의운영) ① 회의 소집 신청이 있는 경우 위원장은 지체 없이 회의를 개최하여야 하며, 신청이 있은 날로부터 7일 이내에 회의를 개최한다.

　② 회의의 소집통지는 위원장이 각 위원들에게 서면 또는 구두로 하되, 개최일 3일 이전에 하여야 한다. 다만, 위원장이 긴급을 요하는 사안이라고 인정하는 경우에는 그러하지 아니하다.

　③ 회의의 운영 등에 관하여 본 규정에서 규정하지 아니한 사항은 광주광역시 학교교권보호위원회설치·운영에 관한 조례를 준용한다.

제10조(비밀누설 금지) ① 위원회의 회의는 공개하지 아니한다. 단 학교 내 교권보호 업무처리에 관련된 자에 한하여 방청이 가능하다.

　② 위원회의 위원은 직무상 알게 된 비밀을 누설하여서는 아니 된다.

　③ 이 규정에 의한 업무를 수행하거나 수행하였던 자는 그 직무로 인하여 알게 된 비밀을 누설하여서는 아니 된다

제11조(의사 및 의결정족수) 위원회는 재적위원 과반수의 출석으로 개의하며, 출석위원 과반수의 찬성으로 결정한다.

제12조(위원의 제척·기피·회피) ① 위원이 분쟁의 당사자가 된 경우에는 당해 사안

의 심의 등에 위원의 자격으로 참여할 수 없다.

② 분쟁의 당사자는 위원에게 심의 등의 공정을 기대하기 어려운 사정이 있는 경우에는 기피 신청을 할 수 있다.

③ 위원이 제1항 또는 제2항의 사유에 해당하는 때에는 스스로 그 사건의 심의 등에서 회피할 수 있다.

제13조(심의 등 결과의 처리) ① 위원장은 위원회 심의 등의 결과를 관련 당사자에게 즉시 통지하는 등 적절한 조치를 취하여야 한다.

② 당사자는 위원회의 심의 등 결과를 존중하여야 한다.

③ 위원회에서 교원에 대한 협박·폭행·폭언 등으로 당해 교원 또는 학교교육에 중대한 피해가 발생하였다고 판단한 사안에 대하여는 학교장은 관련자를 사법기관에 고발할 수 있다.

④ 분쟁 당사자 쌍방의 조정이 성립되지 않았거나 어느 한 쪽이라도 계속 조정을 희망하는 경우 경기도교육청교권보호위원회로 안건을 이송한다.

제14조(간사) 위원회의 회의기록 등 사무를 효율적으로 처리하기 위하여 교권보호 업무담당교사 또는 학교장이 지명하는 교원을 간사로 운영할 수 있다.

부 칙

이 규정은 ○○○일부터 시행한다.

다 교권보호위원회 처분교사 권리와 의무 이해하기)

1) 교권보호위원회의 역할과 중요성

교권보호위원회는 학교 내 분쟁 상황이나 부당한 대우에 대해 객관적인 판단을 내리는 기구입니다. 예를 들어, 학생이나 학부모가 교사의 교육 활동에 과도하게 간섭하거나 부당한 요구를 할 때 이 위원회가 개입해 문제를 조정하는 경우가 많아요. 또한, 교사가 자신의 교육권을 침해받았다고 느낄 때 도움을 받을 수 있는 창구 역할을 합니다. 이렇게 보면 단순히 처분을 내리는 기관이 아니라, 교사의 근무 환경과 권리를 보호하는 중요한 울타리라고 생각할 수 있답니다.

2) 교사가 반드시 알아야 할 권리와 의무

교사는 학생의 학습 지도뿐만 아니라 인격 형성을 돕는 중요한 책임도 맡고 있어요. 이 과정에서 자신의 권리를 지키기 위해서는 어떠한 상황에서도 정당한 절차와 대우를 받을 권리가 있다는 점을 기억해야 합니다. 동시에 학생에게 모범이 되는 행동과 규범 준수 의무 역시 무겁죠. 예컨대, 학생과의 소통에서 존중하는 태도를 유지하고, 학교 규칙에 따라 공정하게 업무를 수행하는 것이 기본입니다. 이런 균형 잡힌 자세가 결국 교권 보호에도 큰 힘이 됩니다.

Ⅱ. 교원의 복무

Ⅱ. 교원의 복무

1 교원의 복무 관리

가 출장

1) 출장의 구분(「공무원 여비 규정」 제18조)

가) 근무지 내 출장

(1) 특별시와 광역시를 포함한 동일시와 군 및 섬(제주특별자치도 제외)안에서의 출장 또는 여행거리가 12km 미만인 출장

(2) (⇒ 경기도내 안에서의 출장은 근무지 내 출장)

나) 근무지 외 출장

(1) 특별시와 광역시를 포함한 동일시와 군 및 섬(제주특별자치도 제외)밖으로의 출장이며 여행거리가 12km 이상인 출장

(2) (⇒ 경기도 밖으로의 출장은 근무지 외 출장)

※ 국외출장에 관하여는 경기도교육감 소속 공무원의 「공무국외여행규정」 참조

2) 출장과 초과근무

가) 출장 기간 중의 초과근무는 원칙적으로 인정되지 않으므로, 출장 목적 달성에 지장이 없도록 이동시간과 휴식 시간 등을 고려하여 출장 기간을 부여하여야 함

나) 국내 출장의 경우 시간외근무수당·야간근무수당 및 휴일근무수당은 원칙적으로 지급할 수 없으나, 출장의 목적상 필연적으로 시간외근무의 발생이 예상되는 경우 시간 외 근무 명령에 따라 출장 중 또는 출장 후 「국가공무원 복무규정」 상의 근무 시간 외에 근무를 한 자 에게는 시간외근무수당 지급 가능(「공무원보수 등의 업무지침」)

※ 출장 시 시간 외 근무수당 지급 관련 안내 〉

다) 출장비와 시간 외 근무수당 병급 지급 여부

(1) 출장 여비는 공무원이 공적 업무를 수행하기 위해 필요한 여행에 소요된 비용을 보전하기 위한 것이며, 시간 외 근무수당은 시간 외 근무명령에 따라 규정된 근무 시간 외에 근무한 공무원에게 지급되는 수당임

(2) 출장 여비와 별도로 출장 기간 중에 교육과정 운영상 필요한 경우에 대해서는 학교장 판단 하에 실제로 당일 총 근무한 시간이 드러나는 객관적인 증빙이 있는 경우 시간 외 근무수당 지급이 가능함(이동시간 및 개인 용무 시간 제외)

(3) 기타 시간외근무의 필요성, 객관적인 증빙자료의 요건 등은 시간 외 근무명령권자가 제반 사항을 고려하여 엄격하게 판단해야 함

라) 객관적인 증빙자료

(1) 일반적으로 객관적인 증빙은 다음 사항을 충족시키는 객관적이고 명백한 서류 또는 정황을 말

함

> ‣ 불가피성 : 출장의 목적상 필연적으로 본연의 업무 수행을 위한 초과근무의 필요성이 있었는가?
> ‣ 사전 초과근무 명령 : 적절한 절차에 의해 초과근무 명령을 사전에 받았는가?
> ‣ 시간 확인 및 성과 확인 : 초과근무 사실을 육하원칙에 의해 입증할 수 있는가?

(2) 출장 시에 초과근무에 대해 시간외수당을 지급할 수 있는가?

예) 가능한 경우

☞ 초과근무 사실을 입증할 수 있는 결재권자의 현지 확인서

☞ 교육과정 운영과 관련하여 사전 계획에 의해 수학여행, 수련활동, 현장체험 활동 등을 승인한 사전답사를 하는 경우

☞ 교육과정 운영과 관련하여 사전 계획에 의해 수학여행, 수련활동, 현장체험 활동 등에 학생을 인솔하는 경우

☞ 사전 계획에 의해 자매결연된 1교1복지시설에 학생을 인솔하여 봉사활동을 가는 경우

☞ 대회 참가 학생들을 인솔할 때, 일정 및 활동 시간을 확인할 수 있는 대회 주관 협회 등의 공문이 있는 경우

☞ 기타 학교장이 교육과정 운영상 필요하다고 판단하여 출장과 함께 초과근무를 명령한 경우**(근무명령 및 사전 계획 수립)**

※ 위 경우에도 시간외근무에 대하여 다른 명목으로 보상을 받는다면 동 수당은 지급할수 없음. 또한 국외출장 중 초과근무수당은 지급요건 충족과 관계 없이 지급할 수 없음

예) 불가한 경우

☞ 교(직)원 체육대회 참가, 교(직)원 직무·자율연수 또는 교(직)원 워크숍 등에 참가하는 경우

☞ 교(직)원이 문화공연 관람, 스포츠경기 관람, 대회 참관 등에 참가하는 경우

☞ 교육과정 운영계획과 관련 없는 사설 단체의 현장체험학습 등에 학생을 인솔하는 경우

마) 출장 기간 중 시간외근무 인정 여부는 개별 기관마다 근무 여건이 다르므로 해당 기관에서 제도의 취지에 맞게 요건을 잘 판단하여 결정하시기 바랍니다.

(3) 학교장은 불필요한 근무 명령, 초과근무 대리 확인, 사적 용도로 사용한 시간의 산입, 시간외근무 실적과 관계없이 일괄 정액 지급 등으로 인한 초과근무수당의 부당한 운영 사례가 없도록 복무 관리를 철저히 해 주시기 바랍니다.

나 시간외 근무

1) 시간외근무명령

가) 시간외근무수당이 지급되는 근무명령 시간

▶ 시간외근무명령은 1일 4시간, 월 57시간을 초과할 수 없다.

2) 상한시간 적용 예외

가) '현업공무원 등'(영 제15조제4항제1호) 및 재해·재난 발생에 따른 비상근무자(영 제15조제4항제2호)에 대한 시간외근무명령의 경우에는 상한시간 제한 없이 시간외근무명령을 발령할 수 있다.

나) 기타 불가피한 사유(영 제15조제4항제3호)에 따른 시간외근무명령. 다만, 이 경우는 아래의 요건을 모두 충족하는 경우에 한하여 발령한다.

(1) 발령사유 : 「국가공무원 복무규칙」 제38조제4호에 따른 비상근무 및 법령상 의무가 부여된 불가피한 업무수행 등 이에 준하는 사유가 있는 경우, 사전에 예측하기 어려운 긴급한현안업무가 발생하는 경우 등

3) 시간외근무시간 산정

가) 일반대상자(시간외근무수당만 해당)

(1) 시간외근무시간 산정 방법

시간외근무명령에 따라 1일 1시간 이상 시간외근무를 한 경우에 평일은 1시간을 공제한 후 분 단위까지 합산하고 휴일 및 토요일은 공제 없이 분 단위까지 합산하여 월간으로 계산한다. 다만, 월간 계산시 분 단위 이하는 제외한다.

(2) 평일 정규 근무시간 이후 시간외근무

시간외근무명령에 따라 1일 1시간 이상 시간외근무를 한 경우에 1시간을 공제한 후 매분 단위까지 합산한다.

(3) 조기출근으로 인한 정규 출근시간 이전의 시간외근무

시간외근무명령에 따라 1시간 이상 조기출근하여 실제 본연의 업무에 대한 시간외근무에 한하여 당일 정규 퇴근시간 이후의 시간외근무시간과 합산하여 1시간을 공제한 후 매분 단위까지 산정한다.

(4) 지각·외출 및 반일연가 사용자의 시간외근무

근무당일 지각이나 외출 또는 반일연가를 사용한 공무원이 시간외근무명령을 받고 초과근무를 한 경우에는 시간외근무를 인정하며, 그 계산방법은 평일 정규 근무시간 이후 시간외근무 계산과 동일하다.

(5) 휴일 및 토요일 근무

시간외 근무명령에 따라 1일 1시간 이상 근무한 공무원에 한하여 매분단위까지 합산한다.

나) 지급액

(1) 시간외근무수당 지급액

(가) 시간외근무수당은 매 시간에 대해 「봉급기준액 × 1/209 × 150%」를 지급한다.

(나) 교육공무원 직급별 시간외수당 시간당 단가 (2026년 기준)

2026 교사 시간외근무 수당	시간외수당 단가	시간외근무수당 정액분 (10시간)
19호봉 이하	12,795	127,950
20호봉 ~ 29호봉	14,213	142,130
30호봉 이상	15,258	152,580

(2) 일반대상자에 대한 시간외근무수당 정액분 추가지급
   (가) 지급대상 : 일반대상자 중 정규 근무일을 기준으로 월간 출근(또는 출장) 근무일수가 15일
       이상인 공무원
   (나) 지급방법
       별도의 시간외근무명령이나 승인 없이 월 10시간 분의 시간외근무수당을 정액(10시간 ×
       봉급기준액의 209분의 1의 150%)으로 지급하고, 출근 근무일수가 15일 미만인 경우에는
       15일에 미달하는 매 1일마다 15분의 1에 해당하는 금액을 감액하여 지급한다.
    (1)출근(또는 출장) 근무일수를 계산함에 있어 강등(직무에 종사하지 못하는 3개월에 한
       함)·정직·직위해제·휴직·연가·병가·공가·특별휴가·대체휴무·방학·결근 등의 사유가 있
       어 근무하지 아니한 경우는 출근 근무일수에 포함하지 아니하며, 반일연가·외출 등의 경
       우에는 사용한 시간을 제외하고 당일에 「국가공무원 복무규정」상 1일 근무시간(8시간)
       을 모두 근무하는 경우에는 출근 근무일수로 인정한다.
    (2) 일반대상자의 경우 육아시간을 2시간 또는 모성보호시간 2시간을 사용하더라도 나머지
       시간을 모두 근무하였다면 정액지급분 지급에 영향을 미치지 아니한다.
    (3) 방학은 월간 출근(또는 출장) 근무일수에서 제외되나, 방학기간 중 학교장의 근무명령에
       따라 특별히 출근하여 「국가공무원 복무규정」에서 정한 근무시간 이상 근무하는 경우에
       는 정규 근무일로 간주하여 월간 출근(또는 출장) 근무일수에 포함하여 정액지급분을지
       급한다.
    (4) 방학기간 중 출장명령에 따라 「국가공무원 복무규정」에서 정한 근무시간을 초과하여 출
       장업무를 수행한 경우에는 'Ⅷ. 2. 바. 1)'의 출장시의 시간외근무수당 지급방법에 따른다.
    (5) 월 중 승진한 공무원의 정액지급분은 발령일을 기준으로 승진 후 출근 근무일수를 계산하
       여 지급하고 승진 후 출근 근무일수가 15일 미만시 나머지 기간은 승진 전 출근 근무일수
       계산한다.

> 【예시】 '25.12.19.일에 방학을 한 학교의 교원(교장은 제외)에 대하여 '25.12월 분의 시간외근무수
>   당 정액지급분을 지급할 수 있는지 여부
>   - '25.12월 정규 근무일을 기준으로 실제 출근근무일수가 13일이므로 월 15일 미만인 경우에
>   해당함. 따라서 10시간 분의 금액에서 2/15 만큼 감액하여 지급

 4) 초과근무의 명령 및 승인 등 절차
 가) 초과근무의 명령권자
    「초·중등교육법」 제2조에 따른 학교 중 초과근무수당 지급대상자가 50명 이상인 경우, 학교장
    이 교감 또는 행정실장에게 위임할 수 있다.
    (다만, 교감 및 행정실장에 대한 초과근무명령권은 학교장에게 있다).
 나) 초과근무의 명령
 (1) 초과근무수당은 개인별·초과근무일별 사전 초과근무명령에 따라 근무한 경우에 지급함
    원칙으로 한다.

(2) 사전 초과근무명령 없이 초과근무를 한 경우 및 명령에서 정한 시간보다 초과하여 근무한 경우 초과근무자는 근무종결 후 퇴청 시에 당직근무자의 확인을 받아 초과근무 다음날까지 명령권자의 사후결재를 받아야 한다.

5) 초과근무수당 관리강화 대책

가) 초과근무수당 지급 실태의 정기적 점검 강화

(1) 교육기관의 장은 불필요한 초과근무명령, 초과근무 대리확인, 사적용도로 사용한 시간의 산입, 시간외근무 실적과 관계없이 일괄 정액지급 등으로 인한 초과근무수당의 부정한 운영이 없도록 초과근무수당의 지급실태를 정기적으로 점검하고 소속공무원에 대한 교육을 실시하여야 한다. 이때, 각급 행정기관의 장은 부서장에게 소속 직원의 초과근무 현황을 철저히 관리하고 부정하게 초과근무수당이 지급되지 않도록 점검하는 등의 내용을 반드시 교육하여야 한다.

(2) 초과근무수당의 적정한 운영을 위해 교육기관의 장은 자체 복무점검 및 감찰활동 강화, 안내방송 실시, 지문인식기 등 인증장비의 당직실 설치, 부서별 초과근무실적시간의 자체 공개 등 기관의 실정에 맞는 다양한 대책을 강구하여야 한다.

나) 부정 수령시 초과근무 승인권자에 대한 불이익 조치

(1) 교육기관의 장은 소속 공무원이 거짓이나 그 밖의 부정한 방법으로 초과근무수당을 수한 경우에는 이를 승인해 준 초과근무승인권자의 명단을 별도로 관리하여 성과연봉(성과상여금 지급대상인 경우에는 성과상여금) 지급 등급 결정시 활용하여야 한다.

(2) 초과근무 승인권자가 사후승인을 한 부서원의 초과근무가 거짓으로 신청한 초과근무로 밝혀지면, 승인권자에게 관리감독을 소홀히 한 책임을 물어, 징계관련 법령에 따라 징계조치를 할 수 있다.

다) 초과근무수당 부정 수령자에 대한 불이익 조치

(1) 각급 행정기관의 장은 소속 공무원이 「국가공무원법」 제47조제3항에 따라 거짓이나 그의 부정한 방법으로 영 제15조·제16조·제17조에 따른 초과근무수당을 부정수령한 경우, 부정수령액을 환수하는 외에 부정수령액의 5배 금액을 가산하여 추가 징수하여야 한다.

6) 시간외 근무 수당 지급 제외 대상

가) 시간외근무에 대하여 다른 방법으로 금전적 보상을 하는 경우

나) 재외공무원 및 국외파견 공무원

다) 「공무원임용령」제41조제1항제4호 및 제6호의 규정에 따른 장기(1개월 이상)파 견 공무원

라) 휴일의 교육 참가,행사 동원 시의 시간외근무:초과근무는 본연의 업무에 한하 여 실시하는 것이므로 본연의 업무가 아닌 교육 참가나 시험 감독 등 행사에 동 원된 경우에는 시간외근무 명령이 불가능함

마) 재택근무자에게는 재택근무일의 시간이근무수당 실적 지급분을 지급할 수 없음(정액지급분은 지급 가능)

바) 시간외근무 수당 지급방법을 위반하여 적발된 자

다 출장비(여비)시간외 근무

1) 공무로 여행하는 때에 지급되는 여비항목「공무원 여비 규정」제2조 및 제18조

*별표 국내여비 지급표(개정 2025.3.2.)

구 분			여비 항목
출장	국내출장	근무지내 국내출장	■ 정액 지급: 1만원(4시간 미만), 2만원(4시간 이상) - 공용(임차) 차량 이용할 경우 1만원 감액 지급 - 왕복 2km 이내: 실비 지급 가능(영수증 정산 필수) - 당일 2회 이상 출장의 경우에 출장비 합산액 2만원 초과 금지
		근무지외 국내출장	■ 운임(교통비): 대중교통(통상 버스) 기준 - 부득이한 사유로 자가용 이용 경우 연료비, 통행료, 주차료 지급 가능(증거 서류 제출) ■ 숙박비: 실비 정산(상한액 있음) ■ 식비: 1일 25,000원(학교장 25,000원) 정액 지급 ■ 일비: 1일 25,000원 정액 지급
	국외출장		■ 운임, 식비, 숙박비, 일비, 준비금

2) 소속기관의 장은 예산의 부족, 그 밖의 사유로 여비를 지급하지 아니할 분한 이유가 있다 인정될 때에는 지급하는 여비의 전부 또는 일부를지급하지 아니할 수 있다.「공무원 여비 규정」제28조

※ 중복 지급에 유의(출장 요청 기관에서 출장비 지급 시 학교 지급 불가하므로 출장 신청 시 여비부지급 선택)

3) 국내출장 기간 중 초과근무 처리지침

가) 출장기간 중의 초과근무는 원칙적으로 인정되지 않으므로, 출장목적 달성에 지장이 없도록 이동시간과 휴식시간 등을 고려하여 출장기간을 부여하여야 함

나) 국내출장의 경우 시간외근무수당·야간근무수당 및 휴일근무수당은 원칙적으로 지급할 수 없으나, 출장의 목적상 필연적으로 시간외근무의 발생이 예상되는 경우 시간외 근무명령에 따라 출장중 또는 출장후「국가공무원 복무규정」상의 근무시간외에 근무를 한 자에게는 시간외근무수당 지급 가능(「공무원보수 등의 업무지침」)

다) 교육부 교육공무원 국내출장 기간 중 초과근무수당 처리지침

수업시수에 직접접인 영향을 주는 교육과정 운영상 불가피한 "수학여행 기간 중 야간 학생지도 담당교원", "주말 체육특기자 등 전국규모대회 등의 학생인솔 담당교원" 등에 대해서는 학교장의 판단 하에 관계법령 및 지침에 의거 실제로 당일 총근무한 시간이 드러나는 객관적인 증빙*이 있는 경우 출장여비외에 초과근무수당 지급이 가능

▶객관적인 증빙 예시: 교장·교감 등 초과근무명령권자의 현지확인서, 대회주관 협회 등의 해당학교 학생들의 대회일정 및 출전 시간 확인 공문 등 수당지급 불가 예시: 교직원체육대회 참가, 교직원 연수 참가, 문화공연, 수업시수에 직접적인 영향이 없는 보이스카웃, 문화유적지답사, 소년·전국체전 참관, 현장체험·각종 연수 등에 학생인솔 등

- **출장 제한 예시**
  - 임신부가 특히 안정을 취해야 할 필요가 있는 임신주수(12주 이내 또는 36주 이상)에 해당하는 경우
  - 조산, 유산, 사산의 우려가 있어 안정을 취할 필요가 있다는 의사의 진단 또는 소견이 있는 경우
  - 비행기와 선박을 이용하는 출장, 도로포장이 안되어 있거나 교통이 불편한 지역(도서, 산간벽지 등)으로 출장의 경우
- **현장체험학습이나 차량 임차 출장 관련 여비 지급**
  - 학교에서 버스를 임차하여 출장을 갈 경우, 1일은 2만원을 1만원으로, 4시간 미만일 경우에는 지급하지 않음 「공무원 여비 규정」 제18조
- **자원봉사활동을 하는 경우 출장 처리 여부**
  - 재해·재난 발생지역이나 사회복지시설 등에서 소외계층을 돕기 위한 자원봉사활동을 하고자 하는 경우 출장 조치 불가하며, 5일 이내의 특별휴가(재해구호휴가)를 얻을 수 있음. 또한 기관(학교)차원의 계획에 의한 봉사활동 등은 출장 조치 가능
- **기관을 대표한 경조사 참석 시 출장 가능 여부**
  - 소속 직원의 경조사에 기관대표의 자격으로 참석하는 약간 명(2명 이내)의 공무원에 대하여 출장 조치는 가능함. 이 경우 경조사가 있는 직원과 출장명령을 받는 공무원은 동일한 기관에 근무하고 있어야 함
- **학생 인솔 시 대중교통(택시비)을 이용할 경우 출장비 지급 여부 - 협의 필요**
  - 학생 인솔시 학교 예산으로 대중교통비(택시비)를 영수증 처리하는 것은 가능하나, 이런 경우는 출장비를 지급할 수 없음
  - 또한 자가운전을 하여 학생을 인솔할 경우 주유비와 주차비는 출장비와 중복의 성격을 지니므로 출장비를 지급 받을 경우 학교 예산을 사용할 수 없음
- **교원단체 주최 체육행사에 교원이 선수로 참여하는 경우 출장조치 불가**
  - 체육행사의 주체가 행정기관이 아닐 뿐만 아니라 교원 본연의 직무수행과 무관함.
- **교육활동 중 응급환자 후송 교원 출장 처리 시 여비 지급**
  - 응급환자 후송 교원에 대한 출장 처리 및 공무원 여비 규정에 따라 출장비 지급

《연수로 인해 나이스 근무상황신청 시 출장(연수) or 근무지내출장》
- 출장비를 학교에서 지급해야 하는 경우: [개인출장관리]-[국내출장(관내)]으로 신청
- 출장비를 출장지(출장기관)에서 지급하는 경우: [개인출장관리]-[국내출장(관내)]으로 신청 (여비부지급)
- 대학원 수강: 주간-외출, 조퇴, 연가 / 방학중, 야간-[개인출장관리]-[출장(연수)]으로 신청

라 휴업·휴교와 복무

1) 휴업·휴교와 복무
가) 휴업
(1) 휴업 실시 절차
(2) 관할청의 휴업 명령
▶ 관할청은 재해 등의 긴급한 사유로 정상수업이 불가능하다고 인정하는 경우에는 학교장에게 휴업을 명할 수 있음
▶ 관할청의 명령을 받은 학교장은 지체없이 휴업하여야 함
(3) 학교장의 휴업 결정
▶ 학교장이 매 학년도가 시작되기 전에 학교운영위원회의 심의를 거쳐 정함. 이때 관공서의 공휴일 및 여름·겨울휴가가 포함되어야 함
▶ 학교장이 비상재해 기타 급박한 사정이 발생한 때 실시함. 이 경우 지체 없이 관할청에 보고하여야 함
▶ 학교장은 토요일 또는 관공서의 공휴일에 체육대회·수학여행 등의 학교 행사를 개최할 수 있음. 이 경우 미리 학생, 학부모 및 교원의 의견을 듣고, 학교운영위원회의 심의를 거쳐야 함
▶ 학교장은 토요일 또는 관공서의 공휴일에 학교 행사가 개최되는 날을「초·중등교육법 시행령」제47조에 따른 수업일수에 포함할 수 있으며, 그 수업일수만큼 휴업일을 별도로 정해야 함
(4) 교원의 복무
 (가) 휴업일은 교육공무원인 교원의 공휴일이 아니므로 수업이 없다고 하더라도근무일에 출근해야 함
 (나) 학교운영위원회에서 개교기념일 등을 재량휴업일로 정하였다 하더라도 관공서공휴일은 아니므로 교원의 복무는 정당한 절차에 의하여 관리하여야 함
 (다) 휴업일에 「교육공무원법」 제41조의 규정에 의한 연수기관 및 근무장소 이외에서의 연수를 승인할 경우, 연수 목적, 연수의 적합성, 지역사회와의 관계 등을 종합적으로 고려하여 근무지 이외에서의 연수 효과가 나타나도록 조치
나) 휴교
(1) 휴교 명령: 관할청
(2) 휴교 사유
 ▶ 학교장이 관할청의 휴업 명령에도 불구하고 휴업하지 아니하는 경우
 ▶ 특별히 긴급한 사유가 있는 경우
(3) 휴교의 효력
 ▶ 휴교기간 중 단순한 관리업무를 제외하고는 학교의 모든 기능이 정지됨
(4) 교원의 복무
 ▶ 휴교명령권자는 휴교 명령의 목적 달성 및 업무수행의 효율화를 도모하기 위하여 소속 교원의 복무에 관한 사항을 정함

마 교원의 대학원 수강

1) 주간대학원 수강

가) 교육활동에 지장을 받지 않는 범위 내에서 법령이 정하는 바에 따라 외출, 조퇴, 연가등을 활용하여 소속기관장의 허가를 받는 경우에는 주간 대학원 수학이 가능함

※ **본인의 연가 일수를 초과한 대학원 수강은 「국가공무원법」 제58조(직장이탈금지)에 위반**

2) 계절제 대학원 수강

(가) 근무시간 내에 수업이 지장이 없는 한 학교장의 허가를 받고 야간 또는 계절제 대학원을 수강 할 수 있음. 이때 근무상황은 [출장(연수)]로 처리[사유: 대학원 수강]

(나) 야간제 대학원이라고 하더라도 장거리 수강이나 주간 대학원의 수업시간대에 운영되는 등 복무지도 감독권자인 학교장의 종합적인 판단에 의하여 주간 대학원의 복무에 준하여 처리할 수 있음

(다) 방학이 없는 교육행정(연구)기관에 파견 근무 중인 교사가 계절제 대학원을 수강하는 경우는 주간 대학원과 같은 복무규정을 적용

(라) 출장 여비, 시간외 근무수당 정액분은 지급 불가

- 학교장의 허가를 받고 본인의 희망에 의한 대학원을 수강하는 것은 특정한 공무수행을 위한 출장으로 보기 어렵고 본인의 의사결정에 의한 자율연수를 학교장이'승인'한 것에 해당됨

바 방학 중의 근무

1) 하계, 동계, 학기말 방학 등 휴업일은 학생들의 수업과 등교가 정지될 뿐, 공무원의 복규정에 따른 휴가가 아니므로 근무 의무가 면제되는 것은 아님

2) 교원은 수업에 지장을 주지 아니하는 범위에서 소속 기관장의 승인을 받아 연수기관이나 근무 장소 외의 시설 또는 장소에서 연수를 받을 수 있음(「교육공무원법」 제41조)

3) 방학기간 중 교원이 학교 내외의 시설 또는 장소에서 학생을 지도하고자 할 때는 학교장의 사전 허가 필요

사 공무 국외출장

공무국 외출장 허가 및 심사절차 흐름도

공무국외출장 허가 신청 (공무국외출장 계획서 작성)	⇨	공무국외출장 심사 요청
기관(학교) → 본청사업관련부서		관련부서 → 심사위원회

⇨ 심사위원회 개최	⇨	결과 통보	⇨	국외출장 허가 통보
심사위원회		위원회 → 관련부서		관련부서 → 기관(학교), 복무부서

1) 공무국외출장 허가
 가) 경기도교육청 소속공무원의 공무국외출장은 교육감이 허가한다. 다만, 교육장 소속
     공무원은 교육장이 허가하되, 교육장의 공무국외출장은 교육감이 허가한다.
 나) 허가권을 달리하는 2명 이상의 공무원이 동일 건으로 공무국외출장을 가는 경우에는
     공무국 외출장을 주관 또는 주선하는 기관의 허가권자가 동행자의 소속기관장의
     동의를 받아 허가한다.
2) 공무국외출장 신청
가) 공무국외출장 허가를 받고자 하는 자는 특별한 사유가 없으면 출발 30일전까지
     허가권자에게 다음의 서류를 첨부하여 신청하여야 한다.
 ■ 공무국외출장 계획서
 ■ 초청장, 심사결과서(심사대상자 해당) 등 기타 관련서류
 나) 다음에 해당하는 심사대상 공무국외출장의 경우에는 미리 공무국외출장 심사 및 허가기
     준에 따라 심사위원회의 심사를 거쳐야 한다.(※ 이외의 경우에는 심사 생략 가능)
 ※ 학교운영위원회를 거쳐 편성된 학교회계 예산으로 공무 국외여행 시 심사 생략 가능
 ■ 출장경비의 전부 또는 일부를 울산광역시교육청(중앙행정기관 포함) 외의 기관 또는
     단체(개인 포함)가 부담하는 경우
 ■ 각종 시찰·견학·참관·자료수집 등을 주된 목적으로 하는 공무국외출장과 그 연간 운영계획
 ■ 해당 기관이 주관하는 10명 이상의 단체 공무국외출장
 3) 특별한 사유로 인하여 이미 허가된 내용을 변경하고자 할 때에는 그 사유를 명
     시하여 허가권자에게 변경 신청하여야 한다.
 다) 보고서를 작성하여 허가권자에게 제출하여야 한다.
 (1) 공무국외출장허가를 받은 자의 소속 기관에서는 공무국외출장보고서를 제출받은
     후 15일 이내에 국외출장연수정보시스템(btis.mpm.go.kr)에 직접 등록하고, 시.
     도교육청 누리집에 공개하여야 한다.
 4) 국외출장연수정보시스템 등록 요령
 가) 등록방법
 (1) 국외출장연수정보시스템 누리집(btis.mpm.go.kr)에 접속
 (2) 개인 아이디를 이용하여 로그인. 단, 아이디가 없을 경우 사용자 등록을 하여야 하
     며, 총무과 인사담당(기관관리자)의 승인을 받아야 보고서 등록 가능
 (3) 공무국외출장보고서 메뉴의『보고서 등록』에서 내용을 모두 입력 후 등록 버튼클릭
 (4) 보고서 게시(등록 확인): 기관관리자의 보고서 등록확인 절차를 거쳐 게시판에 공개
 나) 등록사항
 (1) 기본사항: 국외출장자의 성명, 동반자 수, 소속기관 및 부서, 방문국가, 방문기
     간, 여비, E-mail 주소 및 보고서의 분류, 제목, 계획서, 감염병 예방 등 안전조
     치 사항 첨부 등
 ※ 보고서는 행정일반, 외교·안보, 재경·통상, 산업·환경, 과학·정보, 법률·치안, 사회·노동,
     건설·교통, 교육·문화, 농림·해양으로 분류

(2) 보고서 요약 작성
- 주요내용 위주로 개조식으로 작성하되, 작성 분량은 A4용지 1매 정도
- 제목을 등록할 경우에는 공무국외출장의 목적·성격을 가장 잘 드러낼 수 있는 용어를 사용(잘 못된 예 :'공무국외출장 보고서','해외출장복명서', '해외연수 인솔' 등)

《공무국외 출장 결과 보고서 요약 예시》

공무국외 출장 결과 보고서 제목
1. 출장 개요
   가. 목적 나. 기간   다. 대상국가 및 방문기관   라. 출장자 인적사항
2. 출장 내용
 - 주요 활동 내용
3. 시사점 및 특이사항
4. 첨부자료
 - 공무국외출장계획서, 현지 일정 증빙 자료, 감염병 예방 등 안전조치 사항

(3) 보고서 원문(전문): 보고서 전문은 파일 첨부 형식으로 입력
(4) 출장 중 수집한 자료목록, 접촉인사내역 등 기타 필요한 참고자료
(5) 감염병 예방접종 확인서 사본(필요한 경우) 및 (개인, 단체)여행자보험 가입
   증명서 사본 첨부
다) 등록 시 참고사항
(1) 보고서는 최신 정보·기술 및 제도개선에 관한 사항, 보고내용의 활용방안, 유
   사목적의 출장자를 위한 조언, 기타 국가발전에 기여할 수 있는 사항을 포함하고,
   그 활용효과를 높이기 위하여 관련 통계·법령·문헌 등 구체적인 근거 명시
(2) 동일목적으로 2명 이상의 출장자가 단체 출장한 경우에는 대표자를 보고책임자
   로 하여 합동보고서 제출 및 등록 가능, 개별로도 등록 가능

※ 공무외 국외여행과 공무외 국외자율연수 비교

구 분	공무외 국외여행	공무외 국외자율연수
근 거	국가공무원 복무징계 관련 예규	교원휴가업무처리요령(교육부예규) 경기도교육청 교원휴가업무처리요령
근무상황	연가 등 휴가	교육공무원법 제41조 연수
계획서 제출	×	○
보고서 제출	×	×
사 유	① 본인 또는 친인척의 경조사 ② 질병의 치료 ③ 친지방문 및 견문 ④ 취미활동 ⑤ 가족기념일 여행 ⑥ 기타 필요한 경우	① 교직단체 연수 ② 해외교육기관 초청 연수 ③개인 학습자료 수집 ④ 전문성 신장 등 각종 활동 등
나이스 복무처리	근무상황 : 연가	근무상황 : 제41조 연수 사유 : 공무외 국외자율연수

2 학교장 복무 관리

가 신청 및 허가절차

구 분	신청 및 허가 절차
휴가(연가, 병가, 공가, 특별휴가), 제41조연수, 출장(연수)	① 나이스 복무 신청 ➜ ② 지원청 초등교육지원과장(협조) ➜ ③ 지원청 교육지원국장 결재
공무국외여행(국외출장)	① 공무국외여행 허가(심사) ➜ ② 나이스 복무 신청 ➜ ③ 지원청 초등교육지원과장(협조) ➜ ④ 교육지원국장 결재
관내 및 관외 출장, 기타(지각, 조퇴, 외출 등)	① 나이스 복무 신청 ➜ ② 행정실장, 교감 협조 ➜ ③ 학교장 본인 전결처리

※ 가급적 교장, 교감의 동시 출장·휴가·제41조 연수 등이 발생하지 않도록 유의

나 학교장의 공무외 국외여행

1) 휴가 범위 내의 개인적인 여행

▶ 나이스 복무 신청(연가 또는 특별휴가) ➜ 지원청 초등교육지원과장(협조) ➜ 교육지원국장 결재
▶ 사유 또는 용무란에 '공무외 국외여행(행선지)'을 명시

2) 국외자율연수를 위한 공무외 국외여행

▶ 「국가공무원법」 41조의 규정에 의한 공무외 자율연수 목적의 국외여행은 연수 계획서를 제출한 후 공무외 국외여행 실시
▶ 나이스 복무 신청(연수-41조 연수) ➜ 지원청 초등교육지원과장(협조) ➜ 교육지원국장 결재 ※반드시 국외자율연수 계획서[서식 2-3] 첨부
▶ 사유 또는 용무란에 '국외자율연수' 명시

3) 대리결제자 지정

가) 학교장 부재 중 사안 등 발생 시 책임은 학교장에 있음에 유의
나) 학교장 부재 시 대리결재자 지정
다) 나이스(복무 결재 시 필요)

메뉴 위치	[나이스] ➜ [승인사항] ➜ [상신함]
처리 순서	① 상신함 ➜ ② 대리결재자 지정 ➜ ③ 조직 선택 ➜ ④ 행추가 ➜ ⑤ 지정 ➜ ⑥ 대리결재자 선택 ➜ ⑦ 적용시작일시, 적용종료일시 입력 ➜ ⑧ 저장

사례

《복무관련 주요 위반 사례》

- 고소.고발 사건과 관련하여 당사자로서 수사기관 등에 출석하면서 공가로 처리하지 않고 근무지내출장으로 처리하였음
- 건강검진을 받고자 공가를 신청하였으나 공가 신청일이 아닌 다른 날에 건강검진을 받았음
- 전 교직원을 대상으로 워크숍을 실시하고 임차 차량으로 관내 기관을 방문하는 일정을 추진하면서 교직원의 근무상황을 처리하지 않았음
- 근무시간 중 외출 등 복무처리를 하지 않고 근무지를 이탈하여 개인 은행 업무를 봄
- 1일 2회 이상 출장업무를 수행한 교직원에게 출장 시간을 확인하지 않고 출장 여비를 과다 지급하였고, 출장거리가 왕복 2km 이내인데도 실비가 아닌 정액으로 증빙서류 없이 여비를 지급하였음
- 관외 출장 시 2명 이상이 자가용 1대에 동승하였음에도 불구하고 출장자 전원에 대해 자동차 운임 지급
- 가족돌봄휴가 사유에 맞지 않게 유급 가족돌봄휴가를 신청 사용하였음

다 휴업일 중 교원의 복무

1) 제 41조 규정에 의한 '연구기관 및 근무 장소 외에서의 연수'는 교육행정 정보시스템(NEIS)으로 사전에 승인받는 것을 원칙으로 함.
2) 교원이 휴업일에 제 41조 규정에 의한 '연수기관 및 근무 장소 외에서의 연수'를 신청할 경우, 학교장은 연수 목적, 연수의 적합성, 지역사회와의 관계 등을 종합적 으 로 고려하여 승인하여야 함.
3) 휴업일 중에도 교육공무원인 교원은 학교와 긴밀한 연락이 유지되도록 하여 학교교육활동이나 교육 관련 민원 처리에 지장을 초래하지 않도록 유의하도록 함.

4) 휴업일 중 교원의 교육공무원법 제 41조 연수 신청 방법

▶ 방학(휴업일)시작일부터 방학(휴업일)종료일까지1건으로 제41조 연수신청

 * 제 41조 연수" 사유 또는 용무"가 다르거나 "목적지"가 다를 경우에는 별건으로 신청

※ 추가로 출장, 연가, 집한연수가 있을 경우 별건으로 신청

  목적지는 자택(주소지 기재) , 방문장소(기관), 방문 지역(시,군단위)입력 ->나쁜예: 경기 도 일원 단, 제주도 일원은 가능,사유는 연수 목적에 맞게 입력 "근무지외 연수(주제: 사회과 활동중심 수업자료 개발)"-> 나쁜예: 친지방문, 가족행사 등 휴일에만 실시되는 "공무 외 국외 여행"은 별도의 복무 상신이 필요 없음

5)교원의 공무외 국외 여행 복무 상신 방법(제 41조 연수와 연가중 선택)

가) 제 41조 연수 사용(국외 자율연수)

(1) 시기: 휴업일(여름,겨울 및 학기말 휴업일, 재량 휴업일을 말함)

(2) 사유: 각족 교직단체가 주관하는 국외 현장연수, 해외교육기관의 초청에 의한 연수, 현지 어학연수 과정에 등록, 수강, 국외 현지에서의 교수학습자료 수집 등신청방법

나) 복무신청 방법(연가/제41조연수)

(1) 연가사용하기

▶[나이스] - [복무] - [개인근무상황관리] - [신청] - [근무상황] - [연가]
　기간 설정 후 일수 맞는지(주말이 포함되진 않았는지)확인

▶[사유:휴업일][목적지:방문 국가]

(2) 제41조 연수사용하기

▶[나이스] - [복무] - [개인근무상황관리] - [신청] - [근무상황] - [연수]- [교육공무
　원법제41조]

▶기간 설정 후[사유:국외 자율연수][목적지:방문 국가]

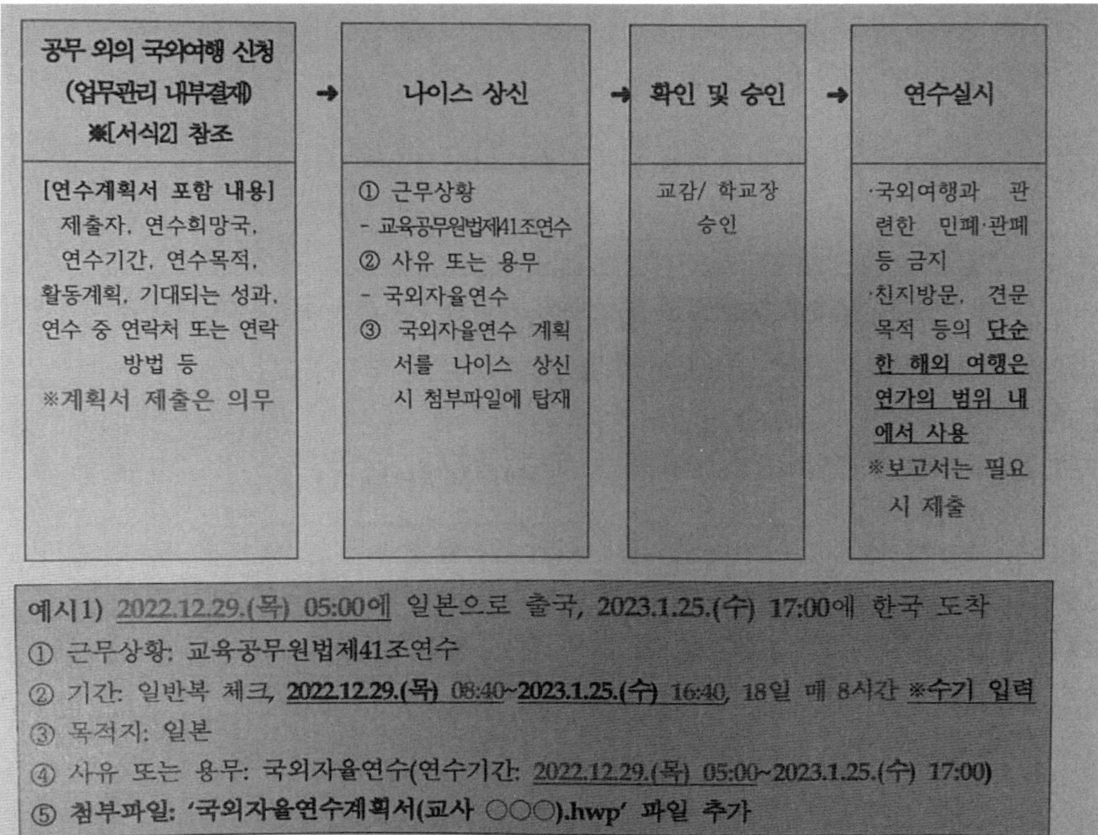

라 국외자율연수(공무외 여행) 계획서

소 속	○○학교	직급	성명	(인)	과목
연수주제					
연수희망국					
기 간	2026. . . ~ 2026. . . (○일간)				
연수구분	○교직단체가 주관하는 연수( ) ○해외교육기관의초청( ) ○개인의 교수학습자료 수집( ) ○현지어학연수과정에등록·수강( )				

	ㅇ기타()-내용기재					
	연수세부일정(계획)					
월일	**출발지**	**도착지**	**연수기관명 (방문기관및장소)**		**연수내용**	**비고**
~						
~						
~						
기대되는 연수효과(개조식으로 기술)						
ㅇ						
연수중 연락처						
위와 같이 국외자율연수를 신청하오니 승인하여주시기 바랍니다. 신청인:　　　　　　　(인) ○○학교장 귀하						

※ 견문 목적, 취미활동, 가족 기념일 여행은 휴가일수 범위 내 공무외 국외여행에 해당함

《복무관리 유의사항 - 감사 사례》
- 근무시간 준수 여부 ■ 근무상황 사전 신청 및 결재권자의 허가 여부
  ▶ 무단 외출 및 이석 등
- 휴업일(개교기념일, 재량휴업일, 방학 등)의 복무 관리 적정 여부
- 시간외근무 및 휴일 근무 명령의 적정 여부
  ▶ 사전 초과근무 명령 준수 여부 ▶ 초과근무확인대장 적정 기록, 유지
- 출장명령(신청)의 적정처리 여부
- 「교육공무원법」제41조 연수 적정 여부
  ▶ 휴업일에 실시 원칙, 학기 중 수업이 없더라도 근무지 외 연수 불가
- 병가일 연속 7일 이상과 병가 연간누계가 6일 초과 시 반드시 진단서 징구
  ▶ 수회 계속되는 병가의 경우 동일질병에 한하여는 최초 진단서로 갈음
- 공가 허가 처리 적정 여부(연가사유를 공가로 처리하였는지 여부)
- 기관장(학교장) 휴가는 직근 상급기관장(교육장)의 허가를 받아 실시하고 있는지 여부

3 NEIS 복무 기준관리

가 개인근무 시간 관리

메뉴 위치	[나이스] ➡ [복무(관리자)] ➡ [근무상황관리] ➡ [인사구분별기관근무시간관리]

① 기관: 학교(또는 병설유치원) 선택
② 인사구분: 교원, 지방공무원, 원어민보조교사, 영어회화전문강사
③ '추가'클릭: 인사구분에서 해당 인사 선택 및 입력, 저장

메뉴 위치	[나이스] ➡ [복무(관리자)] ➡ [근무상황관리] ➡ [개인근무시간관리]

① 개인별 근무시간 확인 및 변경
② '추가'클릭: 성명 찾기 및 내용 입력 후 '저장' 클릭

나 개인연가 관리

■ '가용연가생성'을 해주어야 개인이 [복무-연가일수관리]에서 '가용연가일수'가 보임

메뉴 위치	[나이스] ➡ [복무(관리자)] ➡ [연가관리] ➡ [개인연가관리] ※ ❶전년도연가저축 ❷가용연가생성 ❸사용일수갱신 수행 후 ❹소속기관 대상자들의 　　복무자료 생성

■ 개인별 연가 사용기준 기간 개별 설정(계약제 교원 등 대상)

메뉴 위치	[나이스] ➡ [복무(관리자)] ➡ [연가관리] ➡ [개인연가관리]➡ [조회]➡[교직원 이름] 클릭 ※ [3월 ~ 2월]로 선택하는 경우, 대상자는 당해 연가 사용을 당해 3월부터 다음해 　　2월까지 사용

다   교원의 조직 관리

1) 담임 및 보직교사 배정
가) 담임 및 보직교사 배정 시 고려할 사항
 ▶업무수행 능력 ▶본인의 희망   ▶학교경영 ▶학년 편성 ▶원로교사 ▶성별
나) 근무 희망 보직, 부서 및 학년 희망서 제출
다) 교내 인사자문위원회의 자문
라) 학급담임, 교과전담 배치 및 보직교사 임용
 ▶임용 후 발령 대장 인사기록카드 등재(NEIS 입력)

2) 학급담임 배정 유형 : ▶연임제 ▶중임제 ▶순환제 ▶담임 선택제 ▶교과 전담제

▮ 개인연가수정

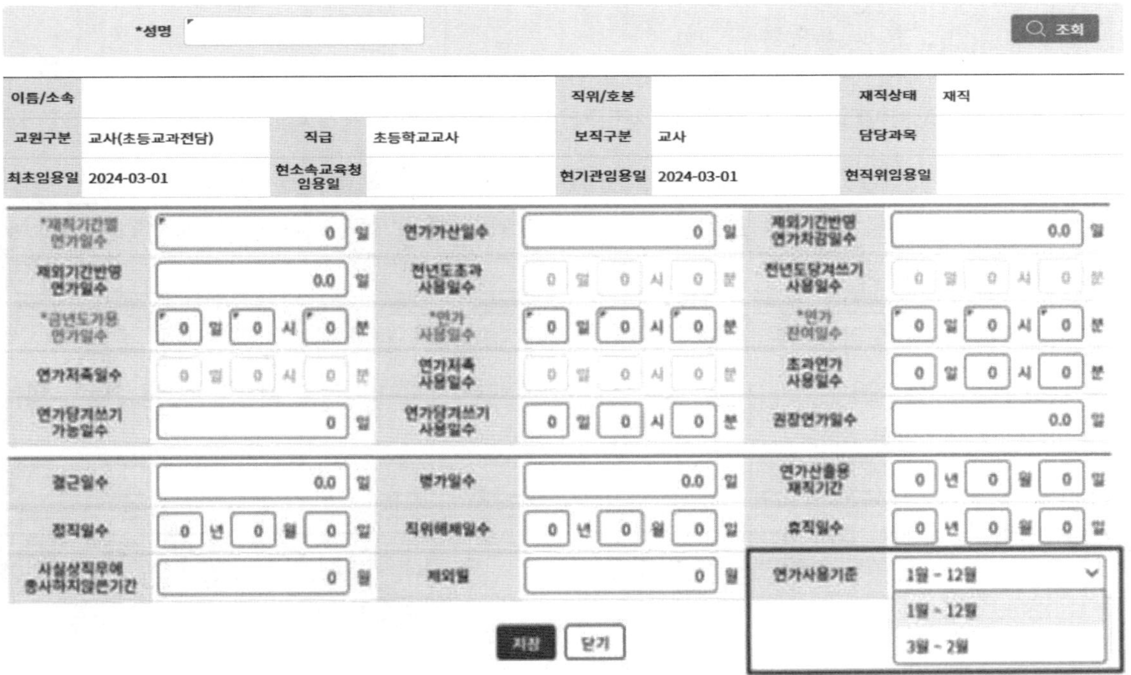

3) 교무 분장 조직

 가) 학교 교육과정 운영계획 및 업무 분석을 기초로 하여 신학년도 업무 분장안 기획

 나) 업무분장 희망서를 받아 분장 원칙에 따라 업무 배정(학교의 규모, 업무 내용, 교사의 특기를 고려하여 조직)

 다) 교내 인사자문위원회의 자문을 얻어 학교장이 조직함(교내 인사 내규 및 본인의 희망고려)

 라) 업무 관련 서류 및 비품 인계인수

 ▶업무관리시스템이나 전자문서시스템을 이용하여 인계·인수하여야 함

 ▶관련 서류, 비품, 인계·인수서 작성

4 2026학년도 교원 장기 재직휴가 운영계획

○○○○ 학교

가 교원 장기휴가계획 목적

1) 장기재직휴가 사용을 통한 장기간 근속한 교원의 사기진작 및 휴식권 보장을 통한 능률적인 직무 수행 기반 조성

2) 교육공동체 협의를 통한 장기재직휴가 사용 기준을 마련하여 교원의 휴식권과 학생의 학습권 보장 간 조화

나 세부 운영 계획

가) **(휴가 일수)** 10년 이상 20년 미만 재직자 5일, 20년 이상 재직자 7일

※ 재직기간은 연가일수 산정기준(「공무원연금법」상 재직기간)과 동일

나) **(분할 사용)** 일 단위로만 사용할 수 있으며, 연속사용을 원칙으로 하되, 필요시 1회에 한하여 분할사용 가능

다) **(휴가 소멸)** 10년 이상 20년 미만의 5일은 재직기간 20년 도달 시 미사용 일수 자동 소멸

※ 개정규정 시행일('25. 7. 22.) 기준, 18년 이상 20년 미만 재직자의 경우 시행일로부터 2년이 되는 날('27. 7. 22.)까지 사용 가능

라) 사용 절차

❶ 수요조사 (학교장)	❷ 승인여부 결정 (학교장)	❸ 결과 안내 (학교장)	❹ 나이스 복무 상신 (신청자)
장기재직휴가 사용 수요조사 실시	⇒ 교육청 지침 및 학교 기준에 따라 장기재직휴가 승인여부 결정 ※ 필요시 학내 인사위 활용	⇒ 승인여부 안내 및 (필요시) 사용 시기조정 등	⇒ 나이스 근무상황신청 및 승인 확인 * 특별휴가, 장기 재직휴가

※ **학년 초** 장기재직휴가 사용 희망일을 기재하여 **수요서 제출**(단, 학교장이 인정하는 부득이한 사유가 있는 경우 사용 희망일 30일 전까지 제출할 수 있음)

마) 사용 원칙 및 우선 승인 기준

(1) 사용 원칙

(가) 휴가 사용일은 교육과정 운영에 지장이 없도록 아래 시기를 피하여 사용한다.

> ▶ 학기 초와 학기 말 등 학생 생활지도, 학급 세우기와 정리가 집중되는 기간
>
> ▶ 학교 및 학년의 주요 행사 기간 (학부모 공개수업, 상담 주간, 학생부 작성 및 점검 기간, 체험 활동체육주간, 축제 등)
>
> ▶ 명절, 징검다리 공휴일 등 상당기간의 교육활동 공백이 예상되는 경우

(나) 장기재직휴가에 의한 결강이 발생한 경우, 해당 학급 학생들의 수업 받을 권리 보장과 안정된 학급 분위기 조성을 위해 본교 보결 수업 규정에 따라 보결 수업을 배정한다.

(다) 장기재직휴가 허용 인원은 1일 2인이 중복되지 않도록 한다. 단, 보결 배정 여건을 고려하여 학교장 판단으로 중복하여 허용할 수 있다.

2) 우선 승인 기준

(가) 장기재직휴가 소멸기한이 우선 도래하는 교원

(나) 생년월일이 빠른 자

(다) 해당 학교 근무 경력이 많은 자

※ 재직기간 및 본교 근무 경력 산정 기준일은 휴가 신청 직전 학년도의 2월 말로 한다.

3) 기타 사항

(가) 신청자는 장기재직휴가 신청서 [붙임1]과 공무원연금법상 총재직기간 확인 서류 [붙임2]를 신청 기간 내에 제출한다.

(나) 휴가 취지와 목적에 부합하도록 사용하여야 한다.

(다) 합리적인 사유 없이 장기재직휴가와 연가·병가 또는 타 특별휴가(가족돌봄휴가 등)를 연이어 사용하는 등 휴가를 목적외 사용하는 일이 없도록 한다.

(라) 본 계획에 명시되지 않은 사항은 관계 법령과 교육청 지침에 따른다.

(마) 본 계획은 2026년 3월1일부터 시행한다.

다   장기재직 휴가 신청서 (예시

성 명		
장기재직휴가 선택(☑)	□ 10년 이상 20년 미만 (5일)	□ 20년 이상(7일)
1. 장기재직휴가 소멸기한	년 월 (※ 재직기간이 20 년이 되기 1일 전)	년 월 (※ 퇴직 예상일)
2. 재직기간 -2025. 7. 22. 기준 -공무원 연금법상 총재직기간 확인 후 [붙임2] 제출	년 월	
	년 월 일 ~ 년 월 일	
※ 개정 규정 시행일('25. 7. 22.) 기준, 18년 이상 20년 미만 재직자의 경우 시행일로부터 2년이 되는 날('27. 7. 22.)까지 사용 가능함.		
3. 생년월일	년 월 일	
4. 본교 근무 경력	년 월 (※15일 이상은 1월로 계산)	
5. 휴가 신청 기간	년 월 일(요일) ~ 년 월 일(요일)	

※ **재직기간 및 본교 근무 경력 산정 기준일은 휴가 신청 직전 학년도의 2월 말로 한다.**

※ **우선 승인 기준**
　1) 장기재직휴가 소멸기한이 우선 도래하는 교원
　2) 생년월일이 빠른 교사
　3) 본교 근무 경력이 많은 교사

년   월   일

성명   (인) 또는 서명

○○○○학교장 귀하

5   겸직과 외부강의

가   겸직허가 절차

① 신청 [서식 2-4] [서식 2-5]	■ 직무(직위) 관련 수익 발생 내역, 겸직 내용, 겸직 기간 포함 겸직 허가 신청 ■ 공무원으로 임용된 자가 계속 종사하기를 원할 경우 임용된 날부터 1개월 이내에 겸직 허가 신청 ■ 담당 직무가 변경된 경우 1개월 이내에 겸직 허가 재심사 신청

② 심사 **[서식 2-6]**	■ 겸직 허가 대상인지, 허가 기준 부합 여부 검토 ■ 업무 성격, 보수, 담당 직무와의 관련성 증빙서류 받고 사실 여부 확인 및 겸직심사 주요 체크리스트를 참고하여 심사 ■ 면밀한 심사가 필요한 겸직사항(인터넷 개인방송 활동, 부동산 임대업, 과도한 겸직수익 발생, 직무 관련 지식.정보를 이용한 겸직 활동 사항, 정치적 중립성 확보에 주의가 필요한 활동, 사교육업체 관련 여부 등)에 대해서는 겸직심사 위원회 구성하여 심사

나   겸직허가 금지조건

1) 근무시간 외의 시간에 다른 영리업무(비영리업무 포함)에 종사함으로써 공무원의 직무능률을 떨어뜨릴 우려가 있는 경우
2) 공무에 대하여 부당한 영향을 끼칠 우려가 있는 경우
3) 국가의 이익과 상반되는 이익을 취득할 우려가 있는 경우
4) 정부에 불명예스러운 영향을 끼칠 우려가 있는 경우
5) 영리업무가 위 1) 또는 4)에 해당되지 아니하는 경우에는 「국가공무원복무규정」 제26조에 따른 소속 기관장의 겸직 허가를 받아 그 업무에 종사할 수 있음

다   겸직근무와 복무

■ 나이스상의 복무에 외출 또는 조퇴로 처리

《겸직 불가 사례》
■ 수익사업을 직접 운영하는 공무원 친목 단체의 의결·집행 기구의 임원
■ 대규모 공동주택이나 자치 관리 방식으로 운영되는 입주자 대표회의 임원(**직무능률을 저해할 경우**)
■ 야간 대리운전, 다단계 판매업

《겸임과 겸직의 구분》
■ **겸임**: 법령에 의하여 다른 공직을 겸하는 것
　- 복무 관리: 나이스상 출장(연수) 처리
■ **겸직**: 「국가공무원복무규정」 제26조는 동 규정 제25조의 '영리업무에 해당되지 아니하는 다른 직무'라고 규정하고 있는바, 여기서 다른 직무란 영리를 목적으로 하지 아니하는 공무 이외의 사적인 업무(사무)로써 직무에 지장이 없는 것
　- 복무 관리 : 나이스상의 복무에 외출 또는 조퇴로 처리

라   외부 강의 등 신고 처리절차

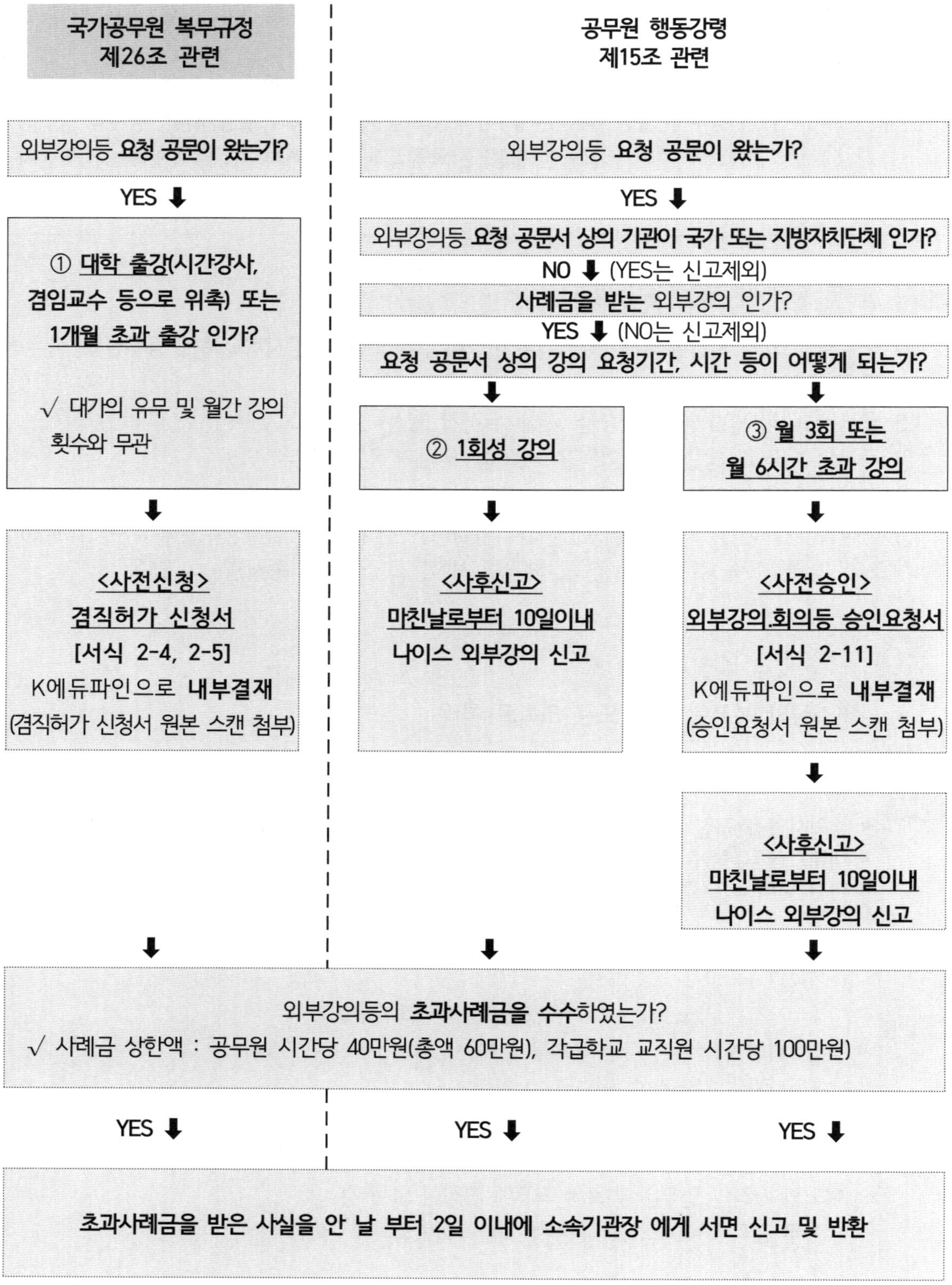

국가공무원 복무규정 제26조 관련

외부강의등 **요청 공문**이 왔는가?

YES ↓

① <u>대학 출강</u>(시간강사, 겸임교수 등으로 위촉) 또는 <u>1개월 초과 출강</u> 인가?

√ 대가의 유무 및 월간 강의 횟수와 무관

↓

<사전신청>
<u>겸직허가 신청서</u>
[서식 2-4, 2-5]
K에듀파인으로 **내부결재**
(겸직허가 신청서 원본 스캔 첨부)

공무원 행동강령 제15조 관련

외부강의등 **요청 공문**이 왔는가?

YES ↓

외부강의등 **요청 공문서** 상의 기관이 국가 또는 지방자치단체 인가?
NO ↓ (YES는 신고제외)

사례금을 받는 외부강의 인가?
YES ↓ (NO는 신고제외)

요청 공문서 상의 강의 요청기간, 시간 등이 어떻게 되는가?

↓

② <u>1회성 강의</u>

↓

<사후신고>
<u>마친날로부터 10일이내</u>
나이스 외부강의 신고

---

③ <u>월 3회 또는 월 6시간 초과 강의</u>

↓

<사전승인>
<u>외부강의.회의등 승인요청서</u>
[서식 2-11]
K에듀파인으로 **내부결재**
(승인요청서 원본 스캔 첨부)

↓

<사후신고>
<u>마친날로부터 10일이내</u>
나이스 외부강의 신고

외부강의등의 **초과사례금**을 수수하였는가?
√ 사례금 상한액 : 공무원 시간당 40만원(총액 60만원), 각급학교 교직원 시간당 100만원)

YES ↓   YES ↓   YES ↓

초과사례금을 받은 사실을 안 날 부터 2일 이내에 소속기관장 에게 서면 신고 및 반환

마   외부 강의 등 과 내부강의 구분

소속기관	요청기관	외부강의등 여부	사전신고	비고
국·공·사립 기관(학교)	국·공립 기관(학교)	외부강의등	×	복무처리
사립학교(A법인)	사립학교(B법인)	외부강의등	○	복무처리
국·공립 기관(학교)	사립학교(법인)	외부강의등	○	복무처리
사립학교(A법인)	사립학교(A법인)	내부강의	×	복무처리
소속기관과 요청기관이 동일 법인일 때				

1) 사례금을 받는 외부강의 등을 할 경우 외부 강의등의 요청 명세 등을 소속 기관의 장에게 강의 등을 마친 날부터 10일 이내에 교육행정정보시스템(나이스)으로 신고(다만, 겸직 허가 받은 경우는 예외)
2) 월3회 또는 월6시간을 초과하는 경우에는 미리 행동강령책임관의 검토를 거쳐 학장에게 사전 승인
※ 외부강의·회의 등 승인요청서[서식 2-11]를 스캔·첨부하여〈사전〉K에듀파인 내부결재〈사후〉교육행정정보시스템(나이스) 외부강의 신고
3) 신고자가 원할 경우에는 사전 신고도 가능
▶ 신고서에 적시해야 할 구체적인 내용을 미리 알고 있는 경우
4) 메뉴위치: [나이스] - [기본메뉴] - [외부강의] - [외부강의등록/등록]
▶ 외부강의등록 메뉴가 없는 경우는 신고서 작성하여 내부결재로 갈음

바   겸임(순회) 교사의 복무 관리

1) 겸임(순회)교사의 복무는 소속교(또는 소속기관)와 지원교의 복무로 구분하되, 모든 복무 관리는 지원교 학교장의 협조를 받아 소속교(또는 소속기관) 학교장(또는 기관장)의 책임하에 시행함.
※ 소속교와 지원교의 휴업일이 다른 경우 다음과 같이 처리
  수업 있는 학교가 휴업일인 경우 수업 있는 학교가 휴업일이 아닌 경우 :「교육공무원법」제41조 연수 신청 가능 정상 출근
2) 복무 관리는 소속교와 지원교의 수업요일과 시간이 일정할 경우 1학기 1회 결재로 시행하고, 일시적인 변동이 있을 경우는 별도의 결재를 시행하여 운영함.
3) 겸임(순회)교사의 여비
  지원을 받는 학교의 학교장은 예산 범위 내에서1일10,000원 내외의 여비를지급할 수 있음(지원교에서 출근과퇴근이 이루어질 경우는 여비 지급하지 않음).
  단, 겸임(순회)교사가 지원교에 출근하여 근무 후, 소속교 학교장의 명에 의하여 소속교의 업무 처리(수업 제외)를위해 돌아와 근무하는 경우에는 소속교에서 여비 지급

6 교원휴가 업무 처리요령

가 휴가제도의 운영

1) 휴가의 종류

연가	▶ 정신적·신체적 휴식을 취함으로써 근무능률을 유지하고 개인생활의 편의를 위하여 사용하는 휴가
병가	▶ 질병 또는 부상으로 직무를 수행할 수 없는 경우 또는 감염병에 걸려 다른 공무원의 건강에 영향을 미칠 우려가 있을 때 부여받는 휴가
공가	▶ 공무원이 일반 국민의 자격으로 국가기관의 업무수행에 협조하거나 법령상 의무의 이행이 필요한 경우에 부여받는 휴가
특별휴가	▶ 사회통념 및 관례상 특별한 사유(경조사 등)가 있는 경우 부여받는 휴가

> **TIP**
> 《휴가 관련 제출 증빙 서류(예시)》
> - 7일 이상의 연속된 병가와 병가의 연간 누계가 6일을 초과: 진단서
> - 공가: 소집통지서, 소환장, 투표통지서 등
> - 국외 여행: 국외여행 허가신청서
> - 출산 휴가: 진단서
> - 포상에 의한 휴가: 표창장 사본
> - 경조사로 인한 특별휴가: 사유를 증빙할 수 있는 유인물

2) 휴가 실시의 원칙

가) 학교장은 휴가를 승인함에 있어 소속 교원이 원하는 시기에 법정 휴가 일수가 보장되도록 하여야 함

나) 휴가로 인하여 업무 공백이 발생되지 않도록 업무대행자 지정, 인계·인수 등 필요한 조치를 취하여야 함

3) 휴가 일수의 계산

가) 연가·병가·공가 및 특별휴가는 별개의 요건에 따라 운영되므로 그 휴가 일수의 계산은 휴가 종류별로 따로 계산함(반일연가는 1일 4시간을 기준으로 하여 오전·오후로 구분함)

나) 공휴일과 토요일은 휴가 일수에서 제외하나, 연가를 제외한 휴가 중 휴가 기간이 30일 이상 계속되는 경우에는 그 휴가 일수에 토요일과 공휴일을 산입함

다) 퇴직 후 당해 연도에 재임용된 공무원의 휴가 일수 산정 시는 퇴직 전 근무 기관에서 사용한 휴가 일수를 공제하여야 함

라) 법정 휴가일수를 초과한 휴가는 결근으로 처리함

나 연가

☞ 휴가란, 행정기관의 장이 일정한 사유가 있는 공무원의 신청 등에 의하여 일정 기간 출근의 의무를 면제하여 주는 것으로서, 연가·병가·공가·특별휴가 등을 총칭함

> ※ 국가공무원 복무·징계 관련 예규(제8장 3. 휴가제도의 운영)
> 교원(교육공무원법제2조제1항제1호)의 휴가는 복무규정 제24조의2에 따라 교육부장관이 학사일정 등을 고려해 휴가실시에 관하여 필요한 사항을 따로 정할 수 있음
>
> ※ 교원의 휴가에 관한 사항은 「교원 휴가에 관한 예규」(교육부 예규) 참조
> 제4조(휴가실시의 원칙) ① 학교의 장은 휴가를 승인함에 있어 소속 교원이 원하는 시기에 법정휴가일수를 사용할 수 있도록 보장하되, 연가는 수업 및 교육활동 등을 고려하여 특별한 사유가 없는 한 수업일을 제외하여 실시하도록 한다.

☞ 연가란, 정신적·신체적 휴식을 취함으로써 근무능률을 유지하고 개인생활의 편의를 위하여 사용하는 휴가

1) 재직기간별 연가일수

재직기간	연가 일수	재직기간	연가 일수
1개월 이상 1년 미만	11일	4년 이상 5년 미만	17일
1년 이상 3년 미만	15일	5년 이상 6년 미만	20일
3년 이상 4년 미만	16일	6년 이상	21일

2) 연가(반일연가 포함) 신청

교육정보시스템(나이스. 근무상황부 또는 근무상황카드를 포함한다)의 「사유 또는 용무」란에 사유를 기재하지 않음

※ 다만, 「교원 휴가에 관한 예규」 제4조(휴가실시의 원칙)에 따라 교원의 연가는 수업 및 교육활동 등을 고려하여 특별한 사유가 없는 한 수업일을 제외하여 실시하여야 하므로 학교장의 허가가 필요함

3) 연가의 사유(수업일 중 연가 사용을 승인하는 기준)

가) 수업일 중 연가를 신청할 때에는 나이스에 사유를 기재한 후, 학교장의 승인을 받아야 함

> (제1호) 본인 및 배우자 직계존속의 생일
> (제2호) 배우자, 본인 및 배우자 직계존속의 기일
> (제3호) 배우자, 본인 및 배우자 직계존비속 또는 형제·자매의 질병, 부상 등으로 일시적인 간호 또는 위로가 필요하다고 인정되는 경우
> (제4호) 병가를 모두 사용한 후에도 직무를 수행할 수 없거나 계속 요양을 할 필요가 있는 경우
> (제5호) 한국방송통신대학교 출석 수업 및 일반대학원 시험에 참석하는 경우
> (제6호) 본인 및 배우자 부모의 형제·자매 장례식
> (제7호) 본인 및 배우자 형제·자매의 배우자 장례식
> (제8호) 본인 자녀의 입영일
> (제9호) 기타 상당한 이유가 있다고 소속 학교의 장이 인정하는 경우

나) 휴업일(방학포함) 중 연가를 신청할 경우 사유 기재 안함

다) 지각·조퇴·외출을 신청할 때에는 사유를 기재한 후 학교 장의 승인을 받아야 함

라) 반일연가는 13:00를 기준으로 오전. 오후로 구분하며, 탄력근무시간제를 적용하는 학교는 4시간을 기준으로 구분함 (예: 학교의 근무시간이 8:30~16:30이면 12:30분을기준으로 구분)

마) 당해연도에 휴직하는 경우 해당 일수는 해당연도의 마지막 근무月에 발생한 결근으로 간주하여, 공무원 보수규정 제27조 및 제46조, 공무원수당 등에 관한 규정 제19조에 따라 정산하며, 퇴직하는 경우는 퇴직일로부터 역산하여 결근으로 처리함

바) 지각·조퇴·외출, 반일연가, 유연근무신청으로 인한 자동공제(8시간 이상 초과하여 유연근무 신청한 날이 공휴일인 경우 8시간 초과한 시간 연가에서 공제)는 종별 구분 없이 각각 의 시간을 모두 합산한 후 8시간을 연가 1일로 환산하여 공제하고, 공제 후 남은 8시간 미만의 잔여연가는 다음연도로 이월·저축함

사) 공제한 결과 초과 사용한 연가가 8시간 미만인 경우에는 다음 해(해당 공무원이 휴직하는 경우에는 복직한 해)에 부여되는 연가일수에서 차감

※ 다)~라)의 연가 공제 절차는 국가공무원 복무·징계 관련 예규(제8장) 참고

아) 다음 재직기간의 연가의 미리 사용

　▶ 해당 교원이 실제로 다음 재직기간의 전 기간을 근무하는 것을 전제로 함

　▶ 미리 사용한 연가 일수는 다음 재직기간의 연가 일수에서 뺌

재직기간	미리 사용하게 할 수 있는최대 연가 일수	재직기간	미리 사용하게 할 수 있는 최대 연가 일수
1년 미만	5일	3년 이상 4년 미만	8일
1년 이상 2년 미만	6일	4년 이상	10일
2년 이상 3년 미만	7일		

※ 교원의 연가 미리 사용에 관한 사항은 「교원 휴가에 관한 예규」(교육부 예규) 참조

자) 연가 일수의 공제

　(1) 공제되고 남은 연가일수를 초과하여 사용한 경우는 결근으로 처리함

　(2) 결근·정직·직위해제 일수 및 강등처분으로 인하여 직무에 종사하지 못하는 일수가 있는 연도에는 이를 당해 연도의 잔여연가 일수에서 공제함

　(3) 휴직(「국가공무원법」 제71조 제1항 제5호에 의한 법정의무수행 휴직이나 공무상 질병 또는 부상으로 인하여 휴직한 경우는 제외), 연도 중 임용된 경우 임용되기 이전 기간 등 사실상 직무에 종사하지 아니한 기간이 있는 경우에는 해당 기간을 제외하고 다음 산식에 의하여 산출된 일수를 부여함

　(4) 이 경우 해당연도 중 사실상 직무에 종사한 기간은 월로 환산하여 계산하되, 15일이상은 월로 계산하고, 15일 미만은 이를 산입하지 아니하며, 산식에 의하여 산출된 소수점 이하의 일수는 반올림함

$$\frac{\text{해당연도 중 사실상 직무에 종사한 기간(월)}}{12(월)} \times \text{해당연도 연가일수}$$

※ 사실상 직무에 종사하지 아니한 기간

① 퇴직자의 경우 미 근무기간

② 연도 중 임용자의 경우 미 근무기간

③ 1개월 이상 연속된 교육파견 기간

④ 연간 통산 병가(공무상병가 제외)

⑤ 정년퇴직예정자 퇴직준비교육 기간 ⑥ 연도 중 군입대한 경우 입대 후의 미근무기간과 복직시 군에서 근무했던 기간 ⑦ 1개월 이상 연속한 국외교육훈련파견 등의 경우 그 파견기간

⑧ 대기발령 등으로 사실상 직무에 종사하지 아니한 기간 ⑨ 직제와 정원의 개폐나 예산의 감소 등에 따른 폐직·과원 등의 사유로 보직을 받지 못한 기간

※ ⑧, ⑨는 소속 기관장으로부터 특정한 업무(국정과제 등)를 부여받은 사람은 제외출산휴가 ➡ 직무에 종사한 기간에 포함

다 **병가**

가) 병가의 종류별 내용

1) 일반병가는 다음의 경우 연간 60일의 범위 안에서 승인함

❶ 질병 또는 부상으로 인하여 직무를 수행할 수 없을 때

※ 예1) 위암으로 인한 수술이나 입원으로 직무를 수행할 수 없을 때

※ 예2) 장애인 공무원이 재활치료를 하지 않으면 직무를 수행할 수 없을 때

❷ 감염병에 걸려 그 공무원의 출근이 다른 공무원의 건강에 영향을 미칠 우려가 있을 때

2) 공무상 병가는 공무상 질병 또는 부상으로 직무를 수행할 수 없거나 요양을 요할 경우 180일의 범위 안에서 승인

❶ 다만, 병가 사유가 동일한 경우에는 연도의 구분 없이 180일의 범위 안에서 승인

❷ '동일한 사유'라 함은 동일한 사고/사안을 말하며, 최초의 질병·부상으로 인해 추가 질병이 발생한 경우 동일 사안으로 처리하여 연도 구분 없이 180일의 공무상 병가 사용 가능

나) 병가일수의 계산

1) 병가일수는 1월 1일부터 12월 31일까지 1년 단위로 계산함

2) 질병이나 부상으로 인한 지각·조퇴 및 외출은 각각의 종별 구분 없이 누계 시간으로 계산하여 누계 8시간을 병가 1일로 계산함

3) 진단서를 제출하여야 함에도 제출하지 못한 병가 일수는 이를 연가 일수에서 공제하고 병가 일수에는 산입하지 아니함

다) 병가의 운영방법

1) 연간 누계 6일까지는 진단서의 제출 없이도 병가를 사용할 수 있으나, 7일 이상 연속되는 병가와 병가의 연간 누계가 6일을 초과하게 되는 경우에는 「의료법」 제17조에 의하여 교부된 진단서를 제출하여야 함

※ 병가 전체를 합산하여 연도 중 최초 6일까지만 사전 진단서 제출 없이 병가 사용 가능

▶ 동일한 사유의 병가는 최초 제출한 진단서로 갈음할 수 있음

▶ 진단서를 제출하지 못하는 경우에는 연가를 활용

▶ 동일한 사유 여부는 기관장(승인권자)이 진단서 등의 내용을 감안하여 결정하며, 연가사
유의 고의적 병가처리가 발생하지 않도록 하여야 함

　※ 동일한 사유의 질병임을 검진하기 위한 병가신청시 기관장(승인권자)이 결정하되, 이후
　진단서 등을 확인하여야 함

2) 일반병가와 공무상 병가의 사용 일수는 각각 별도로 운영함

❶ 공무상병가 기간 만료 후에도 직무수행이 어렵거나 계속 요양이 필요할 경우에는 일반

병가를 승인할 수 있음

❷ 공무상병가, 일반병가, 연가, 「국가공무원법」 제71조제1항제1호에 따른 질병휴직은

용 요건을 충족한다면 부서장의 승인(질병휴직의 경우 임용권자의 명령)을 거쳐 사용

할 수 있음

▶ 단, 질병휴직은 질병은 질병·부상의 완쾌 등 휴직사유의 소멸 시 복직할 수있으므로

질병휴직 기간 만료 시 동일한 사유로 연속하여 일반병가를 승인할 수 없음

※ 휴직기간 만료 후 복직하여 정상근무 중 동일질병 또는 부상이 재발된 때에는 복직 후
의 근무가 정상적인 상태로 상당기간 지속된 경우에만 일반병가를 승인할 수 있음

3) 병가의 기간은 기관장(승인권자)이 해당 공무원의 직무수행 가능여부와 진단서의 내

용을 감안하여 결정함

❶ 기관장(승인권자)은 소속 공무원의 병가사용이 질병의 치료와 감염위험의 차단이라는 본

연의 목적을 위해서 사용될 수 있도록 하여야 함

❷ 기관장은 병가기간과 관계없이 직무수행 가능여부 판단을 위해 필요시 추가 진단서 제
출을 요구할 수 있음

라) 공무상 병가제도의 운영상 유의사항

1) 공무상 병가의 실시에 있어서 공무상 질병·부상사실 여부 병가 기간은 「공무원

재해보상법」의 규정에 의한 요양승인 결정범위 내에서 기관장이 진단서와 해당

공무원의 직무수행 가능 여부 등을 감안하여 결정함

❶ 가해자에 의한 손해배상 등의 사유로 공무상 요양비가 지급되지 않는 경우에도 공무상

요양승인을 받아야 함

2) 아래의 경우에는 승인권자가 공무상 질병·부상 여부를 판단하여 공무상 병가를 승인할

수 있음

❶ 「공무원연금법」의 적용을 받지 않는 공무원(선거직 등)의 경우

❷ 6일 이내의 단순안정만을 요하는 경미한 질병·부상의 경우

※ 예) 「민원 처리에 관한 법률」 제4조에 따른 민원 처리 담당자가 민원인 등의 폭언 등으로 인해 신체·정신적 피해를 입어 안정을 요하는 경우 등

3) 공무상요양승인 기간 중이라도 공무상 병가일수 180일이 만료된 후에는 동일한 사유로 재차 공무상 병가를 승인할 수 없음

4) 인사혁신처에 공무상요양승인을 신청하여 심의중에 있으면 그 결정서를 통보받을 때까지는 일반병가와 연가를 승인할 수 있으며, 이후 공무상 질병 또는 부상으로 결정된 때에는 사용한 일반병가와 연가를 공무상 병가로 소급 처리할 수 있음. 이는 공무원에 대한 불이익을 최소화하기 위한 취지이므로, 본인이 원하는 경우 공무상병가로 소급 처리하지 않거나 일반병가·연가의 일부만 소급 처리할 수도 있음

5) 일반병가 및 연가를 모두 사용한 후에도 공무상 요양승인이 결정되지 아니하여 질병휴직 중인 경우 휴직기간 중에 공무상 질병 또는 부상으로 결정된 때에는 당초의 일반병가·연가·휴직처분을 취소하고 공무상 병가로 처리할 수 있음. 이 경우 「공무원임용령」 제57조의7제6항 따라 당초의 일반병가·연가는 공무상 질병휴직으로 처리할 수 없음

※ 질병 또는 부상으로 인하여 출근하지 못하는 공무원에 대하여 병가, 연가, 휴직 등으로 처리하고자 하는 경우 업무담당 공무원은 해당 공무원의 의사(意思)를 확인한 후 근무상황을 처리(병가·연가는 본인의 신청에 따라 부여하여야 함. 다만, 갑작스런 발병이나, 본인이 의식불명 등으로 의사표시를 할 수 없는 경우와 같이 특별한 사정이 있는 경우에는 가족이 연락하여 휴가신청을 대행할 수 있음)

마) 공무상 병가 신청 방법

1) 개인신청 방법

(가) 공무원연금관리공단 접속하기 ➡ 종합재해보상포털 접속 ➡ 인증서 로그인 ➡ 공무상 요양 승인 신청 ➡ 다른 인증방법(2차) 로그인 ➡ 청구서작성(공무원정보, 신청인정보, 상병 요양기간 정보 입력, 가해자정보 입력, 증빙서류 등록, 정보확인 ➡ 등록

(나) 개인신청 완료 후 공무원연금관리공단에서 서류 심사 후 필요한 정보 학교 공문으로 요청 하며 그 후에 학교에서는 신청자의 병증 경과 확인서 작성과 요구한 필요서류 첨부하여 공문으로 제출

2) 학교신청 방법

(가) 학교 행정실에서 공무원연금관리공단 업무처리자가 위의 제반서류를 신청자에게 받아 업 무처리함. 이때에 신청자에게 진단서, 진료영수증, 병증의원인에 해당 경과 확인서와 면담 등의 각종 자료를 준비하여 신청해야 함. 병의 종류에 따라 필요한 서류가 다름

라 공가

공무원이 일반국민의 자격으로 국가기관의 업무수행에 협조하거나 법령상 의무의
이행이 필요한 경우에 부여받는 휴가

1) 공가의 사유

가) 「병역법」이나 그 밖의 다른 법령에 따른 병역판정검사·소집·검열점호 등에
   응하거나 동원 또는 훈련에 참가할 때

나) 공무에 관하여 국회·법원·검찰 기타 국가기관에 소환된 때

다) 법률에 따라 투표에 참가할 때

라) 승진시험·전직시험에 응시할 때

마) 원격지간의 전보 발령을 받고 부임할 때

바) 「산업안전보건법」 제43조에 따른 건강진단 또는 「국민건강보험법」 제52조에 따른
   건강검진을 받을 때 및 「결핵예방법」 제11조제1항에 따른 결핵검진 등을 받을
   때

사) 「혈액관리법」에 따라 헌혈에 참가할 때

아) 「공무원 인재개발법 시행령」 제32조제5호에 따른 외국어능력에 관한 시험에
   응시할 때

자) 올림픽, 전국체전 등 국가적인 행사에 참가할 때

차) 천재지변, 교통 차단 또는 그 밖의 사유로 출근이 불가능할 때

카) 「교원의 노동조합 설립 및 운영 등에 관한 법률」 제6조에 따른 교섭위원으로
   선임되어 단체교섭 및 단체협약 체결에 참석할 때, 「교원의 노동조합 설립 및 운영
   등에 관한 법률 시행령」 제3조제3항에 의한 교섭관련 협의를 위하여 지명된 자로
   참석할 때, 같은 법 제14조 및 「노동조합 및 노동관계조정법」 제17조에 따른
   대의원회(「교원 노동조합 설립 및 운영 등에 관한 법률」에 따라 설립된 교원
   노동조합의 대의원회를 말하며, 연 1회로 한정한다)에 참석할 때

타) 「교원의 지위향상 및 교육활동 보호를 위한 특별법」 제11조 및 「교원지위향상을
   위한 교섭·협의에 관한 규정」 제2조의 교섭·협의 당사자로 교섭·협의에 참석할
   때, 교육기본법제15조에 의한 교원단체 대의원회(교원지위향상을 위한 특별법에
   따라 설립된 교원단체의 대의원회를 말하며, 연1회로 한정한다)에 참석할 때

2) 공가제도의 운영상 유의사항

가) 공가의 승인대상인 『직접 필요한 기간』에는 검사일·소환일·투표일·시험일 등의
   당일에 왕복 소요일수(시간)를 가산할 수 있음
   ※ 승진시험 준비기간은 공가의 승인대상이 아님

나) 전보시 업무인계인수·이사 등에 소요되는 최소한의 일수를 포함하되, 부임일

　　　다음날까지 사용할 수 있음

다) 수검의무가 있는 검진(『국민건강보험법』 제52조에 따른 건강검진, 『결핵예방법』 제11조 제1항에 따른 결핵검진 등)은 공가 처리

라) 수검의무가 없는 검진(재검진, 2차 검진, 확진검사 등)은 공가 사유에 해당하지 않음

마) 행사참가는 각급기관의 장이 선수·심판 등 공가활용이 불가피하다고 인정되는 경우에 한함

바) 공무원 노조활동과 관련하여 공가처리를 할 수 없는 경우

　▶ 노조의 단체교섭 및 협의와 관련하여 사진촬영, 참관 등을 위해 참석하거나 사무처리를 위하여 동행하는 인원

　▶ 노조의 자체규약 등에 의한 총회, 대의원회, 조합연수, 조합행사, 설명회, 기타 조합회의 및 집회 등에 참석하는 경우

　▶ 공무원노조법에 의한 근거 없이 최소 설립 단위의 정부 교섭대표 및 각급 기관과의 협의를 위해 참석하는 경우 등

3) 공가의 사례

(사례 1) 「국가기술자격법」에 의한 기술자격취득자의 경우 자격의 유지를 위한 개별법령에 따른 보수교육에 대하여는 공가처리. 다만, 공무원 임용시 「국가기술자격법」 기타 개별법령에 의한 자격취득이 공무원 임용요건으로 의무화된 경우에는 교육파견절차에 따라 처리

(사례 2) 구속된 경우 기소 전까지는 공가처리

　　※ 유죄판결이 확정될 때까지는 무죄로 추정되는 헌법정신을 감안하고 불기소·기소유예 등의 경우에 대비, 다만, 직위 해제 등 인사 조치를 신속히 취하여 공가기간을 최소화시켜야 함

(사례 3) 징계·소청·행정소송 등에 있어서 업무담당 공무원의 출석은 출장처리하고, 당사자 및 참고인은 공가처리, 다만, 그 내용이 공직신분과 무관한 사항은 연가를 활용해야 함

(사례 4) 민사소송의 당사자로서 출석할 때는 연가를 사용하여야 함. 다만, 민사소송 절차에 업무상 관련이 있는 공무원이 당사자(정당한 공무수행과 관련하여 제기된 소송에 한함)일 경우는 공가 처리.

　　민사소송 절차에 업무상 관련이 있는 공무원이 참고인·증인 또는 감정인으로 출석요구에 응할 때는 공가처리

마   출산휴가

가) 임신하거나 출산한 공무원에 대하여는 출산 전과 출산 후를 통하여 90일의 출산휴가를 승인해야 하며, 출산 후의 휴가기간이 45일 이상이 되게 함
- 다만 한 번에 둘 이상의 자녀를 임신한 경우에는 120일의 출산휴가를 승인할 수 있으며 출산 후의 휴가 기간이 60일 이상이 되게 함
- ※ 휴가 기간의 배치는 의료기관의 진단서에 의한 출산 예정일을 기준으로 하되, 조산의 우려 등 특별한 경우는 예외 인정
- ※ 휴직 중이 아닌 공무원의 경우, 출산일에 출근하여 출산휴가를 온전히 사용하지 못한 경우 출산일 다음날부터 90일의 출산휴가를 사용할 수 있음
- 출산일 전에 육아휴직 등 휴직 중인 경우에는 실제 출산일에 맞추어 복직을 한 후 출산휴가를 신청하는 것이 바람직함

> 【사례】 육아휴직 중인 여성공무원이 출산휴가 사용을 위해 출산예정일('26.9.14.)에 맞춰 미리 복직신청을 하였음. 그러나 출산예정일보다 일찍 출산(9.7.)하게 되었음에도 불구하고 이에 따른 복직신청을 변경하지 않아 인사부서에서는 '26.9.14일부로 해당 여성공무원에 대한 복직과 동시에 출산휴가 처리를 완료하였음. 하지만 출산휴가는 실제 출산일(9.7.)로부터 90일까지 사용할 수 있으므로 해당 여성공무원은 결국 총 83일의 출산휴가만 사용할 수 있음

나) 임신 중인 공무원이 다음 중 어느 하나에 해당하는 사유로 출산휴가를 신청하는 경우에는 출산 전 어느 때라도 최장 44일(한 번에 둘 이상의 자녀를 임신한 경우에는 59일)의 범위에서 출산휴가를 나누어 사용할 수 있도록 하여야 함
- 임신 중인 공무원이 유산(모자보건법 제14조 제1항에 따라 허용되는 경우 외의 인공임신 중절에 의한 유산은 제외) 사산의 경험이 있는 경우
- 임신 중인 공무원이 출산휴가를 신청할 당시 연령이 만 40세 이상인 경우
- 임신 중인 공무원이 유산 사산의 위험이 있다는 의료기관의 진단서를 제출한 경우

다) 임신 중 유산 또는 사산한 경우로서 공무원이 신청하는 때에는 다음 기준에 따라 유산·사산휴가를 주어야 함
- 다만, 인공임신중절수술(모자보건법 제14조 제1항의 규정에 의한 경우는 제외)에 의한 유산의 경우는 휴가를 부여하지 않음

유산 또는 사산한 교원의 임신기간(이하 "임신기간"이라 한다)이 **15주 이내**인 경우	유산 또는 사산한 날부터 **10일까지**
임신기간이 **16주 이상 21주 이내**인 경우	유산 또는 사산한 날부터 **30일까지**
임신기간이 **22주 이상 27주 이내**인 경우	유산 또는 사산한 날부터 **60일까지**
임신기간이 **28주 이상**인 경우	유산 또는 사산한 날부터 **90일까지**

※ 1주는 7일이므로
- 임신 106일부터 147일까지 30일, 임신 148일부터 189일까지는 60일, 임신 190일 이후는 90일이 되는 것임
- 휴가 기간은 유산·사산한 날부터 기산함(유산·사산한 날이 지난 후에 휴가를 신청하여 사용할 경우 유산·사산한 날부터 휴가를 사용하는 날의 전날까지의 일수를 휴가 사용 가능 일수에서 제외). 다만 유산·사산한 날에 출근하여 당일부터 유산·사산휴가를 온전히 사용할 수 없는 경우에는 유산·사산한 날의 다음날부터 기산하여 사용할 수 있음

라) 배우자가 유산하거나 사산한 경우 남성 공무원은 3일의 배우자 유산휴가 또는 사산휴가를 사용할 수 있음

◎ 다)에 따른 기간 내에 휴가를 사용하여야 하며 1회에 한하여 분할사용 가능

> 【예시1】임신한 배우자가 15주 이내에 유·사산한 경우: 유·사산한 날로부터 10일 내에 3일의 휴가 사용
> 【예시2】임신한 배우자가 16주 ~ 20주 이내에 유·사산한 경우: 유·사산한 날로부터 30일 내에 3일의 휴가 사용

마) 출산 및 유산, 사산 휴가는 산모의 건강을 고려하여 일정 기간 휴가를 부여하는 것이며 아래의 경우에는 일반 병가를 승인

◎ 임신 중 심한 입덧이나 부작용 등으로 안정의 필요가 있을 경우

바 난임치료 시술휴가

1) 여성공무원

◎ 인공수정 시술을 받는 경우 : 시술을 할 때마다 총 2일의 휴가를 부여받을 수 있으며, 시술일 당일을 반드시 포함하고, 나머지 1일은 시술일 전날, 시술 후 2일 이내 또는 인공수정시술을 위하여 반드시 수반되는 병원진료일 중에 선택할 수 있음

※ 의사와 단순 상담만을 위한 병원진료일에는 사용 불가

◎ 체외수정 시술을 받는 경우

- 동결 보존된 배아를 이식하는 체외수정 시술을 받는 경우 : 시술을 할 때마다 총 3일의 휴가를 부여 받을 수 있으며, 시술일 당일을 반드시 포함하고, 나머지 2일은 시술일의 전날, 시술일 후 2일 이내, 체외수정 시술을 위하여 반드시 수반되는 병원진료일 중에 선택할 수 있음

- 난자를 채취하여 체외수정 시술을 받는 경우 : 시술을 할 때마다 총 4일의 휴가를 부여 받을 수 있으며, 난자 채취일 당일과 시술일 당일을 반드시 포함하고, 나머지 2일은 난자 채취일 전날 또는 시술일의 전날, 난자 채취일 후 2일 이내 또는 시술일 후 2일 이내, 체외수정 시술을 위하여 반드시 수반되는 병원진료일 중에 선택할 수 있음

※ 의사와 단순 상담만을 위한 병원진료일에는 사용 불가

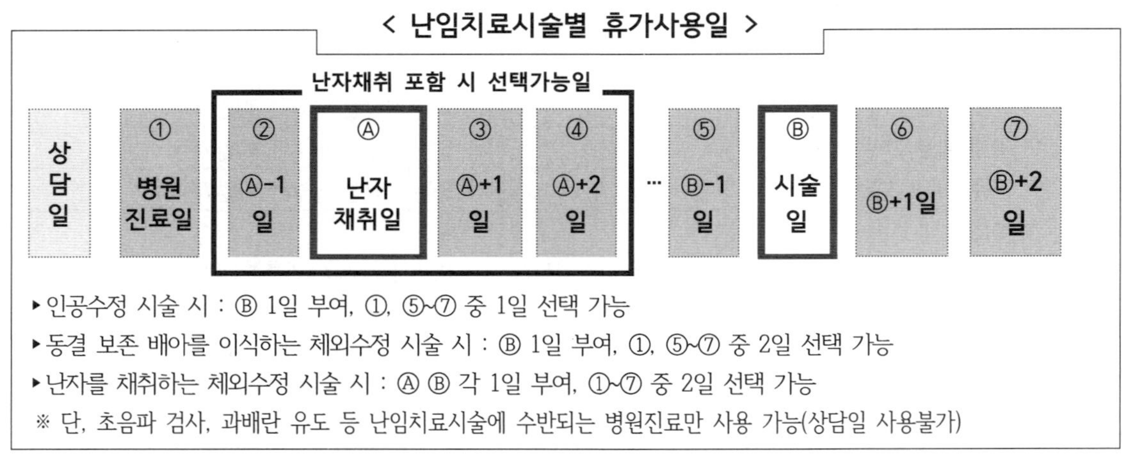

▸ 인공수정 시술 시 : Ⓑ 1일 부여, ①, ⑤~⑦ 중 1일 선택 가능
▸ 동결 보존 배아를 이식하는 체외수정 시술 시 : Ⓑ 1일 부여, ①, ⑤~⑦ 중 2일 선택 가능
▸ 난자를 채취하는 체외수정 시술 시 : Ⓐ Ⓑ 각 1일 부여, ①~⑦ 중 2일 선택 가능
※ 단, 초음파 검사, 과배란 유도 등 난임치료시술에 수반되는 병원진료만 사용 가능(상담일 사용불가)

2) 남성공무원 : 정자 채취일 당일

사 가족돌봄 휴가

1) 공무원은 다음에 해당하는 경우유·무급 포함연간 총 10일의 범위에서 가족돌봄휴가를 받을 수 있음

가) 「영유아보육법」에 따른 어린이집, 「유아교육법」에 따른 유치원 및 「초·중등교육법」 제2조 각 호의 학교(이하 "어린이집등"이라 한다)의 휴업·휴원·휴교, 그 밖에 이에 준하는 사유로 자녀 또는 손자녀를 돌봐야 하는 경우

 * 감염병, 재난 등으로 인한 개학 연기, 온라인수업 등으로 돌봄이 필요한 경우 등

나) 자녀 또는 손자녀가 다니는 어린이집등의 공식 행사 또는 교사와의 상담에 참여하는 경우

※ (예) 입학식, 졸업식, 학예회, 운동회, 참여수업, 학부모 상담 등

다) 미성년자 또는 「장애인복지법」 제2조제2항에 따른 장애인(이하 "장애인"이라 한다)인 자녀·손자녀의 병원 진료(「국민건강보험법」 제52조에 따른 건강검진 또는 「감염병의 예방 및 관리에 관한 법률」 제24조 및 제25조에 따른 예방접종을 포함한다)에 동행하는 경우

라) 질병, 사고, 노령 등의 사유로 조부모, 외조부모, 부모(배우자의 부모를 포함한다), 배우자, 자녀 또는 손자녀를 돌봐야 하는 경우

※ 질병, 사고 등으로 병원에 입원하거나 가정 등에서 돌봄이 필요한 경우 등

2) 자녀를 돌보기 위해 가)의 각 요건에 해당하는 공무원은 연간 2일(16시간)의 범위에서 유급 가족돌봄휴가를 받을 수 있음

※ 자녀 1인당 연간 2일의 유급 가족돌봄휴가가 부여되는 것은 아님

ㅇ 제4호의 경우에는 미성년자 또는 장애인인 자녀를 돌보는 경우에만 유급휴가 부여

ㅇ 자녀(어린이집 등에 재학 중이거나 미성년인 자녀)가 2명 이상인 경우 또는 자녀가 1명이더라도 그자녀가 장애인이거나 공무원이 「한부모가족지원법」 제4조제1호의

모 또는 부에 해당하는 경우에는 연 1일(8시간) 가산하여 연간 총 3일(24시간)의 범위에서 유급 가족돌봄휴가를 받을 수 있음

ㅇ 부서장은 유급 가족돌봄휴가 승인 시 관련 증빙서류를 확인하여야 함

▶ 어린이집등의 휴업·휴원·휴교 또는 온라인수업을 증빙할 수 있는 서류, 학부모 알림장, 가정통신문 등

▶병원진료여부를 입증할 수 있는진단서,확인서,소견서,진료확인서, 진료비세부내역서,진료비 계산서·영수증, 처방전, 약국영수증 등(예방접종증명서, 영유아건강검진결과통보서 포함)

▶ 유급 가족돌봄휴가 부여 또는 가산의 대상임을 입증할 수 있는 장애인등록증, 가족관계증명서 등

ㅇ 유급 가족돌봄휴가는 시간단위로 분할하여 사용할 수 있음

▶ 부서장은 증빙서류, 교통상황, 왕복 소요시간, 소속공무원의 진술 등을 고려하여 "자녀돌봄휴가 사용에 필요한 기간(시간)"을 승인

ㅇ 유급 가족돌봄휴가를 모두 사용한 경우 무급 가족돌봄휴가 사용 가능(유급 가족돌봄휴가가 남아 있어도 원하는 경우 자녀 돌봄을 위한 무급 가족돌봄휴가 사용 가능)

3) 자녀 외의 가족(성년인 자녀 등 유급 가족돌봄휴가 대상이 아닌 자녀 포함)을 돌보기위해 (가)의 각 요건에 해당할 경우 무급 가족돌봄휴가를 받을 수 있음

ㅇ 부서장은 무급 가족돌봄휴가 승인 시 가족관계를 입증할 수 있는 가족관계증명서 등을 확인하여야 함

▶ 단, 복무관리를 위해 필요한 경우 부서장은 유급 가족돌봄휴가 승인 관련 증빙서류에 준하는 증빙서류의 제출을 요구할 수 있음

ㅇ 무급 가족돌봄휴가는 일 단위로만 사용할 수 있음

※「공무원 수당 등에 관한 규정」에 따라 결근처리는 일(日) 단위로만 할 수 있음

아 임신 검진 휴가

1) 임신한 여성공무원은 임신검진을 위하여 임신기간 동안 10일의 범위에서 임신검진휴가를 받을 수 있음.

ㅇ 임신검진휴가 최초 신청시 신청자는 임신확인서 등을 제출하여야 함

ㅇ 임신검진휴가는 반일 또는 하루 단위로 신청할 수 있으며, 3일 이상 연속하여 사용할 경우에는 임신검진을 확인할 수 있는 자료를 증빙하여야 함

▶ 임신확인서 등에 기재된 출산예정일과 달리 출산한 경우 잔여 휴가일수가 있어도 실제출산한 날 이후부터는 임신검진휴가를 사용할 수 없음

▶ 임신 중에 임용된 공무원의 경우 남은 임신기간에 걸쳐 10일의 임신검진휴가를
  사용할 수 있음

2) 기관장(승인권자)은 소속 공무원의 임신검진휴가가 임신검진이라는 본연의 목적을
  위해서 사용될 수 있도록 하여야 하며, 기관장(승인권자)은 필요시 추가 자료 제출을
  요구할 수 있음

> **잠깐만~**
>
> • 행정기관의 장은 임신 중인 공무원 또는 출산한 지 1년 미만인 공무원에게 오후 10시부터
>   오전 6시까지의 시간 및 토요일 또는 공휴일에 근무를 명할 수 없음(복무규정 제11조제3항)
> ※ 주말에 시행하는 시험출장, 행사차출, 업무대기 등도 금지
>   예외적으로 임신 중인 공무원이 신청하는 경우, 출산 후 1년이 지나지 아니한 공무원의
>   동의가 있는 경우에는 가능함

자 교육활동 침해교원 특별휴가

소속기관(학교 등)의 장은 교원의지위 향상 및 교육활동 보호를 위한 특별법 제15조에
따른 교육활동 침해의 피해를 받은 교원에 대해서는 피해 교원의 회복을 지원하기 위해
5일의 범위에서 특별휴가를 부여할 수 있음. 특별휴가 사용 후 추가 요양이 필요한
경우 학교장은 공무상 병가를 '6일 이내에서 추가 승인할 수 있음. 단 교육활동 침해
행위로 인한 특별휴가를 승인하였는데 해당 사안이 교육활동 침해 행위가 아니라고
판단한 경우에는 이미 사용한 특별휴가를 병가나 연가로 정정하면 되며, 반대의 경우도
마찬가지임

차 휴직 전 휴직사유 소멸에 대한 내용

1) 병역휴직 - 소집해제, 귀가조치   2) 국내연수휴직 - 학업중단(휴학 포함)
3) 육아휴직 - 유산, 유아사망   4) 가족돌봄휴직 - 간병대상자 사망 등 유
5) 불임·난임휴직 - 임신, 치료중단고용휴직 - 고용 해제
6) 유학휴직 - 학업중단(휴학포함), 학위 조기취득, 대학(원) 변경, 전공과목 변경 등
7) 동반휴직 - 본인 귀국, 배우자 귀국, 배우자의 유학휴직 사유 소멸, 배우자의근

  무지 또는 근무처 변경 등

카 휴직 중 복무규정 및 유의사항

1) 휴직때 하지말아야 할것들
  교사의 휴직은 교사라는 직업을 그만둔 것이 아니고 말 그대로 교사라는 직업을
  가진채로 잠시 쉰다는 의미이다. 따라서 휴직 중이라고 하더라도 공무원으로서,
  교사로서 지켜야 할 의무는 계속 지켜야 문제가 생기지 않는다. 휴직 중인 교사
  는 아래와 같은 내용을 준수해야 한다.

교사 휴직 중 복무규정 및 유의사항에 대해 정리해봤다.

2) 휴직 중 지켜야 할 것들

휴직 중에도 공무원의 신분은 보유하므로 '교육공무원법'과 '국가공무원복무규정'상 교원의 의무를 준수해야 한다.

휴직기간 중매 반기별(상반기 - 6월 30일까지, 하반기 - 12월 31일까지)로 소재지, 연락처,휴직사유의 계속여부 등을 소속기관의 장에게 보고해야 한다.

단, 휴직시작 후 1개월 이내인 경우, 병역휴직, 행방불명에 의한 휴직, 노조전임휴직, 법정의무수행 휴직은 제출 대상에서 제외된다.

휴직 기간 중휴직 사유가 사라지면 30일 이내에 임용권자 또는 임용제청권자에게 신고해야 한다.

2년 이상육아휴직 또는 동반휴직을 한 교원이 복직하려면 대통령령으로 정하는 바에 따라복직 전에연수를 이수해야 한다.

3) 복직 시 근무 학교

교사의 경우 기간이 6개월 이상의 휴직을 할 경우 원래 소속되어있던 학교로 복직되지 않을 수도 있다.

이 점을 활용하여 근무하기 싫은 동료가 있거나 원하지 않는 학교에 발령을 받은 경우,9월에 새로운 학교로 발령 나기를 바라며 학기가 시작하는 3월부터 6개월의 휴직을 사용하는 교사도 있다.

물론 원래 소속되어있던 학교에 자리가 없어야 다른 학교로 발령이 나지 원래 소속되어 있던 학교에 자리가 있다면 다시 원래 소속교로 돌아가게 된다. 학교를 떠날 확률이 100%가 아니니 리스크가 있는 방법이라 할 수 있다.

휴직 기간이 6개월 미만인 경우에는 100% 원래 학교로 돌아온다. 이 경우 내 자리에 신규 발령이 아닌 기간제나 시간강사 등으로 내 자리를 채우기 때문에 내 자리가 남아있기 때문이다.

4) 휴직의 목적을 위반한 경우

국가공무원 복무규정(제25조)에 따라 영리업무 금지의무에 위반하는 등 휴직의 목적달성에 위배되는행위를 한 경우 복직을 명령할 수 있다.

5) 국가공무원 복무규정 제25조(영리 업무의 금지)

공무원은 다음 각 호의 어느 하나에 해당하는 업무에 종사함으로써 공무원의 직무능률을 떨어뜨리거나, 공무에 대하여 부당한 영향을 끼치거나, 국가의 이익과 상반되는이익을 취득하거나, 정부에 불명예스러운 영향을 끼칠 우려가 있는 경우에는 그 업무에 종사할 수 없다.

가) 공무원이 상업, 공업, 금융업 또는 그 밖의 영리적인 업무를 스스로 경영하여 영리를 추구함이 뚜렷한 업무

나) 공무원이 상업, 공업, 금융업 또는 그밖에 영리를 목적으로 하는 사기업체의 이사, 감사 업무를 집행하는 무한책임사원, 지배인, 발기인 또는 그 밖의 임원이 되는 것

다) 공무원 본인의 직무와 관련 있는 타인의 기업에 대한 투자

라) 그 밖에 계속적으로 재산상 이득을 목적으로 하는 업무

　또한 국가공무원법의 징계사유(제78조)에 해당하는 경우 교육공무원법의 징계의결 요구(제51조)를 할 수 있다.

6) 국가공무원법 제78조(징계 사유)

　공무원이 다음 각 호의 어느 하나에 해당하면 징계 의결을 요구하여야 하고 그 징계 의결의 결과에 따라 징계처분을 하여야 한다.

가) 이 법 및 이 법에 다른 명령을 위반한 경우

나) 직무상의 의무를 위반하거나 직무를 태만히 할 때

다) 직무의 내외를 불문하고 그 체면 또는 위신을 손상시키는 행위를 한 때

7) 교육공무원법 제51조(징계의결의 요구)

　교육기관, 교육행정기관, 지방자치단체 또는 국가연구기관의 장은 그 소속 교육공무원이 국가공무원법 제78조 제1항 각 호의 징계 사유 및 지방공무원법 제69조 제1항 각 호의징계사유에 해당한다고 인정하는 경우에는 지체 없이 해당 징계사건을 관할하는 징계위원회에 징계의결을 요구하여야 한다.

　휴직의 목적 외 사용은 휴직허가조건 위반으로 징계 처분될 수 있음을 유념해야 한다.

　실제로 소청심사위원회에 올라온 사례들을 보면휴직 중 문제를 일으켜 감봉이나 견책, 불문경고 등의 징계를 받은 경우가 있다.대표적인 사례는아래와 같다.

　육아휴직 기간 중 장인과 술을 먹고 자녀를 재우는 문제로 배우자와 다투다가 배우자를 폭행하여 공무원의 품위 유지 의무를 어겨 불문경고의징계를 받음

　육아휴직 중 로스쿨에 진학한 사실이 밝혀져 감봉 처분을 받음

　허위로 어학원에 등록한 후 유학휴직을 사용해 부당한 휴직급여를 수령하며 남자친구와 해외여행을 다니다가 적발되어 강등 처분을 받음

　마지막으로 휴직 사유가 만료되었음에도 복귀하지 않아 직권면직됨

　이처럼 휴직 시 문제가 될만한 행동을 하거나, 휴직을 목적 외의 용도로 사용하면 징계를 받을 수 있으니 주의해야 한다.

참고　**〈교원휴가에 관한 예규〉 시.도교육청 주요 질의·회신 사례**

연번	조항	질의 요지	회신 내용
1	제5조(연가)③항	사유 또는 용무란 미기재 관련	개인정보 보호 관련하여 사유 또는 용무란에 연가 사유는 미기재 하나, 수업일 중 연가는 〈교원 휴가에 관한 예규〉에 따라 연가 사유가 인정되어야 함
2	제8조(특별휴가)	육아시간 활용의 어려움	단위 학교의 여건을 고려하여 탄력적으로 활용 가능하며, 보건교사의 경우 대체 인력이 필요한 경우 시간강사 활용 가능함
3	제5조(연가)③항	연가는 사유 미기재 지각, 조퇴 등은 사	연가는 연가 사유가 있을 경우 출근의 의무를 면제해 주는 것으로 연가 실시 전 NEIS를 통한 결재가 원칙임. 다만, 나이

		유 기재는 불합리	스 근무상황부에 사유를 기재하지 않는 것임. 연가로 인한 미출근 시 해당 교원과 학교장은 대체인력 확보, 수업 교환 등을 통해 수업 결손이 발생하지 않도록 필요한 조치를 하여야 함. 지각, 조퇴, 외출 등은 출근을 전제로 한 날에 특별한 사유가 발생하여 정상 근무를 할 수 없게 된 경우이므로, 학교장에게 그 사유를 기재하여 허가를 받아야 함
4	제5조(연가)④항	조퇴, 외출, 지참의 경우 사유 기재로 사생활 침해의 소지 있음	조퇴, 외출, 지참의 경우 사유 기재로 인한 사생활 침해의 소지가 있는 경우에는 학교장에게 구두로 사유를 전달하고, 나이스 근무 상황 신청 시 간단한 사유 기재로 갈음할 수 있음. 단, 사유 미기재는 불가함
5	제8조(특별휴가)①항	교권침해보호 특별휴가연간 일수제한 여부 모호	교권침해 사안이 있는 경우 5일 이내로 실시 가능하며, 별도 연간 허용 일수의 제한은 없음
6	제8조(특별휴가)②항	육아시간 자체기준의 범위와 한계 모호	<국가공무원복무규정>에 따른 육아시간 사용 기준(8세 이하 또는 초등학교 2학년 이하, 1일 2시간, 36개월 범위)을 위반하는 자체기준을 마련할 수는 없으며, 자체기준 마련은 의무가 아니라 교육청이 필요하다고 판단할 경우에 세부지침을 마련할 수 있다는 취지로 보아야 함
7	제5조(연가)③항	방학 중 연가를 이용한 공무(외)국외여행 시 사유 미기재 여부	공무외의 국외여행을 하는 경우에는 근무상황부에 기재 하거나 사전에 여행일정과 여행지 등을 비상연락담당자에게 통보하여 긴급 시 소재파악 및 비상연락이 될 수 있도록 하여야 함. 연가 사유를 적지 않을 수 있으나 긴급 시 소재파악을 위해 '공무국외여행'임을 기록하는 것을 권장함
8	제5조(연가)③항	지각, 조퇴, 외출, 신청 시 사유를 구제척으로적어야 하는지 여부	지각, 조퇴, 외출 등은 출근을 전제로 한 날에 특별한 사유가 발생하여 정상 근무를 할 수 없게 된 경우이므로, 학교장에게 그 사유를 기재하여 반드시 허가를 받아야 함. 단, 구체적인 사유를 개인 용무로 기재하는 것을 허용함
9	제5조(연가)③항	지각, 조퇴, 외출 신청 시 학교의 장의 승인을 받아야 한다는 것은 위임전결이 불가능하다는 것인가	학교의 장의 승인을 받아야 한다는 말의 의미는 학교장의 위임에 의한 전결까지를 포함하는 의미임
10	제8조(특별휴가)②항	육아시간 자체기준의 범위와 한계 모호	육아시간 사용을 위한 기준 자체를 변경하는 것은 불가함. 다만 학교별로 육아시간 운영 방법에 대한 논의가 필요한 경우 소속 교원의 의견을 반영하여 적용할 수 있음
11	제5조(연가)⑥항	연가 미리쓰기 적용 대상 및 사용 사유	연가를 미리 쓰는 것의 적용 대상은 지정되어 있지 않으나 다음 연도 재직기간의 전 기간을 정상 근무해야 하며 이를 복무승인권자는 다음 연도 퇴직 여부 및 휴직 여부 등을 확인하여 반드시 사전 결재를 받아야 하며 다음 연도 연가를 미리 사용하였다는 근거를 남겨야 함
12	제4조(휴가실시의 원칙) ①항	연가 사용 시 수업일을 제외한 날의 구체적 의미	수업일은 <초중등교육법 시행령> 제45조에 따른 수업일로서 학교 교육과정이 운영되는 출근일을 의미함. 연가는 특별한 사유가 없는 한 수업일을 제외하여 실시하는 것이 원

			칙임
13	제5조(연가)③항	지각, 조퇴 등 사유 기재 방법	<국가공무원 복무규칙>의 근무상황부 기재 방법에 따라 지각·조퇴 및 외출의 경우 질병·부상 등 그 사유를 기재하게 되어 있음
14	제8조(특별휴가)①항	교육활동침해 교원 지원 특별휴가의 세부 사용 방침 불분명	교육활동침해 피해를 받은 교원에 대해 학교장이 특별휴가 필요하다고 허가한 경우 사용 가능. 다만 교육활동침해로 인한 특별휴가가 필요한 경우 학교의 자체적인 증빙자료를 첨부하여 내부 결재 등으로 근거자료가 필요함
15	제5조(연가)③항	지각, 조퇴, 외출의 승인을 위임전결규정에 의해 처리해도 되는지	<교원휴가에 관한 예규> 의 지각, 조퇴, 외출의 승인권자가 학교장이라고 되어 있으나 단위 학교 위임전결규정에 의하여 해당 복무가 교감 전결일 경우, 전결 가능
16	제5조(연가)⑥항	연가 미리쓰기 적용 대상 및 사용 사유	연가 미리쓰기는 차년도 재직기간의 전 기간을 정상 근무한다는 전제하는 것이므로 퇴직 예정자와 휴직 예정자는 제외 대상임. 연가 미리쓰기 사유는 동 조항 ①항의 사유와 같음
17	제5조(연가)①항	기타 상당한 이유가 있다고 소속 학교의 장이 인정하는 경우의 구체적 의미	학교장이 수업일 중에 연가 사유라고 판단될 만큼 구체적 사유가 인정되면 허가할 수 있는 사항임
18	제4조(휴가실시의 원칙)①항제5조(연가원칙) ①항	퇴직예정자의 퇴직 후 적응 준비를 위한 연가 사용 가능 여부	연가는 휴업일에 사용하는 것이 원칙이나 특별한 사유가 있는 경우 학교장이 판단하여 허가할 수 있음

7 공무국외 출장 및 공무외 국외여행

가 공무외 국외여행

1) 휴가일수 범위 내 공무외 국외여행
가) 인정 범위(사유)
  ▶ 본인 또는 친인척의 경조사, 질병의 치료, 친지 방문, 견문 목적, 취미 활동, 가족기념일 여행, 기타 필요한 경우
나) 여행 시기 및 기간
  ▶ 여름·겨울 및 학기말 등의 휴업일 중 국가공무원복무규정에 의한 휴가일수 범위내 기간
  ▶ 본인 또는 친인척의 경조사, 본인의 긴급한 질병치료 등 특별한 경우에는 여름·겨울 및 학기말 등의 휴업일 이외의 기간에도 공무외 국외여행이 가능함
다) 신청 및 허가 절차
  ▶ 나이스 근무상황 신청하여 학교장 허가

☞ 근무상황: 연가 또는 특별휴가
☞ 연가 시, 사유 및 비고: 공무외 국외여행(국가명)
☞ 토요일, 공휴일만 이용 시'기타'신청(기간은 0으로 확인)
▶ 연가의 경우 본인의 법정 연가 일수 안에서 필요한 기간 허가할 수 있음
2) 국외자율연수를 위한 공무외 국외여행
가) 인정 범위(사유)
   ▶ 교원의 전문성 신장을 위한 연수, 각종 세미나 참가, 교직단체가 주관하는 연수, 해외 교육기관 초청 연수, 개인의 학습자료·교육자료 수집, 테마여행 등
나) 여행 시기 및 기간
   ▶ 여름·겨울 및 학기말 등의 휴업일 중 학교교육에 지장이 없는 범위 내 연수활동에 필요한 기간
   ▶ 국외자율연수 전·후 다른 사유로 공무외 국외여행을 하고자 할 경우「국가공무원복무규정」에 의한 휴가 일수 범위 내에서 기간을 연장할 수가 있음
다) 신청 및 허가 절차
   ▶나이스 근무상황 신청(국외자율연수 계획서[서식 2-3] 첨부)하여 학교장 허가
   ☞ 근무상황: [연수]-[교육공무원법 제41조 연수]
   ※ 연수 계획서 제출 필수
   ☞ 사유 또는 용무:'국외자율연수'기재
3) 유의사항
   가) 국외 자율연수와 관련된 경비 지원은 없음
   나) 국외 자율연수는 교원연수·연구실적 학점화 시행 대상이 아님
   다) 국외 자율연수 기간은 법정 연가일수와 별도 처리하며, 학교교육에 지장이 없는 휴업일에 실시하여야 함
   라) 친지방문, 견문목적 등의 단순한 해외 여행은 연가의 범위 내에서 학교교육에 지장이 없는 범위 내에서 수업일을 제외하고 학교장의 허가를 받아 실시함
   마) 학기 중에 병가, 특별휴가 등 사실과 다른 휴가를 신청하여 공무외 국외여행을 실시하지 않도록 함
   바) 국외자율연수를 위하여 공무외 국외여행을 하고자 하는 교육공무원은 신청·허가 절차를 이행한 후에 출·입국에 관한 수속을 밟아야 함
   사)「교육공무원법」제41조에 의한 국외자율연수의 인정 범위(예:학습자료 수집 등)에 속하는 경우 연가만을 사용하도록 하는 업무처리 지양

나 휴가일수 범위 내 국외여행

1) 근거
▶ 국가공무원 복무규정 제23조(공무 외의 국외여행)
▶ 교원휴가에 관한 예규 제5조(연가): 교원은 수업일 중 연가 사유 제한.
2) 사유: 본인 또는 친인척의 경조사, 질병의 치료, 친지방문, 단순 해외문화 탐방이나 견문 목적의 해외여행, 취미활동, 가족 기념일 여행 등.

※ 감사 지적 사례 _ 학기 중 부당한 공무외 국외여행
▶해외 유학 중인 자녀의 수업상담을 위해 학기 중 3회에 걸쳐 근무상황부에 해외 친지방문으로 기재한 후, 학교장 승인을 받아 공무외 국외여행 실시.

3) 복무처리: 나이스 근무상황 신청에서 연가 또는 특별휴가 선택, 사유는 휴업일을 선택하고 비고란에 공무외의 국외여행, 방문 국가를 기재해 학교장 승인을 받아 실시. 학교장은 직근 상급기관의 장(교육감 또는 교육장)의 허가 받아 실시.

4) 나이스 처리 시 유의 사항
▶ 출국 시간부터 귀국 시간까지 단절 없이 시간을 설정하되, 근무일 근무시간을 고려해 설정 필요. 평일은 1분이라도 포함되면 연가 1일로 산정되므로 근무 후 출국 시에는 근무 다음일 0시부터, 입국 후 당일 근무 시에는 입국일 전일 24시로 복무 상신.
예) 2026.8.5.(수) 근무 후 오후 10시에 출국하고, 8.10.(월) 오전 5시에 입국해 해당일에 바로 출근해 근무한 경우에는 '8.6.(목) 00:00~8.09.(일) 24:00'로 연가 2일 상신.

다   **국외 자율연수를 위한 국외여행**

1) 근거:「교육공무원법」제41조(연수기관 및 근무장소 외에서의 연수)
2) 사유: 교직단체가 주관하는 연수 또는 해외 교육기관의 초청에 의한 연수 참가, 개인의 학습자료 수집. 구체적인 인정 범위는 시·도교육감이 정하도록 하고 있음.
3) 기간: 휴업일 중 실시하되 학교교육에 지장이 없는 범위 내(신청 교원의 재직기간이나 법정연가일수와는 무관)
4) 복무처리: 연수계획서 작성(연수 목적, 기간, 방문 국가나 기관, 연수 내용, 기대성과 등) → 나이스 근무상황에서 제41조 연수, 사유는 국외자율연수로 표기하고, 연수계획서 첨부해서 학교장 승인 받아 실시.
※ 연수계획서 제출은 의무사항이며, 보고서는 연수 목적에 반하는 비위 혐의 등 필요한 경우에 제출토록 하는 등 시·도교육청에 따라 제출 여부를 달리 정하고 있음.

라   **공무외 국외여행 복무처리 Q&A**

Q. 공휴일을 이용해 공무외 국외여행을 하는 경우에도 복무 조치가 필요한가요?
A. 공휴일에는 연가나 41조 연수 등 별도의 복무처리가 필요하지는 않습니다. 다만 사전에 여행 일정과 여행지 등을 학교 관리자, 비상연락 담당자에게 통보해 긴급 시 소재 파악이나 비상 연락이 될 수 있도록 해야 합니다.

Q. 방학 중에 연가를 이용해 공무외 국외여행을 하는 경우에도 연가 사유를 기재해야 하나요?
A. 교원휴가에 관한 예규에 휴업일 중 연가를 신청할 때는 나이스에 사유를 기재하지 않도록 하고 있기 때문에 필수 사항은 아닙니다. 그러나 국외여행에 대해서는 긴급 시 소재 파악 등을 위해 '공무외 국외여행'임과 '방문 국가'를 최소 구두 보고

의 형태로라도 보고하도록 하고 있습니다.

Q. 학기 중 징검다리 휴일과 같이 하루나 이틀의 평일을 포함한 경우에 공무외 국외여행이 가능한가요?

A. 휴업일이 아닌 학기 중에는 특별한 사유가 아닌 이상 연가를 사용한 공무외 국외여행을 하지 않도록 하고 있습니다. 따라서 국외여행 기간에 수업일이 포함돼 있는 경우 학교장이 판단하여 수업에 지장이 있다면 연가를 허가하지 않을 수 있습니다. 구체적인 사안의 판단은 학교장이 결정토록 하고 있습니다.

Q. 공무외 국외여행에 친지방문과 국외자율연수가 이어서 이뤄진 경우에 복무처리를 구분해서 할 수 있나요?

A. 친지방문에 대해서는 연가로 신청하고, 동시에 국외자율연수 승인절차를 취해서 각각 별도의 복무처리를 진행하시면 됩니다.

《공무외 국외여행 연가 사용 시 나이스 처리 유의사항》

- 복무상신은 기본적으로 근무시간(예: 09:00~17:00)를 기준으로 상신하되 여행기간이 근무상황부에 표기되도록 함 [국내에서의 복무는 근무시간 내에서 상신]
- 출국시간, 귀국시간을 감안하여 '목적지'란에 '여행 기간(일시 포함)' 병기
- 출국시간부터 귀국시간까지 단절없이 시간을 설정하되 출발일 혹은 귀국일의 시간 설정은 근무일 근무시간에 따라 설정
- 정상근무 이후 출국하는 경우 복무는 다음날 00:00부터 복무 상신
- 근무시간 전에 귀국하여 근무하는 경우 귀국일 전일 24:00까지 복무 상신 (근무시간 시작 전에 근무지에 도달하지 못하는 경우 지각 상신)
- 귀국일이 휴업일로 근무하지 않는 경우 귀국일 17:00까지 복무 상신

8 교원 징계 및 직위해제

가 징계의 종류와 효력(국가공무원법 제79조, 제80조)

종류		신분	신분	보수, 퇴직급여 등
중징계	파면	-	• 공무원 관계로부터 배제 • 5년간 공무원에 임용될 수 없음	• 퇴직급여액의 1/2 감액 (5년미만 근무자 퇴직 급여액의 1/4 감액)
	해임	-	• 공무원 관계로부터 배제 • 3년간 공무원에 임용될 수 없음	• 퇴직급여 전액 지급 단, 금품 및 향응수수, 공금횡령·유용으로 해임된 경우 -5년 미만 근무자 1/8 감액 지급 -5년 이상 근무자 1/4 감액 지급
	강등	-	• 동종의 직무 내에서 하위의 직위에 임명 • 신분은 보유, 3개월간 직무에 종사 못 함 • 18월+처분기간(3월) 승진 제한 • 처분 기간 경력평정에서 제외 • 징계 말소 제한 기간 9년	• 18월+처분기간(3월)간 승급 제한 • 보수의 전액 삭감 • 처분 일수는 연가일수에서 제외 • 모범공무원 수당 지급 중지

	정직	1~3월	• 신분은 보유 하나 직무에 종사 못 함. • 18월+정직처분기간(1월~3월) 승진제한 • 처분 기간 경력평정에서 제외 • 징계 말소 제한 기간 7년	• 18월+정직 처분 기간(1월~3월) 승급 제한 • 보수의 전액 삭감 • 처분 일수는 연가일수에서 제외 • 모범 공무원 수당 지급 중지
경징계	감봉	1~3월	• 12월+감봉처분기간(1월~3월) 승진제한 • 징계 말소 제한 기간 5년	• 12월+감봉처분기간(1월~3월) 승급 제한 • 보수의 1/3 감액 • 모범공무원 수당 지급 중지
	견책	–	• 6월간 승진 제한 • 징계 말소 제한 기간 3년	• 6월간 승급 제한 • 모범 공무원 수당 지급 중지
비고			• 「국가공무원법」 제78조의2제1항 각 호의 어느 하나의 사유로 인한 징계처분(금전, 물품, 부동산, 향응 등 재산상의 이익을 취득하거나 제공한 경우, 횡령, 배임, 절도, 사기 또는 유용한 경우로 인한 징계 처분)과 소극행정, 음주운전(음주측정에 응하지 않은 경우 포함), 성폭력, 성희롱 및 성매매로 인한 징계처분의 경우에는 각 각 6개월을 가산한 기간이 지나지 않은 경우 승급을 제한함(공무원보수규정제14조). • 징계처분의 집행이 끝난 날부터「국가공무원법」제78조의2제1항 각 호 및 소극행정, 음주운전(음주측정에 응하지 않은 경우 포함), 성폭력, 성희롱, 성매매, 상습폭행, 학생성적 관련 비위에 따른 징계처분의 경우에는 각 각 6개월을 더한 기간이 지나지 아니한 경우 승진을 제한 함(교육공무원임용령 제16조).		

※ 승진, 승급 제한 가산(교육공무원 임용령 제16조, 공무원보수규정 제14조)
1) 승급제한 6개월 가산: 금품 및 향응수수, 공금의 횡령·유용, 성폭력, 성희롱 및 성매매로 인한 따른 징계 처분
2) 승진제한 3개월 가산: 공금의 횡령·유용에 따른 징계처분
3) 승진제한 6개월 가산: 금품 및 향응 수수, 성폭행, 상습폭행, 학생성적 관련 비위에 따른 징계처분

※ 승급 산입: 강등 9년, 정직 7년, 감봉 5년, 견책 3년(징계처분의 집행이 끝난 날부터 산정, 다만,징계처분을 받고 그 집행이 끝난 날부터 다음 각 목의 기간이 지나기 전에 다른 징계처분을 받은 경우 에는 각각의 징계 처분에 대한 다음의 기간을 합산한 기간이 지나야 한다

나 징계의 감형기준

1) 인정되는 징계 및 감경되는 징계

☞ 초과근무수당 및 여비 부당수령 징계기준 (공무원 징계령 시행규칙 제2조제1항 관련 [별표 1의2]

비위 의 유형	부당수령 금액	비위의 정도 및 과실 여부	
		비위의 정도가 약한 과실인 경우	비위의 정도가 심하거나, 고의가 있는 경우
「공무원수당 등에 관한 규정」제15조부터 제17조까지의 규정에 따른 수당 또는 「공무원 여비 규정」에 따른 여비를 거짓이나 부정한 방법으로 지급 받은 경우	100만원 미만	정직-견책	파면-정직
	100만원 이상	강등-감봉	파면-강등

※ 비고 1. 부당수령 금액은 해당 비위로 취득한 총 금액을 말한다.
　　　　 2. 비위의 정도 및 과실 여부는 해당 비위의 동기, 경위, 방법 및 행위 정도 등으로 판단한다.

☞ 청렴의 의무 위반 징계기준 (공무원 징계령 시행규칙 제2조제1항 관련 [별표 1의3]

비위의 유형 ＼ 금품·향응 등 재산상 이익	100만원 미만		100만원 이상
	수동	능동	
1. 위법·부당한 처분과 직접적인 관계없이 금품·향응 등 재산상 이익을 직무관련자 또는 직무관련공무원으로부터 받거나 직무관련공무원에게 제공한 경우	강등-감봉	해임-정직	파면-강등
2. 직무와 관련하여 금품·향응 등 재산상 이익을 받거나 제공하였으나, 그로 인하여 위법·부당한 처분을 하지 아니한 경우	해임-정직	파면-강등	파면-해임
3. 직무와 관련하여 금품·향응 등 재산상 이익을 받거나 제공하고, 그로 인하여 위법·부당한 처분을 한 경우	파면-강등	파면-해임	파면

※ 비고
　1. "금품·향응 등 재산상 이익"이란 「국가공무원법」 제78조의2제1항제1호에 따른 금전, 물품, 부동산, 향응 또는 그 밖에 「공무원 징계령」 제17조의2제1항에서 정하는 재산상 이익(금전이 아닌 재산상 이득의 경우에는 금전으로 환산한 금액을 말한다)을 말한다.
　2. "직무관련자"와 "직무관련공무원"이란 「공무원 행동강령」 제2조제1호에 따른 직무관련자와 같은 조 제2호에 따른 직무관련공무원을 말한다.

☞ 성 관련 비위 징계기준 (공무원 징계령 시행규칙 제2조제1항 관련 [별표 1의4]

비위의 정도 및 과실 여부 / 비위의 유형	비위의 정도가 심하고 고의가 있는 경우	비위의 정도가 심하고 중과실이거나, 비위의 정도가 약하고 고의가 있는 경우	비위의 정도가 심하고 경과실이거나, 비위의 정도가 약하고 중과실인 경우	비위의 정도가 약하고 경과실인 경우
1. 성폭력범죄				
가. 미성년자 또는 장애인 대상 성폭력범죄	파면	파면-해임	해임-강등	강등
나. 업무상 위력 등에 의한 성폭력범죄	파면	파면-해임	해임-강등	강등-정직
다. 공연(公然)음란행위	파면	파면-해임	강등-정직	감봉
라. 통신매체를 이용한 음란행위	파면	파면-해임	강등-정직	감봉
마. 카메라 등을 이용한 촬영 등 행위	파면	파면-해임	강등-정직	감봉
바. 가목부터 마목까지 외의 성폭력범죄	파면	파면-해임	강등-정직	감봉-견책
2. 「양성평등기본법」 제3조제2호에 따른 성희롱	파면	파면-해임	강등-정직	감봉-견책
3. 「성매매알선 등 행위의 처벌에 관한 법률」 제2조제1항제1호에 따른 성매매	파면-해임	해임-강등	정직-감봉	견책

※ 비고
1. 제1호에서 "성폭력범죄"란 「성폭력범죄의 처벌 등에 관한 특례법」 제2조에 따른 성폭력범죄를 말한다.
2. 제1호나목에서 "업무상 위력 등"이란 업무, 고용이나 그 밖의 관계로 인하여 자기의 보호 또는 감독을 받는 사람에 대하여 위계 또는 위력을 행사한 경우를 말한다.
3. 제1호라목에서 "통신매체를 이용한 음란행위"란 「성폭력범죄의 처벌 등에 관한 특례법」 제13조에 따른 범죄에 해당하는 행위를 말한다.
4. 제1호마목에서 "카메라 등을 이용한 촬영 등 행위"란 「성폭력범죄의 처벌 등에 관한 특례법」 제14조에 따른 범죄에 해당하는 행위를 말한다.

2) 경기도교육청 소속 교육공무원 금품 등 수수금지위반 징계양정기준 〈시행 2016.12.9.〉

금액 / 비위행위		10만원 미만	10만원 이상 100만원 미만	100만원 이상 300만원 미만	300만원 이상 500만원 미만	500만원 이상 1,000만원 미만	1,000만원 이상
직무와 직접적인 관계 없이 금품등을 직무관련자 또는 직무관련공무원으로부터 받거나 직무관련공무원에게 제공한 경우	수동	감봉	감봉-정직-강등	강등-해임-파면	해임-파면	파면	파면
	능동	정직	정직-강등-해임	해임-파면	파면	해임-파면	파면
직무와 직접 관련하여 금품 등을 수수하였으나, 위법·부당한 처분을 하지 아니한 경우	수동	정직	정직-강등-해임	해임-파면	파면	파면	
	능동	강등	강등-해임-파면	파면	해임·파면	파면	
직무와 직접 관련하여 금품 등을 수수하고, 위법·부당한 처분을 한 경우	수동	강등	강등-해임-파면	파면	파면		
	능동	해임	해임-파면	파면			

* '금품 등'의 정의 : 「부정청탁 및 금품 등 수수의 금지에 관한 법률」 제2조 제3항
　가. 금전, 유가증권, 부동산, 물품, 숙박권, 회원권, 입장권, 할인권, 초대권, 관람권, 부동산 등의 사용권 등 일체의 재산적 이익
　나. 음식물·주류·골프 등의 접대·향응 또는 교통·숙박 등의 편의 제공
　다. 채무 면제, 취업 제공, 이권(利權) 부여 등 그 밖의 유형·무형의 경제적 이익

3) 경기도교육감 소속 교육공무원 징계양정(음주운전) 세부기준<시행 2021.3.1.>

구분		범죄처리 기준	징계양정 기준	
최초음주운전 (혈중알콜농도)		중징계	0.03%이상 ~ 0.05%미만	감봉및정직1개월
			0.05%이상 ~ 0.065%미만	정직2개월
			0.065%이상 ~ 0.08%미만	정직개3월
			0.08%이상(면허취소수준)	강등
음주운전 ❶	2회이상	중징계	0.03%이상 ~ 0.08%미만	해임
			0.08%이상	파면
음주운전등 관련으로 운전면허 정지 또는 취소 상태에서 운전을 한 경우 ❷		중징계	정직 - 강등	
음주운전 · 교통사고 (음주운전 중상해사고 포함) ❸		중징계	정직 - 해임	
음주운전등 관련으로 운전면허 정지 또는 취소 상태에서 음주운전을 한 경우		중징계	해임 - 파면	
음주운전 · 사망사고		중징계	해임 - 파면	
음주운전 . 물적피해 교통사고 . 도주 ❹		중징계	정직 - 해임	
음주운전 . 인적피해 교통사고 . 도주		중징계	해임 - 파면	
음주측정 불응 ❺		중징계	정직 - 강등	

❶ **음주운전 횟수 산정 적용시점**은 "**2009. 04. 22. 이후**"로 함.

❷ "음주운전등 관련"이란 음주운전, 음주측정불응 및 기타 음주운전과 관련된 행위를 말함.

❸ "중상해"란 뇌 또는 주요 장기에 대한 중대한 손상, 사지절단 등 신체 중요부분의 상실·중대변형, 신체기능의 영구상실 등 완치 가능성이 희박한 불구·불치의 부상·질병 또는 이에 상응하는 부상·질병을 말함.

❹ "도주"란 도로교통법 제54조(사고발생시의 조치) 제1항에 따른 조치를 취하지 아니하고 사고현장을 이탈한 경우를 말함.

❺ "음주측정 불응"이란 도로교통법 제44조 제2항을 위반하여 음주측정에 불응한 것을 말함.

☞ 기준 적용: "2021. 3. 1. 이후"징계 사유가 발생한 경우부터 적용함.

☞ **2026년부터 약물·음주운전 원천 차단한다(2026.1.14.보도)**

나   교사징계 시 파면, 해임, 직위해제의 차이

교사의 징계는중징계와 경징계로 나뉩니다. **파면**과 **해임**, **강등**과 **정직**이 있습니다.
경징계에는**감봉**과 **견책**이 있습니다.

1) 파면

가)파면과 해임은모두 교단에서 퇴출되는 것이지만그 신분과 보수에 있어 차이가
   있습니다.

나) 신분 : 공무원에서 배제되어, 5년동안 공직 임용을 할 수 없습니다.

다) 보수 : 재직기간이 5년 이상이면 퇴직 급여의 1/2을 받고, 5년 미만인 사람은 1/4 을 받습니다.**퇴직 수당도 절반(1/2)으로 감액됩니다.**

2) 해임

가) 신분 : 공무원에서 배제되어, 3년동안 공직 임용을 할 수 없습니다.

나) **보수 : 퇴직 급여는 전액 지급됩니다.**

※ 단, 금품향응수수, 공금횡령과 유용으로 징계를 받응 경우에는, 재직기간이 5년 이상이면 퇴직 급여의 1/4을 받고, 5년 미만인 사람은 1/8을 받습니다. 퇴직 수당도 1/4로 감액됩니다.

3) 직위해제

가) 직위해제는 파면,해임, 강등 또는 정직에 해당하는 징계의결이 요구중인 자 등에 대해 일정 기간 직무를 일시적으로 정지시키는 것을 말합니다. 주로 중대비위자에게 적용합니다.

나) 보수: 봉급은 80%(8할)를 지급합니다.

다) 직위해제는 공무원 신분을 그대로 유지합니다.

라) 직위해제는 본인의 귀책사유로 인하여 보직(직위)을 강제로 해제시키는 제재적 의미를 가지며 복직이 보장되지 않습니다.

마) 직위해제의 기간은 승급소요 최저년수, 경력평정기간 및 공무원 연가기간 계산에서 제외됩니다.

바) 직위해제는 강제로 이루어져 복직되지 않으면 직권면직처분을 받게 됩니다.

9 2026학년도 초·중등 계약제 교원 운영지침

가 계약제교원 기본 운영지침

1) 기본사항

구분	내용
대상	■ ○○도 내 전 유·초·중·고·특수학교 계약제 교원 ▶ 기간제 교원 : 「교육공무원법」제32조」 ▶ 강사, 산학겸임교사, 명예교사 : 「초·중등교육법」제22조, 「유아교육법」제23조
임용권자	■ 교(원)장
임용자격	■ 교원자격증 소지자(산학겸임교사, 명예 교사는 별도로 정함) ▶원칙 : 결원 교원과 동일 급별·과목별 자격증 소지자 임용 ▶ 예외 : 1차 모집 공고부터 우선순위를 정하여 1순위 지원자가 없을 시 후 순위 지원자 채용 가능

우선순위	내용
1순위	- 연령 : 만 62세 미만 - 결원 교원과 동일 학교급 및 과목 자격증 소지자
2순위	- 연령 : 만 62세 미만 - 결원 교원과 다른 학교급 또는 유사 과목 자격증 소지자
3순위	- 정년퇴직자 혹은 명예퇴직자
비고	- 3순위의 경우 동일 학교급 및 과목 자격증 소지자를 우선하며, 동일 학교급 및 과목 자격증 소지자가 다수일 경우의 우선순위는 학교에서 정함

※ 장애인 의무 채용 및 국가유공자 등에 가점 부여
- 「장애인고용촉진 및 직업재활」에 따라 장애인 의무 고용률을 달성할 수 있도록 노력
- 국가유공자, 독립유공자, 5·18민주유공자, 특수임무유공자, 고엽제후유증 등은 관계 법률에 따라 채용 평가에서 가점 부여

임용계약	■ 표준계약서 서식에 따라 문서로서 계약기간 및 복무 등에 관한 임용계약을 체결하되, 필요하다고 인정되는 경우 임용 기관의 장이 계약서의 서식을 추가 또는 변경할 수 있음
상한 연령	임용 상한연령: 62세. (계약 종료일은 교육공무원 정년일 이내여야 함) - 계약제교원 임용 상한연령 완화 기준 (임용 기간을 기준으로 해당 연령까지 임용 가능, 2026학년도 한시적 적용) 1) 유치원·초등(교과) 기간제 교원 : 1차 공고 62세, 2차 공고 65세, 3차 공고부터 70세 2) 중등·특수 및 교과외(보건·영양·전문상담·사서) 기간제 교원 : 1차 공고 65세, 2차 공고부터 70세 ※ 유치원 및 초등학교에 근무하는 특수 ·교과외(보건·영양·전문상담·사서) 교원은 '2)'항의 기준을 따름 3) 강사 : 교육과정 운영 상 긴급을 요하는 경우 1차 공고부터 예외적으로 70세까지 가능 (2026공립 유.초중등 계약제교원운영지침 :2026.1개정판)
임용 제한	■ 「교육공무원법」제10조의3 제1항, 제10조의4에 해당하는 자 ■ 「사립학교법」제54조의3 제5항 및 제6항에 해당하는 자 ■ 「아동·청소년의 성보호에 관한 법률」제56조에 및 같은 법 시행령 제56조에 따라 「유아교육법」제2조 제2호의 유치원 및 「초·중등교육법」제2조의 학교에 취업이 제한된 자 ■ 「아동복지법」제29조의3 및 같은 법 시행령 제26조의4 따라 「유아교육법」제2조 제2호의 유치원 및 「초·중등교육법」제2조의 학교에 취업이 제한된 자 ■ 퇴직일로부터 1년이 지나지 않은 명예퇴직 교원 - 명예퇴직한 학교로 한정하며, 이 경우에도 만약 1개월 미만 결원 시 예외적으로 채용 가능 ※ 교원 명예퇴직 및 기간제교원 채용 관련 사항 안내(교육부 교원정책과-7964, 2014. 12. 31.) - 교원이 명예퇴직과 동시에 기간제 교원으로 채용되어 도덕적 해이라는 사회문제로 지적되고 있는 바, 명예퇴직교원을 기간제 교원으로 우선 채용하는 것을 지양 ■ 4대 비위(금품수수 행위, 시험문제 유출 및 성적조작 등 학생성적 관련 비위 행위, 학생에 대한 신체적 폭력 행위, 성관련 비위) 및 채용 비리와 관련하여 임용계약이 해지되었던 자
4대 보험	■ 관련 법령에 따름(결원대체강사도 대상자에 해당할 경우 가입)

유의 사항	■ 담임 업무 등 책임이 무거운 업무는 정규 교원에게 우선 배정
	■ 다른 학교급 자격 채용 시 정규 교원에게 담임 업무를 우선 배정하도록 노력
	■ 중등의 경우 학기 중 담임이 공석이 되는 경우 정규직 교사인 부담임·복수담임교사가 승계하도록 할 것
	■ 중등의 경우 여러 조건을 고려하여 최소 2년 이상의 교육경력을 가진 1년(이상) 계약자 또는 담임 업무 희망자에게 배정할 것
	■ 비교과 교사 대체 강사 임용
	  - 국가공인 자격증 또는 민간단체 자격증 소지자를 「초중등교육법」제22조에 따라 보건·사서·전문상담·영양교사 등 비교과 교사의 대체 강사로 임용 가능
	  - 1개월 미만일 경우 결원대체강사의 기준에 따라 수당을 지급하고, 1개월 이상일 경우 해당 교육공무직(1유형)에 준하여 수당을 지급

2) 채용

가) 공고

(1) 계획수립 : 자격요건, 심사위원회 구성, 심사일 심사 방법 등

(2) 채용공고 : 00도교육청 홈페이지 채용 정보에 3일 이상 공고

(3) 필요시에 교원인사자문위원회 심의를 통해 공정성 및 투명성 확보

(4) 결원 발생의 복무별 채용

<원서접수 방식 다양화 및 통지 의무>

■ 근거 : 「채용절차의 공정화에 관한 법류」제7조, 제10조, 제11조
■ 특별한 사유가 없는 한 방문 접수만 하는 것은 지양하고, 우편·전자우편·팩스 등 다양한 방법으로 원서접수를 하되, 전자우편을 통한 원서접수 우선
■ 전자우편 등을 통해 원서접수 시 접수된 사실(확정 시 확정 된 사실)을 당사자에게 문자·전자우편·팩스·전화 등으로 지체하지 않고 알려야 함
■ 「채용 절차의 공정화에 관한 법률」제11조제6항에 따라 제1항부터 제5항까지의 규정을 반드시 안내

<유의사항>

■ 공고일 및 공휴일과 토요일을 제외하고 3일 이상 공고를 원칙으로 하며, 접수 방법이 온라인만 있을 시 공휴일과 토요일을 포함하여 3일 이상 공고 가능
■ 학교 홈페이지에 계약제 교원 공고 게재 절대 금지
■ 공고 시 담임 여부 기재 금지
■ 결원대체강사는 기관 사정에 따라 임용권자가 공고 여부 결정
■ 3개월 이하 결원 발생 시 인력풀을 통하여 채용 시 공고 생략 가능

다) 서류

1) 응시자 : 기초심사자료(응시원서, 자기소개서)

 (가) 기초심사자료 외 서류 요구 절대 금지

 나) 기초심사자료를 거짓 작성하였다면 불합격 처리하고, 2순위를 임용하거나 재공고를 통하여 임용

2) 대상별 제출 서류

대상	구분	서류	
		최종합격자	임용기관
기간제 교원	일반	■ ① ~ ⑫	■ 호봉확정표 ■ 결격사유조회회보서 ■ 범죄경력조회결과회보서 ■ 전력조회회보서(해당시)
	신규임용대기자	■ 임용 대기 확인원 ■ ③, ⑩ ~ ⑫	■ 호봉확정표 ■ 범죄경력조회결과회보서 ■ 전력조회회보서(해당시)
	인력풀등록자	인력풀 지원서류로 확인 불가능한 서류만 징구	
결원대체강사	일반	■ ① ~ ⑨	■ 결격사유조회회보서 ■ 범죄경력조회결과회보서
	신규임용대기자	■ 임용 대기 확인원 ■ ③	■ 범죄경력조회결과회보서
	인력풀등록자	인력풀 지원서류로 확인 불가능한 서류만 징구	

※ 결격사유조회 및 범죄경력조회는 임용계약 이후부터 계약서에 명시된 근무 시작일 전에 실시하되, 기간의 단절이 있는 경우 반드시 실시(동일교(기관)에서의 단절 없는 연장계약이라도 전력 조회 후 1년이 경과한 경우에는 실시)

3) 채용예정자(최종합격자)

(가) 제출서류(총괄)

필수	① 자격증 사본 또는 자격 인정 조서
	② 졸업증명서(전문대학이상, 2개 이상이면 모두 제출)
	③ 성범죄경력 및 아동학대관련 범죄 전력 조회 동의서
	④ 개인정보수집 및 활용동의서 ⑤ 행정정보 공동이용 사전동의서
	⑥ 공무원채용신체검사서 또는 일반건강검진 결과 ⑦ 잠복결핵검사 확인서
	⑧ 마약류 투약 또는 중독 여부 판별 결과 통보서 또는 의사 진단서
	⑨ 가족 채용 제한 여부 확인서(사립학교 : 해당 없음)
해당자	⑩ 초임호봉확정을 위한 경력 기간 합산신청서
	⑪ 병적증명서 또는 주민등록표 초본 ⑫ 경력증명서(사립학교 : 경력확인서)
비고	■ 대통령령 제35660호(2025.7.22.)에 의거 「교육공무원임용령」제13조제5항에 따라 일반건강검진 결과를 제출받는 것으로 신체검사를 대체 가능(초등교육과-15238(2025.9.2.) ■ ⑥의 경우 「교육공무원임용령」제13조에 의해 공무원 또는 기간제교원으로 퇴직한 사람을 6개월 이내에 임용하려는 경우에는 신체검사(신체검사 합격 기준이 동일한 기간제 교원) 면제 가능(단, 유효기간 1년 내) ■ ⑦의 경우 계약서 작성 후 1개월 이내 제출하며 비용은 학교에서 부담 ■ ⑧과 관련하여 치료목적의 약물 복용으로도 양성 판정을 받을 수 있으며, 이 경우 중독자가 아님을 증명하는 의사의 진단서 반드시 제출 ■ 결격사유 및 범죄경력조회

내용	대상 및 조회 근거 법률	
	기간제 교원	신학겸임, 명예퇴직, 강사
결격사유 및 범죄경력	(공립)「교육공무원법」제32조 (사립)「사립학교법」제54조의4	(공·사립)「초·중등교육법」제22조 「유아교육법」제23조
성범죄 및 아동학대 범죄경력	(공·사립)「아동청소년의 성보호에 관한 법률」제56조+「아동복지법」제29조의3	

<채용 서류 반환>

■ 대상 : 지원자 본인에게 반환
■ 시기 : 채용 여부가 확정된 이후 - 홈페이지 또는 전자우편으로 제출한 지원자는 반환하지 않음
■ 기간 : 채용 여부가 확정된 날 이후 14일부터 180일까지의 기간의 범위에서 채용기관에서 정한 기간
   - 채용 여부가 확정되기 전까지 채용기관에서 정한 청구 기간을 지원자에게 안내

라) 임용 기간 중 계약 해지
(1) 계약 해지 절차
(가) 계약제 교원의 계약 해지는 근로 계약 내용에 의하며, 임용계약 시 일반적인 계약 해지 사유를 명시하고
    미리 안내
(나) 다음 사유 발생 시 계약기간 내 계약 해지 가능

■ 부정한 방법으로 채용되었을 때
■ 업무 상태가 태만하거나 업무 수행 능력이 부족할 때
■ 신체·정신상의 이상으로 계약기간 내에 계약 내용을 수행하기 곤란할 때
■ 복무상 의무를 위반한 때
■ 채용 자격에 결격사유가 있거나 형사사건으로 기소된 때(성폭력 범죄, 아동학대 범죄 외 범죄의 경우 약식명령 청
  구 시 제외)
■ 혈중 알콜 농도 0.03이상으로 음주운전 적발 또는 음주 측정에 불응했을 때
■ 정당한 이유 없이 1주일 이상 연속하여 근무하지 않았을 때
■ 채용의 사유가 소멸했을 때(정규 교원의 조기 복직, 정규 교원의 발령 등)

(다) 계약기간 내 계약 해지 사유가 발생한 경우, 「근로기준법」제26조 및 제27조에 따라 30일 전에 계약 해지
    사유와 계약 해지 시기를 서면으로 통지해야 함
(라) 휴직 교원이 조기 복직 시 특별한 사유가 없는 한 계약제 교원의 계약 해지 예고 기간을 확보할 수 있도
    록 최소 30일 전에 복직 신청 권고

<조기 복직으로 인한 계약 해지자의 구제>

■ 조기 복직으로 인한 계약제 교원의 계약 해지 시, 기관은 교육지원청으로 계약 해지 보고
■ 관리 : 해당 지역 교육지원청 계약제 교원 인력풀 담당에서 관리(다른 기관에 안내)
■ 구제
- 동일 학교 내 구제
•계약 해지된 계약제 교원은 동일 학교 내 채용을 통한 구제 가능
•채용공고, 면접 등 생략하고 내부 결재만으로 가능
- 인력풀을 통한 구제
• 인력풀을 통하여 정규 교원의 조기 복직으로 인해 계약 해지된 계약제 교원 채용 시 채용공고 생략 가능
• 면접, 수업 실연 등의 이후 절차는 학교 자체 판단(생략 가능)
 - 채용 시점이 잔여기간 이내일 경우만 지침상 구제 방법 사용 가능
 - 잔여기간 모두 구제 시 해고예고수당 지급하지 않아도 됨

<연장(재)계약 예시>

- A중학교 B교사(담임)가 정직 3월 종료 후 단절 없이 병가 30일 사용
  - 동일 교원의 정직 후 단절 없는 병가 사용 연장(재)계약 가능
- C고등학교 D교사(담임)의 병가 40일 후 병가 20일 연장
  - 동일 교원의 단절 없는 병가 연장으로 연장(재)계약 가능
- E초등학교 F교사(담임)가 산전 육아휴직 후 출산휴가를 하고 다시 육아휴직 사용
  - 동일 교원의 단절 없는 병가 연장으로 연장(재)계약 가능
- G중학교 H교사(담임)의 병가 60일, 연가 5일, 질병휴직 102일(기관장 승인 및 질병 휴직 확정) 사용
  - 동일 교원의 병가, 연가, 질병 휴직을 모두 처음부터 모두 승인받았다면 병가 60일과 연가 5일 사이에 주말이 포함되어 있더라도 연장(재)계약 가능
  - 연가 5일도 기간제 교원으로 연장(재)계약(결원대체강사로 채용 아님에 주의)
- I고등학교 J교사(담임)의 병가 60일 후 연가 14일 사용
  - 병가 60일과 연가 14일 사이에 주말로 인한 단절이 없는 경우 연장(재)계약 가능
  - 병가 60일과 연가 14일 사이에 주말로 인한 단절이 있는 경우 연장(재)계약 불가능

<기간제 교사 정근수당 지급 예시>

① 임용권자가 다른 학교(기관)간의 기간제교사 근무기간(인정)

- 2026년 3월 1일 ~ 8월 31일 A학교 기간제교사로 근무
- 2026년 9월 1일 ~ 2027년 2월 28일 B학교 기간제교사로 근무했을 경우
- 2026년 1월 정근수당 지급액 → 정근수당 전액 지급
- ※ 타 시도교육청, 공사립 구분 없이 기간제교사 근무기간은 모두 인정

② 기간제교사로 근무 후 공사립학교 교사로 임용(미인정)

- 2026년 3월 1일 ~ 8월 31일 A학교 기간제 교사(혹은 공립교원)로 근무
- 2026년 9월 1일 ~ 2027년 2월 28일 B학교 공립교원(혹은 기간제 교사)으로 근무했을 경우
- 2026년 1월 정근수당 지급액 → 정근수당 4/6만 지급(A학교 근무기간 미인정)
- ※ 공무원 경력, 사립학교 정규 교원은 기간제 교사 경력과 상호간에 정근수당 근무기간 미인정

③ 전일제강사, 시간강사 경력(미인정)

- 2026년 3월 1일 ~ 3월 20일 A학교 전일제강사 근무
- 2026년 3월 21일 ~ 2022년 7월 31일 A학교 기간제교사 근무했을 경우
- 2026년 7월 정근수당 지급액 → 정근수당 3/6만 지급(전일제강사 근무기간 미인정)
- ※ 실제 근무한 기간이 15일 이상인 경우는 1개월로 계산하고, 15일 미만인 경우에는 계산하지 않음

▶ 교원연구비는 수당이 아니며 「00도교육청 교원연구비 지급에 관한 규정」에 의하여 지급

▶ 임용권자가 달라도 모든 기간제 교사의 근무 기간 인정(2023년 1월부터 인정, 계약기간의 단절 여부와는 상관없이 지급 대상 기간을 산정)

▶ 교원연구비는 수당이 아니며 「00도교육청 교원연구비 지급에 관한 규정」에 의하여 지급

4) 퇴직금

가) 「근로자퇴직급여 보장법」에 따라 계속 근로기간이 1년 이상이며, 4주간 평균하여 1주간의 소정근로시간이 15시간 이상인 경우 지급(1수간 소정근로시간이 15시간 미만이라 할지라도 4주간 소정근로시간이 60시간 이상이면 퇴직금 지급 가능)

<유의사항>

■ 계속 근로기간은 동일 기관에 근무했던 3년 이내 모든 기간을 합산(근무 기간이 단절된 경우 그 단절된 기간을 제외하고, 임용 계약된 전체 기간을 합산한 기간으로 하되, 임금 청구 시효인 최근 3년 이내 기간만 산정. 단, 근무 기간 단절없이 동일 기관 3년 이상 임용 계약 시는 3년 초과 기간도 포함)한 기간을 말함(2023년 3월 1일 퇴직자부터 적용)

나) 중간 정산은 「근로자퇴직급여 보장법 시행령」제3조에 따른 사유를 제외하고는 불가
다) 퇴직금은 지급 사유가 발생한 날부터 14일 이내 지급(별도 합의 가능)
라) 퇴직금을 받을 권리는 3년간 행사하지 아니하면 시효 소멸
마) 성과상여금 : 별도 지침에 의하여 지급

5)기간제교원 연가 기준(국가공무원 복무규정 제15조)

구분	계약 기간	연가일수	비 고
기간제교원	1개월 이상1년미만	11일	계약기간에 따라 부여(연가산출식 참고)
	1년 이상2년 미만	15일	동일교에서 계약 기간 단절 없이 연장될 경우 기존 계약기간과 재계약된 기간을 누적하여 인정
	2년 이상3년 미만	15일	
	3년 이상4년 미만	16일	※최대4년까지 적용 가능,신규 채용 절차에 따른 동일인 임용 시 다시1년차 연가일수 적용
	4년	17일	
시간제 근무 기간제교원 (시간 단위로부여)	▶계약기간을 기준으로 근무시간에 비례하여 시간단위로 실시		

○ 실제 부여하는 연가일수는 계약한 기간에 따라 부여하며 계약기간 중에연가 일수를 미리 사용한 이후에 중도계약해지 등의 사유로 근무를 못하는경우 초과 사용한 연가일수는 결근으로 처리함(급여지급 시 반영 등)

연가 일수 산출식:실제 계약한 개월수(월) / 12월×계약기간 연가일수
※실제 부여하는 연가일수는 계약기간을 월로 환산하여 계산하되, 15일 이상은1월로 계산하고15일미만은 이를 산입하지 아니하며,산식에 의하여 소수점 이하의 일수는 반올림함

○ 「교원휴가에 관한 예규」에 준하여 사용하며,학생수업 등을 고려하여 특별한사유를 제외하고 가급적 방학 중연가 사용
(2025.유·초·중등·특수학교 계약제교원 운영 매뉴얼(2025년8월)

나 2026 계약제교원 운영지침 개정 신구대조표

연번	2025 계약제교원 운영 지침	2026 계약제교원 운영 지침(1월 개정)	개정 사유
1 (p1)	나. 기간제교원은 휴직, 파견 등으로 인한 결원 보충, 특정교과의 한시적 담당 등을 위하여 교원자격증 소지자를 한시적으로 활용하는 제도임	나. 기간제교원은 휴직, 파견, 근무시간 면제 등으로 인한 결원 보충, 특정교과의 한시적 담당 등을 위하여 교원자격증 소지자를 한시적으로 활용하는 제도임	법령 개정 내용 반영
2 (p2)	다. 임용 상한연령: 62세 이내. (계약 종료일은 교육공무원 정년일 이내여야 함) - **계약제교원 임용 상한연령 완화 기준 (2025학년도 한시적 적용)** · 교육과정 운영상 임용(시간강사 포함)에 어려움이 있는 경우 예외적으로 1차 공고는 65세까지, 2차 공고부터 70세까지 임용 상한연령을 정할 수 있음(임용기간을 기준으로 해당 연령까지 임용가능) · 교육과정 운영 상 긴급을 요하는 경우로 정규교원의 총 결원기간이 5일 이내에 채용되는 시간강사는 1차 공고부터 예외적으로 70세까지 임용상한연령을 정할 수 있음	다. 임용 상한연령: 62세. (계약 종료일은 교육공무원 정년일 이내여야 함) **(임용 기간을 기준으로 해당 연령 까지 임용 가능, 2026학년도 한시적 적용)** 1) 유치원·초등(교과) 기간제 교원 : 1차 공고 62세, 2차 공고 65세, 3차 공고부터 70세 2) 중등·특수 및 교과외(보건·영양·전문상담·사서) 기간제 교원 : 1차 공고 65세, 2차 공고부터 70세 ※ 유치원 및 초등학교에 근무하는 특수·교과외(보건·영양·전문상담·사서) 교원은 '2'항의 기준을 따름 3) 강사: 교육과정 운영 상 긴급을 요하는 경우 1차 공고부터 예외적으로 70세까지 가능	경기도내 중등 교과 및 교과외 교사 정원 부족에 따른 기간제 교사 수의 증가에 따라, 학교 현장의 채용난을 해소하고 교육과정의 연속성을 확보하기 위해 기간제 교사의 채용 조건 완화
3 (p3)	마. 임용 시 구비서류 - 계약제 본인 **기간제교원** • 공무원 채용신체검사서(1년 이내) - 기간제 교원 임용 규정(교육공무원임용령 제13조제4항)에 퇴직한 국가공무원 또는 기간제 교원을 퇴직일 부터 6개월 이내에 기간제 교원으로 채용하는 경우 신체 검사 면제	마. 임용 시 구비서류 - 계약제 본인 **기간제교원** • 공무원 채용 신체 검사서 (1년 이내) -신체검사 면제 대상: 퇴직한 국가공무원 또는 기간제교원을 퇴직일부터 6개월 이내에 기간제교원이 다시 채용될 경우(「교육공무원임용령」제13조제4항) - 일반건강검진 결과 활용: 국민건강보험공단 건강검진결과통보서(최근2년 이내))로 신체검사대체가능(「교육공무원임용령」제13조5항(2025.7.22.))	법령개정 내용 반영
4 (p3)		마. 임용 시 구비서류 - 계약제 본인 **기간제교원** • 장애인학대관련범죄등 경력 조회 동의서 (대상: 특수학교·특수학급·특수교육지원센터에 취업 또는 사실상 노무를 제공하는 인력) ※ 통합학급(일반학급) 근무 교원 및 강사는 대상에서 제외	법령 개정 내용 추가
5 (p3)		마. 임용 시 구비서류 - 임용 기관	법령 개정 내용 추가

연번	2025 계약제교원 운영 지침	2026 계약제교원 운영 지침(1월 개정)	개정 사유
		기간제교원	
		- 장애인학대관련범죄 경력 조회 (대상: 특수학교·특수학급·특수교육지원센터에 취업 또는 사실상 노무를 제공하는 인력) ※ 통합 학급(일반 학급) 근무 교원 및 강사는 대상에서 제외	
		강사	
		- 장애인학대관련범죄 경력 조회 (대상: 특수학교· 특수학급 특수교육지원센터에 취업 또는 사실상 노무를 제공하는 인력) ※ 통합 학급(일반 학급) 근무 교원 및 강사는 대상 에서 제외	
6 (p3)	※ 소속된 기간 중 1회, 신규 채용한 날부터 1개월 이내 실시하며, 기 검사자는 증빙서류 제출. 근거:「결핵예방법 시행규칙」제4조(결핵검진등의 주기 및 실시방법), 제4조의2(준수사항) 개정(2022.7.1.) 학생건강과-8534(2022.7.26.)호	※ 소속된 기간 중 1회, 신규채용한 날부터 1개월 이내 실시하며, 기 검사자는 증빙서류 제출. 근거: 「결핵예방법 시행규칙」제4조(결핵검진등의 주기 및 실시방법), 제4조의2(준수사항) 개정	관련대호 변경
7 (p4)	- 동일교에서 단절없이 재계약할 경우에 한하여 공무원채용신체검사서(최근 1년 이내, 합격여부는 학교장이 판단)를 국민건강보험 건강검진결과통보서(최근 2년 이내, 합격여부는 학교장이 판단)로 대체 가능		삭제 법령 개정 내용 반영
8 (p4)	퇴직금 : 관계 법령에 의함 (※근로기준법)	퇴직금 : 관계 법령에 의함 (※근로기준법, 근로자퇴직급여 보장법) ※참고사항 2) 퇴직금 산정방법 :(퇴직금) = (평균임금 30일분) × (계속근로년수) -평균 임금이 근로자의 통상 임금보다 적으면 그 통상임금을 평균 임금으로 한다 (근로기준법 제2조제2항)	관련 법령의 구체화

연번	2025 계약제교원 운영 지침	2026 계약제교원 운영 지침(1월 개정)	개정 사유
9 (p5)	※참고사항 2) 퇴직금 산정방법 : (퇴직금) = (평균임금 30일분) × (계속근로년수) 　○ 평균임금30일분 = (퇴직일(중간정산일) 이전 3개월간의 지급 임금 총액 ÷ 퇴직일(중간정산일) 이전 3개월간의 총 일수 × 30 　○ 퇴직일(중간정산일)이전 3개월간의 임금 총액 　= 퇴직일(중간정산일)이전 3개월간의 월정임금 총액 + (퇴직일(중간정산일)이전 1년간의 비월정임금 총액 × 3/12) 　※ 월정임금과 비월정임금 　- 월정임금: 본봉, 정근수당가산금, 정액급식비, 교직수당(교직수당가산금 포함),시외근무수당(정액분), 교원연구비, 학생지도비 　- 비월정임금: 정근수당, 명절휴가비, 시간외근무수당(초과분), 성과상여금	1) 임용 사유 및 요건(교육공무원법 제32조) 마) 근무시간 면제자로 확정된 교원의 결원 보충 (교육공무원임용령 제13조제1항제4호 신설 (2025.7.22.))	법령 개정 내용 추가
10 (p5)	나) **임용 제한** 사항 ① 명예퇴직 교원은 원칙적으로 기간제교원으로 임용할 수 없으나 다음의 경우 채용 가능 (교육부 교원정책과-7964(2014.12.31.)호, [2015.3.1.자 시행]) ○ 초등: 명예퇴직교원만 지원하였을 경우에 임용가능하며, 퇴직 당시 근무학교에서 임용하고자 할 경우는 퇴직 후 6개월 이상 경과한 자에 한함 - 2018.5.1.자 시행) ○ 중등: 명예퇴직교원만 지원하였을 경우에 임용 가능하며, 퇴직 당시 근무학교에서 임용하고자 할 경우는 퇴직 후 6개월 이상 경과한 자에 한함 (2025.3.1.부터 2026.2.28.까지 한시적으로 시행, 이후 지침은 추후 안내) ○ 명예 퇴직 초·중등 교원의 강사 채용은 허용	나) **임용 제한** 사항 ① 명예퇴직 교원은 원칙적으로 기간제교원으로 임용할 수 없으나 다음의 경우 채용 가능 (교육부 교원정책과-7964(2014.12.31.)호,[2015.3.1.자 시행]) ○ 연령별 임용 원칙 - 62세 이하 명예퇴직 교원: 명예 퇴직 교원만 단독 지원했을 경우에 한하여 임용 가능 - 62세 초과 명예퇴직 교원: 일반 지원자와 동일한 자격 기준으로 통합 심사 및 임용 가능 ○ 퇴직학교 재임용 제한 - 퇴직 당시 근무했던 학교로 임용되고자 하는 경우에는 퇴직 후 6개월 이상이 경과한 자에 한하여 지원 및 임용 가능. (2018.5.1. 시행) ○ 명예퇴직 교원의 초·중등 교원의 강사 채용은 허용	명예퇴직자와 정년퇴직자 간의 기간제 교사 채용 격차 해소 및 명예퇴직자의 채용 적용 기준 및 적용 시기 구체화
11 (p7)	선발전형 ○ 일반 - **면접 절차는 필수 사항임**(면접 시 차별적 내용의 질문 지양) ○ 기간제교원 인력풀 활용 ○ 면접 등 심사 - **면접 절차는 필수 사항임**	선발전형 ○일반 - **면접 절차는 신규채용 시 필수**(면접 시 차별적 내용의 질문 지양) **이며 동일 학교 재 채용 시 생략 가능** ○ 기간제교원 인력풀 활용 ○ 면접 등 심사 - **면접 절차는 신규채용 시 필수** (면접 시 차별적 내용의 질문 지양)**이며, 동일 학교 재채용 시 생략 가능**	기존 근무 경력을 통해 검증된 우수 인력의 지속적인 확보와 불필요한 행정 절차의 간소화
12 (p8)	가) 선발 전형(공개채용 및 제한경쟁 채용)	가) 선발 전형(공개 채용 및 제한경쟁 채용)	기존 근무 경력을 통해 검증된 우수 인력의 지속적인 확보와 불필요한

	→ 2차 면접(필수) →	→ 2차 면접(신규채용 시 필수) →	행정 절차의 간소화
13 (p9)	다) 성범죄경력조회, 아동학대관련범죄전력 조회, 결격사유조회	다) 결격·범죄유무조회, 성범죄경력조회, 아동학대관련범죄전력 조회, 장애인학대관련범죄 경력 조회	법령 개정 내용 반영
14 (p10)	※ 공무원보수규정「별표11」〈개정 2025.1.5.〉	※ 공무원보수규정「별표11」〈개정 2026.1.2.〉	법령 개정 내용 반영
15 (p13)	(2025학년도 교과순회전담교사 배치 계획(교원인사과-31238(2024.12.02.) 참조)	(2026학년도 교과순회전담교사 배치 계획(교원인사정책과-28444(2025.11.25.) 참조)	관련 공문 대호 변경
16 (p13)	6) 경력 : 교육경력에서는 제외하되 호봉승급 기간에는 일부 인정 ※ 초·중등 교원 임용 전 강사 경력인정 지침 참조	6) 경력 : 교육경력에서는 제외하되 호봉승급 기간에는 일부 인정 ※ 교육공무원 호봉획정시 경력환산율표의 적용 등에 관한 예규 참조	관련 예규 구체화
17 (p25)	13. 2026.2.5.일자로 만70세가 되는 자를 2025.9.1.~2026.2.28.까지의 기간제교원 채용건에 대해 임용이 가능한가? ☞ 기간제교원의 임용 상한 연령은 만62세 이내(계약 종료일은 교육공무원 정년일 이내)이나, 교육과정 운영상 임용에 어려움이 있는 경우 2025학년도에는 예외적으로 1차에서 65세까지, 2차부터 70세까지 임용할 수 있음	13. 2027.2.5.일자로70세가 되는 자를 2026.9.1. ~ 2027.2.28.까지의 기간제교원 채용건에 대해 임용이 가능한가? ☞ 기간제교원의 임용 상한 연령은 62세 이내(계약 종료일은 교육공무원 정년일 이내)이나, 2026학년도에는 예외적으로 상황에 따라 70세까지 임용할 수 있음.	2026학년도 날짜 반영
18 (p25)	※ 단, 2025학년도 교육부 늘봄학교 운영 정책에 따른 기간제교원의 경우 초등교원 수급 인력난을 고려하여 중등교사 자격증 소지자도 한시적으로 우선 임용할 수 있음. (2025.3.1.부터 2026.2.28.까지 한시적 시행)	삭제	삭제 2026 한시적 정원외 기간제 늘봄학교 배정 인원 없음
19 (p28)	〈교육공무원임용령〉 **제13조(기간제교원의 임용)** ①법 제32조제1항제2호에서 "파견·연수·정직·직위해제등 대통령령이 정하는 사유"란 다음 각 호의 어느 하나에 해당하는 경우를 말한다. 〈개정 1999.9.30., 2005.4.15., 2005.7.27., 2009.7.16., 2016.8.2.〉	〈교육공무원임용령〉 **제13조(기간제교원의 임용)** ①법 제32조제1항제2호에서 "파견·연수·정직·직위해제등 대통령령이 정하는 사유"란 다음 각 호의 어느 하나에 해당하는 경우를 말한다. 〈개정 1999.9.30., 2005.4.15., 2005.7.27., 2009.7.16., 2016.8.2., 2025.7.22., 2025.9.16.〉 ⑤ 법 제32조제1항에 따라 임용권자가 기간제교원을 임용하는 경우에는 「국민건강보험법」 제13조에 따른 국민건강보험공단이 같은 법 제52조제2항제1호에 따른 일반건강검진 결과를 활용하여 신체검사를 대체할 목적으로 발급한 서류를 제출받는 것으로 신체검사를 갈음할 수 있다. 〈신설 2025.7.22.〉	법령 개정 내용 반영
20 (p28)	〈공무원보수규정〉 제8조(초임호봉의 획정) 〈별표 11〉 ~〈개정 2025. 1. 3.〉	〈공무원보수규정〉 제8조(초임호봉의 획정) 〈별표 11〉 ~ 〈개정 2026. 1. 2.〉	법령 개정 내용 반영
21 (p32)	◎ 초.중등교육법시행령 [별표2] 〈개정 2024.5.7.〉 〈산학겸임교사〉 2. 국가기술자격법에 의한 기술·기능분야의 산업기사 이	◎ 초.중등교육법시행령 [별표2] 〈개정 2025.6.2.〉 〈산학겸임교사〉 2. 고등학교 졸업자 또는 이와 같은 수준 이상의 학력이 있는 사람으로서 산업체에서 담당과목과 관련되는 분야의 직무에 5년 이상	법령 개정 내용 반영

	상, 서비스분야중 사업서비스의 전문사무분야 자격증 소지자 또는 기타 서비스분야의 산업기사 이상의 자격증 소지자(자격기본법에 의한 민간자격소지자로서 임용권자가 이와 동등한 능력이 있다고 인정하는 자를 포함한다)로서 산업체에서 담당과목과 관련되는 분야의 직무에 3년 이상 근무한 자 3. 임용권자가 인정하는 국제대회 및 국내대회(문화예술·체육·기능 분야) 입상자로서 담당과목과 관련되는 분야의 직무에 3년 이상 근무한 자 4. 국가무형문화재의 보유자·전승교육사, 명장 등으로서 담당과목과 관련되는 분야의 전문성이 인정되는 자 5. 제1호 내지 제4호와 유사한 자격이 있는 자로서 교육감이 따로 정하는 자격기준에 해당하는 자	근무한 사람 3. 국가기술자격법에 의한 기술기능분야의 산업기사 이상, 서비스분야중 사업서비스의 전문사무분야 자격증소지자 또는 기타 서비스분야의 산업기사 이상의 자격증 소지자(자격기본법에 의한 민간자격소지자로서 임용권자가 이와 동등한 능력이 있다고 인정하는 자를 포함한다)로서 산업체에서 담당과목과 관련되는 분야의 직무에 3년 이상 근무한 자 4. 임용권자가 인정하는 국제대회 및 국내대회(문화예술·체육·기능 분야) 입상자로서 담당과목과 관련되는 분야의 직무에 3년 이상 근무한 자 5. 「무형유산의 보전 및 진흥에 관한 법률」 제2조제3호·제5호의 보유자·전승교육사, 「숙련기술장려법」 제2조제2호의 대한민국명장, 같은 법 제10조제1항·제13조제1항·제13조의2제1항에 따라 선정된 우수 숙련기술자, 숙련기술전수자 및 기능한국인 등으로서 담당과목과 관련되는 분야의 전문성이 인정되는 사람 6. 제1호부터 제5호까지의 사람과 유사한 자격이 있는 사람으로서 교육감이 따로 정하는 자격기준에 해당하는 사람	
22 (p38)	■ 아동·청소년의 성보호에 관한 법률 시행령 제24조(아동·청소년 관련기관 등의 범위) 법 제56조제1항제17호 및 제57조제3항제12호에서"대통령령으로 정하는 유형의 시설등"이란 다음 각 호의 기관·시설 또는 사업장(이하 이 조에서 "시설등"이라 한다)을 말한다. 1.「게임산업진흥에 관한 법률」 제2조제6호의2가목에 따른 청소년게임제공업을 하는 시설등 2.「음악산업진흥에 관한 법률」 제2조제13호에 따른 노래연습장업(청소년실을 갖춘 노래연습장업을 말한다)을 하는 시설등 제25조(성범죄의 경력 조회) ④ 제1항에 따른 성범죄의 경력 조회, 제2항에 따른 동의서 및 제3항에 따른 회신의 서식 등에 관한 사항은 여성가족부령으로 정한다.	■ 아동·청소년의 성보호에 관한 법률 시행령 제24조 삭제 〈2025.10.10.〉 제25조(성범죄의 경력 조회) ① 〈개정 ~,2025.10.10.〉 ④ 제1항에 따른 성범죄의 경력 조회, 제2항에 따른 동의서 및 제3항에 따른 회신의 서식 등에 관한 사항은 성평등가족부령으로 정한다.〈개정 2025. 10. 1.〉	법령 개정 내용 반영
23 (p39)	■ 아동복지법 제29조의3 제29조의3(아동관련기관의 취업제한 등)〈개정 ~ 2024. 2. 6.〉	■ 아동복지법 제29조의3 제29조의3(아동관련기관의 취업제한 등)〈개정 ~ 2024. 2. 6., 2025. 4. 22.〉 24. 「아이 돌봄 지원법」 제1조에 따른 서비스 제공 기관	법령 개정 내용 반영

연번	현행	개정	사유
24 (p39)	◼ 아동복지법 제29조의4 제29조의4(취업제한명령을 선고받은 자에 대한 취업 등의 점검·확인) <개정 ~ 2024. 2. 6.>	◼ 아동복지법 제29조의4 제29조의4(취업제한명령을 선고받은 자에 대한 취업 등의 점검·확인) <개정 ~ 2024. 2. 6., 2025. 10. 1.> 4. 성평등가족부장관: ~	법령 개정 내용 반영
25 (p39)		◼ 장애인복지법 제59조의3 제59조의3(장애인관련기관에의 취업제한 등) ① 법원은 장애인학대관련범죄나 성범죄(「성폭력범죄의 처벌 등에 관한 특례법」 제2조에 따른 성폭력범죄 또는 「아동·청소년의 성보호에 관한 법률」 제2조제2호에 따른 아동·청소년대상 성범죄를 말한다. 이하 같다)로 형 또는 치료감호를 선고하는 경우에는 판결(약식명령을 포함한다. 이하 같다)로 그 형 또는 치료감호의 전부 또는 일부의 집행을 종료하거나 집행이 유예·면제된 날(벌금형을 선고받은 경우에는 그 형이 확정된 날을 말한다)부터 일정기간(이하 "취업제한기간"이라 한다) 동안 다음 각 호에 따른 시설 또는 기관(이하 "장애인관련기관"이라 한다)을 운영하거나 장애인관련기관에 취업 또는 사실상 노무를 제공할 수 없도록 하는 명령(이하 "취업제한명령"이라 한다)을 장애인학대관련범죄나 성범죄(이하 "장애인학대관련범죄등"이라 한다) 사건의 판결과 동시에 선고(약식명령의 경우에는 고지를 말한다)하여야 한다. 다만, 재범의 위험성이 현저히 낮은 경우, 그 밖에 취업을 제한하여서는 아니 되는 특별한 사정이 있다고 판단하는 경우에는 그러하지 아니한다.<개정 2018. 12. 11., 2020. 12. 29., 2021. 7. 27., 2024. 9. 20., 2024. 10. 22., 2025. 4. 1.>	법령 개정 내용 추가
26 (p45)	◻ 등록방법 (개요명: 4세대 NEIS 경기도교육기간제교원인력풀(2023-2025학년도)에 신청) ◻ 인력풀 유효기간: 인력풀 개요의 유 ◻ 효기간과 동일(2023.10.04.(승인일) ~ 2026.02.28.)	◻ 등록방법 (개요명: 4세대 NEIS 경기도교육청 기간제교원인력풀(2026-2027학년도)에 신청) 인력풀 유효기간: 인력풀 개요의 유효기간과 동일 - 기 인력풀 등록자의 유효기간(2023.10.04.(승인일) ~ 2026.2.28.))이 2026.2.28.자로 만료됨에 따라 인력풀 활용을 희망하는 경우, 2026.3.1. 이후 재등록해야 함	2026학년도 날짜 반영
27 (p45)	*온라인교직원채용(https://edurecruit.go.kr) - 계약제교원인력풀 - 경기도 - 인력풀조회 -인력풀신청=>인력풀개요명:4세대 NEIS 경기도교육청 기간제교원인력풀(2023-2025학년도)	* 온라인교직원채용(https://edurecruit.go.kr) - 계약제교원인력풀 - 경기도교육청 - 인력풀지원 - 인력풀신청 => 인력풀개요명: 4세대 NEIS 경기도교육청 기간제교원인력풀 (2026-2027학년도) - 신청하기	자구 수정
28 (p48)	※ 교원자격증 미등록 시 NEIS 기간제교원 인력풀 등재 불가	※ 교원자격증 미등록 시 계약제교원인력풀 등재 불가	자구 수정
29	* [직접입력]: 직접입력을 체크	* [직접입력]: 직접입력을 체크 후 자격번호, 교	띄어쓰기 수정

(p49)	후 자격번호, 교원자격증(종별), 교원자격증(급별) 등의 내용을 직접 입력하여 등재(직접 입력 시에는반드시 증빙자료 첨부)	원자격증(종별), 교원자격증(급별) 등의 내용을 직접 입력하여 등재(직접 입력 시에는 반드시 증빙자료 첨부)	
30 (p53)	※ 신분증(공무원증)을 교부할 수 있으나, ~	※ 신분증을 교부할 수 있으나, ~	자구 수정

31 (p54)	가. 응모 연령: 임용 상한 연령(교육공무원의 정년 만 62세와 동일) 미 해당자
	  - 다만 교육과정 운영상 임용에 어려움이 있는 경우 예외적으로 1차공고는 65세까지, 2차공고부터 70세까지 임용 상한연령을 정할 수 있음. (채용일 기준 만 70세 생일이 지나지 않은 자로서 만 70세 생일이 포함된 학기의 말까지 임용 가능함)
		가. 응모 연령: 임용 상한 연령(교육공무원의 정년 62세와 동일) 미 해당자
		  - 다만 1차공고는 ○○세 까지, 2차공고는 ○○세 까지, 3차 공고는 ○○ 세 까지 임용상한연령을 정할 수 있음 (학교급, 교과·교과외에 따른 임용 상한 연령 기재) (채용일 기준 ○○세 생일이 지나지 않은 자로서, ○○세생일이 포함된 학기의 말 까지 임용 가능함)
			경기도내 중등 교과 및 교과외 교사 정원 부족에 따른 기간제 교사 수의 증가에 따라, 학교 현장의 채용난을 해소하고 교육과정의 연속성을 확보하기 위해 기간제 교사의 채용 조건 완화

32 (p55)		○ 최종합격자 제출서류 - 장애인학대관련범죄등 경력 조회 동의서 (대상: 특수학교·특수학급·특수교육지원센터에 취업 또는 사실상 노무를 제공하는 인력) ※ 통합학급(일반학급) 근무 교원 및 강사는 대상에서 제외	법령 개정 내용 추가
33 (p58)		○ 임용후보자 임용 구비 확인원 - 장애인학대관련범죄등 경력 조회 결과 (대상: 특수학교·특수학급·특수교육지원센터에 취업 또는 사실상 노무를 제공하는 인력) ※ 통합학급(일반학급) 근무 교원 및 강사는 대상에서 제외	법령 개정 내용 추가
34 (p64)		[서식 8-1] 장애인학대관련범죄등 경력 조회 요청서	법령 개정 내용 추가
35 (p66)		[서식 8-2] 장애인학대관련범죄등 경력 조회 동의서	법령 개정 내용 추가
36 (p68)	[서식 9] (결격사유 조회 지연시) 서약서	[서식 9] (결격 범죄유무조회, 성범죄경력조회, 아동학대관련범죄전력 조회, 장애인학대관련범죄 경력 조회 지연시) 서약서	법령 개정 내용 반영
37 (p80)	**제8조(근무시간)**	**제8조(근무시간)** ② "**근로자**"는 공휴일에 근무하지 않는다.	추가 강사의 공휴일 근무 여부 명확화
38 (p91)	[서식27] 시간강사 임금명세서(예시) 지급일: 2025-12-19 임용일: 2025-12-16 퇴직(예정)일: 2025-12-19	[서식24] 시간강사 임금명세서(예시) 지급일: 2026-12-19 임용일: 2026-12-16 퇴직(예정)일: 2026-12-19	2026학년도 날짜 반영

☞ **2026 유·초·중등·특수학교 계약제교원 운영 지침은 공문을 참조 바랍니다**

 (**희망교육사랑**) https://cafe.daum.net/shm16/Vy8p/1398

다   계약제교원 NEIS 인사기록관리

1) 계약제 교원 명부 확인

가) 메뉴 : [교원인사] - [인사기록] - [기능별명부] - [계약제구분별명부]

나) 계약제명부의 교원 중 퇴직자가 없는지 확인, 퇴직자가 명부에 나오는 경우 반드시 퇴직처리 한다.

2) 계약제교원 등록 방법

▶ 한 학교에서 동일인의 인사기록카드는 가급적 1개만 존재하도록, 신규등록 전 반드시 [교원인사]-[계약제교원]-[인사기록관리]-[인사기록(계약제교원)]에서 조회하여 검색되지 않을 경우에만 신규 등록한다.

※ 기존 이중 생성된 동일인의 인사기록은 삭제 불가능(급여, 복무자료 연계)

가) 신규 계약제교원 등록

1) 인사기록카드 생성

– 메뉴 : [교원인사] - [계약제교원] - [인사기록관리] - [신규등록(계약제교원)]

2) 모든 항목을 입력한 다음 [저장]한다.

구 분	내 용
계급	교장, 교감, 교사 등의 계급을 선택 한다.
직급	초등학교교사, 중고등학교교사 등의 직급을 선택 한다.
직위	교장, 교감, 교사(초등), 교사(중등) 등의 직위를 선택 한다.
호봉	계약제 교원의 호봉을 입력 한다.
계약제구분	계약제 교원을 채용되었을 경우, 채용당시 계약에 따라 "기간제교사", "시간강사", "산학 겸임교사", "전일제 강사", "시간제기간제 교사" 등을 선택 한다.
근무년수	계약직 교원의 근무 연수를 입력한다. 정근수당 및 정근수당 가산금에 반영 된다. (호봉획정표 상의 '환산총경력년수'를 입력해야 함, 단 14호봉 제한자는 5년)
보직 구분	교사, 담임교사, 부장교사 등 보직을 입력한다. 보직수당에 반영된다.

최초임용일	계약제 교원의 임용일자(계약 시작일)를 입력한다.
현부서(기관) 임용일	계약제 교원의 현부서(기관) 임용일을 입력 한다.
재직상태	"재직", "신규임용(채용)후보"를 선택 한다.
중등교사임용과목	계약직 교원이 중등일 경우 임용과목을 선택 한다.
계약직임용사유	계약직 임용사유를 선택 한다.

※ 결원대체강사 중 시간강사, 인턴교사, 원어민보조교사, 영어회화전문강사는 비공무원인사에 등록 관리함

나) 퇴직예정일 등록

▶ 급여업무와 연관된 메뉴로, 퇴직예정일(계약해지일입력)이 등록되어 있어야 계약 마지막 달 급여를 일일 계산하여 지급할 수 있으며, 입력된 퇴직예정일은 [인사기록(계약제교원)] 메뉴의 [근무사항]탭에 퇴직예정일이 표시된다.

▶ 메뉴 : [교원인사] - [계약제교원] - [인사기록관리] - [퇴직예정자관리(계약제교원)]

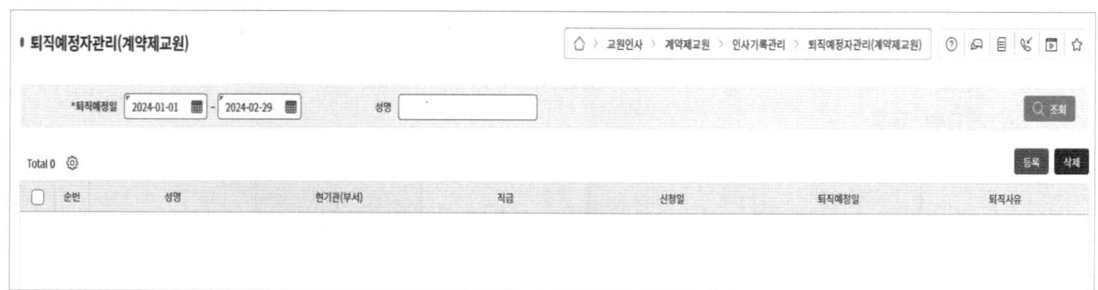

3) 인사기록카드 기재

▶ 메뉴 : [교원인사] - [계약제교원] - [인사기록관리] - [인사기록(계약제교원)]

▶ [경력]탭에 현임교에 대한 경력이 입력되어 있어야 NEIS 경력증명서 발급이 가능

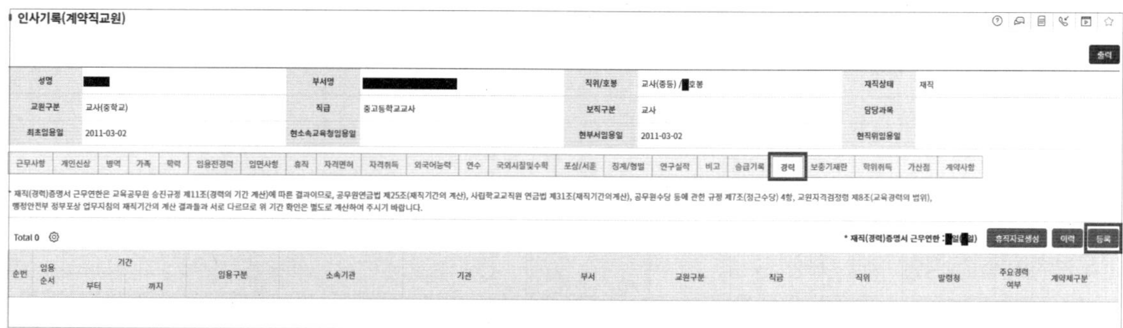

다) 계약제교원 재등록

▶ 해당기관의 인사기록카드가 존재하는 계약제교원은 인사기록카드를 새로 생성하지 않고, 기존 인사기록카드를 정정하여 사용한다.

1) 인사기록카드 정정

▶ 메뉴 : [교원인사] - [계약제교원] - [인사기록관리] - [인사기록(계약제교원)]

▶ [근무사항]탭에 변동내용(재직상태, 퇴직일 등) 적용 후 [저장], [경력]탭에 [추가]버튼 클릭하여 현재 계약 경력 기재

▶ [승급기록]탭에 [등록]버튼을 눌러 새롭게 획정한 호봉을 기재하고 [근무사항반영]버튼 클릭

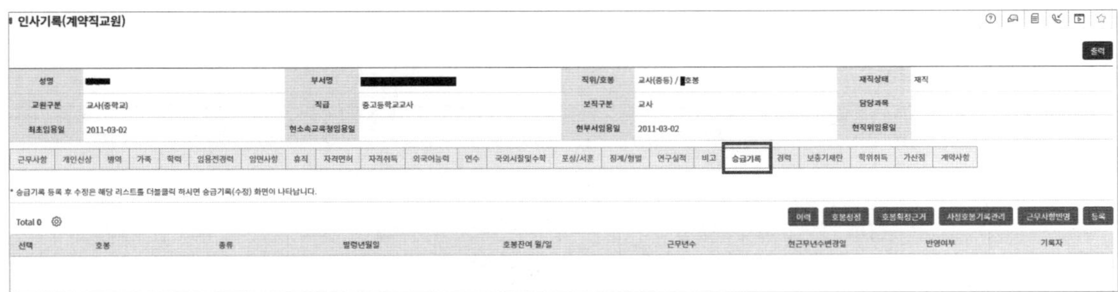

2) 퇴직예정일 정정

▶ 메뉴 : [교원인사] - [계약제교원] - [인사기록관리] - [퇴직예정자관리(계약제교원)]

▶ 해당내용 더블클릭하여 내용 수정 후 [저장](기존에 등록된 내용이 없는 경우 [등록]함)

3) 계약제교원 퇴직처리

▶ 메뉴 : [교원인사] - [계약제교원] - [인사기록관리] - [퇴직처리(계약제교원)]

▶ 예정자관리(계약제교원)] 메뉴에서 등록된 퇴직예정자들의 퇴직처리를 하는 곳으로, 퇴직일을 입력하여 [퇴직처리] 버튼을 클릭 후, 아래 상세부분에서 퇴직사유(계약해지(만료))를 선택 후 [저장]한다. 퇴직처리 취소 시에는 [퇴직처리취소] 버튼을 클릭한다.

▶ [인사기록(계약제교원)] 메뉴의 [경력]탭에 현임교에 대한 계약 해지일을 입력한다.

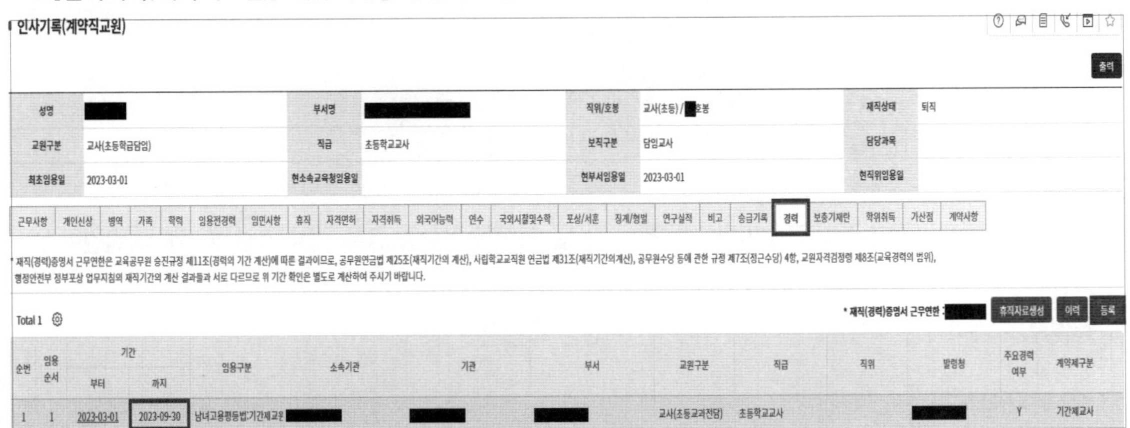

<table><tr><td>라</td><td>정규 교원 결원대체 강사(전일제 강사 · 시간강사)</td></tr></table>

1) 임용 기간 : 정규 교원의 결원 기간

2) 임용 종류 : 전일제(1일 8시간 근무) 또는 시간제(강의 시간 근무)로 채용

▶ 구직자가 임용 종류를 구분할 수 있도록 공고 시 전일제/시간제 명시

3) 수당 등 처우

가) 강사수당 지급 기준

강사	구분	단가	적용기준
전일제 (근무일에 따라 지급)	가호	120,000/일	■ 군 지역 소재지 학교 ■ 시지역이라도 교량으로 연결되어 있지 않고 선박으로 통행하는 경우
	나호	110,000/일	■ 시 지역 소재지 학교
	■ 담임교사의 결원 대체(담임교사 업무부여) 시 1일 5,000원을 가산하여 지급(강사는 기간제교원 신분이 아니므로 담임교사로 발령이 불가하며, 「공무원 수당 등에 관한 규정」상의 담임수당을 지급할 수 없음) ■ 강사가 지각, 조퇴 등 개인사유로 인한 경우 급여는 시간 계산		
시간제 (실제 강의한 시간에 따라 지급)	가호	26,000/시간	■ 면 지역 소재지 학교
	나호	24,000/시간	■ 읍 지역 소재지 학교
	다호	22,000/시간	■ 동 지역 소재지 학교
	■ 1교시 수업은 1시간 근무로 산정 ■ 필요한 경우 여러 사안(우수 강사의 채용, 학교 여건, 지역 실정, 강사의 경력 등)을 고려하여 학교운영위원회의 심의를 거쳐 추가 수당(학교 자체 예산)을 지급할 수 있음 ■ 시간강사의 일일 총 단가는 전일제 강사 일일 단가를 넘지 못함(단, 학교 예산으로 추가 단가를 정하였다면, 그 단가에 따라 지급 가능)		

나) 주휴수당

▶ 지급 요건(①, ② 모두 충족)

> ① 1주 소정근로시간(계약서 내 합의한 시간)이 15시간 이상
> ② 1주 동안 소정근로일(계약서 내 합의한 근무일)을 개근

▶ 지급 방법 : 계약기간 일일 평균 수당(담임이면 가산금 포함)을 지급

4) 휴업수당

▶ 지급요건 : 「근로기준법」제46조에 따라 전일제 강사 및 시간제 강사의 경우 계약 기간 중 재량휴업일이 있는 경우 1주 소정근로시간과 무관하게 재량휴업일에 대한 수당 지급
▶ 지급방법 : 계약기간 소정근로일 임금(담임이면 가산금 포함)을 지급

<유의사항>

■ 계약 건이 다르더라도 단절없이 동일 학교(기관)에서 근무한다면 연속근로로 보며, 7일을 기준으로 주 15시간 이상 근무하였다면 주휴수당 지급 가능
■ 주휴수당의 산정 시 1주의 시작은 계약시작일이며, 1주는 7일(계약시작일 포함)로 한다.
■ 1주간 근로관계가 존속되고 그 기간 동안의 소정근로일에 개근하였다면 1주를 초과한 날(8일째)의 근로가 예정되어 있지 않더라도 주휴수당 발생

5) 유급휴일
▶ 지급요건 : 계약서 내 소정근로일에 「근로기준법」제55조에 따른 유급휴일이 있는 경우 지급
▶ 지급방법 :　계약기간 소정근로일 임금(담임이면 가산금 포함)을 지급

<유의사항>

- 「근로기준법」제55조에 따른 유급 휴일: 해당 법령 및 「관공서의 공휴일에 관한 규정」에 따라 3‧1절, 광복절, 개천절 및 한글날, 1월 1일, 설날 전날, 설날, 설날 다음날(음력 12월 말일, 1월 1일, 2일), 부처님오신날(음력 4월 8일), 5월 5일 (어린이날), 6월 6일 (현충일), 추석 전날, 추석, 추석 다음날 (음력 8월 14일, 15일, 16일), 12월 25일 (기독탄신일), 「공직선거법」 제34조에 따른 임기만료에 의한 선거의 선거일, 기타 정부에서 수시 지정하는 날(임시공휴일 등)을 유급으로 보장하여야 함
- 전일제 강사 및 시간제강사의 경우 계약기간 소정 근로일 중 유급 휴일이 있을 경우 해당 소정근로일의 정상근무시 수당을 지급할 것. 유급 휴일이 토, 일요일인 경우에는 지급하지 않음.

다) 복무
1) 전일제 또는 강의 시간제로 근무(「근로기준법」에 따라 주당 근로시간 52시간을 초과할 수 없음에 주의)하되, 구체적인 사항은 기간제 교원의 복무를 참고하여 계약 사항으로 정함
2) 교육과정의 정상적인 운영 범위 내에 서 교(원)장의 승인을 받아 겸직을 허가하되, 학원(교급, 개인과외교습, 방문학습지 등 포함)등에 종사·운영 하는 직업은 제외(전일제, 시간제 모두 해당)

마　계약제 교원 질의&응답 사례

Q1. 육아휴직 신청은 반드시 30일전에 해야 하는지?
▶ 휴직개시 예정일의 30일 전까지 신청서를 제출하여야 하며, 다음의 경우 휴직개시 예정일의 7일 전까지 신청가능함

> ① 출산 예정일 이전에 자녀를 출산한 경우
> ② 배우자의 사망, 부상, 질병 또는 신체적·정신적 장애나 배우자와의 이혼 등으로 해당 영유아를 양육하기 곤란한 경우

Q2. 타 학교에서 1년의 육아휴직을 사용한 후, 새로운 학교에서 동일한 자녀의 양육을 사유로 신청할 경우 허용 여부
▶ 동일한 자녀에 대하여 1년의 육아휴직을 이미 사용하였다면, 새로운 학교에서 신청한 육아휴직에 대해 허용할 의무는 없음
※ 이전 학교에서 6개월 기간제교원으로 근무 후 6개월 육아휴직을 한 경우, 현재 학교에서 6개월 근무하였다면 6개월 육아휴직 신청 가능함

Q3. 3개월 근무 후 출산전후휴가 90일과 연계하여 육아휴직을 신청할 경우 허용 여부
▶ 3개월을 근무하고 출산전후휴가 90일 후 육아휴직은 가능하며, 출산전후휴가의 경우에도 소속 근로자의 신분을 유지하는 것이므로 근로자가 실제 근로제공을 하지 아니하였다 하더라도 출산전후 휴가 기간은 계속 근로한 기간에 포함시켜야 함(모성보호와 일.가정 양립 지원 업무편람('19. 10.))
※ 육아휴직개시예정일의 전날까지 해당 학교에서 계속 근로한 기간이 6개월 미만이면 육아휴직 적용 제외

대상임

Q4. 육아휴직 기간을 근속기간에 포함하여 퇴직금 산정 시 포함하여야 하는지 여부

▶ 육아휴직 기간은 퇴직금 산정의 기초가 되는 근속기간에 포함*시켜야 하며, 평균임금 산정기준이 되는 기간과 임금의 총액에서 제외 함

Q5. 정규교원의 결원으로 대체된 기간제교원이 육아휴직 중 해당 정규교원의 휴직 사유가 소멸하여 조기 복직했을 경우 육아휴직 중인 기간제교원의 계약해지 여부

▶ 육아휴직 기간에는 해고할 수 없으며, 육아휴직 중 실직의 위험에서 벗어나 안정적으로 영아의 보육에 전념할 수 있도록 「남녀고용평등법」 제19조 제3항에 따라 육아휴직을 이유로 해고나 그 밖의 불리한 처우를 하여서는 아니 됨

※ 육아휴직 기간에 해고가 발생한 경우 반드시 고용노동청 근로개선지도과로 통보하여 법 위반 사실을 조사(감사원 지적사항)할 수 있도록 함 (모성보호와 일.가정 양립 지원 업무편람('19. 10.))

Q6. 동일학교에서 근무했던 전(全)기간을 합산하여 6개월 이상인 경우 육아휴직 허용 여부

▶ 전적으로 인하여 종전 학교와 근로관계를 단절하고 새로운 학교와 근로계약을 체결하여 일정 기간 근무 후, 다시 종전 학교와 새로운 계약을 체결하여 근로한 경우는 근로관계가 단절된 것으로 합산이 아닌 새로이 6개월의 근무 후 육아휴직 허용이 가능함

Q7. 기간제교원 임용 요건인 '1월 이상'의 의미는?

▶ 관련 법에 근거한 역산(曆算)에 따라, 최후의 월에서 그 기산일에 해당한 날의 전일이 기간 만료일임.

※예) 2월 23일 임용 → '3월 22일' 까지 / 5월 25일 임용 → '6월 24일' 까지, 근거)

> ※ 「민법」제160조(역에 의한 계산)
> ① 기간을 주, 월 또는 연으로 정한 때에는 역(曆)에 의하여 계산한다.
> ② 주, 월 또는 연의 처음으로부터 기간을 기산하지 아니하는 때에는 최후의 주, 월 또는 연에서 그 기산일에 해당한 날의 전일로 기간이 만료한다.
> ③ 월 또는 연으로 정한 경우에 최종의 월에 해당일이 없는 때에는 그 월의 말일로 기간이 만료한다.

Q8. '3월 1일'의 계약 기간 시점 포함 여부는?

▶ 신학년도 시작일로부터 1월 이상을 임용할 경우 3월 1일을 포함하여 계약함으로써 퇴직수당 및 급여에 불이익이 없도록 함.

Q9. 기간제교원의 채용시에 정규교원의 '①결원기간의 시작일', '②결원기간의 종료일', '③결원기간 사이의 중간공백일'이 공휴일 또는 휴업일일 경우에는 계약기간에 포함할 수 있는가?

▶ 정규교원의 결원기간에 공휴일 또는 휴업일이 포함된 경우에는 해당 휴일을 계약 간에 포함하여 임용함(①, ②). 또한, 결원기간에 포함되지 않는 중간공백일(두 건의 결원사안 간의 사이 날)이 공휴일 또는 휴업일의 경우에도 교육과정 및 근로관계의 적정한 운영을 위해 계약기간에 포함하여 임용함(③).

Q10. 계약의 원인행위가 병가, 출산휴가를 합하여 1개월을 초과할 경우 기간제교원을 채용할 수 있는가?

▶ 병가가 1개월 미만인 경우 기간제교원을 채용할 없으나, 채용계획 수립시 기간제교원채용의 원인행위인 병가(1개월 미만)와 출산휴가가 단절없이 연속되며 학교장의 승

인이완료된 경우에는 병가와 출산휴가를 합산하여 1개월을 초과하면 기간제교원을 채용할수 있음. 또한 1개월 미만의 다른 원인행위에도 준용할 수 있음

Q11. 당초 요건에 부합하지 않아(역산 1개월 미만) 강사로 임용했던 계약제 교원을 추후 연이어 발생한 다른 사유로 인해 계속 임용할 경우, 그 합산 기간이 1월을 넘는다면 이전의 강사 임용 기간을 소급하여 기간제교원 임용이 가능한가?

▶ 임용불가. 교육공무원임용령 제5조에 '임용일자 소급의 금지' 규정에 위배되므로 별도의 사안으로 재계약해야 함. 다만, 계약 당초에 두 가지 이상의 사안이 발생하여 학교장 승인이 완료된 기간의 합이 1월을 초과할 경우에는 해당 기간 동안 기간제교원으로임용할 수 있음

Q12. 수준별이동수업 강사, 인턴교사 등을 시간제근무 기간제교원으로 계약·임용 할 수 있는가?

▶ 기간제교원으로 임용할 수 없음. (사업별 담당부서에 강사 기준 등 문의)

구　분		문 의 처
교육공무원법 제32조 ①항 의 1호, 2호, 3호, 4호, 5호 관련	➡	- 초·중등, 영양 교과교사 : 교원정책과 - 사서, 특수, 보건, 전문상담, 유아 : 해당부서별로 문의 　(※ 계약제교사 운영지침에 따름)
그 외 사업	➡	사업별 담당부서(※사업별 기준에 따름)

☞ **시간제근무 기간제 교사와 강사 구분**

시간제근무 기간제교원은 교육공무원법 제32조제1항 제3호 또는 제4호에 따라 임용될 수 있는 조건을 충족한 상태이나 단위학교의 필요와 교육과정 운영의 탄력성을 위해 전일제 대신 반일제, 격일제, 시간제로 채용 운영하도록 자율성을 부여한 것임.

※사업별 계획에 의해 교육과정의 일시적 보충으로 이루어지는 인턴교사· 수준별이동수업 강사 등은 시간제근무 기간제교원이 아니라 강사임.

또한 인턴교사, 수준별이동수업 강사, 교과교실제 강사 등은 보수책정이 호봉제(기간제)에 의하는 것이 아니라 계약에 의해 시간당 또는 월정액(강사)으로 지급함. (사업별 담당부서에 문의)

Q13. 기간제교원이 동일교에서 4년을 초과하여 근무할 수 있는가?

▶ 교육공무원 임용령 제13조제3항 또는 사립학교법 제54조의4제3항에 따라 고등학교 이하 각급학교의 기간제교원으로서 **4년의 임용기간을 마친 사람은 퇴직금을 지급하고 신규채용절차를 거쳐** 같은 학교에서 교육공무원법 제32조제1항 또는 사립학교법 제54조의4제1항 각 호에서 정하고 있는 임용사유로 임용할 수 있음. 이는 해당학교에서 신규채용공고를 하였을 때 해당 학교에서 4년의 임용기간을 마친 기간제 교원도 지원할 수 있음, 그러나 동일교에서 4년간 연속하여 임용되었던 기간제 교원에게 재채용에 대한 암묵적 구두약속 등을 하고 형식적으로 신규채용절차만을 거쳐 해당 교원을 재채용하는 것은 불공정 채용사례에 해당됨.

신규채용절차는 해당 학교에서 근무한 적이 없는 모든 지원자에게 채용기회와 절차가 공정하여야 함.

Q14. 지침 적용을 받는 기간제교원 적용 대상은? ☞ 공립 계약제교원

구 분	근 거	비 고
기간제교원	교육공무원법 제32조(기간제교원)	1개월 이상 채용
강사	초·중등교육법 제22조(산학겸임교사 등)	
명예교사	초·중등교육법 제22조	
산학겸임교사	초·중등교육법 제22조(산학겸임교사 등), 초·중등교육법시행령 제42조(산학겸임교사 등)	※ '산학겸임교사'는 별도지침 (특성화교육과)을 따름

※ 위 근거 이외 계약제교원(사립 계약제교원 등)는 사업부서의 별도 근거를 따름

Q15. 초급대학 졸업, 교원양성소 수료 등을 통해 교원자격증을 취득한 후 근무하다 퇴직한 자를 강사로 고용할 때 적용하는 강사수당은?

▶ 나호(4번, 5번 조항)와 다호(3번 및 5번 조항)에 의거하여 다음과 같이 적용.

구분	수당단가	적 용 기 준
나호	24,000원	채용분야와 관련된 교원자격증을 취득한 후 3년 이상 당해분야의 경력이 있는 자
다호	22,000원	채용예정분야와 관련된 교원자격증을 취득한 자

Q16. 기간제 교원도 가족돌봄 휴가를 받을 수 있나?

▶ 기간제 교원의 복무는 정규교원의 복무기준에 준하여 처리하되, 구체적인 사항은 계약내용으로 정하도록 하고 있고, 가족돌봄 휴가는 국가공무원복무규정 제20조 제14, 15항에 명시되어 있으므로 「영유아보육법」에 따른 어린이집, 「유아교육법」에 따른 유치원 및 「초·중등교육법」 제2조 각 호의 학교에서 공식적으로 주최하는 행사 또는 교사와의 상담에 참여할 경우 6개월 이상 계약된 기간제 교원은 「국가공무원 복무·징계 예규」에 따라 실시 가능함.

Q17. 기간제교원이 재직 중에 출산휴가를 들어갈 경우에 대체 기간제교원의 채용이 가능한지?

▶ 기간제교원의 휴직은 불가(육아휴직 제외)하나 특별휴가는 국가공무원복무규정 제20조(특별휴가) 제1, 2, 3, 4, 5, 10, 11, 12, 13, 14, 15, 16항을 일반교원과 동일하게 적용하고 있으며 특별휴가 기간을 대체하는 계약제교원의 채용도 가능함. 또한, 특별휴가 종료일은 계약종료일을 넘지 못하며 교육비특별회계 기간제교원 인건비로 지급 가능함.

Q18.계약직교원재계약&연장계약의 구분은?

▶재계약:정규교원이 단절 없이1월 이상 결원 시 동일한 기간제교원을 공고 없이 계약할수 있음.새로운 계약으로 보며 그에 따른 호봉획정,범죄경력 조회 등 필요

▶연장계약:정규교원이 단절 없이1월 미만 결원 시 동일한 기간제교원을 계약할 수 있음(강사계약 아님).기간을 제외한 기존 계약조건(호봉 포함)그대로 연장

(예) 2025.3.1.~ 2026.2.28.육아휴직 이후

• 2026.3.1. ~ 2027.2.28.까지(1년 연장)재계약(호봉 획정)

• 2026.3.1. ~ 2026.3.15.(1개월 미만 연장):연장계약(호봉 획정 불가능)

☞ 나이스 업무 처리

▶연장계약:신규 임용으로 하지 않고 계약 종료 일자만 수정함

▶재계약

※퇴직처리 후 신규 임용 가능

※퇴직처리 생략,단절기간이 없는 경우 계약 종료 일자만 수정해도 됨

Q19.교원 대체 기간제교원과 시간강사의 차이는?

구분	기간제교원	시간강사(결원 대체)
임용 기준 기간	1개월 이상결원 시 임용	1개월 미만결원 시 채용
임용 가능 연령 상한	62세 이하	
명퇴1년 이내인 자 임용 가능 여부	임용 불가	임용 가능
모집 방식	채용 공고or인력풀 조회	채용 공고or 인력풀 조회생략 가능하며 기관 자체 절차에 의거 채용 가능
결격사유 조회	의무	서약서로 대체 가능
성범죄·아동학대 관련 범죄전력 조회	의무	
휴가 여부	국가공무원복무규정범위 내에서 동 지침에 정한 바에 따름	별도 휴가 없으나 필요 시 계약사항으로 정할 수 있음
연장 계약 적용 여부	요건 충족 시 가능	연장 계약 개념이 없으며,동일인 채용시 신규 계약 체결 필요(이전 서류 활용 가능하나 범죄관련 경력 조회는 재실시)
주휴수당 여부	해당 없음	요건 충족 시 지급

Q20.담당자 착오로 기간제교원의 호봉획정이 잘못되었다는 것을 뒤늦게 발견했을 때 호봉 정정이 가능한지?

▶호봉 획정권자의 착오로 호봉획정이 잘못된 것을 알게 되었을 때 즉시 호봉을 정정 하여야 합니다.단,호봉획정 당시 기간제교원 본인의 경력 신청 누락으로 인한 호봉 정정은 불가합니다.('호봉 획정을 위한 경력기간 합산신청서'반드시 제출)

▶「공무원보수규정」제18조(호봉의 정정)에 따르면 호봉의 획정이 잘못된 경우 그 잘못된 호봉발령일로 소급하여 호봉을 정정하되,호봉의 정정은 해당 공무원의 현재의 호봉획정 시행권자가 하며,필요하면 종전의 호봉획정 시행권자에게 호봉 정정을 위하여 필요한 사항을 확인할 수 있습니다.

▶또한,호봉정정에 따른 급여 정산은「공무원보수 등 업무지침」(인사혁신처 예규)에 따라 호봉발령일자로 소급하여 정산하여야 하므로,기간제교원 임용 시 학위증명서 등 증빙서류를 임의로 거부하여 민원이 발생하지 않도록 유의하여야 합니다.

바 2026학년도 기간제교원 채용 체크리스트

순	점검 항목	확인 서류	확인 결과
1	· 계약제교원 채용계획 수립 여부	-최종 채용계획(결재본)	
	· 공고 시 - 과도한 개인정보 수집 금지 : 주민번호, 가족 사항, 결혼 여부, 종교, 혈액형 등 - 원서 접수 방법의 다양화: 전자우편, 방문, 우편 등 - 서류반환 및 합격자 안내 방법 명시	-최종 채용계획 및 공고문(응시원서 양식 등) 확인 -전자우편의 경우 접수결과 통보	
	· 채용계획, 공고문, 전형단계 일치 여부 ※ 평가항목, 평가배점, 합격자결정기준 일치여부	-최종 채용계획(결재본), 공고문, 단계별 전형 내용	
2	· 교육청 공고 시 - 6개월 이상 채용 시 채용계획서도 공고문과 함께 공개(공고일 3일이상, 공고일 제외)		
3	· 응시원서 접수 시 응시자격(교원자격증, 정년) 적합 여부확인	-응시원서, 교원자격증 등 제출 서류	
4	· 전형절차 준수 및 단계별 평가 절차, 결과 확인 - 채점(평가)위원에게 채점 시 유의사항 안내 여부 - 채점결과, 집계, 순위 확인	-단계별 전형절차 계획, 실기,면접 평가표 확인 -평가위원 서약서	
5	· 서류반환 및 최종합격자 공고 여부 - 공고 시 서류반환 및 합격자 안내 방법의 명시 여부		
	· 임용 전 결격사유 등 조회 여부 ※ 결격사유, 성범죄 및 아동학대관련 범죄 전력	-조회 내부결재 -행망을 이용한 조회 및 회신	
	· 공무원채용신체검사서 유효기간 확인 여부	-공무원채용신체검사서	
	- [계약제교원 연장계약 시] 추가서류 징구 여부 ※ 공무원채용신체검사서(검사일 기준1년 경과 시 징구) 성범죄 경력 및 아동학대관련 범죄 전력 조회 결과(회보)서(1년 경과시)	-좌동 -계약기간에 공백이 없을 경우만 가능	
6	(필수) 계약제교원 최종합격자 인사자문위원회(학교운영 위원회) 동의 여부	-인사자문위원회 회의록	
7	· 계약제교원 최종합격자 추가 서류 징구	-청렴 서약서 -호봉획정 확인서 -근무실적 평가 동의서 -경력기간합산신청서(초임호봉시)	
8	· 임용보고 여부	-교육청 보고 공문	5일내
9	· 강사료 지급 요청 임용기간 만료 후 7일이내	-교육청 지원 대상만 해당 -채용계약서, 근무상황부 첨부	

사   기간제교원 채용 심사관련 자료

<참고 1> 기간제교원 채용 심사위원 서약서(예시)-학교 특성에 맞게 수정·보완하여 활용

심사위원 서약서

  본인은 20 학년도 ○○○학교『기간제교원』채용 심사위원으로서 부여된 임무를 성실히 수행할 것이며, 심사위원으로서 알게 된 심사자료 등에 대하여 누구에게도 누설하지 아니할 것을 서약합니다.

  20　.　.　.

　　　　소속 :　　　　　　　　　　　직위 :

　　　　성명 :　　　　　　　　　　　(서명)

○○○**학교장 귀하**

<참고 2> 기간제교원 채용 서류심사 평가표(예시)-학교 특성에 맞게 수정·보완하여 활용

아 기간제교원 채용 서류심사 평가표 (예시)

과 목	
관리번호	

▣ 평가내용

평 가 요 소	
①교원자격증(5점)	◆ 전공 자격증 소지자(5점) ◆ 부전공 자격증 소지자(3점)
②경력(5점)	◆ 학교근무 경력 2년이상(5점) ◆ 학교근무 경력 1년이상 2년미만(4점) ◆ 학교근무 경력 1년미만(3점)
③직무관련 자격증(5점)	◆ 직무관련 자격증 2개 이상 소지(5점) ◆ 직무관련 자격증 1개 소지(3점)
④자기소개서(5점)	◆ 자기소개서 내용 충실(5점) ◆ 자기소개서 내용 보통(4점) ◆ 자기소개서 내용 미흡(3점)

▣ 평가 결과

연번	성명	①교원자격증 (5점)	②경력 (5점)	③직무관련 자격증(5점)	④자기소개서 (5점)	합계 (20점)
		평 가 요 소				
1						
2						
3						
4						
5						

평 가 자 소속 :   직 :   성명 :   (서명)

※ 학교의 여건에 맞게 평가 기준 및 평가 점수를 조정하여 사용

<참고 3> 기간제교원 채용 수업실연 평가표(예시)-학교 특성에 맞게 수정·보완하여
   활용

자 기간제교원 채용 수업실현 평가표 (예시)

과 목			
관리번호			

평 가 기 준		평 가 점 수		
		상(8)	중(7)	하(6)
1	수업 계획의 적절성			
2	수업 구상 능력			
3	발음 및 발문 능력			
4	태도 및 동작의 적절성			
5	기타			
소계				
합계		/40		
심사위원 확인		성명 : (서명)		

※ 학교의 여건에 맞게 평가 기준 및 평가 점수를 조정하여 사용

▣ 수업진행요령

1) 해당 학년(교과)에서 적정 단원을 지정하여 수업 지도안 작성 출제

▶ 단원명, 차시, 구상 시 고려 사항, 학급 구성, 차시 수업에 포함되어야 할 내용, 수업 시간, 단원 목표, 지문 등 필수 요소 제시

2) 수업 지도안 작성(40~50분 정도)

3) 수업 실연 (10분 정도)

차 기간제교원 채용 면접 평가표 (예시)

기간제교원 채용 면접 평가표(예시)-학교 특성에 맞게 수정·보완하여 활용

과 목			
관리번호			

평 가 기 준		평 가 점 수		
		상(8)	중(7)	하(6)
1	인성			
2	교직관			
3	자질			
4	소양			
5	기타			
소계				
합계		/40		
면접위원 확인		성명 (서명)		

※ 학교의 여건에 맞게 평가 기준 및 평가 점수를 조정하여 사용

※ 기간제교원 채용심사 집계표(예시)-학교 특성에 맞게 수정·보완하여 활용

카 기간제교원 채용 지원자별 집계표 (예시)

과 목	
관리번호	

과목 (학년)	심사위원 성명	평 가 점 수			
		서류(20)	수업실연(40)	면접(40)	계(100)
	심사위원 A				
	심사위원 B				
	심사위원 C				
	심사위원 D				
	심사위원 E				
	합계				
	평균				

타 기간제교원 채용 평가 집계표 (예시)

집계담당자 :   (인)

과목	관리번호	지원자 성명	평 가 점 수				순위
			서류(20)	수업실연(40)	면접(40)	계(100)	

기간제교원 근무활동 평가서(개별평가 및 자체보관용)											
학교명				성명			성별				
계약기간	2026 . . . ~ 2027 . . .			생년월일		. . .					
평가요소	평가점수					평가요소	평가점수				비고
	10~9	8~7	6~5	4~3	2~1		10~9	8~7	6~5	4~3	2~1
1.교직자로서의 품성(인성,사명의식)	9					4.교과연구		8			
2.학습지도		8				5.행정사무업무(담임업무 포함)			6		
3.학생생활지도 및인성교육		7				6.복무태도		7			
평가자 직			성명			(인)					

※ 작성요령

1.기간제교원 근무활동 평가는 계약만료전10일 이내 실시하고 타학교(기관)에서 요청시 제공

2.평가는 교사,부장교사(또는 수석교사),교감으로 구성하여 평가하되,확인자는 교장으로 함

-개별평가 및 자체보관용 평가서에 각 평가자가 평가요소(1~6요소)별로 최저1점에서최고10점으로 평가하고,집계 및 타학교 제공용 평가서의 평가결과에 각 평가점수의평균값으로 매우미흡(1~2점),미흡(3~4점),보통(5~6점),우수(7~8점),매우우수(9~10점)에 "√"표시 한다.

3.종합평가:기간제교원에 대한 종합적 평가를 하되,민원야기. 금품수수. 성범죄. 성적조작. 학생에대한 신체적폭력 등 사회적 물의를 일으킨경우는 반드시 명시하여 차후 기간제임용에 참고될수 있도록 함

4.반드시 비공개(타학교 요청 시에만 제공),영구로 작성,보관

<table>
<tr><th colspan="12" align="center">기간제교원 근무활동 평가서(집계 및 타학교 제공용)</th></tr>
<tr><td>학교명</td><td colspan="5"></td><td>성명</td><td colspan="3"></td><td>성별</td><td></td></tr>
<tr><td>계약기간</td><td colspan="5">2026. . . ~ 2027 . . .</td><td>생년월일</td><td colspan="3">. . .</td><td colspan="2"></td></tr>
<tr><td rowspan="2">평가요소</td><td colspan="5">평가결과
(√표시)</td><td rowspan="2">평가요소</td><td colspan="5">평가결과
(√표시)</td><td rowspan="2">비고</td></tr>
<tr><td>매우우수</td><td>우수</td><td>보통</td><td>미흡</td><td>매우미흡</td><td>매우우수</td><td>우수</td><td>보통</td><td>미흡</td><td>매우미흡</td></tr>
<tr><td>1.교직자로서의 품성(인성,사명의식)</td><td>√</td><td></td><td></td><td></td><td></td><td>4.교과연구</td><td>√</td><td></td><td></td><td></td><td></td><td></td></tr>
<tr><td>2.학습지도</td><td></td><td>√</td><td></td><td></td><td></td><td>5.행정사무 업무(담임업무포함)</td><td></td><td></td><td>√</td><td></td><td></td><td></td></tr>
<tr><td>3.학생 생활지도 및 인성교육</td><td></td><td>√</td><td></td><td></td><td></td><td>6.복무태도</td><td>√</td><td></td><td></td><td></td><td></td><td></td></tr>
<tr><td>연수이수시간</td><td colspan="11">○시간/○시간(실제 이수시간/계약서상 이수시간)</td></tr>
<tr><td>종합평가</td><td colspan="11"><예시>
-풍부한 경험을 바탕으로 생활지도 및 인성교육에 적절한 대응을 함
-매사에 적극적이고 성실함
-기간제교원으로 적극 추천함
-성적조작으로 인하여 조기 계약해지 함</td></tr>
<tr><td colspan="12"></td></tr>
<tr><td colspan="12">○○학교장(직인)</td></tr>
</table>

※ 평가 세부 기준안은 학교 자체에서 마련 하여실시.

Ⅲ. 교원 인사

Ⅲ. 교원 인사

1 교내 인사

가 인사자문위원회

1) 인사자문위원회 설치

관련 근거	• 「교육공무원인사관리규정」 제8장 제34조~제35조 • 임용권자는 합리적이고 민주적인 인사행정을 구현하기 위해 단위학교별 교원인사자문위원회를 설치 • 단위학교별 교원인사자문위원회의 운영에 관하여 필요한 사항은 임용권자가 결정

▼

구성	• 교감을 위원장, 교사 위원은 학교 규모 및 여건을 고려하여 구성 • 위원의 임기는 3월부터 다음해 2월말까지 • 5~7명정도로 하고 저경력, 고경력, 남녀 등 학교상황에 맞게 골고루 배정

▼

기능 및 심의사항	• 인사자문위원회 규정 제정 및 개정 • 학급 담임 배정 및 보직교사 임면에 관한 사항 • 교무분장 조직에 관한 사항 • 연수 및 상훈 등에 관한 사항 • 기타 인사 관련 사항(기간제 채용 등)

▼

회의 소집	• 학교장이 자문을 요청한 경우 • 위원장이 필요하다고 소집을 요청한 경우 • 기타 필요한 경우 • 회의결과는 공개를 원칙(위원회의 결정에 따라 비공개 가능)

▼

결과 처리	• 학교장은 학교경영에 무리가 없다고 판단될 경우에는 회의 결과를 적극 수용 • 자문 결과를 수용할 수 없는 객관적인 이유가 있는 경우에는 그 이유를 위원에게 설명

※ 인사자문위원회는 의결기구가 아니고 심의기구임

2) 교내인사 절차

인사 규정 제정 및 개정	• 신학년도 학급담임 배정 및 교무분장, 보직교사 및 교과 전담교사 선정을 위한 인사 규정 제정 및 개정

▼

희망 조사	• 교무분장 및 학년·담당업무 희망 조사

▼

조정	• 교무분장 및 학급담임 희망서를 참고하여 조정(안) 마련

▼

인사자문위원회 개최	• 인사자문위원회 개최 • 학교의 특색사업 및 중점추진과제 등을 고려하여 조정

▼

교내인사 확정	• 인사자문위원회 결과 학교장 보고 • 교무분장 및 학급담임 학교장 최종 결정 • 학교장 결정 내용 내부 결재로 확정

3) 인사자문위원회 규정(예시)

0000학교 인사자문위원회 규정(예시)

제1장 총 칙

제1조 (목적) 학교경영을 민주적으로 하기 위하여 교내 인사를 객관적이고 공정하게 운영하여 교원의 사기를 진작 시키기 위한 학교장의 자문에 임함을 목적으로 한다.

제2조(적용범위) 본 규정은 인사자문위원회 규정, 교무분장 배정 규정, 학급담임 배정 및 교과 전담교사 배정, 보직교사 임용 규정, 정원 감축대상자 전출 규정, 표창대상자 추천, 연수대상자 추천 등 교내 인사관리 업무에 적용한다.

제2장 인사자문위원회의 구성 및 기능

제3조(목적) 인사자문위원회는 교내 인사 업무에 관한 건설적인 의견을 수렴하고 공정한 인사 관리를 도모하는데 목적을 둔다.

제4조(구성 및 조직) 본교 인사자문위원회의 구성은 다음과 같다.

① 교무회의에서 선출방법(성비 고려, 교과사무분장별, 연령별) 등을 결정하여 선출된 교원대표로 위원장을 포함하여 4인이상 7인이하의 위원으로 구성한다.

② 인사자문위원회의 당연직 위원장은 교감이 되며, 간사는 위원장이 위촉한다.

③ 위원장은 본회를 통할하며, 간사는 회무를 집행하고 진행 기록한다.

④ 위원의 임기는 1년(매년 3월1일 ~ 익년 2월말)으로 한다.

⑤ 의사 및 의결정족수는 위원장을 포함한 재적위원 3분의2 이상의 출석으로 개의하고 출석위원 과반수의 찬성으로 의결한다.

제5조(임무)

① 교무분장 배정 내규 자문에 응함

② 학급담임 배정 및 교과 전담교사배정 자문에 응함

③ 보직교사 임용 자문에 응함

④ 정원, 감축으로 인한 전보대상자 선정 및 추천 자문에 응함

⑤ 교원 표창대상자 추천 자문에 응함

⑥ 연수대상자 추천 자문에 응함

제3장 교무분장 배정

제6조 (기본조직) 교무, 연구, 과학, 생활, 영어, 방과후, 체육, 환경, 도서업무 등으로 조직한다. 명시되지 않는 업무는 유사한 업무와 관련하여 분담한다.

제7조 (기본원칙)

① 본인의 희망을 존중하되 노력과 적성을 고려한다.

② 고학년 학급담임 교사라 하더라도 학년과 관련되는 업무는 본인의 의사와 관계없이 배정할 수 있다.

③ 경합이 될 경우에는 희망 업무와 능력이 일치된다고 인정될 때 우선 배정한다.

④ 건강 상태를 고려하여 배정한다.

제4장 학급담임 배정 및 교과 전담교사 배정

제8조 (학급담임배정규정) 학급담임 배정은 교사의 희망을 최대한 존중하고 희망학년이 경합되는 경우에는 다음 기준에 의하여 정할 수 있다.

① 교사의 희망에 의하여 배정하되 교육경력 장기근속자를 우대할 수 있다.

② 교직수당가산금 지급대상교사는 가급적 저학년(1,2,3학년)에 배정할 수 있다.

③ 당해 학년도 학기 중 전입교사는 결원 학년에 배정할 수 있다.

제9조(보직교사 학년 담임배정) 보직교사 학급담임 배정은 가급적 본인의 희망을 존중하되 학교 교육계획의 효율적인 추진을 위하여 공정하게 배치한다.

제10조 교과 전담교사 배치

① 교사의 희망에 의하여 배정하되 학교운영상 교과 전담 적임자라고 인정하는 교사를 배치할 수 있다.

② 당해 학년도에 분만 예정교사, 장기간 병가를 희망하는 교원, 장기 강습 대상자를 배치할 수 있다

제5장 보직교사 임용

제11조(목적) 이 내규는 세종특별자치시교육청 보직교사 임용업무 처리지침에 근거 보직교사를 임용한다.

제12조(임무) 보직교사는 학교장의 명을 받아 학생을 교육하며 업무에 관한 일을 수행한다.

제13조(명칭) 보직교사는 ○명으로 하되 보직교사 명칭은 학교 형편에 의해 정할 수 있다.

제14조(자격) 보직교사는 1급 정교사를 대상으로 희망을 받아 임용하되 체육·과학·정보 부장은 2급 정교사로 임용할 수 있다. 이 때 체육·과학·정보 보직교사는 그 역할을 담당할 수 있는 충분한 소양과 능력을 인정할 만한 자료(대외 지도상 등)을 제시하고 학교장이 판단하여 임용할 수 있다.(단, 경합시에는 본교 근무경력이 많은 교사를 우대한다.)

제15조 (과정)

① 보직교사 임명은 학년초에 행함을 원칙으로 하되 결원이 있을 시는 임명일시를 변경 실시할 수 있다.

② 학년초 인사이동에서 유보된 교사와 신병 및 본인의 개인 사정으로 보직교사 포기원을 제출한 교사는 제외할 수 있다.

③ 보직교사의 임용기간은 매년 3월 1일에서 익년 2월말까지로 한다.

제16조(해임) 보직교사는 다음 각 호에 해당되는 경우를 제외하고는 임용기간 중 그 의사에 반하여 겸임을 면할 수 있다.

① 정원 및 학급 감축이 있을 때

② 휴직, 징계(견책이상)를 받은 교사

③ 형, 민사 사건에 관련되어 혐의가 인정된 교사

④ 직원간의 화목에 장애가 될 정도로 물의를 야기한 교사

⑤ 기타 특별한 사유가 있어 보직 임무수행에 지장이 있을 때

제6장 표창대상자 추천

제17조(표창추천 기준)

① 본교 장기근속자를 우대한다.

② 동일조건일 경우 각종 대외행사 지도 실적이 우수한 교사를 우대한다.

③ 원로교사, 교육경력이 많은 교사를 우대한다.

④ 표창훈격별 포상 대상자 추천은 다음과 같다.

 (1) 국무총리 이상 표창: 교육감이나 이와 동등한 표창을 받은 교사

 (2) 교육부장관 표창: 교육감이나 이와 동등한 표창을 받은 교사

 (3) 과학 유공교사, 체육 유공교사 등 특수 분야 포상 대상자의 추천은 본 규정에 적
    용하지 아니한다.

제7장 연수대상자 추천

제18조(선정 및 추천 요건)

① 교원들의 전문성 향상을 위해 실시하는 교원 연수 선정 및 추천에 관한 희망자가
   중복될 때 다음 순서에 따라 정한다.

 (1) 동일과정 연수 실시 연월일이 가장 오래된 교사

 (2) 타 과정 연수 실시 연월일이 가장 오래된 교사

 (3) 동일과정 업무를 분담하고 있는 교사

 (4) 생년월일이 빠른 교사

② 교육부, 교육청 등 관련 기관에서 연수 대상자 선정 의뢰시 연수 희망 교사가 없을
   경우 다음 순서에 따라 정한다.

(1) 동일과정 업무분담을 하고 있는 교사 중 연수 실적이 없는 교사

(2) 동일과정 연수 실적이 없는 교사

(3) 동일과정 연수실적이 없는 교사 중 생년월일이 늦은 교사

(4) 타 과정 연수 실적이 가장 오래된 교사(생년월일이 늦은 교사)

제8장 전보 내신

제19조 (교사 전보 내신)

1. 정원감 내신: 정원감 내신은 다음 순에 따라 내신한다.

① 과목별 평균시수가 적은 교과목 교사(본인 희망 우선)

② 본교 재직기간이 오래된 교사

③ 교직경력이 적은 교사(동일 경력의 경우 연령이 적은 자)

④ 과목별 평균시수가 적어 1명인 경우 필요에 따라 후순위로 조정 가능
2. 과목조절감 내신: 특정과목의 시수가 과다하여 과목조절증을 신청해야 할 경우가 발생하면 과목별 평균시수가 적은 교과목을 과목조절감 할 수 있다.
3. 희망전보 내신순서
① 본교 부임이 빠른 자.　　② 교육경력이 많은 자.
③ 연령이 많은 자.　　　　④ 후순위자도 선순위자의 양해를 구해 우선 내신 가능

제20조 (정원증·조절증 과목 선정)

학급 증설로 인한 정원증·조절증 과목 선정은 현원 상태에서 증설된 학급으로 시수를 계산하여 시수가 높은 교과부터 결정하여 요청한다.

부 칙

제1조: [제한] 본 인사자문위원회 규정은 본교에 국한한다.
제2조: [효력] 본 규정은 202○년 3월 1일부터 시행한다.
제3조: [위원]
위원장: 교감 ○○○
간 사: 교무 ○○○
위 원: ○○○, ○○○, ○○○(이상 5명)

인사규정 제정을 위한 인사자문위원회 개최 (예시)

제목 202○학년도 인사규정 제정 및 개정을 위한 인사자문위원회 개최

　1. 관련: 00
　2. 202○학년도 교내 인사를 함에 있어 인사규정 개정(제정)을 위한 인사자문위원회를 개최하고자 합니다.
　　가. 일시: 202○.○.○.(○) 15:00　　　　나. 대상: 본교 인사자문위원 ○명
　　다. 장소: 본교 회의실　　　　　　라. 내용: 202○학년도 인사규정 제정 및 개정

교내 인사 발령 기안 (예시)

제목 202○학년도 교내 인사 발령

　1. 관련: 인사자문위원회 회의결과
　2. 202○학년도 학급담임 배정 및 교무분장 등 교내 인사를 붙임과 같이 운영하고자 합니다.
붙임　가. 202○학년도 학급담임 및 교과전담교사 배정 1부　　　나. 교무분장표 1부
　　다. 교실 배치도 1부　　　　　　　　　　　　라. 임용장 0부.　끝.

4) 업무분장 절차 및 방법

가) 업무분장 절차

업무분장 조정안 마련	• 제정 및 개정된 인사관리규정을 바탕으로 업무분장 조정안 마련
▼	
희망 조사	• 업무 분장 예시표 배부 및 희망 조사
▼	
조정	• 인사자문위원회에서 업무 조정
▼	
업무 분장 확정	• 인사자문위원회 결과 학교장 보고 • 교무업무 분장 학교장 최종 결정 • 학교장 결정 내용 내부결재로 확정

학년 담당업무 희망서 (예시)

202○학년도 학년 및 담당 업무 희망서

교사   (인)

1. 인적사항

성명 (한자)	생년월일	호봉	차기승급일	총경력	본교경력	소지자격	전임교
( )							
주소					전화	자택	
						HP	

2. 학년담임 및 담당 업무

연도 부서	이전 경력			20○○학년도 희망				
	20○○	20○○	20○○	1희망	2희망	3희망	4희망	5희망
학년								
담당업무								
연구교사								
청소년 단체								

교과전담 희망				
1희망교과	2희망교과	3희망교과	(특기사항)	

3. 보직교사 희망

보직교사 역임 경력				20○○학년도 희망		
이전 경력	20○○	20○○	20○○	1희망	2희망	3희망
보직명						
보직교사경력						

4. 특기사항(출산예정일, 휴직예정, 건강관련 등)

※ 작성요령
  1. 총경력은 20년3개월인 경우 20.03으로 기록
  2. 연령은 3.1.자 기준 만 연령으로 기록

발령 대장

■ 교육공무원 인사기록 및 인사사무 처리 규칙 [별지 제24호서식] 〈개정 2013.11.13〉

발령 대장

발령일	소속	직위 (직급)	성명	발령사항	발령 권자	발령근거	기재 자 날인	확인 자 날인	비고
20○○.2.28.	○○○○ 학교	교장	○○○	교육공무원법 제44조 제1항 2호 및 동법 제45조 제1항 제2호의 규정에 의거 정년퇴임함	경기도 교육감	000-123 (20○○.2.22.)	(인)	(인)	정년 퇴임
202○.2.28.	○○○○ 학교	교사	○○○	서울특별시교육 청 관내 00학교 근무를 명함	경기도 교육감	교원정책과-123 (20○○.2.5.)	(인)	(인)	타시 도 전출
202○.2.28.	○○○○ 학교	교사	○○○	세종특별자치시 교육청○○ 학교 근무를 명함	경기도 교육감	교원정책과-123 (20○○.2.5.)	(인)	(인)	신규 발령
202○.3.1.	○○○○ 학교	교사	○○○	교무부장을 명함	○○ 학교장	○○학교- 123(2021.3.1.)	(인)	(인)	보직
202○.3.1.	○○○○ 학교	교사	○○○	영어교과 전담을 명함	○○ 학교장	○○학교- 123(2021.3.1.)	(인)	(인)	교과 전담
202○.3.1.	○○○○ 학교	교사	○○○	1학년 1반 담임을 명함	○○ 학교장	○○학교- 123(2021.3.1.)	(인)	(인)	담임 (통합 학급)

295mm×210mm(백상지 120g/㎡)

 help

▶ 발령대장 기재요령

- 발령일자: 교육공무원 인사 발령에 따른 발령 년, 월, 일을 일자순으로 기재
- 소속: 소속된 직제상의 최초 단위 기관명이나 학교명을 기재
- 직위: 인사 발령에 의한 직위를 기재함
- 성명: 한글로 기재
- 발령사항: 교육공무원 인사 발령에 의한 발령 사항을 기재(기재예문 참조)
- 발령권자: 교육공무원 인사 발령에 따른 발령권자를 기재
- 비고: 기재 사항의 정정 등 특기사항이나 참고할 사항을 기입
- 기재 순서는 퇴직, 전출, 전입, 보직, 교과전담, 학년담임, 계약직 순으로 함

나 보직교사 임용

1) 처리 과정 및 절차

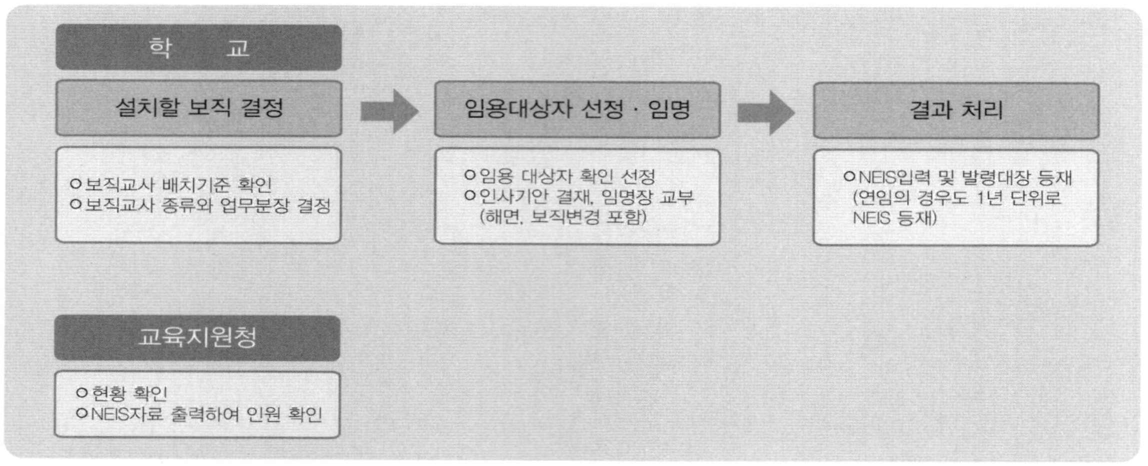

2) 처리할 서류

① 인사기안(내부결재)　② 임명장(인사발령통지서)　③ 발령대장(나이스 입력)

3) 유·초등 보직교사 배치 기준 **(2026 경기도교육청)**

초 등 학 교		중학교		비고
학 급 수	보직교사수	학 급 수	보직교사수	
6~11	3	3~5	3	
12~17	5	6~8	4	
18~23	7	6~8	4	
24~29	9	9~11	5	
30~35	11	9~11	5	※ 경기도는 보직교사
36학급 이상	12	12~17	8	명칭을 부장교사로
5학급 이하인 학교로서 교감을 두지 아니 하는 학교, 5학급 이하의 분교장	1	12~17	8	정함
교감 정원 미배정으로 인한 교감 미배치교	+1 가능	18이상	11	

※ 보직교사 배치를 위한 학급 수 산정 시에는 특별학급·특수학급(재택학급 포함)의 수를 포함한다.

※ 보직교사 임면사항은 관할 교육지원청에 보고하지 않음.

4) 보직관리의 기준(교육공무원임용령 제7조)

▶ 임용권자 또는 임용제청권자는 소속 교육공무원을 보직함에 있어 다음 각 호에 의한 직위의 직무요건과 소속 교육공무원의 인적 요건을 고려하여 임용하여야 한다.

가) 직위의 직무 요건

(1) 직무의 종류 및 전문성　　　　(2) 직무에 필요한 능력 수준

(3) 직무에 필요한 인격특성　　　　　　(4) 직무의 조직상의 비중

(5) 기타 당해 직무수행에 필요한 조건

나) 교육공무원의 인적요건

(1) 종별　　　　　　(2) 경력·학력·전공분야·자격　　　　　　(3) 연수실적

(4) 정책판단 또는 업무추진능력　　　　　　(5) 통솔능력

(6) 성품 및 신망도　　　　　(7) 청렴도　　　　　(8) 건강

5) 기타 특기사항

다) 임용권자 또는 임용제청권자는 직무의 곤란성 및 책임도와 소속 교육공무원의 경력 및 실적 등에 따라 능력을 적절히 발전시킬 수 있도록 보직하여야 한다.

라) 국외연수· 국내위탁교육 등 특별연수를 받았거나 6월 이상의 연수를 받은 교육공무원 은 특별한 사정이 없는 한 그 연수 내용과 관련되는 직위에 보직하여야 한다.

마) 교육공무원은 그 소지한 자격 또는 자격증과 관련되는 직위에 보직하여야 한다.

6) 발령대장 처리 방법

가) 관계규정 (교육공무원 인사기록 및 인사사무처리규칙 제19조)

(1) 임용권자 또는 임용제청권자는 소속 교육공무원에 대한 인사발령사항을 기록하기 위하 여 발령대장[별지 제24호 서식]을 갖추고, 보관하여야 한다. 다만, 승급발령의 경우 그 발령인원이 많으면 기록을 생략할 수 있다.

(2) 제1항의 규정에 의한 발령대장은 필요하다고 인정할 때에는 직위별 또는 발령의 내용별로 구분하여 작성할 수 있으며 임용제청권자가 작성하는 발령대장에 있어서는 이외에 임용 권자별로 작성할 수 있다.

별지 제24호 서식

발 령 대 장

① 발령 일자	② 소속	③ 직위(급)	④ 성명	⑤ 발령 사항	⑥ 발령 권자	⑦ 발령 근거	⑧ 기재자 날인	⑨ 확인자 날인	⑩ 비고

나) 발령대장 기재요령

① 발령일자: 교육공무원 인사발령에 따른 발령 년, 월, 일을 일자 순으로 기재한다.

② 소속: 당해 교육공무원의 근무부서가 소속된 직제상의 최초 단위기관명이나 학교 명을 기재한다.

③ 직위: 교육공무원 직제에 의한 직위명을 기재한다.

④ 성명: 한글로 기재한다.

⑤ 발령사항: 교육공무원 인사발령에 의한 발령사항을 기재한다.(인사발령 기재예문 참조)

⑥ 발령권자: 교육공무원 인사발령에 따른 발령권자를 기재한다.

⑦ 발령근거: 교육공무원 인사발령 시행문의 문서번호 및 시행 년, 월, 일을 기재한
  다

⑧ 기재자 날인: 발령대장 기록 책임자가 날인한다.

⑨ 확인자 날인: 발령대장의 결재권자가 기재사항 확인후 날인한다.

⑩ 비고: 2026학년도 보직교사 배치 기준 및 증치 승인 계획 알림(2026.1.12.)

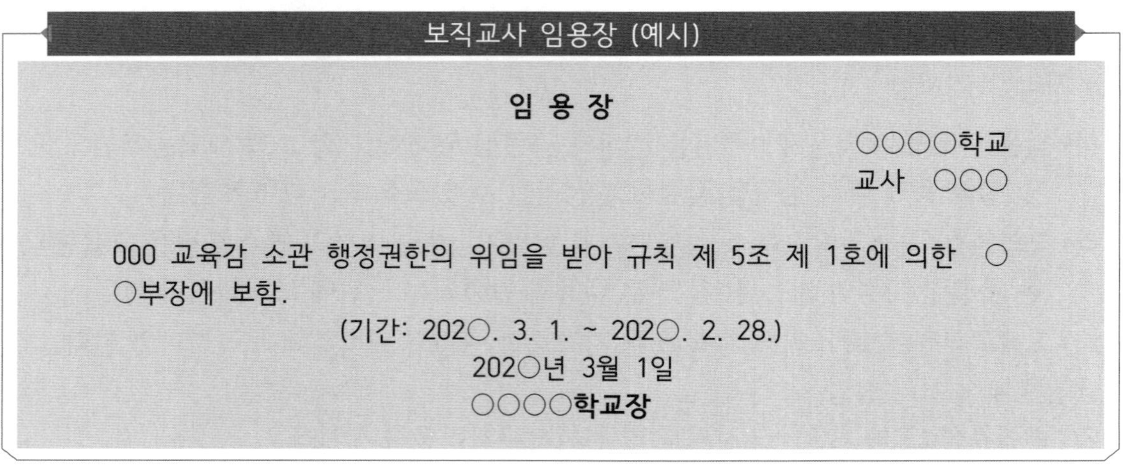

7) NEIS 인사관리(보직교사) 설정

가) 보직(담임)교사

○ 메뉴 위치: 교원인사 - 임용발령 - 보직(담임)교사

○ 메뉴 개요: 보직교사 신규 발령 등록을 해줌으로 인사기록카드와 연계되어 경력란
  에 기록된다.

○ 화면 설명

■ 클릭하고 대상자 성명 입력 후 조회

■ 신규발령을 클릭, 신규발령 등록 창에 발령사항(임용정보, 임용일, 임용종료일, 임용기관(부서),
  교원구분, 보직구분 등)을 입력하고 등록 클릭
   - 임용정보: 교무기획부장, 학년부장 등- 임용근거: 내부결재 번호 입력

help

□ 어떻게 처리합니까?

- 인사기록카드 경력에 보직교사 기록이 누락되었을 경우
  - 당해 보직교사 경력은 [교원인사-임용발령-임용기안문작성-보직(담임)교사]에서 처리하며, 이전 보직교사 경력은 인사기록 추기기간을 [인사기록-개인정보변경신청]에서 신청(증빙자료 제출)

- 보직교사 발령 취소할 경우
  - [교원인사-임용발령-임용기안문작성-보직(담임)교사]에서 해당자를 조회후 선택, 삭제하면 인사기록카드 경력에서도 자동 삭제됨.

- 승진, 전보, 기타 사유로 보직교사 해임이 필요한 경우
  - [교원인사-임용발령-임용기안문작성-보직(담임)교사]에서[성명입력후 검색-해당자 선택-임용종료일 변경 입력-임용 종료]처리(임용종료 완료되면 인사기록카드 경력에서 보직교사 경력기간이 변경됨.)

나) 보직구분 설정(학교)

▶ 메뉴 위치: 교원인사 - 임용발령 - 퇴직예정 및 겸임자 관리

▶ 메뉴 개요: 교원별 보직구분을 설정한다, 부장수당, 담임수당 등 봉급과 연되므로 정확하게 설정 해주어야 한다.

▶ 화면 설명

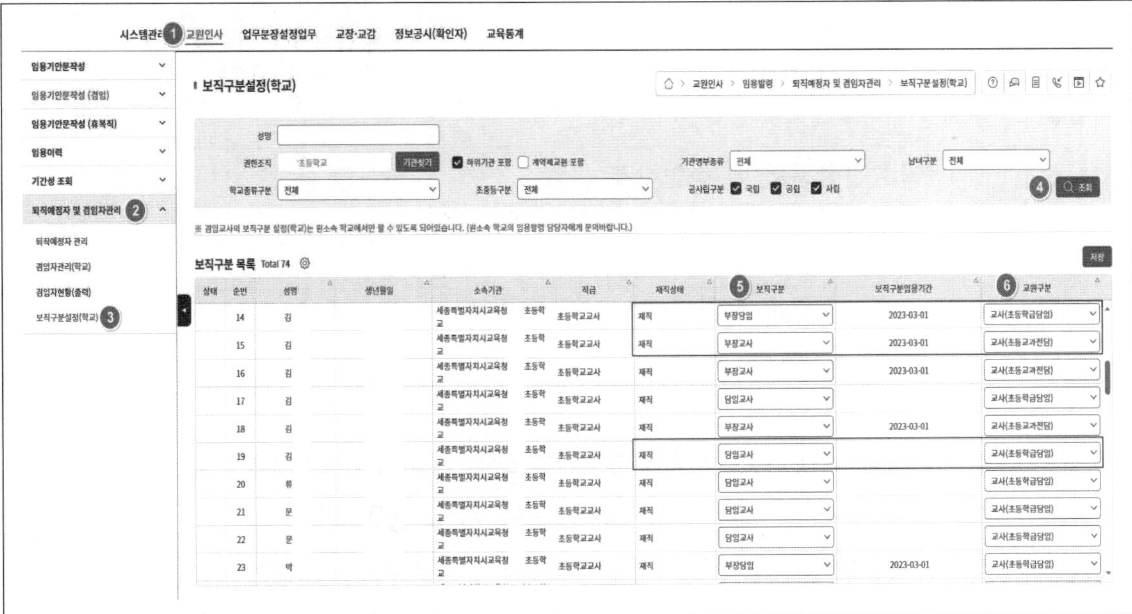

- 조회 버튼을 클릭하면 전 교원(재직자, 휴직자, 파견교원 등) 보직구분 화면이 조회됨
- 교원별 보직구분과 교원구분 내용을 확인 입력 후 저장 버튼 클릭

☐ 어떻게 처리합니까?

- 학년초 또는 임용사항 변동 시 입력하며 나이스 급여에서 보직수당이 자동으로 반영되므로 교원의 보직구분, 교원구분은 재직상태에 따라 정확하게 입력한다.

구분	보직구분	교원구분
학급담임	담임교사	교사(초/중등학급담임)
학년부장(학급담임+부장)	부장담임	교사(초/중등학급담임)
업무부장(교과전담+부장)	부장교사	교사(초/중등교과전담)
교과전담교사	교사	교사(초/중등교과전담)
휴직자	교사	교사(초/중등교과전담)
파견교원	교사	교사(초/중등교과전담)
교환근무교원	파견 근무학교 재직상태 파악 후 입력(학기초 꼭!확인)	

다 포상

1) 절차 및 방법

준비	• 교내 포상선정 규정 정비

▼

인사자문위원회 개최	• 스승의 날 표창 • 유공교원 표창 • 퇴임교원 표창	• 우수교원 표창 • 모범공무원 표창 • 학교단체 표창

▼

대상자 선정	• 포상선정 규정에 적합하게 선정 • 포상제외 대상자 선별을 위한 엄격한 심사

▼

결과 처리	• 기안 후 결재 • 해당 부서에 발송

2) 포상추천 제한 대상자<※ 행정안전부 정부포상 업무지침(2023.1.1.) 기준>

가) 감사조사 또는 수사 중이거나 형사사건으로 기소 중인 자

나) 공무원 재직 중의 행위로 인해 벌금형 이상의 형사처분을 받은 자

다) 징계절차가 진행 중인 자 또는 관계행정기관의 징계처분 요구 중인 자

라) 징계 또는 불문경고(징계위원회 의결에 의한 불문경고에 한함) 처분을 받은 자

▶ 다만, 경징계(감봉·견책)가 사면되었거나, 불문경고가 사면 또는 말소된 자로서 공적이 현저하게 탁월한 경우에는 포상 추천 가능

마) 정부포상이 취소된 적이 있는 자

바) 추천일 당시 「국세기본법」, 「관세법」 또는 「지방세징수법」에 따른 체납 중에 있는 자

사) 부도덕한 행위 등으로 사회적 물의를 야기하거나, 언론보도 또는 소송·민원제기 등의 논란이 있어 정부포상이 합당치 않다고 판단되는 자

라 전직·전보

1) 처리 과정 및 절차

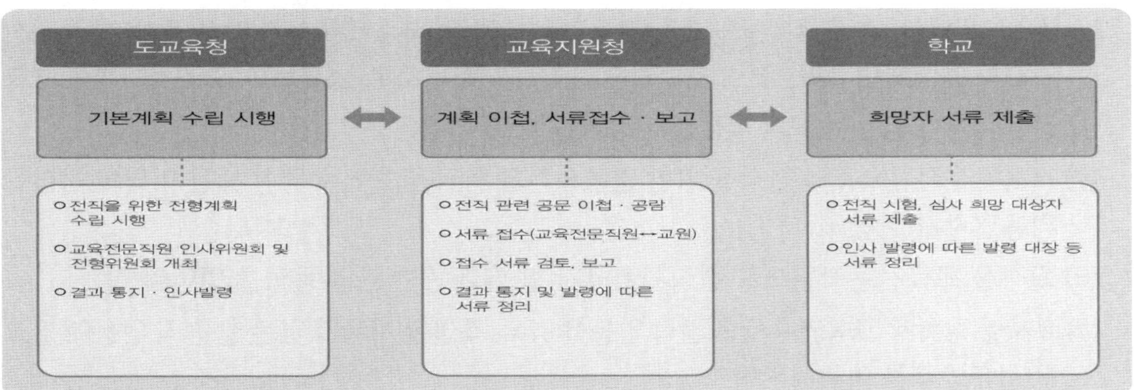

2) 전직과 승진의 구분

가) 전직: 교육공무원의 종류와 자격을 달리하는 임용 (교육공무원법 제2조제8항)

 (1)교사, 교감(원감), 교장(원장) ↔ 교육전문직원

 (2)교육연구사 ↔ 장학사, 교육연구관 ↔ 장학관

 (3)초등학교 교원 ↔ 중등학교 교원

 (4)유치원 교원 ↔ 초등학교 교원, 중등학교 교원

나) 승진: 같은 종류의 직무에 종사하는 바로 아래 직급의 사람 중에서 대통령령이 정하는 바에 따라 경력평정·재교육성적·근무 성적 기타 능력의 실증에 의하여 행하는 임용 (교육공무원법 제13조)**교사 → 교감 → 교장 장학사 → 장학관 교육연구사 → 교육연구관**

다) 교원의 교육전문직원으로의 전직 (**교육공무원 인사관리규정 제14조**)

 (1) 장학관·교육연구관으로의 전직 임용에 관한 사항은 임용권자가 정한다. 다만, 교육전문직원을 거치지 않은 교원이 장학관·교육연구관으로의 전직 임용 시에는 공개경쟁시험(교장 및 원장 제외)을 거쳐 선발하되, 직무수행에 필요한 역량과 자질을 검증할 수 있는 방법 등이 포함되어야 함.

 (2) 장학사·교육연구사로의 최초 전직 임용은 각 교육기관·교육행정기관 또는 교육연구기관의 추천을 받아 공개경쟁시험을 거쳐 임용함.

 (3) 공개경쟁시험은 기본소양에 관한 평가와 역량평가를 포함 하여야 하며, 기본소양평가는 객관식 필기평가 이외의 방법으로 실시하여야 하고, 시·도교육청은 평가의 일부 및 전부를 소속 기관에 위임 또는 전문기관에 위탁하여 실시할 수 있음.

 (4) 임용권자는 제2호의 전직임용을 위한 평가위원회를 구성하여야 하며, 평가위원의 2분

1이상은 해당 교육청 소속 교직원이 아닌 사람을 외부위원으로 위촉하여야 하고, 평가위
회의 운영에 관하여 필요한 사항은 임용권자가 정함.

(5) 교육부와 그 소속기관에 근무하는 장학사·교육연구사로의 전직임용은 정규교원으로서
실제 근무한 경력이 5년 이상인 자를 대상으로 공개경쟁시험에 의함을 원칙으로 하고,
공개경쟁시험은 소속기관 또는 전문기관에 위임·위탁할 수 있다. 다만, 임용권자가 능력
있는 교육전문직원 확보를 위하여 특히 필요하다고 인정하는 경우에는 교육부와 그 소속
기관에 일정기간 파견근무한 자를 별도 전형에 의해 임용할 수 있음.

(6) 교육전문직원이 교원으로 전직하여 2년이상 근속한 경우 교육전문직원으로 재전직할
수 있다. 다만, 시·도교육청의 과장(교육지원청 과장, 직속기관 부장 이상 포함) 직위 이상
장학관 및 교육연구관으로의 재전직은 그러하지 아니하며, 교육부와 그 소속기관의 교육
전문직원의 경우는 교육부장관이 정하는 바에 따름.

(7) 교육전문직원으로의 전직을 위한 임용요건과 위의 각호에 규정한 내용 이외의 사항은
임용권자가 정함.

(8) 교장을 교육전문직원으로 전직시키고자 할 때에는 본인의 동의를 얻어야 함.

(9) 교사를 장학사·교육연구사로 전직 임용할 경우, 특별한 사유가 없는 한 전직 임용에 필요
한 직무연수를 이수시켜야 함.

3) 교육전문직원의 교원으로의 전직 (교육공무원 인사관리규정 제15조)

가) 교육전문직원이 교원으로 전직할 때에는 교원에서 교육전문직원 으로 전직할 당시의 직위
로 전직하여야 한다. 다만, 교사에서 교육전문직원 으로 전직한 경우 5년 이상, 교감에서
교육전문직원으로 전직한 경우 2년이상 근속한 자는 임용권자가 정하는 기준에 따라 교감
또는 교장으로 전직할 수 있음. (규정 제15조제1항)

나) 교육경력 10년 이상이고 교육전문직원 으로 10년 이상 근속한 자는 제1항의 규정에 불구하
고 전직될 직위에 제한을 받지 아니함. (규정 제15조제2항)

다) 교육전문직원의 교원으로의 전직은 연구(장학)사·연구(장학)관 각 단계에서 1회에 한하여
허용하되 교육부와 그 소속기관의 교육전문직원의 경우는 교육부장관이 따로 정한다.
다만, 교육부와 그 소속기관 및 시·도교육청의 과장(교육지원청 과장, 직속기관 부장 이상
포함) 직위 이상 장학관 및 교육연구관이 교원으로 전직하는 경우에는 그러하지 아니함.
(규정 제15조제3항)

※ 교육전문직원의 교원으로서의 전직가능 근무기간 및 전직제한 횟수 적용은 교육공무원인
사 관리규정 개정(2011.11.23.) 이후 교육전문직원으로 신규 임용된 교육공무원과 장학관
(교육연구관 포함)으로 승진임용된 교육공무원부터 적용함.

> 예 시
>
> ① 장학(연구)사→교감→장학(연구)사→장학(연구)관(○) 교감(×),교장(×)
> ② 장학(연구)사→교감→장학(연구)관(○)
> ③ 장학(연구)관→교장→장학(연구)관→교장(×)
> ④ 장학(연구)사→교감→과장직위이상 장학(연구)관→교장(○)
> ⑤ 장학(연구)사→교감→장학(연구)관→과장직위이상 장학(연구)관→교장(○)
> ※ 유치원의 경우 교감을 원감으로, 교장을 원장으로 적용

4) 타시·군 전보(청간전보)
가) 처리 과정 및 절차

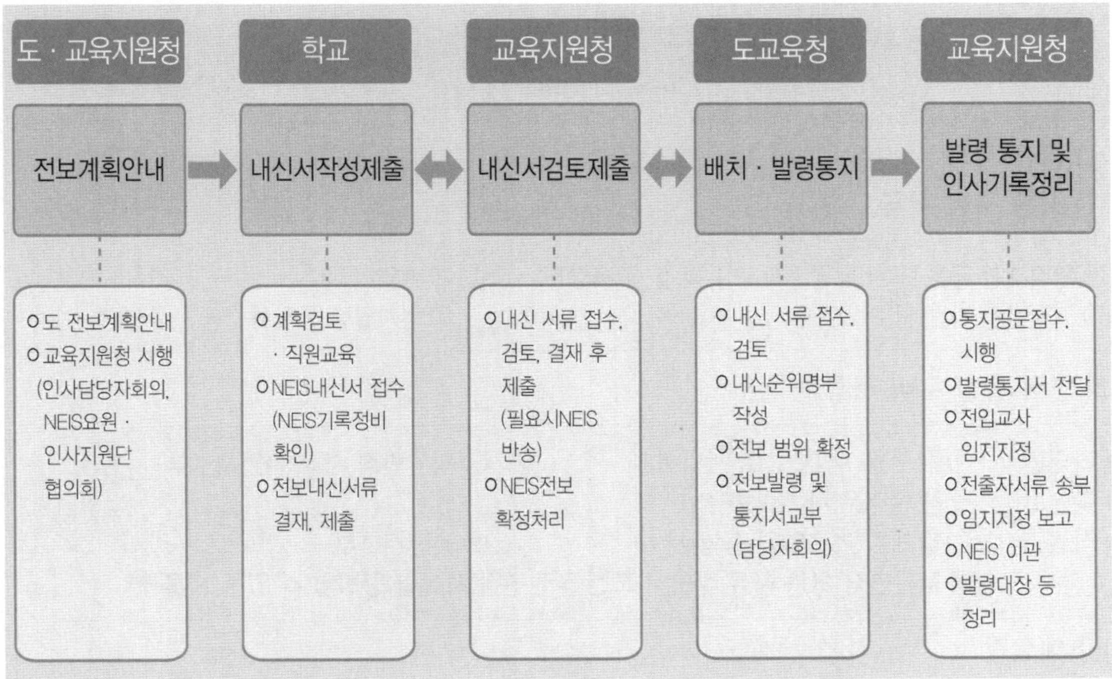

5) 관내전보
※ 매년 개정·공포되므로, 변경되는 내용은 새 원칙을 참조할 것
가) 처리 과정 및 절차

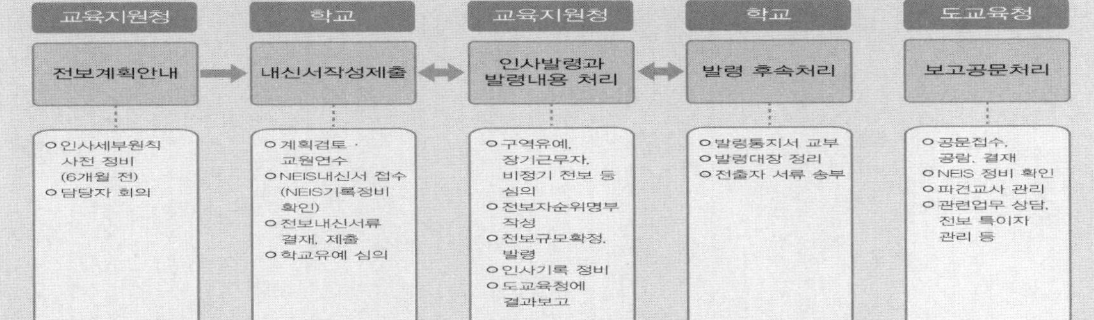

마 면직·퇴직

1) 의원면직, 당연퇴직 및 직권면직

가) 처리 과정 및 절차

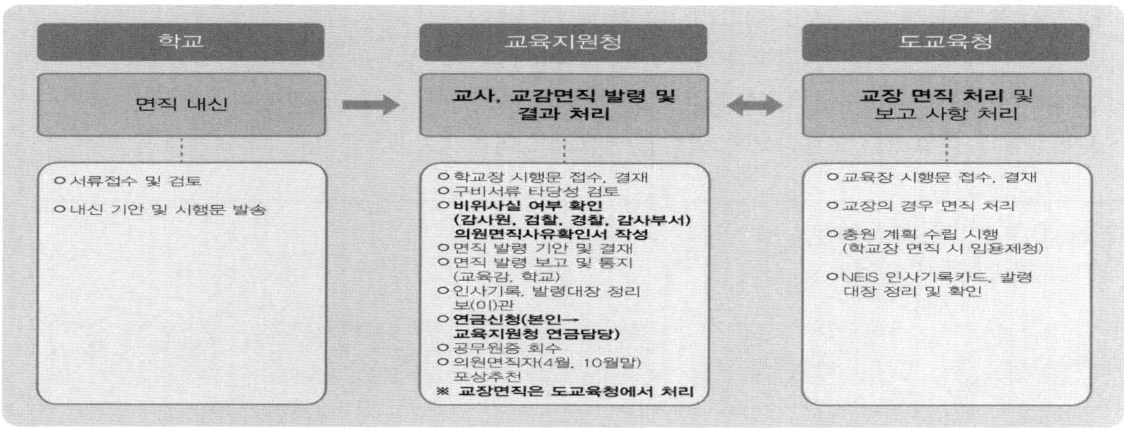

나) 관련 서류

1) 공통 구비 서류

① 면직내신 공문 (교사·교감 : 학교장, 교장: 교육장)　　② 서약서 1부
③ 면직발령 기안　　④ 인사발령 통지서

2) 면직 종별 구비 서류

- 의원면직 : ① 사직원 1부　　② 서약서　　③ 의원면직 사유 확인서 1부
- 당연퇴직 : 법원 판결문 사본 1부
- 직권면직 : ① 징계위원회 의견(동의)서　　② 진단서 1부
　　　　　③ 직권면직 처분 사유 설명서 또는 직권면직 사유를 증빙할 수 있는 서류

3) 명예퇴직

가) 처리 과정 및 절차

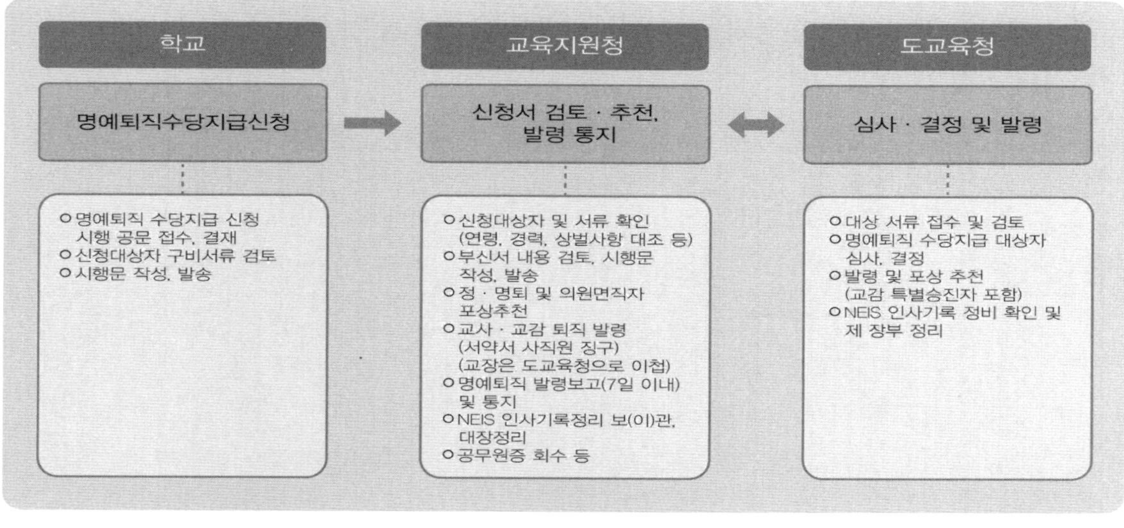

나) 제출 서류(예시)

> ① 명예퇴직수당 신청자 명부 1부
> ② 명예퇴직수당 지급신청서 1부(자필로 기재하고 서명)
> ③ 명예퇴직원 1부(자필로 기재하고 서명)
> ④ 서약서 1부(자필 서명)
> ⑤ 개인정보 수집·활용 동의서 1부(자필 서명)
> ⑥ NEIS 인사기록카드(전체) 출력물(단면인쇄, 2쪽 모아찍기) 1부(원본대조필)
> ⑦ (공립학교 교원) 공무원연금내역서 1부(원본대조필)
>   (사립학교 교원) 연금법적용확인서 1부(원본대조필)
> ⑧ (사립학교 교원) 정관 1부(원본대조필)
> ⑨ 호봉획정표(퇴직일기준)

다) 신청자격 (지급대상)

(1) 교육공무원으로 재직기간이 20년 이상이고, 정년퇴직일부터 최소한 1년 전에 스스로 퇴직하는 사람으로 한다. 다만, 이 영이나 다른 법령에 따라 명예퇴직수당(이를 갈음하는 공로퇴직수당·명예전역수당 등을 포함한다. 이하 같다)을 이미 지급받은 사실이 있는 사람은 제외한다. <개정 2020.7.14.>(국가공무원 명예퇴직수당 등 지급 규정- [대통령령 제31380호, 2021.1.5. 타법개정])

(2) 근속기간은 공무원연금법상의 재직기간에 따라 퇴직예정일을 기준으로 계산하며, 정년 잔여기간은 퇴직일이 속하는 다음 달의 1일을 기준으로 계산함. (국가공무원 명예퇴직수당 등 지급업무 처리지침)

라) 공무원연금법상의 재직기간

(1) 재직기간의 계산

(가)공무원의 재직기간은 공무원으로 임명된 날이 속하는 달로부터 퇴직한 날의 전날 또는 사망한 날이 속하는 달까지의 년월 수에 의한다.

(나)퇴직한 공무원·군인 또는 사립학교교직원(공무원연금법·군인연금법 또는 사립학교교직원 연금법의 적용을 받지 아니하였던 자는 제외한다)이 공무원으로 임용된 때에는 본인이 원하는 바에 따라 종전의 해당 연금법에 의한 재직기간 또는 복무기간을 재직기간에 합산할 수 있다.

(다) 공무원으로 임용되기 전의 병역법에 의한 현역병 또는 지원에 의하지 아니하고 임용된 부사관의 복무기간(방위소집·상근예비역소집 또는 보충역소집에 의하여 복무한 기간 중 대통령령이 정하는 복무기간을 포함한다)은 본인이 원하는 바에 따라 재직기간에 산입할 수 있다.

(라) 상기 두 번째, 세 번째 사항에 의한 재직기간 또는 복무기간과 법률 제3586호 공무원연금법개정법률 부칙 제7조제2항의 규정에 의한 재직기간은 퇴직수당 지급에 있어서는 재직기간에 이를 합산 또는 산입하지 아니한다.

마) 명예퇴직 신청 대상

명예퇴직 예정일을 기준으로 「공무원연금법(사립학교교직원 연금법)」에 따른 재직

기간이 20년 이상이고 정년퇴직일 전 1년 이상의 기간 중 자진 퇴직 희망 교원

바) 명예퇴직 대상 제한

(1) 수사기관의 수사결과가 통보돼 징계의결을 요구해야 하는 사람

(2) 감사원 등 행정기관의 장으로부터 징계처분이 요구돼 있는 사람

(3) 징계위원회에 징계의결이 요구돼 있는 사람

(4) 징계처분으로 승진임용제한 기간 중에 있는 사람

　(견책: 6개월, 감봉: 12개월, 강등·정직: 18개월 금품 및 향응수수, 성폭력·성희롱·성매매·상습폭행·음주운전·학생 성적 관련 비위의 경우에는 각각 6개월 가산)

(5) 형사사건으로 기소 중인 사람(직무관련성 여부와는 관계없음)

(6) 감사기관이나 수사기관에서 비위 조사나 수사 중인 사람

사) 명예퇴직 신청

　시·도교육청 명예퇴직 시행 공고(보통 매년 5월,11월경 공고)에서 정한 신청기간 내에 명예퇴직수당 지급신청서, 명예퇴직원, 명예퇴직자 요건심사서, 연금가입내역서. 인사기록사본 및 정관(사립학교 교원 해당) 등을 구비해 신청

▶ **연금내역서 확인방법**

1) 공무원연금관리공단 홈페이지(인증서) 로그인→첫 화면 현직공무원 내연금보기→상단의 민원서류 발급→ 민원서류 발급 온라인신청→ 공무원연금 가입내역서→ 인터넷 발급(제출용) 체크→ 출력

2) 공무원연금공단(1588-4321)으로 전화 연락 후 팩스로 받을 수도 있음.

　▶ 사립교원도 같은 방법으로 처리 가능, 문의처: 사학연금공단(1588-4110)

아) 명예퇴직 대상자 심사 결정

　예산의 범위 내에서 교원 수급 사정을 고려해 교육청별 우선순위(상위직·장기근속 등)에 근거해 결정

자) 명예퇴직 특별승진

▶ 「국가공무원법」제40조의4,「교육공무원임용령」 제15조에 따라 명예퇴직 교원에 대해 퇴직일을 기준으로 특별승진 가능(희망자는 명예퇴직 특별승진 예정자 공적 조서 제출 필요, 사립교원은 학교 정관에 따름)

▶ 재직 중 신분관계나 보수, 명예퇴직수당 지급액 산정, 퇴직연금 산정 등에는 영향을 미치지 않음.

※ 특별승진 대상 제한: 승진임용제한을 받는 사람, 재직 중 중징계 처분을 받은 사람, 재직 중 5대 비위(금품 및 향응수수 관련 비위, 학생 성적 관련 비위, 성비위·음주운전·학생폭력 행위로 인한 비위)로 경징계 처분을 받은 사람, 수석교사·영양교사·사서교사·전문상담교사·교장·원로교사·장학관·징계처분 말소기간이 지나지 않은 사람 등

3) 정년퇴직

가) 처리 과정 및 절차

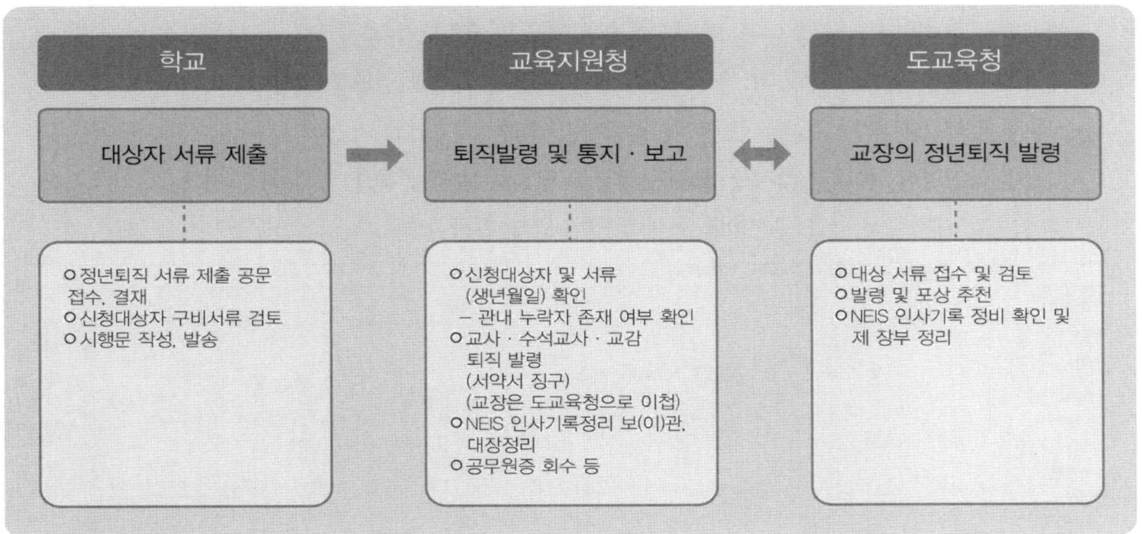

나) 관련 서류

① 서약서 1부(교장의 경우 도교육청으로 제출)	② 주민등록초본 1통

다) 연금생활자의 2026년 연금지급정지 기준금액

공무원연금법 제50조제3항에 따른 연금일부정지 기준액 : 2,800,000원(2025년 평균 연금월액)공무원연금법 제50조제1항에 따른 정부 전액출자·출연기관 취업시 전액정지 기준액 : 9,136,000원

※ 2025년 공무원전체 기준소득월액 평균액 571만원의 1.6배

2 NEIS 인사업무 처리 및 확인방법

1) 교원명부 검색 및 활용

❶ 교원인사 – 인사기록   ❷ 기능별 명부   ❸ 기관별교원현황   ❹ 조회

▶ 활용 Tip

> •한글파일: 편집하여 목적에 맞는 자료를 만들기 좋음
> •엑셀파일: 전체 명부를 한 눈에 보거나 특정 목적으로 소트하기 좋음
> •계약직 구분별 명부: 나이스에 등재되었던 모든 기간제 교사의 명부를 확인
> •교원현원부: 기본적인 내용을 간단하게 참고하기 좋음
> •기관별 교원현황: 본교 퇴직자를 포함한 명부로 현임교 발령일 등을 쉽게 확인 가능
> •각 항목별 재직상태 탭을 구분하여 목적에 맞는 명부 활용 가능

2) 인사구분별 기관근무시간 관리

❶ 교장·교감   ❷ 근무상황관리   ❸ 인사구분별기관근무시간관리   ❹ 조회   ❺ 추가   ❻ 저장
※ 연가, 출장, 초과근무 등을 상신 할 때 시간을 틀리게 입력하는 경우를 현저히 줄임

3) 복무자료일괄조회

❶ 교장·교감   ❷ 통계   ❸ 복무자료일괄조회   ❹ 기관구분 '학교' 선택   ❺ 복무상황   ❻ 조회
※ 근무상황, 초과근무, 출장 등의 복무를 일괄 파일로 내려받기 가능

4) 근무상황관리

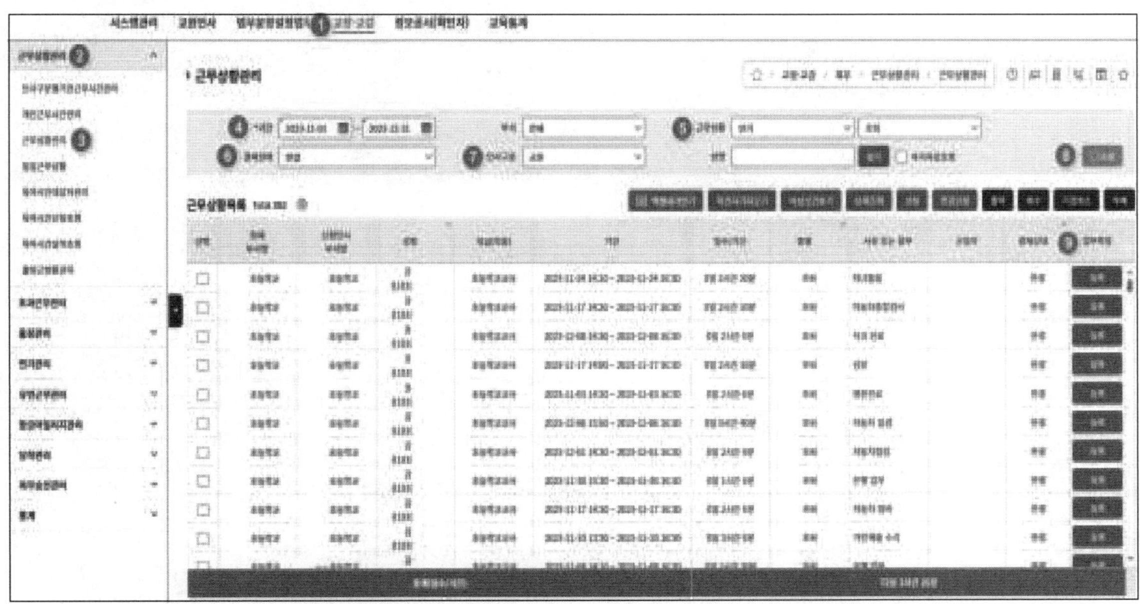

❶ 교장·교감   ❷ 근무상황관리   ❸ 근무상황관리   ❹ 조회 기간 설정
❺ 연가, 병가, 특별휴가 등 선택   ❻ 결재상태 선택   ❼ 인사구분 선택   ❽ 조회
※ 직종, 직급, 개인별 검색 조건을 설정하여 얻고자 하는 복무 자료를 생성함
※ '성명' 검색으로 개인별 조회 가능
※ ❾번에 첨부파일 등록 기능으로 추후 관련 증빙자료 첨부 가능

5) 초과근무관리

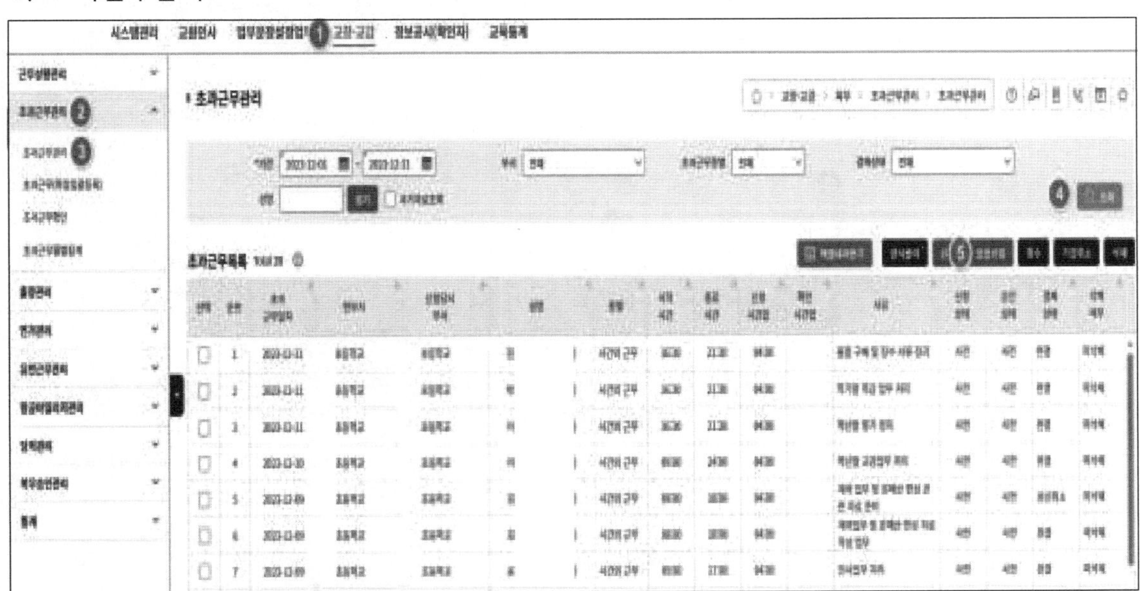

❶ 교장·교감   ❷ 초과근무관리   ❸ 초과근무관리   ❹ 조회   ❺ 일괄신청
※ 학교 행사 등으로 일괄 초과상신할 경우 활용
※ 학교 나이스마다 교장·교감 아니라 복무 안에 초과근무관리 있을 수 있음

6) 출장관리(대리 신청-국내출장, 국외출장)

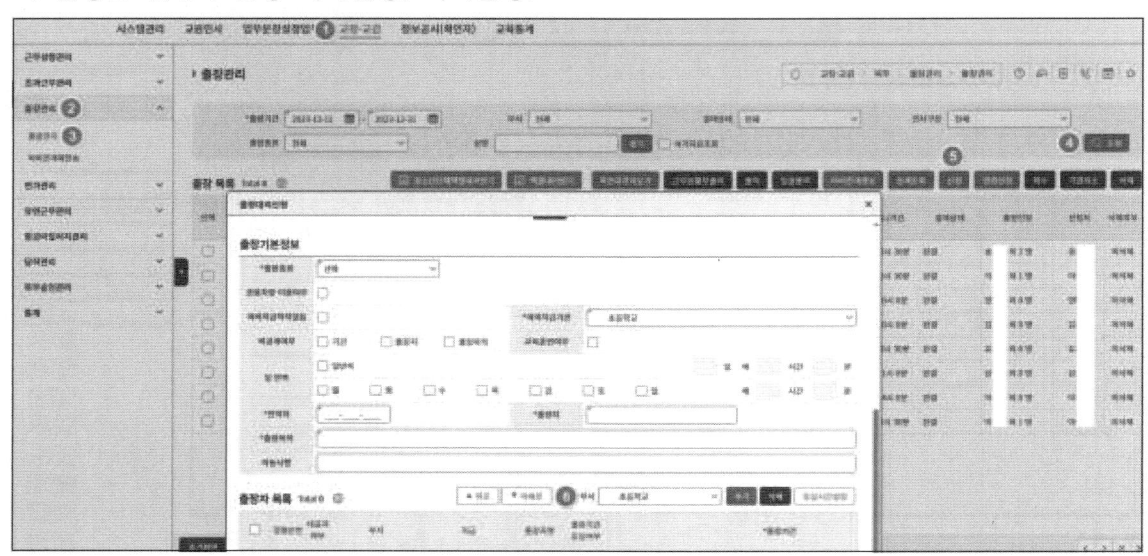

❶ 교장·교감   ❷ 출장관리   ❸ 출장관리   ❹ 조회   ❺ 신청   ❻ 부서-학교 선택

※ 전체 교직원 중 출장 대상자를 선택할 수 있으며 개인별 시간 설정 가능

※ 학교 나이스마다 교장·교감 아니라 복무 안에 출장관리 있을 수 있음

7) NEIS 교원조건검색관리

※ 메뉴개요 : 조회 조건식을 설정하여 선택한 인사항목에 해당하는 교원을 검색한다.

예) 법정의무연수 이수자 검색, 안전연수 연수 이수자 검색

※ 메뉴경로 : 교원인사 > 인사기록 > 인사기록관리 > 교원조건검색항목관리

※ 화면 및 화면설명

❶ 인사항목 : '근무사항+연수' 선택, 기관: 학교 선택(사용자 조건은 필요시 사용 가능)

❷ 표시항목 : 조회결과에 나타날 개인성명, 연수과정명, 직무관련성여부 체크(연수 관련 타
　　항목 체크 가능)

❸ 조건항목 : 조회하고자 하는 항목(예: 연수과정명, 연수년도 등)을 체크한 후 [추가]버튼으로 조건식 목록으로 이동

❹ [화살표] 버튼으로 이동시키거나 [행삭제]버튼으로 목록에서 삭제 가능

❺ 오른쪽의 연산자, 비교값, 연결자를 입력하여 조회조건식 생성

[예시 1]

▶ 연수과정명 : 연수명에 '안전'이 포함되어야 하므로 연산자는 'like', 비교값은 '안전', 2026도의 안전 연수를 조회하기 위해 연결자는 'AND'

▶ 연수과정연도 : 2026년도 연수를 조회하기 위해 연산자는 'like', 비교값은 '2026', 연결자는 조건식을 마치기 위해 'END'

▶ 괄호'(', ')' 항목 체크

❻ 필터 제목(2026년 안전 연수자), 용도(연수이수 확인)을 입력하고 저장하여 사용자 조건 추가 ❼ 조회 버튼으로 조회결과 확인

❽ 엑셀다운로드 버튼으로 자료를 다운받아 담당자에게 제출

※ 법정의무연수꾸러미 검색시 조건 : 위의 조건에서 연수과정명을 '법정' 으로 수정하여 입력 조회

※ 다양한 조건 서식을 만들어 저장하여 활용하면 일을 쉽게 처리할 수 있음, 또한 서로 공유하여 편리하게 사용할 수 있음.

다 2020학년도 사무분장 희망서(예시)

1) 사무분장 희망서

○○학교 직위 교사 성명   (인)

교육경력	년

1. 학급 담임

학급 담임		20 학년도 학급 담임			비 고
20 학년도	20 학년도	제 1희망	제 2희망	제 3희망	
( )학년	( )학년	( )학년	( )학년	( )학년	

2. 담당 업무

담당 업무		20 학년도 담당 업무			비 고
20 학년도	20 학년도	제 1희망	제 2희망	제 3희망	

3. 보직교사

보직교사			20　학년도 보직교사			비 고
20　학년도	20　학년도	20　학년도	희망 여부 (○표)	제 1희망	제 2희망	
(　　)부장	(　　)부장	(　　)부장	(희망, 희망치 않음)	(　　) 부장	(　　) 부장	

4. 교과전담교사

교과전담			20　학년도 교과전담			비 고
20　학년도	20　학년도	20　학년도	희망 여부 (○표)	제 1희망	제 2희망	
(　　)과	(　　)과	(　　)과	(희망, 희망치 않음)	(　　) 과	(　　) 과	

5. 연구교과

연구교과		20　학년도 연구 교과			비 고
20　학년도	20　학년도	제 1희망	제 2희망	제 3희망	
(　　)과	(　　)과	(　　)과	(　　)과	(　　)과	

2) 사 무 인 계 . 인 수 서

○○초등학교　직위 교사　성명　　　　(인)

영 역	담당 업무

1. 법정장부

순	담당업무	장 부 명	수량	보관 장소	순	담당업무	장 부 명	수량	보관 장소
1					4				
2					5				
3					6				

2. 일반장부

순	담당업무	장 부 명	수량	보관 장소	순	담당업무	장 부 명	수량	보관 장소
1					4				
2					5				
3					6				

3. 유기문서 (미 처리 공문)

순	접수일	문서번호	제　　　목	보 고 일			보관홀더
				1 차	2 차	3 차	
1	. .	－		월　일	월　일	월　일	
2	. .	－		월　일	월　일	월　일	
3	. .	－		월　일	월　일	월　일	

4. 주요비품 및 자료

순	품　　명	수량	보관장소	고장유무	순	품　　명	수량	보관장소	고장유무
1					6				
2					7				
3					8				
4					9				
5					10				

20　년　　월　　일

인계자　직　교사　　성명　　　　　　（인）
인수자　직　교사　　성명　　　　　　（인）
입회자　직　교감　　성명　　　　　　（인）

○○학교장　귀하

라　2020학년도 교장 부임 시 학교현황 보고(예시)

1) 학교 일반 현황

▶학교명, 위치, 설립연도 ▶학교 규모 (부지, 건물, 교실 수 등) ▶학급 수 및 학생 수 (학년별 인원 포함) ▶교직원 현황 (직종별, 성별, 경력별 등)

2) 교육과정 운영 현황

▶연간 교육계획 요약　　　▶특색 교육활동(예: 독서교육, 진로교육, 창의체험 등) ▶방과후학교 및 돌봄교실 운영 현황

3) 교육성과 및 주요 지표

▶학업성취도, 출결현황, 생활지도 ▶대외 수상 및 성과▶교육청 평가 및 학교자체 평가 결과

4) 시설 및 환경 현황

▶교실, 특별실, 체육시설 등 보유현황 ▶노후시설 및 개보수 필요사항 ▶ICT(정보화) 환경 현황

5) 예산 및 재정 현황

▶학교운영비 및 특별회계 개요 ▶주요 예산 사용 계획 및 실행률

6) 학부모 및 지역사회 연계

▶학부모회 및 학교운영위원회 운영 현황　　　▶지역사회 협력 프로그램

7) 현안 과제 및 건의사항

▶현재 해결 중인 문제점 ▶지원이 필요한 분야 및 교장 선생님의 관심이 필요한 부분

8) 보고 형식 팁

▶**요약 중심**으로 작성 (각 항목당 A4 1/2~1매 이내) ▶**도표, 그래프, 표**적극 활용 (가 독성↑)　▶마지막에 **"질의응답 및 요청사항"**란을 따로 두는 것도 좋습니다.

3　**2026학년도** 경기도교육공무원 인사관리 세부기준(초등)

가　2026학년도 인사관리 주요내용

제1장 총 칙

제1조(목적) 이 기준은 교육공무원법,교육공무원임용령, 교육공무원 인사관리규정 시행에 필요한 세부사항을 규정함을 목적으로 한다.

제2조(적용범위) 이 기준은 경기도교육청 관내 공립 유치원, 초등학교, 특수학교(급)에 근무하는 유치원·초등교원(영양교사 별도)과 교육전문직원에 적용한다.

제2장 신규임용

제3조(신규임용교사 배정 및 배치) 신규 임용자는 임용후보자 순위명부에 의거 희망지와지역 여건 등을 고려하여 배치할 수 있다. 다만, 장애의 정도가 심한 장애인으로 등록된신규 임용자는 생활근거지를 고려하여 우선 배정할 수 있다.

제4조(계약제교사의 임용) ① 기간제 교사는 교육공무원법 제32조 및 교육공무원임용령제13조에 규정된 사유가 발생하였을 경우, 해당 교원자격증 소지자 중에서 유치원장또는 학교장이 임용할 수 있다.② 교육과정 운영상 필요한 경우 정규교원 외에 유아 및 학생교육을 담당할 강사는 유치원장 또는 학교장이 임용한다.

제3장 승진 임용

제5조(승진) ① 승진 임용은 교육공무원승진규정 및 교육공무원임용령에 의한 승진후보자명부에 등재된 순위의 임용예정자 3배수의 범위 안에서 승진 임용하되, 승진 후보자는 승진 임용을 포기할 수 없다.② 교(원)장, 교(원)감으로의 승진 임용은 교육공무원 승진 후보자 순위명부에 등재된 고순위자 순으로 하되, 다음 각 호의 어느 하나에 해당자가 승진예정인원의 3배수안에 있을 경우 우선 임용할 수 있다.

1. 발령일 현재 60세 이상인 자

2. 발령일 현재 교(원)장 자격증 취득 후 2년 이상 경과한 자

3. 발령일 현재 교(원)감 자격증 취득 후 2년 이상 경과한 자

4. 교육적 필요에 의해 지정한 지역(도서벽지 및 농.어촌지역 등)에 교감전보 희망이 없을 경우, 해당 지역에 교감승진 임용을 희망한 자

가. 매년 3월 1일, 9월 1일 정기전보에 한함

나. 발령교에 교감으로 4년 이상 근무

5. <u>승진 후보자 명부에 2회 이상 등재된 자(단, 교원 수급상 필요에 따라 명부가조 정 된 경 우 에 한 하 며, 3월 31일자 명부 는 적용 하지 아니 함)<개정 2025.7.14.></u>   ③ 임기만료된 공모교(원)장의 승진 임용은 다음과 같이 한다.

1. 제1항과 제2항의 규정에도 불구하고 교(원)감 또는 교(원)감 경력이 있는 교육전문 직원에서 교(원)장공모제 교(원)장으로 임용되어 임기가 만료된 경우 교(원)장자격 소지자는 당해 학기에 교(원)장임용심사를 거쳐 교(원)장으로 임용할 수 있으며, 신 규임용 교(원)장보다 생 활 근 거 지 희망지를 고려하여 우선 배정할 수 있다.<u><개 정 2025.7.14.></u>

2. 공모만료 교(원)장 신규 임용 임지 배정 시 공모교(원)장 중간·최종평가 합산점이 높은순으로 하며, 동점일 경우 최종평가 점수가 높은 순으로 한다.

④ 원감 이상의 자격을 소지하고 경기도교육청 공립유치원 임용후보자 선정 경쟁시 험에합격한 자의 승진임용은 경기도교육청 소속 공립유치원 교사로 10년 이상 근 무한경력이 있어야 한다.

제 4장 전직

제6조(교원의 전직) ① 초등학교 교원이 유치원 교원자격증 또는 특수학교 교원자격 증을소지하거나, 유치원 또는 특수학교(학급) 교원이 초등학교 교원자격증을 소지 하였을때에는 교원 수급 형편에 따라 학교장 및 교육장의 내신에 의하여 자격증과 관련 있는직위로 전직 임용할 수 있다.
② 교원을 교육전문직원으로 전직 임용하고자 할 때에는 교육관이 투철하고 교육에대 한 자질과 능력이 탁월하다고 인정되는 자로서, 교원을 장학사·교육연구사로 전직 임용하고자 할 때에는 별도의 교육전문직원임용전형기준에 의하여 임용하고, 장학 관·교육연구관으로의 전직 임용에 관한 사항은 임용권자가 정한다. 다만, 교(원)장 을 교육전문직원으로 전직시키고자 할 때에는 본인의 동의를 얻어야 하며, 교육전 문직원경력자는 전형 규정에 의하지 않고 임용할 수 있다.

제7조(교육전문직원의 전직) ① 교육전문직원이 교원으로 전직할 때에는 교육전문직원 이전의 직위로 전직하여야 한다. 다만, 다음 각 호에 해당하는 자는 교(원)장 또는 교(원)감의 직위로 전직할 수 있다.
1. 교(원)감 경력이 있고 교(원)장 자격증 소지자로서 교육전문직원으로 2년 이상 계

속재직자이고, 교육.교육행정.교육연구경력 22년 이상인 자는 교(원)장으로 전직할
수 있다.
2. 교사가 교육전문직원으로 임용되어 교(원)감 자격증을 취득한 경우 교육전문직경력
5년 이상 근속한 자이고, 교육.교육행정.교육연구경력 20년 이상인 재직자는 교
(원)감으로 전직할 수 있다.

② 교육전문직원(장학사, 교육연구사)은 동일 직급에서 근속 10년 이내에 전직하여야
하며,동일 직급에서 2개 이상의 상위자격을 취득할 수 없다.

③ 경기도교육청의 국장, 과장, 장학관, 교육지원청의 국(과)장 및 직속기관의 교육연
구관은당해 직위에서 3년 이내, 직속기관장과 교육장의 경우에는 2년 이내에 전직
하여야 한다.
단, 교육감이 교육행정상 필요하다고 판단할 경우 경기도지방교육전문직원인사위
원회의심의를 거쳐 연장시킬 수 있다. ④ <삭제> ⑤ <삭제>⑥ 임기제 교육전문직
원(늘봄전담실장 등)이 원 직위로 재 전직 하는 경우 선발 당시의근무 지역.학교를
원칙으로 하되 결원이 없는 경우 임의 배정할 수 있다.<개정 2025.7.14.>

제5장 :전보
제8조(전보 계획 및 전보 시기) ① 교원의 동일교.동일 직위 장기근무로 인한 침체를
방지하기 위하여 매년 전보 계획을 수립 실시한다.

② 교사의 정기전보는 매년 3월 1일자로 실시하고, 교(원)감, 교(원)장과 교육전문직원
의 정기전보 및 전직은 3월 1일자와 9월 1일자에 실시함을 원칙으로 하되,부득이
한 경우는 별도 계획에 의거하여 전보 또는 전직할 수 있다.

제9조(인사구역) 교원의 근무 희망지 및 거리, 교통 등 지리적 여건과 문화시설의 보
급 등을감안하여 별표와 같이 인사구역을 설정한다. 단, 신설교(원), 경기형 한울타
리유치원(통합형유치원) 인사구역은 3년이내 ‘을’ 인사구역으로 지정한다.

제10조(동일 인사구역 내 근무기간) ① 동일 인사구역 내 동일직위 근무기간을 다음
과같이 한다. 단, 임기제 교육전문직원(늘봄전담실장 등)이 임기를 마치고 원 직위
로 복귀한 경우 동일 인사구역 내 근무기간은 전직 이전 근무기간을 포함한다.

제11조(정기전보) ① 교사의 전보는 동일교 2년 이상 5년 범위 내에서 실시하며, 동
일교재직교사의 2분의 1을 초과(타시도 교류, 기관파견, 비정기전보 제외)하여 관
내.외를불문하고 전보 내신할 수 없다. 다만, 유치 원 교사 는 특수 학급 을 제외
하고 3학급인경 우 재 직 교사 의 3분 의 2를 초 과 하여 전보 내신 할 수 없다.
1. 유 치 원 교 사 는 특 수 학 급 을 제외 하고 3학급 인 경우 재직 교사 의 3분의
2를 초과하여 전 보 내 신 할 수 없 다.
2. 특수교사는 동일교 재직교사의 3분의 2를 초과하여 전보내신할 수 없다.
　<개정 2025.7.14.>③ 교(원)장, 교(원)감의 전보는 동일교 2년 이상 5년 범위 내에
서 실시한다.(단, 3호의 경 우 에 는 예 외)
1. 교(원) 장 의 시· 군 간 전 보 는 1,2 희망 에 의하 여 실시 하되, 시· 군간 전보

 희망자 가경 합 일 경 우 에 는 전 보 년 수, 현임 교근 무년 수, 생년 월일 이 빠
 른 순으 로 순위 를 결정한다.
2. 교(원) 장의 관내전보는 해당 교육지원청 교육장의 의견을 들어 실시한다.
3. 다 음 각 목 의 어 느 하 나 에 해당 하는 경우 는 해당 교육 지원 청 교육 장의
 의견을들 어 본 인 내 신 없 이 도 전 보 할 수 있다.
가. 직 무 역 량 및 교 육 여 건 등을 고려 하여 임지 지정 이 필요 한 경우
나. 제15 조 제1 항 제7 호 및 제14 호 인 경우 <개정 2025.7.14.>

④ 제1항과 제3항의 규정에도 불구하고 다음 각 호의 어느 하나에 해당하는 자는본인
 의 희망 및 학교장(교육장)의 승인 또는 내신에 의하여 2년(제1호.제4호.제8호.제9
 호는 1년) 범위 내에서 전보를 유예할 수 있으나, 전보년수 산정 시현임교 근무년
 수는 현임교 발령일로부터 5년을 초과할 수 없다. 다만, 1호.2호.4호.5호 해당자는
 학교장의 요청에 의한 본인의 동의로 근무성적이 '우' 이상인자 에 한 해 전보를
 유예할 수 있다. <개정 2025.7.14.>
1. 교육활동에 직접적으로 공헌하여 해당분야 실적이 현저한 교사
2. 정책연구.시범학교의 연구주무부장 또는 연구담당자(연구주무부장이 없는 학교)
 로서 연구가 종료되지 아니한 교사
3. 정년퇴직(중임만료 포함) 기한 1년 이하에 있는 교(원)장 3의1. 정년퇴직 기한 2년
 이하에 있는 교(원)감과 교사 4. <삭제> 5. 순회교육 담당교사(특수) 6. <삭제>
7. 교육전문직원 전형에 의하여 교육전문직원 임용후보자 순위 명부에 등재된 자 중
 현임교에서 만기가 도래한 자
8. 교(원)장이 정년퇴직, 의원면직, 임기만료 등으로 결원이 예상되는 학교의 교(원)감
9. 교(원)감이 정년퇴직, 의원면직 등으로 결원이 예상되는 학교의 교(원)장
10. 장애의 정도가 심한 장애인으로 등록된 교사
11. IB전문가 과정을 이수한 교사로 IB 인증·후보학교의 지속적 운영에 필요한 교사
12. 발명교육 센터 주무 교사 로서 지속적 운영 에 필요한 교사 <개정 2025.7.14.>
 ⑤ <삭제> ⑥ 교(원)감, 교사의 시.군간 전보는 다음과 같이 한다.
1. 교(원)감, 교사의 시.군간 일반전보는 1희망 에 의하 여 전보 희망 시.군별로
 작성한 전보희망자 순위명부에 등재된 순으로 전보한다. 다만, 보건교사, 사서
 교사, 전문상담있으며, 시.군 구분 없이 순위 명부를 작성, 등재 순으로 희망지에
 전보한다.<개정 2025.7.14.>

2. 갑구역 근무 만기 교(원)감, 교사의 전보는 1, 2, 3, 4 희망 에 의하여 전보하되최
 후 순 위 희 망 지 까 지 경 합 할 경우 전보내신카드 생활근거지를 고려하나 임
 의로 전보할 수 있다. <개정 2025.7.14.>
3. 보건교사, 사서교사, 전문상담교사의 만기전보 시 교원 수급상 전보가 어려울 경우,
 유보할 수 있다.
4. <삭제>
5. 교사의 시.군 배정은 다음 순서에 의한다.
가. <삭제>
나. 시.군간 일반전보자(갑만기 포함)
다. <삭제>
라. 타시.도 전입자
마. <삭제>
6. 교원의 시.군별 전보에 있어서 통합 시.군의 인사는 통합 시.군 단위로 실시

한다.(과천시는 안양시에, 양주시는 동두천시에, 의왕시는 군포시에, 오산시는화성시에, 하남시는 광주시에, 구리시는 남양주시에 포함시켜 통합 시.군 단위로실시한다.)

⑦ <삭제>⑧ <삭제>⑨ <삭제>

⑩ 교육전문직원(장학사, 교육연구사)의 전보는 현임지 근무 2년 이상 5년 이내에서실시하되, 3년의 범위 내에서 전보를 유예할 수 있다. ⑪ <삭제>

⑫ 특수학교 보건교사의 전보는 초등학교의 보건교사 전보와 동일하게 적용하고,초등학교의 보건교사는 특수학교에 관내 내신할 수 있다.⑬ 제4항의 규정에도 불구하고, 혁신학교와 혁신유치원에 근무하는 교사 중 혁신학교의지속적 운영에 필요한 교사는 학교장의 요청에 의한 본인의 동의를 받아 전보를 2년의 범위 내에서 유예할 수 있다. 다만, 전보년수 산정 시 현임교 근무년수는 5년을 초과할 수 없다.

제12조(초빙.공모 교원의 임용) ① 초빙교사제, 교(원)장공모제 교(원)장의 임용은 별도의 실시지침에 의한다.② 초빙교사 임기는 4년으로 하며, 전보는 일반교사와 동일한 전보기준을 적용한다.③ 공모교(원)장의 공모기간 만료 후 전보는 2년 근무기간 만을 전보년수로 인정하되,공모기간 동안의 경영 실적은 전보년수에 산입한다.

제13조(교(원)감, 교사 전보희망자 순위명부 작성) ① 교(원)감, 교사의 전보 순위책정은 현임교 전보년수(현임교 근무년수와 가산년수 합계)순으로 하고, 이에 따라전보희망자 순위명부를 작성한다. 다만, 폐교, 휴교, 학급감축, 학교통합, 정원감축,동 일 교에 근 무 하 는 부 부 교 원 으 로 인한 비정 기전 보 등으로 인하여 본인의 의사와는상관없이 전보조치 되었을 경우, 현임교와 전임교의 근무년수를 합산하여 전보년수를 산정한다. <개정 2025.7.14.>② <삭제>③ <삭제>④ <삭제>

⑤ 갑구역 근무 만기 교(원)감, 교사의 전보 순위 책정은 현임교 전보년수 순으로 하고일반전보 순위명부에 포함 작성한다.

⑥ 전보년수의 현임교 근무년수 계산은 월수까지 계산하되, 2년 이상(1일이라도 부족시내신 불가) 근무한 교사에 한해 15일 이상은 1월로 하고, 15일 미만은 근무기간에산입하지 아니한다. 단, 휴직, 연수파견, 기관파견 등 현임교에서 학생을 직접 지도하지 않은 기간은 현임교 근무년수에서 제외하나 휴가는 포함.

⑦ 전보희망자 순위명부 작성에 있어서 전보 희망자가 경합일 경우에는 다음 순서에 의하여 그 순위를 결정한다.

1. 근무성적 다점자 순

2. 생년월일이 빠른 자 순

제14조(전보희망자 순위명부의 유효기간) ① 교사(유치원, 초등, 특수, 보건, 사서)의 전보희망자 순위명부는 3월 1일자만 적용한다. 다만, 신설학교 및 학기도중 교원 조직상문제가 있을 경우는 예외로 한다. ② <삭제> ③ 교(원)장, 교(원)감의 전보 희망자순위명부는 정기전보일에만 적용한다.

제15조(비정기전보) ① 다음 각 호의 어느 하나에 해당하는 자는 특별한 사유가 없
는한 동일직위 근무기간이 일정기간 이내라 하더라도 전보를 실시할 수 있다. 단,
교사의경우 정기전보일에 실시하고 교육상 계속 근무가 어려울 경우는 예외로 하며,
9호부터14호까지 해당하는 자는 학교장의 전보요청이 있는 경우 실시한다.

1. 직위해제 후 복직된 자   2. 징계처분을 받은 자

3. 감사결과 인사조치 지시된 자 4. 동일교에 근무하는 부부 및 직계 존.비속 교직원

5. <삭제> 6. 도서.벽지(무의촌지역) 근무자로서 신체장애가 있는 자, 장애의 정도가
   심한 장애인 <개정 2025.7.14.>

7. 현 근무지에서 계속 근무하는 것이 교육상 심히 부적당하다고 인정되거나 전보가
   불가피하다고 인정되는 자

8. 관내에 신설되는 학교로 전보를 희망하는 자

9. 교원 보호를 위한 당위성이 인정되고 본인이 희망하는 자

10. 직무수행능력이 부족하거나 근무성적이 저조한 교원. 단, 이 경우 학교장은전보
    요청 전에 당해 교원의 능력개발을 위한 직무연수를 부과하여야 한다.

11. 교육공무원법제10조의3 제1항 각 호의 사유와 관련하여 징계에 이르지 않는 주
    의또는 경고 처분을 받은 교원

12. 당해 학교에서 재직하는 동안 3회 이상 징계에 이르지 않는 주의 또는 경고처분
    을 받은 교원

13. <삭제>

14. 기타 교육상 전보가 불가피하다고 인정되는 자

15. 경기도교육청 공익제보 보호와 지원에 관한 조례에 의해 공익제보자 보호 필요
    성이 있는 자

16. 초빙교사 및 임기제 교육전문직원(늘봄전담실장 등) 임기 중 해지(복귀)된 자

17. 임신 중인 교육공무원 또는 출산 후 1년이 지나지 않은 교육공무원의 모성보호,
    육아 등을 위하여 필요한 경우

② 제1항 제2호와 제3호에 해당하는 자(동일 사안으로 이미 전보 조치된 자는 제외)
   는 다음 각 호의 어느 하나에 해당하는 곳에 배치하지 아니한다. 다만, 배치가불
   가능한 경우는 그러하지 아니할 수 있다.
1. <삭제>

2. 현 근무지가 속해 있는 교육지원청 및 인접한 교육지원청 내에 소재한 학교 및 기관

3. 생활근거지가 속해 있는 교육지원청 및 인접한 교육지원청 내에 소재한 학교 및 기관

제16조(교(원)감 및 교사 전보의 우대) ① 다음 각 호의 어느 하나에 해당하는 교(원)감및 교사는 현임교 근무 2년 이상이 경과한 후 전보를 희망할 경우, 경합 시에는 제11조제6항제5호의 동일 전보 순위명부 내에서 각 호당 1회(단, 5호는 제외)만 우선전보할 수 있다.

 1. 정기전보일 현재 58세 이상의 교사

 2. 국가유공자 등 예우 및 지원에 관한 법률 제4조와 제5조, 독립유공자예우에 관한법률 제4조와 제5조, 5.18민주유공자예우에 관한 법률 제4조와 제5조 적용대상자3. 3년 이상 직접 부양해온 노부모(전보일 기준으로 주민등록 등재 3년 이상)가 정기전보일 현재 70세 이상인 경우에 해당되는 교(원)감, 교사(다만, 전보 희망 시.군에 전년도 3월 1일 현재 부양하는 부모를 포함한 가족의 주민등록이 되어 있고실제 거주하고 배우자인 경우에 한하여 적용한다.)

 4. 정책연구.시범학교에서 그 실적이 현저하여 교육감 이상의 표창을 받은 교(원)감, 교사

 5. 장애의 정도가 심한 장애인으로 등록되어 계속 보호를 요하는 배우자 및 직계존.비속(손자.녀 포함)을 부양하고 있는 교(원)감과 교사, 장애의 정도가 심한 장애인으로 등록된 교(원)감과 교사

 6. 경기교육대상, 대한민국 공무원상을 수상한 교(원)감, 교사

 7. <삭제>

 8. 기타 도단위 이상의 교육부문대상 수상자 중 경기도교육공무원인사위원회에서전보 우대자로 결정된 교(원)감, 교사

 9. 5학급 이하의 학교에서 학급을 담당한 교감

 10. 본청 및 본청 직속기관에서 2년 이상 근무한 교사

② 제1항제1호부터 제10호까지 전보우대 대상자 전보순위는 전보년수, 근무성적다점자, 생년월일이 빠른 자 순으로 한다.

③ 학교 근무자에 대하여 다음 가산표와 같이 전보년수에 가산년수(점수)를 가산 적용한다. 단, 가산 년수(점수) 계산시 현임교 발령일부터 5년을 초과한 기간과

유예 기간은 산입 하지 않는다. 단, 3.1.자 후 임용(전보) 된 교사 의 근무 년수 가 5년 을 초 과 할 경 우 현 임 교 발 령 일은 다음 해 3.1.자로 한다.

나　2026학년도 인사관리 주요 개정사항

연번	개정조항	개정내용	개정이유
1	제5조제2항 (승진)	교(원)장,교(원)감 승진임용시 승진예정인원3배수 우선임용조항 추가	정원 수급 상황에 따라 순위명부 조정이 필요한 경우3배수 우선임용 조항 개정 필요
2	제5조제3항 (승진)	교(원)장자격소지자 중 임기만료된 공모교(원)장 승진임용시 신규 임용 교(원)장 보다 희망지 고려하여 우선 배정	교(원)장 수급상황에 따라 원격지 배정 인원이 증가하고 있어 임지 배정 기준 변경 필요
3	제11조제3항 (정기전보)	교(원)장의 전보 시 임지배정 기준 마련	청간 전보 경합시 합리적 임지배정 기준 마련 및 지역여건을 고려한 교(원)장 임지 지정 필요
4	제11조제4항 (정기전보)	학교 유예 판단시 근무성적평정 조항 삭제	근무성적평정은 이전년도를 기준으로 하고있으므로 유예 판단 당위성이 부족하고 관련 조항으로 유예 판단 가능
5	제11조제4항 (정기전보)	학교 유예조항 추가 - IB전문가 과정을 이수한 교사로IB 인증·후보학교의 지속적 운영에 필요한 교사 -발명교육센터 주무교사로서 지속적 운영에 필요한 교사	지속가능한 경기교육정책 실행 및 화 시행령 개정에 따른 인사규정
6	제11조제4항 (정기전보)	전보유형에 따른 희망지 수 제한 삭제	학령인구 감소로 인한 학급 감축으로 청간전보 임의배치자 최소화 및 경기형 인사시스템 구축 기반 마련
7	제13조제3항 (교 (원)감,교사 전보희망자순위 명부 작성)	동일교에 근무하는 부부교원으로 본인의 의사와 상관없이 전보된 경우 (비정기전보)전임교 합산	국가인권위원회 권고조치에 따른 인사규정 개정
8	제15조제1항 (비정기전보)	장애의 정도가 심한 장애인 비정기 전보 조항 추가	「장애인차별금지 및 권리구제 등에 관한 법률」

			에 따른 장애인교원의 교육 활동권 보장
9	제16조제3항 (교원(감)및교사 전보의 우대)	전보를 위한 가산년수 계산 시5년을 초과한 기간 산입	실제로 수행한 교육공적에 대해 정당한 인정 필요
10	제16조제3항 (교원(감)및교사 전보의 우대)	<업무가산표> 부장교사 경력 가산시 지역승진가산 점 부여 대상교 제외조항 삭제	승진평정항목 간 형평성 및 부장교사 기피현상 해소를 위해 부장교사 경력 가산

다 2026년 인사관리세부기준 신구대조표 (유.초등)

경기도교육공무원인사관리세부기준(유치원,초등) 신구 대비표

현재기준	개정 내용	개정 사유
65차 개정 2024. 11. 28.	66차 개정 2025. 7. 14.	
제5조(승진) ② 교(원)장, 교(원)감으로의 승진 임용은 교육공무원 승진 후보자 순위명부에 등재된 고순위자 순 으로 하되, 다음 각 호의 어느 하 나에 해당자가 승진예정인원의 3 배수 안에 있을 경우 우선 임용 할 수 있다.	제5조(승진) ② 교(원)장, 교(원)감으로의 승진 임용은 교육공무원 승진 후보자 순위명부에 등재된 고순위자 순 으로 하되, 다음 각 호의 어느 하 나에 해당자가 승진예정인원의 3 배수 안에 있을 경우 우선 임용 할 수 있다. 5. 승진 후보자 명부에 2회 이상 등재된 자(단, 교원 수급상 필요에 따라 명부가 조정된 경우에 한하 며, 3월 31일자 명부는 적용하지 아니함) <개정 2025.7.14.>	○ 정원 수급 상황 에 따라 순위명부 조정이 필요한 경 우 3배수 우선 임 용 조항 개정 필요
제5조(승진) ③ 임기만료된 공모교(원)장의 승 진 임용은 다음과 같이 한다. 1. 제1항과 제2항의 <중략> 교육 전문직원에서 교(원)장공모제 교 (원)장으로 임용되어 임기가 만료 된 경우 교(원)장자격소지자는 당 해 학기에 교(원)장임용심사를 거 처 교(원)장으로 임용할 수 있으 며, 신규 임용 교(원)장보다 생활 근거지를 고려하여 우선 배정할 수 있다.	제5조(승진) ③ 임기만료된 공모교(원)장의 승 진 임용은 다음과 같이 한다. 1. 제1항과 제2항의 <중략> 교육 전문직원에서 교(원)장공모제 교 (원)장으로 임용되어 임기가 만료 된 경우 교(원)장자격소지자는 당 해 학기에 교(원)장임용심사를 거 처 교(원)장으로 임용할 수 있으 며, 신규 임용 교(원)장보다 생활 근거지 희망지를 고려하여 우선 배정할 수 있다. <개정 2025.7.14.>	○ 교(원)장 수급 상황에 따라 원격 지 배정 인원이 증 가하고 있어 임지 배정 기준 변경 필 요
제7조(교육전문직원 전직) ⑥ 임기제 교육전문직원(늘봄전담 실장 등)이 원 직위로 재 전직 하 는 경우 선발 당시의 근무 지역· 학교를 원칙으로 하되 결원이 없는 경우 임의 배정할 수 있다.	제7조(교육전문직원 전직) ⑥ 임기제 교육전문직원(늘봄전담 실장 등)이 원 직위로 재 전직 하 는 경우 선발 당시의 근무 지역· 학교를 원칙으로 하되 결원이 없는 경우 임의 배정할 수 있다. <개정 2025.7.14.>	○ 의미 명확화를 위한 자구 삭제

현재기준	개정 내용	개정 사유
제11조(정기전보) ① 교사의 전보는 동일교 2년 이상 5년 범위 내에서 실시하며, 동일교 재직교사의 2분의 1을 초과하여 관내외를 불문하고 전보내신할 수 없다. 다만, 유치원 교사는 특수학급을 제외하고 3학급인 경우 재직교사의 3분의 2를 초과하여 전보내신할 수 없다.	**제11조(정기전보)** ① 교사의 전보는 동일교 2년 이상 5년 범위 내에서 실시하며, 동일교 재직교사의 2분의 1을 초과하여 관내외를 불문하고 전보내신할 수 없다. 1. 유치원 교사는 특수학급을 제외하고 3학급인 경우 재직교사의 3분의 2를 초과하여 전보내신할 수 없다. 2. 특수교사는 동일교 재직교사의 3분의 2를 초과하여 전보내신할 수 없다.〈개정 2025.7.14.〉	○ 특수학급 증가 및 특수학급 정규교사 배치 비율이 높아지고 있고 차년도 재직교사의 3분의 2까지 전보내신하더라도 교육과정 운영에 크게 문제가 없어 기준 조정
제11조(정기전보) ③ 교(원)장, 교(원)감의 전보는 동일교 2년 이상 5년 범위 내에서 실시하되, 필요에 따라 교육장 내신 없이도 전보할 수 있다. 다만, 교(원)장의 시.군간 전보는 1, 2희망에 의하여 실시하고, 관내 전보는 해당 교육지원청 교육장의 의견을 들어 실시한다.	**제11조(정기전보)** ③ 교(원)장, 교(원)감의 전보는 동일교 2년 이상 5년 범위 내에서 실시한다. (단, 3호의 경우에는 예외) 1. 교(원)장의 시·군간 전보는 1,2희망에 의하여 실시하되, 시·군간 전보 희망자가 경합일 경우에는 전보년수, 현임교근무년수, 생년월일이 빠른 순으로 순위를 결정한다. 2. 교(원)장의 관내전보는 해당 교육지원청 교육장의 의견을 들어 실시한다. 3. 다음 각 목의 어느 하나에 해당하는 경우는 해당 교육지원청 교육장의 의견을 들어 본인 내신 없이도 전보할 수 있다. 가. 직무역량 및 교육 여건 등을 고려하여 임지 지정이 필요한 경우 나. 제15조 제1항 제7호 및 제14호 인 경우. 〈개정 2025.7.14.〉	○ 교(원)장 청간 전보 희망자가 경합일 경우 구체적인 임지배정 순위 및 합리적인 임지배정기준 마련 및 학교특성과 지역 교육여건을 고려한 교(원)장 임지지정 필요

현재기준	개정 내용	개정 사유
제11조(정기전보) ④ 제1항과 제3항의 〈중략〉 2년(제1호·제4호·제8호·제9호는 1년) 범위 내에서 전보를 유예할 수 있으나, 전보년수 산정 시 현임교 근무년수는 현임교 발령일로부터 5년을 초과할 수 없다. 다만, 1호·2호·4호·5호 해당자는 학교장의 요청에 의한 본인의 동의와 근무성적이 '우' 이상인 자에 한해 전보를 유예할 수 있다.	**제11조(정기전보)** ④ 제1항과 제3항의 〈중략〉 2년(제1호·**제4호**·제8호·제9호는 1년) 범위 내에서 전보를 유예할 수 있으나, 전보년수 산정 시 현임교 근무년수는 현임교 발령일로부터 5년을 초과할 수 없다. 다만, 1호·2호·**4호**·5호 해당자는 학교장의 요청에 의한 본인의 동의**로 근무성적이 '우' 이상인 자에 한해** 전보를 유예할 수 있다. 〈개정 2025.7.14.〉	○ 유치원 방과후 과정반 담당교사(제4호) 전보유예 삭제 반영 ○ 차년도 학교유예 판단시 이전년도의 근무성적을 기준으로 하고 있어 당위성이 떨어지고 관련조항으로 유예판단 가능
제11조(정기전보) ④ 〈신설〉	**제11조(정기전보) ④** **11. IB전문가 과정을 이수한 교사로 IB 인증·후보학교의 지속적 운영에 필요한 교사** **12. 발명교육센터 주무교사로서 지속적 운영에 필요한 교사** 〈개정 2025.7.14.〉	○ 지속가능한 경기교육기본계획 1섹터 IB정책 실행 및 발명교육 활성화 시행령 개정에 따른 인사규정 적용
제11조(정기전보) ⑥ 교(원)감, 교사의 시·군간 전보는 다음과 같이 한다. 1. 교(원)감, 교사의 시·군간 일반 전보는 1희망에 의하여 전보 희망 시.군별로 작성한 전보희망자 순위명부에 등재된 순으로 전보한다. 다만, 보건교사, 사서교사, 전문상담교사는 본인의 희망에 따라 3개 시·군 이내로 전보 희망할 수 있으며, 시.군 구분 없이 순위 명부를 작성, 등재 순으로 희망지에 전보한다. 2. 갑구역 근무 만기 교(원)감, 교사의 전보는 1, 2, 3, 4 희망에 의하	**제11조(정기전보)** ⑥ 교(원)감, 교사의 시·군간 전보는 다음과 같이 한다. 1. 교(원)감, 교사의 시·군간 일반 전보는 **1희망에 의하여** 전보 희망 시·군별로 작성한 전보희망자 순위명부에 등재된 순으로 전보한다. 다만, 보건교사, 사서교사, 전문상담교사는 **본인의** 희망에 따라 **3개 시·군 이내로 전보 희망할 수 있으며, 희망에 따라** 시·군 구분 없이 순위 명부를 작성, 등재 순으로 희망지에 전보한다. 2. 갑구역 근무 만기 교(원)감, 교사의 전보는 **1, 2, 3, 4** 희망에 의해	○ 학령인구 감소로 인한 학급 감축으로 청간전보 임의배치자 최소화 및 경기형 인사시스템 구축 기반 마련

현재기준	개정 내용	개정 사유
여 전보한다. 다만, 4희망까지도 안 될 경우 전보내신카드 생활근거지를 고려하나 임의로 전보할 수 있다.	전보**하되 최후순위 희망지까지 경합할 경우** 전보내신카드 생활근거지를 고려하나 임의로 전보할 수 있다. **〈부칙〉** **제3조(행정예고) 제11조제6항제1호~제2호의 전보 희망지 수는 경기형 인사시스템 개통 이후 적용한다.** **〈개정 2025.7.14.〉**	
제13조(교(원)감, 교사 전보희망자 순위명부 작성) ① 특구역 이외 〈중략〉 다만, 폐교, 휴교, 학급감축, 학교통합, 정원감축 등으로 인하여 본인의 의사와는 상관없이 전보조치 되었을 경우, 현임교와 전임교의 근무년수를 합산하여 전보년수를 산정한다.	**제13조(교(원)감, 교사 전보희망자 순위명부 작성)** ① 특구역 이외 〈중략〉 다만, 폐교, 휴교, 학급감축, 학교통합, 정원감축, **동일교에 근무하는 부부교원으로 인한 비정기전보** 등으로 인하여 본인의 의사와는 상관없이 전보조치 되었을 경우, 현임교와 전임교의 근무년수를 합산하여 전보년수를 산정한다. **〈개정 2025.7.14.〉**	○ 국가인권위원회 권고조치에 따른 인사규정 개정
제15조(비정기전보) ① 6. 도서벽지(무의촌지역)근무자로서 신체장애가 있는 자	**제15조(비정기전보) ①** 6. 도서·벽지(무의촌지역)에 근무자로서 신체장애가 있는자, **장애의 정도가 심한 장애인** **〈개정 2025.7.14.〉**	○ 「장애인차별금지 및 권리구제 등에 관한 법률」 제4조 및 제14조에 따라 장애인 교원의 교육활동권 보장
제16조(교(원)감 및 교사 전보의 우대) ③ 학교 근무자에 대하여 다음 가산표와 같이 전보년수에 가산년수(점수)를 가산 적용한다. 단, 가산년수(점수) 계산 시 현임교 발령일부터 5년을 초과한 기간과 유예 기간은 산입하지 않는다. 단, 3.1.자 후 임용(전보)된 교사의 근무년수가 5년을 초과할 경우 현임교 발령일은	**제16조(교(원)감 및 교사 전보의 우대)** ③ 학교 근무자에 대하여 다음 가산표와 같이 전보년수에 가산년수(점수)를 가산 적용한다. **단, 가산년수(점수) 계산 시 현임교 발령일부터 5년을 초과한 기간과 유예 기간은 산입하지 않는다. 단, 3.1.자 후 임용(전보)된 교사의 근무년수가 5년을 초과할 경우 현임교 발령일**	○ 유예 기간 동안 실제 교육공적에 대한 정당한 대우를 위해 취득한 가산점 인정(가산년수(점수)산정시 현임교 근무년수는 5년을 초과할 수 없음)

현재기준	개정 내용	개정 사유
다음 해 3.1.자로 한다.	은 다음 해 3.1.자로 한다. 〈개정 2025.7.14.〉	

[지 역 가 산 표]

구 분		가산년수(점수) 비율	비 고
병구역	가, 나	현임교 근무년수 100%	※월수까지 계산하고 소수점이하 절사
	다, 라	현임교 근무년수 70%	
을구역		현임교 근무년수 50%	
5학급이하의 학교, 분교장		현임교 근무년수 30%	
※ 현임교 근무년수는 5년을 초과할 수 없음			

[업 무 가 산 표]

※ 현임교 근무년수는 5년을 초과할 수 없음

[기 타 가 산 표]

※ 현임교 근무년수는 5년을 초과할 수 없음

〈개정 2025.7.14.〉

현재기준	개정 내용	개정 사유
제16조(교(원)감 및 교사 전보의 우대) 	구분	해당급지	가산년수(점수) 비율	비고	 |---|---|---|---|
부장교사경력(현임교부장경력)	특,갑	1년 1월(특만카저는 년 0.5점) 2007.3.1.자 경력부터 적용	※지역승진가산점 부여 대상교는 제외
	전체	1년 3월(특만카저는 년 3.0점) 2017.3.1.자 경력부터 적용	
		6월이상 1년 미만 2월(특만카저 은 0점) 2018.3.1.자 경력부터 적용			**제16조(교(원)감 및 교사 전보의 우대)** | 구분	해당급지	가산년수(점수) 비율	비고 | |---|---|---|---|
부장교사경력(현임교부장경력)	갑	1년 1월 2007.3.1.자 경력부터 적용	※지역승진 가산점부여 대상교는 제외 〈개정 2025.7.14.〉
	전체	1년 3월 2017.3.1.자 경력부터 적용	
		6월이상 1년 미만 2월 2018.3.1.자 경력부터 적용			○ 승진평정항목 간 형평성 및 부장교사 기피현상 해소를 위해 부장교사 경력 가산
제18조(전보의 특례) ② 폐교, 휴교 또는 학교간 통합으로 전보가 불가피한 교원과 학기 도중 학급감축으로 인하여 발생된 과원교사는 소속 교육지원청 내에서 우선 전보할 수 있다. 다만, 소속 교육지원청 내 전보가 어려울 경우 타시·군 전보를 할 수 있다	**제18조(전보의 특례)** ② 정기전보일 이전에 폐교, 휴교 또는 학교간 통합으로 전보가 불가피한 교원과 학기 도중 학급감축으로 인하여 발생된 과원교사는 소속 교육지원청 내에서 정기전보일 이전이라도 우선 전보할 수 있다. 다만, 소속 교육지원청 내 전보가 어려울 경우 타시·군 전보를 할 수 있다. 〈개정 2025.7.14.〉	○ 해당 조항은 정기전보일 이전이라도 과원교사를 전보 조치하기 위한 의미로 우선 전보를 우대 전보로 해석할 여지가 있어 문구 명확화 필요

현재기준	개정 내용	개정 사유
제19조(교원의 시·도간 교류) ③ 타시·도 교환(파견) 근무 기간 및 시기는 교환(파견) 기간이 일치하고, 동일직종·직급이 일치 또는 근접하는 범위 내에서 1 : 1 동수로 교환(파견)하며, 기간은 1년 또는 2년으로 한다.	제19조(교원의 시·도간 교류) ③ 타시·도 교환(파견) 근무 기간 및 시기는 교환(파견) 기간이 일치하고, 동일직종·직급이 일치 또는 근접하는 범위 내에서 1 : 1 동수로 교환(파견)하며, 기간은 1년 또는 2년으로 한다. 〈개정 2025.7.14.〉	○ 시·도간교류 계획에 근거하여 자구 삭제
부칙	부칙 부 칙 제1조(시행일) 이 기준은 2026년 3월 1일부터 시행한다. 제2조(인사구역에 관한 경과조치) 2026년 3월 1일 개교(원)한 학교는 개교(원)일부터 적용한다. 제3조(행정예고) 제11조제6항제1호~제2호의 전보 희망지 수는 경기형 인사시스템 개통 이후 적용한다.〈개정 2025.7.14.〉	○ 시행일을 규정하고 경과조치를 두기 위함

4 G-인사이트 사용자 매뉴얼(경기도교육청)

가 미래지향적 교원인사시스템 'G-인사이트' 구축

▶ 디지털 인사관리 전환으로 '줄이고, 바꾸고 새롭게!'
▶ 인공지능(AI)기반 교원 맞춤형 인사관리 서비스 제공

> ♤ 나이스(NEIS)기반 인사시스템 'G-인사이트', 2025년 11월 18일 개통
> ♤ 미래지향적 인사행정 시스템 구축으로 스마트한 인사업무 추진 가능
> ♤ 인공지능(AI)-데이터 기반 인사 서비스 제공 및 교원인사 정책 추진

'G-인사이트'를 활용해 새롭게 추진하는 주요 인사업무 영역은 ▲전보(교원 자동배치 프로그램 구현) ▲평정(교원 맞춤 평정 프로그램 적용) ▲시도 교류(타시도 전입자 자동배치 프로그램 구현) ▲정원(교원 정원관리 데이터 실시간 공유) ▲교육전문직원(정원관리 및 인사배치 프로그램 구현) 등으로, 종전 수기 방식을 디지털 인사관리 체제로 전면 전환하게 된다.

도교육청은 새로운 인사시스템 구축으로 ▲인공지능(AI)기반 디지털 인사관리 및 교원 인사배치 운영 ▲인사정보 원클릭 확인으로 교원맞춤형 인사 예측 및 추천 ▲투명한 인

사를 위한 실시간 인사정보 공유및 시각화 데이터 제공▲인사업무절차,결재선 간소화 등 인사업무효율화▲인사문서(증빙서류)제로화 등을 본격 추진해 나갈 예정이다.

또한2026년 시스템고도화로 서비스 메뉴를 단계적으로 확대해 인공지능(AI)인사비서, 교원 맞춤형 인사데이터 제공 등 수요자 중심의 인사정책 추진을 한층 확대해 나갈 계획이다.

그렇게 되면 오는2027년까지는 출력용 문서 등의87%가량과 구축 영역의인사지원단운용 인원을80%가량 감소할 수 있어 불필요한 예산 낭비를줄이고,교원의 업무 경감에도 크게 기여할 것으로 기대하고 있다.

시범 기간 중 테스트에 참여한 능원초 홍성민 교사는"지금까지는 각종 인사 관련 서류를 작성한 후 일일이 출력해서 날인하고,제출 후에도 오류가 발견되면 여러 차례 수정 제출을 반복해야 했다"면서"G-인사이트 시스템을 활용해 보니,서류 제출도 온라인으로 편리하게전송할 수 있어 획기적으로 업무가 경감됐다"고 새로운 시스템에 대한높은 기대감을 나타냈다.

임태희 교육감은"이번 인사업무 시스템 개통은 미래교육청을 지향하는경기도교육청이 대한민국 교육행정과 인사정책을 선도해나가는데있어 획기적인 출발점이 될 것"이라면서"인공지능(AI)디지털 인사관리 전환으로 업무를'줄이고,바꾸고,새롭게'추진할 수 있도록 적극 힘써 주시기를 기대한다"고 말했다. (중부일보 보도자료)

나 승진자격 평정 개요 선택

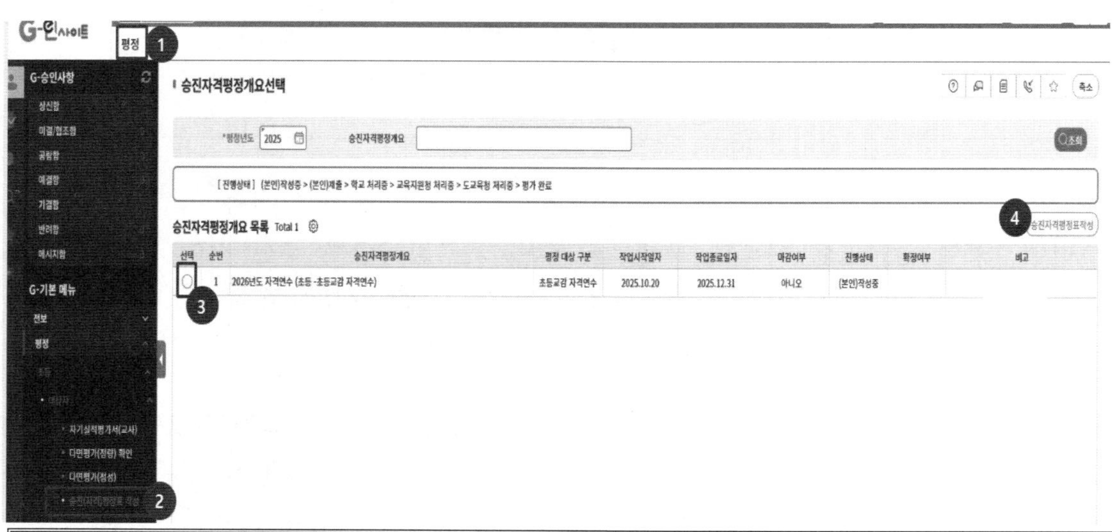

┌───
❶ 상단 [평정] 메뉴를 클릭하여 하위 메뉴를 연다.
❷ [초등]-[대상자]-[승진(자격)평정표 작성] 선택한다.
❸ 승진자격평정개요 목록에서 해당하는 개요를 선택한다.
 - 초등교감/유치원감 자격연수 - 초등교감/유치원감 승진 - 초등교장/유치원장 자격연수 -
초등교장/유치원장 승진 ❹ 승진자격평정표작성 을 클릭한다.
└───

[승진자격평정표 작성]

❶ 승진자격평정표 작성 전 서약서 내용을 확인하고 **동의** 를 클릭한다.
- 평정대상자는 나이스 인사기록을 근거로 평정점을 정확하게 입력하며, 제출한 평정내용
  에 대한 책임이 있음

다 인사기본

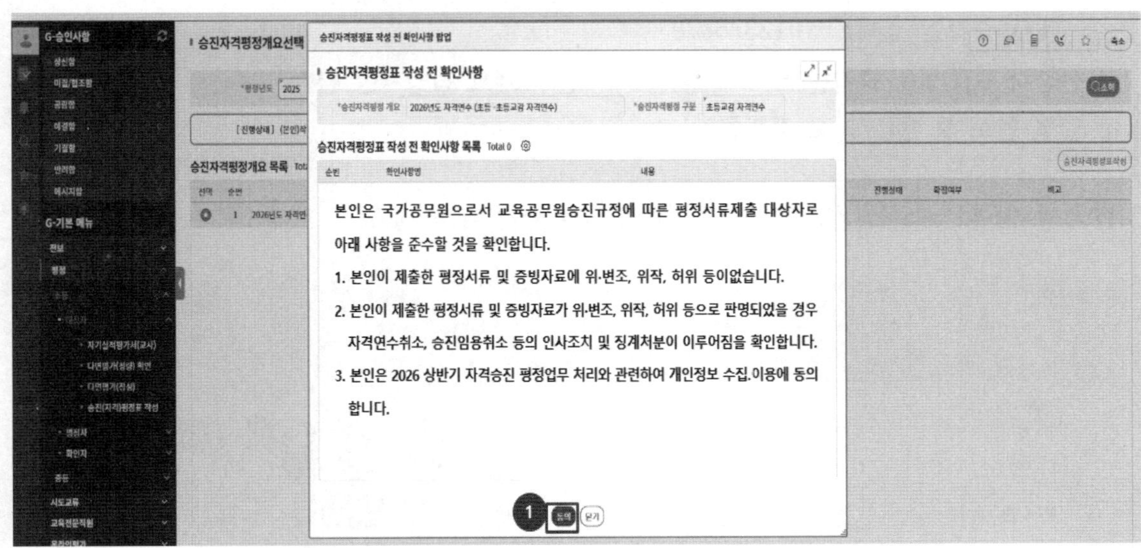

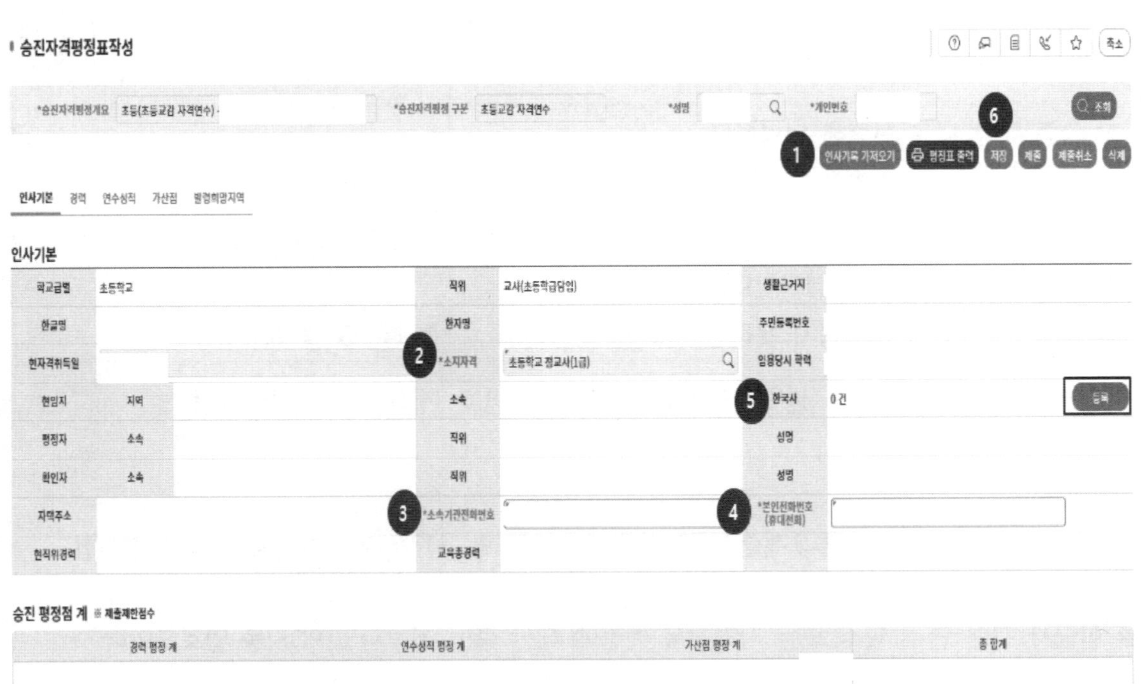

❶ 인사기록 가져오기 를 클릭하여 평정대상자의 인사기본 사항을 불러온다.
- (자동 반영) 학교급별, 직위, 생활근거지, 한글명, 한자명, 주민등록번호, 현임지, 소속, 평정자, 확인자, 자택주소, 현직위경력, 교육총경력
❷ 소지자격에서 🔍를 클릭하여 최근 소지한 자격을 선택한다.
- 인사기록 [자격면허] 조회하여 선택한 자격의 발급일이 현자격취득일로 저장됨
❸ 소속기관 전화번호는 교무실 교(원)감 직통 전화번호를 지역번호와 함께 기재한다.
- (예시-숫자만 입력) 0311234567
❹ 본인전화번호(휴대전화)는 연락 가능한 휴대폰 번호를 기재한다.
- (예시-숫자만 입력) 01012345678
❺ 한국사 등록 을 클릭한다. ★교(원)감 자격연수 개요 작성자만 해당
❻ 입력 완료 후 저장 을 클릭한다.

1)한국사 등록] ★교(원)감 자격연수 개요 작성자만 해당

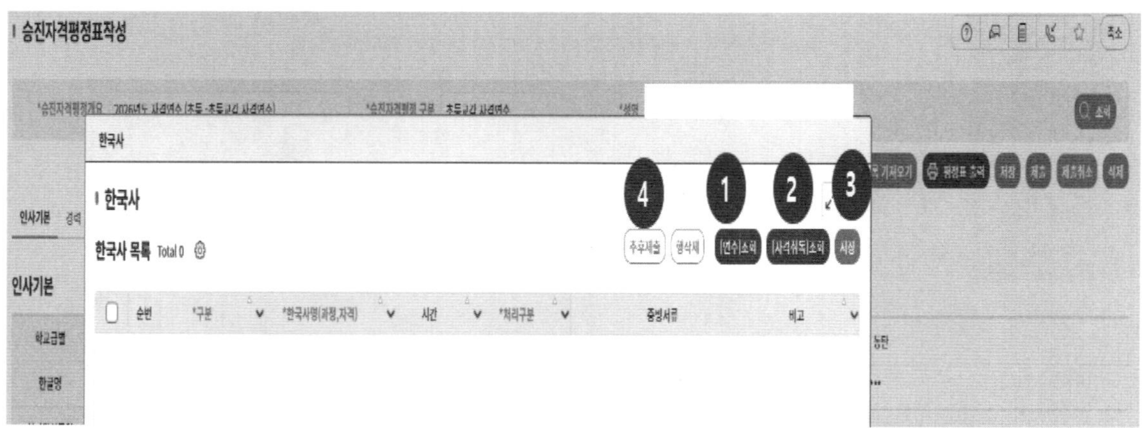

❶,❷중 해당 내용 선택해 입력한다.
❶ [연수]조회 를 클릭하여 한국사 연수(합산 60시간 이상)를 반영한다.
❷ [자격취득]조회 를 클릭하여 한국사 능력 검정 자격 취득사항을 반영한다.
❸ 입력한 후 저장 을 클릭한다.
❹ 제출마감일까지 제출하지 못하는 자료가 있는 경우 추후제출 을 클릭한다.

2)[한국사 등록-추후제출 선택시] ★교(원)감 자격연수 개요 작성자만 해당

❶ 추후제출 을 클릭하여 추후제출할 (연수)한국사 연수명, 시간/(자격)한국사 능력 검정시험 내용을 입력한다.
❷ 한국사 관련 연수 이수 또는 자격취득 예정에 대한 증빙 첨부파일(PDF)을 업로드한다.
❸ 비고에 제출 예정일을 입력한다. (예시) 2026.1.5. 제출 예정
❹ 입력한 후 저장 을 클릭한다.
★ 한국사 능력 검정 또는 한국사 연수 입력방법

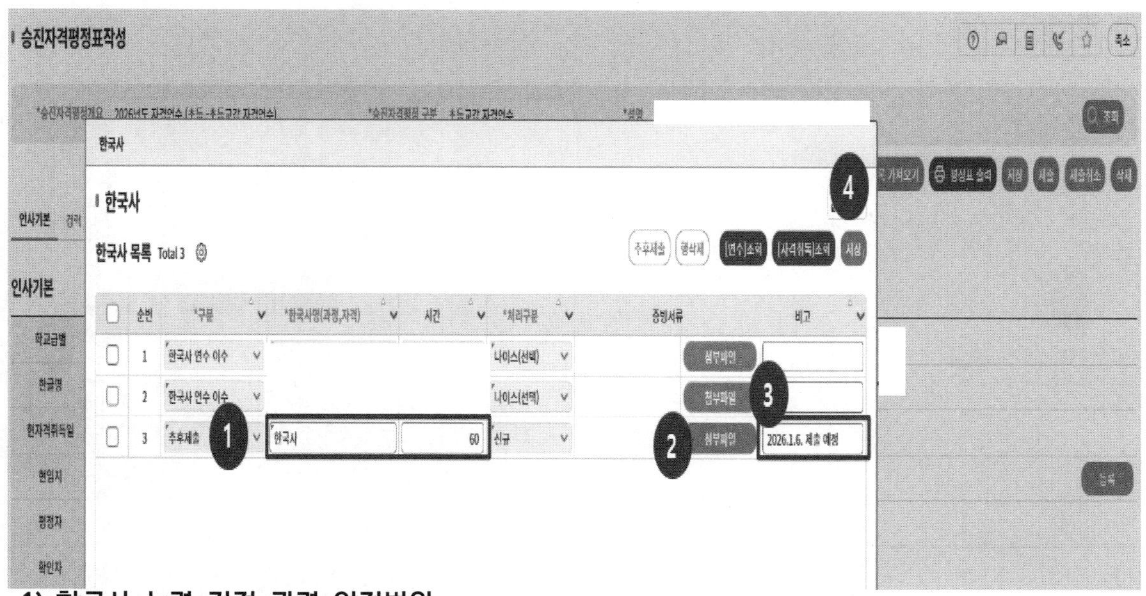

1) 한국사 능력 검정 관련 인정범위

▶ 「사료의 수집.편찬 및 한국사의 보급 등에 관한 법률」제18조에 따른 한국사 능력 검정시험
(3급 이상)에 합격한 경우

▶ 증빙자료 : 합격증 사본 등 국사편찬위원회에서 인정한 공증문서

※ G-인사이트에서 나이스 인사기록 [자격취득] 불러오기로 반영(나이스 인사기록과 불일치
하는 경우 인사기록 추기를 통해 일치 후 제출)

2) 한국사 연수 관련 인정연수

▶ 「교원 등의 연수에 관한 규정」제2조제2항에 따른 연수원에서 운영하는 과정으로 「교원
등의 연수에 관한 규정 시행규칙」제4조제6항의 교(원)감과정의 연수대상자 지명을 위한
한국사 관련 연수에 부합한 인정 연수

▶ 연수범위 : 교원의 역사 인식 함양 및 관련 역량을 개발할 수 있도록 한국사를 폭넓게
다루고, 한국사의 흐름을 이해하고 한국사의 개념과 전개과정을 체계적으로 파악할 수
있는 수준

▶ 인정방법 : 상기 연수원에서 운영하는 한국사 관련 과정(인정목록연수)은 운영방법(집합
원격/혼합)에 관계없이 합하여 60시간 이상이면 인정

▶ 증빙자료 : 이수증 사본 등 해당연수원에서 인정한 공적문서

※ 60시간 이상으로 구성된 단일과정은 승진 평정요소 중 교육성적으로 인정 가능하며,
60시간 미만으로 구성된 과정은 가산점의 직무연수로 인정 가능(단, 중복인정은 불가)
(교육부 교원복지연수과-5199(17.07.12.)

※ G-인사이트에서 나이스 인사기록 [연수] 불러오기로 반영(나이스 인사기록과 불일치
하는 경우 인사기록 추기를 통해 일치 후 제출)

3) 경력

순번	경력구분	경력등급	근무처명	재직당시직위	재직시작일자	재직종료일자	처리구분	경력인정(월/일수)		월/일 평정점		근무경력총점	비고
								인정월수	인정일수	월점수	일점수		
1	기본경력	가경력		교사(초등)	[illegible]	[illegible]	[illegible]	[illegible]	[illegible]	[illegible]	[illegible]	[illegible]	인정경력
2	기본경력	가경력		교사(초등)	[illegible]	[illegible]	[illegible]	[illegible]	[illegible]	[illegible]	[illegible]	[illegible]	인정경력
3	기본경력	가경력		교사(초등)	[illegible]	[illegible]	[illegible]	[illegible]	[illegible]	[illegible]	[illegible]	[illegible]	인정경력
4	기본경력	나경력			[illegible]	[illegible]	[illegible]	[illegible]	[illegible]	[illegible]	[illegible]	[illegible]	

❶ 상단메뉴에서 경력을 선택한다.

❷ 근무경력등록 을 클릭하여 근무경력 팝업창에 입력한다.
- ▶ (기본경력) 2026.2.28.자부터 역산하여 15년(180개월) 경력(최근 경력부터 입력)
- ▶ (초과경력) 기본경력 15년 이전 5년(60개월) 경력
- ▶ (가경력) 임용 후 교사경력, (나경력) 임용 전 기간제교사 경력
- ※ 기본경력 평정점 최대 64.00점, 초과경력 평정점 최대 6.00점 합계 70.00점
  ("나"경력이 포함될 경우 최대평정점이 나오지 않음에 유의)
- ▶ 휴직, 징계 등 교육 경력 인정 제외 사유가 있는 경우(총 경력제)
- ※ 경력 인정 휴직은 해당교 근무기간에 포함되며, 경력제외 휴직은 그 기간만큼 제외후 자동
  반영

▶ Q & A

Q1. 교사의 가 경력, 나 경력에 해당하는 것은 무엇인가요?

- ▶ 교사의 (가)경력은 ①각급 학교의 교사, 교감, 교장으로 근무한 경력 ②장학사, 연구사, 장학관,
  교육연구관의 경력 ③병역법, 그 밖의 법률에 의한 의무 수행을 위해 징집 또는 소집되거나 근무
- ▶ 교사의 (나)경력은 ①전임으로 근무한 강사(대학교 제외) ② 기간제 교원 경력이 있으며,
  시간제 근무 기간제 교원은 1일 8시간 기준으로 합산하여 8시간 미만은 버림

Q2. 기본 경력, 초과 경력으로 20년을 다 채웠는데 경력 점수가 만점이 되지 않는 이유는?

- ▶ 우선 가, 나 경력 내용 중, 나 경력에서 시간강사, 기간제 경력을 포함하여 20년이 된 경우 만점이 되지 않
  음. 또한 경력이 100% 인정되지 않는 휴직인지도 확인이 필요함

4) [근무경력 등록]

❶ **자동생성**을 클릭하여 인사기록 [경력]을 자동으로 계산하고 입력한다.
  ▶ 나이스 인사기록과 불일치 하는 경우 인사기록 추가를 통해 일치 후 반영

환산율 100%	군복무, 기간제, 공무상 질병, 육아휴직, 병역휴직, 인정 기관에서 상근 근무 고용휴직
환산율 50%	학위 취득의 유학휴직, 연수 휴직, 인정 기관에서 비상근 근무 고용휴직 등

❷ 필요시 **[경력]조회**를 클릭하여 선택적으로 입력할 수 있다.
❸ 임용전 경력이 있을 경우 **[임용전경력]조회**를 클릭하여 선택 반영할 수 있다.
  ▶ (기간제경력) 인사기록 [임용전경력]에서 경력환산율 100% 반영 시 저장(경력구분-임용전경력)
❹ 기간제교사 및 시간강사 경력은 **행추가** 클릭하여 신규로 입력한다.
  ▶ <u>기간제교사</u>: 인사기록 [경력] 불러오기를 하였으나 경력환산율이 100%가 아닌 경우 **행추가** 클릭
    하여 신규(처리구분)로 입력
  ※ 근무처명(조회), 근무기간 입력, 입력경력구분-기간제경력 선택, 경력환산율-100 입력 첨부파
    일-교원 경력 인정 증빙서류(PDF) 업로드

  ▶ <u>시간강사</u>: **행추가** 클릭하여 신규(처리구분)로 입력(인사기록에서 선택하지 않음)

  ※ 근무처명(조회), 근무기간 입력, 입력경력구분-시간강사 선택, 경력환산율(근무일수에
    맞도록 조정하여 입력-1일 8시간 기준으로 합산하여 8시간 미만은 버림) 입력,
    첨부파일-교원 경력 인정 증빙서류(PDF) 업로드
  ※ (예시) 시간강사 경력환산율 조정 입력(첨부파일로 근무시간 확인)
  ▶ 시간강사 근무시간(40시간)에 대한 인정일수(5일) 평정점에 대한 환산율(35%) 입력

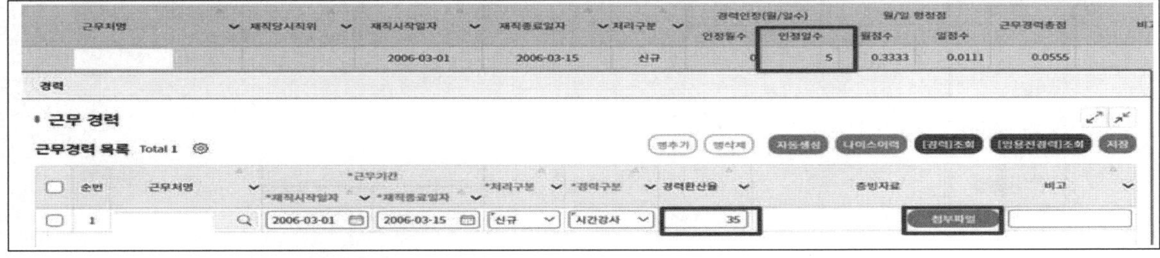

❺ 입력된 경력을 확인 후 **저장** 을 클릭한다.

5) 연수성적

❶ 상단 메뉴의 연수성적을 클릭한다.

❷ 연수성적-교육성적(1.자격연수성적 2.직무연수성적 3.직무연수실적①,②)의 상세등록 을 클릭
하여평정표를 작성한다.

6) [교육성적]

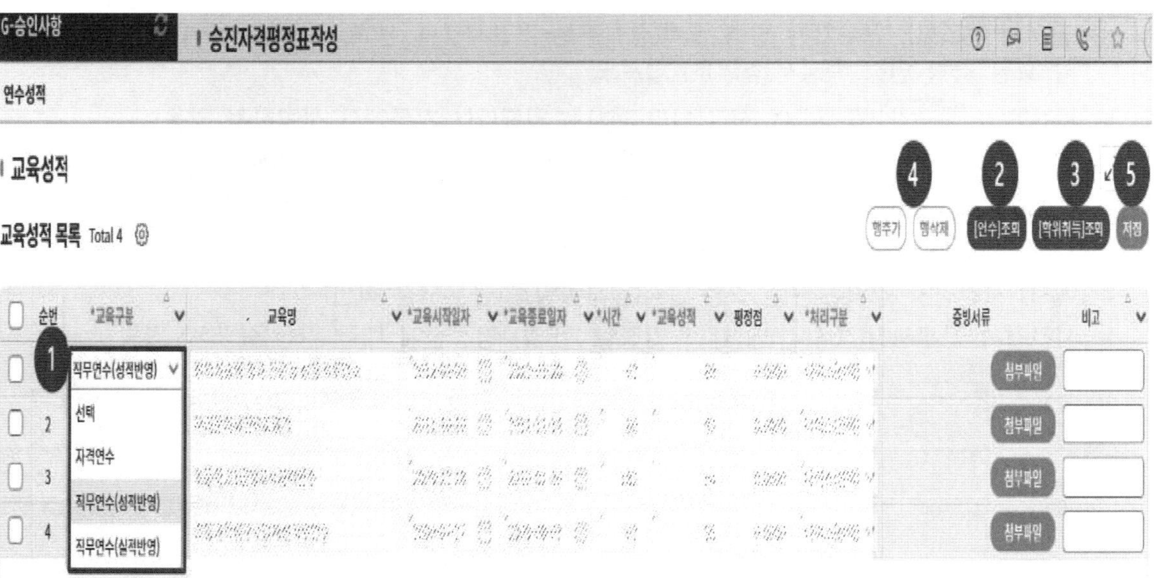

❶ 자격연수, 직무연수(성적반영), 직무연수(실적반영) ①,② 평정내용을 작성한다.

❷ 오른쪽 상단의 [연수]조회 를 클릭하여 [연수관리 목록] 팝업창을 열고 필요한 내용을 선택해 불러온다. (인사기록 [연수]에 등록된 자격연수, 직무연수(2016.1.1.~) 조회)

▶ 나이스 인사기록과 불일치 하는 경우 인사기록 추기를 통해 일치 후 반영

❸ 자격연수성적 평정 시, 학위 및 평어로 된 연수성적 평정점으로 반영할 경우 [학위취득]조회 클릭하여 인사기록 [학위취득]에 등록된 내용을 참고한다.

❹ 입력한 항목을 삭제할 경우, (행삭제) → 저장 을 클릭하여 삭제 후 재입력한다.

   학위 및 평어로 된 연수성적의 평정점으로 반영할 경우, (행추가) 클릭하여 신규(처리구분)로 입력(첨부파일 첨부)한다.

※ 학위 및 평어로 된 연수성적의 평정점

석사학위취득자에 대한 자격연수성적평정 (주1)	평어로 되어 있는 직무 또는 자격연수성적 평정점	평 정 점
A 학점 이상	최상위 등급의 평어	만점의 90%
B 학점 이상	차상위 등급의 평어	만점의 85%
D 학점 이상	제3등급 이하의 평어	만점의 80%

❺ 입력된 평정내용을 확인후 저장 을 클릭한다.

가) 연수관리 목록(팝업창)

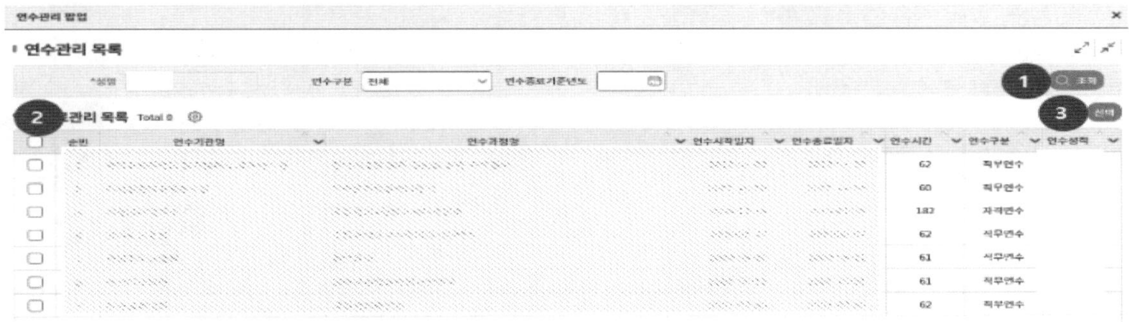

❶ 오른쪽 상단의 조회 를 클릭하여 인사기록 [연수]에 등록된 연수목록을 조회한다.

▶ 연수구분(전체, 자격연수, 직무연수) 선택 후 조회

❷ <u>자격연수</u>: 최근 이수한 자격연수 중 승진대상 직위와 가장 관련이 깊은 자격연수 성적 하나만 선택한다.

   <u>직무연수성적반영, 직무연수실적반영①,②</u>: 연수시간이 60시간 이상인 연수목록 중 반영할 연수를 선택한다.

▶ 60시간 이상의 직무연수만 가능(동일·유사 과정이 아닌 연수로 1년에 3개까지 가능)

▶ 2026.02.28.로부터 역산하여 10년 2개월 이내의 연수만 가능(2016.1.1.이후~)

▶ 1년에 3개 과정 모두 수강한 것도 가능

▶ 학점화된 직무연수 실적 가산점 평정내용에 사용된 직무연수와 중복사용 금지

▶ 한국사 연수가 60시간 이상 과정이라면, 연수성적평정표의 직무연수와 한국사 연수 두 곳에 중복사용 가능(학점화된 직무연수가산점과도 중복 가능하나 연수성적과 가산점 두 곳 모두는 불가)

> ※ 동일.유사과정 직무연수 중복 사용 금지
> ① 연수성적 평정표와 직무연수실적 가산점 평정표에 사용한 연수는
> ▶ 3년 이내에 동일 · 유사 과정의 연수이거나, 두 연수의 기간이 1/4 이상 겹치면 사용할 수
>   없음. (단, **2014.1.1.부터 개설되는 연수는 연수 기간 중복이 허용**됨)
> ② 단, 두 연수의 내용이 70% 이상 다름을 객관적으로 증빙할 경우, 유사 연수 주제라도 인정
>   가능

❸ **선택** 을 클릭하여 반영한다.

▶ Q & A

Q1. 직무연수 이수증이 승진·자격 평정 서류 제출일 이후(1~2월)에 나올 경우 어떻게 입력하나요?

▶ 추후 이수가 예정되어 있다고 하더라도 제출 서류는 제출 시점 현재 이수 완료된 서류만 제출가능제출 시
   점에서 완료되지 않은 실적은 기재할 수 없음
   (※ 아직 연수 완료되지 않은 내용과 가상의 희망 점수를 기입하여 제출하는 것은 불가함)
▶ 단, 1~2월 연수로 인해 점수 변경 시 G-인사이트 승진평정표 제출 취소 후 재입력하여 제출

7) [연구대회 입상실적]

❶ 상단 메뉴의 연수성적을 클릭한다.
❷ 연수성적-연구대회 입상실적의 **상세등록** 을 클릭하여 평정표를 작성한다.

가) 연구대회 목록(팝업창)

❶ 오른쪽 상단의 [연구실적]조회 를 클릭하여 [연구대회 목록] 팝업창을 연다.

❷ 연구대회 목록의 오른쪽 상단 조회 를 클릭한다.

  ※ 인사기록-[연구실적] 중 [확인자]가 "교육지원청"으로 입력된 실적만 조회됨

❸ 연구대회관리 목록에서 반영하고자 하는 연구대회명을 선택한다.

  ※ 동일년도 중복 선택 시, 붉은 색 오류 표시

▶ 평정년도별 **최상위 1개만** 입력

▶ 평정기간 ☞ 2015이전 : 1.1 ~ 12.31, 2016 : 2016.1.1. ~ 2017.2.28. 2017이후 : 3.1 ~ 2
   월말

▶ 입상 연도 기준(인사기록-[연구실적]에 입력된 입상일자 기준으로 평정년도 반영)

  ▶ 공동연구의 경우 인사기록-[연구실적]에 입력된 연구자수로 반영

❹ 선택 을 클릭하여 반영한다.

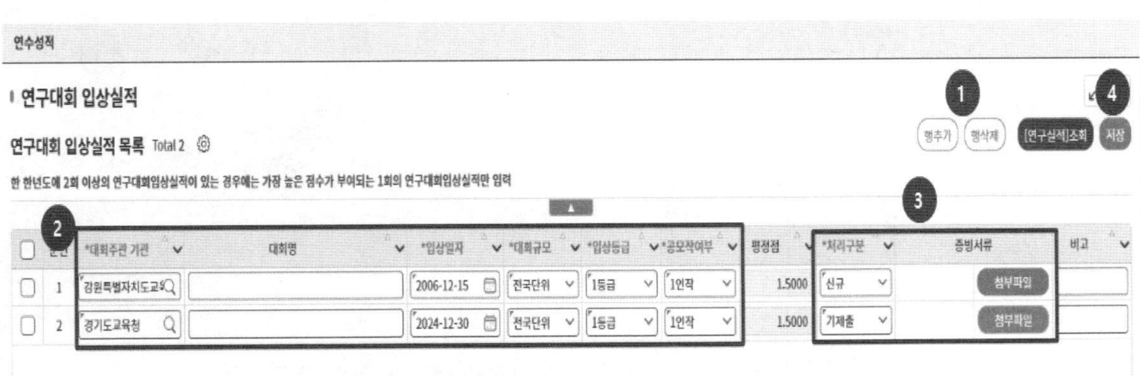

❶ 필요시 행추가 (처리구분-신규, 기제출)로 연구대회 입상실적을 입력할 수 있다.

  ▶ 2025.2.28.자 기제출한 연구대회 입상실적은 기제출 입력

  ▶ 타시도에서 입상한 실적의 경우 신규 입력(2025.2.28.자에 제출한 사항은 기제출 반영)

❷ 연구대회 입상 상장에 기재된 사항을 입력한다.

  ▶ 대회주관 기관(해당 교육청), 대회명, 입상일자, 대회규모, 입상등급, 공모작여부 입력

❸ 신규, 기제출 중 해당 처리구분으로 선택한다.

  ▶ 신규: [연구실적]에 조회되지 않고 기제출 내용이 아닌 경우, 증빙자료 첨부

※ 타시도 교육감 자체로 실시한 대회는 유공 확인서 등 증빙서(PDF) 첨부
 - 가산점수 또는 연구점수로 인정한다는 문구가 들어있어야 함
"위 근무경력은 ○○시(도) 평정업무지침에 따라 승진가산점으로 평정이 가능함을 확인합니다."

  ▶ 기제출: [연구실적]에 조회되지 않고 2025.2.28.자로 기제출한 경우, 증빙자료 미첨부

❹ 선택 을 클릭하여 반영한다.

8) [학위 취득실적]

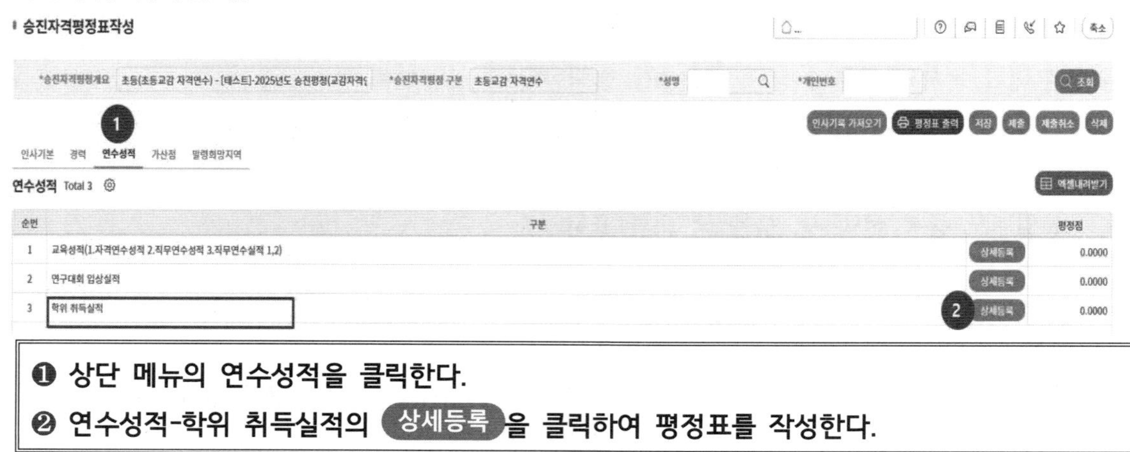

❶ 상단 메뉴의 연수성적을 클릭한다.
❷ 연수성적-학위 취득실적의 상세등록 을 클릭하여 평정표를 작성한다.

가) 학위관리 목록(팝업창)

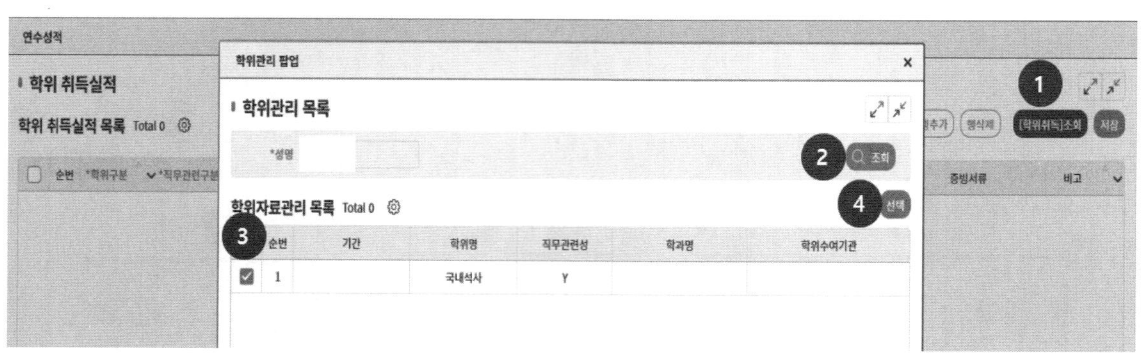

❶ 오른쪽 상단의 [학위취득]조회 를 클릭하여 [학위관리 목록] 팝업창을 연다.
❷ 학위관리 목록의 오른쪽 상단 조회 를 클릭한다.
※ 인사기록-[학위취득]의 내용(기간, 학위명, 직무관련성, 학과명, 학위수여기관)이 조회됨
❸ 반영하고자 하는 학위를 선택한다.
▶ 05년 2학기 대학원 입학자부터는 1개의 석사 학위만 인정
▶ 주간 대학원 학위 및 박사학위 취득자의 경우 해당 기간의 복무상황부 등을 검토하여 입력
※ 평정대상자는 정확하게 입력, 평정자와 확인자는 복무상황부 등을 검토하여 확인
▶ 검토과정에서 직무 관련 여부를 판단하기 위해 논문 초록 제출 요구 가능
❹ 선택 을 클릭한다.

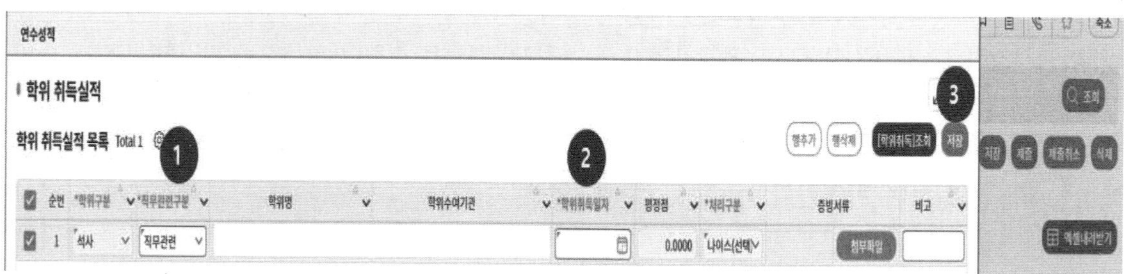

❶ 직무 관련성 "Y"인 경우 "직무관련", "N"인 경우 "기타"로 반영한다.

▶ 나이스 인사기록과 불일치 하는 경우 인사기록 추기를 통해 일치 후 반영

※ 석사학위 기준 직무 관련성이 있는 경우는 평정점 1.5, 직무 관련성이 없는 경우는 평정점 1.0

❷ 학위취득 일자는 학위증에 기재된 날짜 기준으로 입력한다. (졸업일 또는 나이스 입력일 아님)

※ 평정대상자는 정확하게 입력, 평정자와 확인자는 평정내용을 검토하여 확인

❸ 입력을 완료하면 저장 을 클릭하여 저장한다.

9) 가산점

가) [직무연수 실적]

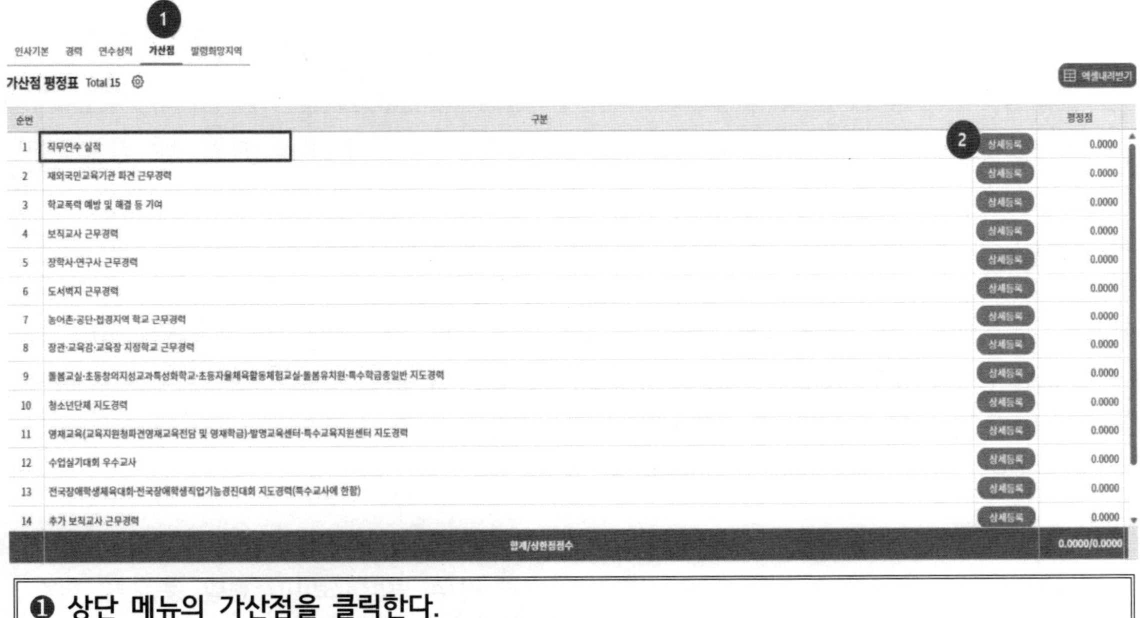

❶ 상단 메뉴의 가산점을 클릭한다.

❷ 가산점 평점표의 직무연수 실적 상세등록 을 클릭한다.

나) 직무연수 목록(팝업창)

❶ ⬛자동생성 을 눌러 인사기록 [연수]의 학년도별 연수 이수사항을 반영한다.

❷ 인사기록-[연수]의 내용(학년도별 누계 시간, 누계 학점, 대상연도)의 입력사항을 확인한다.

❸ 필요시 오른쪽 상단의 ⬛[연수]조회를 클릭하여 반영사항을 확인할 수 있다.

※ 나이스 인사기록과 불일치 하는 경우 인사기록 추기를 통해 일치 후 반영

▶ 직무연수 실적 자료 인정 가능한 범위

1) 연수 기관에서 받은 연수 실적 중 나이스 인사기록카드에 학점으로 등재된 실적만 인정

2) 연수 이수증에 '직무 연수'의 내용이 포함된 실적(임용 전 연수 불인정)

3) 교육전문직 경력이 있는 교(원)감은 교(원)감자격증을 받은 후의 이수 실적, 교육전문직은 교감 등의 직위에서 취득한 이수 실적을 의미함

▶ 직무연수의 연수 실적 인정 연도

1) 인사기록-[연수]의 연수기간의 종료일자 기준으로 함

2) 평정기간 ☞ 2015이전:1.1 ~ 12.31, 2016:2016.1.1. ~ 2017.2.28. 2017년 이후 : 3.1 ~ 2월 말

▶ 연수성적 평정표에 직무연수성적으로 사용한 직무연수를 제외하여 반영됨(중복 사용 금지)

» 유의사항

※ 동일.유사과정 직무연수 중복 사용 금지

① 연수성적 평정표와 직무연수실적 가산점 평정표에 사용한 연수는

▶ 3년 이내에 동일·유사 과정의 연수이거나, 두 연수의 기간이 1/4 이상 겹치면 사용할 수 없음
(단, 2014.1.1.부터 개설되는 연수는 연수 기간 중복이 허용됨)

② 단, 두 연수의 내용이 70% 이상 다름을 객관적으로 증빙할 경우, 유사 연수 주제라도 인정 가능

※ 강사, 기간제, 임시교사 기간 중 연수실적 미인정

❹ 필요시 ⬛행추가를 클릭하여 신규(처리구분) 입력할 수 있다.

▶ 2025학년도 전문적 학습공동체로 이수한 연수의 경우, 증빙자료(이수현황 공문 및 이수자 명단 PDF파일) 첨부하여 입력, 추후 인사기록 [연수] 등재 확인

※ 평정대상자는 정확하게 입력, 평정자와 확인자는 평정내용을 검토하여 확인

10) 재외국민교육기관 파견 목록 (팝업창)

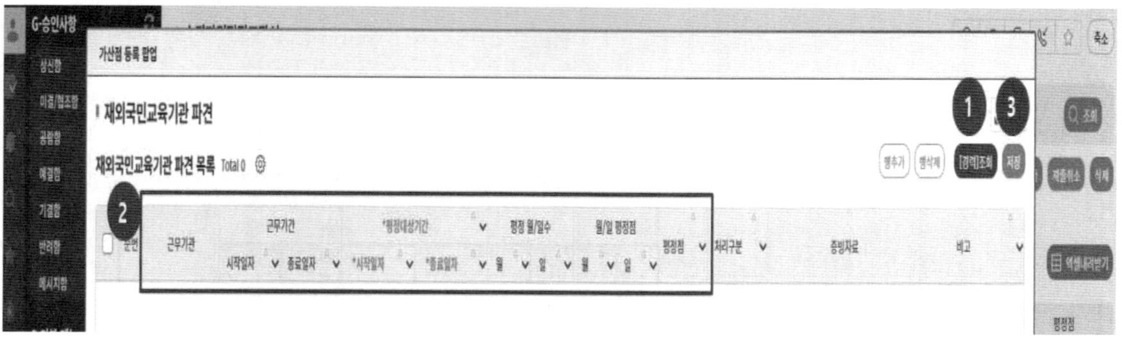

❶ 오른쪽 상단 [경력]조회 를 클릭하여 인사기록-[경력]을 조회한다.
❷ 입력할 재외국민교육기간의 경력을 선택하여 평정점을 반영한다.
 - 근무기관, 근무기간, 평정대상기간, 평정 월/일수, 평정점 자동 반영
❸ 입력을 완료하면 저장 을 클릭하여 저장한다.

11) [학교폭력 예방 및 해결 등 기여]

❶ 상단 메뉴의 가산점을 클릭한다.
❷ 가산점 평점표의 학교폭력 예방 및 해결 등 기여 상세등록 을 클릭한다.

가) 학교폭력 예방 및 해결 등 기여 목록(팝업창)

> ❶ <u>자동생성</u>을 클릭하여 학교폭력 예방 및 해결 등 기여목록을 반영한다.
> ※ 인사기록-[가산점]의 학교폭력예방및기여(공통) 영역의 내용이 반영됨
> ❷ 필요시 <u>[가산점]조회</u>를 통해 선택으로 반영할 수 있다.
> ❸ 2025학년도의 학폭가산점은 <u>행추가</u>로 입력하고 '제출자의 성명이 포함된 학교 내부결재 및 해당 명단' 등 증빙서류 파일(PDF)을 첨부한다.
> ※ 평정대상자는 정확하게 입력, 평정자와 확인자는 평정내용을 검토하여 확인
> ❹ 입력을 완료하면 <u>저장</u>을 클릭하여 저장한다.

12) [보직교사 경력]

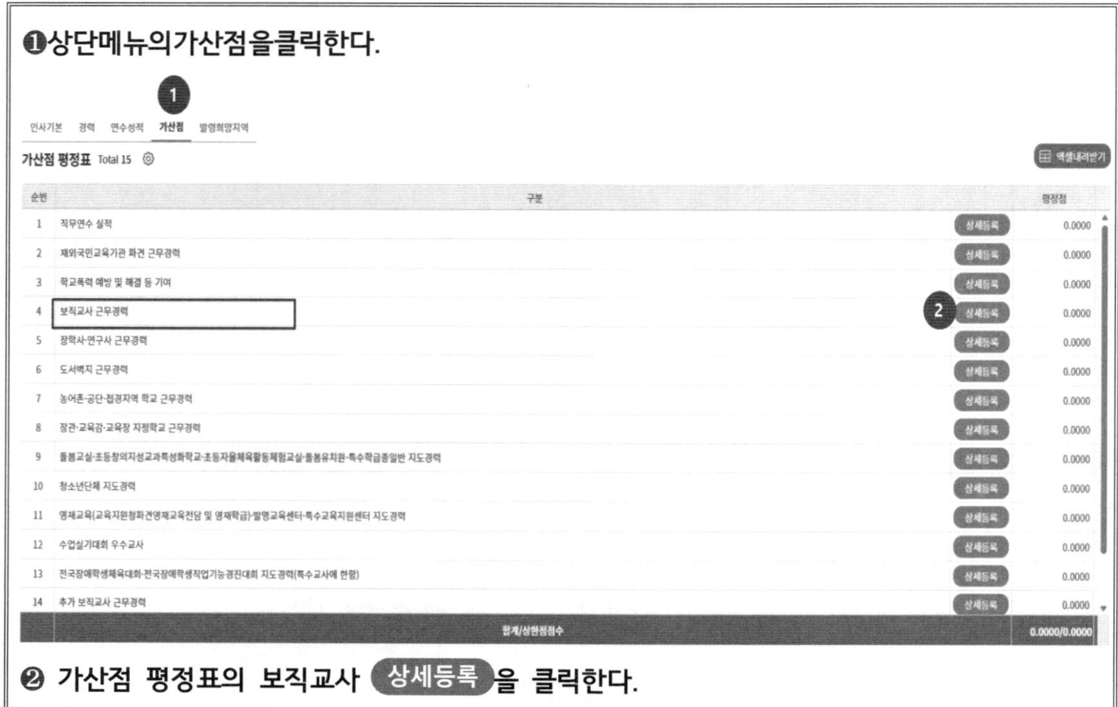

❷ 가산점 평정표의 보직교사 <u>상세등록</u>을 클릭한다.

가) 보직교사 경력 목록(팝업창)

❶ **자동생성**을 클릭하여 보직교사 경력 목록을 반영한다.
　※ 인사기록-[경력]에서 1급 정교사 자격 취득한 학년도 포함 보직교사 경력부터 불러옴
　▶ 나이스 인사기록과 불일치 하는 경우 인사기록 추기를 통해 일치 후 반영
❷❸ 필요시 **[경력]조회**하여 선택할 수 있다.
　▶ 1급 정교사에는 전문상담교사 자격증 소지자 포함('02.6.25. 이후부터 적용)
　▶ 미인정 경력
　1) 2급 정교사 또는 2급 보건교사의 보직교사 경력
　2) 파견근무기간 중의 보직교사 경력(타시도 교환파견 포함), 휴직기간 중 경력
　▶ 인사지원단에 의한 서류 검토 중 보직교사명을 확인하기 위한 증빙서류(보직교사 경력 증명
　　서) 제출 요청시 반드시 제출
❹ 미인정 경력이 있을 경우 선택하여 **행삭제**를 클릭한다.
❺ 입력을 완료하면 **저장**을 클릭하여 저장한다.

13) [장학사·연구사 근무경력]

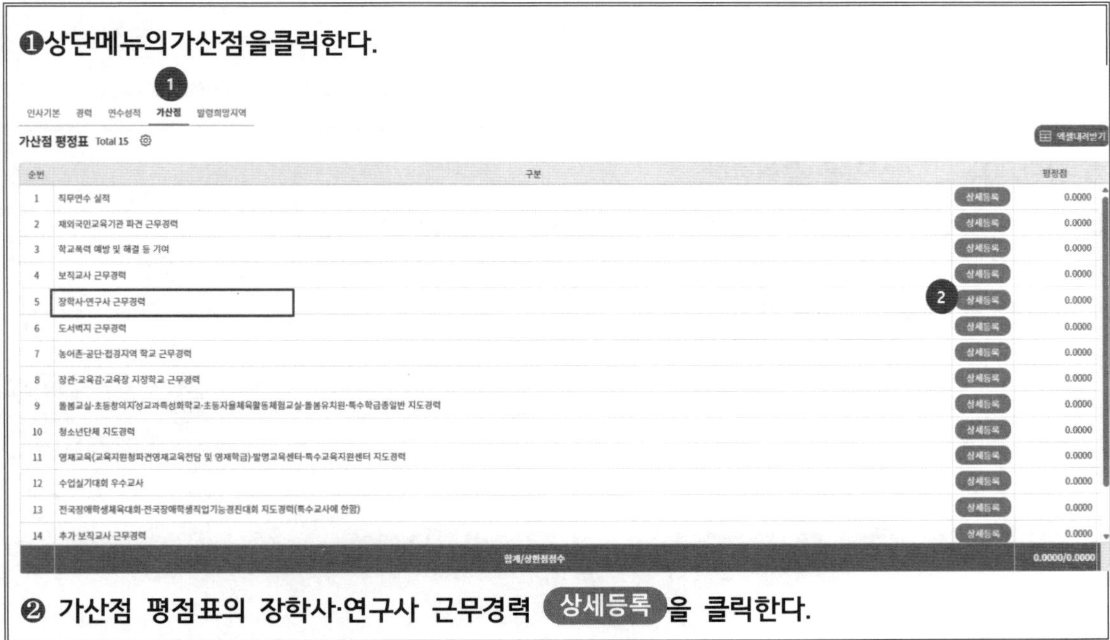

❶ 상단메뉴의 가산점을 클릭한다.

❷ 가산점 평점표의 장학사·연구사 근무경력 **상세등록**을 클릭한다.

가) 장학사·연구사 경력 목록(팝업창)

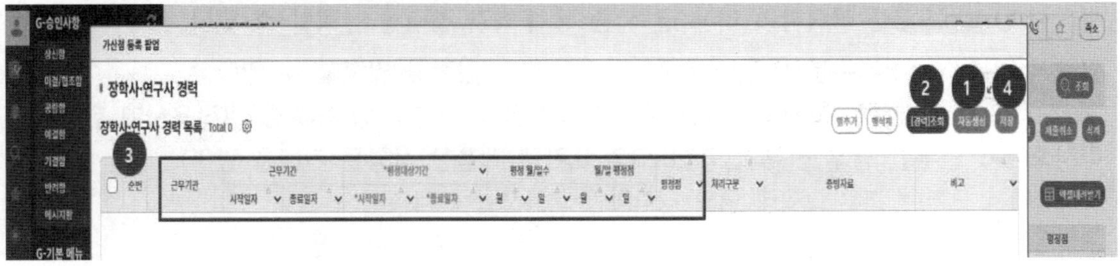

❶ 오른쪽 상단 [자동생성]을 클릭하여 장학사 연구사 경력을 반영한다.
 ※ 인사기록-[경력]에서 교육전문직원 경력의 내용이 반영됨
▶ 교육전문직원 경력이 있는 교(원)감은 교(원)감 자격취득일부터 교육전문직원 경력종료일 까지 반영
❷ 필요시 [경력]조회를 클릭하여 나온 경력 중 교육전문직원 경력을 선택할 수 있다.
❸ 근무기관, 근무기간, 평정대상기간, 평정 월/일수, 평정점이 자동 입력된다.
❹ 입력을 완료하면 [저장]을 클릭하여 저장한다.

14) [도서벽지 근무경력]

❶ 상단 메뉴의 가산점을 클릭한다.
❷ 가산점 평점표의 도서벽지 근무경력 [상세등록]을 클릭한다.

가) 도서·벽지 경력 목록(팝업창)

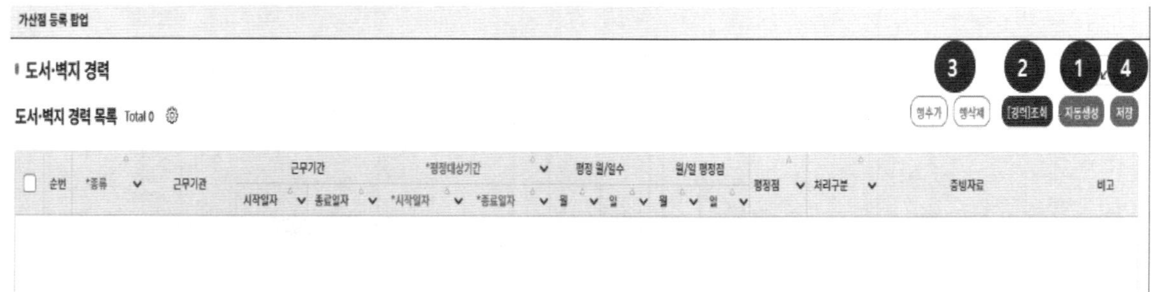

❶ [자동생성]을 클릭하여 도서·벽지 경력 목록을 만든다.
❷ 필요시 [경력]조회를 클릭하여 나온 경력 중 도서·벽지 경력을 선택할 수 있다.
❸ 필요시 (행추가) (처리구분-신규, 기제출)로 도서·벽지 경력을 입력할 수 있다.
▶ 2025.2.28.자 기제출한 도서벽지 경력은 처리구분을 기제출로 입력(❶,❷ 미적용시에 한함)
▶ 타시도에서 근무한 경우 신규 입력(2025.2.28.자에 제출한 사항은 기제출 반영)
▶ 타시도에서 근무한 경우 교육장 명의 경력확인서에 포함될 내용
① 근무기간 ② 도서벽지 지정 년월 ③ 급지 ④ 도서벽지 학교 소재 지명 기록
⑤ 해당 교육청 승진 규정에 아래의 승진 문구가 삽입되어야 함
  "위 근무경력은 ○○시(도) 평정업무지침에 따라 승진가산점으로 평정이 가능함을 확인합니다."
▶ 타시도 교환 파견 근무로 인한 도서벽지 경력은 불인정

》 제출 증빙 서류

① 타시도에서 근무한 도서벽지 근무 경력은 **교육장 발행 경력증명서**
 (타시도 근무일 경우 '경기도 도서벽지 확인서 내용'과 '승진 가산점 인정문구' 내용 기재)
• **도서벽지 지정년월일, 등급, 도서벽지학교 소재 주소지명의 기록이 없는 것은 인정하지 않음**

❹ 입력을 완료하면 （ 저장 ）을 클릭하여 저장한다.

15) [농어촌·공단·접경지역 학교 근무경력]

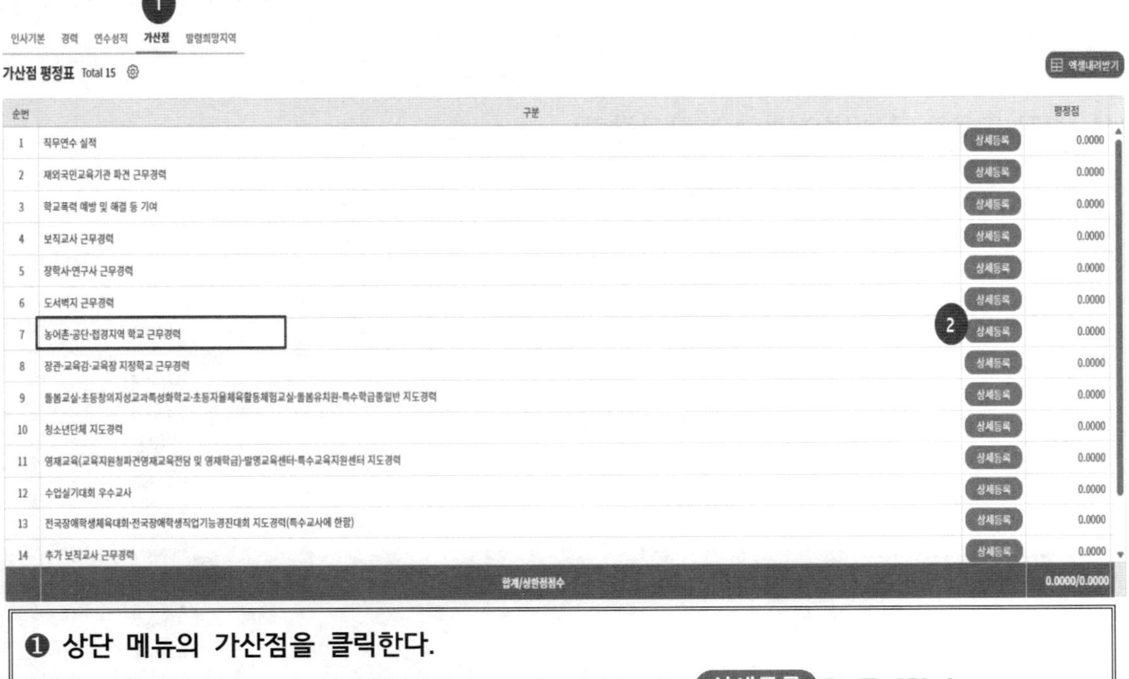

❶ 상단 메뉴의 가산점을 클릭한다.
❷ 가산점 평점표의 농어촌·공단·접경지역 학교 근무경력 （ 상세등록 ）을 클릭한다.

가) 농어촌·공단·접경지역 경력 목록(팝업창)

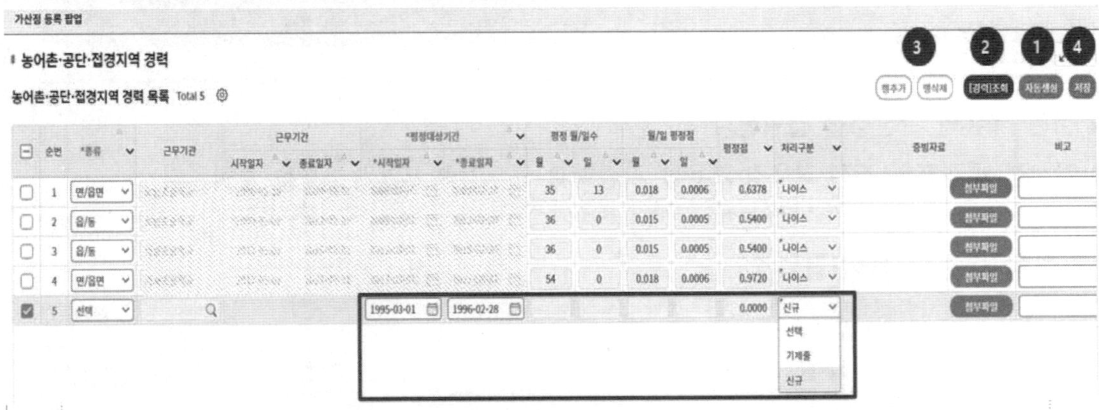

❶ 자동생성 을 클릭하여 농어촌·공단·접경지역 경력 목록을 반영한다.

❷ 필요시 [경력]조회 를 클릭하여 나온 경력 중 농어촌·공단·접경지역 경력을 선택할 수 있다.

❸ 필요시 행추가 (처리구분–신규, 기제출)로 농어촌·공단·접경지역 경력을 입력할 수 있다.

▶ 2025.2.28.자 기제출한 경력은 처리구분을 기제출로 입력(❶,❷ 미적용시에 한함)

▶ 타시도에서 근무한 경우 신규 입력(2025.2.28.자에 제출한 사항은 기제출 반영)

▶ 1995~97년도 근무경력이 조회될 경우, 해당 내용 삭제 후 행추가 로 신규(처리구분)입력

 ※ 1995~97년도는 주소변동사항이 기재된 초본을 스캔(PDF)하여 첨부해야 함

❹ 입력을 완료하면 저장 을 클릭하여 저장한다.

16) [장관·교육감·교육장 지정학교 근무경력]

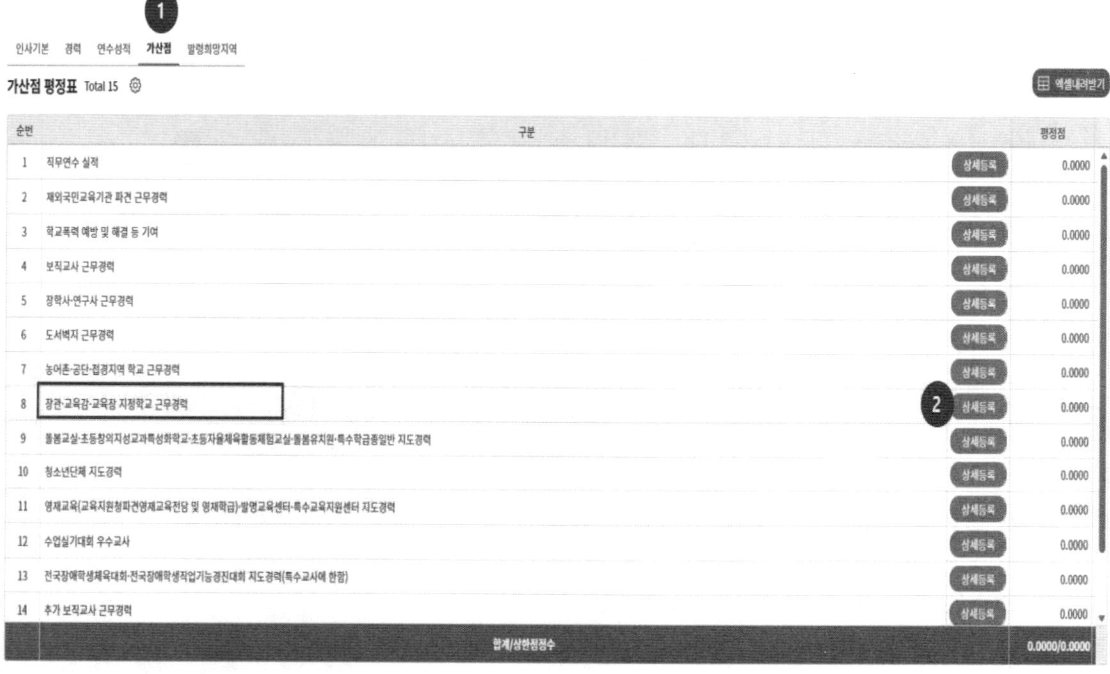

❶ 상단 메뉴의 가산점을 클릭한다.

❷ 가산점 평점표의 장관·교육감·교육장 지정학교 근무경력 상세등록 을 클릭한다.

가) 지정학교 경력 목록(팝업창)

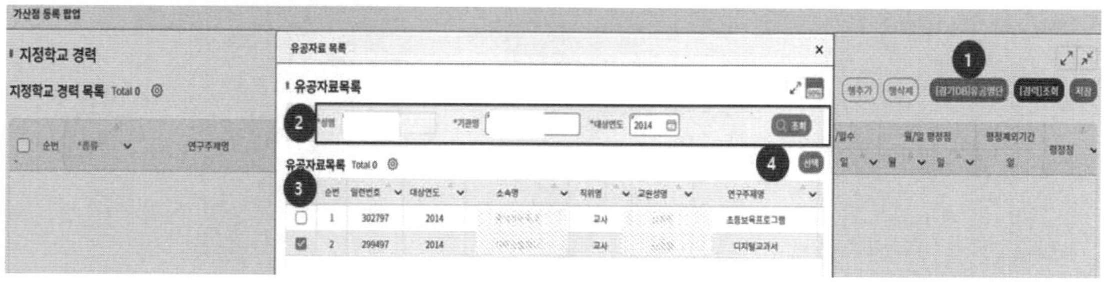

❶ (경기DB)유공명단)을 클릭하여 [유공자료목록] 팝업창을 연다.

❷ 평정대상자의 성명, 지정학교 기관명 및 대상연도를 입력하고 (조회)버튼을 클릭한다.

❸ 유공자료목록 중 <장관·교육감·교육장 지정학교> 항목을 선택한다.

❹ (선택)을 클릭하여 반영한다.

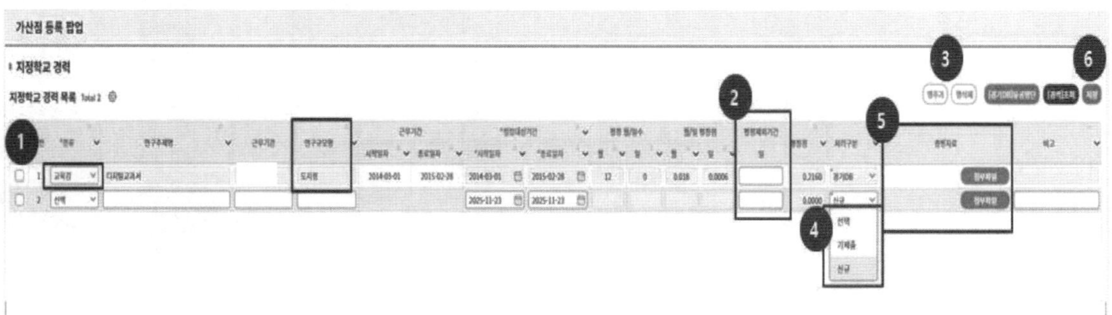

❶ [경기DB]에서 불러온 지정학교의 종류를 설정한다.

▶ 교육부장관, 교육감, 특별학급, 교육장, 체험학습장, 교생실습A, 교생실습B로 구분하여 입력

 1) 2005.2.28.까지의 교생실습학교는 교생실습A

 2) 2005.3.1.부터 교생실습학교는 교생실습B

❷ [비고]란에 불러온 제외일수를 입력한다.

▶ 평정 월/일수에 반영되어 평정점으로 저장된다.

❸❹ 필요시 (행추가) (처리구분-신규, 기제출)로 지정학교 경력을 입력할 수 있다.

▶ 2025.2.28.자 기제출한 경력은 처리구분을 기제출로 입력([경기DB] 자료 부존재 경우에 한함)

▶ 타시도에서 근무한 경우 신규 입력(2025.2.28.자에 제출한 사항은 기제출 반영)

  ❯❯ 제출 증빙 서류

  타시도 연구학교경력 증명서: 근무기간, 연구지정 구분, 연구주제, 공헌한 연구 분야, 직책,문구(위 근무경력은 ○○시(도) 평정업무지침에 따라 승진가산점으로 평정이 가능함을 확인합니다.) 등 포함되어야 함

❺ (행추가)로 신규 입력 시, 증빙자료를 첨부(PDF)한다.

▶ 신규: 경기DB 조회되지 않고 기제출 내용이 아닌 경우, 증빙자료 첨부

▶ 기제출: 경기DB 조회되지 않고 2025.2.28.자에 증빙자료 기제출한 경우, 증빙자료 미첨부

❻ 지정학교 평정내용을 확인한 후 (저장)을 클릭하여 저장한다.

17) [돌봄교실·초등창의지성교과특성화학교·초등자율체육활동체험교실·돌봄유치원·특수
학급종일반 지도경력]

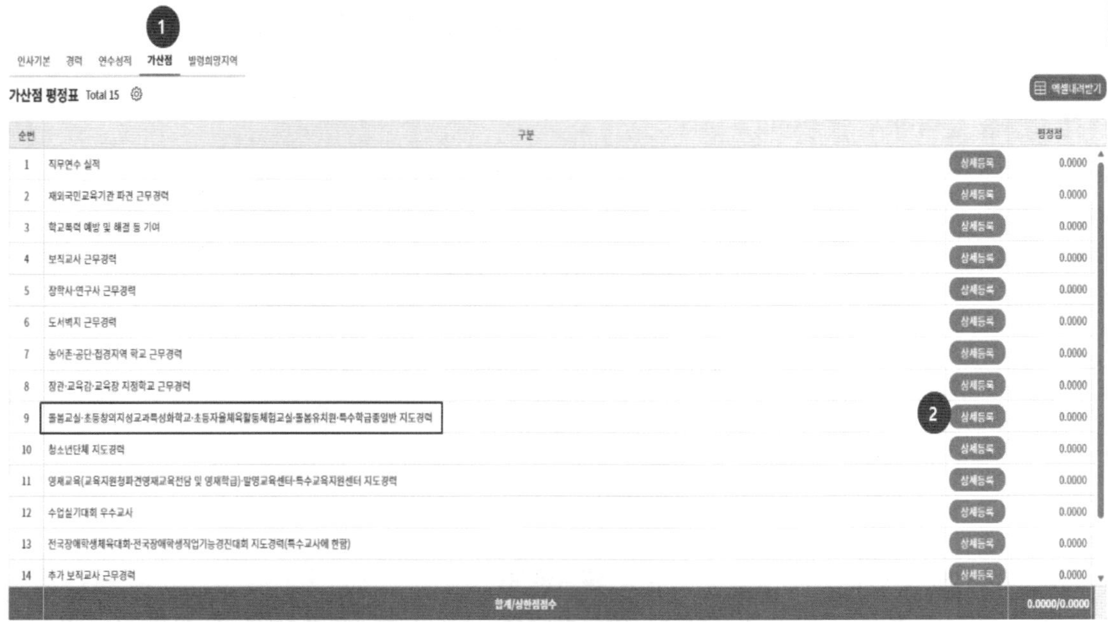

❶ 상단 메뉴의 가산점을 클릭한다.
❷ 가산점 평점표의 돌봄교실·초등창의지성교과특성화학교·초등자율체육활동체험교실·돌봄유
치원·
     특수학급종일반 지도경력 상세등록 을 클릭한다.

가) 돌봄·특성화·체험·특수 경력 목록(팝업창)

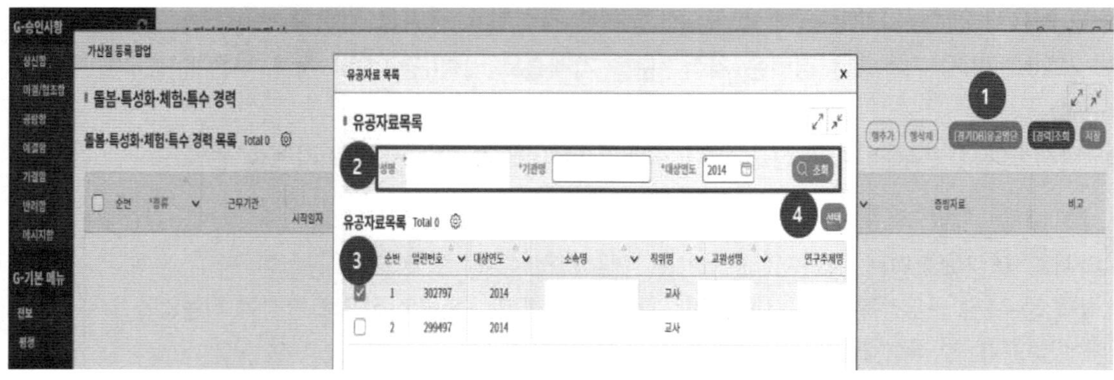

❶ 오른쪽 상단의 [경기DB]유공명단 을 클릭하여 [유공자료목록] 팝업창을 연다.
❷ 평정대상자의 성명, 기관명 및 대상연도를 입력하고 조회 버튼을 클릭한다.
❸ 유공자료목록 중 <돌봄교실·초등창의지성교과특성화학교·초등자율체육활동체험교실·돌봄유치
   원·특수학급종일반> 해당 항목을 선택한다.
❹ 선택 을 클릭하여 반영한다.

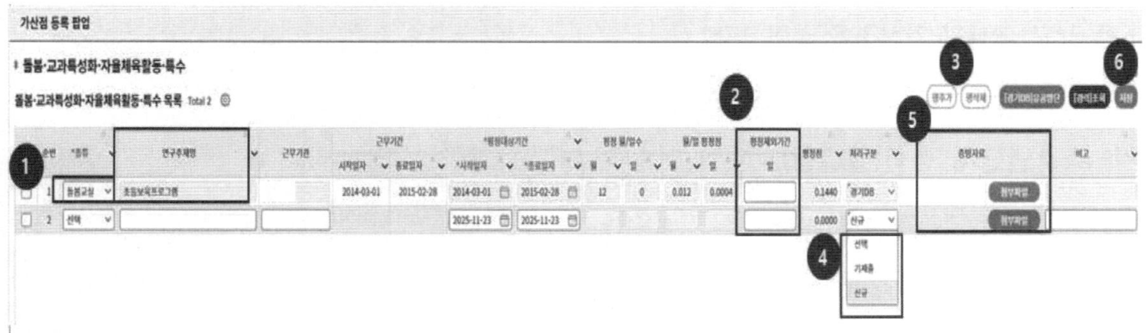

> ❶ [경기DB]에서 불러온 지도경력을 설정한다.
> ▶ <연구주제명> 확인하여 돌봄교실, 교과특성화, 자율체육, 돌봄유치원, 특수학급종일반
>   내용을 확인하여 <종류>를 정확하게 구분하여 선택
> ❷ [비고]란에 불러온 제외일수를 입력한다.
> ▶ 평정 월/일수에 반영되어 평정점으로 저장된다.
> ❸❹ 필요시 (행추가) (처리구분-신규, 기제출)로 지정학교 경력을 입력할 수 있다.
> ▶ 2025.2.28.자 기제출한 경력은 처리구분을 기제출로 입력([경기DB] 자료 부존재 경우에 한
>   함)
> ▶ 타시도에서 근무한 경우 신규 입력(2025.2.28.자에 제출한 사항은 기제출 반영)
> ❺ (행추가)로 신규 입력 시, 증빙자료를 첨부(PDF)한다.
> ▶ 신규: 경기DB 조회되지 않고 기제출 내용이 아닌 경우, 증빙자료 첨부
> ▶ 기제출: 경기DB 조회되지 않고 2025.2.28.자에 증빙자료 기제출한 경우, 증빙자료 미첨
>   부
> ❻ 지도경력 평정내용을 확인한 후 (저장)을 클릭하여 저장한다.

18) [청소년단체 지도경력]

> ❶ 상단 메뉴의 가산점을 클릭한다.
> ❷ 청소년단체 지도경력 [상세등록]을 클릭한다.

가) 청소년단체 경력(팝업창)

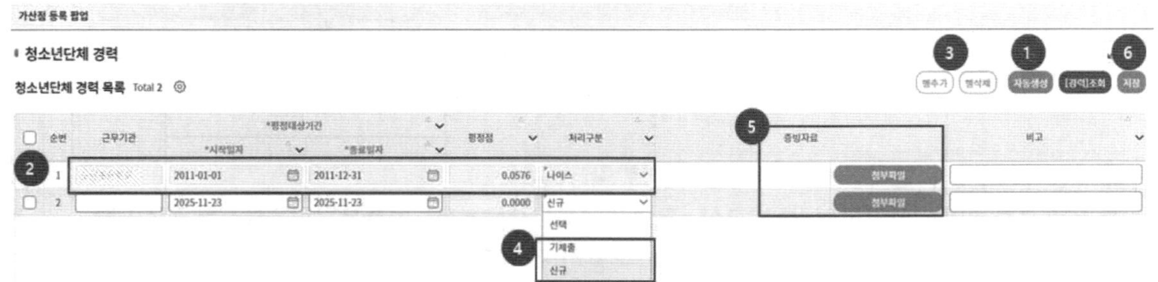

❶ [자동생성] 클릭하여 청소년단체활동 지도교사 가산점 부여명단 중 평정대상자의 내용을 조회한다.

- 조회가 되지 않을 경우, 확인서(해당 청소년단체 연맹에서 발급) 첨부하여 신규 입력해야 함

인정시기	단체명
`02.01.01.부터	▸ 한국스카우트경기남·북부연맹 ▸ 한국걸스카우트경기남·북부연맹 ▸ 한국우주소년단경기지방본부 ▸ 한국청소년경기도남·북부연맹 ▸ 한국해양소년단경기남·북부연맹 ▸ 대한적십자사(청소년적십자경기도본부)
`08.03.01.부터	▸ 한국4-H 경기도후원회
`09.03.01.부터	▸ 한국 청소년발명 영재단

❷ 청소년단체 지도경력 근무기간, 평정대상기간, 평정점이 반영된다.

❸❹ 필요시 [행추가] (처리구분-신규, 기제출)로 청소년단체 경력을 입력할 수 있다.

- 2025.2.28.자 기제출한 경력은 처리구분을 기제출로 입력([자동생성]으로 조회되지 않을 경우)

- 타시도에서 근무한 경우 신규 입력(2025.2.28.자에 제출한 사항은 기제출 반영)

> ※ 청소년단체활동 지도교사 가산점 부여대상확인서 발급 방법
> - 연맹에 직접 방문하여 원본 발급 및 제출 : 확인서에 인적사항, 승진가산점 내용 등 기재
>   ① 발급 번호 ② 발급자 도장 ③ 처리 기관 직인 확인
> - fax민원으로 연맹에 신청, 사본 발급 및 제출 : 확인서에 인적사항, 승진가산점 내용 등 기재
>   ① 발급 번호 ② 발급자 도장 ③ 처리 기관 직인 ④ 교부 번호 ⑤ 교부 기관 직인 ⑥ 교부자 도장

❺ [행추가]로 신규 입력 시, 증빙자료를 첨부(PDF)한다.

▸ **신규** : 자동생성으로 조회되지 않고 기제출 내용이 아닌 경우, 증빙자료 첨부

▸ **기제출** : 자동생성으로 조회되지 않고 2025.2.28.자에 증빙자료 기제출한 경우, 증빙자료 미첨부

❻ 청소년단체 지도경력 평정내용을 확인한 후 [저장]을 클릭하여 저장한다.

※ 유의사항
▶ 청소년단체 가산점은 청소년단체 가산점 부여 자격 요건 및 기준에 따라 부여
▶ 청소년단체에서 발급한 승진가산점부여 확인서를 기준으로 확인하되, 돌봄교실, 교과특성화,
　자율체육활동 등 다른 중복금지에 해당하는 가산점과 기간 중복이 인정되지 않음
▶ `13.12.31.자 평정 시부터 '수업실기우수교사', '초등돌봄교실(저학년방과후교실–보육프로그램)·
　초등창의지성교과특성화지도경력·초등자율체육활동체험교실.'청소년단체활동 지도교사',
　'영재학급 지도교사' 가산점과 합산하여 3.00점을 초과할 수 없음

19) [영재교육·발명교육센터·특수교육지원센터 지도경력]

① 상단 메뉴의 가산점을 클릭한다.
② 영재교육·발명교육센터·특수교육지원센터 [상세등록]을 클릭한다.

가) 영재·발명 경력 목록(팝업창)

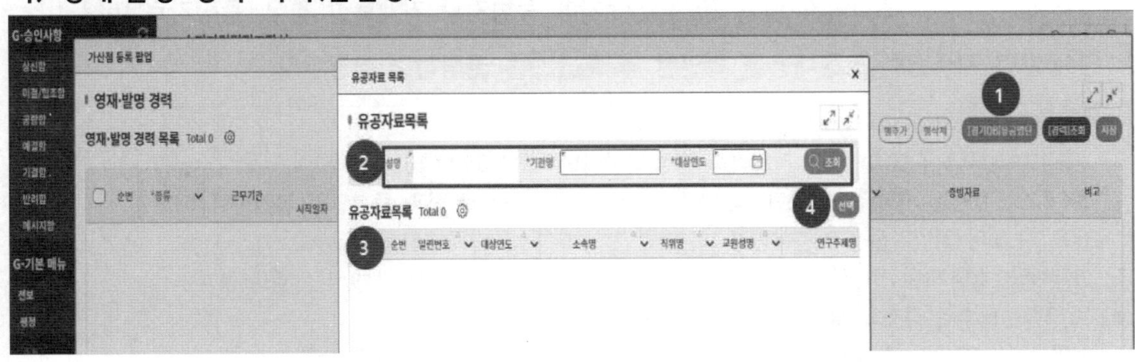

> ❶ 오른쪽 상단의 [경기DB]유공명단을 클릭하여 [영재·발명 경력 목록] 팝업창을 연다.
> ❷ 평정대상자의 성명, 기관명 및 대상연도를 입력하고 조회 버튼을 클릭한다.
> ❸ 유공자료목록 중 <영재·발명 경력>을 선택한다.
> ❹ 선택 을 클릭하여 반영한다.

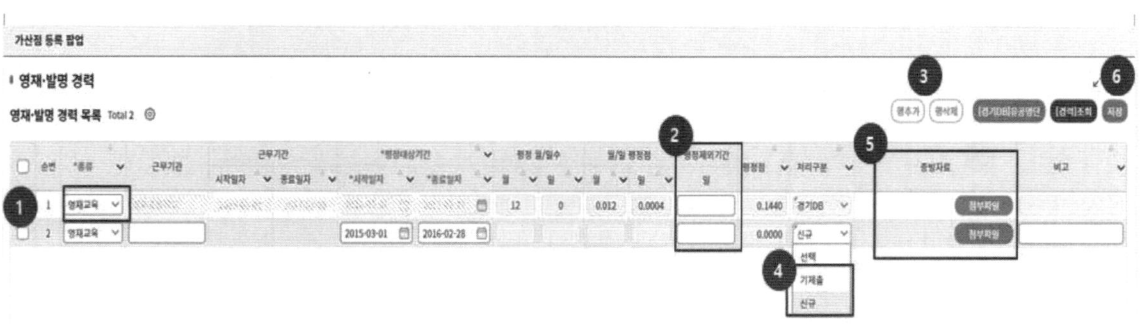

❶ [경기DB]에서 불러온 영재·발명 지도경력의 종류를 설정한다.
   ▶ 영재교육, 발명 구분하여 입력
❷ [비고]란에 불러온 제외일수를 입력한다.
   ▶ 평정 월/일수에 반영되어 평정점으로 저장된다.
❸❹ 필요시 행추가 (처리구분-신규, 기제출)로 영재·발명 지도경력을 입력할 수 있다.
   ▶ 2025.2.28.자 기제출한 경력은 처리구분을 기제출로 입력([경기DB] 자료 부존재 경우에 한함)
   ▶ 타시도에서 근무한 경우 신규 입력(2025.2.28.자에 제출한 사항은 기제출 반영)

   ◎ 제출 증빙 서류

▶ 교육장 발행 경력증명서 원본이나 장학사 원본대조필 사본
▶ 타시도 경력 증명서는 년도, 연구지정 구분, 연구주제, 공헌한 연구 분야, 직책, 문구(위 근무 경력은 ○○시(도) 평정업무지침에 따라 승진가산점으로 평정이 가능함을 확인합니다.) 등 포함되어함

❺ 행추가 로 신규 입력 시, 증빙자료를 첨부(PDF)한다.
   ▶ 신규: 경기DB 조회되지 않고 기제출 내용이 아닌 경우, 증빙자료 첨부
   ▶ 기제출: 경기DB 조회되지 않고 2025.2.28.자에 증빙자료 기제출한 경우, 증빙자료 미첨부
❻ 영재·발명 지도경력 평정내용을 확인한 후 저장 을 클릭하여 저장한다.

> ※ 영재 및 발명 지도경력 중복인정 및 금지 기준
> 1) 2007.3.1. 부터 영재 및 발명 지도경력 인정(과산-15596 :2005.11.10.)
> 2) **2009.2.28까지는 지역(접경, 공단, 농·어촌, 도서벽지학교 등)가산점과 중복인정 불가**하나
>   2009.3.1.부터 지역가산점과 중복인정
> 3) 영재학급, 발명교실 가산점 중복인정은 2012학년도까지 이중 등재 시 인정(명단 별도 관리)
> 4) 2013학년도부터 영재와 발명교육 중복인정 불가
> 5) 발명교실 지도교사 가산점 대상 인원은 발명교실 설치 기관별 3명 이내로 함
> 6) 교육지원청 파견 영재교육전담교사, 영재학급담당교사 및 도지정 발명교실 지도교사 경력과
>   연구(시범·실험)학교 근무경력 중복(과학산업교육과-15862, 2009.11.20.)가능

20) [수업실기대회 우수교사]

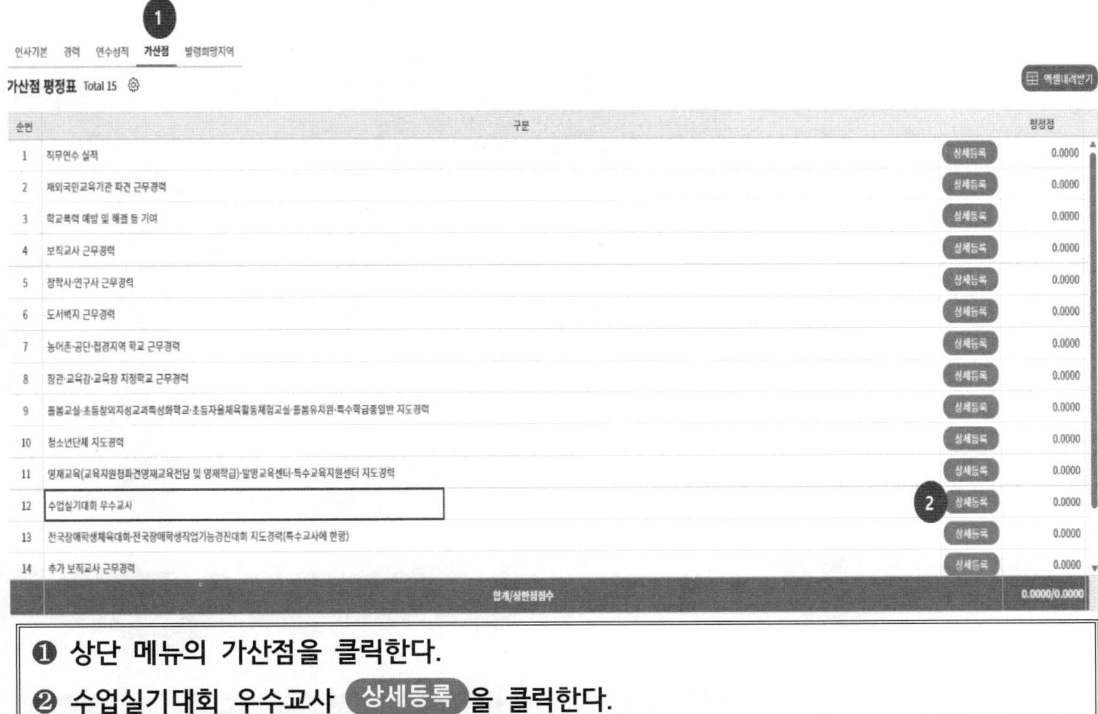

❶ 상단 메뉴의 가산점을 클릭한다.
❷ 수업실기대회 우수교사 상세등록 을 클릭한다.

가) 수업실기 목록(팝업창)

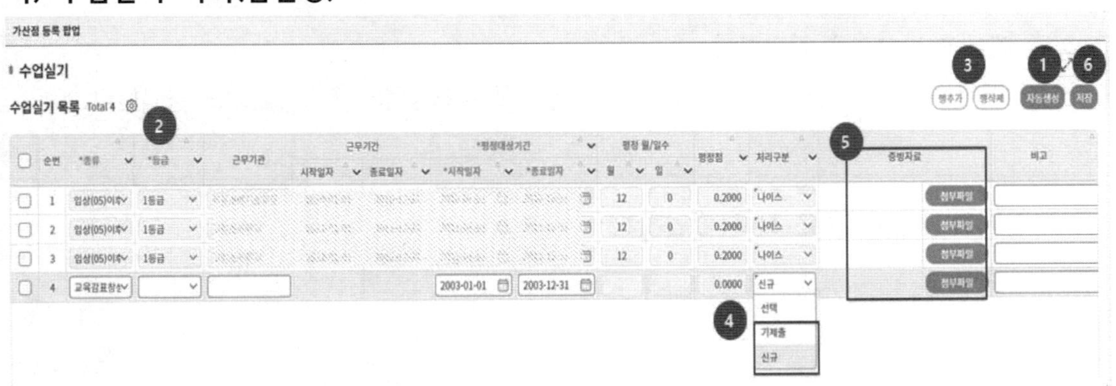

❶ 자동생성 을 클릭하여 수업실기 입상 실적을 반영한다.
  ※ [경기DB]의 유공명단에서 불러옴
❷ 수업실기 등급이 반영된다.
❸❹ 필요시 행추가 (처리구분-신규, 기제출)로 수업실기 사항을 입력할 수 있다.
  ▶ 2025.2.28.자 기제출한 수업실기 평정내용은 처리구분을 기제출로 입력
  ▶ 타시도에서 근무한 경우 신규 입력(2025.2.28.자에 제출한 사항은 기제출 반영)

❺ 행추가 로 신규 입력 시, 증빙자료를 첨부(PDF)한다.
  ▶ 신규: 경기DB 조회되지 않고 기제출 내용이 아닌 경우, 증빙자료 첨부
  ▶ 기제출: 경기DB 조회되지 않고 2025.2.28.자에 증빙자료 기제출한 경우, 증빙자료 미첨부

❻ 수업실기 평정내용을 확인한 후 저장 을 클릭하여 저장한다.

21) [전국장애학생체육대회.전국장애학생직업기능경진대회 지도경력](특수교사)

순번	구분		평정점
1	직무연수 실적	상세등록	0.0000
2	재외국민교육기관 파견 근무경력	상세등록	0.0000
3	학교폭력 예방 및 해결 등 기여	상세등록	0.0000
4	보직교사 근무경력	상세등록	0.0000
5	장학사·연구사 근무경력	상세등록	0.0000
6	도서벽지 근무경력	상세등록	0.0000
7	농어촌·공단·접경지역 학교 근무경력	상세등록	0.0000
8	장관·교육감·교육장 지정학교 근무경력	상세등록	0.0000
9	돌봄교실·초등창의지성교과특성화학교·초등자율체육활동체험교실·돌봄유치원·특수학급종일반 지도경력	상세등록	0.0000
10	청소년단체 지도경력	상세등록	0.0000
11	영재교육(교육지원청파견영재교육전담 및 영재학급)·발령교육센터·특수교육지원센터 지도경력	상세등록	0.0000
12	수업실기대회 우수교사	상세등록	0.0000
13	전국장애학생체육대회·전국장애학생직업기능경진대회 지도경력(특수교사에 한함)	상세등록	0.0000
14	추가 보직교사 근무경력	상세등록	0.0000
	합계/상한점점수		0.0000/0.0000

❶ 상단 메뉴의 가산점을 클릭한다.

❷ 전국장애학생체육대회·전국장애학생직업기능경진대회 지도경력의 상세등록 을 클릭한다.

가) 전국장애학생대회 지도 목록(팝업창)

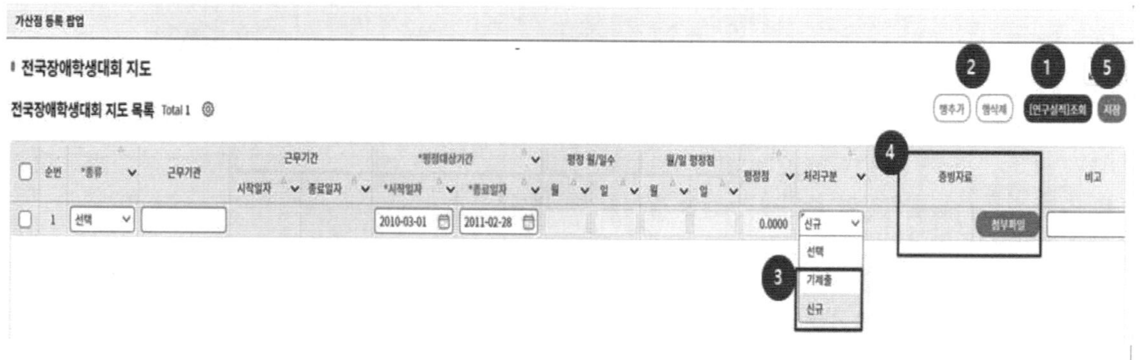

순번	*종류	근무기관	근무기간 시작일자	종료일자	*평정대상기간 *시작일자	*종료일자	평정 월/일수 월	일	월/일 평정점 월	일	평정점	처리구분	증빙자료	비고
1	선택				2010-03-01	2011-02-28					0.0000	신규	첨부파일	

❶ [연구실적]조회 에서 불러온 입상 실적을 반영한다.

※ 인사기록-[연구실적] 중 [확인자]가 "교육지원청"으로 입력된 실적만 조회됨

❷❸ 필요시 행추가 (처리구분-신규, 기제출)로 실적을 입력할 수 있다.

▶ 2025.2.28.자 기제출한 실적은 처리구분을 기제출로 입력([연구실적]에서 조회가 안될 경우)

▶ 타시도에서 근무한 경우 신규 입력(2025.2.28.자에 제출한 사항은 기제출 반영)

» 제출 증빙 서류

전국장애학생체육대회, 전국장애학생직업기능경진대회 지도 실적

❹ 행추가 로 신규 입력 시, 증빙자료를 첨부(PDF)한다.

▶ <u>신규</u>: 연구실적에서 조회되지 않고 기제출 내용이 아닌 경우, 증빙자료 첨부

▶ <u>기제출</u>: 연구실적에서 조회되지 않고 2025.2.28.자에 증빙자료 기제출한 경우, 증빙자료 미첨부

❺ 평정내용을 확인한 후 저장 을 클릭하여 저장한다.

22) [추가 보직교사 근무경력]

❶ 상단 메뉴의 가산점을 클릭한다.
❷ 추가 보직교사 근무경력의 상세등록 을 클릭한다.

가) 추가 보직교사 경력 목록(팝업창)

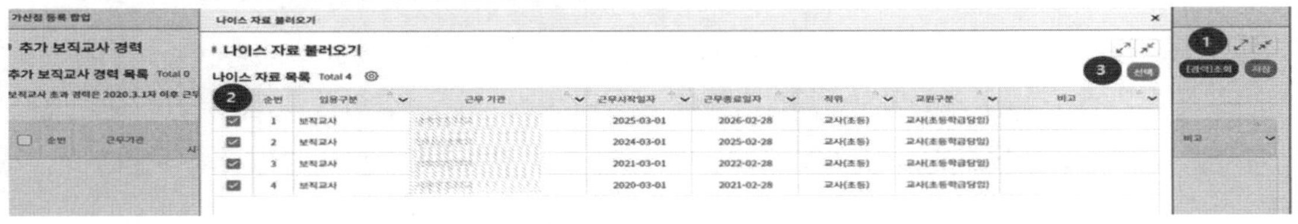

> ❶ 오른쪽 상단의 [경력]조회를 클릭하여 조회한다.
>
> ※ 보직교사(2020.3.1.자 이후부터, 가산점-보직교사 경력에서 사용된 경력은 제외)가 조회됨
>
> ❷❸ 2020.3.1. 이후 보직교사 경력을 선택하고, 선택을 클릭하여 반영한다.
>
> ❯❯ 유의사항
>
> ① 보직(부장)교사 가산점 2.00(월 0.027)점을 취득한 후 초과하는 보직교사 경력에 대하여 가산점 부여
> ▶ 기본 보직교사경력(월 평정점 0.027)과 담임교사 경력 가산점은 **중복 가능**
> ▶ 초과 보직교사경력(월 평정점 0.021)과 담임교사 경력 가산점은 **중복 불가**
> ② 휴직, 파견 기간 중 경력과 임용전 경력은 평정 대상 기간에서 제외
> ③ 타 시도 전출을 통해 전입해 온 경우 전 소속 교육청의 평정 규정에 인정 문구가 기재되고 경력증명서 제출 시 인정(교환파견제외)

가산점 등록 팝업

| 추가 보직교사 경력

추가 보직교사 경력 목록 Total 4   행추가 행삭제 [경력]조회 저장

보직교사 초과 경력은 2020.3.1자 이후 근무한 경력부터 인정

	순번	근무기관	근무기간		평정대상기간		평정 월/일수		월/일 평정점		평정점	처리구분	증빙자료	비고
			시작일자	종료일자	시작일자	종료일자	월	일	월	일				
☐	1		2021-03-01	2022-02-28	2021-03-01	2022-02-28	12	0	0.021	0.0007	0.2520	나이스(선택)	첨부파일	
☐	2		2024-03-01	2025-02-28	2024-03-01	2025-02-28	12	0	0.021	0.0007	0.2520	나이스(선택)	첨부파일	
☐	3		2025-03-01	2026-02-28	2025-03-01	2026-02-28	12	0	0.021	0.0007	0.2520	나이스(선택)	첨부파일	
☐	4				2020-03-01	2021-02-28					0.0000	신규	첨부파일	

선택 / 기제출 / 신규

❶ [경력]조회를 클릭하여 나온 경력 중 추가보직 경력을 선택하여 반영할 수 있다.

❷❸ 필요시 행추가 (처리구분-신규, 기제출)로 추가 보직교사 경력을 입력할 수 있다.
  ▶ 2025.2.28.자 기제출한 추가 보직교사 경력은 처리구분을 기제출로 입력(자동생성 및 경력 조회로 반영이 안되는 경우)
  ▶ 타시도에서 근무한 경우 신규 입력(2025.2.28.자에 제출한 사항은 기제출 반영)

❹ 행추가로 신규 입력 시, 증빙자료를 첨부(PDF)한다.
  ▶ 신규: 인사기록-[경력] 조회되지 않고 기제출 내용이 아닌 경우, 증빙자료 첨부
  ▶ 기제출: [경력] 조회되지 않고 2025.2.28.자에 증빙자료 기제출한 경우, 증빙자료 미첨부

❺ 추가 보직교사 평정내용을 확인한 후 저장을 클릭하여 저장한다..

》 유의사항

가산점-보직교사 근무경력 상한점에 해당하여 중간에 단절된 경력의 경우, (행추가)-기제출입력

보직교사 경력 구분	기간	비고
보직교사 근무경력 상한점에 해당하여 단절된 경력	2022.3.1.~2022.5.3.	※ (행추가) 입력 시 <기제출>선택하여 증빙자료 미첨부
추가 보직교사 경력 ※ (행추가) 기제출(처리구분) 입력	2022.5.4.~2023.2.28.	

(입력 화면 예시)

순번	근무기관	근무기간 시작일자	근무기간 종료일자	*평정대상기간 *시작일자	*평정대상기간 *종료일자	평정 월/일수 월	평정 월/일수 일	월/일 평정점 월	월/일 평정점 일	평정점	처리구분
1		2020-03-01	2021-02-28	2022-05-04	2023-02-28	9	25	0.021	0.0007	0.2065	기제출

23) [담임교사 근무경력]

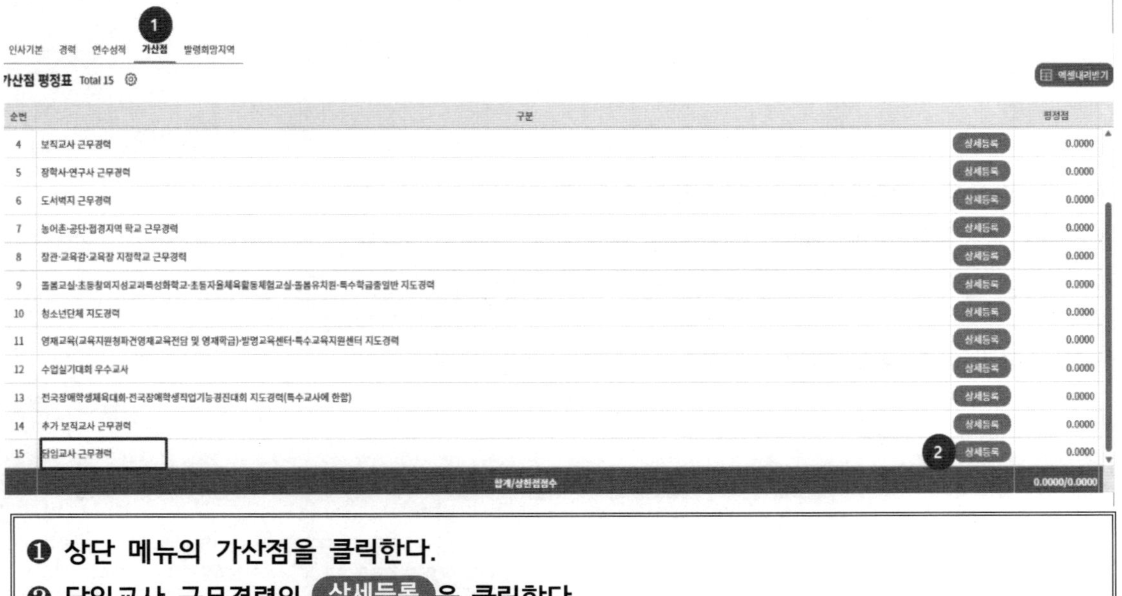

❶ 상단 메뉴의 가산점을 클릭한다.
❷ 담임교사 근무경력의 (상세등록)을 클릭한다.

가) 담임교사 경력 목록(팝업창)

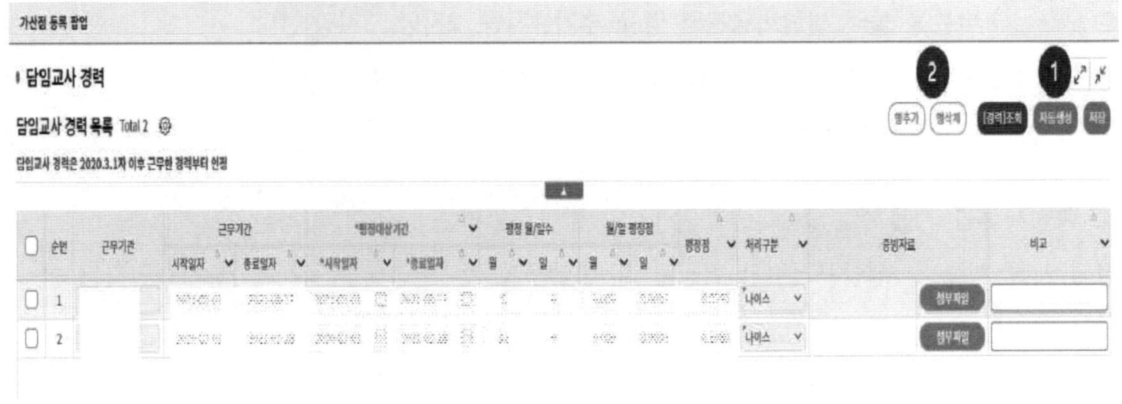

> ❶ 자동생성 을 클릭하여 2020.3.1.자 이후 담임교사 경력을 반영한다.
> ❷ 2020.3.1.자 이후 담임교사 경력 중 미반영 항목이 있는 경우 행삭제 저장 을 통해 삭제한다.
> ▶ 중복 입력 시, 붉은 색 오류 표시

> ❶ 가산점 등록 팝업의 오른쪽 [경력]조회 를 클릭한다.
> ※ 인사기록-[경력]에서 2020.3.1.자 이후 담임교사 경력만 조회됨
> ❷❸ 해당 목록을 선택하고, 선택 을 클릭하여 반영한다.

24) 발령희망지역 ★교(원)감 승진 개요 작성자만 해당

> ❶ 발령희망지역을 클릭한다.
> ❷ 행추가 버튼을 눌러 발령희망지역 행을 추가(1지망, 2지망, 3지망)한다.
> ❸ 발령희망지역(지원청) 🔍 을 클릭하여 희망지원청을 검색하여 추가한다.
> ❹ 저장 을 클릭하여 저장한다.

Q. 평정서류를 제출하여 추후 생활근거지와 발령희망지를 변경이 가능한가요?
평정 서류 제출 후 생활근거지가 변경된 후 생활근거지는 변경이 가능하나, 발령희망지는 변경이 불가함

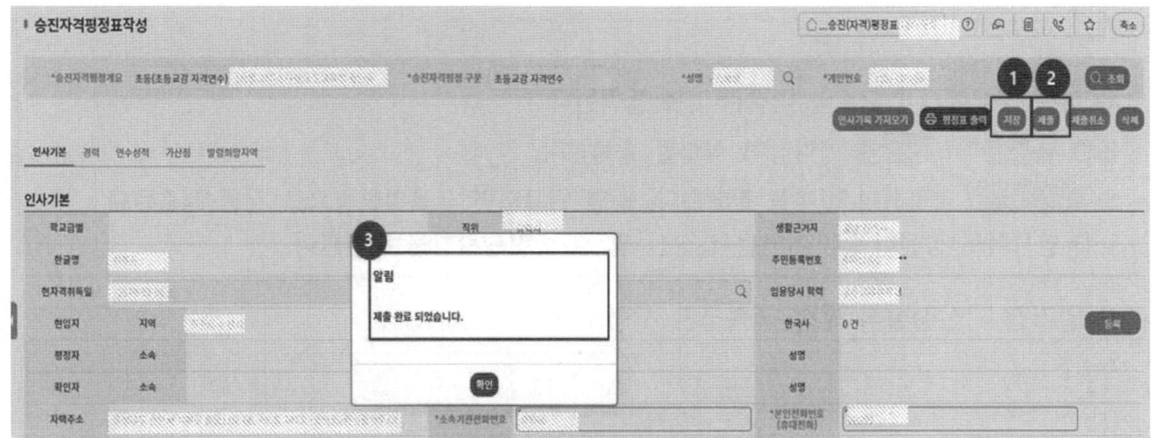

25) [승진자격평정표 제출-평정대상자]

❶ 승진자격 평정표 입력 완료 후 저장 을 클릭한다.
❷ 제출 클릭하여 평정자, 확인자에게 평정표를 제출한다.
❸ 제출 완료 메세지를 확인한다.

26) [승진자격평정표 담당자확인 및 상신-평정자]

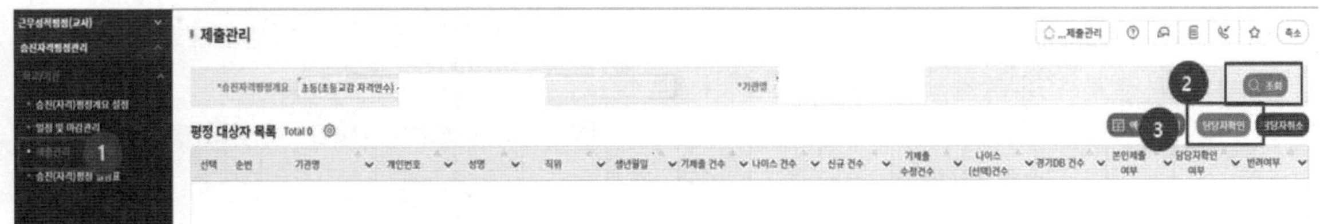

❶ 왼쪽 목록에서 [제출관리]를 클릭한다.
❷ 조회 클릭하여 평정 대상자 목록을 조회한다.
❸ 평정 대상자 이름을 클릭하여 평정내용을 확인한 후 담당자 확인 을 클릭한다.

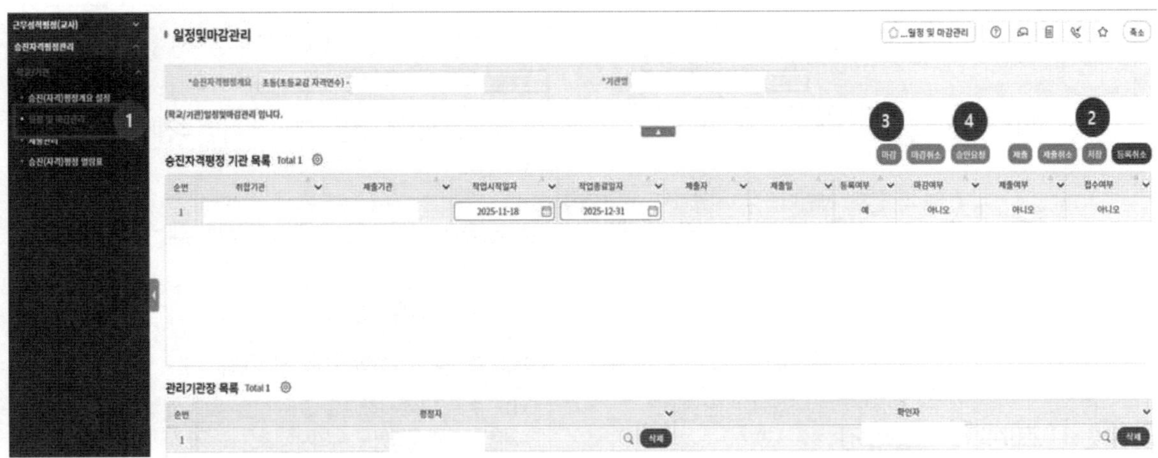

❶ 왼쪽 목록에서 [일정 및 마감관리]를 클릭한다.

❷❸ **저장** → **마감** 클릭하여 작업을 종료한다.

❹ **승인요청** 클릭하여 결재를 진행한다. 승인 완료되면 교육지원청으로 자동 제출된다.

※ G-인사이트 상신함에서 기안문서 상신 및 결재 진행사항을 확인한다.

※ 동일기간 가산점실적 평정 중복금지 사항

가산점 평정 영역	금지 년도	중복금지 담당자	관련근거
초등보육프로그램운영	2005	①연구학교 연구부장, 교무부장, 청소년단체	① 05 초등 저학년 방과후교실 운영계획
	2006	①연구학교 연구부장, 교무부장, **지정종목 육성학교 체육부장,** 청소년단체	① 06 방과후 보육프로그램 운영계획
	2007	① 연구학교 연구부장, 교무부장,지정종목 육성학교 체육부장,청소년단체 ②**체험학습장** ③**자율체육**	① 07 방과후 보육프로그램 운영계획 ② 체험학습장 운영공모 유의사항(초등교육과-6310(07.03.15.)) ③ 07 자율체육활동 운영계획
	2008	①연구학교 연구부장, 교무부장,지정종목 육성학교 체육부장,청소년단체 ②체험학습장 ③자율체육	① 08 방과후 보육 보금자리 프로그램 세부 추진계획 ② 08 체험학습 운영계획 ③ 08 자율체육활동 체험교실 운영계획
	2009	①연구학교 연구부장,지정종목 육성학교 체육부장,청소년단체 ②체험학습장 ③자율체육 ④<u>교과특성화</u>	① 09 방과후 보육 보금자리 프로그램 세부 추진계획 ② 09 체험학습장 공모 운영계획 ③ 09 자율체육활동 체험교실 운영계획 ④ 09 초등교과특성화학교 교육벨트 운영계획
	2010	①**연구학교 연구담당 주무**,지정종목 육성학교 체육부장,청소년단체 ②체험학습장 ③자율체육 ④교과특성화	① 10 초등 돌봄교실 세부추진계획 - 승진평정입력시 유의사항 안내(교원정책과-281(2015.1.5.)) ② 10 체험학습장 운영 공모 계획 ③ 10 자율체육활동 체험교실 운영계획 ④ 10 초등교과특성화학교 운영계획
	2011	①연구학교 연구부장, 교과특성화, 청소년단체, 체험학습장, 자율체육	① 11 초등 돌봄교실 세부추진계획
	2012	①연구학교 연구부장, 교과특성화, 청소년단체, 체험학습장, 자율체육, **영재, 발명**	① 12 초등 돌봄교실 세부추진계획
	2013	①연구학교 연구부장, 교과특성화, 청소년단체, 체험학습장, 자율체육, 영재, 발명	① 13 초등 돌봄교실 세부추진계획
	2014~	①청소년단체, 체험학습장, 자율체육, 교과특성화, 영재, 발명	① 14 초등 방과후 돌봄확대.연계 세부 추진계획
	2020~2021	①청소년단체, 체험학습장, 자율체육, 교과특성화, 영재, 발명, **보직교사초과경력, 담임교사경력**	① 초등승진 선택가산점 개선방안(교원정책과-9537(19.8.20)
초등교과특성화지도	2005	① 연구학교 연구부장 교무부장 청소년단체	① 05 초등교과특성화 학교 운영계획
	2006	① 연구학교 연구부장 교무부장 청소년단체	① 06 초등교과특성화 학교 운영계획
	2007	① 연구학교 연구부장 교무부장 청소년단체 ② **체험학습장** ③ **자율체육**	① 07 초등교과특성화교육 교육 벨트 운영 계획 ② 체험학습장 운영공모 유의사항(초등교육과-6310(07.03.15.)) ③ 07 자율체육활동 운영계획

가산평정영역	금지년도	중복금지 담당자	관련근거
	2008	① 연구학교 연구부장 교무부장 청소년단체 ② 체험학습장 ③ 자율체육	① 08 초등교과특성화 학교 교육 벨트 운영계획 승진평정 입력 유의사항 수정알림(교원정책과-281(15.1.5.)) ② 08 체험학습 운영계획 ③ 08 자율체육활동 체험교실 운영계획
	2009	① **연구학교 연구담당 주무**, 청소년단체, 자율체육, **보육** ② 체험학습장	① 09 초등교과특성화학교 교육벨트 운영계획 승진평정 입력 유의사항 수정알림(교원인사과-281(15.1.5.)) ② 09 체험학습장 공모 운영계획
	2010	① 연구학교 연구담당 주무, 자율체육, 청소년단체, 보육, 체험학습장,	① 10 초등교과특성화학교 교육벨트 운영계획
	2011	① 연구학교 연구담당 주무, 자율체육, 청소년단체, 보육,체험학습장, **영재, 발명, 교육실습학교 담당주무, 선도학교 담당주무**	① 11 초등교과특성화학교 교육벨트 운영계획
	2012~	① 연구학교 연구담당 주무, 자율체육, 청소년단체, 보육, 체험학습장, 영재, 발명, 교육실습학교 담당주무, 선도학교 담당주무	① 12 초등교과특성화학교 교육벨트 운영계획
	2020~ 2021	① 연구학교 연구담당 주무, 자율체육, 청소년단체, 보육, 체험학습장, 영재, 발명, 교육실습학교 담당주무, 선도학교 담당주무 **보직교사 초과경력, 담임교사경력**	① 초등승진 선택가산점 개선방안 (교원정책과-9537(19.8.20)
초등 자율체육 체험 지도	2007	① 교무부장, 연구학교 연구부장, 초등보육, 교과특성화, 청소년단체 ② **체험학습장**	① 07 자율체육활동 운영계획 ② 체험학습장 운영공모 유의사항(초등교육과-6310(07.03.15.))
	2008	① 교무부장, 연구학교 연구부장, 초등보육, 교과특성화, 청소년단체 ② 체험학습장	① 08 자율체육활동 체험교실 운영계획 ② 08 체험학습 운영계획
	2009	① 교무부장, 연구학교 연구부장, 초등보육, 교과특성화, 청소년단체 ② 체험학습장	① 09 자율체육활동 체험교실 운영계획 ② 09 체험학습장 공모 운영계획
	2010	① 초등보육, 교과특성화, 청소년단체 ② 체험학습장	① 10 자율체육활동 체험교실 운영계획 ② 10 체험학습장 운영 공모 계획
	2011	① 초등보육, 교과특성화, 청소년단체 ② 체험학습장	① 11 자율체육활동 체험교실 운영계획 ② 11 체험학습장 지정.운영계획
	2012	① 초등보육, 교과특성화, 청소년단체 ② 체험학습장	① 12 자율체육활동 체험교실 운영계획 ② 12 체험학습장 지정.운영계획
	2013	① 초등보육, 교과특성화, 청소년단체 ② 체험학습장	① 13 자율체육활동 체험교실 운영계획 ② 13 체험학습장 지정.운영계획
	2014~	① 체험학습장, 초등보육, 교과특성화, 청소년단체, **영재, 발명**	① 14 자율체육활동 체험교실 운영계획
	2020~ 2021	① 체험학습장, 초등보육, 교과특성화, 청소년단체, 영재, 발명, **보직교사 초과경력, 담임교사 경력**	① 초등승진 선택가산점 개선방안 (교원정책과-9537(19.8.20)

가산 평정 영역	금지 년도	중복금지 담당자	관련근거
체험 학습 장 운영	2007~ 2008	①청소년단체, 보육, 자율체육,교과특성화	① 체험학습장 운영공모 유의사항 (초등교육과-6310(07.03.15.))
	2009~ 2014	①청소년단체, 보육, 자율체육,교과특성화	① 14 도지정 체험학습장 지정.운영계획
	2015~	①청소년단체, 보육, 자율체육,교과특성화, **영재, 발명**	① 15 도지정 체험학습장 지정.운영계획
	2020~ 2021	①청소년단체, 보육, 자율체육,교과특성화, 영재, 발명, **보직교사 초과경력, 담임교사 경력**	① 초등승진 선택가산점 개선방안 (교원정책과-9537(19.8.20)
영재, 발명 지도	2011	①교과특성화	① 11 초등교과특성화학교 교육벨트 운영계획
	2012	①교과특성화 ② **보육**	① 12 초등교과특성화학교 교육벨트 운영계획 ② 12 초등 돌봄교실 세부추진계획
	2013	① 교과특성화 ② **보육** ③ 청소년단체	① 13 초등교과특성화학교 교육벨트 운영계획 ② 13 초등 돌봄교실 세부추진계획 ③ 13 승진평정업무처리요령
	2014	① 교과특성화, ②보육, ③청소년단체 ④ **자율체육**	① 14 초등교과특성화학교 교육벨트 운영계획 ② 14 초등 방과후 돌봄확대.연계 세부 추진계획 ③ 13 승진평정업무처리요령 ④ 14 자율체육활동 체험교실 운영계획
	2015~	① 교과특성화, ②보육, ③청소년단체 ④ **자율체육 ⑤체험학습장**	① 15 초등교과특성화학교 교육벨트 운영계획 ② 15 초등 방과후 돌봄확대.연계 세부 추진계획 ③ 13 승진평정업무처리요령 ④ 15 자율체육활동 체험교실 운영계획 ⑤ 15 도지정 체험학습장 지정.운영계획
	2020~ 2021	① 교과특성화, ②보육, ③청소년단체 ④ **자율체육 ⑤체험학습장 ⑥보직교사 초과 경력, 담임교사경력**	① 초등승진 선택가산점 개선방안 (교원인사과-9537(19.8.20)
공통 사항	연구부장의 명칭 : 주 업무가 교원의 연구 관련일 경우 연구부장이라 부르지 않더라도 연구부장으로 봄.		

※ 인사지원단에 의한 서류 검토 중 보직교사명을 확인하기 위한 증빙서류(보직교사 경력 증명서) 제출 요청시 반드시 제출

5 교육공무원 승진규정에 따른 평정업무 처리요령

경기도교육청 2026. 2. 28. 자 기준

가 일반사항

1) 교육공무원 승진규정(대통령령 제33528호, 2023.6.13. 이하 '승진규정'이라 함)을 숙독하고 본 요령을 준수하여 경기형 인사시스템(G-인사이트)에 작성하며 착오가 없도록 해야 한다.
2) 작성 기준은 2026. 2. 28. 현재로 한다.
3) 평정대상자는 나이스 인사기록을 근거로 평정점을 정확하게 입력하여야 하며, 제출한 평정 내용에 대한 책임이 있다.
4) 평정자와 확인자는 평정 및 확인의 책임을 명심하고 정확.공정을 기하여야 한다.
5) 수석교사에 대해서는 이 규정을 적용하지 아니한다(교육공무원 승진규정 제2조 제2항).

나 평정 대상

1) 교원으로서 승진 대상자
가) 교감 승진 대상자 : 교사로서 교감자격증을 소지한 자
나) 교장 승진 대상자 : 교감으로서 교장자격증을 소지한 자
2) 교원으로서 자격연수 대상자
가) 교사로서 교감 자격연수 대상자 : 1)과 2)의 두 가지 조건을 모두 갖춘 자
(1) 초등학교 정교사 1급 또는 보건교사 1급 자격 취득 후 매년 2월 말일 현재 3년 이상의 초등 교육 경력이 있는 자
(2) 「사료의 수집.편찬 및 한국사의 보급 등에 관한 법률」제18조에 따른 한국사 능력 검정시험(3급 이상)에 합격한 자 또는 임용일(교사 신규채용) 이후 한국사 관련 연수(합산 60시간 이상) 이수한 자 (「교원 등의 연수에 관한 규정 시행규칙」 제4조제6항 관련)
3) 교감으로서 교장 자격연수 대상자
　초등학교 교감자격 취득 후 매년 2월말일 현재 3년 이상의 교육경력(교육전문직원 경력 포함)과 1년 이상의 교감 실교육 경력이 있는 자
4) 교육전문직원으로서 평정 대상자
(1) 장학(교육연구)사 중 매년 2월 말일 기준 교육전문직원 경력 1년 이상인 자
※ 교(원)감 경력이 있는 장학(교육연구)사는 1년 미만이어도 평정 대상으로 서류 제출
※ 임기제(순환보직)장학사는 근무성적평정 서류 제출 대상이나 승진평정 서류 제출은 하지 않음
※ 임기제(늘봄전담실장)교육연구사는 근무성적평정 서류 제출 대상이나 승진평정 서류 제출은 하지 않음
(2) 교(원)장자격증을 소지하지 않은 장학(교육연구)관 중 매년 2월 말일 기준 교(원)감자격취득 후 상응직 교육경력(교(원)감+교육전문직원) 3년 이상인 자 중
▶ 교(원)감에서 교육전문직원으로 전직한 이후 교육전문직 경력 1년 이상인 자
▶ 또는 장학(교육연구)관으로 승진한 이후 교육전문직 경력 2년 이상인 자(경기도교육 교원정책과-5603(2021.3.30.)호)

다 평정 영역

구 분	배점	내 용
1. 경력평정	70점	○ 경력평정기간 : 20년(총 경력제)
2. 근무성적 평정 (다면평가)	100점	○ 명부작성 시 연도별 반영 비율 　교사 : 명부의 작성기준일부터 가장 가까운 연도의 합산점　34% 　+ 명부의 작성기준일부터 두 번째 가까운 연도의 합산점 33% 　+ 명부의 작성기준일부터 세 번째 가까운 연도의 합산점 33% 　교감 : 최근 3년간의 평정점 반영 　(최근 1년 34% + 2년 33% + 3년 33%)
3. 연수 성적 평정	교육 성적 27점 (15점)	○ 평정점 : 교감승진후보자 27점, 교장 등 승진후보자 15점 ▸ 자격연수 :　9점 ▸ 직무연수 (10년 이내 이수한 60시간 이상의 연수) 　- 교감승진후보자 : 18점(성적평정 6점+이수실적 12점) 　- 교장, 장학관·연구관 승진후보자 : 6점(성적평정)
	연구 실적 3점	○ 연구대회입상실적 　- 전국규모　1등급 : 1.50점,2등급 : 1.25점, 　　3등급 : 1.00점 　- 시 . 도규모　1등급 : 1.00점,2등급 : 0.75점, 　　3등급 : 0.50점　／　○ 학위취득실적 　- 박사 : 1.5점 / 3점 　- 석사 : 1점 / 1.5점
4. 가산점	13.50점 (11.50점)	○ 가산점 ▸공통가산점 : 교육부지정 연구학교 근무(1.00점), 재외국민교육기관 파견근무(0.5 　점), 직무연수이수실적 학점(1점 이내), 학교폭력 예방 및 해결 등 기여교원에 대 　한 가산점(1점) ▸선택가산점 : 총 10점 이내에서 교육감이 자율적으로 정함(경기도교육청 8.00점) 〈예〉 도서벽지 및 농어촌 학교 근무경력명부작성권자가 인정하는 경력 또는실적

라 평정 요령

1)경력평정 기간 20년(평정기준일 매 학년도 종료일)

> **기본경력 (15년) + 초과경력 (5년)　= 20년**

2) 경력의 등급별 평정점

가) 기본경력 및 초과경력의 등급별 평정점(교육공무원승진규정 제10조제1항)

구 분	등급	평정만점	근무기간 1월에 대한 평정점	근무기간 1일에 대한 평정점
기본경력 (15년)	가경력	64.00	0.3555	0.0118
	나경력	60.00	0.3333	0.0111
	다경력	56.00	0.3111	0.0103
초과경력 (5년)	가경력	6.00	0.1000	0.0033
	나경력	5.00	0.0833	0.0027
	다경력	4.00	0.0666	0.0022

※ 교육공무원의 경력이 기본경력 15년, 초과경력 5년인 경우에는 그 경력평정 점수는 각각 평정만점

으로 평정한다(예: 초과경력 중 '나'경력이 5년이면 계산상은 60×0.0833=4.998점이지만 5점
으로 평정한다.)

나) 경력평정점을 계산함에 있어서 소수점이하는 넷째자리에서 반올림하여 셋째자리 까지 계산한다.(교육공무원승진규정 제10조제2항)

3) 승진평정시의 평정자와 확인자

기 관 별	평정대상자	평 정 자	확 인 자
유치원.공립초등학교특수학교	교사, 교(원)감	교(원)감	교(원)장
교육지원청	장 학 사 ,특수교육순회교사	소속과장	교육장
직 속 기 관	교육연구사	소속부장	기관의 장
도 교 육 청	장학(교육연구)사,특수교육순회교사	소속장학관사무관)	교원인사정책과장

※ 교감이 배치되지 않은 소규모 학교에서는 교장이 평정자를 겸한다.

4) 경력의 등급 및 종별(승진규정 제9조 관련(별표1))

직위	등급	경 력 종 별
교 감	가 경력	1. 각급학교 교장 또는 교감의 경력 2. 장학관.교육연구관.장학사 또는 교육연구사의 경력
	나 경력	1. 각급학교 교사(전임강사 이상의 대학 교원 및 중학교 또는 고등학교 졸업 학력이 인정되는 사회교육시설에서 동등급 교원자격증을 가지고 학생을 지도한 경력을 포함한다)의 경력 2. 교육부장관이 지정하는 법인인 교육연구기관에서 당해 직위와 상응한 직무를 담당한 경력 3. 교육공무원으로 임용되기 전에 병역법 그 밖의 법률에 의한 의무를 수행하기 위하여 징집 또는 소집되거나 근무한 경력
	다 경력	임용권자가 임용하여 전임으로 근무한 강사(대학의 전임강사는 제외한다) 또는 기간제교원(임시교원의 경력을 포함한다)의 경력, 다만,「교육공무원임용령」제13조제2항에 따라 교원의 통상적인 근무시간보다 짧게 근무하는 시간제근무 기간제교원은 해당 교원이 근무한 시간을 합산하여 1일 단위(근무한 시간을 8로 나누어 산정하되, 8시간 미만의 나머지는 버린다)로 경력을 평정한다.(교육공무원 승진규정 개정령 2010.4.13)
교 사	가 경력	1. 각급학교 교장.교감 또는 교사(전임강사 이상의 대학교원 및 중학교 또는 고등학교 졸업학력이 인정되는 사회교육시설에서 동등급 교원자격증을 가지고 학생을 지도한 경력을 포함한다)의 경력 2. 장학관.교육연구관.장학사 또는 교육연구사의 경력 3. 교육공무원으로 임용되기 전에 병역법 그 밖의 법률에 의한 의무를 수행하기 위하여 징집 또는 소집되거나 근무한 경력
	나 경력	임용권자가 임용하여 전임으로 근무한 강사(대학의 전임강사는 제외한다) 또는 기간제교원(임시교원의 경력을 포함한다)의 경력, 다만,「교육공무원임용령」제13조제2항에 따라 교원의 통상적인 근무시간보다 짧게 근무하는 시간제 근무 기간제교원은 해당 교원이 근무한 시간을 합산하여 1일 단위(근무한 시간을 8로 나누어 산정하되, 8시간 미만의 나머지는 버린다)로 경력을 평정한다.(교육공무원 승진규정 개정령 2010.4.13)

직위	등급	경 력 종 별
교 감	가 경력	1. 각급학교 교장 또는 교감의 경력 2. 장학관.교육연구관.장학사 또는 교육연구사의 경력
	나 경력	1. 각급학교 교사(전임강사 이상의 대학 교원 및 중학교 또는 고등학교 졸업 학력이 인정되는 사회교육시설에서 동등급 교원자격증을 가지고 학생을 지도한 경력을 포함한다)의 경력 2. 교육부장관이 지정하는 법인인 교육연구기관에서 당해 직위와 상응한 직무를 담당한 경력 3. 교육공무원으로 임용되기 전에 병역법 그 밖의 법률에 의한 의무를 수행하기 위하여 징집 또는 소집되거나 근무한 경력
	다 경력	임용권자가 임용하여 전임으로 근무한 강사(대학의 전임강사는 제외한다) 또는 기간제 교원(임시교원의 경력을 포함한다)의 경력, 다만,「교육공무원임용령」제13조제2항에 따라 교원의 통상적인 근무시간보다 짧게 근무하는 시간제근무 기간제교원은 해당 교원이 근무한 시간을 합산하여 1일 단위(근무한 시간을 8로 나누어 산정하되, 8시간 미만의 나머지는 버린다)로 경력을 평정한다.(교육공무원 승진규정 개정령 2010.4.13)
교 사	가 경력	1. 각급학교 교장.교감 또는 교사(전임강사 이상의 대학교원 및 중학교 또는 고등학교 졸업학력이 인정되는 사회교육시설에서 동등급 교원자격증을 가지고 학생을 지도한 경력을 포함한다)의 경력 2. 장학관.교육연구관.장학사 또는 교육연구사의 경력 3. 교육공무원으로 임용되기 전에 병역법 그 밖의 법률에 의한 의무를 수행하기 위하여 징집 또는 소집되거나 근무한 경력
	나 경력	임용권자가 임용하여 전임으로 근무한 강사(대학의 전임강사는 제외한다) 또는 기간제교원(임시교원의 경력을 포함한다)의 경력, 다만,「교육공무원임용령」제13조제2항에 따라 교원의 통상적인 근무시간보다 짧게 근무하는 시간제 근무 기간제교원은 해당 교원이 근무한 시간을 합산하여 1일 단위(근무한 시간을 8로 나누어 산정하되, 8시간 미만의 나머지는 버린다)로 경력을 평정한다.(교육공무원 승진규정 개정령 2010.4.13)

5) 경력의 기간 계산

가)경력평정의 평정기간 중에 휴직기간·직위해제기간 또는 정직기간이 있는 경우 그 기간은 평정에서 제외한다. 다만, 다음 각 호의 어느 하나에 해당하는 기간은 재직기간으로 보아 평정기간에 포함하여 계산한다.

나)다음에 해당하는 휴직의 경우 휴직기간 전부(교육공무원승진규정 제11조제1항제1호)

① 공무원재해보상법에 의한 공무상 부상 또는 질병으로 인한 휴직 기간

②「병역법」에 따른 병역의무를 수행하기 위한 휴직 기간

③ 그 밖에 법률에 따른 의무를 수행하기 위한 휴직 기간

④ 국제기구, 외국기관, 재외교육기관 또는 대통령령으로 정하는 민간단체에 임시로 고용되어 휴직한 기간 중 상근으로 근무한 기간

⑤ 육아휴직 및 만 19세 미만의 아동(교육공무원법 제44조 제1항 제7호에 따른 육아휴직 대상이 되는 아동은 제외)의 입양에 따른 휴직 기간

⑥「교원의 노동조합 설립 및 운영 등에 관한 법률」제5조에 따라 노동조합 전임자로 종사하기 위하여 휴직한 기간

다) 다음에 해당하는 휴직의 경우 휴직기간 50퍼센트(교육공무원승진규정 제11조제1
항제2호)

① 학위취득을 목적으로 해외유학을 하거나 외국에서 1년 이상 연구 또는 연수를 위한
유학휴직 기간

② 교육부장관 또는 교육부장관의 위임에 따라 교육감이 지정하는 국내의 연구기관·교육기관
등에서의 연수휴직 기간

③ 국제기구·해외기간·재외국민교육기관에 임시로 고용되어 휴직한 기간 중 비상
근으로 근무한 기간

※ 상근이라 함은 1주당 15시간 이상 근무, 비상근은 6~14시간 이하 근무를 말함
(단, 2000.3.31.이전에 근무한 자는 1주당 상근 10시간 이상, 비상근은 9시간 이하 근무를 말함)

※ '94.9.22. 이전에 국제기구·해외기관·재외국민교육기관에 고용된 자는 종전
의 규정에 의해서 경력기간을 산정함(100% 인정)

라) 「국가공무원법」 제73조의3제1항제3호의 규정에 의하여 직위해제처분을 받은 자
의 경우에 그 처분의 사유가 된 징계처분이 교원소청심사위원회 또는 소청심사위원회
의 결정 또는 법원의 판결에 의하여 무효 또는 취소로 확정된 경우(징계의결요구에
대하여 관할 징계위원회가 징계하지 아니하기로 의결한 경우를 포함한다)와 동조
동항제4호의 규정에 의하여 직위해제처분을 받은 자의 경우에 그 처분의 사유가
된 형사사건이 법원의 판결에 의하여 무죄로 확정된 경우의 그 직위해제기간(교육
공무원 승진규정 제11조 제1항 제3호)

마) 경력평정에 있어서 평정경력기간은 월수를 단위로 하여 계산하되, 1개월 미만은 일 단위
로 계산한다. 이 경우 「공무원임용령」 제57조의3, 「지방공무원임용령」 제38조의15 또
는 「교육공무원임용령」 제19조의5에 따라 통상적인 근무시간보다 짧은 시간을 근무
하는 교육공무원의 평정경력기간을 계산할 때에는 근무시간에 비례하여 산정한다.

6) 경력평정 유의 사항

가) 경력평정 기간 중에 경력평정 시점부터 경력기간이 충족되는 시점까지 도달하여
평정 (교육공무원 승진규정 제11조 제1항) - 견책.감봉기간은 경력으로 인정, 휴직,
직위해제 또는 정직기간 등이 있을 때는 그 기간을 평정에서 제외(사면 시 삽입)

나) 교육전문직원과 교육전문직원 경력이 있는 교감은 교육전문직원경력을 '가'경력
에 입력

다) 교육공무원으로 임용되기 전에 병역법 기타 법률의 규정에 의한 의무를 수행하기 위
하여 징집 또는 소집되거나 근무한 기간은 교육공무원으로 임용되기 직전의 경력
으로 계산 (교사 '가' 경력, 교감.장학사.교육연구사 '나' 경력으로 평정)

① 「병역법」및「군인사법」에 의한 병역의무복무기간은 3년의 범위기간 이내에서 병
적증명서(주민등록표 초본 또는 각 군에서 발급한 군경력증명서 포함)에 기재되
어 있는 사실상 실역복무기간을 징집 또는 소집된 기간으로 갈음

② 무관후보생(현역의 사관생도, 사관후보생, 준사관후보생, 하사관후보생과 제1국민역의
사관후보생 및 하사관후보생을 말함)은 군복무경력에 포함되지 아니함. 따라서 교육대학
출신의 예비역 하사관 후보생(RNTC)이거나 또는 사병으로 복무하다가 장교로 임관된
경우 등, 임관 전 무관후보생 기간이 병적증명서에 병, 하사관 또는 장교의 복무기간으

　　로 기재되어 있어도 군복무경력에서 제외. 다만, 지원에 의하지 아니하고 임용된 하사
　　또는 사병은 무관후보생 기간이 없는 것으로 봄
③ 군 입대 휴·복직기간

○ 임용전 군입대 : 군복무기간만 산입
　- 하사관 장교복무기간도 3년 범위 내에서 인정, 단 무관후보생 훈련기간 제외
　- 임용전 군복무자는 **나이스 인사기록카드 추기를 통해 인사기록카드 임용전경력란에
　　기록되어 있는 임용전 군경력과 주민등록 초본 내용이 일치**해야 함
○ 임용후 군입대 : 군복무기간 앞, 뒤 모두 산입(복직 전까지)

④ 방위소집 복무자는 다음 기간을 군복무 경력으로 인정

- 1986. 1. 1. 이후에 방위소집 입영한 자는 법령상 복무기간의 범위 안에서 병적상의 실역 복무기간으로 함
- 1985. 12. 31. 이전에 방위소집 입영한 자는 실역 복무기간이 12월 이상이거나 해제사유
　가 만기인 경우에는 1년을, 기타 복무단축 사유(의가사, 질병사유 등)로 실역을 필한 경우에는 6월
　을 합산대상 기간으로 하며, 6월 미만인 실역미필 보충역은 군경력이 없는 것으로 함(다만, 6
　월 미만 복무도 대학생 복무단축 등에 따라 실역을 필한 경우는 6월로 인정)

⑤ 의무, 전투경찰은 현역병의 복무특례 군복무 경력으로 갈음
⑥ 특례보충역(산업기능요원 및 전문연구요원)으로 방위산업체 등에서 근무한 경력이
　　병역증명서에 실역복무 기간으로 기재되어 있다 하더라도 사실상 실역에 복무
　　한 기간이 아니므로 군복무 기간으로 불인정 (초등 01110 - 528, 90.4.25)
라) 기타사항
① 경력평정을 받지 못하는 휴직기간의 50%의 기간은 휴직 전의 경력에서 보충(총경력 20년
　　내) - 총경력제
② 임시교사나 강사의 경력은 근무 확인서가 아닌 경력 인정 증빙서류 첨부(임용권자
　　교육장인 경우는 인정 : 1991.12.06 이후에는 임용권자가 학교장인 경우에도 인정
③ 초등교사자격증으로 유치원경력은 인정, 고등공민학교 근무경력은 불인정(고등공민학교는
　　중등과정임)
④ 대체강사, 순회강사('77년도) 근무경력 인정(다만, 교육장 확인 경력증명서)
⑤ 최초 교사자격증 취득 연월일이 나타나지 않을 경우 무자격 - 경력 확인 불가
⑥ 연령 미달 등으로 자격증이 나오지 않은 상태에서 임시강사 및 임시교사는 '
　　경력
⑦ 중간발령자의 경력은 2개교의 경력을 합산하여 기록하여 평정(예, 2009.3.17. 티
　　교 발령)
⑧ G-인사이트에서 나이스 인사기록 [경력] 불러오기로 반영함(단, 나이스 인사기록과 불
　　이치 하는 경우 인사기록 추기를 통해 일치 후 반영)

마 연수성적 평정(승진규정 제4장)

1) 총칙

가) 교육공무원의 연수성적평정은 교육성적평정과 연구실적평정으로 나눈다.

		직무연수성적	직무연수환산성적
연수성적	교육성적		직무연수이수실적
		자격연수성적	
	연구실적	연구대회입상실적	
		학위취득실적	

※ 다만, 제2조제1항제1호 및 제3호에 해당하는 사람의 연수성적평정은 교육성적평정만으로 한다. (「교육공무원 승진규정」 제29조, 2020.2.28.개정 2020.3.1. 시행)

		직무연수성적	직무연수환산성적
연수성적	교육성적		직무연수이수실적
		자격연수성적	

단, 2021.2.28.자 이전 연구대회 입상 실적 및 대학원 입학자까지는 개정규정에 불구하고 종전의 규정에 따라 연구실적을 인정한다.
(「교육공무원 승진규정」 부칙 제2조, 2020.2.28.)

2) 교육성적평정(교사 27점, 교감.장학사.교육연구사 15점 만점)

1) 직무연수성적 평정

가) 평정대상 : 직무연수성적의 평정은 당해 직위에서 「교원 등의 연수에 관한 규정」에 의한 연수기관 또는 교육부장관이 지정한 연수기관에서 평정기준일로부터 10년 이내에 이수한 60시간 이상의 직무연수성적 및 직무연수이수실적(교장, 장학관, 교육연구관 승진(자격)후보자 명부 작성대상자는 제외)을 대상으로 함

※ 경과조치 – 2016학년도부터 2025학년도에 대한 평정까지 10년 2개월 이내에 이수한 60시간 이상 직무연수성적을 대상으로 함(「교육공무원 승진규정」 부칙 제3조, 2015.12.31.)

나) 평정점 : 18점(교사), 6점(교감, 장학사, 교육연구사)

다) 평정방법

교사	= 6점 × 직무연수환산성적/직무연수성적만점 + 6점 × 직무연수횟수(2회에 한함)

교감, 장학사(교육연구사)	= 6점 × 직무연수환산성적/직무연수성적만점

라) 직무연수환산표(개정 2009.1.1)

직무연수성적	직무연수환산성적
95점 초과	100점
90점 초과 – 95점 이하	95점
85점 초과 – 90점 이하	90점
85점 이하	85점

☐ 직무연수 성적 평정 시 유의사항

① 3년 이내 실시한 동종연수나 유사연수 불인정(교육내용 50%이상 중복-2000년 이후 적용)
  ▶ 중복 이수한 연수 중 연수 성적이 산출되어 승진 평정에 활용할 경우, 최초 이수한 연수과정의 점수 반영
  (경기도교육청 교원역량개발과-1578(2022.2.4.))
  ▶ 예1 : 성교육 연수와 성상담 연수 등(교직81840-1873(2000.06.13.)
  ▶ 예2 : 명교사 교수법(60시간)을 94점으로 이수(2014.03.01.)→명교사 교수법(60시간)을 97점으
    로 이수(2016.10.09.)할 경우, 후의 연수과정 인정하지 않음(교직81840-141, 2001.01.17.)
② 2013.12.31.자 평정부터 하나의 직무연수로 '직무연수성적 평정'과 공통가산점의 '학점화된 직무연수 이수실적'으로 중복
  평정 할 수 없음(교육부, 교원정책과-1766, 2013.06.)
③ 180시간 또는 120시간 이상의 연수도 1개로 평정(교육공무원 승진규정 2002.6.25.)
④ 교육전문직원 경력이 있는 교감은 교감 자격증을 받은 후의 직무연수에 한하고, 교육전문직원은 교감 등의 직위에서
  이수한 직무연수에 한함(교육공무원 승진규정 32조제2항)
⑤ 교육전문직원(늘봄전담실장 포함) 경력이 있는 교사의 경우에는 교육전문직원(늘봄지원실장 포함) 직위에서
  이수한 직무연수 포함
⑥ 직무연수성적으로 사용한 연수(성적)는 G-인사이트에서 나이스 인사기록 [연수] 불러오기로 반영함
  (단, 나이스 인사기록과 불일치 하는 경우 인사기록 추기를 통해 일치 후 제출)
⑦ 직무연수이수실적으로 사용한 직무연수는 증빙서류(이수증 사본 등) 제출하지 않음

2) 자격연수성적 평정

가) 평정대상
① 교감 자격 연수대상자 : 1급 정교사(1급 보건교사)·전문상담교사 또는 1급 정교사 자격
   취득 후의 사서교사 자격연수 성적 중 한 개를 평정대상으로 함
② 교장 자격 연수대상자 : 교감 자격연수성적
나) 평정점 : 9점(교사, 교감, 장학사, 교육연구사)
다) 평정방법(2013. 12. 31.자 평정부터 적용)

교감자격연수 대상자	= 9점 - (연수성적만점 - 연수성적) × 0.025
교감승진, 교장자격, 교장승진, 장학(교육연구)관 승진 대상자	= 9점 - (연수성적만점 - 연수성적) × 0.05

라) 학위 및 평어로 된 연수성적의 평정점

석사학위취득자에 대한 자격연수성적평정 (주1)	평어로 되어 있는 직무 또는 자격연수성적 평정점	평 정 점
A 학점 이상	최상위 등급의 평어	만점의 90%
B 학점 이상	차상위 등급의 평어	만점의 85%
D 학점 이상	제3등급 이하의 평어	만점의 80%

(주1) 당해 직위 또는 '교육공무원 승진규정의 별표1'에 의하여 '가경력'으로 평정되는
    직위에서 방송통신대학교 초등교육과를 졸업하고 '초중등교육법 별표2'의 교사
    자격 기준에 따라 상위 자격을 취득한 경우나 교육대학원 또는 교육부장관이 지정하
    는 대학원 교육과에서 석사학위를 받고 상위 자격(1정 자격증)을 취득한 자

☐ **자격연수 성적 평정 시 유의사항**

① 자격연수성적의 평정은 승진대상 직위와 가장 관련이 깊은 자격연수 성적 하나만을 대상으로 함.
② 2회 이상 분할하여 실시된 자격연수는 성적을 합산 평균하여 자격연수성적으로 평정
③ 교육성적이 만점의 80%미만은 만점의 8할로 평정하고, 다만 60%미만일 때에는 평정하지 아니함.
④ 자격연수 성적으로 사용한 학위 취득은 연구실적으로 사용할 수 없음
⑤ 자격연수(성적)는 G-인사이트에서 나이스 인사기록 [연수] 불러오기로 반영함(단, 나이스 인사기록과 불일치 하는 경우 인사기록 추기를 통해 일치 후 제출)

☐ **학위과정을 통해 취득한 전문상담교사 1급 자격을 자격연수 성적 평정으로 활용 가능여부**

Q : 기 취득한 초등학교 정교사(1급) 자격연수 성적이 아닌 전문상담교사(1급) 석사학위과정 성적을 자격연수 성적으로 평정가능한지 여부
A :「교육공무원 인사관리규정」제12조제1항1호의 교육성적평정대상 자격연수성적 중 전문상담교사 자격연수 성적을 포함하고 있고,「교육공무원 승진규정」제33조제4항에서 석사학위로 취득한 자격에 대해 자격연수 성적으로 평정할 수 있다고 한 바, 교감 자격연수대상자 지명을 위한 순위명부 작성 시, 전문상담교사(1급) 석사학위과정 성적을 자격연수성적으로 평정 가능함 (교육부 교원양성연수과-5002(2018.11.02.)호)

사   연구실적 평정(연구대회입상실적+학위취득실적)

1) 연구실적평정은 연구대회입상실적과 학위취득실적으로 나누어 평정한 후 이를 합산한 성적으로 한다.
2) 연구실적평정점은 3점을 초과할 수 없다.(교육공무원 승진규정 제37조 제1항)
3) 연구대회입상실적평정

가) 평정대상 :**'당해직위'** 또는 **'전직 이전의 직위'**에서의 연구대회 입상실적

▶ 교육전문직원 경력이 있는 교감은 교감 자격증을 받은 후에 입상한 연구실적만을 말하고 교육전문직원은 교감 등의 직위에서 입상한 연구실적만을 말한다.(교육공무원 승진규정 제35조제1항 - 단, 2021.2.28.자 이전 연구대회에 참가하여 입상한 실적만 해당

▶ 교육전문직원(늘봄전담실장 포함)에서 전직한 교사의 경우에는 교육전문직원(늘봄전담실장 포함)의 직위에서 입상한 연구실적을 포함한다.

나) 평정점

등 급	평 정 점	
	전국규모	시.도규모
1 등급	1.50점	1.00점
2 등급	1.25점	0.75점
3 등급	1.00점	0.50점

다) 평정방법

① 한 학년도에 2회 이상의 연구대회입상실적이 있는 경우에는 가장 높은 점수가 부여되는 1회의 연구대회입상실적만 반영(교육공무원 승진규정 제37조 제2항)
② 연구대회입상실적이 2인 공동작인 경우에는 각각 입상실적의 7할로 평정하고, 3인

공동작인 경우에는 각각 그 입상실적의 5할로 평정하며, 4인 이상 공동작인
경우에는 그 입상실적의 3할로 평정(교육공무원 승진규정 제35조 제2항)
③ 연구실적 평정 시 연구계획.수립연도와 입상연도가 다를 경우나, 상장 내용상 명시
된 연도와 수상 연도가 다를 경우 입상(수상)연도를 기준으로 평정함(교육부 교
정 81801-1042, 1998.12.2., 유의사항 재강조)
④ 연구실적 등급의 기준(등급이 없거나 등급을 구분할 수 없을 때에는 3등급)

구 분	과학전람회	자료전시회	연구논문	미술전람회(국전에 한해 91.9.20전까지만 인정)
1등급(최상위 입상)	특상(최고상)	특상 (특선)	우 수	부문별 우수상
2등급(차상위 입상)	우 수 상	우량 (수)	우 량	특 상
3등급(기타 입상)	장 려 상	노력 (장려)	장 려	입 선

⑤ 타시.도교육감 자체로 실시한 것은 가산점수 또는 연구점수로 인정한다는 문구가 들어있는 증빙
서 첨부
라) 연구대회 범위
① 국가, 공공기관 또는 공공단체가 개최하는 교육에 관한 연구대회로서 교육부 장관이
인정하는 전국규모의 연구대회에서 입상한 연구실적(교육공무원승진규정 제35조
제1항의 규정)

아   전국규모 연구대회

연번	대 회 명	개최 조직	주무부서
1	전국학교체육연구대회 (종전 전국학교체육연구대회연구논문 발표대회)	대한체육회	인성체육예술교육과
2	전국교육자료전	한국교원단체총연합회	교원양성연수과
3	전국현장교육연구대회	한국교원단체총연합회	교원양성연수과
4	전국초등교육연구대회	한국교원단체총연합회	교원양성연수과
5	인성교육실천사례연구발표대회	교육부 한국교육개발원	인성체육예술교육과
6	수업혁신사례연구대회 (종전 교실수업개선실천사례연구발표대회)	교육부	학교교수학습혁신과
7	전국과학전람회 관련 학생작품지도논문연구대회	과학기술정보통신부 국립중앙과학관	학교교수학습혁신과
8	전국학생과학발명품경진대회 관련 학생작품지도논문연구대회	과학기술정보통신부 국립중앙과학관	학교교수학습혁신과
9	전국교원발명연구대회	특허청	학교교수학습혁신과
10	과학교육연구대회	한국과학교육단체총연합회	학교교수학습혁신과
11	전국농업교사현장연구대회	한국농업교육협회	중등직업교육정책과
12	교육방송연구대회	한국교육방송공사	디지털교육전환담당관
13	디지털교육연구대회 (종전 전산개발경진대회, 전국교육용소프트웨어공모전, ICT활용교육연구대회, 교육정보화연구대회)	한국교육학술정보원	디지털교육전환담당관

연번	대 회 명	개최 조직	주무부서
14	전국특수교육연구대회 (종전 특수교육용소프트웨어공모전)	한국특수교육총연합회	특수교육정책과
15	진로연계교육발표대회 (종전 진로교육실천사례연구발표대회)	교육부	기초학력진로교육과
16	학교통일교육 연구대회	교육부 국립통일교육원	인성체육예술교육과
17	학교환경교육연구대회	교육부	인성체육예술교육과

※ 연구대회 관리에 관한 훈령 제289호에 따라 올해의 스승교육발전연구실천대회(교육부)는 2019.7.18.자 이전 취득한 실적만 인정
※ 연구대회 관리에 관한 훈령 제320호에 따라 전국교과교육연구발표대회(한국미래교육연구협의회), 전국 특성화고 마이스터고 학교경영 및 교수학습 연구대회(교육부)는 2022.4.7.자 이전 취득한 실적만 인정

② 특별시, 광역시, 시.도교육청, 지방공공기관 및 공공단체 등이 개최하는 교육에 관한 연구대회로서 시.도교육감이 인정하는 시.도규모의 연구대회에서 입상한 연구실적

> 현장교원연구원제, 학교체육연구상, 초등영어 수업개선 연구대회, 진로교육실천사례 연구발표회(2006년 부터 적용), 시.도 과학전람회, 창안품전시회, 교육용 소프트웨어 공모전(시, 도 및 전국), 장애학생직업 기능경진대회, 장애학생체육대회 등

☐ 연구대회입상실적 평정 시 유의사항

① 시.도 교원단체연합회 주최의 '교육자료전' 입상실적 인정(교직 01101-353, '86.8.25)
② 푸른기장증만 받은 것은 한국교원단체총연합회의 확인을 받아 평정하되 등급이 없는 것은 3등급으로 평정('71년 이전의 등급 표시가 없는 자 포함)
③ 푸른기장증과 같은 교육부장관 표창장이 동일자인 것은 1등급으로 함
④ 인천교육대학부설과학연구소연구논문 입선자는 도규모 연구실적으로 간주하여 처리 (초교1033-24, '81.4.1,)
⑤ 학생을 지도한 연구실적(전국규모 논문 출품 입상자에 한함)

> 학생작품 지도논문 연구대회 : 과학전시회, 학생발명품
> 전국교원발명연구대회 : 대한민국 학생발명전시회
> 〔총리령 제581호('96.8.6), 교육부교정12100-599('96.8.19), 과기81320-1324('96.9.10)〕

⑥ 학교체육연구상을 '경기도학교체육연구대회'로 명칭을 변경하여 인정(경기도연구대회 운영 기본계획(2011.3.2.)
⑦ 장애학생직업기능경진대회, 장애학생체육대회는 2022.3.1.부터 연구대회 실적으로 인정(교원정책과-9536, -9537(2019.8.20.), 특수교육과-7457(2022.5.6.))
⑧ 연구대회입상실적은 G-인사이트에서 나이스 인사기록 [연구실적] 불러오기(확인자:교육지원청)로 반영함(나이스 인사기록과 불일치 하는 경우 인사기록 추기를 통해 일치 후 제출)

4) 학위취득실적평정(교육공무원승진규정 제36조)

가) 평정대상 :'**당해직위**' 또는 '**전직 이전의 직위**'에서의 학위(석사, 박사)취득실적
 ▶ 교육전문직원 경력이 있는 교감은 교감 자격증을 받은 후의 학위취득 실적에 한하고, 교육전문직원은 교감 등의 직위에서의 학위취득실적에 한한다.(교육공무원 승진규정 제35조제1항 - 단, 2021.2.28.자 이전 입학하여 취득한 실적만 해당(부칙 제2조))
 ▶ 교육전문직원(늘봄전담실장 포함) 경력이 있는 교사의 경우에는 교육전문직원

(늘봄전담실장 포함)의 직위에서 취득한 학위취득실적을 포함한다.

나) 평정점

구분	평 정 점
박 사	• 직무와 관련 있는 학위 - 3.0 점 • 그 밖의 학위 - 1.5 점
석 사	• 직무와 관련 있는 학위 - 1.5 점 • 그 밖의 학위 - 1.0 점

다) 평정방법

① 학위취득 실적 평정점은 3점을 초과할 수 없음(대통령령 제17635호 2002. 6. 25)

② '직무와 관련 있는 학위' : 직접 수업을 담당하고 있는 교과목을 전공하고 취득한 학위 이외에도 학생생활지도, 특별활동, 학교 또는 학급경영, 교무업무, 기타 학생 교육과 관련된 내용을 전공한 경우를 의미

③ 자격연수 성적으로 평정된 석사학위 취득실적은 평정대상에서 제외(승진규정 제36조)

④ 교원으로 임용되기 이전에 취득한 학위 논문은 불인정

⑤ 주간교육대학원에서 학위를 받은 경우 소속 상관의 허가(조퇴, 외출), 또는 정당한 사유에 의하였으면 증빙자료에 의거 인정 가능(국가공무원법 제58조 제1항)

⑥ 2009.12.31.자 평정 시부터 '05년 1학기 이전 대학원 입학자도 1개의 석사학위만을 인정한다는 교육부의 지침(교원정책과-3504, 2007.7.26)은 '05년 1학기까지 대학원에 입학한 자는 2개의 석사 학위를 계속 인정하되, '05년 2학기 대학원 입학자부터는 1개의 석사 학위만을 인정한다는 것으로 재 변경됨

⑦ 당해직위에서 석사학위 2개를 취득하였을 경우 학위 1개는 학위취득 평정으로 사용하고, 다른 학위는 학점화로 인정된 직무연수로 사용 가능, 자격연수 2개인 경우는 불개(교원정책과-15233, 2012. 12. 14.)

⑧ G-인사이트에서 나이스 인사기록 [학위취득] 불러오기로 반영함(나이스 인사기록과 불일치 하는 경우 인사기록 추기를 통해 일치 후 제출)

자 │ 가산점평정(공통가산점,선택가산점)

1) 공통가산점 평정

가) 교육부장관 지정 연구.시범.실험학교 근무 경력 가산점

구분	평정점	비고
월 평정점	0.018	• 합산상한점의 [ ]안은 교육장이 지정한 연구학교(시범·실험학교 포함)근무 경력 가산점과 교육감 지정 선도학교, 중심학교, 초등교육실습대용학교 및 교과특기자육성교, 도농교류, 체험학습장, 특별학급 유공교원 가산점과 합산 적용한 상한점임
일 평정점	0.0006	
상한점	1.00	
합산상한점	[1.00]	

※ 체육부장관지정의 학교급식시범(연구)학교는 96.4.26. 이후만 인정함

나) 재외국민교육기관에 파견되어 근무한 경력 가산점

구분	평정점	비고
월 평정점	0.015	
일 평정점	0.0005	
상한점	0.5	

※ 재외학교 근무경력 : 교육공무원임용령 제7조의3(파견근무)1항 10호

다) 학점으로 인정된 직무연수 실적 가산점

(1) 평정대상 : **'당해직위'** 또는 **'전직 이전의 직위'**에서학점으로 인정된 직무연수실적

(2) 평정점

구분	평정점	비고
1학점	0.02	• 15시간 1학점 • 연도 및 학년도 기준
연도별	0.08	- 2015년 이전 : 매년 1.1~12.31 - 2016년 : 2016.1.1.~2017.2.28.
상한점	1.00	- 2017년 이후 : 매년 3.1~2월말

※2012년 8월 31일 이전까지는 13시간 단위의 연수과정 4개를 이수한 경우 학점화 대상은 0
   학점이고, 2012년 9월 1일부터는 동일한 경우 연간 누적 52시간이므로 3학점(45시
   인정받고 잔여 7시간은 절사하여 다음 해로 이월될 수 없다.

(3) 평정방법

 (가) 연수기관에서 받은 연수실적 중 나이스 인사기록 [연수]에 학점으로 등재된 실적만
     을 인정하여 G-인사이트에 반영함

 ▶ 나이스 인사기록과 불일치 하는 경우 인사기록 추기를 통해 일치 후 제출(연수
     명, 연수 기간, 연수시간 등이 명시된 연수 이수증이나 증빙서로 인사기록 추기)

 ▶ 교사 임용 후의 모든 연수실적을 평정(강사, 기간제, 임시교사 기간 중 연수실적
     제외)

 ▶ 이수 번호에 '직무'라고 들어있거나, 연수종별에 직무연수라고 기록된 것만 인정
     (단, 직무연수임을 입증하는 서류로 인사기록 추기)

 (나) 연수 이수 실적은 수료 날짜를 기준으로 함

 (다) 대학원 학위취득의 연수 학점화 : 연구실적으로 평정하지 않은 학위취득 실적
     에대하여 대학원에서 매년 취득한 학점별로 각각 인정함(학위 취득 이후 일괄
     인정) (경기도교육청 교원역량혁신과-22747, 2012. 11. 29.)

 (라) 2013.12.31.자 평정부터 하나의 직무연수로 '직무연수성적 평정'과 공통가산점의 '학
     점화된 직무연수 이수 실적'으로 중복평정 할 수 없음

 (마) 3년 이내 실시한 동종연수나 유사연수 불인정(교육내용 50%이상 중복-2000년
     이후 적용)

 ▶ 예 : 성교육 연수와 성상담 연수 등(교직81840-1873(2000.06.13.)

(바) 동일·유사과정 중복 : (원칙) 2강좌 중 1강좌 인정
  ▶ (예외) 해당 연수생이 동일·유사과정이 아님을 증명할 경우 2강좌 모두 인정(연수생 입증 책임)
  ▶ 2개 강좌명이 동일·유사하여도 해당 연수과정표 등을 통해 과목의 70% 이상 다른 과정임을 증명할 경우 2강좌 모두 인정
 (사) 2014년부터 연수 기간 중복 허용
  ▶ 같은 기간 동안 2개 이상 연수과정을 이수하여도 전부 인정
  - 같은 기간 중에 다양한 원격 연수 과정 수강 가능
  - 같은 기간 동안에 서로 다른 집합 연수를 2개 이상 이수하는 등 물리적으로 불가능한 경우에는 허용되지 아니함(사례 : 대학원 연수 파견 기간 중 교감 자격연수 이수 등)
 (아) 교육전문직원(임기제, 늘봄전담실장 포함)의 경력이 있는 교사의 경우에는 교육전문직원의 직위에서 직무연수 실적 가산점 평정함
라) 학교폭력 예방 및 해결 등 기여 교원에 대한 승진 가산점

 (1) 연 0.1점, 상한점 2.0 (2013.12.31.자 평정부터 적용)
 (2) 학년도 단위로 1회 0.1점씩 가산(평정 대상기간 : 매년 3.1.~다음 해 2월 말)
 (3) 학교폭력 예방 및 해결 등 유공 가산점 총점을 현행 2점에서 1점으로 축소하여 '16. 12. 30.부터 시행(교육부 교원정책과-122(2017.01.06.)호)
(4) 가산점 평정
 (가) 1급 정교사의 또는 1급 보건교사의 보직교사 근무경력 가산점
 (나) 평정대상 : 1급 정교사(1급 보건교사)의 보직교사 근무경력
 (다) 평정점

구분	평정점	비고
월 평정점	0.027	• 상한점의 ( )안은 '97.12.31이전 경력에 대한 상한점임-해당기간 보직교사 경력 5년까지만 인정
일 평정점	0.0009	
상한점	2.00(1.43)	• 합산 상한점의 [ ]안은 「교육전문직원 경력」가산점 과 합산한 상한점임
합산 상한점	[2.00]	

(라) 평정방법
 ① 1급 정교사에는 전문상담교사 자격증 소지자 포함('02.6.25. 이후부터 적용)
 ② 2급 정교사 또는 2급 보건교사의 보직교사 경력과 휴직, 파견 근무기간 중의 보직교사 경력은 인정하지 않음
 ③ G-인사이트에서 나이스 인사기록 [경력] 불러오기로 반영함(나이스 인사기록과 불일치 하는 경우 인사기록 추기를 통해 일치 후 제출)
마) 교육전문직원(장학사 및 교육연구사) 경력 가산점
 (1) 평정대상 : 교육전문직원(장학사 및 교육연구사) 경력

(2) 평정점

구분	평정점	비고
월 평정점	0.012	• 상한점의 ( )안은 `97.12.31이전 경력에 대한 상한점임
일 평정점	0.0004	
상한점	0.75(0.45)	• 합산 상한점의 [ ]안은 「보직교사 경력」가산점과 합산한 상한점임
합산 상한점	[2.00]	

(3) 평정방법

(가) `94.09.21 이전 장학.교육연구사 경력이 있는 교감의 가산점은 교감 자격증 취득 여부와 관계없이 교육전문직원 재직 경력에 대하여 평정함

(나) `94.09.22 이후에 장학사.교육연구사로 임용되어 그 경력이 있는 교감의 가산점 평정(연구실적 등)은 교감 자격증을 받은 후의 경력에 한함

(다) 현직 장학(교육연구)사의 경우에는 교감 자격증 취득 여부와 관계없이 가산점 평정함

(라) 교육전문직원(임기제, 늘봄전담실장 포함)의 경력이 있는 교사의 경우에는 가산점 평정함(단, 2025.3.1.자 이후 임용부터 적용)

(마) G-인사이트에서 나이스 인사기록 [경력] 불러오기로 반영함(나이스 인사기록과 불일치 하는 경우 인사기록 추기를 통해 일치 후 제출)

바) 도서.벽지 및 접적지역 근무 경력 가산점

1) 평정대상 : 도서·벽지 교육진흥법 제2조에 따른 도서벽지에 있는 교육기관 또는 교육행정기관 근무경력

(2) 평정점

지역	구분	평정점	비고
가 (특)	월 평정점	0.045	• 도서·벽지교육진흥법 제2조에 따른 도서벽지에 있는 교육기관 또는 교육행정기관 근무경력
	일 평정점	0.0015	
나 (갑)	월 평정점	0.036	
	일 평정점	0.0012	• 상한점의 ( )안은 `97.12.31이전 경력에 대한 상한점임
다 (을)	월 평정점	0.027	• 합산 상한점의 [ ]안은 「농·어촌·접경·공단지역근무경력」 가산점과 합산한 상한점임
	일 평정점	0.0009	
라 (병)	월 평정점	0.018	• 지역의 ( )안은 `85.12.31이전의 급지명임
	일 평정점	0.0006	
상한점		2.00(2.00)	
합산 상한점		[2.00]	

(3) 평정방법

구 분	평정방법	적용시기
`97.12.31 이전 경력	장관 인정점(상한점 1.143점)과 교육감 인정점 (상한점 0.857점) 동시 인정 ⇒ 상한점 2.0점	`11.12.31.자 평정부터적용
`98.01.01 이후 경력	장관, 교육감 구분 없이 평정점 부여 ⇒ 상한점 2.0점	

(가) `97.12.31 이전 경력 월별 교육감 부가 가산점 인정기준 : 교육부장관이 정한 가산점 인정
    기준과 동일(초교81090-937 `95.11.3)
 (나) 2009.12.31자 평정부터는 1개월 미만은 일 단위로 계산(승진규정 제41조 6항)
 (다) `13.12.31.자 평정 시부터 「농·어촌·접경·공단지역 근무경력」가산점을 합산하여 2.00점을 초과
    할 수 없음
 (라) 2007.3.1이후의 도서벽지근무경력은 도서벽지 점수만, 접경지역근무경력은 접경지역 점
    수만, 농어촌근무경력은 농어촌지역 점수만 인정되며 중복인정 불가
(4) 도서벽지 근무경력 인정 조건 – 도서벽지교육진흥법 시행규칙에서 정한 도서벽지학교 또는 기
   관으로 지정되어 있어야 하고, 해당교 및 해당기관의 실 근무경력이 존재해야 함(파견, 휴직 제
   외)

▢ 도서.벽지 및 접적지역 근무 경력 평정 시 유의사항

① 강사, 임시강사, 임시교사, 기간제 등 경력이 인정되면 도서벽지 근무경력도 인정함
② 도서.벽지 급지가 변경되었을 경우 개정 시행을 기준으로 개정 이전 경력은 종전 급지를, 개정 이후
   경력은 개정된 급지를 적용 평정(교직2000-12, `83.1.13)
③ 도서.벽지가 해제된 때에는 해제될 때까지의 경력을, 신규로 지정된 때에는 지정된 이후의 근무경력을
   평정
④ 도서벽지 근무경력에 대하여 본도의 부가 가산점은 타시도 근무경력 및 본도에서 근무한 경력에
   대하여 적용 (초교 81090-937 `95.11.3)
 – 타시도에서 근무한 도서벽지 근무경력은 교육장의 경력확인서를 제출(도서벽지 지정 년월일, 등급,
   도서벽지학교 소재 지명의 기록이 없는 것은 인정하지 않음)
⑤ 근무 기간, 도서벽지 지정 년월, 등급, 도서벽지학교 소재 지명이 기록된 교육장의 경력확인서
   첨부(학교장발행 확인서 불가)
※ 도서벽지 근무경력은 G-인사이트에서 나이스 인사기록 [경력] 및 [경기DB] 불러오기로 반영함(수정
   이 필요한 경우, 교육장의 경력확인서 파일 첨부)

사) 농·어촌·공단·접경(교육특별) 지역 근무 경력 가산점
 (1) 평정대상 : 농·어촌·공단·접경(교육특별) 지역 근무경력
 (2) 평정점

지역	구분	평정점	비고
면 (읍면)	월평정점	0.018	●상한점은 농·어촌, 공단, 접경지역 근무 가산점을 합산한 상한점임.
	일평정점	0.0006	
접경	월평정점	0.018	
	일평정점	0.0006	●각각의 상한점 제도를 폐지하여 과거의 실적 중 상한점을 초과하는 경력이 있을 경우 상한점 및 합산 상한점 범위 내에서 모두 인정.
읍 (동)	월평정점	0.015	
	일평정점	0.0005	
교육감지정 접경(교육특별)	월평정점	0.015	
	일평정점	0.0005	
공단	월평정점	0.012	●합산 상한점의 [ ]안의 평정점은 도서벽지지역 근무 가산점과 합산한 점수임.
	일평정점	0.0004	
상한점		2.00	
합산 상한점		[2.00]	

(3) 농.어촌 학교 근무경력 가산점 평정방법

(가) 농·어촌 지역 학교 근무경력에 대한 가산점은 `09.03.01.부터 행정구역상 읍지역과 면
지역에 소재한 학교 근무경력에 대하여만 인정하고, 동(洞)지역에 부여하는 농·어촌
가산점은 폐지

▶ 단, `09.02.28.이전에 취득한 동지역 농·어촌 가산점 부여 대상학교 근무경력은 계속
인정

(나) 농어촌근무경력학교장확인서 첨부하되, '95, 96, 97년은 주소변동사항이 기록된
주민등록초(등)본 첨부

▶ '95. 1. 1.부터 '95. 12. 31.까지는 학교가 소재한 읍.면 지역에 거주하고 본인의 주
민등록이 되어 있는 자(교정07000-870,'95.11.21, 전입일 기준으로 가산점 부여)

▶ '96. 1. 1.부터 '97. 12. 31.까지는 학교가 소재한 군지역이나 인접 군지역에
본인의 주민등록이 되어 있는 자(단, 인접지역은 학교가 소재한 지역과 경계선
이 맞닿은 경기도 내의 군 지역을 말함).*도.농 복합시로 변경된 경우 읍이하
지역 거주(경기도내만 인정)

▶ '98. 1. 1.부터는 농·어촌 중 명부작성권자가 특별히 지정한 지역의 소재학교 근
무자

(다) `2000. 1. 1.부터 용인시 수지읍(고기초 제외), 기흥읍(보라, 기흥초 제외)소재 학교
는 농·어촌 지역 가산점 부여 대상교에서 제외 (다만, '99. 12 .31.현재 위 지역의
학교에 근무하고 있는 교원에 대하여는 2001.02.28까지 가산점을 인정(

(라) 도.농복합시로 승격된 동(洞)지역 농·어촌 학교 근무경력 가산점 평정방법

▶ 읍.면 지역의 학교 중 도.농복합시로 승격되어 행정구역이 동(洞)지역으로 변경
된 학교는 도.농복합시로 승격된 날부터 가산점 폐지(포천시, 양주시의 동지역
은 2003.10.19부터 가산점 지역에서 해제)

▶ 2005년도부터 행정구역이 도.농복합시로 승격되어 동(洞)지역으로 변경된 학교
는 도.농 복합시로 승격된 학년도의 2월 말까지 농.어촌지역 가산점 부여(면지
역에서 읍지역으로 변경될 경우도 포함)

(4) 접경지역 학교 근무경력 가산점 평정방법

㉮ 접경지역 가산점(2004.1.1적용) 부여 대상학교는 접경지역 지원법 시행령에서
정하고 있는 지역에 소재한 학교로 하되(2011.12.31.평정시까지), 도서벽지접적지
역 가산점 부여대상과 중복되는 학교의 경우에는 도서벽지접적지역 가산점을 부
여(행정안전부 지역발전과-3167(2009.10.15)에 의거 불현동에서 분동된 송내동은
접경지역 가산점 계속 부여)

㉯ 접경지역 학교 근무경력 가산점은 **접경지역 중 교육감이 지정하는 학교 근무경
력 가산점**으로 변경(기존 규정에 따른 접경지역 학교 근무경력 가산점은
2014.2.28.자 경력까지만 부여) (교원역량혁신과 - 22463, 2012.11.27.)

(5) 공단지역 학교 근무경력 가산점 평정방법

(가) 2002.01.01.~ 2009.02.28.까지 : 공단 2Km이내 지역은 '면(읍면)' 지역에 해당하

는 점수로 평정하고 3Km이내 지역은 '읍(동)' 지역에 해당하는 점수로 평정
(나) 2009.03.01.이후 : `09.03.01.부터 공단(반월공단 및 시화공단)지역 소재학교 근
　　무 경력은 공단 경계에서 3km이내에 위치한 학교에 대해 모두 동일한 가산점을
　　부여(단, `09.02.28.이전의 근무 경력에 대하여는 종전 규정에 따라 평정)
(6) 농·어촌·공단·접경지역 가산점과 도서·벽지·접적지역 근무경력 가산점 합산 상
　　한점
　▶ 농·어촌·공단·접경(접경지역중 2013.03.01.부터 교육감이 지정하는 학교-당해 연도의
　　농어촌 읍지역에 해당하는 점수 부여-포함) 지역 가산점은 `13.12.31.자 평정 시부터는
　　도서·벽지·접적지역 근무경력 가산점까지 포함한 합산 상한점을 적용하여 2.00점을
　　초과할 수 없음

<table>
<tr><td>□ 농·어촌·공단·접경(교육특별) 지역 근무 경력 평정 시 유의사항</td></tr>
<tr><td>

① 　교육청과학실파견교사 농·어촌(여주,가평,양평,광주,이천,용인,안성,포천,파주), 공단(안산,시흥), 접경(동두천,연천,김포)가산점 인정(2004.1.1.부터 적용), 경기도교육청남부유아체험교육원 파견교사 농·어촌(평택) 가산점 인정(2022.3.1.부터 적용)
- 시흥 파견교사는 개청일(2004.3.1)부터 적용, 파주 파견교사는 2007.3.1-2009.2.28까지 인정
- 도농복합시와 시의 동지역 근무가산점 폐지교가 있는 해당 교육청은 2009.2.28까지 인정
② 타시도에서 받은 농어촌 근무경력 인정하되 읍, 면, 동 근무경력을 구분하여 적용함(교육감　인정 증빙서류(공문 등) 첨부)
③ 강사, 임시강사, 임시교사, 기간제 등 경력이 인정되면 농어촌 근무경력도 인정
④ 도서·벽지교육진흥법 시행규칙 개정(2016.6.17.)에 의해 도서·벽지의 지역 및 등급별 구분표에서 　제외된 학교 중 소재지에 따라 농어촌 근무경력 가산점 부여
- 농어촌지역(읍): 월 0.015부여, 농어촌지역(면): 월 0.018 부여
※ 농어촌·공단·접경(교육특별) 근무경력은 G-인사이트에서 나이스 인사기록 [경력] 및 [경기DB] 불러오기로 반영함(수정이 필요한 경우, 학교장의 경력확인서 파일 첨부)

</td></tr>
</table>

아) 접경지역(교육특별) 중 교육감이 지정하는 학교 근무경력 가산점
(1) 접경지역 중 교육감이 지정하는 학교 근무경력 평정점은 "교육감지정 접경(교육특별)" 이라
　　약칭
(2)당해 연도의 농어촌 읍지역에 해당하는 점수 부여
▶ 신규지정 접경지역 지정교(초등 5교)는 2013.3.1.부터 평정점 부여
▶ 재지정 접경지역 지정교(초등 11교)는 2014.3.1.부터 평정점 부여
(3) 교육특별지역(안산 3교)은 2016.6.17.부터 가산점 부여
자) 교육감(교육장)지정 연구학교, 선도학교, 중심학교, 교과특기자 육성교, 특별학급 및 체
　　험학습장 등 유공교원 경력 가산점(중복 금지)
(1) 평정대상 : 교육감(교육장)지정 연구학교, 선도학교, 중심학교, 교과특기자 육성교, 특
　　별학급 및 체험학습장 등 유공교원

(2) 평정점

평정점	시기	~ 2028.02.29	2028.03.01 ~	비고
교육감 지정	월평정점	0.018	0.018	• 합산 상한점의 [ ]안은 「교육부장관 지정 연구학교 근무경력」 가산점과 합산 적용한 상한점임.
교육감 지정	일평정점	0.0006	0.0006	
교육장 지정	월평정점	0.009	0.009	
교육장 지정	일평정점	0.0003	0.0003	
특별학급 체험학습장	월평정점	0.0144	0.0108	
특별학급 체험학습장	일평정점	0.00048	0.00036	
합산 상한점		[1.00]	[1.00]	

(3) 평정방법

(가) 연구학교(시범·실험학교 포함)의 교원으로 근무한 경력은 (도)유공교원 명부에 등재된 자에 한하여 인정

(나) 본도 근무자의 연구학교 근무경력은 G-인사이트 [경기DB] 유공교원 명단 조회로 반영

▶ 2025학년도 유공교원은 별도 증빙서류 파일 G-인사이트에 첨부

▶ 수정이 필요한 경우 교육장확인 연구학교 경력증명서 원본(또는 장학사 원본대조(날짜, 도장 날인)한 사본) 파일 G-인사이트에 첨부

다) 타시·도에서 근무한 연구·실험학교 근무경력은 교육장발행 경력증명서 첨부 시에 한하여 인정함

▶ 타시도 경력 증명서에 연도, 연구지정 구분, 연구주제, 공헌한 연구분야, 직책 등 기재된 증명서만 인정

(라) 교육부(기타부)장관·교육감·교육장이 지정한 연구(시범·실험)학교, 초등교육실습대용학교, 선도·중심학교, 도농교류, 특별학급 및 체험학습장 지도 가산점은 상호 중복평정금지 및 상한점 1.00점을 초과할 수 없음

(마) 연구학교 연구부장(연구업무 주무부장)은 초등돌봄교실(저학년방과후교실-보육프로그램), 초등창의지성교과 특성화학교, 초등자율체육활동체험교실 가산점과 중복평정 불인정
(단, 초등돌봄교실은 2014.12.31.평정부터 중복 인정, 학생학부모지원과-1721(2014.02.21.))

(4) 연구학교, 선도학교 등 인정 기준

(가) 종래의 급식시범학교 근무경력(79.1.1~82.3.19) 인정 : 교직200-12(83.1.13)

(나) 교육감지정 선도학교는 ʻ03.03.01.부터, 중심학교는 ʻ03.04.01.부터 적용함

(다) 교육감지정 교과특기자 육성교, 과학교육 선도학교 유공교원에 대하여도 교육감 지정 연구학교 유공교원 가산점과 동일한 가산점 부여

▶ 교육감지정 과학교육선도학교 지도교사 가산점 : ʻ03.10.1,ʻ04.7.1부터적용

▶ 교육감지정 교과특기자육성교 지도교사 가산점 : 2004.8.1.부터 적용(교정-3749)

▶ 과학교육선도학교 유공교원 가산점 부여는 1교당 종전 2인에서 3인 이내로 개정(2009.3.1.부터 적용, 과학산업교육과-10489 (2008.08.28.))

라) 교육감지정 초등교육실습대용학교 지도 교원에 대한 선택가산점

▶ 2015학년도부터 신규 지정교에 대하여 승진가산점 미부여

▶ 2005.3.1.~2015.2.28. 경력까지 인정(유공교원 명부에 등재된 자에 한함)하며, 타 시도에서 취득한 경우에도 해당기간 경력만 인정(타시.도교환 파견 중 취득한 경력 미인정)

▶ 단, 고양 가좌초, 부천 상동초, 성남 구미초, 수원 숙지초, 안양과천 삼성초, 의정부 의정부서초는 2017.2.28.까지, 안양과천 석수초는 2018.2.28.까지 유공교원명부에 등재된 자에 한함

▶ 교생지도 경력증명서 : 교육장확인서 제출

▶ 1차(2006.7.1. ~ 2007.6.31.: 초10교), 2차(2007.7.1. ~ 2008 6.31: 초5교)

(마) 교육장 지정 연구학교 유공 교원 경력은 `03.01.01.부터 적용함(초등81105-1097. '02.8.23).

(바) 도·농 교류 체험학습 유공 교원에 대한 가산점은 2006학년도 경력부터 불인정

▶ `06.02.28.이전 경력에 한해 인정함

(사) 특별학급, 체험학습장 유공교원 가산점은 2022.2.28.이전 경력에 한하여 인정

차) 수업실기대회 우수교사 경력 가산점

(1) 평정점

구 분		평정점	비고
연 평정점	1등급	0.20	•2002.01.01.~2004.12.31까지는 1년에 1회 0.120점
	2등급	0.17	
	3등급	0.13	
상한점		1.00	
합산 상한점		[3.00]	

(2) 합산 상한점 [3.00]은 '초등돌봄교실(저학년 방과후교실). 초등창의지성교과특성화학교·초등자율체육활동체험교실운영지도교사', '청소년단체 활동 지도교사','교육청파견영재교육전담·영재학급담당교사.도지정 발명교실 지도교사', '보직(부장)교사 초과 경력','담임교사 경력', '진로직업특수교육지원센터', '통합형직업교육거점학교','특수교육지원센터','전국장애학생체육대회','전국장애학생직업기능경진대회','특수학교(급) 종일반' 가산점 항목과 합산한 상한점임

카) 초등돌봄교실(저학년방과후교실-보육프로그램), 초등창의지성교과특성화학교, 초등자율체육활동체험교실운영지도교사, 돌봄유치원 담당교사 경력 가산점

(1) 평정점

평정점 \ 시기	~ 2028.02.29	2028.03.01 ~	비고
월평정점	0.012	0.009	
일평정점	0.0004	0.0003	
상한점	1.28	0.96	
합산 상한점	[3.00]	[3.00]	

(2) 합산 상한점 [3.00]은 '수업실기우수교사','청소년단체 활동 지도교사','교육청파견영재교육전담·영재학급담당교사.도지정 발명교실 지도교사','보직(부장)교사 초과 경력','담임교사 경력', '진로직업

특수교육지원센터',',통합형직업교육거점학교',',특수교육지원센터',',전국장애학생체육
대회', '전국장애학생직업기능경진대회'가산점 항목과 합산한 상한점임
(3) 초등돌봄교실(저학년 방과후 교실-보육프로그램) 가산점
　(가) 초등돌봄교실(저학년방과후교실-보육프로그램)지도교사 가산점은 2004.9.1.부터 적용
　(나) 저학년방과후교실 지도교사는 「방과후학교」보육프로그램 운영 지도교사로 전환
　(다) 2004.9.1.~2022.2.28.까지 경력에 한하여 점수부여(교원정책과-9536,-9537(2019.8.20.)
　(라) 초등창의지성교과특성화학교 지도교사 가산점은 2004. 9. 1부터 적용(초등교육과-04.7.26)
　　① 2004.9.1.~2022.2.28.까지 경력에 한하여 점수부여(교원정책과-9536,-9537(2019.8.20.)
　(마) 초등 자율체육활동 체험교실 운영지도교사 가산점 부여 - 2007. 3. 1부터 적용
　　① 2007.3.1.~2022.2.28.까지 경력에 한하여 점수부여(교원정책과-9536,-9537(2019.8.20.)
　(바) 돌봄지정유치원 담당교사 가산점
　　① 2012.3.1.~2018.2.28.까지 돌봄지정유치원 담당교사 가산점 부여(유.초 연계
　　　에듀케어, 온종일돌봄, 아침돌봄, 야간(저녁)돌봄 담당교사)
　(사) 특수학교(급) 종일반 담당교사 가산점
　　① 2017.3.1.자부터 특수학교(급)종일반 담당교사 적용 (특수교육과-7017, 2016.6.17.))
　　② 2017.3.1.~2022.2.28.까지 경력에 한하여 점수부여(교원정책과-9536,-9537(2019.8.20.)

타) 청소년단체활동 지도교사 경력 가산점

(1) 평정점

평정점 ＼ 시기	~ 2028.02.29	2028.03.01 ~	비고
월평정점	0.0048 (0.0072)	0.0036 (0.0054)	•()안의평정점은2007.12.31 이전 경력에 대한 평정점임.
일평정점	-	-	
상한점	0.51	0.38	
합산 상한점	[3.00]	[3.00]	

(2) `02.01.01.부터 `07.12.31.까지의 경력과 `08.01.01.이후의 경력을 구분하여 각 평정 시기별 평정점
　　기준에 따라 가산점을 차등 부여하되 년단위로 평정함.(단, 상한점 기준은 `11.12.31.자 평정 시부
　　터 구분하여 적용하지 않음)

(3) 합산 상한점 [3.00]은 '수업실기 우수교사',',초등돌봄교실(저학년 방과후교실). 초등창의지성교과
　　특성화학교·초등자율체육활동체험교실운영 지도교사',',교육청파견 영재교육 전담·영재학급담당교사.
　　도지정 발명교실 지도교사',',보직(부장)교사 초과 경력',',담임교사 경력',',진로직업특수교육지원센
　　터',',통합형직업교육거점학교',',특수교육지원센터',',전국장애학생체육대회',',전국장애학생
　　직업기능경진대회',',특수학교(급) 종일반'가산점 항목과 합산한 상한점임

(4) 가산점 부여 대상 인정 단체 현황

인정시기	단체명	비고
`02.01.01.부터	▸ 한국스카우트경기남·북부연맹　▸ 한국걸스카우트경기남·북부연맹 ▸ 한국우주소년단경기지방본부　▸ 한국청소년경기도남·북부연맹 ▸ 한국해양소년단경기남·북부연맹 ▸ 대한적십자사(청소년적십자경기도본부)	
`08.03.01.부터	▸ 한국4-H 경기도후원회	
`09.03.01.부터	▸ 한국 청소년발명 영재단	

(4) 청소년단체 가산점 부여 자격 요건 및 기준(※ 교원인사과-4570:2013. 05. 28)

구분	내용
자격 요건	소속단체 직무연수 30시간 이상 수료
인정 기준	연간 50시간 이상 활동
인정 연수	지도활동 2년차부터 가산점 부여
단, 1일당 8시간으로 계산하고 월 8시간까지 인정하며, 수련원 등을 이용한 위탁교육 시간과 창의적 체험활동(동아리활동) 등 교육과정에 포함된 시간은 인정하지 않음	

(5) 청소년 단체 가산점은 2022.2.28.까지 경력에 한하여 점수부여

▶ 신규 진입교사도 2022.2.28.까지만 점수 부여(교원정책과-9536,-9537(2019.8.20.)

> 🖥 **수업실기·청소년단체·초등돌봄교실(저학년방과후교실-보육프로그램)·초등창의지성교과 특성화지도경력·초등자율체육활동체험교실 평정 시 유의사항**
>
> ① G-인사이트 [경기DB] 유공교원 명단 조회로 반영
> - 수정이 필요한 경우 별도 증빙서류 파일(원본 또는 장학사 원본대조(날짜, 도장날인)한 사본) 첨부
>   • 교육장 확인 연구학교 경력증명서, 수업실기 우수교원 표창장(상장. 등급 확인), 청소년 단체 활동
>   승진가산점 부여 확인서 등(단체장 직인 및 발급번호 기재 확인)
>   ※ 명부 조회 시, 본인이 지도한 경력을 선택하여 반영해야 함(수정이 필요한 경우 별도 증빙)
> ② 교무부장 보직교사 근무경력 평정과 보육교실 가산점 평정은 2009. 3 1.이후 경력부터 중복 평정
> ③ 연구학교 연구부장(연구업무 주무부장) 경력과 초등돌봄교실은 2014.12.31.평정부터 중복 인정

파) 교육청파견 영재교육 전담교사, 영재학급 담당교사, 도지정 발명교실 지도교사 경력 가산점

(1) 평정점

평정점 ＼ 시기	~ 2028.02.29	2028.03.01 ~	비고
월평정점(各)	0.0096	0.0072	• 교육청파견 영재교육 전담교사,
일평정점(各)	0.00032	0.00024	영재학급 담당교사, 도지정 발
상한점(各)	0.57	0.43	명교실 지도교사 경력을 통합 평
합산 상한점	[3.00]	[3.00]	정함

(2) 2007. 3. 1 자 근무자부터 2022.2.28.까지 경력에 한하여 가산점 부여

  ▶ 신규진입교사도 2022.2.28.까지만 점수 부여(교원정책과-9536,-9537(2019.8.20.)

(3) 합산 상한점 [3.00]은 '수업실기우수교사', '초등돌봄교실(저학년 방과후교실). 초등창의지성교과특성
   화학교·초등자율체육활동체험교실운영지도교사', '청소년단체 활동 지도교사', '보직(부장)교사 초과 경력', '담
   임교사 경력', '진로직업특수교육지원센터', '통합형직업교육거점학교', '특수교육지원센터',
   '전국장애학생체육대회', '전국장애학생직업기능경진대회', '특수학교(급) 종일반' 가산점 항목과
   합산 한 상한점임

(4) 교육청파견 영재교육 전담교사, 영재학급 담당교사, 도지정 발명교실 지도교사 경
   력은 `07.03.01.부터 적용하되(과산-15596 :2005.11.10), '09.02.28 경력까지는 농·
   어촌·공단·접경 및 도서벽지접적 지역 등 지역 가산점과 중복 평정을 인정하지 않으
   나 2009.03.01이후 경력부터는 지역 가산점과 중복 평정을 인정하며 발명교실 지도
   교사 가산점 대상 인원은 발명교실 설치 기관별 3명 이내로 함

(5) 교육지원청 파견 영재교육전담교사, 영재학급담당교사 및 도지정 발명교실 지도교사 경
   력과 연구(시범·실험)학교 근무경력 중복(과학산업교육과-15862, 2009.11.20.)가능

(6) 영재학급 담당교사 가산점 부여 자격 요건 및 기준

 ① 부여대상 : 영재교육을 3년 이상 담당하고, 영재교육 기초연수(60시간)를 이수하고,
   현재 영재교육원·영재학급 담임교사 및 업무 담당교사로서 연 30시간이상(교과수
   업시간)의 수업을 담당한 교사로 교육지원청 파견 영재교육 전담교사 가산점 항목에
   포함하되, 상호 중복평정을 할 수 없음

 ② 부여인원 : 영재학급당 1명 이내

 ③ 가산점 : 월 0.012점, 상한점 0.72점(2009.3.1이후 근무한 자부터 적용)

(7) G-인사이트 [경기DB] 유공교원 명단 조회로 반영

  ▶ 수정이 필요한 경우 별도 증빙서류 파일(원본 또는 장학사 원본대조(날짜, 도장날인)한 사
   본) 첨부

※ 명부 조회 시, 본인이 지도한 경력을 선택하여 반영해야 함(수정이 필요한 경우 별도 증빙)

하)진로직업특수교육지원센터, 통합형직업교육거점학교근무경력가산점

구분	평정점	비고
월평정점(씀)	0.0120	•2014.3.1.자 근무자부터 교사 1인에 한하여 가산점 부여
일평정점(씀)	0.0004	•2014.3.1.부터 2017.2월 말일 이전 경력에 대한 평정점은 해당 기관에서 연속 3년 이상 근무자(특수교사)에 해당 ※ 2012년 제21차 경기도교육공무원인사위원회 심의 ※ 2013년 제10차 경기도교육공무원인사위원회 심의
상한점(씀)	0.72	※ 2017년 제2차 경기도교육공무원인사위원회 심의
합산 상한점	[3.00]	•2017.3.1.자 근무자부터는 최초 근무 시부터 가산점 부여(3년 이상 근무 조항 폐지)

  (1) 합산 상한점 [3.00]은 '수업실기우수교사', '초등돌봄교실(저학년 방과후교실). 초등창의지성교과특성화학
     초등자율체육활동체험교실운영지도교사', '청소년단체 활동 지도교사', '교육청파견영재교육전담·영재학급담
     당교사.도지정 발명교실 지도교사', '보직(부장)교사 초과 경력', '담임교사 경력', '특수교육지원센터', '전국장
     애학생체육대회', '전국장애학생직업기능경진대회', '특수학교(급)종일반' 가산점 항목과 합산한 상한점

임. 단, '전국장애학생체육대회', '전국장애학생직업기능경진대회'는 2022.2.28.까지 선택가산점으로 합산하고, 2022.3.1.자부터는 연구대회 실적으로 전환

(2) G-인사이트에서 나이스 인사기록 [경력] 불러오기로 반영함(나이스 인사기록과 불일치 하는 경우 인사기록 추기를 통해 일치 후 제출)

하-1) 교육(지원)청 소속 특수교육지원센터 근무 경력 가산점

구분	평정점	비고
월평정점(各)	0.0270 (0.0120)	• 2017.3.1.자 근무자부터 가산점 부여(특수교육지원센터 근무교사 전원에게 가산점 부여)
일평정점(各)	0.0009 (0.0004)	• 2018.2.28.자 평정부터 적용 • ( )안의 평정점은 2013.3.1.부터 2017.2월 말일 이전 경력에 대
상한점(各)	2.00 (0.72)	한 평정점임.(해당 기관에서 연속 3년 이상 근무자(특수교사)에 해당)
합산 상한점	[3.00]	※ 2012년 제21차 경기도교육공무원인사위원회 심의 ※ 2016년 제1차 경기도교육공무원인사위원회 심의 ※ 2017년 제2차 경기도교육공무원인사위원회 심의

(1) 합산 상한점 [3.00]은 '수업실기우수교사','초등돌봄교실(저학년 방과후교실). 초등창의지성교과특성화학교·초등자율체육활동체험교실운영지도교사','청소년단체 활동 지도교사','교육청파견 영재교육전담.영재학급담당교사.도지정 발명교실 지도교사','보직(부장)교사 초과 경력','담임교사 경력','진로직업특수교육지원센터','통합형직업교육거점학교','전국장애학생체육대회','전국장애학생직업기능경진대회','특수학교(급)종일반'가산점 항목과 합산한 상한점임. 단, '전국장애학생체육대회', '전국장애학생직업기능경진대회'는 2022.2.28.까지 선택가산점으로 합산하고, 2022.3.1.자부터는 연구대회 실적으로 전환

(2) G-인사이트에서 나이스 인사기록 [경력] 불러오기로 반영함(나이스 인사기록과 불일치 하는 경우 인사기록 추기를 통해 일치 후 제출)

하-2) 장애학생 지도 실적 가산점(전국장애학생체육대회, 전국장애학생직업기능경진대회)

(1)평정점

평정점＼시기	~ 2028.02.29	2028.03.01 ~	비고
월평정점(各)	0.0096	0.0072	
일평정점(各)	0.00032	0.00024	
상한점(各)	1.40	1.05	
합산상한점	[3.00]	[3.00]	

(2) 2013. 3. 1.자 근무자의 지도실적을 2014. 12. 31. 평정부터 적용
▶ 초등은 2014.3.1.자부터, 중등은 2013.3.1.자부터 적용)

(3) 전국장애학생체육대회 1, 2, 3위 및 전국장애학생직업기능경진대회 입상학생을 직접 지도한 특수교사에 1인에 한함

(4) 2022.2.28. 경력까지 선택가산점으로 부여하고 2022.3.1. 경력부터 연구대회 실적으로 전환

하여 운영

(5) 합산 상한점 **[3.00]**은 '수업실기우수교사', '초등돌봄교실(저학년 방과후교실). 초등창의지성교과특성화학교·초등자율체육활동체험교실운영지도교사', '청소년단체 활동 지도교사', '교육청파견영재교육전담·영재학급담당교사.도지정 발명교실 지도교사', '보직(부장)교사 초과 경력', '담임교사 경력', '진로직업특수교육지원센터', '통합형직업교육거점학교', '특수교육지원센터', '특수학교(급)종일반' 가산점 항목과 합산한 상한점임. 단, '전국장애학생체육대회', '전국장애학생직업기능경진대회'는 2022.2.28.까지 선택가산점으로 합산하고, 2022.3.1.자부터는 연구대회 실적으로 전환

하-3) 보직(부장)교사 초과 경력 가산점(2020.3.1.부터 적용)

(1) 평정점

구분	평정점	비고
월평정점	0.021	• 유치원, 초등, 특수 교사에게 적용 • 보직교사 초과 경력은 2020.3.1.자 이후 근무한 경력부터 인정 • 합산상한점 [ ]안은 '수업실기우수교사', '초등돌봄교실(저학년 방과후교실). 초등창의지성교과특성화학교·초등자율체육활동체험교실운영지도교사', '청소년단체 활동 지도교사', '교육청파견영재교육전담·영재학급담당교사.도지정 발명교실 지도교사', 신설 '담임교사 경력'가산점 항목과 합산한 상한점임
일평정점	0.0007	
상한점	1.40	
합산 상한점	**[3.00]**	

(2) 보직(부장)교사 가산점 2.00(월 0.027)점을 취득한 후 초과하는 보직교사 경력에 대하여 가산점 부여(교원정책과-9536,-9537(2019.8.20.)

(3) 월 평정점 **0.021**, 상한점 **1.40**

(4) 보직교사 초과 경력은 2020.3.1.자 이후 근무한 경력부터 인정

(5) 합산 상한점 **[3.00]**은 '수업실기우수교사', '초등돌봄교실(저학년 방과후교실). 초등창의지성교과특성화학교·초등자율체육활동체험교실운영지도교사', '청소년단체 활동 지도교사', '교육청파견영재교육전담·영재학급담당교사.도지정 발명교실 지도교사', '진로직업특수교육지원센터', '통합형직업교육거점학교', '특수교육지원센터', '전국장애학생체육대회', '전국장애학생직업기능경진대회', '특수학교(급) 종일반', 신설 '담임교사 경력'가산점 항목과 합산한 상한점임

(6) 동일한 평정기간 중의 경력 및 실적의 중복평정 금지

▶ 보직교사 초과경력 가산점은 동일기간 취득한 '체험학습장운영', '초등돌봄교실(저학년방과후교실). 초등창의지성교과특성화학교·초등자율체육활동체험교실운영지도교사', '청소년단체 활동 지도교사', '교육청파견영재교육전담·영재학급담당교사.도지정 발명교실 지도교사', '담임교사 경력'항목 가산점과 중복 인정 불가

▶ 특수교사의 경우 보직교사 초과경력 가산점은 2023.3.1.자 이후 근무한 경력부터 동일기간 취득한 '담임교사 경력', '진로직업특수교육지원센터', '통합형직업교육거점학교', '특수교육지원센터'항목 가산점과 중복 인정 불가

(7) 사례 및 유의사항

(가) 유치원, 초등, 특수 교사에게 적용

(나) 기본 보직교사경력(월 평정점 0.027)과 신설 담임교사 경력 가산점은 중복가능

(다) 초과 보직교사경력(월 평정점 0.021)과 신설 담임교사 경력 가산점은 중복불가
(라) 휴직, 파견기간 중 경력과 임용전 경력은 평정 대상기간에서 제외
(마) 타 시.도 전출을 통해 전입해 온 경우 전소속 교육청의 평정규정에 인정 문구가
　　기재되고 경력증명서 제출 시 인정(교환파견제외)
(바) G-인사이트에서 나이스 인사기록 [경력] 불러오기로 반영함(나이스 인사기록과 불일
　　치 하는 경우 인사기록 추기를 통해 일치 후 제출)

하-4) 담임교사 경력 가산점(2020.3.1.부터 적용)
(1) 평정점

구분	평정점	비고
월평정점	0.009	• 초등, 특수 교사에게 적용(유치원 제외)
일평정점	0.0003	• 담임교사 경력은 2020.3.1.자 이후 근무한 경력부터 인정
상한점	1.62	• 합산상한점 [ ]안은 '수업실기우수교사', '초등돌봄교실(저학년 방과후교실). 초등창의지성교과특성화학교·초등자율체육활동체험교실운영지도교사', '청소년단체 활동 지도교사', '교육청파견영재교육전담.영재학급담당교사.도지정 발명교실 지도교사', 신설 '보직(부장)교사 초과 경력' 가산점 항목과 합산한 상한점임
합산 상한점	[3.00]	

(2) 초등(특수) 담임교사 경력에 대하여 가산점 부여(교원정책과-9536,-9537(2019.8.20.)
(3) 월 평정점 **0.009**, 상한점 **1.62**
(4) 담임교사 경력은 2020.3.1.자 이후 근무한 경력부터 인정
(5) 합산 상한점 **[3.00]**은 '수업실기우수교사', '초등돌봄교실(저학년 방과후교실). 초등창의지성교과특
　　성화학교·초등자율체육활동체험교실운영지도교사', '청소년단체 활동 지도교사', '교육청파견영재교육
　　전담.영재학급담당교사.도지정 발명교실 지도교사', '진로직업특수교육지원센터', '통합형직업교육거
　　점학교', '특수교육지원센터', '전국장애학생체육대회', '전국장애학생직업기능경진대회', '특
　　수학교(급) 종일반', 신설 '보직(부장)교사 초과 경력'가산점 항목과 합산한 상한점임
(6) 동일한 평정기간 중의 경력 및 실적의 중복평정 금지
▶ 담임교사 경력 가산점은 동일기간 취득한 '체험학습장운영', '특별학급', '초등돌
　　교실(저학년 방과후교실). 초등창의지성교과특성화학교·초등자율체육활동체험교실
　　운영지도교사', '청소년단체 활동 지도교사', '교육청파견영재교육전담.영재학급담당
　　교사.도지정 발명교실 지도교사', '보직(부장)교사 초과 경력' 항목 가산점과 중복
　　인정 불가
▶ 특수교사의 경우 담임교사 경력 가산점은 2023.3.1.자 이후 근무한 경력부터 동
　　일기간 취득한 '보직(부장)교사 초과경력', '진로직업특수교육지원센터', '통합형직업교
　　육거점학교', '특수교육지원센터' 항목 가산점과 중복 인정 불가
(7) 사례 및 유의사항
(가) **초등, 특수 교사에게 적용(유치원 제외)**
(나) 기본 보직교사경력(월 평정점 0.027)과 신설 담임교사 경력 가산점은 중복가능
(다) 초과 보직교사경력(월 평정점 0.021)과 신설 담임교사 경력 가산점은 중복불가

(라) 휴직, 파견기간 중 경력과 임용전 경력은 평정 대상기간에서 제외
(마) 타 시.도 전출을 통해 전입해 온 경우 전소속 교육청의 평정규정에 인정 문구가
기재되고 경력증명서 제출 시 인정(교환파견제외)
(바) G-인사이트에서 나이스 인사기록 [경력] 불러오기로 반영함(나이스 인사기록과
불일치 하는 경우 인사기록 추기를 통해 일치 후 제출)

차 가산점 평정 시 유의사항

1) 가산점 초과 제한의 범위
가) 교육부장관 및 교육감, 교육장이 지정한 연구학교(시범·실험학교 포함)근무 경
력 가산점과 교육감 지정 선도학교, 중심학교, 초등교육실습대용학교 및 교과특기
자육성교, 도농교류, 체험학습장, 특별학급 유공교원 가산점은 합산하여 1.00점을 초
과할 수 없음
나) 농.어촌, 공단, 접경지역가산점을 합산한 상한점 적용
▶ 각각의 상한점 제도를 폐지하여 과거의 실적 중 상한점을 초과하는 경력이 있을 경
우에도 합산 상한점 범위에서 이를 모두 인정함
2) 동일한 평정기간 중의 경력 및 실적의 중복 평정 금지
동일한 평정 기간 중에 있었던 2가지 이상의 가산점 경력 또는 실적이 중복될 경우 아
래에 해당하는 경력 또는 실적은 중복 평정을 인정하지 않으며, 그 중 유리한 경력
또는 실적 하나만을 인정
가) 연구(시범·실험)학교 근무경력의 중복(주5일제 선도학교 및 교과별 교수학습도움센터
중심학교, 도.농교류체험, 체험학습장, 교과특기자육성교, 과학교육선도학교, 특별학급
근무경력 포함)금지
나) 장학사 또는 교육연구사 근무경력과 도서벽지 교육기관 또는 교육행정기관 근무경력 중복
금지
다) 농·어촌학교, 도서벽지학교, 접경지역학교, 공단지역학교 근무경력 중복금지
라) 교육지원청 파견 영재교육전담교사, 영재학급 담당교사 및 도지정 발명교실 지도교
사 경력과 접경, 공단, 농·어촌, 도서벽지학교 등 지역가산점 부여학교 근무경력은
2009.2.28경력까지 중복평정을 인정하지 않으나 2009. 3. 1. 경력부터는 중복평
정 인정
마) 2007학년도부터 체험학습장 운영담당자는 선택가산점(초등돌봄교실(저학년방과후
교실-보육프로그램), 초등창의지성교과특성화학교, 초등자율체육활동체험교실운영지도교사,
청소년단체활동)부여 교육활동 담당자와 중복지정 신청 불가(초등교육과-5578,
2008. 03.06.). (단, 2006학년도 체험학습장 운영 경력은 중복가능 초등교육과
-6312, 2007.03. 09.)
바) 초등돌봄교실(저학년방과후교실-보육프로그램), 초등창의지성교과특성화학교, 초
등자율체육활동체험교실운영지도교사, 청소년단체활동, 체험학습장 담당교사, 영재학
급 담당교사, 도지정 발명교실 지도교사 가산점의 중복 금지

(단, 영재학급 담당교사, 도지정 발명교실 지도교사는 2013.3.1.이후 취득한 가
 산점부터 적용)

사) 특수교사의 경우 2017.3.1.자부터 '진로직업특수교육지원센터', '통합형직업교육
    거점학교', '전국장애학생체육대회', '전국장애학생직업기능경진대회', '초등돌봄교
    실', '특수학교(급)종일반' 가산점 중복 금지하며, 2023.3.1.자 이후 근무한 경력부
    터 동일기간 취득한 '담임교사 경력', '보직교사 초과경력', '진로직업특수교육지원센
    터', '통합형직업교육거점학교', '특수교육지원센터' 항목 가산점 중복 인정 불가

아) 보직교사 초과경력 가산점은 동일기간 취득한 '체험학습장운영','초등돌봄교실(저학년 방
    과후교실). 초등창의지성교과특성화학교·초등자율체육활동체험교실운영지도교사', '청
    소년단체 활동 지도교사', '교육청파견영재교육전담.영재학급담당교사.도지정 발명
    교실 지도교사', '담임교사 경력' 항목 가산점과 중복 인정 불가(2020.3.1.자부터
    적용)

자) 담임교사 경력 가산점은 동일기간 취득한 '체험학습장운영', '특별학급', '초등돌봄교실
    (저학년 방과후교실). 초등창의지성교과특성화학교·초등자율체육활동체험교실운영지도교
    사', '청소년단체 활동 지도교사', '교육청파견영재교육전담.영재학급담당교사.도지정 발명
    교실 지도교사', '보직(부장)교사 초과 경력' 항목 가산점과 중복 인정 불가(2020.3.1.자
    부터 적용)

3) 타시.도에서 취득한 선택가산점 중 경기도 가산점 항목 및 부여 취지가 일치하는 항
   목만 인정(2011. 12. 31.자 평정부터)

4) 교(원)감 자격연수과정 응시대상자 한국사 능력 검정 취득 또는 한국사 연수 이수

 가) 시행일 : 2018. 1. 1. 부터

 나) 한국사 능력 검정 관련 인정범위

  ▶「사료의 수집.편찬 및 한국사의 보급 등에 관한 법률」제18조에 따른 한국사 능력 검정시험(3
    급 이상)에 합격한 경우

  ▶증빙자료 : 합격증 사본 등 국사편찬위원회에서 인정한 공증문서

  ※ G-인사이트에서 나이스 인사기록 [자격취득] 불러오기로 반영(나이스 인사기록과 불일치 하는
    경우 인사기록 추기를 통해 일치 후 제출)

 다) 한국사 연수 관련 인정연수

  ▶「교원 등의 연수에 관한 규정」제2조제2항에 따른 연수원에서 운영하는 과정으로「교원 등의
    연수에 관한 규정 시행규칙」제4조제6항의 교(원)감과정의 연수대상자 지명을 위한 한국사 관
    련 연수에 부합한 인정 연수

  ▶연수범위 : 교원의 역사 인식 함양 및 관련 역량을 개발할 수 있도록 한국사를 폭넓게 다루
    고, * 한국사의 흐름을 이해하고 한국사의 개념과 전개과정을 체계적으로 파악할 수 있는 수준

  ▶ 인정방법 : 상기 연수원에서 운영하는 한국사 관련 과정(인정목록연수)은 운영방법(집합/원격/혼
    합)에 관계없이 합하여 60시간 이상이면 인정

  ▶ 증빙자료 : 이수증 사본 등 해당연수원에서 인정한 공적문서

  ※ 60시간 이상으로 구성된 단일과정은 승진 평정요소 중 교육성적으로 인정 가능하며, 60시간 미만으
    로 구성된 과정은 가산점의 직무연수로 인정 가능(단, 중복인정은 불가)

※ G-인사이트에서 나이스 인사기록 [연수] 불러오기로 반영(나이스 인사기록과 불일치 하는 경우
   인사기록 추기를 통해 일치 후 제출)

□ **가산점 평정 기준 일람표** □   (2026.2.28.자)

구분	연번	가산점 항목	월평점	일평점	상한점	비고
공통 가산점	1	교육부장관 지정 연구학교 - (시범.실험학교 포함), 문화체육관광부장관 지정 포함	0.018	0.0006	1.00	※ 2022.04.01. 시행 -상한 1점 -월평정점 0.018점, (일 0.0006점)
	2	재외국민교육기관에 파견되어 근무한 경력	0.015	0.0005	0.5	※ 2022.04.01. 시행 -상한 0.5점 -월평정점 0.015점, (일 0.0005점)
	3	학점화된 직무연수 실적 가산점	연0.08	-	1.00	
	4	학교폭력 예방 및 해결 등 기여 가산점	연0.1	-	1.00	※ 2016.12.30.부터 시행 -연 0.1점(상한 1점)
	계				3.50	

구분	연번	가산점 항목	구분	월평점	일평점	상한점	합산 상한점	비고
선택 가산점	1	. 보직교사 경력	-	0.027	0.0009	2.00	2.00	※(종전) :'97.12.31 이전경력
			(종전)	-	-	(1.43)		
	2	. 교육전문직원경력	-	0.012	0.0004	0.75		
			(종전)	-	-	(0.45)		
	3	. 도서벽지 경력 . 접정지역근무경력	가지역(특)	0.045	0.0015	2.00		※(종전) :'97.12.31 이전경력
			나지역(갑)	0.036	0.0012			
			다지역(을)	0.027	0.0009			
			라지역(병)	0.018	0.0006			
			(종전)	-	-	(2.00)		

	4	. 농·어촌 근무경력
		. 접경 근무경력
		. 교육감지정 접경
		(교육특별)
		. 공단지역 근무 경력
			면(읍면)	0.018	0.0006	2.00	2.00	※교육감지정 접경
								'133 . 부터 새 롭게 지정 받은 학교
								※교육특별
								-'16.6.17.부터 지정받은 학교
								※.공단*
								-'09.3.1.이후 경력부터 적용
								-'09.2.28이전 경력은
								   읍면/동 가산점적용
								※(종전) :'04.1.1 이후 적용된 상한점
								   규정폐지

			접경	0.018	0.0006			
			읍(동)	0.015	0.0005			
			교육감지정 접경	0.015	0.0005			
			공단*	0.012	0.0004			
			(종전)	-	-	-		
	5	. 연구(선도)중심학교 유공교원 . 도농교류 경력	교육감지정	0.018	0.0006	-	1.00	※공 통 가 산 점 과 합 산 한 점 ※ 2022.04.01. 시행 (상한 1점) ※체험학습장, 특별학급은 2022.2 28자 경력까지 점수부여
			교육장지정	0.009	0.0003			
		. 체험학습장운영 . 특별학급	~ 2028.02.29	0.0144	0.00048			
			2028.03.01 ~	0.0108	0.00036			
	6	. 수업실기대회 우수교사 (유, 특, 초등교사) (교육감 표창자)	1등급	연 0.20	-	1.00		※교육감표창자(2002-2004)는 0.12점 인정
			2등급	연 0.17	-			
			3등급	연 0.13	-			
	7	. 초등돌봄교실 (저학년방과후교실) . 초등창의지성	~ 2028.02.29	0.012	0.0004	1.28		

구분	연번	가산점 항목	구분	월평점	일평점	상한점	합산 상한점	비고
		교과특성화 . 초등자율체육활동 체험교실운영 . 특수학교(급) 종일반 담당교사	2028.03.01 ~	0.009	0.0003	0.96		※2022.2.28.자 경력까지 점수부여
	8	. 청소년단체 활동 지도교사	~ 2028.02.29	0.0048 (0.0072)	-	0.51		※2022.2.28.자 경력까지 점수부여 ※연단위 평정 ※( )은 '07.12.31 이전경력
			2028.03.01 ~	0.0036 (0.0054)	-	0.38		
	9	. 교육청파견 영재교육전담 . 영재학급 담당교사 . 도지정 발명교실 지도교사	~ 2028.02.29	0.0096	0.00032	0.57		※2022.2.28.자 경력까지 점수부여
			2028.03.01 ~	0.0072	0.00024	0.43	3.00	
		. 진로직업 특수교육지원센터 . 통합형직업교육 거점학교	-	0.012	0.0004	0.72		
	10	. 전국장애학생 체육대회 . 전국장애학생 직업기능경진대회	~ 2028.02.29	0.0096	0.00032	1.40		※2022.2.28.자 경력까지 점수부여 ※2022.3.1.부터 연구대회로 전환하여 운영
			2028.03.01 ~	0.0072	0.00024	1.05		
	11	. 교육(지원)청 소속 특수교육지원센터	-	0.027	0.0009	2.00		※(종전) : '17.02.28 이전 경력
			(종전)	0.012	0.0004	0.72		
	12	. 보직교사초과경력	-	0.021	0.0007	1.40		※유,초,특 적용 ※2020.3.1.경력부터 적용
	13	. 담임교사경력	-	0.009	0 3	1.62		※초,특 적용 ※2020.3.1.경력부터 적용
	계						8.00	

카 NEIS 인사기록 정합성을 위한 인사기록 정제방법

1) 행정사항

가) 나이스에서 개인이 직접 신청하는 기간: **2026. 9. 29.(화) ~ 2026. 10. 15.(목)**

나) 「(붙임2) NEIS 인사기록 정제 신청(서식)」 공문 제출 기한: **2026. 10. 15.(목) 까지**

다) 나이스 인사기록 교육(지원)청 승인 기간: **2026. 10. 17.(토) ~ 2026. 10. 22.(화)**

라) 정제 대상 항목: **학력, 연수, 포상/서훈, 병역**(총 4종)

▶ **연수: 2026. 2. 28. 이전에 이수하였으나 미등재된 연수만 신청** 가능

▶ **자격취득, 연구실적, 가산점은 이번 정제 대상이 아님(추후 별도의 공문으로 안내)**

마) 개인별 인사기록사항에 허위가 발견될 경우에는 행정조치 가능

▶ **'가족' 등록 및 승인**

- 단위학교 교(원)감이 상시 승인 처리
- 나이스에 등록 후 교(원)감에게 승인 요청 연락 필요(유선 또는 ICE-TALK 쪽지)

▶ **보직교사 발령이 누락 된 경우**

- 보직교사 발령 사항은 '경력' 탭에 기록됨
- 보직교사 발령 메뉴: [교원인사] - [임용발령] - [임용발령] - [보직(담임)교사]
- **전년도 보직교사 발령 사항이 누락 된 경우, 현 소속교 교(원)감이 누락된 사항(이전 근무교 포함)에 대해 증빙서류 확인 후 발령 처리**
- 보직교사 여부는 매년 3월초(또는 변경 시)에 나이스에서 발령처리 해야 함
  (학교장 발령 사항)

▶ **담임교사 등록**

- 담임교사 등록 메뉴
→ [교원인사] - [임용발령] - [퇴직예정 및 겸임자관리] - [보직구분 설정(학교)]에
  서 '보직구분'과 '교원구분' 변경 저장
- **[중요] 담임교사 발령 주의 사항**
→ 보직교사 발령 메뉴에서 담임교사 발령처리 시 인사기록카드 경력탭에 담임교사
  경력이 추가됨 → **경력 계산 오류 발생**
- **담임교사 발령 오류 사항에 따른 조치**
→ **교육지원청으로 오류 발령 사항 삭제 요청 공문 발송 → 교육지원청 확인 → 교육지원청에서 경력 삭제**

2)	신청순서

▶ 본인의 인사기록사항을 반드시 먼저 확인한 후 작성
▶ 인사기록 열람 메뉴: **[기본메뉴] → [인사] → [인사기록] → [기본사항]**

가) [나이스]-[인사]-[인사기록]-[개인정보변경신청] 탭에서 **본인이 직접 신청 및 증빙자료 업로드**

나) 「(붙임2) 교육공무원 NEIS 인사기록 정제 신청(서식)」은 <u>공문으로 제출</u>

3)	항목별 신청방법

▶ 증빙자료는 교감 원본대조필한 후 PDF 파일로 스캔하여 **[나이스]**에 직접 업로드 **(원본대조필이 없는 사본은 불인정)**

○ '**신규신청**'버튼: 인사기록이 누락되어 새로 등재 신청하는 경우(<u>이미 등재된 사항</u> <u>을 신규신청하면 중복해서 기재되므로 인사기록 확인 후 누락되었을 경우에만 사</u> <u>용)</u>

○ '**기존자료정정**'버튼: 이미 **등재된 인사기록**을 **변경**하거나 **삭제**해야 하는 경우

○ '**수정**'버튼: 입력한 신청사항을 수정하는 경우

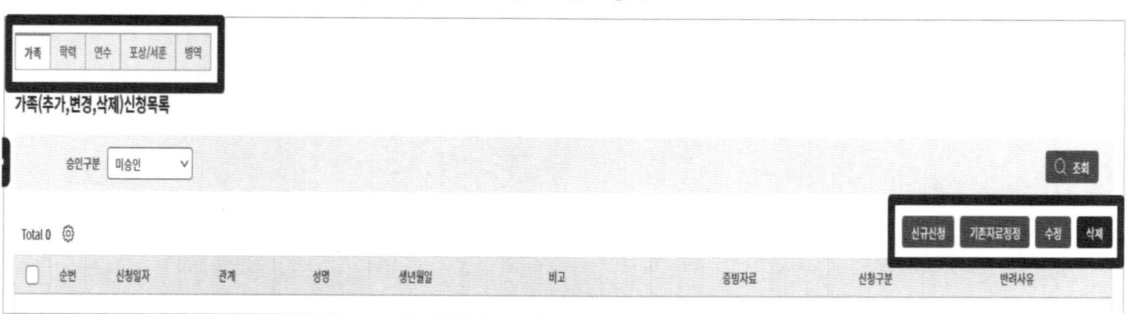

○ '**삭제**'버튼: 입력한 신청사항을 삭제하는 경우
○ 신청한 내용이 해당 교육청 승인 후 그대로 인사기록에 반영되므로 항목마다 정확
  하게 입력해야 함 ■ **승인 불필요(본인 직접 수정 후 저장)**
  ▷ **[기본메뉴]** → **[인사]** → **[인사기록]** → **[기본사항]** → **[개인신상]**

---

1   개인신상

확인해야 할 사항	방법
• **사진, 한자이름, 주소** 등이 빠짐없이 입력되어야 함(지원 한자가 없는 한자는 한글로 입력)	• 개인이 직접 수정하고 저장 버튼을 눌러 정정함

※ **사진이 없거나 오래된 것은 최근 사진으로 교체 요망**
  (사진 크기: 100 Kb(확장자:JPG, PNG) 이상 권장)
※ 현 거주지 도로명주소 하단의 **생활근거지 입력(전보 시 참고자료)**
  ☞ (인천거주) <u>○○**구** ○○**동**</u>까지만 입력(서구 청라동)
  ☞ (타시도거주) <u>○○**시(도)** ○○**구(시)**</u>까지만 입력(예: 경기도 부천시, 경기도 고양시)

■ **승인 필요**

▷ **[기본메뉴]** → **[인사]** → **[인사기록]** → **[개인정보변경신청]**

1.학력(증빙서류: **대학(교) 이상**은 학위기 또는 수료증명서 사본 등)

확인해야 할 사항	신규 및 기존자료정정 신청 방법
• 최종학력까지 확인	• [기본메뉴]→[인사]→[인사기록]→[개인정보변경신청] → **[학력]** 탭에서 신규 또는 정정 신청 • **원본대조필된 증빙자료(스캔PDF) 업로드** • 엑셀서식[붙임2, <u>**서식1**</u>]에 신청 내용 작성

※ 석사학위 이상의 학력은 [학위취득]항목에 자동으로 반영됨

---

4)   연수(증빙서류: 연수이수증 또는 연수성적증명서 사본)

확인해야 할 사항	신규 및 기존자료정정 신청 방법
• 누락 및 정정사항 확인 • 연수기간, 연수시간은 반드시 입력되어야 함 (이수증○, 이수확인서×) • 연수성적이 있는 경우 성적 입력 (연수성적증명서 제출)	• [기본메뉴]→[인사]→[인사기록]→[개인정보변경신청] → **[연수]** 탭에서 신규 또는 정정 신청 • **원본대조필된 증빙자료(스캔PDF) 업로드** • 엑셀서식[붙임2, <u>**서식2**</u>]에 신청 내용 작성

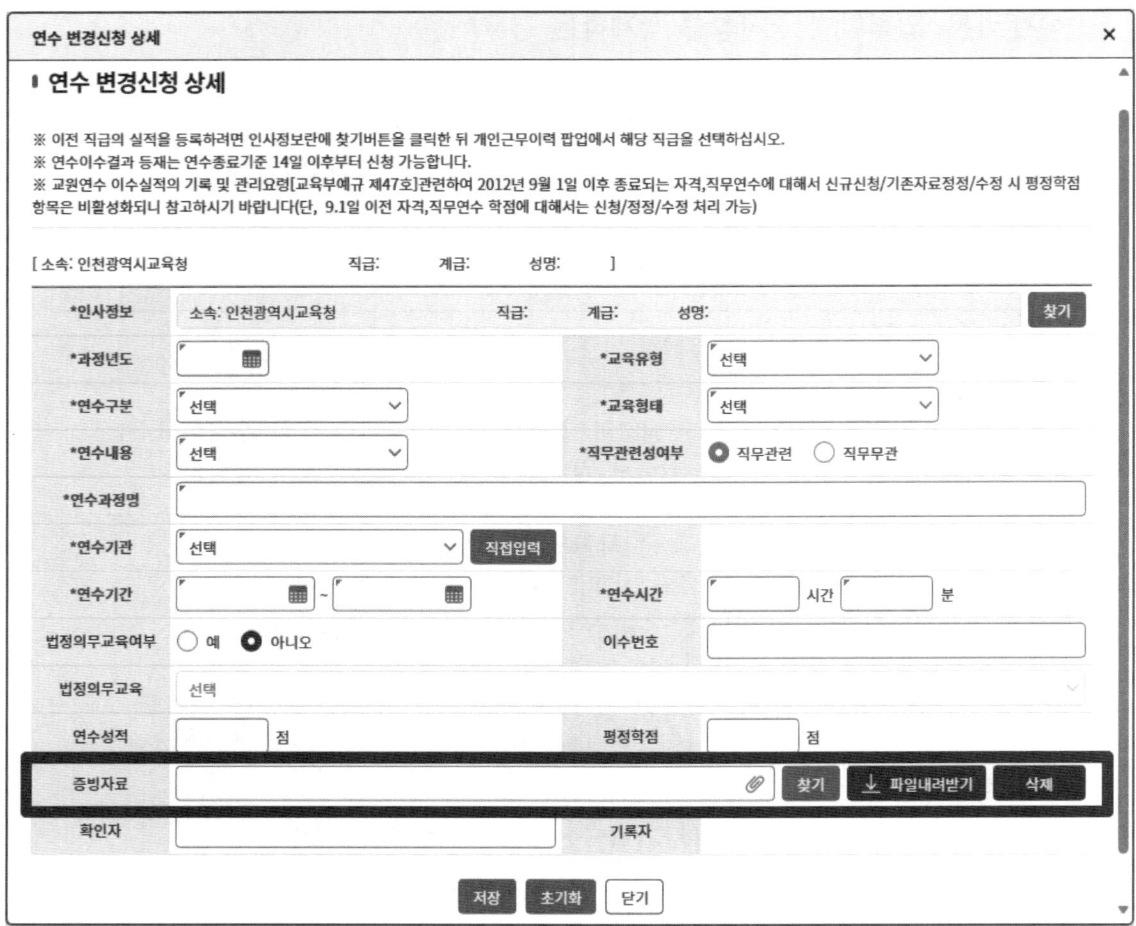

※ **연수는 2025. 2. 28. 이전에 이수하였으나 미등재된 연수만 신청 가능**

※ 중복으로 등록된 연수는 정확한 자료를 1개만 남기고 나머지는 **삭제** 신청함
**(삭제가능: 연수과정명, 연수기관, 연수기간, 연수시간 등 모든 기재사항이 동일
한 경우) (삭제불가: 동일과정이나 기간이 다른 연수를 삭제 요청하는 경우)**

확인해야 할 사항	신규 및 기존자료정정 신청 방법
• 교육과 관련이 있는 포상만 기재됨 • **연구실적과 관련된 포상은 삭제해야 함**	• [기본메뉴]→[인사]→[인사기록] →[개인정보변경신청] → **[포상/서훈]** 탭에서 신규 또는 정정 신청 • **원본대조필된 증빙자료(스캔PDF) 업로드** • 엑셀서식[붙임2, **서식3**]에 신청 내용 작성

5)   포상/서훈(증빙서류: 표창 사본)

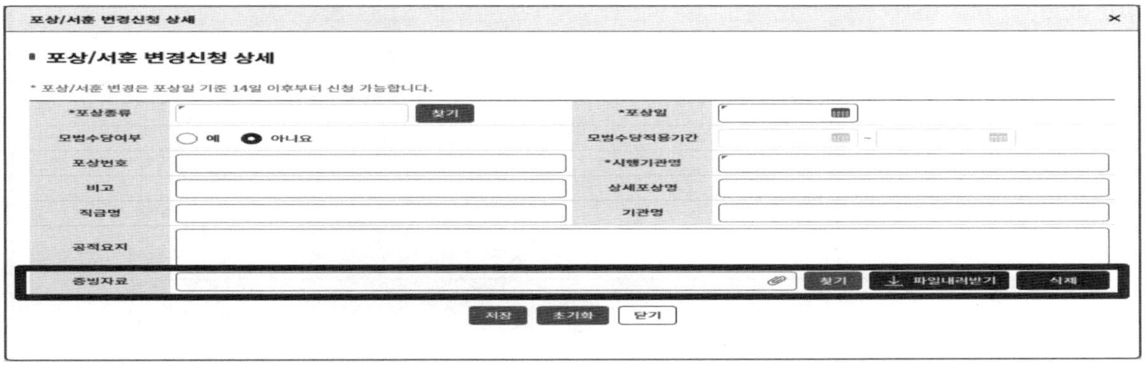

6)   병역(증빙서류: 병적증명서 또는 주민등록초본)

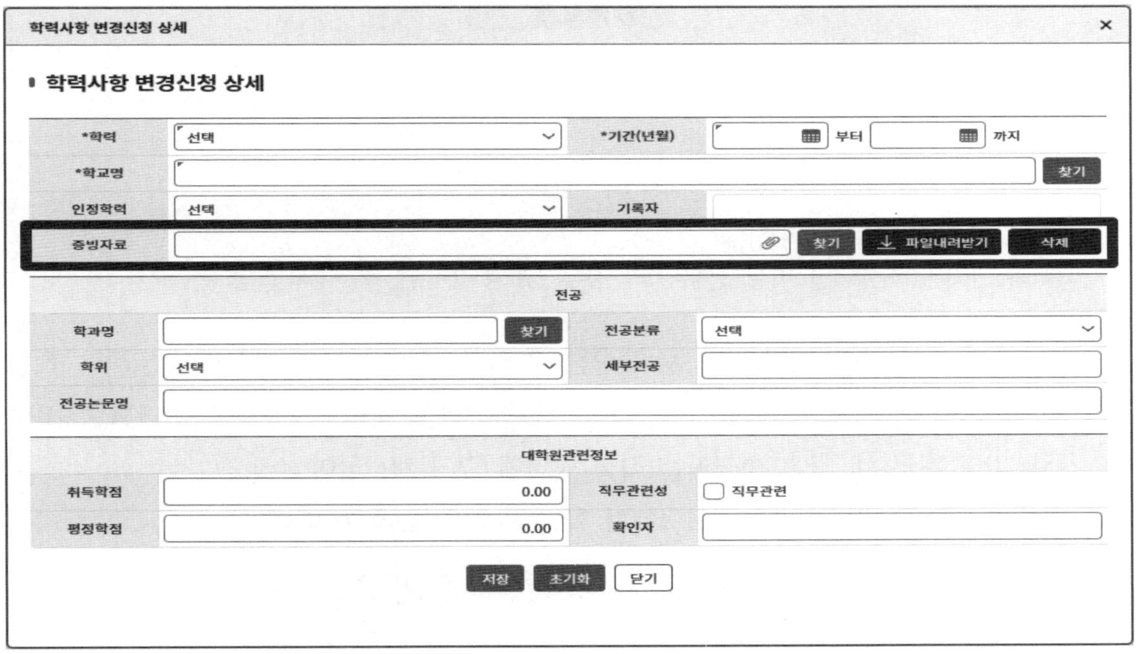

확인해야 할 사항	신규 및 기존자료정정 신청 방법
• 병역사항이 있는 교사만 확인	• [기본메뉴]→[인사]→[인사기록] 　→[개인정보변경신청] → **[병역]** 탭에서 　신규 또는 정정 신청 • **원본대조필된 증빙자료(스캔PDF) 업로드** • 엑셀서식[붙임2, **서식4**]에 신청 내용 작성

※ **주민등록초본 제출 시 병역사항(전체)가 포함되어 있어야 함**

<table>
<tr><td colspan="2">병역 변경신청 상세</td><td>×</td></tr>
</table>

▌병역 변경신청 상세

| *병역구분 | 복무 ∨ |

복무

| *병역종류 | 현역 ∨ | *군별 | 육군 ∨ | *군계급 | 병장 ∨ |
| *복무기간 | ▦ ~ ▦ | | | *제대구분 | 만기제대 ∨ |

미필

| *미필사유 | 선택 ∨ |

| 증빙자료 | 📎 찾기 ↓ 파일내려받기 삭제 |

저장 초기화 닫기

- ○ 일반전보: 1 ~ 3희망(3희망까지)
- ○ 만기전보: 6희망(갑구역 만기도 6희망)
  - ※ 현 근무 시·군 기재 금지
  - ※ 특 만기자(특지 5년 이상 근무자)의 경우 6희망 이내에 특 지역 희망 가능

□ 근무년수 계산: G-인사이트 자동 계산됨. 현임교 발령일로부터 전보기준일까지 계산 후 학생을 직접지도하지 않은 기간(휴직, 파견 등)은 제외, 15일 이상은 1월로 계산, 15일 미만은 절사, 급지 변경자는 작성 방법에 맞게 계산하여 수정

□ 가산년수: 년월까지 계산 산입되었는지 확인(월 이하 소수는 절사)

타   G-인사이트 전보 내신카드 작성 시 유의점

1)) G-인사이트 전보 내신카드 작성 전 반드시 본인의 나이스 인사기록 확인 철저
  ▶ 인사기록카드 도로명 주소 꼭 확인 (현 주소지와 다른 경우 수정하기)
(확인방법) 나이스 - 나의메뉴 - 인사기록 - 기본사항 - 개인신상 - 주소
2) 해당란 기제요령
□ 생활근거지: 나이스 자동 입력됨(도로명 주소가 꼭 입력되어 있어야 됨)
□ 교육 총 경력: 나이스 자동 입력됨
□ 희망시군(초등·유아 교사)

3) 사례별 특기사항 기재 예시

사례	특기사항 기재 예시
휴직예정교사: 발령 후 휴직을 희망하는 경우	육아휴직예정(2026.3.1.~2027.2.28.)
부부교사 중 어느 한쪽의 근무지역으로 전보 내신한 경우	처(또는 부) 안산 덕성초 김OO
타시·도로 2중 내신한 경우	경북 내신
유예 기간이 있을 경우	구역유예 1년(2025), 학교유예 1년(2025)
파견 기간이 있을 경우	파견 1년(2022)
급지 변경 학교 근무	2011년 병나에서 을
혁신학교 근무: 지정일 기재, 지정유예 기간이 있을 경우 지정유예 기간도 기재	2012.3.1 혁신학교 지정 2016.3.1~2016.8.31 혁신학교 지정 유예
5학급 근무: 해당 년도 기재	2022년, 2025년 5학급
실습학교 근무: 해당 년도 기재	실습학교(2024~2025)
특구역 학교 중 2011.3.1.자로 갑에서 특으로 변경된 학교 근무자 중 갑지 근무 기간이 있는 경우	특구역내 갑지근무
2026.3.1.자 초빙교사로 선정된 교사	2026.3.1.자 초빙교사: 수원 00초
복직자의 경우	복직동시 내신
명예퇴직 예정자	명퇴 예정(2026.2.28자)

□ 일반전보자 중 폐교 또는 학급 감축 등의 사유로 전임교의 전보년수를 삽입하는 경우: G-인사이트에서 전임교 자동입력-'본인의사에 반한 임지변경' 체크 (발령대장, 회의록 등 증빙자료 G-인사이트 첨부)

4) 대상자별 증빙서류 ※ 증빙 서류는 PDF 스캔본으로 업로드 할 것

조-항-호	대상자	제출방법	증빙 서류	유의할 점
13-①	본인의사에반한 전보조치된 자	G-인사이트 탑재	-발령대장 사본, 인사자문위원회 회의록 사본 등 증빙 자료	-폐교, 휴교, 학급감축, 학교통합, 정원감축 등 -전임교 근무년수 포함
15-①-17	모성보호비정기	G-인사이트 탑재	- 임신확인서 또는 분만예정일 이 기재된 의사소견서, 출산 사실증명서 - **(필요시)** 주민등록등본, 가족 관계증명서	-임신, 출산 기준일은 **2026.3.1.자** 기준- 나이스 인사기록 가족사항에 자녀가 등재된 경우 등본 또는 가족관계증명서 불필요

16-①-1	58세 이상 **(68.3.1.까지 출생)**		- 별도 증빙서류 불필요 (나이스 인사기록 확인)	
16-①-2	국가유공자, 독립유공자, 5.18민주유공자유가족	G-인사이트 탑재	- 국가유공자 유족(가족)확인원 **(확인대상자가** 내신자 본인이어 야 함)	-유가족의 배우자 (사위, 며느리)는 적용 제외 -참전유공자 확인서 미인정
16-①-3	노부모 부양 **(56.3.1.까지출생)** -70세 이상	G-인사이트 탑재	- 주민등록등본(전입일, 변동일 포함 출력)	-주소 및 세대주 변경 등이 자주 있는 경우 노부모 및 본인의 각각 초본도 업로드
16-①-4	정책연구, 시범 유공표창	G-인사이트 탑재	- 정책연구, 시범 유공이 명기된 표창장 사본	-표창 가산과 전보 우대 중복하지 않음
16-①-5	심한장애인부양 (본인포함)	G-인사이트 탑재	- 장애인 증명서 또는 복지카드 - 주민등록등본	-장애 정도가 심한장애인만 해당 (노환, 치매 등 제외)
16-①-6 16-③ (기타)	표창가산대상자	G-인사이트 자동연동 및 탑재	- 별도 증빙서류 불필요 (나이스 인사기록 확인) - 미등재시 표창장 G-인사이트 탑재	-내신카드 접수 마감 후의 표창은 추후 별도 안내
16-③ (업무)	교과전담,복식학급,순회교육(특수,전문상담),통합학급,부장교사,6학년담임,혁신학교		- 별도 증빙서류 불필요 (자동 입력 또는 나이스 인사 기록 확인) 단, 체육전담교사는 해당년도 전담수업시간표 G-인사이트 탑재	
	방과후학교업무담당		- 별도 증빙서류 불필요	-학교별 관련 대장 등록 여부 확인 후 제출
	유치원방과후과정업무담당		- 별도 증빙서류 불필요	-학교별 관련 대장 등록 여부 확인 후 제출
	43학급 이상 보건, 사서, 전문상담교사,		- 별도 증빙서류 불필요 단, 자동 반영 불가시 해당연도 학급편성 증빙자료 1부	
	특수학교 근무 보건교사		- 별도 증빙서류 불필요 (나이스 인사기록 확인)	
	교육실습학교		- 별도 증빙서류 불필요	-직접 지도한 교사
	다문화특별학급담임교사경력		- 별도 증빙서류 불필요	-다문화특별학급담임교사
16-③ (기타)	부부공무원	G-인사이트 탑재	- 배우자의 재직증명서 - (나이스 가족사항 미등재자) 주민등록등본 및 가족관계증명서	-배우자 근무지역으로 전보를 희망하고, 배우자는 전보내신을 제출하지 않은 경우
	세 자녀 이상	G-	- (나이스가족사항 미등재자)	-18세 이하(19세 미만)의

	자녀 보육 (2007.3.2.이후 출생)	인사이트 탑재	세 자녀가 등재된 주민등록등본 또는 가족관계증명서	자녀 1명은 반드시 등본상에 등재 -현임교 경력만 인정
	2명의 영유아 (2018.3.2.이후 출생)	G-인사이트 탑재	- (나이스 가족사항 미등재자) 주민등록등본 또는 가족관계 증명서	-세 자녀 가산점과 중복 불가 -현임교 경력만 인정
기타	복직(귀)동시 내신자	G-인사이트 탑재	- 복직(귀)원 사본	

파 경기형 인사시스템 G-인사이트 구축에따른 인사기록정비

1) 대상: ① **2026.3.1.자 전보(시도교류)서류 제출 예정자** 또는 ② **2026.2.28.자 승진·자격평정 서류 제출 예정자(2025.2.28.자 기제출자는 제외)** 중 인사기록카드 정비가 필요 교원

2) 방법: **인사기록카드 추기 기간을 활용하여 추기 신청**

   ※시도교류 서류 제출 예정자는 추기 기간 전 개별 정비 완료(9.19까지)

3) 내용

▶ 인사기록카드 기재항목 중 누락되어 있거나 오기되어 있는 항목을 인사기록 추기기간을 활용하여 모두 정비

▶ 학교의 인사담당자는 전보(시도교류) 및 평정서류 제출 예정자의 인사기록카드 추기 및 수정 시 증빙서류 검토 철저

▶ 인사기록카드 정비 항목에 대한 세부 증빙서류는 교육공무원인사관리세부기준 및 평정업무처리요령 참조

※ **추기기간 이후에는 인사시스템에 자동 반영(수기입력, 증빙자료 대체 등 별도의 과정이 없거나 반영이 어려울 수 있음)이 불가하므로 대상자는 반드시 추기기간 내 정비 및 추기**

4) 인사기록카드 정비내용 가) 시도교류 관련 인사기록카드 항목

가) 시도교류 관련 인사기록카드 항목

인사기록탭	정비 항목	증빙서류
경력	- 누락 및 오기된 경력 (근무, 휴직, 복직, 파견 등) ※임용기간 및 종료일 입력 확인	- 경력증명서 등
임용전 경력	- 사립학교 정교사 경력 - 경기도임용전 타시도 정교사 경력	- 경력증명서 등

나) 전보 관련 인사기록카드 항목

인사기록탭	정비 항목	증빙서류
가족	- 자녀 정보(출산 후 1년 미경과, 2명의 영유아(7세 미만) 또는 세자녀) - 배우자 정보(부부교원, 부부공무원) ※ [비고]란에'부부교원'또는'부부 공무원'으로 입력 ※ 당해연도 결혼한 교사 포함	- 가족관계증명서 또는 주민등록등본 - 재직증명서 (전보 제출 시 가족 정보를 활용할 경우에 한함)
경력	- 누락 및 오기된 경력 (담임, 보직, 휴직, 복직, 파견, 초빙 등) ※임용기간 및 종료일 입력 확인	- 관련 공문 / 발령대장 - 경력증명서 등
포상	- 총리이상의 표창(훈·포장 포함) - 장관표창 - 교육감표창 - 교육장표창 - 경기교육대상, 대한민국공무원상 ※ 현임교 포상 실적에 한함	- 상장 및 표창장 사본 등

다) 평정 관련 인사기록카드 항목

인사기록탭	정비 항목	증빙서류
학력	- 연구실적 또는 연수성적에 활용된 석사 또는 박사학위 (직무관련성 여부 체크)	- 학위기, 성적증명서 - 복무관리 입증서류(박사)
병역	- 군경력(경력평정 포함 시)	- 주민등록초본 또는 병적증명서
자격취득	- 한국사 능력 검정 취득	- 합격증 사본 등 국사편찬위원회 인정한 공적문서
연수	- 자격연수, 직무연수 실적	- 이수증, 성적증명서 등
경력	- 누락 및 오기된 경력 (담임, 보직, 휴직, 복직, 파견 등) ※ 임용기간 및 종료일 입력 확인 ·담임 경력은 2020.3.1.자 이후 정비 ·유치원교사는 담임경력 정비제외	- 관련 공문 / 발령대장 - 경력증명서 등
임용전 경력	- 계약제교원, 사립교원 경력 등 - 임용전 군경력 - 타시도 교사경력(경기도 임용전) ※임용전경력 입력방법 참고	- 경력증명서 - 주민등록초본또는 병역증명서 등
연구실적	- 연구대회 입상실적 ※연구실적 입력방법 참고	- 승진자격평정의연구실적평정으로인정되는 연구대회 상장 등(타시도 제외)

※ 연구학교및선택가산점(돌봄교실,영재학급등)유공 명부는경기형인사시스템(G-인사이트)에서 조회가능 (추기 신청하지 않음)

※ 임용전 경력(군경력 및 경기도 임용전 타시도 경력) 입력 방법

항목	입력 방법
임용 전 경력	▸ 임용전 군경력이 있는 경우 반드시 [병역]탭 및 [임용전 경력]탭에도 입력 <table><tr><td></td><td>기간</td><td>근무처</td><td>근무처 구분</td></tr><tr><td>입력 예시</td><td>1995-04-27~1997-07-03</td><td>군복무</td><td>군</td></tr></table> ※ 임용전 군경력 시 근무처를 "군복무", 근무처구분을 '군'으로 작성 ※ 교육대학 출신의 예비역 하사관후보생(RNTC)경력 제외 ▸ 경기도 임용전 타시도 정규교사 근무 경력이 있는 경우 반드시 [임용전 경력]탭에 입력 <table><tr><td></td><td>기간</td><td>근무처</td><td>근무처 구분</td><td>직위(급)명</td><td>공무원 여부</td></tr><tr><td>입력 예시</td><td>2000-03-01~ 2004-02-29</td><td>경기 용인 00초</td><td>국/공립학교</td><td>교사</td><td>Y</td></tr></table> ※ 타시도 전입교사는 임용전 경력에 추기신청하지 않음(타시도 전입교사의 타시도 근무기간은 경력 탭에 반영되어 있음)

※ 연구실적(연구대회 입상실적) 입력 방법

항목	입력 방법
연구 실적	▸ [연구실적]의 연구대회 실적은 교육공무원 승진규정에 따른 처리요령을 참조하여 증빙서류 확인 후 입력 가) 연구주제(대회), 연구기관, 연구규모, 연구등급, 연구자수, 수상일자, 직무관련성, 평정학점, 확인자를 입력 후 저장(연구기간 미입력) 나) 연구대회 추기 및 정정할 경우 확인자에 '교육지원청'으로 입력 　※연구실적으로 인정되는 연구대회 범위는 [참고] 자료 확인 　※평정서류 제출 시, 확인자에'교육지원청'으로 입력한 경우는 나이스-[연구실적]과 　연동하여 경기형 인사시스템(G-인사이트)에 반영 다) 연구기관은 직인에 찍혀진 기관명 기입 라) 동일대회로 전국대회, 시도대회에서 입상한 경우 각각 등록가능 마) 전국규모 인정학점: 6학점, 시도규모 인정학점: 4학점 (입력 예시) <table><tr><td>연구주제(대회)</td><td colspan="3">인성교육실천사례연구발표대회</td></tr><tr><td>연구기관</td><td>경기도교육청</td><td>연구기간</td><td>미입력</td></tr><tr><td>연구규모</td><td>시도대회</td><td>연구등급</td><td>1등급</td></tr><tr><td>연구자수</td><td>1명</td><td>수상일</td><td>2019-12-13</td></tr><tr><td>직무관련성여부</td><td>직무관련</td><td>평정학점</td><td>4점</td></tr><tr><td>확인자</td><td>교육지원청</td><td></td><td></td></tr></table> ▸ <u>타시도 연구대회 입상실적 또는 확인자에 '교육지원청'문구가 없는 대회 실적의 경우</u>, 평정서류 제출기간에 상장 등 증빙서류 추가 제출

라) 인사기록카트 정비방법

담당자	인사기록 탭	정비 방법
개인	개인신상	- 개인신상 변경 시 개인이 **직접 수정** (주소 및 생활근거지, 부부교원 여부 현행화)
학교 업무담당자	병역,가족, 학력	- 내부결재 후 기관(학교) 업무 담당자가 인사기록(인사권한)에서 등록
	경력(현임교경력)	- 임용발령 메뉴를 활용하여 현임교 보직, 현임교 담임경력 등록
교육지원청 업무담당자	경력,임용전경력	- 증빙서류(경력증명서 등)를 확인 후 정비 - 전임교의 보직교사 및 담임교사 경력은 증빙서류를 제출하여 현 소속 교육지원청 인사기록 업무담당자가 정비
	자격취득,포상/서훈,연수,연구실적	- 개인정보변경신청 해당 항목에서 개인이'행 추가'하여 내용 입력 신청**(증빙서류 필수 첨부)**, 학교 업무담당자 확인, 교육지원청 업무담당자 확인 후 승인

하 2026 초등.유아 G-인사이트 승진평정 질의 및 답변

초등·유아 G-인사이트 승진평정 질의 및 답변

순	영역	질의	답변	비고
1	공통	증빙서류 업로드 시, 원본대조필 여부?	▶ G-인사이트로 평정자, 확인자의 확인 및 결재로 확인이 이뤄지므로 원본대조필 도장 필요없음	
2	공통	기제출의 의미는?	▶ 2025.2.28.자 평정서류 제출내용을 의미함 (2024.2.29.자 제출하고 2025.2.28.자 미제출한 사항은 '기제출'이 아님-직전년도 제출만 기제출)	
3	경력	자동반영 시, 누락경력이 확인될 경우?	▶ 인사기록 [경력] 추기할 것 (예시) 초빙교사 발령 이전에 부처내전보를 하지 않아 전임교 경력에 통합되어 나오는 경우	
4	경력	경력평정 시, 임용전 경력 반영할 때 등록방법?	▶ 기간제교사 100%인 경우 나이스 불러오기 반영 ▶ 위 경우가 아니면 모두 **행추가-신규(증빙서류 필수 첨부)** 예) 시간강사	
5	연수성적	인사기록-연구실적에 있는 연구대회 실적 조회되나요?	▶ 확인자를 "교육지원청"으로 추가한 사항만 불러옴 ▶ 2025.2.28.자 평정에 반영하였다면 **'기제출'** ▶ **신규 입력시 행추가-신규**(증빙서류 필수 첨부) ▶ 2025학년도 입상 실적도 신규입력	
6	연수성적	대학원 학위기 첨부?	▶ 학위취득 실적은 학교에서 검토하여 반영(미첨부)	
7	가산점	제외기간이 자동으로 반영되나요?	▶ 도서벽지, 농공접경의 경우 휴직, 파견 등 제외기간 반영 ▶ 유공명부 조회(영재발명, 돌봄, 자율체육 등)시 제외날짜를 '비고'란에 불러옴. 비고란에 불러온 제외 일수를 보고 제외일수에 직접 수기로 입력해야 함	
8	가산점 (지정학교)	2025학년도 지정학교는 어떻게 등록하나요?	▶ **행추가-신규입력(증빙서류 필수 첨부)**	
9	가산점 (기본보직)	(가산점-기본보직) 1정자격 취득한 해의 보직교사 경력 반영은 언제부터인가요?	▶ (예시) 1정자격일: 2018.2.20. 　　　보직교사 경력기간: 2017.3.1.~2018.2.28. → **보직교사 점수 반영기간: 2018.2.20.~2018.2.28.** ▶ 자동생성이 되지 않을 경우, 　**행추가-입력-기제출(증빙서류 미첨부)** ※ 기본보직교사 가산점 입력하는 탭에 1정자격 취득일이 조회됨	
10	가산점 (추가보직)	(가산점-추가보직) 기본보직 이후 날짜부터 추가보직 입력하는 방법?	▶ (예시) 2022학년도에 분할되는 경우 　　　기본보직: 2022.3.1.~2022.5.3. → **추가보직 점수 반영기간: 2022.5.4.~2023.2.28.** ▶ 위 경우, 보직교사 반영기간 분할되므로 　**행추가-입력-기제출(증빙서류 미첨부)**	
11	유공명부	유공명부 조회 시, 입력이 잘못되어 있는 경우 처리 방법?	▶ 유공명부 조회 시, 수정이 필요한 경우 장학사님 통해 내용 확인 필요(사전 연락 필수) ▶ 위 경우, **행추가-신규(증빙서류 필수 첨부)**	

12	유공명부	(청소년단체) 청소년단체 가산점 조회가 안되는 경우?	▶ 청소년단체로부터 가산점 부여 대상자 명단을 받아 불러오는 사항으로, 누락 명단이 있을 수 있음 ▶ 위 경우, **행추가-신규(증빙서류 필수 첨부)**	
13	공통	경력 계산 방법?	▶ 민법 제160조 역에 의한 계산으로 반영	
14	경력	사립유치원 경력평정 저장 방법?	▶ 임용전 경력 조회 - 경력구분에서 "현경력"으로 저장하면 가경력 반영	
15	상한점	합산점이 상한점보다 초과되었을 경우?	▶ 일시적 오류 현상이므로, 행삭제 후 다시 저장	
16	검증	중복입력 확인 방법?	▶ 인사기본-[가산점 검증 조회] 버튼 클릭 ※ 교감자격평정 점수 분포 조사를 위해 12월 10일까지 교감자격평정 작성자는 가산점 검증 완료하기	
17	연구대회	연구대회 조회 안되는 경우?	▶ 확인자를 "교육지원청"으로 추기한 경우만 조회됨 - 기제출 대회항목은 행추가-기제출로 입력해서 증빙서류 미첨부 ※ 기제출자는 2025.2.28.자 평정서류 제출자를 말함	
18	인사기본	총경력, 현직위 경력 오류사항	▶ 평정점에 영향을 미치는 요인이 아님 - 교(원)자격승진평정 시 동점자 발생시 추후 경력에 대한 서류 요청할 수 있음	
19	유치원감 자격평정 기제출	기제출의 의미?	▶ 초등과 동일하게 적용 ※ 2025.2.28.자 평정서류 제출내용을 의미함 (2024.2.29.자 제출하고 2025.2.28.자 미제출한 사항은 '기제출'이 아님-직전년도 제출만 기제출)	
20	제출 전 확인사항	가산점 오류 검증조회 상한점 오류 검증조회 버튼 생성 예정	▶ 제출하기 전, 가산점 오류 검증 조회/상한점 오류 검증 조퇴 버튼 클릭으로 이상없는지 확인 - 12.12.(금) 공문발송시 안내 예정	
21	인사기본 보직경력	기본보직 경력 오류나는 이유?	▶ 인사기본에서 1정 자격 발급일자가 조회되어야 기본 보직을 불러올 수 있음 - 인사기록-자격면허에 "초등학교 정교사(1급)"으로 되어 있어야 함	

◑ 교육실무 인사자료 법령 사이트 링크

구분	내용	법령
정원	결원보충방법	국가공무원법 제27조
	별도정원이 인정되는 경우	국가공무원법 제43조 제1항
	휴직·파견으로 인한 결원보충	국가공무원법 제43조,교육공무원 임용령 제7조의4

임용	겸임의 근거 및 범위	교육공무원법 제18조,교육공무원 임용령 제7조의2
	겸직금지	국가공무원법 제64조,교육공무원법 제19조,국가공무원복무규정 제25조
	겸직허가	국가공무원복무규정 제26조
	교장공모제	교육공무원법 제29조의3 교육공무원임용령 제12조의5, 6
	교장의 임기, 임용	교육공무원법 제29조의2,교육공무원임용령제9조의5
	교장중임 심의사항	교육공무원 인사관리규정 제31조 제2항
	발령대장	교육공무원인사기록 및 인사사무처리규칙 제19조
	보직관리 기준	교육공무원임용령 제7조
	파견근무, 사유, 기간, 복귀	국가공무원법 제32조의4,교육공무원임용령 제7조의3
	인사발령 통지	교육공무원인사기록 및 인사사무처리규칙 제18조~제22조
휴·복직	2년 이상 휴직한 교원의 연수	교육공무원법 제45조 제3항
	휴직의 요건 및 사유	국가공무원법 제71조,교육공무원법 제44조
	휴직기간	교육공무원법 제45조
	휴직의 효력	국가공무원법 제73조
복무	공가	국가공무원복무규정 제19조
	공무외의 국외여행	국가공무원복무규정 제23조
	공무원의 근무시간	국가공무원복무규정 제9조~제12조
	공무원의 신분상 의무	국가공무원법 제63조~제66조
	공무원의 직무상 의무	국가공무원법 제56조~제61조
	교원의 휴가에 관한 특례	국가공무원복무규정 제24조의2
	병가	국가공무원복무규정 제18조
	연가	국가공무원복무규정 제15조~제17조
	특별휴가	국가공무원복무규정 제20조
계약제 교원	기간제교원의 임용 사유	교육공무원법 제32조 제1항,교육공무원임용령 제13조 제1항
	임용기간	교육공무원법 제32조 제3항,교육공무원임용령 제13조 제3항
승진	가산점 평정	교육공무원승진규정 제41조
	교감자격연수 대상자 선정 면접시험 근거	교원 등 연수에 관한 규정 시행규칙 제4조 제4항
	근무성적 평정 결과의 활용	교육공무원승진규정 제27조
	동점자 순위 결정 기준	교육공무원승진규정 제45조
	승진의 근거	국가공무원법 제40조,교육공무원법 제13조
	승진임용 경력평정 근거	교육공무원승진규정 제3조,국가공무원법 제40조의2
	승진임용의 방법(3배수)	국가공무원법 제40조의2,교육공무원법 제14조 제2항,
	승진임용의 원칙	국가공무원법 제26조,교육공무원법 제13조
	승진임용의 제한 조건	교육공무원임용령 제16조

	승진후보자 명부 작성	교육공무원법 제14조 제1항,교육공무원승진규정 제40조
	연구실적 평정	교육공무원승진규정 제35조
	평가결과의 공개	교육공무원승진규정 제26조
자격	교사 자격 기준	교육공무원법 제6조,초·중등교육법 제21조 제2항(별표2)
	교육전문직원의 자격	교육공무원법 제9조(별표1)
	교장, 교감 자격 기준	교육공무원법 제7조,초·중등교육법 제21조 제1항(별표1) 교육공무원법 제6조의2,초·중등교육법 제21조 제3항
	수석교사 자격기준	교육공무원법 제6조의2,초·중등교육법 제21조 제3항
	자격증의 재교부 및 정정	교원자격검정령 제7조,교원자격검정령 시행규칙 제6조~제7조
보수 및 호봉	교원의 봉급	공무원보수규정 제5조(별표11)
	보수에 관한 규정	국가공무원법 제47조,교육공무원법 제35조
	봉급감액	공무원보수규정 제26조~제29조
	승급기간의 특례	공무원보수규정 제15조
	승급제한	공무원보수규정 제14조
	정기승급	공무원보수규정 제13조
	초임호봉의 획정	공무원보수규정 제8조
	특별승급	공무원보수규정 제16조
	호봉의 재획정	공무원보수규정 제9조,제11조
	호봉의 정정	공무원보수규정 제18조
징계, 직위 해제	비밀누설 금지	교육공무원징계령 제19조
	소청심사 청구	교원 소청에 관한 규정 제2조
	소청심사위원회 결정	교원 소청에 관한 규정 제16조
	직위해제 기간 중 봉급감액	공무원보수규정 제29조
	직위해제 기간의 경력 계산	교육공무원 승진규정 제11조 제1항 제3호
	직위해제 사유	국가공무원법 제73조의3
	징계 등 처분기록의 말소	교육공무원 인사기록 및 인사사무처리규칙 제8조의2
	징계양정기준	교육공무원 징계양정 등에 관한 규칙 제2조(별표)
	▶법령을 링크하여 내용을 참조 바랍니다.	

Ⅳ. 교감자격 연수

Ⅳ. 교감자격 연수 

1 2025 초등교원 자격연수 운영계획 (경기도교육청)

가 2025 초등 교원 자격연수 운영개요

과정명	○ 2025 초등 교감 자격연수				
목적	○ 교감으로서의 리더십과 직무수행 역량 함양을 통한 교감 전문성 신장 ○ 미래지향적 가치관 및 책무성을 지니고, 새로운 경기교육을 이끄는 바람직한 교감 상 정립 ○ 경기미래교육에 대한 올바른 이해를 바탕으로 학생 맞춤형, 현장 중심 교육 구현				
방침	○ 경기교육정책 및 사회변화를 반영한 교육과정 설계 ○ 교감의 핵심역량 함양 및 현장 요구를 반영한 교육과정 구성 및 연수 운영 ○ 연수대상자의 역량 강화와 연수의 질 제고를 위한 연수 방법의 다양화 및 전문 강사 위촉				
기간	○ 2025. 6. 4.(수) ~ 8. 8.(금) / (16일, 100시간)				
대상	○ 초등 교감(특수포함) 자격연수 대상자 362명				

방법	연번	구분		기간	일	시간	방법
	1		사전연수	2025. 6. 4.(수)	1	4	실시간쌍방향(ZOOM)
	2	학기중	실행학습	2025. 6. 10.(화) ~ 7. 11.(금) (1차 : 2025. 6.10.(화))1400~1700)	5	16	대면(멘토링,분임토의 등)
	3		원격연수	2025. 7. 1.(화) ~ 7. 24.(목)	-	17	비실시간 단방향(LMS)
	4		집합연수	2025. 7. 14.(월)	1	4	대면(수원과학대학교 신텍스) 유·초·중등 통합연수
	5	방학중	원격연수	2025. 7. 28.(월) ~ 7. 31.(목)	4	26	실시간쌍방향(ZOOM)
	6		집합연수	2025. 8. 4.(월) ~ 8. 8.(금)	5	33	경기도교육청남부연수원 (숙박: 본원, 극동대학교)
		계			16	100	

내용	[교육과정 편성]

구분	표준교육과정 영역별 핵심역량		편성 시간		
	핵심역량	비율(%)	시간	비율(%)	소계(%)
기본역량 (30~50%)	성찰	5~15	9	9	38
	교감리더십	10~15	12	12	
	자율	15~20	17	17	
전문역량 (50~70%)	교무 운영	15~20	17	17	62
	교육 지원	10~15	14	14	
	업무 조정 및 갈등 관리	10~15	14	14	
	자율	15~20	17	17	
계			100	100	100

[평가]

영역	배점	방법
원격과정 평가	10점	진도율 평가(진도율 100%)
참여형 평가	40점	실행학습 평가(과정평가 5, 분임보고서 10, 개인보고서 25, 자율기획형 P/F)
논술형 평가	35점	지필평가(범위: 학기중(원격LMS)+집중(원격+대면))
근태 평가	15점	본원 근태평정기준표에 의한 평가
기타(가산점)	0.5점	분임 대표
총점(환산) 100점		

나　교육과정 편성계획

[교육과정 편성 시수표]

운영방법					
학기 중 연수				방학 중 연수	
A	B	C	D	E	F
집합 연수	사전 연수	실행 학습	원격연수 (단방향)	원격연수 (쌍방향)	집합 연수

영역	교육부 핵심 역량 (%)	경기도 핵심 역량	강좌명(주제)	운영 방법 및 시간						시간 비율 (%)
				A	B	C	D	E	F	
기 본 역 량	성찰 (5~15)	자기 관리	[실행학습_프롤로그] 사계절로 나눠보는 나의 교직 생활			1				9
			[실행학습_프롤로그] 분임활동-실행학습 계획 협의			1				
			교육감과의 대화-대한민국 교육의 바로미터, 경기미래교육	2						
			명사 특강-변화의 시대, 세상을 읽는 리더	2						
			디지털 시대, 사람 중심 미래교육 리더						2	
			연수 성찰과 나눔						1	
	교감 리더십 (10~15)	학교운영 체제구축 · 교직 전문성 개발	[실행학습_프롤로그] 교육정책 리더로서의 교감			1				12
			경기인성교육정책 이해와 인성교육 실천사례				1			
			경기미래교육 정책의 이해					2		
			교사와 학교의 성장을 지원하는 자율장학 바로 알기					3		
			부교육감 특강-경기미래교육, 파트너십이 답이다						2	
			함께하는 리더의 품격						3	
	자율 (15~20)	변화대응 · 교직 전문성 개발 · 자기 관리	학교와 함께하는 경기교육정책 홍보		2					17
			2025 초등 교감 자격연수 과정의 이해		2					
			2022 개정 교육과정의 이해					2		
			성희롱 성폭력 예방과 성인지교육(★)					1		
			공감과 소통의 인성교육						2	
			내 삶에 깃드는 예술						2	
			지속가능한 미래를 위한 생태전환교육						2	
			지역과 함께 성장하는 학교						2	
			관계를 잇는 교감의 리더십 언어						2	
소계(30-50%)				4	4	3	4	5	18	38

영역	교육부 핵심역량 (%)	경기도 핵심역량	강좌명(주제)	운영 방법						시간 비율 (%)
				A	B	C	D	E	F	
전문역량	교무운영 (15~20)	교무학사 운영 · 학교운영 체제구축 · 교육과정 운영 · 교육 생태계 구축	[실행학습_정책1(1-1)] 경기미래교육과정 운영			1				17
			[실행학습_정책1(1-1)] IB프로그램 운영			1				
			[실행학습_정책1(1-2)] 학교 자율성 확대			1				
			[실행학습_정책2] 지역협력으로 꿈을 펼치는 교육			1				
			저작재산권 관련 법령 바로 알기				1			
			학교자율과제의 이해				1			
			학생의 꿈을 펼치는 지역협력교육					2		
			역량 기반 학생평가의 이해 및 지원 방안					2		
			교육과정 중심 학교 예산 이해 및 실제					3		
			학교자율역량을 강화하는 학교평가					2		
			교감이 알아야 할 학교 감사 사례						2	
	교육지원 (10~15)	학교운영 체제 구축 · 교육과정 운영 · 변화대응	[실행학습_정책(1-1)] 맞춤형 교육 확대			1				14
			[실행학습_정책1(1-2)] 인성·시민교육 강화			1				
			[실행학습_정책3] 시공간을 넘어 배움을 확장하는 교육			1				
			장애에 대한 이해와 지원(★)				2			
			아동학대 신고의무자 공공부문 종사자 아동학대 예방교육(★)				1			
			학교안전관리의 이해와 실천(★)				1			
			자살예방 및 위기관리 역량 강화 교육(★)				2			
			글로벌 인재 양성을 위한 다문화 교육					2		
			기본 인성과 기초 역량을 갖춘 미래인재 양성						3	
	업무 조정 및 갈등 관리 (10~15)	학교운영 체제구축 · 학교문화 조성	[실행학습_정책1(1-2)] 교육활동 보호			1				14
			[실행학습_정책4] 학교중심의 공교육 확대를 지원하는 행정			1				
			행동강령의 운영 및 이해				1			
			학교상담의 이해				1			
			학교안전공제회와 함께하는 교육활동 보호					1		
			교육활동 보호 및 침해 예방과 대응					2		
			성희롱 성폭력 사건 처리 대응					1		
			교원 인사·복무 관리의 실제						3	
			함께 만드는 평화로운 학교						3	
	자율 (15~20)	교무 학사 운영 · 교직 전문성 개발 · 자기 관리	[실행학습] 연수생 자율기획형 체험		2					17
			[실행학습] 분임 탐구 활동		2					
			긴급복지지원 신고의무 교육(★)				1			
			인공지능 윤리의 사회적 책임과 지속가능성				1			
			경기공유학교의 이해				1			
			교감으로서 알아야 할 교육 법규의 이해					2		
			통합운영학교의 이해					2		
			특수교육대상 학생 이해 및 통합학급 지원 실제					2		
			배움을 확장하는 디지털 기반 교육지원						2	
			논술형 평가						2	
소계 (50~70%)				0	0	13	13	21	15	62
총계(100%)				4	4	16	17	26	33	100

1. 기본역량	성찰

▸ 교육의 본질을 고민하고 자신 및 교감으로서의 역할에 대한 성찰을 통해 교감 역량을 함양한다.
▸ 교육 리더로서 시대의 변화에 따라 교육공동체와 함께 만들어가는 교육을 위해 중요한 가치와 필요한 리더십이 무엇인지 찾아보고 교감 상을 정립한다.

연번	강좌명	교수요목	시간	운영방법	
				영역	형태
1	[실행학습_프롤로그] 사계절로 나눠보는 나의 교직 생활	○ 봄-시작과 성장의 시기 ○ 여름-성취와 도전의 시기 ○ 가을-결실과 반성의 시기 ○ 겨울-교사로서 성찰과 마무리의 시기	1	이해 탐구 실행	질의응답, 토의토론 실습
2	[실행학습_프롤로그] 분임활동 -실행학습 계획 협의	○ 실행학습 계획 협의 -연수 일정 및 내용 등 ○ 분임 대표 선출, 분임원 역할 분담, 체험 장소 선정	1	이해 탐구 실행	질의응답, 토의토론 실습
3	교육감과의 대화 -대한민국 교육의 바로미터, 경기미래교육	○ 경기미래교육의 지향점 ○ 경기미래교육 실현을 위한 교감의 역할	2	이해	강의 질의응답 (대면)
4	명사 특강 -변화의 시대, 세상을 읽는 리더	○ AI, 디지털 대전환 시대 ○ 빠르게 변화하는 세상을 읽고, 함께 성장하는 학교문화를 조성하는 리더	2	이해	강의 질의응답 (대면)
5	디지털 시대, 사람 중심 미래교육 리더	○ 디지털 전환과 감성 리더십 ○ 관계 기반의 학교 문화 성찰과 재구성 ○ 학교 안 이야기, 관계, 삶: 미래교육을 위한 교감의 역할	2	이해 탐구	강의 질의응답 (대면)
6	연수 성찰과 나눔	○ 연수 성찰 ○ 연수 나눔	1	이해 탐구 실행	토의 (대면)
	[기본역량]성찰		9		

2. 기본역량	교감리더십

▸ 미래교육 환경 변화를 이해하고, 교감으로서 변화에 유연하게 대처하는 역량을 함양한다
▸ 경기교육 정책 및 현안 과제를 이해하고 지역과의 협력적 실천 방안을 모색한다.

연번	강좌명	교수요목	시간	운영방법	
				영역	형태
1	[실행학습_프롤로그] 교육정책 리더로서의 교감	○ 교육정책 리더로서 교감이 갖추어야 할 자질과 역량 ○ 교감의 역할과 직무	1	이해 탐구 실행	질의응답, 토의토론 실습
2	경기인성교육정책 이해와 인성교육 실천사례	○ 인성교육의 의미와 중요성 이해	1	이해	강의 (LMS)
3	경기미래교육 정책의 이해	○ 경기교육 기본 방향 ○ 경기교육 4대 정책 ○ 교육1센터, 교육2센터, 교육3센터	2	이해	강의 질의응답 (대면)
4	교사와 학교의 성장을 지원하는 자율장학 바로 알기	○ 수업 혁신과 자율장학의 방향 ○ 자율장학의 개념과 기본 형태 ○ 자율장학 전문성 지원방안	3	이해 탐구	강의 질의응답 (ZOOM)
5	부교육감 특강 -경기미래교육, 파트너십이 답이다	○ 협력적 리더십의 필요성 ○ 존중과 협력의 학교 공동체 형성	2	이해	강의 질의응답 (대면)
6	함께하는 리더의 품격	○ 품격 있는 언어와 행동 ○ 품격을 높이는 자기관리 및 자기 표현법 ○ 따뜻한 카리스마 대화법	3	이해 탐구	강의 질의응답 (대면)
[기본역량]교감리더십			12		

3. 기본역량   자율

▶ 학교 업무 능력향상을 위한 전문가로서의 자질 함양에 필요한 역량을 기른다.
▶ 변화하는 미래 시대의 특징을 알아보고, 교육에 적합한 지원 방안을 도출할 수 있다.

연번	강좌명	교수요목	시간	운영방법	
				영역	형태
1	학교와 함께하는 경기교육정책 홍보	○ 경기교육정책 실현을 위한 교감의 역할 ○ 경기교육정책 홍보 방법 및 사례	2	이해 탐구	강의 질의응답 (ZOOM)
2	2025 초등 교감 자격연수 과정의 이해	○ 초등 교감 자격연수 운영 안내 ○ 실행학습, 방학중연수, 평가계획 안내	2	이해	강의 질의응답 (ZOOM)
3	2022 개정 교육과정의 이해	○ 교육과정 개발의 주요 방향, 문서 체제 ○ 초등학교 교사용도서의 개발 방향과 주요 특징	2	이해 탐구	강의 (LMS)
4	성희롱 성폭력 예방과 성인지교육(★)	○ 성희롱·성폭력, 디지털 성범죄 이해 ○ 학교 내 성희롱·성폭력 사안처리 절차 이해	1	이해	강의 (LMS)
5	공감과 소통의 인성교육	○ 배려와 존중이 학교 문화에 미치는 영향 ○ 갈등 해결과 관계 회복을 위한 전략	2	이해 탐구	강의 질의응답 (대면)

연번	강좌명	교수요목	시간	운영방법	
				영역	형태
6	내 삶에 깃드는 예술	○ 문화예술로 경험하는 치유와 성장 ○ 예술로 소통하며 행복한 문화 만들기	2	실행	체험 (대면)
7	지속 가능한 미래를 위한 생태전환교육	○ 미래사회와 교육의 변화 ○ 지속 가능한 미래를 위한 교육의 방향	2	이해 탐구	강의 질의응답 (대면)
8	지역과 함께 성장하는 학교	○ 교육의 공동체적 가치 ○ 지역과의 협력을 통한 미래인재 양성	2	이해 탐구	강의 질의응답 (대면)
9	관계를 잇는 교감의 리더십 언어	○ 말 속에 담긴 진정성과 공감 ○ 신뢰를 주는 공감의 언어 대화법	2	이해 탐구	강의 질의응답 (대면)
	[기본역량]자율		17		

4. 전문역량   교무운영

▶ 교감으로서 미래 사회변화와 경기교육의 정책, 교육 관련 법규를 이해하고 상호토의를 통하여 건강한 학교 조직의 모습을 구상하고 미래 교육 실천 방안을 모색한다.

연번	강좌명	교수요목	시간	운영방법	
				영역	형태
1	[실행학습_정책1(1-1)] 경기미래교육과정 운영	○ 경기미래교육의 인재상, 학력관 ○ 경기미래교육에서 교육1섹터 학교	1	이해 탐구 실행	질의응답, 토의토론 실습
2	[실행학습_정책1(1-1)] IB프로그램 운영	○ IB 프로그램의 이해 ○ 경기IB학교 체계도 및 주요 사항	1	이해 탐구 실행	질의응답, 토의토론 실습
3	[실행학습_정책1(1-2)] 학교 자율성 확대	○ 학교 자율장학 활성화 ○ 학교자율과제 운영 내실화 ○ 학교평가 선순환 시스템 강화	1	이해 탐구 실행	질의응답, 토의토론 실습
4	[실행학습_정책2] 지역협력으로 꿈을 펼치는 교육	○ 경기공유학교, 미래교육협력지구 ○ 늘봄학교, 유초 이음교육	1	이해 탐구 실행	질의응답, 토의토론 실습
5	저작재산권 관련 법령 바로 알기	○ 폰트와 저작권, 교원의 미디어 활동	1	이해	강의 (LMS)
6	학교자율과제의 이해	○ 학교자율과제의 이해 ○ 학교자율과제 실천 사례	1	이해	강의 (LMS)

연번	강좌명	교수요목	시간	운영방법	
				영역	형태
7	학생의 꿈을 펼치는 지역협력교육	○지역협력교육의 이해와 필요성 ○지역협력교육 운영 사례 및 활용 방안	2	이해 탐구	강의 질의응답 (ZOOM)
8	교육과정 중심 학교 예산 이해 및 실제	○학교회계예산편성기본지침 이해 ○교감이 알아야 할 예산 편성 및 집행	3	이해 탐구	강의 질의응답 (ZOOM)
9	학교자율역량을 강화하는 학교평가	○학교(자체)평가의 이해 및 계획 수립 ○성장 중심 학교평가 운영	2	이해 탐구	강의 질의응답 (ZOOM)
10	역량 기반 학생평가의 이해 및 지원 방안	○학생 맞춤형 평가의 이해와 필요성 ○교원의 학생평가 역량 강화 지원 방안	2	이해 탐구	강의 질의응답 (ZOOM)
11	교감이 알아야 할 학교 감사 사례	○학교 감사의 목적과 방향 ○교감이 알아야 할 학교 감사의 실제	2	이해 탐구	강의 질의응답 (대면)
[전문역량]교무운영					

4. 전문역량 교무운영

▸ 교감으로서 미래 사회변화와 경기교육의 정책, 교육 관련 법규를 이해하고 상호토의를 통하여 건강한 학교 조직의 모습을 구상하고 미래 교육 실천 방안을 모색한다.

연번	강좌명	교수요목	시간	운영방법	
				영역	형태
1	[실행학습_정책1(1-1)] 경기미래교육과정 운영	○경기미래교육의 인재상, 학력관 ○경기미래교육에서 교육1섹터 학교	1	이해 탐구 실행	질의응답, 토의토론 실습
2	[실행학습_정책1(1-1)] IB프로그램 운영	○IB 프로그램의 이해 ○경기IB학교 체계도 및 주요 사항	1	이해 탐구 실행	질의응답, 토의토론 실습
3	[실행학습_정책1(1-2)] 학교 자율성 확대	○학교 자율장학 활성화 ○학교자율과제 운영 내실화 ○학교평가 선순환 시스템 강화	1	이해 탐구 실행	질의응답, 토의토론 실습
4	[실행학습_정책2] 지역협력으로 꿈을 펼치는 교육	○경기공유학교, 미래교육협력지구 ○늘봄학교, 유초 이음교육	1	이해 탐구 실행	질의응답, 토의토론 실습
5	저작재산권 관련 법령 바로 알기	○폰트와 저작권, 교원의 미디어 활동	1	이해	강의 (LMS)

연번	강좌명	교수요목	시간	운영방법	
				영역	형태
6	학교자율과제의 이해	○ 학교자율과제의 이해 ○ 학교자율과제 실천 사례	1	이해	강의 (LMS)
7	학생의 꿈을 펼치는 지역협력교육	○ 지역협력교육의 이해와 필요성 ○ 지역협력교육 운영 사례 및 활용 방안	2	이해 탐구	강의 질의응답 (ZOOM)
8	교육과정 중심 학교 예산 이해 및 실제	○ 학교회계예산편성기본지침 이해 ○ 교감이 알아야 할 예산 편성 및 집행	3	이해 탐구	강의 질의응답 (ZOOM)
9	학교자율역량을 강화하는 학교평가	○ 학교(자체)평가의 이해 및 계획 수립 ○ 성장 중심 학교평가 운영	2	이해 탐구	강의 질의응답 (ZOOM)
10	역량 기반 학생평가의 이해 및 지원 방안	○ 학생 맞춤형 평가의 이해와 필요성 ○ 교원의 학생평가 역량 강화 지원 방안	2	이해 탐구	강의 질의응답 (ZOOM)
11	교감이 알아야 할 학교 감사 사례	○ 학교 감사의 목적과 방향 ○ 교감이 알아야 할 학교 감사의 실제	2	이해 탐구	강의 질의응답 (대면)
[전문역량]교무운영			잘못 된 계산 식		

5. 전문역량   교육지원

▶ 교육과정 정책에 대한 이해와 학교 교육지원 역량을 기르고, 특색 있는 학교 교육
지원 방안을 모색한다.

연번	강좌명	교수요목	시간	운영방법	
				영역	형태
1	[실행학습_정책(1-1)] 맞춤형 교육 확대	○ 경기 기초학력 보장 지원 체계 ○ 다문화학생 체계적 지원 확대 ○ 현장중심 특수교육 지원체계 강화	1	이해 탐구 실행	질의응답, 토의토론 실습
2	[실행학습_정책1(1-2)] 인성·시민교육 강화	○ 교육과정 연계 기본 인성교육 강화 ○ 미래세대를 위한 열린 세계시민교육 ○ 기후변화 대응을 위한 탄소중립교육	1	이해 탐구 실행	질의응답, 토의토론 실습
3	[실행학습_정책3] 시공간을 넘어 배움을 확장하는 교육	○ 경기온라인학교의 이해 ○ 디지털 기반 교수·학습 지원 ○ 온라인 학습 안전망 구축	1	이해 탐구 실행	질의응답, 토의토론 실습
4	장애에 대한 이해와 지원(★)	○ 문제행동의 개념과 유형 및 지원 ○ 주의력결핍 과잉행동장애의 이해 및 지원	2	이해	강의 (LMS)

연번	강좌명	교수요목	시간	운영방법	
				영역	형태
5	아동학대 신고의무자 공공부문 종사자 아동학대 예방교육(★)	○ 아동학대 예방을 위한 교감의 역할 ○ 아동학대 피해 학생을 위한 지원 방안	1	이해	강의 (LMS)
6	학교안전관리의 이해와 실천(★)	○ 안전사고 대응 및 보고, 사후 조치 방안 ○ 안전사고 시 언론 및 학부모 대응 방안	1	이해	강의 (LMS)
7	자살예방 및 위기관리 역량 강화 교육(★)	○ 자살 위기 징후 발견 및 면담의 실제 ○ 학생 위기 개입의 이해와 실제	2	이해	강의 (LMS)
8	기본 인성과 기초 역량을 갖춘 미래인재 양성	○ 경기 기초학력 보장 지원 체계 이해 ○ 학생맞춤통합지원의 이해와 실제 ○ 공동체성을 바탕으로 한 기본 인성 함양	3	이해 탐구	강의 질의응답 (대면)
9	글로벌 인재 양성을 위한 다문화 교육	○ 다문화교육의 필요성 ○ 다문화교육 운영의 실제 및 교감의 역할	2	이해 탐구	강의 질의응답 (ZOOM)
	[전문역량]교육지원		잘못된 계산식		

6. 전문역량   업무 조정 및 갈등 관리

▶세대 간 소통, 조직 문화 형성 방안을 이해하고, 조직 내 갈등 이해 및 협력으로나아가는 방안을 모색함으로써 관계 중심 학교문화 조성할 수 있는 갈등 관리 역량을 강화한다.

연번	강좌명	교수요목	시간	운영방법	
				영역	형태
1	[실행학습_정책1(1-2)] 교육활동 보호	○ 학교교육활동 보장 확대 ○ 상호존중의 학생생활교육 활성화 ○ 학교폭력 예방 강화	1	이해 탐구 실행	질의응답, 토의토론 실습
2	[실행학습_정책4] 학교중심의 공교육 확대를 지원하는 행정	○ 안전한 학교 지원 ○ 학교중심 교육행정 지원	1	이해 탐구 실행	질의응답, 토의토론 실습
3	행동강령의 운영 및 이해	○ 공직자 행동강령의 이해 ○ 우리나라 행동강령의 현황	1	이해	강의 (LMS)
4	학교상담의 이해	○ 학교 상담의 개념과 의의 ○ 학교상담의 특징과 진행 과정	1	이해	강의 (LMS)

연번	강좌명	교수요목	시간	운영방법	
				영역	형태
5	학교안전공제회와 함께하는 교육활동 보호	○ 학교안전공제회와 교육활동 보호 ○ 교육활동 보호 사안별 지원	1	이해 탐구	강의 질의응답 (ZOOM)
6	교육활동 보호 및 침해 예방과 대응	○ 교권 활동 보호 및 교권 침해 예방 지원 ○ 사안별 대처 방안	2	이해 탐구	강의 질의응답 (ZOOM)
7	성희롱 성폭력 사건 처리 대응	○ 성희롱 성폭력 사건 처리 절차 ○ 성희롱·성폭력 피해 교사 지원 방안	1	이해 탐구	강의 질의응답 (ZOOM)
8	교원 인사·복무 관리의 실제	○ 교육공무원 인사 복무 관리 ○ 계약직 교원의 채용과 관리	3	이해 탐구	강의 질의응답 (대면)
9	함께 만드는 평화로운 학교	○ 교육공동체 간 갈등 관계 이해 및 대응 방법 ○ 학교 안 갈등 사례별 대처 방안 실습	3	이해 탐구 실행	강의 토의토론 실습 (대면)
	[전문역량]업무 조정 및 갈등 관리		14		

7. 전문역량   자율

▸ 미래 교육 기반 학교 운영 다양화 방안을 탐구하며 전문가로서의 자질 함양에 필요한 역량을 기른다.
▸ 변화하는 시대에 필요한 학교 교육과 교감으로서 필요한 역량과 전문성을 신장할 수 있도록 돕는다.

연번	강좌명	교수요목	시간	운영방법	
				영역	형태
1	[실행학습] 연수생 자율기획형 체험	○ 경기공유학교 선택 탐방	2	이해 탐구 실행	질의응답, 토의토론 실습
2	[실행학습] 분임 탐구 활동	○ 경기공유학교 관련 분임 토의토론 -교감으로서 우리 지역 공유학교 활용 방안 모색	2	이해 탐구 실행	질의응답, 토의토론 실습
3	긴급복지지원 신고의무 교육(★)	○ 긴급 복지 신고의무자 제도의 이해 ○ 신고 이후 대상자 지원 절차	1	이해	강의 (LMS)
4	인공지능 윤리의 사회적 책임과 지속가능성	○ 인공지능 윤리의 기본 원칙 ○ 학교 현장의 지속가능한 AI 윤리 적용	1	이해	강의 (LMS)
5	경기공유학교의 이해	○ 경기공유학교의 개념 ○ 경기공유학교의 운영 원리	1	이해	강의 (LMS)
6	교감으로서 알아야 할 교육 법규의 이해	○ 학교에서 필요한 다양한 법규 이해 ○ 교육 법규 관련 사례 및 사안 처리 방안	2	이해 탐구	강의 질의응답 (ZOOM)
7	배움을 확장하는 디지털 기반 교육지원	○ 맞춤형 학습 지원 플랫폼, 경기온라인학교 ○ 하이러닝을 활용한 맞춤형 교육	2	이해 탐구	강의 질의응답 (ZOOM)

연번	강좌명	교수요목	시간	운영방법	
				영역	형태
8	통합운영학교의 이해	○ 통합운영학교의 필요성 및 이해 ○ 통합운영학교 운영의 실제	2	이해 탐구	강의 질의응답 (ZOOM)
9	특수교육대상 학생 이해 및 통합학급 지원 실제	○ 장애 및 특수교육대상 학생의 이해 ○ 통합 및 특수학급 운영 지원 방안	2	이해 탐구	강의 질의응답 (ZOOM)
10	논술형 평가	○ 논술형 지필평가	2	실행	평가 (대면)
[전문역량]자율					

※ 상기 교육과정 편성(안)은 제반 상황에 따라 변경 가능

다 교육과정 세부 운영 계획

1) 학기 중 연수
가) 사전연수
■ 목적: 2025 초등 교감 자격연수 과정에 대한 이해 증진으로 연수생의 참여 태도 고양
■ 운영기간 및 시간: 2025. 6. 4.(수), 4시간
■ 방법: 원격(실시간 쌍방향 ZOOM)
  1) 2025. 6. 4.(수) 14:00~18:00(등록 13:50까지)

2) ZOOM ID: 644 644 9835, PW: 1234
3) 초-연수번호 세 자리-소속교-성명(예: 초-001-경기초-나연수)
■ 유의사항
1) 사전연수 4시간은 **자격연수 이수 시간에 포함**하여 운영하므로 반드시 참여
2) 데스크탑 혹은 노트북, 안정적 인터넷 환경, 화상 카메라 등 화상교육 여건 준비
   (스마트폰, 태블릿 사용 지양)

교시	시간	주제	내용
등록	13:30 ~ 13:50	ZOOM 입실 및 등록	■ ZOOM 입실 및 등록 실시간 화면 출석 체크 **(비디오on, 음소거)**
개강식	13:50 - 14:00	사전연수 개강식	■ 사전연수 개강식
1	14:00 ~ 14:50	학교와 함께하는 경기교육정책 홍보	■ 경기교육정책 실현을 위한 교감의 역할 ■ 경기교육정책 홍보 방법 및 사례
2	15:00 ~ 15:50		
3	16:00 ~ 16:50	2025 초등 교감 자격연수 과정의 이해	■ 2025 초등 교감 자격연수 이해 -자격연수 과정, 실행학습 및 평가 등 ■ 질의응답
4	17:00 ~ 17:50		

나) 실행학습

■ 목적: 현장 문제의 실천적 해결방안 모색을 통한 초등 교감으로서의 전문성 신장
■ 운영기간 및 시간: **2025. 6. 10.(화) ~ 7. 11.(금) / (5회, 16시간)**
■ 방법: 집합(장소: 실행학습 강사교 및 체험처)
1) 실행학습 강사 중심 운영
   ▸ **1회: 2025. 6. 10.(화) 14:00 ~ 17:00, 실행학습 강사교**
   ▸ 2-4회: 운영 기간 내 실행학습 강사와 연수생이 상호협의하여 운영일시 결정
2) 자율기획 체험학습(2시간) 및 분임 탐구 활동(2시간)
   ▸ 5회: 연수생 자율기획형. 분임 대표는 분임 및 체험활동 시 진행 등 운영 협조
■ 내용: 교감으로서의 실행력 제고 및 경기교육정책 이해와 적용 방안 모색
1) 초등 교감으로서의 실행력 제고
2) 워크북 활용을 통한 경기교육정책 현장 사례 나눔
3) 교감으로서 성찰, 리더십, 교무 운영, 교육 지원, 업무 조정 및 갈등 관리 등 협력적
   문제 해결을 통한 학교 적용 방안 모색 등
※ *실행학습 관련 자세한 사항은 '실행학습 운영 계획 참고'*

다) 원격연수(단방향)

■ 목적: 자격연수 운영 시기 분산 및 방법 다양화를 통한 연수 효율성 및 참여도 증진
■ 운영기간 및 시간: **2025. 7. 1.(화) - 7. 24.(목), 17시간(진도율 100%)**
■ 방법 : 원격연수(비실시간 단방향 LMS)
 1) 수강기간: 2025. 7. 1.(화) - 7. 24.(목)
 2) 수강방법: 경기도교육청남부연수원 누리집-나의 학습방(배움누리터앱 학습 가능)
■ 내용:「교(원)장·교(원)감·수석교사·정교사 자격연수 표준교육과정」에 근거
      교감자격연수 교육과정 내 필수/권장 교육내용 반영
■ 기타: 과정관리강사 활용(수강신청 관리 지원, 진도율 및 과제 관리 등 지원)

(★): 자격연수 교육과정 내 필수과목

순	콘텐츠명	시수	영역
1	2022 개정 교육과정의 이해(1) -교육과정 개발의 주요 방향, 문서 체제	1	기본 – 자율
2	2022 개정 교육과정의 이해(2) -초등학교 교과용도서의 개발 방향과 주요 특징	1	기본 – 자율
3	경기인성교육정책 이해와 인성교육 실천사례	1	기본 – 교감 리더십
4	성희롱·성폭력 예방과 성인지교육(★)	1	기본 – 자율
5	저작재산권 관련 법령 바로 알기	1	전문 – 교무운영
6	행동강령의 운영 및 이해	1	전문 – 업무조정 및 갈등관리
7	장애에 대한 이해와 지원(★) -문제행동의 개념과 유형, 긍정적 행동지원	1	전문 – 교육지원
8	장애에 대한 이해와 지원(★) -공격성, 주의력결핍 과잉행동장애(ADHD)의 이해 및 지원	1	전문 – 교육지원
9	아동학대 신고의무자 공공부문 종사자 아동학대 예방 교육(★)	1	전문 – 교육지원
10	긴급복지지원 신고의무 교육(★)	1	전문 – 자율
11	학교안전관리의 이해와 실천(★)	1	전문 – 교육지원
12	자살예방 및 위기관리 역량 강화 교육(★) -자살 위기 징후 발견 및 학생 면담의 실제	1	전문 – 교육지원
13	자살예방 및 위기관리 역량 강화 교육(★) -학생 자살시도·사망 위기 개입의 이해와 실제	1	전문 – 교육지원
14	학교상담의 이해	1	전문 – 업무조정 및 갈등관리

순	콘텐츠명	시수	영역
15	인공지능 윤리의 사회적 책임과 지속가능성	1	전문 – 자율
16	경기공유학교의 이해	1	전문 – 자율
17	학교자율과제의 이해	1	전문 – 교무운영
계		17	

라) 유·초·중 교(원)감 통합연수

- 목적: 유·초·중등 통합연수를 통한 초등 교감으로서 바람직한 교감 상 정립
- 운영기간 및 시간: **2025. 7. 14.(월), 4시간**
- 방법: 집합연수(수원과학대학교 신텍스)

시 정	일 정	
13:30~13:50	연수 등록 완료 및 입실	
13:50~14:00	개강식 및 안내	
14:00~15:30	기본성찰	(교육감과의 대화) 대한민국 교육의 바로미터, 경기미래교육
15:50~17:40	기본성찰	(명사 특강) 변화의 시대, 세상을 읽는 리더

2) 방학중 집중연수

가) 원격연수(실시간 쌍방향)

- 운영기간 및 시간: 2025. 7. 28.(월) ~ 7. 31.(목), 26시간
- 방법: 원격(실시간 쌍방향 ZOOM)

시정＼연수일	7월 28일(월)	7월 29일(화)	7월 30일(수)	7월 31일(목)
시수(26)	6	7	7	6
	•08:40-08:50: 연수등록완료 •08:50-09:00: 연수 전달사항 안내			
1 09:00 ~ 10:00	•09:30-09:40 연수등록완료 및 입실 •09:40-10:00 연수 안내	기본 – 교감 리더십 교사와 학교의 성장을 지원하는 자율장학 바로 알기	전문 – 교무운영 교육과정 중심 학교예산 이해 및 실제	전문 – 자율 배움을 확장하는 디지털 기반 교육지원
2 10:00 ~ 10:50	전문 – 교무운영 학교자율역량을 강화하는 학교평가			전문 – 업무조정 및 갈등관리 학교안전공제회와 함께하는 교육활동 보호
3 11:00 ~ 11:50				
12:00~13:30	• 점심식사 (•13:20까지 연수등록완료)			
4 13:30 ~ 14:20	전문 – 자율 교감으로서 알아야 할 교육 법규의 이해	전문 – 교육지원 글로벌 인재 양성을 위한 다문화교육	전문 – 자율 특수교육대상 학생 이해 및 통합학급 지원 실제	전문 – 업무조정 및 갈등관리 교육활동 보호 및 침해 예방과 대응
5 14:30 ~ 15:20				
6 15:30 ~ 16:20	전문 – 교무운영 학생의 꿈을 펼치는 지역협력교육	전문 – 자율 통합운영학교의 이해	전문 – 교무운영 역량 기반 학생평가의 이해 및 지원 방안	전문 – 업무조정 및 갈등관리 성희롱 성폭력 사건 처리 대응
7 16:30 ~ 17:20				

라 평가계획

1) 목적
가) 평가 내용 및 방법의 다양화로 자격연수 평가의 공정성과 연수의 질 확보
나) 과정 평가 내실화로 적극적인 연수 참여와 네트워킹 활성화를 통한 협력적 연수 문
   화 조성

2) 방침
가) 경기도교육청 자격연수 논술평가 관리지침 및 본원 연수평가관리규정에 의거
나) [2025 초등 교감 자격연수 평가 운영 계획]을 세부적으로 수립하여 시행

3) 세부 운영 계획
가) 평가 개요

평가 영역	평가 방법	평가 내용		배점 (비율)	소계	비고
원격과정 평가	진도율			10	10	• 수강기간 2025. 7. 1.(화) ~ 7. 24.(목)
참여형 평가	분임활동평가 (주제탐구활동)	실행학습 참여도		5	40	• 자율기획형 체험학습 계획서 제출 -2025.6.23.(월)까지 • 분임보고서 제출 -2025. 7. 15.(화) 23:59까지
		분임보고서		10		
		자율기획형 체험학습 계획서 및 보고서		P/F		
	개인활동평가	보고서, 전문가평가 등		25		• 개인보고서 제출 2025. 7. 15.(화) 23:59까지
논술형 평가	논술형	문제1	기본역량 및 전문역량 영역	15	35	• 지필형 평가 2025. 8. 6.(수)
		문제2		20		
근태 평가	근태상황 감점 (사전연수 포함) ※ p. 20 Ⅷ연수생 복무 처리 및 유의 사항 참고			15	15	• 연수 전과정 해당 2025. 6. 4.(수) ~ 8. 8.(금)
기타	가점(분임 대표)			0.5	0.5	총점 100점을 초과할 수 없음
총계					100	

※ 논술형평가는 경기도교육청 자격연수 평가통합관리본부에서 운영

※ 참여형평가는 경기도교육청 남부연수원 초등교원연수부에서 운영

나) 결시자 처리
   (1) 평가 근거: 경기도교육청남부연수원 연수평가 관리규정 제12조
   (2) 내용

제12조(결시자 평가) ① 연수생이 다음의 사유로 결시한 때에는 해당 평가의 환산점수의
최저점으로 처리한다. 단, 절대평가의 경우 해당 평가의 60%의 점수와 평가 최하점의 차
하점 중에서 높은 점수를 반영하여 처리한다.
   1. 국가공무원복무규정 제19조에 의한 공가, 제20조에 의한 특별휴가
   2. 기타 원장이 필요하다고 인정하는 경우
   ② 연수생이 ①항의 각 호 외의 사유에 의하여 결시하였을 때에는 해당 평가의 최하점으
로 처리하고, 결석으로 근태에 반영 처리한다. 단, 절대평가의 경우 최하점의 차하점으로
반영 처리한다.

마 · 연수 운영 안내

1) 연수 신청 안내
 가) 신청 기간: **2025. 5. 30.(금) ~ 6. 4.(수) 18:00까지(기한 내 필수 신청)**
 나) 신청 대상: 초등(특수포함) 교감 자격연수 대상자 (362명)
 다) 신청 방법: 경기도교육청남부연수원 누리집 수강 신청
    ⇒ 경기도교육청남부연수원 누리집(https://www.gtie.go.kr/) 로그인
    ⇒ [마이페이지-개인정보수정]에서 소속 정보 현행화 및 SMS 수신으로 체크
    ⇒ [연수] 메뉴에서 [수강 신청] 클릭
    ⇒ [혼합과정] **'2025 초등 교감 자격연수'** [신청] 클릭
2) 사전 설문 제출
 가) 설문 기간: **2025. 5. 30.(금) ~ 6. 4.(수) 18:00까지(기한 내 필수 응답)**
 나) 설문 방법: **자료집계 제출**
 다) 설문 내용: 집합 연수 숙박 여부 및 연수 운영 관련 내용
3) 집합연수 숙소 안내
 가) 숙소 신청 및 배정: 2인 1실 (사전 설문 시 룸메이트 신청)
 (1) 경기도교육청남부연수원: 301명
 (2) 극동대학교: 60명
 ※ 희망 숙소 인원 초과 시 교육총경력 고경력 순으로 배정
 나) 연수생 준비물
 (1) 연수원 제공 물품: 세면도구 키트 및 수건(1장), 개인 텀블러
 (2) 개인 지참 물품: 제공 물품 외 개인 필요 물품
4) 연수 문의 사항
 가) **연수번호 A (001~186) : 교육연구사 김수현 (031-644-9832)**
 나) **연수번호 B (187~362) : 교육연구사 신현임 (031-644-9830)**

바 · 연수생 복부 처리 및 유의 사항

1) 복무 처리
 가) 근거 : 경기도교육청 교원역량개발과-7930(2020.6.1.), -8279(2020.6.8.)
 나) 연수운영 방법별 복무 처리
 (1) 단방향 원격연수 : 복무 상신하지 않음
 (2) 쌍방향 원격연수

수강장소	위치	복무상신	여비
퇴근(O) → 자택	관내	국내출장(관내)	부지급
	관외	국내출장(관외)	부지급
퇴근(X) → 근무지	관내	국내출장(관내)	부지급

(3) 대면 집합연수

(가) 국내출장(관내) 또는 국내출장(관외) 처리

(나) 각 학교의 여비 내부규정 참조 및 여비 담당자와 협의

(다) 대면 집합연수 시 소속교 여비 지급 참고사항

※ 모든 연수생 식사(연수원내 또는 학내 지정 식당)무료 제공

※ 희망자에 한해 숙소(본원, 극동대 기숙사, 2인 1실) 무료 제공, 타 숙소의 경우 본인 경비 부담

2) 유의사항

가) **교원의 복무는 소속 기관장 책임하에 연수 장소를 지정하여 복무 처리**
(연수생이 연수에 집중할 수 있는 연수 환경 조성 및 연수 권리 보장)

구 분	기준	감점	비 고
결강, 지각, 조퇴, 외출, 결석	각 1시간	0.2	*무단인 경우 2배 감점 *시간수에 비례하여 감점 *이수시간 적용
학습태도 불량 (고의로 수업 시작 후 입실, 종료 전 퇴실, 학습 준비 거부, 학습분위기 저해 등 학습태도가 불성실한 행위)	각 1회	1.0	*횟수에 비례하여 감점
연수생활 불량 (참여 태도 불량, 음주, 폭행, 도박, 불법 집단행위, 연수생활 관리자 지시 불이행, 시설물 파손, 생활규칙 미준수 등 연수생의 품위를 손상시키는 행위)	각 1회	0.5	
기타사항	1. 동시에 위반사항이 2개 이상일 경우에는 그 중 감점 점수가 높은 것 하나를 적용한다. 2. 다음의 경우에는 감점하지 아니한다. 가. 공무원복무규정 제19조 규정에 의한 공가 나. 공무원복무규정 제20조 규정에 의한 특별휴가 다. 연수평가위원회 심사 결과 부득이하다고 인정될 때		

나) 개인위생 관리 철저

(1) 경기도교육청 체육건강과-5963(2024.4.29.)에 의거 감염병 위기경보 단계 "관심"으로 하향 조정

(2) 코로나19 복무관리 지침 폐지(교원인사과-23119(23.9.15.)에 따라 코로나 감염이 되어도 집합(대면) 연수 참여 대상(마스크 필수 착용)이며, 건강 상태를 고려하여 쉬고자 할 때에는 병가 처리 가능. 다만, 자격연수에 참여하지 못할 경우, 개인 근무 상황 감점으로 처리하며, 연수 시간 이수 기준 미충족시 미이수 처리함.

다) 연수 기간이 방학 중인 날의 경우 연수를 받는 시간 동안은 출장 처리

라) 실시간 쌍방향 원격연수 수강 시 연수생 유의 사항

> ○ 반드시 시간을 준수하여 출석 수강
> ※ 부득이한 사정으로 결강할 시 **담당연구사(교육연구사 김수현, 교육연구사 신현임)에게 사전연락 및 근태사유서 제출**
> ○ 실시간 쌍방향 원격연수 시 출석은 상시 확인하므로 카메라를 켜고 모니터에 얼굴이 보이도록 함.
> ○ 지적 재산권 관련: 원격연수 콘텐츠(동영상, 사진, 자료 등)의 저장, 배포 금지, 위반 시 법적 책임은 연수생 본인에게 있음

마) 연수 시간의 90% 이상 참여할 때 이수처리 가능

바) 저작권 보호법에 따라 원격연수 콘텐츠 저장장치 저장, 화면 촬영 및 배포 등 금지

▶위반시 법적책임은 본인에게 있음.

※ 2026년 초.중등교원 자격연수 운영계획 (경기도교육청)은 도서출간 이후에 발표될 예정 이므로 2025년 자료를 참조 하였으며, 2026년 자격연수 운영계획 은 '희망교육사랑'에 탑재하도록 하겠습니다. 참조 바랍니다

2 2025 초등교감 자격연수 평가 운영계획

가 교육과정 편성 및 평가

과정명	2025 초등 교감 자격연수				
기 간	2025. 6. 4.(수) ~ 8. 8.(금) / (16일, 100시간)				
대 상	초등 교감(특수포함) 자격연수 대상자 362명				

방 법	구분		기간	일수	시간	비 고
	학기중	사전연수	2025. 6. 4.(수)	1	4	실시간 쌍방향(ZOOM)
		실행학습	2025. 6. 10.(화) ~ 7. 11.(금) (1차 : 2025. 6. 10.(화))1400~1700)	5	16	대면(멘토링, 분임토의 등)
		원격연수	2025. 7. 1.(화) ~ 7. 24.(목)	-	17	비실시간 단방향(LMS)
		집합연수	2025. 7. 14.(월)	1	4	대면(수원과학대학교 신텍스) 유·초·중등 통합연수
	방학중	원격연수	2025. 7. 28.(월) ~ 7. 31.(목)	4	26	실시간 쌍방향(ZOOM)
		집합연수	2025. 8. 4.(월) ~ 8. 8.(금)	5	33	경기도교육청남부연수원 (숙박: 본원, 극동대학교)
	계			16	100	

[교육과정 편성]

내 용	구분	표준교육과정 영역별 핵심역량		편성 시간		
		핵심역량	비율(%)	시간	비율(%)	소계(%)
	기본역량 (30~50%)	성찰	5~15	9	9	38
		교감리더십	10~15	12	12	
		자율	15~20	17	17	
	전문역량 (50~70%)	교무 운영	15~20	17	17	62
		교육 지원	10~15	14	14	
		업무 조정 및 갈등 관리	10~15	14	14	
		자율	15~20	17	17	
	계			100	100	100

[평가]

영역	배점	방법
원격과정 평가	10점	진도율 평가(진도율 100%)
참여형 평가	40점	실행학습 평가(과정평가 5, 분임보고서 10, 개인보고서 25, 자율기획형 P/F)
논술형 평가	35점	지필평가(범위: 학기중(원격LMS)+집중(원격+대면))
근태 평가	15점	본원 근태평정기준표에 의한 평가
기타(가산점)	0.5점	분임대표
총점(환산) 100점		

나 평가 영역 및 배점

1. 평가 영역 및 배점

평가 영역	평가 방법	평가 내용	배점	평가 기간 및 보고서 제출	비고
원격과정 평가	컨텐츠 수강	진도율 100%	10점	기간: 2025. 7. 1.(화) ~ 7. 24.(목)	
참여형 평가 (실행학습)	분임활동평가 (주제탐구활동)	실행학습 참여도 (절대평가)	5점	기간: 2025. 6. 10.(화) ~ 7. 11.(금)	▶제출자: 실행학습 강사
		분임보고서(3쪽) (절대평가)	10점	·보고서 제출: 2025. 7. 15.(화) 23:59까지 - 제출파일: [붙임6] 분임보고서 서식 - 제출파일명: (분임번호)분임보고서 　(예: 01분임보고서, PDF로 변환하여 제출) - 제출방법: K-에듀파인 제출 　(수신처: 경기도교육청남부연수원 초등교원연수부)	▶제출기간: 2025. 7.11.(금) ~ 7.15.(화) ▶제출자: 실행학습 분임대표
		자율기획형 체험학습 보고서 및 등록부	P/F	·계획서 제출: 2025. 6. 23.(월)까지 제출 ·보고서 제출: 2025. 7. 15.(화) 23:59까지 - 등록부는 자필 서명 후, PDF로 변환하여 제출 - 체험보고서 제출(1부, 서식 참고) - 제출방법: K-에듀파인 제출 　(수신처: 경기도교육청남부연수원 초등교원연수부)	
	개인활동평가	개인보고서(2쪽) (상대평가)	25점	·보고서 제출: 2025. 7. 15.(화) 23:59까지 - 제출파일: [붙임7] 개인보고서 서식 - 제출파일명: 연수번호(세자리)-소속-성명 　(예: 001-경기초-나연수, PDF로 변환하여 제출) - 제출방법: 경기도교육청남부연수원 누리집→ 　나의학습방 → 2025 초등 교감 자격연수 → 　강의실홈 → 과제 → 파일등록	▶제출자: 연수생 전체
*논술형 평가	지필평가 (상대평가)	유형1 기본역량 및 전문역량 영역	15점	·논술형평가: 2025. 8. 6.(수) 10:00~12:00	▶주관: 통합관리 본부
		유형2	20점		
근태 평가	근태상황 감점(사전연수 감점 포함) 연수원별 출결 규정 적용 ※ 본원 근태평정기준표에 의한 평가		15점	· 결강, 지각, 조퇴, 외출, 결석: 　각 1시간 0.2점 감점 　(사전 근태사유서 제출, 무단 2배 감점)	▶제출: k-에듀파인
				· 학습태도불량 각 1회 1.0점 감점 · 연수생활불량 각 1회 0.5점 감점	횟수에 비례하여 감점
가점	가점(분임대표 0.5점)		0.5점	· 총점 100점 초과하여 가산할 수 없음	
총점			100점		

※ *논술형평가 일체는 경기도교육청 자격연수 평가통합관리본부에서 운영

다   세부 평가 계획

1) 원격과정(LMS)
가) 평가 근거: 경기도교육청남부연수원 연수평가 관리규정 제9조(원격과정 평가)
나) 평가 방법
  (1) 통합교육연수시스템의 학습 진도율 확인
  (2) 진도율 반영점수로 환산
다) 평가 기준 및 배점

평가 영역	평가 내용	평가 방법	기준점수	반영비율	배점/총점
원격과정 평가	단방향 컨텐츠 수강	진도율 100%	100점	10%	10/100점

라) 원격과정 강좌

(★): 자격연수 교육과정 내 필수과목

순	강좌명	시수	기준점수	반영비율 (진도율)	반영점수
1	2022 개정 교육과정의 이해(1) -교육과정 개발의 주요 방향, 문서 체제	1			
2	2022 개정 교육과정의 이해(2) -초등학교 교과용도서의 개발 방향과 주요 특징	1			
3	경기인성교육정책 이해와 인성교육 실천사례	1			
4	성희롱·성폭력 예방과 성인지교육(★)	1			
5	저작재산권 관련 법령 바로 알기	1			
6	행동강령의 운영 및 이해	1			
7	장애에 대한 이해와 지원(★) -문제행동의 개념과 유형, 긍정적 행동지원	1			
8	장애에 대한 이해와 지원(★) -공격성, 주의력결핍 과잉행동장애(ADHD)의 이해 및 지원	1	100점	10%	10점
9	아동학대 신고의무자 공공부문 종사자 아동학대 예방 교육(★)	1			
10	긴급복지지원 신고의무 교육(★)	1			
11	학교안전관리의 이해와 실천(★)	1			
12	자살예방 및 위기관리 역량 강화 교육(★) -자살 위기 징후 발견 및 학생 면담의 실제	1			
13	자살예방 및 위기관리 역량 강화 교육(★) -학생 자살시도·사망 위기 개입의 이해와 실제	1			
14	학교상담의 이해	1			
15	인공지능 윤리의 사회적 책임과 지속가능성	1			
16	경기공유학교의 이해	1			
17	학교자율과제의 이해	1			
합계		17	100	10	10

2) 참여형 평가

▣ 실행학습 참여도

가) 평가 근거: 경기도교육청남부연수원 연수평가 관리규정 제8조
나) 실행학습 참여도 평가
 (1) 평가 방식: 절대평가
 (2) 평가 내용 및 배점

영 역	평가내용	평가방법	기준점수	반영비율	환산점수	비고
참여형평가	참여도, 성실도, 협력적 문제해결력	강사 관찰	100점	5%	5점	절대 평가

3) 평가자료 처리: 실행학습 강사가 직접 평가한 PDF 자료를 K-에듀파인 업무관리시스템으로 경기도교육청남부연수원 초등교원연수부로 발송
※ **실행학습 강사가 수기로 평가하고 서명, 소속 기관장 직인 찍어 제출**
4) 평가 척도 및 점수

평가내용	배점	척도 및 점수					환산점수
		매우 우수	우수	보통	미흡	매우 미흡	
실행학습 참여도, 성실도, 협력적 문제해결력	100점	5	4	3	2	1	5점

▣ 분임보고서

가) 평가 근거: 경기도교육청남부연수원 연수평가 관리규정 제8조
나) 분임보고서 평가
　(1) 평가 방식: 절대평가
　(2) 평가 관점 및 배점

영 역	평가 방법		평가 내용	기준점수	반영비율	배점/총점
분임보고서	분임활동평가 (주제탐구활동)	분임보고서 (3쪽)	보고서	100점	10%	10/100점

　　(3) 평가 방법: 실행학습 과정에서 평가 문항을 주제로 작성한 분임보고서
다) 분임보고서 평가 운영
　(1) 외부 평가위원 구성하여 평가
　(2) 채점은 100점 만점으로 하여 분임보고서 점수인 10점으로 환산
　(3) 평가 기준 및 기타 사항은 평가관리위원회를 통해 변경 가능

라) 평가 기준 및 세부 평가 내용

순	평가 기준	총점	세부 평가 내용	척도				
				매우 우수	우수	보통	미흡	매우 미흡
1	주제와 논지의 일치성	20	○ 주제와 일치하는 내용인가?	20	19	18	17	16
2	구성의 논리성 및 창의성	20	○ 내용이 논리적으로 전개되었는가? ○ 문제에 대한 해결방안을 창의적으로 제시하였는가?	20	19	18	17	16
3	교육 현장과의 연계성	20	○ 학교 현장을 반영하였는가? ○ 학교 현장에 적용 가능한 방안을 제시하였는가?	20	19	18	17	16
4	과정도출의 적합성 및 협력성	20	○ 학교 현장의 요구 과제를 분석하고 이에 적절한 대 안을 제시하였는가? ○ 분임원들과의 협력을 통해 해결방안을 모색하였는 가?	20	19	18	17	16
5	일반화 가능성	20	○ 기관의 규모나 위치에 관계없이 적용 가능한 방안을 제시하였는가? ○ 지속가능한 방향성을 가지고 있는가?	20	19	18	17	16
총점		100						

마) 등급별 비율 및 환산 점수

순	평가기준	배점	점수	등급	환산점수
1	주제와 논지의 일치성	100	95점 이상	가	10.0
2	구성의 논리성 및 창의성				
3	교육 현장과의 연계성		87점 이상~95점 미만	나	9.8
4	과정도출의 적합성 및 협력성				
5	일반화 가능성		80점 이상~87점 미만	다	9.6

> ※ '가'는 배점 비율의 만점이며, 가, 나, 다등급 간 배점은 0.2점 차임
> ※ 평가 기준 및 기타 사항은 평가관리위원회를 통해 변경 가능

구분	감점 내용
개인정보 표기	- 환산점수에서 건당 0.2점 감점 - 횟수에 비례하여 감점 - 개인정보: 지역명, 분임명, 소속, 성명
지연 제출	- 환산 점수에서 1일당 0.2점 감점 - 참여형 평가 보고서 채점일(평가일) 이후 제출과 미제출일 경우 최하점의차하점 으로 처리
표절검사 결과	- 표절 프로그램 활용한 유사도 검사 결과를 참고하여 반영 (표절 프로그램: 경기도교육청 검사 도구인 CopyKiller 활용) - 표절 검사 대상: 개인보고서, 분임보고서 - 표절 검사 기준: 6어절, 1문장, 30% 이상 표절 - 표절 해당자 감점 기준: 환산 점수에서 아래의 기준에 따라 감점 처리

표절율	감점 점수	표절율	감점 점수
30% 이상 40% 미만	0.2점	70% 이상 80% 미만	1.0점
40% 이상 50% 미만	0.4점	80% 이상 90% 미만	1.2점
50% 이상 60% 미만	0.6점	90% 이상	1.4점
60% 이상 70% 미만	0.8점	표절검사기준: 6어절, 1문장, 30% 이상	

바) 분임보고서 평가 문항 안내

구분	분임보고서 문항 탑재
일시	2025. 7. 1.(화) ~ 7. 14.(월)
장소	경기도교육청남부연수원 누리집→ 나의학습방 → [2025 초등 교감 자격연수] → **강의실 홈** → **과제**

■ **개인보고서**

가) 평가 근거: 경기도교육청남부연수원 연수평가 관리규정 제8조
나) 개인보고서 평가
　　(1) 평가 방식: 상대평가
　　(2) 평가 관점 및 배점

평가 영역	평가 방법		평가 내용	기준점수	반영비율	배점/총점
참여형평가	개인활동평가	개인보고서 (2쪽)	보고서	100점	25%	25/100점

(3) 평가 방법: 실행 학습에서 토의·토론한 내용을 바탕으로 창의성이 드러나게 개인이
　　　작성한 보고서
다) 개인보고서 평가 운영
　(1) 외부 평가위원으로 구성하여 평가
　(2) 채점은 100점 만점으로 하여 개인보고서 점수인 25점으로 환산
　(3) 평가 기준 및 기타 사항은 평가관리위원회를 통해 변경 가능
라) 평가 기준 및 세부 평가 내용

순	평가 기준	총점	세부 평가 내용	척도				
				매우우수	우수	보통	미흡	매우미흡
1	주제와 논지의 일치성	20	○주제와 일치하는 내용인가?	20	19	18	17	16
2	구성의 논리성 및 창의성	20	○내용이 논리적으로 전개되었는가? ○문제에 대한 해결 방안을 창의적으로 제시하였는가?	20	19	18	17	16
3	교육 현장과의 연계성	20	○학교 현장을 반영하였는가? ○학교 현장에 적용 가능한 방안을 제시하였는가?	20	19	18	17	16
4	과정도출의 적합성	20	○학교 현장의 요구 과제를 분석하고 이에 적절한 대안을 제시하였는가?	20	19	18	17	16
5	일반화 가능성	20	○지속가능한 방향성을 가지고 있는가?	20	19	18	17	16
	총점	100						

마) 등급별 비율 및 환산 점수

순	평가기준	배점	등급	점수 분포 비율	환산점수	비고
1	주제와 논지의 일치성	20	가	인원수의 12%	25점	
2	구성의 논리성 및 창의성	20	나	인원수의 21%	23.75점	분포 비율에 따른 인원수는 반올림
3	교육 현장과의 연계성	20	다	인원수의 34%	22.5점	
4	과정도출의 적합성	20	라	인원수의 21%	21.25점	
5	일반화 가능성	20	마	인원수의 12%	20점	

> ※ '가'는 배점 비율의 만점, 가, 나, 다, 라, 마 등급 간 배점은 경기도교육청 자격연수 평가 통합 관리 규정에 의함
>
> ※ 분포 비율에 따른 인원(분임)수는 반올림하여 정하며, 인원(분임)수가 분포 비율과 일치하지 않을 경우 '다' 등급에서 가감

바) 보고서 평가 동점자 순위 결정표

1순위	2순위	3순위	4순위	5순위
평가기준 항목1 점수 상위자	평가기준 항목2 점수 상위자	평가기준 항목3 점수 상위자	평가기준 항목4 점수 상위자	평가기준 항목5 점수 상위자

사) 개인 보고서 평가 감점 처리 사항: 분임 보고서 평가 감점 처리 사항

아. 개인보고서 평가 문항 안내

구분	개인보고서 평가 문항 탑재
일시	2025. 7. 1.(화) ~ 7. 14.(월)
장소	경기도교육청교육연수원 누리집→ 나의학습방 → 2025 초등 교감 자격연수 → **강의실 홈** → **과제**

3) 논술형 평가

가) 평가 근거: 경기도교육청 자격연수 평가 통합관리 규정

나) 평가 방식: 상대평가

다) 평가 범위 및 배점

영역	평가내용	평가범위	반영 비율	환산 점수	비고
문항1	기본역량 및 전문역량	논술형 평가 전 일(8월 5일)까지 이루어지는'2025 초등 교감 자격연수' 교육과정 전 과정	15%	15점	상대 평가
문항2			20%	20점	

라) 평가 방법: 대면 지필평가

마) 평가일시: 2025. 8. 6.(수) 10:00~12:00

바) 출제 및 채점: 평가 업무를 합리적이고 객관적으로 처리하기 위하여 논술형 평가 출제 및 채점에 관한 세부사항은 평가통합관리본부에서 별도 계획 수립·운영

사) 응시자 준비물 및 기타안내
- ▶ 공무원증 또는 신분증(주민등록증, 여권, 운전면허증 가능)
- ▶ 검정색펜(※ 검정색 이외의 펜, 지워지는 펜, 연필 등은 사용 불가(채점 대상에서 제외))

4) 근태 평가 및 가산점 평가

가) 평가 근거: 경기도교육청남부연수원 연수평가 관리규정 제10조(근태 평가) 및

나) 평가 내용 및 방법

구분	내용	기준	감점	배점/총점	비고
근태 평가 기준표	○결강, 지각, 조퇴, 외출, 결석	각 1시간	0.2	15/100	○무단일 경우 2배 감점 ○시간 수에 비례하여 감점
	○학습 태도 불량 (정당한 사유 없이 수업 시작 후 입실·종료 전 퇴실, 학습 준비 거부, 학습 분위기 저해 등 학습 태도가 불성실한 행위)	각 1회	1.0		○횟수에 비례하여 감점
	○연수 생활 불량 (참여 태도 불량, 음주, 폭행, 도박, 불법 집단 행위, 연수생활 관리자 지시 불이행, 시설물 파손, 생활규칙 미준수 등 연수생의 품위를 손상시키는 행위)	각 1회	0.5		○횟수에 비례하여 감점
기타 사항	1. 동시에 위반사항이 2개 이상일 경우에는 그 중 감점 점수가 높은 것 하나를 적용한다. 2. 다음의 경우에는 감점하지 아니한다. 　가. 공무원복무규정 제19조 규정에 의한 공가 　나. 공무원복무규정 제20조 규정에 의한 특별휴가 　다. 평가관리위원회의 심사 결과 부득이하다고 인정될 때				

※ 경기도교육청남부연수원 연수평가 관리규정에 의거하며, 사전연수 근태상황도 동 규정에 의거함

다) 가산점 평정 기준표

구분	점수
분임 대표	0.5점

※ 총점은 100점을 초과할 수 없음

5) 결시자 처리

가) 평가 근거: 경기도교육청남부연수원 연수평가 관리규정 제12조

나) 내용

제12조(결시자 평가) ① 연수생이 다음의 사유로 결시한 때에는 해당 평가의 환산점수의 최저점으로 처리한다. 단, 절대평가의 경우 해당 평가의 60%의 점수와 평가 최하점의 차하점 중에서 높은 점수를 반영하여 처리한다.
1. 국가공무원복무규정 제19조에 의한 공가, 제20조에 의한 특별휴가
2. 기타 원장이 필요하다고 인정하는 경우
② 연수생이 ①항의 각 호 외의 사유에 의하여 결시하였을 때에는 해당 평가의 최하점으로 처리하고, 결석으로 근태에 반영 처리한다. 단, 절대평가의 경우 최하점의 차하점으로 반영 처리한다.

6) 종합 성적 산출

가) 근거
 (1) 경기도교육청 자격연수 평가 통합관리 규정
 (2) 경기도교육청남부연수원 연수평가 관리규정 제14조, 제15조, 제16조 및 [별표6]

나) 내용
 (1) 종합성적은 영역별 점수와 가점 점수를 합산하여 산정한 후, 경기도교육청남부
    연수원 연수평가 관리규정 [별표6]에 의거하여 상대평가로 실시한다.
 (2) 연수성적 분포 조견표

[별표6] 연수성적 분포 조견표

점 수	백분율	점 수	백분율	점 수	백분율
100	2.0%	93	6.2%	86	5.7%
99	2.6%	92	6.6%	85	5.1%
98	3.2%	91	6.8%	84	4.5%
97	3.8%	90	7.0%	83	3.8%
96	4.5%	89	6.8%	82	3.2%
95	5.1%	88	6.6%	81	2.6%
94	5.7%	87	6.2%	80	2.0%

- 전체 이수인원수에 각 점수 구간별 백분율을 곱한 것을 반올림하여 그 구간의 인원수
  로 조정한다.
  [산출 공식] 이수인원 × 점수별 연수성적 백분율 = 소수점 첫째자리에서 반올림
- 점수구간별 조정인원수가 전체 이수인원과 일치하지 않을 경우, 교원연수성적 산출방
  식에 의한다.

 (3) 동점자 순위 결정은 경기도교육청남부연수원 연수평가 관리규정 [별표7]에 의한다.

[별표7] 동점자 순위 결정표

1순위	2순위	3순위	4순위	5순위
논술형 평가 점수 상위자	참여형 평가 점수 상위자	원격과정 평가 점수 상위자	근태 평가 점수 상위자	연수 유공활동 점수 상위자

※ 동점자 처리기준에 준하여 성적처리 하였으나 동점이 되었을 시 참여형 평가 중 개인활동
  평가 상위자가 우선한다.

7) 수료

가) 근거: 경기도교육청남부연수원 연수운영 규정 제14조 및 연수평가 관리규
    제17조

나) 내용

 (1) 경기도교육청남부연수원 연수운영 규정 제14조

제14조(수료) ① 총 이수시간의 10분의 9이상을 이수한 자는 수료자로 인정한다. 단, 국가공무원 복
무규정 제20조 1항 중 배우자와 본인 및 배우자의 직계 존비속 사망으로 결석한 경우에 한하여 10
분의 8 이상을 이수한 자도 수료할 수 있다. 이 외 부득이한 사유로 결석한 경우 연수원장이 인정하
면 총 연수시간의 10분의 8 이상을 이수한 자도 수료할 수 있다. 단, 연수평가 관리규정에 의거 평
가를 실시한 경우 연수평가 관리규정의 이수 기준을 따른다.

3 2026학년도 경기교육 기본계획

가 2026 경기교육 기본 계획 수립 방향

경기미래교육의 지속과 확장을 위한
2026 경기교육 기본계획

정책기획관

1 2026 경기교육 기본계획 수립 방향

가 경기미래교육의 지속과 확장을 위한 기본계획의 기본체제 유지

비전, 목표, 기조, 4대정책 경기교육의 지속가능 및 연속성을 위해 변동없이 유지

세부과제 및 실천과제

○ 2025년 경기교육 성과와 추진 사항을 반영하여 2026년 정책별 과제 설정

○ **정책 수요를 반영한 세부과제, 실천과제 추가 및 통합하여 재구성**

구분	2025 경기교육 기본계획		2026 경기교육 기본계획	
구성	◇ 4대 정책	■ 9개 주요과제	◇ 4대 정책	■ 8개 주요과제
	○ 24개 세부과제	● 76개 실천과제	○ 22개 세부과제	● 69개 실천과제

ㄴ 실천과제: 2023년 **100개** → 2024년 90개 → 2025년 76개 → 2026년 **69개**로 축소

나 현장 의견 수렴을 통한 현장 친화적 경기교육 기본계획 수립

○ 현장참여 정책제안, 학교·교육지원청 간담회, 기본계획 TF, 부서 협의 진행

2 2026 경기교육 기본계획 체계도

3 2026 경기교육 기본계획 주요 과제

연번	정책	주요과제	세부과제
1	학교 자율과 책임으로 역량을 키우는 교육	역량 기반 교육 강화	• 경기미래교육과정 운영 • 맞춤형 교육 내실화 • 경기 IB 교육 운영
		자율과 책임의 학교문화 조성	• 학교 자율성 확대 • 인성·시민교육 강화 • 교육활동 보호
2	지역협력으로 꿈을 펼치는 교육	지역교육협력 강화	• 경기공유학교 운영 • 융합교육 강화 • 진로·직업교육 심화
		교육의 공적 책임 확대	• 공교육 제도 개선 • 학생건강 통합 지원 • 맞춤형 복지 지원
3	시공간을 넘어 배움을 확장하는 교육	디지털 기반 교수·학습 지원	• 경기온라인학교 운영 • 하이러닝 활용 맞춤형 교육 확대
		미래교육 역량 강화	• 교직원 역량 개발 • 역량중심 인사제도 내실화 • 평생학습 확대
4	학교중심의 공교육 확대를 지원하는 행정	학교중심 교육행정 지원	• 교육활동 지원 강화 • 교육행정의 디지털 전환 • 교육행정조직 효율화
		안전한 학교 지원	• 건강하고 안전한 교육환경 조성 • 미래교육 공간 최적화

4 2026 경기교육 기본계획 주요 변경 사항

[표시항목: ◇ 정책 / ■ 주요과제 / ○ 세부과제 / ● 실천과제]

구분	2025 경기교육 기본계획	2026 경기교육 기본계획	비고
구성	◇ 4대 정책 ■ 9개 주요과제 ○ 24개 세부과제 ● 76개 실천과제	◇ 4대 정책 ■ 8개 주요과제 ○ 22개 세부과제 ● 69개 실천과제	학교 자율성 강화를 위한 세부 및 실천 과제 축소
추가		1-2-1-4 **미래형 학교 모델 운영**	통합운영학교 등 다양한 형태의 미래학교 모델 운영
		2-2-1-1 **교육 본질을 회복하는 대학입시 개혁 지원**	경기교육이 대입 개혁 선도 추진 표명
		2-2-3-1 **학생맞춤형 통합지원 체계 구축 및 운영**	2026년 학생맞춤통합지원법 전면 시행
		3-1-2-2 **AI 서·논술형 평가 시스템 운영**	평가혁신으로 공교육 공정성 확보 및 교사 행정업무 경감
통합 [정책1]	1-1-1-1 주도성을 키우는 교육과정 운영 1-1-2-1 학생의 학습 선택권 강화	1-1-1-1 **주도성을 기르는 교육과정 운영**	학생의 주도성을 강조하고 학교 교육활동을 교육과정 내에서 통합 운영
	1-2-1-1 경기자율장학 활성화 지원 1-2-1-3 학교평가 선순환 시스템 강화	1-2-1-1 **학교평가 연계 경기미래장학 운영**	학교평가-미래장학 선순환을 통해 학교 자율과 책임성 강조
	1-2-2-1 교육과정 연계 기본 인성교육 강화 1-2-2-4 사회정서학습 지원	1-2-2-1 **사회정서학습 연계 기본 인성교육 심화**	실천중심의 인성교육으로 패러다임 전환
통합 [정책2]	2-1-1-2 경기공유학교 플랫폼 운영 2-1-3-3 미래교육협력지구 운영 내실화	2-1-1-2 **지역교육협력 거버넌스 구축 및 운영**	지역교육자원의 효율적 활용으로 맞춤형 교육 실현
	2-1-1-3 공유학교 학점(수업)인정 프로그램 개발 2-2-1-1 학교 밖 교육 (수업/학점) 인정 확대	2-2-1-1 **학교 밖 교육 수업/학점 인정 확대**	유사 과제 통합 (제도 개선으로 누구도 소외되지 않는 교육 실현)

구분	2025 경기교육 기본계획	2026 경기교육 기본계획	비고
통합 [정책Ⅲ]	[3-2-1-1] 학습 격차 해소 및 맞춤 지원	[3-1-2-1] 디지털 기반 교수·학습 다양화	유사 과제 통합 (교사의 수업과 학생의 맞춤형 학습 체계적 지원)
통합 [정책Ⅲ]	[3-2-1-2] 하이러닝 활용 맞춤형 교육 확산	[3-1-2-1] 디지털 기반 교수·학습 다양화	유사 과제 통합 (교사의 수업과 학생의 맞춤형 학습 체계적 지원)
통합 [정책Ⅲ]	[3-2-1-3] 디지털 기반 교수·학습 자료 개발 및 지원	[3-1-2-1] 디지털 기반 교수·학습 다양화	유사 과제 통합 (교사의 수업과 학생의 맞춤형 학습 체계적 지원)
통합 [정책Ⅲ]	[3-3-2-2] 교원 및 교육전문직원의 경력단계별 전문성 신장	[3-2-1-2] 교원 및 교육전문직원 경력단계별 전문성 강화	유사 과제 통합 (교원 및 교육전문직원의 미래역량 강화)
통합 [정책Ⅲ]	[3-3-2-3] 교원 연구 역량의 현장 확산	[3-2-1-2] 교원 및 교육전문직원 경력단계별 전문성 강화	유사 과제 통합 (교원 및 교육전문직원의 미래역량 강화)
통합 [정책Ⅳ]	[4-2-1-1] 증거기반 정책평가 내실화	[4-1-1-2] 증거기반 정책평가 선순환 체제 마련	유사 과제 통합 (증거기반 정책평가 결과를 정책 환류 강화)
통합 [정책Ⅳ]	[4-2-3-3] 데이터 기반 교육행정 체제 마련	[4-1-1-2] 증거기반 정책평가 선순환 체제 마련	유사 과제 통합 (증거기반 정책평가 결과를 정책 환류 강화)
통합 [정책Ⅳ]	[4-1-3-3] 적정규모학교 육성 추진	[4-2-2-1] 학교규모의 적정화 추진	유사 과제 통합
통합 [정책Ⅳ]	[4-1-3-4] 과밀학급·과대학교 해소	[4-2-2-1] 학교규모의 적정화 추진	유사 과제 통합
통합 [정책Ⅳ]	[4-2-1-2] 현장의 정책 참여 활성화	[4-1-1-3] 경기교육 정책 참여 및 소통 중심 홍보 강화	홍보와 소통을 강화하여 정책의 현장 체감도 향상
통합 [정책Ⅳ]	[4-2-1-3] 경기교육 정책 홍보 및 현장화 실현	[4-1-1-3] 경기교육 정책 참여 및 소통 중심 홍보 강화	홍보와 소통을 강화하여 정책의 현장 체감도 향상
심화 및 확대	[1-1-3-1] 경기 IB 학교 운영 내실화	[1-1-3-1] IB 교육의 일반학교 확산	IB 교육의 학교 현장 안정적 정착 및 확산 지원
심화 및 확대	[2-1-2-3] 외국어·독서교육 내실화	[2-1-2-3] 의사소통역량 함양 외국어교육 강화	글로벌 시대에 부합하는 외국어교육 강화
심화 및 확대	[2-1-3-2] 미래직업교육 재구조화 및 취·창업 역량 강화	[2-1-3-2] 경기 미래형 직업교육 재구조화 [2-1-3-3] 직업교육 연계 학생 취업·창업 역량 강화	산업 현장의 수요를 반영한 직업교육, 취·창업 역량 제고
심화 및 확대	[2-2-2-2] 심리·정서적 위기학생 지원 강화	[2-2-2-2] 생명존중교육 및 마음성장 지원 강화	학생의 마음건강을 체계적 지원 필요
심화 및 확대	[3-1-1] 경기온라인학교 기반 조성	[3-1-1] 경기온라인학교 운영	경기온라인학교 운영으로 단계로 전환
심화 및 확대	[3-3-3-1] 교원·교육전문직원 인사제도 개선	[3-2-2-1] 경기형 교원 인사시스템 구축 및 운영	G-인사이트 본격 시행
심화 및 확대	[4-1-1-2] 안전한 학교 교육환경 및 교육시설 조성	[4-2-1-2] 안전한 통학환경 및 교육시설 개선	등하굣길 유괴 예방 강화
심화 및 확대	[4-1-2-1] 교직원 건강권 보장 확대	[4-2-1-3] 교직원의 신체·마음건강 지원	교직원 건강 체계적 지원
심화 및 확대	[4-1-3-1] 학교시설 복합화 확대	[4-2-2-2] 경기미래형 하이브리드 신축학교 설계모델 구축	지속가능한 학교모델 구축 및 지원
심화 및 확대	[4-2-3-2] 스마트워크 운영 내실화	[4-1-2-2] 스마트워크 활용 협력적 조직문화 확산	디지털 대전환에 따른 협력적 조직문화 확산
이동	[정책1] 기후변화 대응을 위한 탄소중립교육 실천	[정책2] 지속가능한 탄소중립교육 실천	지역 기반 탄소중립 실천 문화 확산
이동	[정책1] 사학 및 학원 운영의 자율성·건전성 강화	[정책4] 사립학교 및 학원의 자율 운영 역량 제고	자율성과 책임을 강화하는 행정 지원
이동	[정책3] 대안교육 지원 강화	[정책2] 학생 특성에 맞는 대안교육 내실화	지역사회와 협력 강화
이동	[정책3] 국제교류협력 확대	[정책1] 글로벌 역량 함양 국제교류협력 활성화	세계시민교육 추진 실천 과제로 함께 추진
이동	[정책3] 디지털 시민교육 내실화	[정책1] 교육과정 연계 디지털 시민교육 강화	세계시민교육 추진 실천 과제로 함께 추진
이동	[정책4] 교육복지사업 활성화	[정책2] 교육복지안전망 지원 강화	지역사회와 협력 강화

나

나 | 2026 경기교육 방향

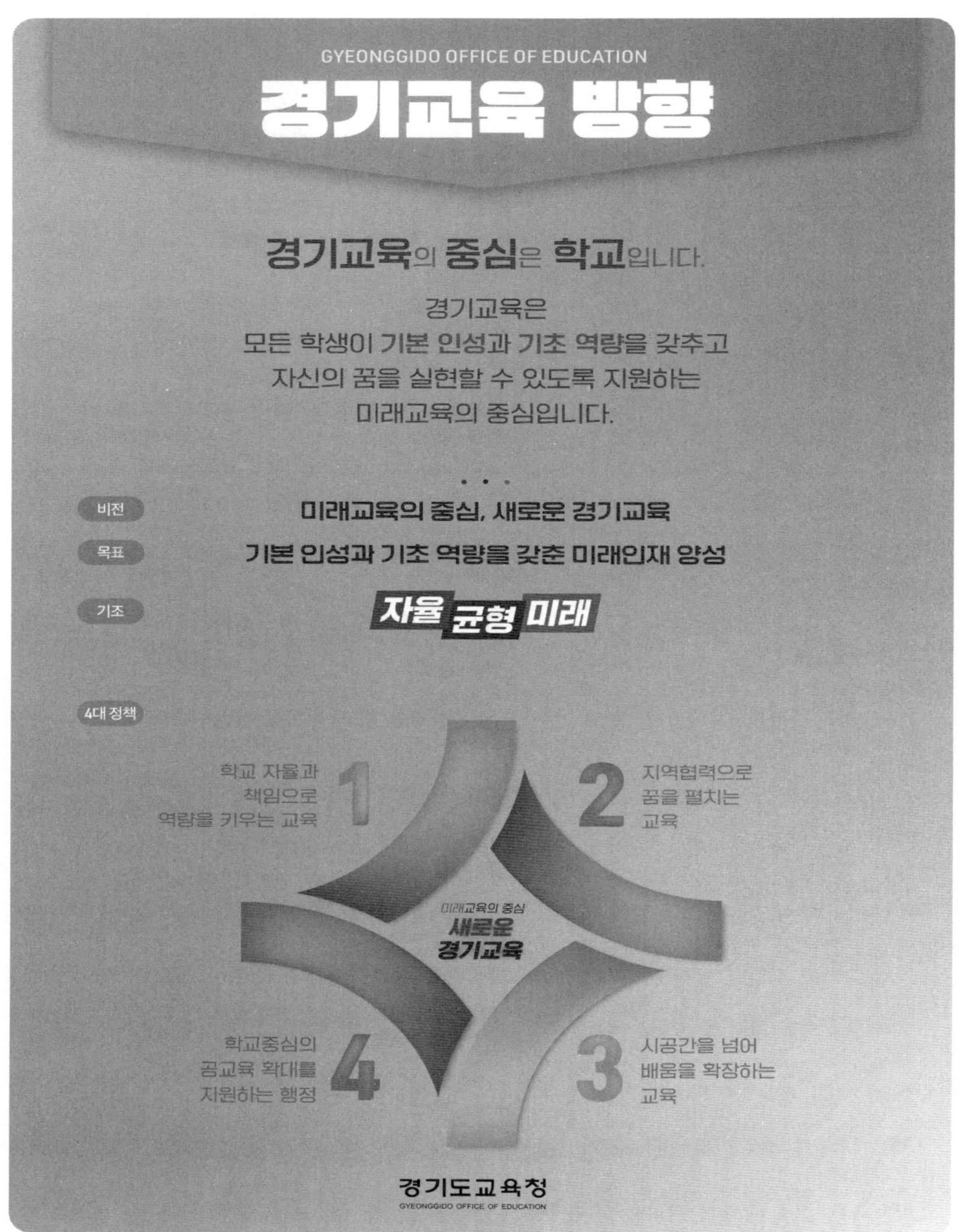

▶ 경기도교육청/경기교육기본방향/교육정책/정책평가 참조 바랍니다

☞https://www.goe.go.kr/goe/na/ntt/selectNttList.do?mi=11008&bbsId=1995

다   2026 경기교육 주요업무 계획

2026경기교육 주요업무계획은2026경기교육 기본계획을 바탕으로 기본 인성과 기초
역량을 갖춘 미래인재 양성을 위한 4대 정책별 2025추진 성과와 2026추진 내용을 담
아 제시하였습니다.
1)경기교육의 중심은 학교입니다

미래교육의 중심, 새로운 경기교육은
학교를 중심으로 경기공유학교, 경기온라인학교로 공교육을 확대하여
모든 학생에게 **공정한 교육 기회**를 제공하고,
대학입시 개혁으로 **교육의 본질**을 회복하여
대한민국 교육의 **중심**으로 자리매김하겠습니다.

그동안 경기교육은 학생이 교육의 주체로 바로 서고, 교사가 존중받는 교육 환경을
조성하며, 학부모의 사교육비 부담을 완화하여 지속가능한 미래교육을 추진해왔습니다.
전국 최초로 하이러닝 AI 서·논술형 평가 시스템을 운영하여 평가의 전 과정을
표준화하고, 하이러닝으로 학생 맞춤형 교육을 지원하며, 교육의 본질을 회복하기
위하여 미래 대학입시 개혁을 선도하고 있습니다.

앞으로도 경기교육은 모든 학생이 원하는 배움을 선택하고 스스로 미래를 설계할 수
있도록 학교, 경기공유학교, 경기온라인학교를 유기적으로 연결하여 **언제, 어디서나,
누구에게나 공정한 교육 기회**를 제공하는 **교육의 공적 책임**을 다하겠습니다.

미래교육의 중심, 새로운 경기교육

학생이 미래세대 주역으로 성장할 수 있도록 공교육을
확대하는 교육체제입니다.

학교와 지역사회와의 협력을 통해 교육의 공적 책임을
강화하고 미래지향적 교육생태계를 조성합니다.

디지털 대전환 시대를 살아가는 학생이 삶의 주인으로서
목표를 설정하고, 이를 달성하기 위해 자신의 삶을 설계
하도록 새로운 미래교육체제를 운영합니다.

경기교육은

'기본 인성과 기초 역량을 갖춘 미래인재'를 양성하기 위해
'자율, 균형, 미래'의 3대 정책 기조를 실천하겠습니다.

경기교육의 미래인재는 인성과 역량을 갖춘 삶의 주인으로, 자신의 삶을 스스로 설계하고 공감과 포용, 공존의 가치를 실천하는 세계시민으로 성장하여 더 나은 세상을 만들어 갑니다.

경기교육은 기본 인성과 기초 역량을 갖춘 미래인재를 양성하기 위해 '자율, 균형, 미래'를 경기교육 3대 정책 기조로 설정합니다.

정책 기조는 경기도교육청의 정책 방향, 정책 방법의 결정, 정책 집행 과정 전반에 걸쳐 지켜야 할 원칙이고 조직 운영, 인사 방침, 예산 편성 및 집행 등의 과정에서 적용되는 기준이며, 학교 교육활동의 지향점입니다.

자율 다양성과 창의성을 보장하는 경기교육의 원동력입니다.
경기교육은 신뢰를 바탕으로 소통과 협력을 통해 교육공동체가 스스로 결정하고 책임감 있게 실천할 수 있도록 힘쓰겠습니다.

균형 교육의 본질에 집중하겠다는 경기교육의 다짐입니다.
경기교육은 서로의 다름을 인정하고 존중하며 교육공동체의 조화로운 성장을 지원하겠습니다.

미래 경기교육이 열어가는 새로운 길입니다.
모든 학생이 저마다 꿈을 스스로 펼치고 함께 만들어갈 수 있도록 경기교육은 미래를 향해 나아가겠습니다.

3대 정책 기조 '자율, 균형, 미래'를 바탕으로
공교육을 확대하는 **경기미래교육**을 실현하기 위해
4대 정책을 추진합니다.

정책 **1**

학교 자율과 책임으로 역량을 키우는 교육

자율과 책임으로 공동의 학교문화를 조성하고 역량 기반 교육을 강화하여
학생이 미래인재로 성장할 수 있도록 지원하겠습니다.

정책 **2**

지역협력으로 꿈을 펼치는 교육

지역협력으로 다양한 교육 기회를 제공하고 교육의 공적 책임을 확대하여
학생이 자신의 꿈을 실현하고 삶을 가꿀 수 있도록 지원하겠습니다.

정책 **3**

시공간을 넘어 배움을 확장하는 교육

시공간을 확장하는 디지털 기반 교수·학습으로 맞춤형 교육을 실현하고
미래교육 역량을 강화하여 언제, 어디서나, 누구에게나 공정한 교육 기회를
제공하겠습니다.

정책 **4**

학교중심의 공교육 확대를 지원하는 행정

공교육 확대로 학생이 인성과 역량을 갖춘 미래인재로 성장할 수 있도록
안전한 교육환경을 조성하고 미래지향적 행정체계를 구축하겠습니다.

미래교육의 중심
새로운 경기교육
2026
학교교육정책
추진 계획

자율 균형 미래 경기도교육청
GYEONGGIDO OFFICE OF EDUCATION
학 교 교 육 정 책 과

전년도 성과분석 및 2026년 추진방향

GYEONGGIDO OFFICE OF EDUCATION

2025년 학교교육정책 성과 분석

□ **경기미래교육 학교 중심 정책 추진**
- ㅇ 학교교육을 선순환하는 학교평가로의 전환을 위한 정책 기반 마련
  - * 학교교육력 제고를 위한 학교평가 체제 구축(교육과정 중심 지표 개선 및 경기미래장학 연계)

- ㅇ 학교자율운영을 위한 경기미래장학 체계 구축* 및 운영 지원**
  - * 학교자율운영의 범위 확대, 교육지원청장학 체제 개선
  - ** 경기미래장학 가이드북 LEAD&READ 개발·보급, 경기미래장학 플랫폼 구축·운영,
    경기미래장학 콘퍼런스(리더십 포럼, 인사이트 포럼) 운영

□ **유기적 협력 체계 구축을 통한 학교 중심 지원 노력**
- ㅇ 통합운영학교 운영 효율화를 위한 부서 및 기관 협력적 지원 시스템 구축으로 통합운영학교
  관리·운영 도움자료* 제작
  - * 교직원 배치기준, 교육과정의 운영, 예산 편성·운영, 행정적·재정적 지원, 사무관리 등 업무 체계화

- ㅇ 지역기관협력과 권역별 네트워크*를 통한 지역교육 균형 발전 및 공교육 경쟁력** 제고
  - * 자율형 공립고 2.0 우수 사례 공유 및 초·중·고 연계 교육 확산을 통한 지역 교육 개선
  - ** 자율형 공립고 2.0 운영교 교육공동체 만족도(학생 88.6%, 교원 97.3%, 학부모 96.2%)

□ **IB 수업·평가 실천으로 미래형 교수학습 적용 기회 확대**
- ㅇ 내실있는 IB 학교 운영*으로 IB 인증학교 22교 승인 (2024년 4교)
  - * IB 수업·평가 실천역량 강화 직무연수, IB 전문교원 양성 및 활용으로 내실화 지원

- ㅇ IB 교육 미운영교 대상 IB 학교 운영 및 수업 · 평가 실천 사례 나눔* 확대
  - * IB 교육 미운영교 교원 대상 IB 수업·평가 나눔 워크숍, IB 학교 수업공개 및 경기 IB 교육박람회 개최

성과 분석 결과

- ☞ 학교교육력을 높이기 위한 학교 현장과의 소통체계 강화
- ☞ 유관기관과 협력을 통한 통합운영학교 법령 및 제도 개선 지속
- ☞ 미래형 교수학습 모델 확산을 위한 현장 중심 IB 교육 연구 · 적용 체계화

| 2026 **학교교육정책** 추진 계획

2026년 학교교육정책 추진방향

□ **학교교육력을 높이는 학교 중심 지원 강화**

  o 학교가 교육활동을 스스로 진단-분석하는 학교자율운영 지원 체제로의 학교평가 개선

  o 경기미래장학 실행을 위한 학교자율장학 운영 역량·교육지원청장학 전문성 강화와 지원 체계 운영

  o 현장 중심 정책 지원을 위한 상시적 소통 창구 마련

□ **연계성과 다양성을 보장하는 공교육 시스템 강화**

  o 학교운영 효율성 및 통합교육과정 내실화를 위한 지역·규모·유형별 통합운영학교 맞춤 지원 전략 수립

  o 대안학교 및 대안교육 특성화학교 자율역량 강화를 위한 대안교육 학교평가 추진 및 교육과정 다양화 지원

  o 공교육 경쟁력 제고 및 지역균형 발전을 위한 자율형 공립고 2.0 경기교육정책 기반 핵심과제 (필수/선택)* 운영
     * 필수과제(교육과정·수업·평가), 선택과제(지역연계교육, 진로교육, 인성교육, 디지털교육)

□ **경기 미래형 교수학습 확산을 위한 IB 교육 운영**

  o IB 수업·평가 우수 사례 나눔 및 일반화를 위한 IB 학교 거점센터 역할 강화

  o IB 교육 미운영교의 IB 수업·평가 적용 확산을 위한 현장 중심 IB 교육 연구 조직 체계화 및 운영

  o IB 교육의 연속성 확보를 위한 지역별 IB 교육 초·중·고 연계 강화

경기미래교육의 중심, 학교

스스로 설계하고, 함께 실천하며, 연결을 통해 성장하는 학교

경기교육은 자율·균형·미래의 기조로 공교육의 역할과 책임을 확장해 나가고 있습니다.

학교는 각각의 특색과 여건에 따라 학교교육을 운영하는 **경기미래교육의 주체**입니다. 따라서 학교는 교육과정을 스스로 설계·실천·성찰하며, 다양한 연결로 배움을 확장함으로써 학생의 기본 인성과 기초 역량을 함양하는 공적 공간으로 자리매김해야 합니다.

학교교육정책과는 학교자율운영을 지원하는 **학교 중심 정책**으로 다음과 같은 학교의 모습을 그려 나가겠습니다.

학교자율운영을 실천하는 학교
자율과 책임에 기반한 학교자율운영의 체계 구축

- 교육활동을 중심으로 학교 특색과 여건을 반영한 자율적 학교 운영 설계
- 자율성과 책무성이 균형을 이루는 학교 구성원의 공동 책임 기반 운영

학교주도성에 기반한 성찰과 환류로 성장하는 학교	공교육 시스템 안에서 연계성과 다양성을 펼치는 학교	학생 성장 중심 경기 미래형 교수학습을 실천하는 학교
학교평가 경기미래장학을 통한 학교교육력 제고	학교 주도의 경기 미래형 교육 모델 운영	협력적 연구·실천 기반의 IB 수업 평가 적용 및 실천
■ 학교평가를 통해 학교교육을 선순환하는 학교 자율 문화의 일상화 ■ 학교평가 결과가 학교 운영 개선과 성장으로 이어지는 장학 기반의 지속적 환류	■ 다양한 학교 유형에 따른 특색있는 교육과정 운영 ■ 학교 밖 교육 수업/학점 운영 내실화를 통한 학습 기회 확대	■ 협력적 연구와 실천으로 교사의 동반 성장을 이끄는 성찰적 학교 문화 조성 ■ 경기 미래형 교수학습 실천으로 자기주도적 학습력을 갖춘 학생 성장 구현

| 2026 **학교교육정책** 추진 계획

2026 학교교육정책 추진 체계

비전   <u>스스로 설계하고, 함께 실천하며, 연결을 통해 성장하는 학교</u>

목표   학교자율운영을 통한 공교육 시스템 강화

추진 방향	중점 추진 과제
학교교육력을 높이는 학교 중심 지원 강화	● 학교교육 선순환을 지원하는 학교평가 ✓ 학교 자율 기반 학교평가로의 전환 ✓ 학교평가 환류·확산 체계 운영 ● 학교자율운영 확대를 위한 경기미래장학 ✓ 학교 중심 경기미래장학 실천 ✓ 경기미래장학 지원 체계 운영 ● 현장 중심 정책 지원을 위한 학교교육 소통 ✓ 학교-교육지원청-도교육청의 소통 강화
연계성과 다양성을 보장하는 공교육 시스템 강화	● 지속가능한 경기 미래형 학교 모델 운영 ✓ 통합운영학교 지원 체계화 ✓ 대안학교 및 대안교육 특성화학교 지원 ✓ 자율형 공립고 2.0 미래교육 모델 구현 ● 공교육 확장으로 모든 학생의 배움과 성장 지원 ✓ 학교 밖 교육 수업/학점 운영 내실화
경기 미래형 교수학습 확산을 위한 IB 교육 운영	● 경기 미래형 교수학습 실천을 위한 IB 교육 일반화 ✓ IB 교육 이해도 제고 ✓ 현장 중심 IB 수업·평가 연구·적용 체계화 ✓ 경기 미래형 교수학습 확산 지원 강화 ● IB 교육 초·중·고 연계를 위한 경기 IB 학교 운영 ✓ 단계별 IB 학교 운영 및 선정 확대 ✓ IB 수업·평가 전문성 신장 ✓ IB 교육 체험 기회 제공

2026 학교교육정책 추진 계획 

GYEONGGIDO OFFICE OF EDUCATION

I 학교교육력을 높이는 학교 중심 지원 강화

학교정책총괄담당

> **추진 방향**
> 학교 스스로 교육활동을 진단-분석하는 학교평가와 경기미래장학 추진으로 학교자율운영을 확대합니다.
> 학교교육 소통은 현장 중심의 의견수렴, 중간 조율, 정책환류의 과정을 통해 학교교육력을 높입니다.

1. 학교교육 선순환을 지원하는 학교평가

가 학교 자율 기반 학교평가로의 전환

1) 2026 학교평가 내용 개정 및 운영 기반 정비
- **학교자율운영 중심 학교평가 체제 전환**
  - 학교의 자율적 진단과 분석 중심의 학교평가 운영 방향 설정
  - 기존 1/3교 순환·보고서 중심 환류에서 매년 학교평가 결과 기반 장학 연계 지원으로, 학교 여건과 맥락에 맞는 학교자율운영의 지속적 지원 체계 구축
- **학교교육 선순환을 위한 평가 내용 개편**
  - 학교자율운영 강화 관점을 반영한 평가요소 신설 및 조정
  - 학교 유형별 특성을 반영한 평가 내용 재구조화 및 지표 일원화
  - 2026 개정 내용을 반영한 학교평가 편람 제작·보급
- **현장 의견을 반영하는 정책 개선 체계 운영**
  - 학교평가 TF·간담회·설문 등을 통한 다각적 의견수렴 체계 구축
  - 정책 개선안 검토·조정 과정에서 학교 및 교육지원청 의견 반영
- **분석-환류-실천의 연계 구조 강화**
  - 본청 정책부서 간, 정책부서-교육지원청 간 협의체 구성·운영
  - 학교평가 개선 취지 공유 및 연계 지원 방안 마련

▎2026 학교교육정책 추진 계획

2) 학교평가 지원 체계 강화
- **학교평가 업무담당자 역량 강화**
  - 개정된 학교평가 적용 중심의 실무형 연수 운영
  - 교육지원청 담당자 간 사례 공유 및 실행 전략 강화
- **학교평가 전문 컨설팅 체계 구축**
  - 분석·컨설팅 역량을 갖춘 전문 컨설턴트 양성을 위한 실무 연수 운영
  - 교육지원청의 학교 현장 밀착 지원을 위한 전문 컨설턴트 인력풀 공유
- **학교평가-장학 연계 지원 자료 제작·보급**
  - 경기미래장학과 연계한 학교평가 도움자료(학교용·교육지원청용 2종) 제작·보급
  - 학교평가-장학 연계 운영 방안 및 적용 사례 안내

나 학교평가 환류·확산 체계 운영

1) 학교자율운영과 연계한 평가-장학 실행 지원
- **학교평가 결과에 연계한 장학 실행**
  - 학교평가 결과 분석을 반영한 학교자율장학 운영
  - 학교 요구와 운영 현황을 반영한 맞춤형 교육지원청장학 지원
- **경기미래장학플랫폼 기반 학교평가-장학 연계 강화**
  - 학교평가보고서 등 진단자료 분석 기반 맞춤형 컨설팅 제공
  - 학교 실행 수준에 따른 단계별 지원 체제 적용
  - 학교평가 분석 자료를 활용한 차년도 교육계획 반영 지원

2) 학교평가 성과의 확산과 학교개선 모델 구축
- 학교자율운영 기반 학교평가 모범사례 발굴·분석
  - 학교 유형별·지역별 학교평가 우수 운영 및 환류 사례 발굴
  - 학교자율운영 관점에서 적용가능한 모범사례 정리 및 실천 가이드 제공
- 성찰-환류 기반 학교 개선 지원 모델 정립
  - 평가 결과 분석-계획 수립-실행으로 이어지는 성장 모델 구축
  - 학교-교육지원청-본청 간 역할 중심 협력에 기반한 지원 체계 설계

> **'학교평가'**
> - 학교는 교육활동의 계획과 실행 과정, 변화의 의미, 교육공동체의 경험 등을 분석하고 학교 고유의 맥락과 성장요인을 도출하여 차년도 교육계획에 반영
> - 교육지원청은 학교평가 결과를 경기미래장학과 연계하여 학교자율운영의 실행과 개선으로 이어지도록 맞춤형 지원 실시

2. 학교자율운영 확대를 위한 경기미래장학

가 학교 중심 경기미래장학 실천

1) 자율과 전문성에 기반한 학교자율장학 실천
- **학교자율장학 범위 확대**
  - 교수학습 및 학생 성장·교원 전문성 강화 등 학교교육 전반을 포괄하는 학교자율장학 운영
  - 학교 여건과 맥락을 반영하여 교육공동체가 함께 진단·실천·성찰·환류하는 학교자율장학 운영
- **학교자율장학 실행 강화**
  - 학교자율장학 실천 도움자료 개발·보급
  - 경기미래장학 정책추진단 구성·운영

2) 학교자율운영 확대를 지원하는 교육지원청장학
- **맞춤형 통합 장학 체계 운영**
  - 일상적 학교 읽기와 소통에 기반한 상시 통합 장학 체계 운영
  - 학교 맥락 이해 및 맞춤형 지원을 통한 학교자율운영 극대화 지원
- **교육지원청장학 기능 확장과 심화**
  - 협력적 연구 문화 및 학습공동체를 통한 교육지원청장학 전문성 강화
  - 맞춤형 장학 이력관리를 위한 경기미래장학 플랫폼 활용으로 학교 중심 지속가능 장학 실천

나 경기미래장학 지원 체계 운영

1) 학교자율운영 중심 지구장학협의회 운영
- **지구장학협의회 구성 및 운영 체계 정비**
  - 학교교육 중심 협의체로서 지구장학협의회 기능 재정립
  - 지역(권역) 중심 지구장학협의회 정례적 운영 및 안건 중심 협의
- **지구장학협의회 역할 강화 및 실행 연계**
  - 학교자율장학 경험 및 과제 공유 기능 강화
  - 학교 간 협력과 상호 학습 기반 동반 성장을 위한 논의 구조 마련

2) 체계적 지원을 통한 학교의 자율적 성장 촉진
- **학교-교육지원청 협력 장학 네트워크**
  - 학교 현안과 성장 과제를 중심으로 한 상시 소통 체계 운영
  - 학교자율장학 실행을 지원하는 실천 중심 네트워크 운영

▌2026 학교교육정책 추진 계획

- **도교육청-교육지원청 연계 협력 체계**
  - 도교육청 부서 간 정례적 협의체 운영을 통한 정책 연계 강화
  - 학교교육정책 현장 실천을 지원하기 위한 도교육청-교육지원청 간 상호주관성 확보 및 협업 내실화

'경기미래장학'

- **경기미래장학**에서 **학교**는 자율·주도적으로 교육활동을 계획·운영·평가·환류하고, **교육지원청**은 그 과정을 함께 읽고 해석하며 지원
  - **학교자율장학** : 학교가 자율과 협력의 원리로 교육활동 전반을 체계적으로 계획·운영·평가·환류하는 장학 활동
  - **교육지원청장학** : 기존 담임장학 위주의 장학 체제를 개편한 학교자율운영 중심의 통합적·복합적 장학 체제

---

3. 현장 중심 정책 지원을 위한 학교교육 소통

가 학교-교육지원청-도교육청의 소통 강화

1) 학교 현장나눔

- **학교자율운영을 지원하는 상호소통형 정책 대화의 장**
  - 학교의 자율적 의사결정과 운영 역량을 실질적으로 지원
  - 학교 중심 정책의 공유와 학교의 필요를 교육정책에 반영
- **현장 중심 소통을 통한 도교육청-학교 간 신뢰 관계 강화**
  - 관내 학교 대상 희망교 공모 및 지역별 순환 방식으로 운영
  - 교직원·학교운영위원회·학생대표 등과의 주제별 대화 추진
  - 방문 결과를 정리한 「현장나눔 리포트」를 통한 공유 및 환류

2) 교육지원청 교육국(과)장 협의회

- **경기미래교육 추진을 위한 도교육청-교육지원청 간 정책 소통**
  - 지역 현안 및 사례 공유로 교육지원청 간 유기적 협업체계 구축
  - 정책부서 간의 협업을 통한 일관성 있는 정책 안내 및 공유
- **도교육청-교육지원청의 협력을 통한 현장 밀착 지원 강화**
  - 전달·논의·제안사항 중심으로 분기별 지속적 운영
  - 현안 토론을 통해 실질적인 문제 해결 중심의 정책 논의

3) 학교 중심 정책 소통협의체

- **학교 중심 정책 추진을 위한 도교육청 부서 간 실무 협의체**
  - 정책·장학·실천의 연계를 통한 학교자율역량 강화
  - 경기미래장학과 학교평가의 연계를 통한 학교 중심 정책 실현
- **학교교육 선순환 체계 강화로 학교교육력 제고**
  - 학교평가 관련 부서를 중심으로 상·하반기 운영
  - 부서별 현안 발생 시 임시협의회 개최를 통한 문제 해결

'학교교육 소통'

- 도교육청이 학교 현장과 교육지원청을 연결하는 **다층적 네트워크**로, 학교자율운영 지원과 정책 환류를 체계화하는 통합적인 소통의 장
- **의견수렴, 중간 조율, 정책 환류의 과정**을 통해 학교가 교육정책의 단순 집행자가 아닌 **공동기획자·공동설계자**로 참여하는 구조를 지향

| 2026 학교교육정책 추진 계획

Ⅱ   연계성과 다양성을 보장하는 공교육 시스템 강화

학교교육운영담당

> **추진 방향**
> 다양한 학교교육 운영으로 지속 가능한 경기 미래형 학교 모델을 만들고자 합니다.
> 통합운영학교, 대안(특성화)학교, 자율형 공립고 2.0 운영 지원을 위한 유기적 협력 체계를 구축합니다.
> 공교육 확장을 통한 학교 밖 교육 수업/학점 운영 내실화로 모든 학생의 배움과 성장을 지원합니다.

1. 지속가능한 경기 미래형 학교 모델 운영

가   학생의 연속적 성장을 돕는 통합운영학교 지원 체계화

1) 미래형 통합운영학교 교육과정 지원
- **통합 교육과정 설계 및 활용 역량 강화**
  - 학교급 간 통합 교육과정 설계 및 운영 내실화
  - 통합 교육과정 운영을 위한 교직원 역량 강화 연수 확대
  - 지역사회와 연계한 통합운영학교 운영 방안 연구학교 운영
  - 위계성·계열성 기반 통합 교육과정 컨설팅·자문지원단 운영
  - 학교자율시간·창의적체험활동·진로연계교육 등 활용 방안 마련

2) 통합운영학교 운영 효율화를 위한 유기적 지원
- **부서 및 기관 협력적 지원 시스템 구축**
  - 정책지원협의체 정례화를 통한 협력 체계 구축
  - 업무 분야별 실무협의회 협업을 통한 도움자료 현행화
  - 통합운영학교 이해 및 운영 지원을 위한 연수 자료 개발
  - 통합운영학교 전문지원단 운영으로 현장 기반 지원 확대
  - 통합운영학교 교육과정 및 행정 지원을 위한 교육지원청 역할 강화

3) 통합운영학교 발전을 위한 소통과 나눔 확대

• 현장 의견수렴 및 효율적인 학교 운영 지원

- 통합운영학교 운영 사례 나눔을 통한 일반화
- 학교 방문 컨설팅으로 학교별 현안 지원 강화
- 학교 구성원별 간담회·토론회로 의견수렴 및 환류
- 정책 콘퍼런스를 통한 통합운영학교 발전방안 논의
- 통합운영학교 학교장 장학 네트워크 통한 개선 방안 모색

4) 통합운영학교 과제 분석을 통한 업무 개선 추진

• 교육부-교육청 연계로 종합 지원 방안 마련

- 통합운영학교 공통 업무 매뉴얼 개발을 위한 협업
- 나이스·K-에듀파인 기능 개선으로 학교 업무 지원
- 통합운영학교 교육과정 공동연구를 통한 운영 내실화
- 통합운영학교 사례 공유를 위한 지역별 네트워크 구축
- 통합운영학교 제도 개선을 위한 전국 단위 포럼 및 정책 제언

'통합운영학교'

- 「초·중등교육법」제30조(학교의 통합·운영) ① 학교의 설립자·경영자는 효율적인 학교 운영을 위하여 필요하면 지역 실정에 따라 초등학교·중학교, 중학교·고등학교 또는 초등학교·중학교·고등학교의 시설·설비 및 교원 등을 통합하여 운영할 수 있다.
- 「초·중등교육법 시행령」제56조(학교의 통합운영) ② 통합운영학교의 시설·설비기준에 관하여 필요한 사항은 따로 대통령령으로 정한다.
  - ③ 통합운영학교에는 법 제19조제4항에 따른 배치기준에도 불구하고 통합운영되는 학교의 특성을 고려하여 교직원을 배치할 수 있으며, 학교의 설립·경영자는 학교운영에 지장이 없는 범위에서 교직원을 겸임하게 할 수 있다.
  - ④ 제3항에 따른 교직원 배치기준, 교육과정의 운영, 예산 편성·운영, 행정적·재정적 지원, 사무관리나 그 밖에 통합운영학교의 운영에 필요한 사항은 관할청이 정한다.

나 공교육 시스템 안의 대안학교 및 대안교육 특성화학교 지원

1) 학생의 역량을 기르는 미래형 교육과정 운영 지원

• 대안교육 우수 프로그램 운영 활성화

- 교육지원청의 지역별 대안학교 장학 지원 강화
- 대안교육 목적에 따른 교육과정 다양화·특성화 지원
- 현장 방문 컨설팅을 통한 학교별 보완 및 개선 사항 지원
- 대안교육 우수 프로그램 운영 및 성장나눔 협의회를 통한 확산

┃ 2026 학교교육정책 추진 계획

2) 미래교육을 이끄는 대안학교·대안교육 특성화학교 자율역량 강화

- **• 학교 특성에 따른 대안교육 학교평가 및 교육과정 운영**
  - 대안학교 학교평가 신설에 따른 학교 운영 체계화
  - 대안교육 교원 전문성 신장을 위한 연수 프로그램 확대
  - 대안교육 특성화학교 지정·운영 평가 일원화로 업무 효율화
  - 대안학교 및 대안교육 특성화학교 네트워크를 통한 협력 관계 구축

'대안학교'

- 「초·중등교육법」제60조의3(대안학교) ① 학업을 중단하거나 개인적 특성에 맞는 교육을 받으려는 학생을 대상으로 현장 실습 등 체험 위주의 교육, 인성 위주의 교육 또는 개인의 소질·적성 개발 위주의 교육 등 다양한 교육을 하는 학교로서 각종학교에 해당하는 학교
- ※ 공·사립 대안학교 10교(학교교육정책과), 대안교육기관(평생교육과), 대안교육 위탁교육기관(생활교육과)

'대안교육 특성화중학교·대안교육 특성화고등학교'

- 「초·중등교육법 시행령」제76조(특성화중학교) 및 「초·중등교육법 시행령」제91조(특성화고등학교)

다 지역별 특색있는 자율형 공립고 2.0 미래교육 모델 구현

1) 교육력 제고를 위한 학교 역량 강화 지원 체제 구축

- **• 학교 중점 교육과정 및 특색 프로그램 운영 활성화**
  - 미래형 교육과정 및 진로·인성 교육의 나침반 역할
  - 학생 선택 중심 진로 진학 설계를 위한 교육과정 개발
  - 학생의 학력 향상과 맞춤형 교육을 통한 공교육의 책무성 강화
  - 기본에 충실한 유의미한 교육과정 운영으로 학생의 성장 지원
- **• 경기 자율형 공립고 2.0 연차별 운영 체계화**
  - 경기 교육정책 기반 핵심과제(필수/선택)* 운영
    - * 필수과제(교육과정·수업·평가), 선택과제(지역연계교육,진로교육,인성교육,디지털교육)
  - 2026 경기 자율형 공립고 2.0 운영 및 평가 내실화 지원
  - 운영 연차에 따른 학교 간 교류 활동 및 후속 지원 활성화
  - 연구학교 운영으로 체계적이고 내실 있는 자율형 공립고 운영
- **• 현장 방문 컨설팅을 통한 학교별 맞춤형 지원**
  - 자율형 공립고 2.0 운영 및 연구학교 운영 컨설팅
  - 학교별 자율형 공립고 TF팀 소통을 통한 업무 이해 제고
  - 연구학교 평가 및 질 관리를 위한 학교별 컨설팅 지원단 운영
  - 지원단 컨설팅 실습 및 역량 강화 직무연수를 통한 전문성 확보

2) 지역 협력 시스템을 통한 공교육의 경쟁력 강화

- **지역 균형 발전을 위한 교육 모델 개발**
  - 지역 특성을 고려한 특색있는 교육과정 개발 지원
  - 지역 내 학교와 공동 교육과정 운영으로 학습 기회 확대
  - 지자체, 기업, 대학 등 협약을 통한 지역 연계 교육 추진
  - 지역 자원을 활용한 학생 주도 교육활동으로 미래 역량 강화

3) 자율형 공립고 2.0 우수 사례 공유를 통한 지역 교육 개선

- **권역별 네트워크 운영으로 우수 사례 발굴 및 공유 확대**
  - 4개 권역별 중심교 선정 및 31개 운영교 역할 부여
  - 지역 기관 협약을 통한 교육과정 운영 내실화 방안 논의
  - 지역 균형 발전을 위한 초·중·고 연계 교육 운영 사례 공유
  - 지역별 우수 사례 일반화를 위한 교육지원청 지원 역할 강화
- **자율형 공립고 2.0 운영교 소통과 협력을 위한 플랫폼 구축**
  - 자율형 공립고 운영계획 및 연구학교 계획 공유
  - 학교별 네트워크 분기별 운영자료 상시 활용 확대
  - 협약, 교육과정, 예산 등 운영 전반의 질의응답 관리
  - 자율형 공립고 발전방안을 위한 제언 및 제도개선 논의

'경기 자율형 공립고 2.0'

- 공교육 경쟁력 제고와 지역 균형 발전을 위한 경기도교육청 고교 모델로서 미래 교육과정·수업·평가와 진로·인성 교육의 나침반 역할을 하는 학교

'자율형 공립고등학교'

- 「초·중등교육법」제61조(학교 및 교육과정 운영의 특례)
- 「초·중등교육법 시행령」제91조의4(자율형 공립고등학교) 공립고등학교를 대상으로 법 제61조에 따라 학교 또는 교육과정을 자율적으로 운영하는 학교

2. 공교육 확장으로 모든 학생의 배움과 성장 지원

(가) 학교 밖 교육 수업/학점 운영 내실화로 공교육 연계 강화

1) 학교 밖 교육의 활성화로 학생 맞춤형 교육 지원
- **지역사회-학교-교육(지원)청 연계로 운영 내실화**
  - 학교 밖 교육 수업/학점 운영 우수 사례 공유 및 확산
  - 수요자 중심의 학교 밖 교육 선택권 확대를 위한 제도 개선
  - 정책 설명회, 운영성과 평가회, 지원단 운영을 통한 지원 강화

2) 지역사회 기관 및 자원을 활용한 다각적인 교육활동 지원
- **학교 밖 교육 지원을 위한 협력 네트워크 구축**
  - 교육지원청의 학교 밖 교육 운영 및 관리 책무성 강화
  - 학교 밖 교육 운영 체계화 및 모니터링을 통한 질 관리
  - 지역사회 기관 목록 관리를 통한 학교 밖 교육 업무 효율화

'경기 학교 밖 교육'

- 「경기 학교 밖 교육」이란 학생의 진로·적성 및 교육적 필요에 의해 학교장이 학교 내에서 운영이 어렵다고 판단한 과목/창의적 체험활동이나 프로그램을 대상으로 하며, 일정한 요건을 갖추어 교육(지원)청이 승인한 지역사회 기관을 통해 이루어지는 교육

'경기 학교 밖 교육의 유형'

- 수업인정형 : 학생의 교육적 필요를 고려하여 학교장이 학교 내 운영이 어렵다고 판단한 프로그램을 대상으로 하며, 일정한 요건을 갖춘 지역사회 기관을 통해 이루어지는 교육
- 학점인정형 : 학생이 진로·적성을 고려하여 수강을 희망한 과목 또는 창의적 체험활동 중 학교장이 학교 내 개설 또는 학교 간 공동교육과정으로 운영이 어렵다고 판단한 과목이나 창의적 체험활동에 대하여 일정한 요건을 갖추어 교육(지원)청이 승인한 지역사회 기관을 통해 이수하는 교육
- 경험인정형: 학생이 교육적 필요에 따라 선택한 프로그램을 대상으로 하며, 일정한 요건을 갖춘 지역사회 기관을 통해 이루어지는 교육

Ⅲ 경기 미래형 교수학습 확산을 위한 IB 교육 운영

IB교육담당

> **추진 방향**
> 개념과 탐구 중심의 IB 수업·평가를 적용한 깊이있는 학습으로 학생 성장을 실현합니다.
> 협력적 연구·성찰 중심 학교문화와 미래형 교수학습 실천 확산으로 모든 학교의 동반성장을
> 추구합니다.

1. 경기 미래형 교수학습 실천을 위한 IB 교육 일반화

가) 경기 미래형 교수학습을 위한 IB 교육 이해도 제고

1) IB 교육 이해도 제고
- **교육공동체 대상 IB 교육 이해 연수 다양화**
  - IB 교육 미운영교 교원 대상 IB 교육 이해 연수 운영
  - 경기도교육청국제교육원 연계 IB 교육 정책연수 운영
  - 지역별 교원 및 학부모 대상 IB 교육 설명회 운영

2) IB 수업·평가 경험 기회 제공
- **IB 교육 미운영교 교원 대상 IB 수업·평가 사례 나눔 확대**
  - IB 후보·인증학교 IB 수업 공개 참관 및 수업나눔 참가 지원
  - 개념기반 탐구중심 IB 수업·평가 실천 사례 나눔 워크숍 개최
  - 지역별 수업나눔한마당 연계 IB 수업 실천 사례 나눔

나) 현장 중심 IB 수업·평가 연구·적용 체계화

1) 실천 중심 IB 교육 연구공동체 조직 및 운영
- **IB 교육 연구 및 적용 활성화를 위한 연구공동체 조직**
  - 지역별 초·중·고 IB 교육 연구공동체 조직
  - IB 전문교원 또는 IB 학교 교원 필수 구성으로 연구 전문성 확보

| 2026 학교교육정책 추진 계획

- **IB 교육 연구공동체의 미래형 교수학습 실천**
  - IB 전문교원과 IB 교육 미운영교 교사 협력으로 IB 교육 연구
  - IB 수업·평가 IB 교육 미운영교 적용으로 경기 미래형 교수학습 실천

2) IB 교육 연구공동체 실천 사례 및 운영 성과 나눔
- **연구공동체 간 협력적 연구와 연계로 동반 성장 추구**
  - 도교육청 주관 IB 교육 연구공동체 성과 나눔, 지역별 성과 발표회 운영

다 경기 미래형 교수학습 확산 지원 강화

1) 경기 미래형 교수학습 확산 지원체계 강화
- **도/지역단위 IB 교육 리더십팀 조직 및 운영**
  - IB 수업·평가 경험을 갖춘 전문성 있는 교원으로 구성
  - 지역별 IB 교육 이해 및 IB 수업·평가 실천 사례 확산
- **IB 교육 연구공동체 운영을 위한 지원 체계 구축**
  - 연구공동체 간 협의 정례화, 공동체 대표 네트워크 운영
  - 도단위 IB 교육 리더십팀 권역별 배정으로 연구 전문성 확보
  - IB 교육 정책실행연구회 연계 IB 수업·평가 일반화 방안 실천 연구

2) 경기 미래형 교수학습 일반화 지원
- **IB 수업·평가 일반화 과제 연구 및 정교화**
  - IB 교육 연구학교 및 IB 교육 정책실행연구회 운영 지원

2. IB 교육 초·중·고 연계를 위한 경기 IB 학교 운영

(가) 단계별 IB 학교 운영 및 선정 확대

1) IB 교육 실천을 위한 IB 학교 운영

- **학생 성장을 위한 IB 교수학습 실천과 IB 학교 시스템 구축**
  - IB 교육 지속성 확보를 위한 학교 안 교사 역량 강화 시스템 구축
  - IB 기준과 실행방침 연계 학교 여건에 맞는 교수학습 환경 구축
  - 전 교원 IB 워크숍 필수 참여를 통한 IB 교육과정 설계 및 실천
  - IB 교수학습 실천을 위한 IB 학교 안 행정조직 재구조화
  - 관심학교의 학교 단위 개념기반 탐구중심 수업·평가 연구
- **미래형 교수학습 거점교로서 IB 학교 공개 및 나눔**
  - IB 수업·평가 실천 사례 지역 내 공유 및 확산
- **학교 운영 결과 자체 점검 및 성찰을 통한 환류**
  - IB 학교 단계별 운영 과제에 따른 자체 점검 기준안 제공

2) 지역별 IB 교육 초·중·고 연계를 위한 IB 학교 선정

- **IB 교육 초·중·고 연계를 위한 교육지원청 역할 강화**
  - 신규 IB 관심학교 선정을 위한 지역별 맞춤형 전략 수립
  - 지역별 IB 교육 초·중·고 연계 학군을 고려한 관심·후보학교 추천
- **지역 내 초·중·고 IB 학교 운영을 위한 IB 관심·후보학교 선정**
  - IB 교육 탐색 기회 제공을 위한 관심학교 신규 선정(100교)
  - 지역별 IB 교육 초·중·고 연계를 고려한 후보학교 신규 선정(35교)
  - 학교 여건 및 자율성에 기반한 IB 후보학교의 인증학교 심사 진행

3) IB 학교의 IB 수업·평가 실천을 위한 협력적 지원체계 강화

- **교육지원청 업무담당자 네트워크 강화**
  - 근접성 및 지역 특성 고려 권역별 네트워크 구축
  - 교육지원청 업무담당자 역량 강화를 위한 정기 연수 운영
- **IB 교육 실천을 위한 부서 간 협업 및 유관기관 연계 강화**
  - 교육과정 운영, 행·재정 지원 등을 위한 부서 간 협업 강화
  - IBDP 학생 진로진학 지원, IBEC 양성 등 대학과의 연계 강화
- **IB 교육 운영 시도교육청협의체 및 IB 본부 협력 강화**
  - 유기적 협력 강화를 위한 IB 본부-도교육청 간 정기 협의 운영
  - 시도별 IB 교육 운영 상황 공유 및 공동 발전방안 모색

나   IB 수업·평가 전문성 신장

1) IB 학교 교원의 IB 수업·평가 실천 역량 강화

- **학교 안 학습공동체 중심 IB 교육 실천 역량 강화**
  - 관심학교 : IB 교육 철학, IB 교수학습 방법의 이해
  - 후보·인증학교 : IB 수업·평가에 대한 공동연구, 공동실천
  - IB 수업·평가 실천 역량 강화 장학 자료 개발·보급
- **IB 수업·평가 실천 역량 강화 연수 운영**
  - 도교육청 주관 초·중·고 교과별 IB 수업·평가 직무연수 운영
  - 교육지원청별 IB 교육 이해 및 수업·평가 워크숍 개최
- **IB 인증학교 공개수업 참관, 국내외 IB 콘퍼런스 참가 지원**

2) IB 교육 실천·적용을 위한 IB 전문교원 양성 및 활용

- **IB 전문교원 양성**
  - IB 교육 전문지식과 실천력을 갖춘 대학 연계 IB 전문가(IBEC), IB 국제공인 전문강사(FPD) 양성
  - 논술형 평가 전문성 신장을 위한 IB 공인 채점관 추천
- **IB 전문교원의 교육활동 기여**
  - 학교 안 IB 교육 이해 확산 및 IB 수업·평가 실천 리더교사 역할 수행
  - IB 교육 연구공동체 핵심리더로 IB 교육 및 미래형 교수학습 확산 실천
  - IB 교육 정책실행연구회, 도/지역 IB 교육 연구회 참여로 현장 중심 IB 교수학습 일반화 모델 개발

> **'IB 전문교원'**
> - 대학 연계 IB 전문가과정(IBEC: IB Educator Certificate)
>   : IB 본부의 승인을 받은 대학에서 IB 교육 전문가를 양성하는 과정
> - IB 국제공인 전문강사 양성 연수(FPD: Foundational Professional Development)
>   : IB 수업·평가 이론 및 실습 과정을 이수하고, 학교 현장 적용을 실천하는 교사 양성 연수
> - IB 공인 채점관(Examiner)
>   : IB 본부의 승인을 받아 IB DP(고등학교 IB 과정) 외부평가 문항지를 직접 채점하는 전문가

4 2026년 교감자격연수 논술 기출 및 예상문제

가 2025 초등교감 자격연수 논술 평가 기출 문제

◐ 문제1 :경기도교육청은 '정책3 시공간을 넘어 배움을 확장하는 교육'을 추진하고있습니다.

'정책3'을 우리학교에 적용할 때 예상되는 문제점 3가지 제시하고, 각각의 해결방안을 교감의 입장에서 논하시오

경기도교육청의 '정책3: 시공간을 넘어 배움을 확장하는 교육'을 우리 학교에 적용할 때 예상되는 문제점과 각각의 해결방안을 교감의 입장에서 논해보겠습니다.

가) 문제점: 교사와 학생의 디지털 역량 차이

▶**설명:** '시공간을 넘어 배움을 확장하는 교육'은 온라인 수업, 원격 학습, 다양한 디지털 도구 활용이 필수적입니다. 그러나 일부 교사 및 학생들은 디지털 기기나 소프트웨어 사용에 익숙하지 않아 수업 진행에 어려움이 있을 수 있습니다.

▶**해결방안: 교사 연수 강화:**정기적인 디지털 역량 강화 연수를 실시하여 교사들이 다양한 플랫폼과 도구를 활용할 수 있도록 지원한다.

▶**학생 대상 맞춤형 교육:**디지털 기기 사용법 및 온라인 학습 방법에 대한 기본 교육을 학생들에게 제공하여 학습 환경 적응을 돕는다.

전담 지원 인력 배치:기술 지원 전담 교사 또는 전문 인력을 배치해 수업 중 발생 하는 기술적 문제를 신속히 해결한다.

나) 문제점: 인프라 및 기기 부족

▶**설명:** 시공간을 초월한 배움을 위해서는 안정적인 인터넷 환경과 충분한 디지털 기기가 필수적이나, 우리 학교에는 인프라나 개인별 기기 보유율이 낮아 원활한 교육환경 조성이 어려울 수 있다.

▶**해결방안: 학교 차원의 인프라 개선 계획 수립:**교내 무선 인터넷망 확충 및 컴퓨터실, 스마트 기기 보유량 확대를 추진한다.

▶**학생 대상 기기 대여 및 지원 프로그램 운영:**가정에 디지털 기기가 부족한 학생에게는 학교에서 기기 대여나 보조금을 지원하는 방안을 마련한다.

▶**지역사회 및 교육청과 협력:**교육청, 지자체, 기업과 협력해 기기 지원 및 인프라 구축 사업에 참여하여 자원을 확보한다.

다) 문제점: 학습 격차 심화 우려

▶**설명:** 비대면 또는 혼합형 수업은 자율 학습 능력이 부족한 학생들이 소외되거나 학습 격차가 심화될 위험이 있다.

▶**해결방안: 맞춤형 학습 지원 체계 마련:**학습 진도와 이해도를 세밀하게 점검하여 맞춤형 보충학습, 멘토링 프로그램을 운영한다.

▶**정기적 상담 및 피드백 강화:**학생과 교사, 학부모 간의 소통을 강화해 학습 진행 상황을 지속적으로 모니터링하고 즉각 대응한다.

▶**학습 동기 부여 프로그램 운영:**학생들의 참여도를 높이기 위해 온라인과 오프라인을 병행한 다양한 체험 및 프로젝트 기반 학습 기회를 제공한다.

◑**문제2 다음을 참고하여 물음에 답하시오. 경기교육의 중요한 목표 중 하나는 '인성교육'이다. 경기인성교육모델 개발, 경기인성교육협의체 운영, 인성교육실천학교 운영… 중략… 등을 통해 미래 시민으로 살아가는데 필요한 인성교육의 4대 영역을 갖추도록 교육이 진행된다.**

- **'OO일보 2025.7.31' 교육감, 경기교육 3년 내용 일부 – 학교현장에서 경험한 인성 교육의 어려움을 3가지 제시하고, 이를 해결하기 위하여 '경기인성교육모델' 4대 영역을 반영한 각각의 실천방안과 교감으로서의 지원방안을 논하시오.**

▶문제에서 요구하는 내용을 정리하면 다음과 같습니다.

☞ 학교현장에서 경험한 인성교육의 어려움 3가지 제시

1) 학교현장에서 경험한 인성교육의 어려움 3가지

▶**학생들의 인성교육에 대한 관심과 참여 부족**

학생들이 인성교육을 중요하게 여기지 않거나 형식적인 행사로만 인식하는 경우가 많음.

▶**교사의 인성교육 역량과 자원 부족**

인성교육을 체계적으로 지도할 수 있는 전문성이나 교육자료, 시간 부족 문제.

▶**가정과 지역사회와의 연계 부족**

가정 및 지역사회에서의 인성교육과 학교교육이 연계되지 않아 교육 효과가 제한됨.

2) 경기인성교육모델 4대 영역을 반영한 실천방안

경기인성교육모델 4대 영역은 일반적으로**도덕성(윤리성), 감성, 사회성, 자기관리성**으로구성됩니다.

각 어려움별로 4대 영역을 반영한 실천방안을 제시합니다.

▶어려움실천방안 (4대 영역 반영)

-학생들의 관심및참여부족	- 도덕성: 인성교육의 중요성을 알리는 캠페인과 역할극, 토론활동을 통해 도덕적 판단력 강화 - 감성: 감정 표현과 공감 능력 신장을 위한 감성교육 프로그램 도입 - 사회성: 또래 집단에서 협력 활동 및 봉사활동 참여 기회 제공 - 자기관리성: 목표 설정과 자기성찰을 돕는 일기쓰기나 멘토링 실시
-교사의역량 및 자원 부족	- 도덕성: 교사 연수를 통해 인성교육 핵심가치 이해와 적용법 강화 - 감성: 교사의 감성 교육법 및 학생 이해 증진 연수 제공 - 사회성: 협력적 교수법 및 집단상담 기법 교육 지원 - 자기관리성: 교사의 시간관리 및 스트레스 관리 교육 지원
-가정및지역 사회 연계 부족	- 도덕성: 가정과 연계한 윤리적 생활 규범 공유 및 공동 캠페인 추진 - 감성: 부모와 함께하는 감성 교육 워크숍 운영 - 사회성: 지역사회 봉사활동 및 멘토링 프로그램 확대 - 자기관리성: 가정과 학교가 함께하는 학생 자기관리 지도 체계 구축

3) 교감으로서의 지원방안

▶ 인성교육 프로그램 활성화 및 환경 조성

인성교육 4대 영역을 반영한 다양한 프로그램을 학교 교육과정에 적극 편성하고 지원한다.

인성교육을 실천하기 위한 교내 공간 및 자원 확보(예: 상담실, 체험활동장 등).

▶교사 역량 강화 및 협력 지원

정기적인 연수와 워크숍을 기획하여 교사들의 인성교육 역량을 체계적으로 강화한다. 교사 간 경험 공유 및 협력 분위기를 조성하기 위한 교사협의체 운영 지원.

▶가정 및 지역사회와의 긴밀한 협력 체계 구축

학부모 연수 및 소통의 장을 마련하여 가정에서의 인성교육 이해와 참여를 유도한다.

지역사회 기관과 협력하여 학생들이 지역사회에서 다양한 인성 체험활동에 참여할 수있도록 지원한다.

▶학생 참여 활성화 및 동기 부여

학생회, 동아리 등 학생 자치기구를 통한 인성교육 활동 기회 확대 및 주도적 참여 유도.우수 인성 실천 학생에 대한 포상 및 격려를 통해 긍정적 동기 부여.

♠2025 경기도교육청 초등 교감 자격연수 논술평가 문제

경기도교육청은 '정책3 시공간을 넘어 배움을 확장하는 교육'을 추진하고 있습니다. '정책3'을 우리학교에 적용할 때 예상되는**문제점 3가지**제시하고,**각각의 해결방안**을 교감의 입장에서 논하시오.(15점)

<문항1 배점> - 주제 접근성(5점) - 실현성, 구체성(5점) - 논리 및 자기견해(5점)

◗문제1

학교현장에서 경험한 인성교육의**어려움을 3가지**제시하고, 이를 해결하기 위하여 '경기인성교육모델' 4대 영역을 반영한 각각의**실천방안**과 교감으로서의**지원방안**을 논하시오.(20점)

▶주제 접근성(7점) ▶ 실현성, 구체성(8점) ▶ 논리 및 자기견해(5점)

◗문제2

다음을 참고하여 물음에 답하시오.

경기교육의 중요한 목표 중 하나는 '인성교육'이다. 경기인성교육모델 개발, 경기인성교육협의체 운영, 인성교육실천학교 운영 … 중략… 등을 통해 미래 시민으로 살아가는데 필요한 인성교육의 4대 영역을 갖추도록 교육이 진행된다.

- '〇〇일보 2025.7.31' 교육감, 경기교육 3년 내용 일부 -

나 2026 교감 자격연수 논술 평가 예상 문제

1)대비용 기출 주제/예상 문제 유형
 - 교감자격연수 논술고사에서 자주 등장하는 논술 주제 유형(예상)은 다음과 같습니다.
▶ 학교 현장에서의 교육과정 자율 운영 방안 ▶ 학교문화·배움 중심 수업 정착 전략
▶ 학생 맞춤·기초학력 지원 프로그램 설계 ▶ 학교폭력·학부모 참여 확대와 민주적 학교 운영   ▶ 미래교육(디지털·AI 교육 포함) 전략 ▶ 전문적학습공동체 활성화방안   ▶ 교감의 리더십·관리자로서의 역할 논술
  (위 유형은 기출·논술평가 정리 자료 및 문제 경향을 종합한 예시입니다.)
2) 실전 대비법 (학습 팁)
▶ **논술 문제 분석 연습**
※ 최근 3~5년 교감자격연수 출제 주제 분석 ※주제별 핵심 논점과 교육 정책 연계
▶ **답안 구성 연습**
※ 논리적 구조(서론-본론-결론) ※정책 근거 / 교육 이론 활용
※ 실례 제시와 기대 효과 설명
▶ **예상 주제 예시**
- 배움 중심 수업을 위해 교감이 우선적으로 실행해야 할 과제
- 학교 자율성 강화와 학생 참여 확대 방안
- 디지털 교육 도입에 따른 관리자 역할
 (이런 주제들은 교감·관리자 논술에서 자주 다뤄진 경향입니다.)
▶ 논술 출제 경향 및 대비 핵심 주제
※ 교감자격연수 논술평가는 학교운영·교육정책·학교교육지원 역량·교육과정 리더십**교육 행정·조직관리 중심 문제**가 자주 출제됩니다.
※ 아래는 최근 기출·논술평가 정리 자료에서 정리된 주제 유형 예시입니다:
▶ 교육과정 자율 운영 및 질 개선 방안 ▶ 학생 중심 수업·평가 활성화 전략
▶ 학부모·지역사회 소통 강화 방안   ▶ 학교폭력 예방 및 안전교육 정책
▶ 전문적 학습공동체 활성화 ▶ 미래교육(디지털/AI 포함) 및 교육혁신 정책
▶ 교감의 리더십과 갈등·변화 관리
※ 위 주제는 기출 요약·정리형 자료의 논술 및 면접 문항 경향입니다.
3) 대표 논술형 연습 문제 예시(실전 대비)
  아래는 최근 교육전문직·교감·교육연수 논술평가에 자주 등장하는 유형으로 **2025년 출제 경향과 유사한 문제 연습용 예시**입니다.
▶ 문제 예시
 ① **학교 자율성 확대와 책임 운영 체계 구축을 위한 교감의 역할을 논하시오.**
▶답안 포인트 예시
- 법·제도적 근거와 현행 자율 운영 체계 분석

- 교감 리더십이 자율운영 기반 구축에 미치는 영향
- 구체적인 실행계획 제시 (평가 지표, 피드백 체계 포함)
▶ 문제 예시

② **학생 맞춤형 교육 지원을 위해 평가 중심의 교실 문화를 어떻게 변화시킬 것인가?**

▶답안 포인트 예시
- '평가 → 성장' 방향으로 전환된 평가체계 설명
- 평가 결과 활용과 수업 개선 전략
- 학생 참여형 평가 설계와 피드백 운영 방안
▶ 문제 예시

③ **디지털 역량을 기반으로 한 학교 교육 혁신 정책을 설계하고 교감으로서의 실행 계획을 제시하시오.**

▶ 답안 포인트 예시
- 디지털 교육의 필요성과 효과 분석 - 현장 적용 가능한 디지털 프로그램 제안
- 실행 일정·자원·성과 측정 방안 포함

4) 논술 답안 구성 팁
▶ **서론-본론-결론**구조로 정리
☞ 서론: 문제 상황 및 핵심 주제 요약
☞ 본론: 정책·현장 실태 분석 + 해결 전략
☞ 결론: 기대 효과 및 실행 의지 강조
▶ **정책 및 근거 제시**
- 국가 교육 정책, 경기도교육청 연수 기본 방향 등 근거 제시
- 교육 과정·평가 체계 관련 법·지침과의 연결

5) **실전 연습용 예상 문제(논술형)**
아래 문제들은 **2025 논술고사 대비용**으로 출제경향 + 실제 교육행정 논제 연습용으로 활용하기 좋습니다:

◑ 문제 1
학교 자율성과 책임 운영의 조화를 이루기 위한 교감의 역할과 실행 전략을 논하시오.
※ 모범 답안 방향(요점)
- 자율성 확대의 의의 + 법적/정책적 근거
- 책임 운영 체계 수립 실제 실행 계획(지표/평가)
- 학교 구성원 참여 활성화 전략

◑ 문제 2
학생 중심 배움 문화 정착을 위해 논술/평가 체계 혁신 방향을 제시하시오.
※ 모범 답안 방향(요점)
-논술형 평가의 필요성과 효과

- 평가 설계와 교육과정 연계 방안
- 교실 내 결과 기반이 아닌 성장 중심 평가 디자인

◑ 문제 3

미래교육(디지털·AI 기반 교육) 확산을 위한 교감의 지원 및 실천 방안을 설명하시오.

※ 모범 답안 방향(요점)

- 디지털 교육 정책 분석
- 실천계획(교원 전문성 강화 + 인프라 구축)
- 평가와 피드백 방법 제안

6) 논술 채점 시 핵심 평가 포인트

논술고사 답안 작성 시 아래 요소들을 고려하면 고득점에 유리합니다:

▶ **논리적 구조(서론-본론-결론)**　　▶ **구체적 실행방안 + 정책 근거**

▶ **현장 사례 및 평가 지표 제시**　　▶ **리더십과 전략적 사고 반영**

▶ **교육과정, 평가, 전문적 학습공동체 연계 표현**

※ 구성 예:

☞ **서론**: 문제 상황 정의 및 주제 접근 방향

☞ **본론**: 정책/이론 적용 + 실행계획(단계별)

☞ **결론**: 기대 효과 및 지속적 발전 방향 명시

7) 추천 대비 전략

▶ **핵심 주제별 예상 논술 연습**

- 학교 운영 + 조직관리 - 교육과정 및 평가 설계 - 리더십 사례/문제해결형
- 미래 교육 대응 전략 → 각 주제별로 서론-본론-결론으로 1장씩 작성해보세요.

다　2026 교감자격연수 논술평가 예상 문항 유형

1) **교육 정책 이해 및 적용**

▶예)

"경기도교육청의 2025~2026 교육 정책 중 핵심 방향(예: 논술형 평가 도입, 성취평가제 강화 등)을 설명하고, 해당 정책이 학교 현장에 미치는 영향과 개선점을 논하시오."

→ 정책의 취지, 실질적 효과, 학교 적용 전략 등을 논리적으로 정리

2) **논술형 평가 자체의 설계 및 운영에 대한 이해**

예)**"논술형 평가를 학교 현장에서 효과적으로 운영하기 위한 조건과 장애요인을 분석하고, 이를 극복하기 위한 실행 계획을 제시하시오."**

→ 평가 설계, 채점기준 설정, 교사 협업, 학생 피드백 등을 포괄

3) **교육 현장 사례 분석 및 개선 제안**

예) **"최근 학교에서 논술형 평가를 도입하는 과정에서 나타난 문제점을 사례로 제시**

하고, 이를 개선할 수 있는 방안을 논하시오."

→ 실제적 문제(시간 부족, 채점 신뢰도, 교사 역량 부족 등) 해결 중심

4) 교육 리더로서의 사고와 실천 방안

▶예)

"학교장/교감으로서 'AI 기반 서·논술형 평가'를 도입(또는 확대)할 때 발생할 수 있는 윤리적, 기술적 문제점을 분석하고, 이에 대한 해결적 리더십 전략을 제시하시오."

※ 최근 경기도교육청이 AI 서·논술형평가를 확장 중이라는 보도가 있음

5) 교육 평가의 목적 및 철학적 관점

▶예) **"논술형 평가가 주입식 평가와 다른 점을 논하고, 미래 교육의 평가 방향으로서 갖추어야 할 핵심 요소를 제시하시오."**

 → 평가 철학, 성취평가제, 평가 결과 활용 등

※ 작성 팁 (논술형평가 대비)

▶ **근거 중심 서술:**정책·사례·법령 등 자료 근거를 명확히 제시

▶ **구조적 글쓰기:**서론(문제 인식) → 본론(분석) → 결론(실행 방안)

▶ **평가자 관점 반영:**학교 리더(교감)가 실제 적용할 수 있는 현실적 실천 중심

▶ **사례와 예시:**구체적 예를 통해 논리를 강화

A) 논술형 평가 핵심 구성 및 평가 방향
경기도교육청의 논술형 평가는 **비단 사실 나열이 아니라 분석·판단·문제 해결력을 평가하는 유형**이며, 학생·교원 교육 현장에서 적용 가능한 평가 설계 중심입니다.
논술형 문항 예시는 교과별로 *제한형, 확장형*논술을 통해 학생들의 **논리적 글쓰기, 근거 제시, 해결방안 제안 등의 사고역량**을 평가하도록 설계되어 있습니다.

(B) **예상 연수 논술형 평가 문제 유형 & 연습문항**

 1. 교육 현장과 정책 적용 분석

▶**문항 1.**

경기도교육청이 시행하고 있는 'AI 기반 서·논술형 평가 시스템'의 도입 취지와 장·단점을 논하시오. 이를 바탕으로, 학교 현장에서 **공정성과 신뢰성을 확보할 수 있는 개선 방안**을 제안하시오.

□ (출제 방향: 현 교육정책 이해 + 실천적 개선제안)

 2. 논술형 평가 설계·운영 문제

▶**문항 2.**

논술형 평가가 단순한 지식 확인이 아니라 **고차적 사고력**을 평가하는 이유를 교육평가 이론(예: Bloom의 인지영역 등)을 인용하여 설명하시오. 그리고 실제 논술형 평가 문항을 하나 제시하고, 그 문항의 채점기준(루브릭)을 구성해 보시오.

□ (출제 방향: 평가 설계 이해 + 실천 적용)

3. 구체 사례 기반 논술 문제

(아래는 교과별 논술형 평가 예시를 **교육 현장 사례**로 변형한 유형입니다.)

▶**문항 3.**

다음 이야기를 읽고 답하시오.

어느 초등학교에서는 최근 '학생 과제 발표 후 피드백 제공'을 논술형 평가 요소로 도입하였다. 그러나 교사들 사이에서 피드백 방식과 기준이 불명확해 논란이 생겼다.

① 이 문제의 주된 원인을 분석하시오.

② '학생 성장 중심 논술형 평가 운영계획'을 구체적 실행 방안과 채점 기준까지 포함하여 서술하시오.

□ 이 유형은 자료(사례) 분석 → 문제 원인 → 해결방안 제시라는 *확장형 논술형구* 조입니다.

4. 교육 리더로서의 논술 문제

▶**문항 4.**

교감으로서 학교 내 '논술형 평가 활성화'를 위해 **교사 전문성 향상 프로그램**, **평가 설계 워크숍**, **피드백 체계 개선**등을 포함한 **중장기 실행 계획**을 수립하시오. 그리고 **평가 결과를 학생 성장 평가에 반영하는 방법**을 논하시오.

□ (출제 방향: 리더십 및 실행 계획 중심)

5. 성취평가제 및 교육평가 철학 문제

▶**문항 5.**

성취평가제(성취기준 중심 평가)의 철학과 논술형 평가의 관계를 설명하고, 논술형 평가가 학생의 핵심역량 신장에 어떻게 기여할 수 있는지를 **구체적 사례**를 들어 논술하시오.

□ (교육 철학 + 실전 사례)

(C) 논술형 평가 대비 전략

▶ **근거 중심 서술**

정책 자료, 교육과정 성취기준, 교육평가 이론 등을 인용하여 *논리적 근거*를 제시.

▶ **구조적 글쓰기**

도입(문제 인식) → 본론(분석·판단) → 결론(해결 제안) 구조로 답안을 구성.

▶ **실천 중심 제안**

단순 설명이 아닌 *구체적 실행 계획, 평가 기준, 기대 효과*등까지 포함.

(D) 교과별 논술형 평가 예시 자료

경기도교육청은 실제로 **논술형 평가 문항 예시집**을 PDF로 공개하고 있으며, 학생 평가 설계 기준과 예시 문항이 수록되어 있습니다 (국어, 수학, 사회, 과학 등 교과별). 이 자료를 참고하면 교육과정 성취기준을 어떻게 평가 문항으로 전환하는지실전 감각을 익힐 수 있습니다.

◑ **문제1:경기도교육청은 '정책3 시공간을 넘어 배움을 확장하는 교육'을 추진하고 있습니다. '정책3'을 우리학교에 적용할 때 예상되는 문제점 3가지 제시하고, 각각의 해결방안을 교감의 입장에서 논하시오**

경기도교육청의 '정책3: 시공간을 넘어 배움을 확장하는 교육'을 우리 학교에 적용할 때 예상되는 문제점과 각각의 해결방안을 교감의 입장에서 논해보겠습니다.

1) 문제점: 교사와 학생의 디지털 역량 차이

▶**설명:** '시공간을 넘어 배움을 확장하는 교육'은 온라인 수업, 원격 학습, 다양한 디지털 도구 활용이 필수적입니다. 그러나 일부 교사 및 학생들은 디지털 기기나 소프트웨어 사용에 익숙하지 않아 수업 진행에 어려움이 있을 수 있습니다.

▶**해결방안: 교사 연수 강화:**정기적인 디지털 역량 강화 연수를 실시하여 교사들이 다양한 플랫폼과 도구를 활용할 수 있도록 지원한다.

학생 대상 맞춤형 교육:디지털 기기 사용법 및 온라인 학습 방법에 대한 기본 교육을 학생들에게 제공하여 학습 환경 적응을 돕는다.

▶**전담 지원 인력 배치:**기술 지원 전담 교사 또는 전문 인력을 배치해 수업 중 발생하는 기술적 문제를 신속히 해결한다.

2) 문제점: 인프라 및 기기 부족

▶ **설명:** 시공간을 초월한 배움을 위해서는 안정적인 인터넷 환경과 충분한 디지털 기기가 필수적이나, 우리 학교에는 인프라나 개인별 기기 보유율이 낮아 원활한 교육 환경 조성이 어려울 수 있다.

▶ **해결방안: 학교 차원의 인프라 개선 계획 수립:**교내 무선 인터넷망 확충 및 컴퓨터실, 스마트 기기 보유량 확대를 추진한다.

학생 대상 기기 대여 및 지원 프로그램 운영:가정에 디지털 기기가 부족한 학생에게는 학교에서 기기 대여나 보조금을 지원하는 방안을 마련한다.

지역사회 및 교육청과 협력:교육청, 지자체, 기업과 협력해 기기 지원 및 인프라 구축 사업에 참여하여 자원을 확보한다.

3) 문제점: 학습 격차 심화 우려

▶**설명:** 비대면 또는 혼합형 수업은 자율 학습 능력이 부족한 학생들이 소외되거나 학습 격차가 심화될 위험이 있다.

▶**해결방안: 맞춤형 학습 지원 체계 마련:**학습 진도와 이해도를 세밀하게 점검하여 맞춤형 보충학습, 멘토링 프로그램을 운영한다.

정기적 상담 및 피드백 강화:학생과 교사, 학부모 간의 소통을 강화해 학습 진행 상황을 지속적으로 모니터링하고 즉각 대응한다.

학습 동기 부여 프로그램 운영:학생들의 참여도를 높이기 위해 온라인과 오프라인을 병행한 다양한 체험 및 프로젝트 기반 학습 기회를 제공한다.

◑**문제2: 다음을 참고하여 물음에 답하시오. 경기교육의 중요한 목표 중 하나는 '인성교육'이다. 경기인성교육모델 개발, 경기인성교육협의체 운영, 인성교육실천학교 운**

영 ⋯ 중략⋯ 등을 통해 미래 시민으로 살아가는데 필요한 인성교육의 4대 영역을 갖추도록 교육이 진행된다.

☞ 'OO일보 2025.7.31' 교육감, 경기교육 3년 내용 일부 – 학교현장에서 경험한 인성교육의 어려움을 3가지 제시하고, 이를 해결하기 위하여 '경기인성교육모델' 4대 영역을 반영한 각각의 실천방안과 교감으로서의 지원방안을 논하시오.

▶문제에서 요구하는 내용을 정리하면 다음과 같습니다.

학교현장에서 경험한 인성교육의 어려움 3가지 제시

각각의 어려움을 해결하기 위한 실천방안 (경기인성교육모델의 4대 영역을 반영)

교감으로서의 지원방안 논의

1) 학교현장에서 경험한 인성교육의 어려움 3가지

▶**학생들의 인성교육에 대한 관심과 참여 부족**

학생들이 인성교육을 중요하게 여기지 않거나 형식적인 행사로만 인식하는 경우가 많음.

▶**교사의 인성교육 역량과 자원 부족**

인성교육을 체계적으로 지도할 수 있는 전문성이나 교육자료, 시간 부족 문제.

▶**가정과 지역사회와의 연계 부족**

가정 및 지역사회에서의 인성교육과 학교교육이 연계되지 않아 교육 효과가 제한됨.

2) 경기인성교육모델 4대 영역을 반영한 실천방안

경기인성교육모델 4대 영역은 일반적으로 **도덕성(윤리성), 감성, 사회성, 자기관리성**으로 구성됩니다.

각 어려움별로 4대 영역을 반영한 실천방안을 제시합니다.

☞ 어려움실천방안 (4대 영역 반영)

1) 학생들의 관심 및 참여 부족	- 도덕성: 인성교육의 중요성을 알리는 캠페인과 역할극, 토론활동을 통해 도덕적 판단력 강화 - 감성: 감정 표현과 공감 능력 신장을 위한 감성교육 프로그램 도입 - 사회성: 또래 집단에서 협력 활동 및 봉사활동 참여 기회 제공 - 자기관리성: 목표 설정과 자기성찰을 돕는 일기쓰기나 멘토링 실시
2) 교사의 역량 및 자원 부족	- 도덕성: 교사 연수를 통해 인성교육 핵심가치 이해와 적용법 강화 - 감성: 교사의 감성 교육법 및 학생 이해 증진 연수 제공 - 사회성: 협력적 교수법 및 집단상담 기법 교육 지원 - 자기관리성: 교사의 시간관리 및 스트레스 관리 교육 지원
3) 가정 및 지역사회 연계 부족	- 도덕성: 가정과 연계한 윤리적 생활 규범 공유 및 공동 캠페인 추진 - 감성: 부모와 함께하는 감성 교육 워크숍 운영 - 사회성: 지역사회 봉사활동 및 멘토링 프로그램 확대 - 자기관리성: 가정과 학교가 함께하는 학생 자기관리 지도 체계 구축

3) 교감으로서의 지원방안

▶ 인성교육 프로그램 활성화 및 환경 조성

인성교육 4대 영역을 반영한 다양한 프로그램을 학교 교육과정에 적극 편성하고 지원한다.

인성교육을 실천하기 위한 교내 공간 및 자원 확보(예: 상담실, 체험활동장 등).

▶교사 역량 강화 및 협력 지원

정기적인 연수와 워크숍을 기획하여 교사들의 인성교육 역량을 체계적으로 강화한다.

교사 간 경험 공유 및 협력 분위기를 조성하기 위한 교사협의체 운영 지원.

▶가정 및 지역사회와의 긴밀한 협력 체계 구축

학부모 연수 및 소통의 장을 마련하여 가정에서의 인성교육 이해와 참여를 유도한다.

지역사회 기관과 협력하여 학생들이 지역사회에서 다양한 인성 체험활동에 참여할 수 있도록 지원한다.

학생 참여 활성화 및 동기 부여

학생회, 동아리 등 학생 자치기구를 통한 인성교육 활동 기회 확대 및 주도적 참여

라 2026.2.28 초등교감 자격연수 후보자 점수 분포조사 결과

수신   수신자 참조
(경유)
제목   [제출] 2026.2.28.자 기준 초등교감 자격연수 후보자 점수 분포 예비조사 결과 안내

1. 관련: 교원인사정책과-31613(2025. 12. 12.)
2. 2026.2.28.자 기준 승진평정업무에 따른 초등교감 자격연수 후보자 점수 분포 예비
   조사 결과를 알려드리니, 참고하여 주시기 바랍니다.

   가. 예비조사 결과

구 분	107.8 이상 107.9 미만	107.9 이상 108.0 미만	108.0 이상 108.1 미만	108.1 이상 108.2 미만	108.2 이상 108.3 미만	108.3 이상 108.4 미만	108.4 이상 108.5 미만	108.5 이상 108.6 미만	108.6 이상
합계	10	27	25	26	43	66	51	49	58
역누계	355	345	318	293	267	224	158	107	58

   나. 제출권장대상
   1) (필수) 한국사능력검정시험(3급 이상)에 합격하거나, 한국사 관련 직무연수(합산
      60시간 이상)를 이수한 자
   2) 2026.2.28.자 이전에 취득 가능한 연구대회, 연수이수 등의 실적으로 근평을
      제외하고 108.2점 이상이 될 것으로 예상되는 자
   3) 근무성적 및 위의 1)과 2)의 요건을 고려하여 <u>최종 제출여부는 본인이 결정</u>
   다. 유의사항
   1) 조사결과는 예비조사이므로 실제와 다를 수 있음을 감안할 것
   2) 차출 점수가 됨에도 제출하지 않은 경우 이의를 제기할 수 없음
   3) 해당학교 인사담당자는 해당자가 누락되지 않도록 안내
   4) 평정제출 이후 새로 취득한 연구대회, 연수이수 등의 실적 추가 입력이 필요한 경우,
      인사담당자에게 접수 취소를 요청 (G-인사이트 메시지[G-승인사항]-[메시지함] 발송)
      ※ G-인사이트 평정표 제출 취소 요청 메시지 작성(예시)

> 제목: 2026.2.28.자 초등 교감 자격평정 추가 입력을 위한 접수취소 요청
> 수신자(3): 소속교 교감, 교육지원청 인사장학사, 경기도교육청 평정업무장학사
> 메시지 내용
> 1) 평정대상자: 소속, 이름, 총 평정점(변경 전)
> 2) 입력 영역: 연수성적평정-직무연수성적
> 3) 추가·변경 내용: 평정표 입력 내용
>   (교육구분, 교육명, 교육시작일자, 교육종료일자, 시간, 교육성적)

2024년(2023.11.30.)

구 분	107.9 이상 108.0 미만	108.0 이상 108.1 미만	108.1 이상 108.2 미만	108.2 이상 108.3 미만	108.3 이상 108.4 미만	108.4 이상 108.5 미만	108.5 이상 108.6 미만	108.6 이상 108.7 미만	108.7 이상
합계	7	8	14	24	33	44	79	76	85
역누계	370	363	355	341	317	284	240	161	85

2025년(2024.11.29.)

구 분	107.9 이상 108.0 미만	108.0 이상 108.1 미만	108.1 이상 108.2 미만	108.2 이상 108.3 미만	108.3 이상 108.4 미만	108.4 이상 108.5 미만	108.5 이상 108.6 미만	108.6 이상 108.7 미만	108.7 이상
합계	6	12	16	24	30	44	66	56	75
역누계	329	323	311	295	271	241	197	131	75

2. 2025.2.28.자 기준 승진평정업무에 따른 초등교감 자격연수 후보자 점수 분포 예비조사 결과를 알려드리니, 소속 교원들에게 안내하여 주시기 바랍니다.

가. 예비조사 결과

구 분	107.9 이상 108.0 미만	108.0 이상 108.1 미만	108.1 이상 108.2 미만	108.2 이상 108.3 미만	108.3 이상 108.4 미만	108.4 이상 108.5 미만	108.5 이상 108.6 미만	108.6 이상 108.7 미만	108.7 이상
합계	6	12	16	24	30	44	66	56	75
역누계	329	323	311	295	271	241	197	131	75

나. 제출권장대상

1) (필수) 한국사능력검정시험(3급 이상)에 합격하거나, 한국사 관련 직무연수(합산 60시간 이상)를 이수한 자

  ※ 교원인사과-30212(2023. 11. 20.) 공문 참조

2) 2025.2.28.자 이전에 취득 가능한 연구대회, 연수이수 등의 실적으로 근평을 제외하고 108.20점 이상이 될 것으로 예상되는 자

마 | 2026.2.28 경기도초등교감 자격연수 연도별 커트라인

연도 별	자격연수 대상 커트라인	비고
2021년도	208.2585	
2022년도	208.3823	0.1238
2024년도	208.4045	0.0222
2025년도	208.410	0.0055
2026년도	208.489?	0.079

바 | 2026.3.1자 경기도 초.중 교장,교감 발령 인원수

구분	교장승진 인원	교감승진인원	비고
초등	116명	126명	공모교장 31명
중등	108명	132명	공모교장 14명

사 경기중등 연도별 교감승진·전직자 현황(2021년~2026년

경기 중등 신규 교감 승진자수 현황										
	2021. 9. 1.차	2022. 3. 1.차	2022. 9. 1.차	2023. 3. 1.차	2023 9. 1.자	2024. 3. 1.차	2024. 9. 1.차	2025. 3. 1.차	2025. 9. 1.차	2026. 3. 1.차	합계
기타	82	25	1	-	-	-	-	-	-	-	108
20년 연수	9	80	97	15	-	-	-	-	-	-	201
21년 연수	-	-	3	102	53	7	-	-	-	-	165
22년 연수	-	-	-	-	38	107	104	7	-	-	256
23년 연수	-	-	-	-	-	-	5	158	64	0	227
24년 연수	-	-	-	-	-	-	-	-	41	132	173
소계	91	105	101	117	91	114	109	165	105	132	
교육전문직원	11	27	15	32	29	32	29	32	18	35	
합계	102	132	116	149	120	146	138	197	123	167	

(자료제공 : 산적T 회원님)

아 경기초등   연도별   교장,교감승진자수   현황(2015년~2026년)

경기 초등, 연도별(年度別) 교감·교장 승진자 수 현황 (만든이: 박영배)						
연도별		교감 승진 (또는 전직)		교장 승진 (또는 전직)		
		교사→교감	전문직→교감	교감→교장	전문직→교장	공모 교장
2015	3.1.자	142	21	120	8	34 (교사2, 교감25, 교장7)
	9.1.자	88	13	68	6	27 (교사2, 교감21, 교장4)
2016	3.1.자	122	13	89	8	40 (교사2, 교감29, 교장7, 장학사1, 장학관1)
	9.1.자	73	15	51	8	32 (교사1, 교감28, 교장2, 장학관1)
2017	3.1.자	138	7	93	5	49 (교사3, 교감38, 교장7, 장학관1)
	9.1.자	99	13	69	5	33 (교사1, 교감27, 교장5)
2018	3.1.자	98	19	74	6	31 (교사1, 교감25, 교장5)
	9.1.자	66	13	51	3	18 (교사1, 교감12, 교장5)
2019	3.1.자	107	17	82	8	26 (교사2, 교감22, 교장2)
	9.1.자	83	15	59	4	21 (교사3, 교감16, 교장2)
2020	3.1.자	84	19	65	5	20 (교사2, 교감14, 교장4)
	9.1.자	56	12	36	3	16 (교사2, 교감14, 교장0)
2021	3.1.자	108	24	84	2	30 (교사5, 교감20, 교장5)
	9.1.자	83	14	65	5	25 (교사2, 교감20, 교장1, 공모교장2)
2022	3.1.자	130	23	101	7	39 (교사3, 교감34, 교장1, 교육연구관1)
	9.1.자	150	8	92	12	35 (교사3, 교감30, 교장1, 교육연구관1)
2023	3.1.자	150	31	118	11	25 (교사2, 교감19, 교장4)
	9.1.자	129	24	97	6	30 (교사4, 교감23, 교장2, 공모교장1)
2024	3.1.자	171	28	143	6	14 (교사0, 교감13, 교장0, 공모교장1)
	9.1.자	135	19	108	9	8 (교사0, 교감 8, 교장0)
2025	3.1.자	149	27	121	8	18 (교사3, 교감12, 교장1, 공모교장2)
	9.1.자	129	9	103	9	16 (교사1, 교감13, 교장1, 공모교장1)
2026	3.1.자	126	27	116	8	15 (교사1, 교감13, 교장1)
	9.1.자					

(자료제공 : 박영배회원님)

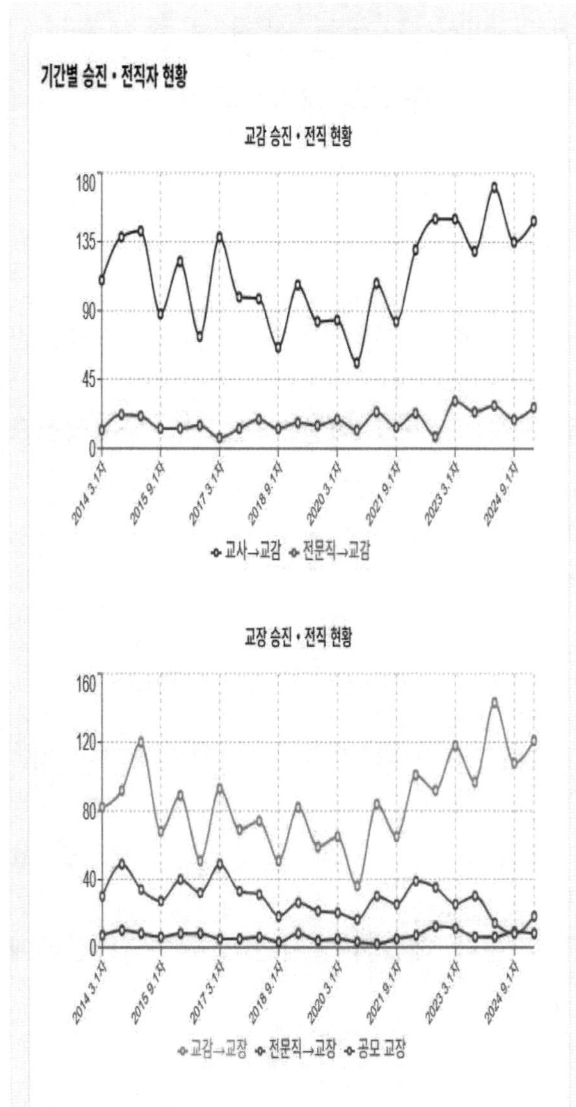
기간별 승진 · 전직자 현황
교감 승진 · 전직 현황
180
135
90
45
2014 3.1차
2015 9.1차
2017 3.1차
2018 9.1차
2020 3.1차
2021 9.1차
2023 3.1차
2024 9.1차
교사→교감   전문직→교감
교장 승진 · 전직 현황
160
120
80
40
2014 3.1차
2015 9.1차
2017 3.1차
2018 9.1차
2020 3.1차
2021 9.1차
2023 3.1차
2024 9.1차
교감→교장   전문직→교장   공모 교장

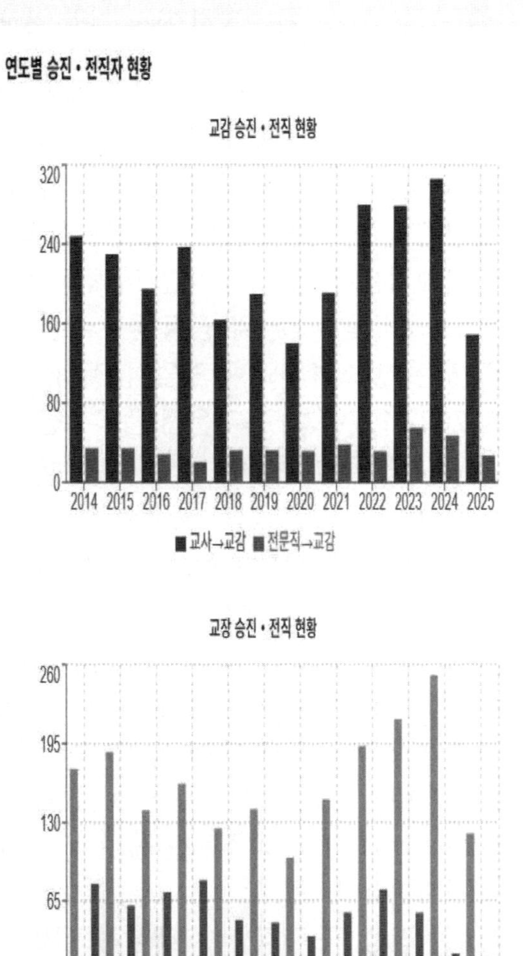
연도별 승진 · 전직자 현황
교감 승진 · 전직 현황
320
240
160
80
2014 2015 2016 2017 2018 2019 2020 2021 2022 2023 2024 2025
교사→교감   전문직→교감
교장 승진 · 전직 현황
260
195
130
65
2014 2015 2016 2017 2018 2019 2020 2021 2022 2023 2024 2025
교감→교장   전문직→교장   공모 교장

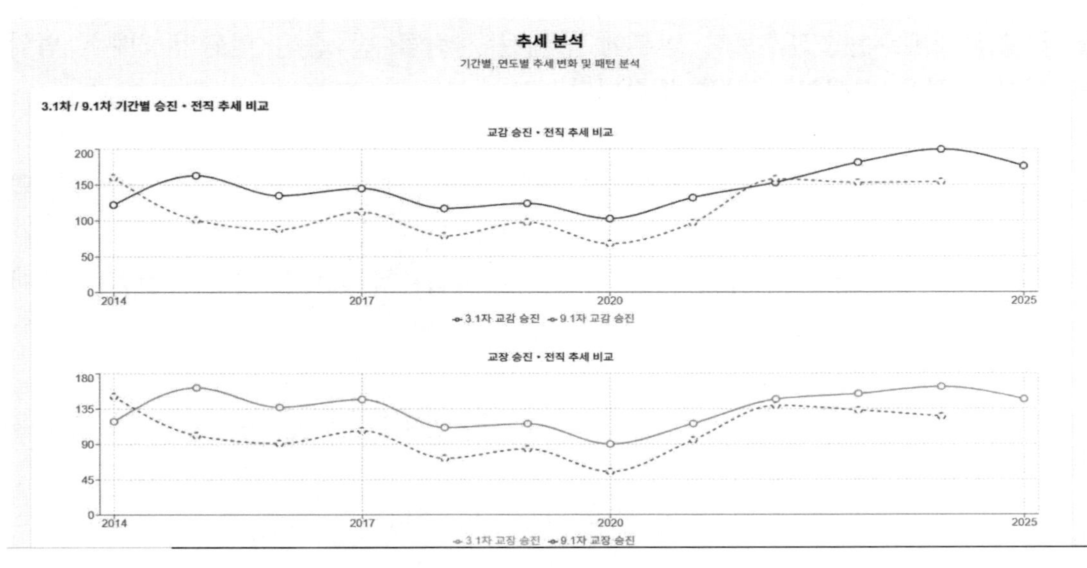
추세 분석
기간별, 연도별 추세 변화 및 패턴 분석
3.1차 / 9.1차 기간별 승진 · 전직 추세 비교
교감 승진 · 전직 추세 비교
200
150
100
50
2014   2017   2020   2025
3.1차 교감 승진   9.1차 교감 승진
교장 승진 · 전직 추세 비교
180
135
90
45
2014   2017   2020   2025
3.1차 교장 승진   9.1차 교장 승진

자   교장,교감 승진임용 및 자겨연수 대상자 추천 결격 기준

1) 기본방향:높은 수준의 자질과 도덕성을 갖춘 인사를 교장,교감으로 임용
2) 교장(초임,중임),교감 승진임용 결격 기준
가) 정년잔여1년 미만인 자(중임대상자는 해당되지 않음)
나) 징계의결요구,징계처분,직위해제 또는 휴직중에 있는 자
다) 징계처분자 중 말소기간 미 경과자
라)교육공무원4대비위(금품향응수수,상습폭행,성비위,성적조작)관련으로징계처분받
 은 자는 말소여부와 관계없이 제외
마) 2022.1.1.이후 음주운전(음주측정 불응 포함)으로1회 이상 적발되고 징계의결요
 구·처분을 받은 자
바) 기타 교장,교감으로서 자질 및 승진 결격사유 해당자
3) 교장,교감 자격연수 대상자 선발 결격 기준
가) 정년잔여2년 미만인 자
나) 징계처분이 끝난 날 부터1년 미경과인 자
다) 4대 비위로 징계 받았거나 징계 의결 요구 중인 자
라) 징계기록이 정년 내에 말소되지 않거나 말소 시 정년 잔여기간이1년 미만인 자
 ※ 4대 비위자는 징계기록 말소기간을 불문하고 배제
마) 2022.1.1.이후 음주운전(음주측정 불응 포함)으로1회 이상 적발되고 징계의결 요
 구·처분을 받은 자
※ 연수 진행 중,자격연수 대상자 선발 결격 기준에 해당되는 사안이 발생되는경우에
 는 대상자 지명을 철회할 수 있음.

차   교감승진 시 3배수 적용이란

교감승진시 3배수 범위에 관하여 질의가 많아 궁금점을 해결하기 위해 자세한 설
명자료입니다
교감 승진 3배수는승진후보자 명부에 등재된 사람들 중 승진 인원의 3배수 범위
안 에서 승진을 결정하는 것을 뜻합니다.
 ▶ 승진 3배수의 세부 내용
 1) 승진후보자 명부의 고순위자 순으로 결원된 직에 대하여 승진임용하거나 승진임
 용 을 제청합니다.
 2) 대통령령이 정하는 특수자격이 있는 자를 승진임용할 때에는 3배수 범위 내에서
 승진임용하지 않을 수 있습니다.
 ▶ 교감 승진 조건
 1) 교사가 교감으로 승진하기 위해서는 60시간의 연수를 통해 96점 이상의 성적을
 받아야 합니다.
 2) 이를 통해 얻는 가산점은 교감 승진의 필수 요건입니다.

▶ 승진후보자 명부 작성권자
  승진후보자 명부 작성권자는 임용권자 또는 임용제청권자 중에서 교육부장관이
  지정합니다.

카   교감 등 (교감,장학사 및 연구사)의 직위 인정범위

1)교육전문직원(교감자격 취득)→교감(현 직위): 교감자격 취득 후 취득한 실적
2)교사(교감자격 취득)→교감→교육전문직원(현 직위): 교감부터 취득한 실적
3)교사(교감자격 취득)→첫 교육전문직원→교감→교육전문직원(현 직위):첫교육전문
  직원부터 취득한 실적
4)교사→첫 교육전문직원(교감자격 취득)→교감→교육전문직원(현 직위):첫교육전문
  직원 부터 취득한 실적
5)교사(교감자격 취득)→교감(현 직위): 교감의 직위에서 취득한 실적
6)교사→교육전문직원(교감자격 취득, 현 직위): 교육전문직원부터 취득한 실적

5   2026학년도 교(원)감자격연수 대상자 면접시행계획

가   교(원)감 자격연수를 위한 면접시험 대상

아래 대상자 중 강습순위명부의 선순위자로 경기도교육청의 계획에 의거 인원을
산정하여 면접시험 대상자로 지명한다.
▶ 교(원)감 강습순위명부 작성 대상자
○ 교사
 - 유치원 교사로서 원감 자격연수 대상자는 유치원 정교사 1급 자격 취득 후 매년
   2월말일 현재 3년 이상의 교육 경력이 있는 자
 - 초등학교 교사로서 교감 자격연수 대상자는 초등학교 정교사 1급 또는 보건교사1
   급 자격 취득 후 매년 2월말 일 현재 3년 이상의 초등 교육 경력이 있는 자
○ 교육전문직원
 - 장학(교육연구)사 중 매년 2월말일 기준 교육전문직원 경력 1년 이상인 자
 - 교(원)감자격증을 소지하지 않은 장학(교육연구)관 중 1급 정교사 또는 보건교사
   1급자격 취득 후 3년 이상의 교육경력(매년 2월말일 기준)과 교육총경력이 20년
   이상이고, 매년 2월말   일 기준 장학관으로서 2년 이상 근무한 자

나   교(원)감 자격연수 면접시험 부적격자 기준

경기도교육청의 계획에 의거 산정된 대상자 중 다음 해당자는 부적격자로 경기도
교육청교육공무원인사위원회 심의를 통해 교(원)감자격연수를 위한 면접 대상자로
지명하지 않을 수 있다.
▶ 정년 잔여 2년 미만인 자

▶ 징계처분이 끝난 날부터 1년 미경과인 자

▶ 국제문화대학원대학교에서 비정상적인 교육과정을 거쳐 취득한 학위를 인사평정 자료로 제출한 자

(다만, 부당 학위가점을 활용하여야만 자격연수가 가능하였던 교육공무원은 자격 연수에 활용된 점수 상당의 대체평정점수를 취득한 경우 자격연수 등 진행 가능)

▶ 4대 비위로 징계 받은 자, 4대 비위로 징계 의결 요구 중인 자, 징계기록이 정년 내에 말소되지 않거나 말소 시 정년 잔여기간이 1년 미만인 자

(4대 비위: 금품·향응수수, 상습폭행, 성폭행 등 성 관련 비위(성희롱, 성추행, 성매매, 불륜 등 포함), 성적조작)

▶ 2022.1.1.이후 음주운전(음주측정 불응 포함)으로 1회 이상 적발되고 징계의결 요구· 처분을 받은 자

▶교(원)감 자격연수 면접시험 대상자 지명 이후 또는 자격연수 중이라도 **자격연수대상자 선발 결격기준에 해당하는 사안이 발생되는 경우는 자격연수 대상자 지명을 철회할 수 있음**

다　교(원)감 자격연수 면접시험 세부기준

아래 대상자 중 강습순위명부의 선순위자로 경기도교육청의 계획에 의거 인원을 산정 하여 면접시험 대상자로 지명한다.

(☞ 도서출간 일자관계로 2025년도 자료를 게시합니다. 2026년도 면접기준도크게 변경사항은 없을 것으로 예상되므로 잘 숙지 하시기 바랍니다)

※ 교감 강습순위명부 작성 대상자
○ **교사 :초등학교 교사로서 교감 자격연수 대상자는 초등학교 정교사 1급 또는 보건교사 1급 자격 취득 후 매년 2월말일 현재 3년 이상의 초등 교육 경력이 있는 자**
○ **교육전문직원 :학(교육연구)사 중 매년 2월말일 기준 교육전문직원 경력 1년 이상인 자**

라　교(원)감 자격연수 면접시험 세부 추진계획

1) 운영 일정

순	추 진 내 용	일 자	비 고
1	면접시험 대상자 및 면접시험 시행 계획 알림	4. 3.(월)	도교육청→본청,교육지원청, 직속기관
2	면접시험 대상자 및 면접시험 시행 계획 안내	4. 3(월)	교육지원청→공립 초등학교
3	면접시험 대상자 연락처 및 온라인평가자 기초자료 제출 * 공립학교→지원청(4.7.(금)) → 도 총괄 업무담당 (4.11.(화)) * 교육전문직원 → 도 각 업무담당(4.7.(금)) 　→ 도 총괄 업무담당 (4.11.(화))	4. 3.(월)~ 4. 11.(화)	K-에듀파인(공문, 비공개) 제출서류: [붙임3],[붙임4]

순	추 진 내 용	일 자	비 고
4	자기소개서 제출 * 면접 대상자 → 도 각 업무담당(4.7.(금)) → 도 총괄 업무담당(4.11(화))	4.3.(월)~ 4.11.(화)	K-에듀파인(내부메일) 제출서류: [붙임6]
5	동료교원면접(온라인평가) (※ 면접대상자가 학교소속 교사인 경우 평가자 그룹에서 '행정실 직원' 제외)	4.19.(수)~ 4.25.(화)	K-에듀파인(설문조사)
6	과제중심역량평가	5. 13.(토)	장소: 5월 초 안내
7	연수대상 확정자 통지	6. 1.(목)	예정

※ 운영 일정은 진행 상황에 따라 변경될 수 있음

2) 동료교원면접(온라인평가) 실시

가) 일시: 2025. 4. 17.(목) 09:00 ~ 4. 25(화) 24:00

나) 방법: K-에듀파인(설문조사)

3) 과제중심역량평가(2개 영역) 실시

○ 일시: **2025. 5. 17.(토) 오전 평가그룹과 오후 평가그룹으로 나누어 실시**

○ 장소: **시험장 및 평가그룹 등은 5월 초 안내 예정**
○ 대상자: 유·초등(특수·교육전문직원 포함) 대상자 전원

4) 전체 면접시험 방식

단계	동료교원면접 (사전 실시)	과제중심 역량평가		총점
		1영역		
면접 형태	설문조사	성장나눔면접	문제해결협력토의	
면접 내용	동료교원면접 (온라인평가)	교원활동 지원 역량 및 실천역량 등	문제해결 역량 및 의사소통 역량	
면접 점수	30점	40점	30점	100점
부적 격 점수	.	24점미만(60%미만) 49점 미만 (70%미만)	18점 미만 (60% 미만)	70점 미만 (70% 미만)

※ 상기 내용은 상황에 따라 변동될 수 있음

5) 과제중심 역량평가 **시험 당일 일정 (2025 5. 17.(토))**

구분＼영역	면 접 고 사		소요 시간	면접대상	비고
	시정				
	오전 평가	오후 평가			
면접대상자 등록	07:40~08:10 (08:00까지 등록)	11:10~11:40 (11:25까지 등록)	30분	유치원 계113명 초등계: 362 명	※ 세부 일정 (시간)은 진행 상황에 따라 변동될 수 있음
면접안내	08:15~08:45	11:30~12:00	30분		
1영역 성장나눔 집단면접	09:20~11:30	12:30~14:55	오전130분 오후85분		
2영역 문제해결협력 토의	10:05~12:15	13:15~14:40	오전 130분 오후85분		

※ 교문개방은 **07:35(오전 평가그룹)**, **10:50(오후 평가그룹)**부터,
　학교 현관 입실은 **07:40(오전 평가그룹)**, **10:55(오후 평가그룹)**부터 가능함
※ **오전 평가그룹**은 오후 평가그룹이 모두 입실완료하는 **11:30 이후에 동시 퇴실**함
※ **오후 평가그룹**은 2영역 **면접 완료 후 개별 귀가**함

마 면접시험 시행 계획(경기도교육청초등) 알림 시행

1) 2025학년도 초등(특수 포함) 교감 면접시험 시행 계획 알림 공문 시행
○ 일시: 2025. 4. 1.(화)
○ 방법: K-에듀파인(공문, 비공개)
○ 주관: 경기도교육청(업무담당) → 본청 및 교육지원청, 직속기관 → 학교(기관)

경 로＼구 분	알림 공문 시행 경로	비고
공립 초등학교 교사	경기도교육청 교원인사과 → 본청 및 교육지원청, 직속기관 → 교육지원청은 공립 초등학교로 안내 (제출처, 제출서류 및 제출 일정 필히 확인)	※ 첨부자료 - 면접 시험시행계획 (초등) - 제출 양식 등
초등 교육전문직원 (특수 포함)		

바 면접시험 대상자 관련 학교(기관)가 할 일

1) 면접시험 대상자 연락처 제출

가) 제출대상: 2025 초등(특수 포함) 교감 면접시험 대상자
　▶교사: 2025.2.28.자 소속교에서 온라인평가자 기초자료와 함께 제출
　▶교육전문직원: 2025.3.1.자 현임기관에서 온라인평가자 기초자료와 함께 제출
나) 파일명: [붙임3] 교감 면접시험 대상자 연락처(지원청명)

다) 제출양식([붙임3] 한셀양식)

연번	지역	설립별	학교급별	'25.3.1.자 소속교(기관)	직위	성명	현임교(기관) 전화번호	휴대전화번호*	'25.3.1자 전보자 전임지 (지역, 학교명)
001	수원	공립	초	00초등학교	교사	홍길동	031-111-0123	01012345678	수원 □□초

* 연번: [붙임2] 대상자 명단 연번(세자리) 기재
 * 휴대전화번호는 숫자만 기재

2) 온라인평가자 명단 기초자료 제출
 가) 제출대상: 2025 초등(특수 포함) 교감 면접시험 대상자의 온라인평가자

 나) 제출기관

교사	교육전문직원
* 현임교 6개월 이상 근무자: 현임교 * 2025.3.1.자 소속교 변경자: **전임교**	* 현임기관 6개월 이상근무자: 현임기관 * 2025.3.1.자 소속기관 변경자: **현임기관**

다)파일명: [붙임4] 교감 면접시험 온라인평가자 기초자료(현소속교_면접대상자성명)
라)온라인평가자 명단 작성 주관
마)면접시험 대상자가 할 일
▶**제출 내용:** 면접시험 대상자 **자기소개서([붙임6])**
▶**제출 대상:** 2025 유·초등(특수 포함) 교(원)감 면접시험 대상자

▶**작성 내용:** 개별 교육이력 및 교(원)감업무수행 계획
▶**제출 양식:** A4 1쪽, 신명조, 글자 크기 11point, 검정색, 줄간격 160, 1,500자
 이내
▶**파일명:** 연번_지역_현소속교(기관)_성명_자기소개서.hwp[붙임6]

※ 연번: **[붙임2] 대상자 명단 연번(세자리) 기재**

▶[작성 유의사항]

- 자기소개서 : 동료교원 온라인평가 제공용, **특수문자 사용 금지**

※ 양식 변경 금지(A4 **1쪽**, 신명조, 글자 크기 11point, 검정색, 줄간격 160,
 1,500자 이내)

※ 파일명: 연번_지역_현소속교(기관)_성명_자기소개서.hwp,

※ 자기소개서는 온라인평가자에게 공개 예정

※ 자기소개서에 소속, 직, 성명 기재

※ 자기소개서는 **1쪽 이내로** 자신의 경험과 생각·계획 등을 진솔하게 기술하기
 바람 (표절 금지)

※ 편집용지 규격, 글자 크기, 글자색 등 **모든 양식 변경 및 특수문자 사용 금지**

- 양식 변경 시, 용량 한계로 인해 내용 일부가 업로드되지 못할 수 있음

 - 그림, 표, 특수문자(예: · 등) 등 사용 시 업로드되지 않음(중복 제출 금지

▶**제출 기간 및 방법**

○ 기간: 2025. 4. 1.(화) ~ 4. 7.(월)

○ 내용: **[붙임6] 면접시험 대상자 자기소개서**

○ 방법: **K-에듀파인 내부메일 (옵션 '보안' 체크, 도교육청 업무담당자)**

※ **교육지원청을 경유하지 않고 직접 도교육청 업무담당자에게 직접 제출**

※ **내부메일에서 도교육청 해당부서 전체를 선택하지 않도록 유의할 것**

※ **사립유 면접대상자는 담당자 이메일로 제출(kjy0923@korea.kr)**

○ 제출처: 대상자 → 도교육청(업무담당자)(교육지원청 경유하지 않음)

사   온라인평가자 매칭, 생성 및 결과 처리

▶대상: 면접시험 대상자의 온라인평가자

▶주관: 경기도교육청 교원인사정책과

▶매칭 및 온라인평가 생성 기간: **2025. 4. 11.(금) ~ 4. 16.(수)**

▶생성 내용: 온라인평가(설문조사) - 첨부: [붙임6] 자기소개서

▶결과처리 기간: **2025. 4. 24.(목) ~ 4. 30.(수)**

▶ 동료교원면접자 (온라인평가자)가 할 일

※ **동료교원면접(온라인평가) 실시 기간 : 2025. 4. 17.(목) 09:00 ~ 4. 23.(수) 24:00**

※동료교원면접(온라인평가) 실시 방법 : K-에듀파인(설문조사)에 접속 ➡ 평가 대상자의 '자기소개서' 확인 ➡ <설문참여> 클릭하여 평가 ➡ **'설문제출'** 버튼 누르기

▶**사립유치원: 이메일을 통한 평가지 작성 및 제출** :동료교원면접(온라인평가) 공정성 및 객관성 확보

○ 면접 대상자의 면접 점수에 반영되므로 신중히 작성하고 전원 제출 권장

○ 온정주의 탈피 등 객관적인 온라인 면접이 될 수 있도록 함

▶ 과정중심 역량평가[면접] 실시 : 과정중심 역량평가 일시: **2025. 5. 17.(토)**

○ [오전 평가그룹] 09:20 ~ 12:15 (등록은 08:10까지 완료)

○ [오후 평가그룹] 12:30 ~ 14:40 (등록은 11:25까지 완료)

※ 과정중심 역량평가(면접) 운영 시간 등의 상세 내용은 **5월 초 안내** 예정
※ 과정중심 역량평가 장소: 추후 안내

※ 면접 대상자의 평가그룹 및 시험장 등의 상세 내용은 **5월 초 안내** 예정

아 면접시험 대상자 유의사항

▶감염병 예방을 위해 필요 시 마스크 착용 권장

▶**신분증(공무원증, 운전면허증, 주민등록증, 여권 등)**
　반드시지참동료교원면접(온라인평가)을　위한 연번은 **사전에 공지([붙임2]확인)**

- '자기소개서' 작성 시 파일명에 **연번(세자리) 기재** :과정중심 역량평가 영역별
　시험 순서는 관리번호 순으로 함

- **관리번호는 평가 당일에 공지함**

※ 면접자의 면접실 간 이동, 면접 시작 알림은 방송 등으로 전체 통제

※ 경기교육기본정책, 자기소개서 등을 참고하여 면접시험 준비

※ 등록시휴대폰(블루투스이어폰,스마트워치등전자기기포함)은제출하고면접후귀가시
　수령 **휴대폰 및 전자기기 지참은 부정행위로 간주하여 불합격 처리함)**

- 면접실에 입실할 때는 개인용품 등을 소지할 수 없음

- 개인용품 등은 면접실 밖에 두고 입실, 면접 후 복도 관리위원에게서 수령하여
　이동

※ 과정중심 역량평가 2개 영역 평가를 마친 후 지정 경로로 퇴실하고 재입장
　불가

　▶과정중심 역량평가 흐름도

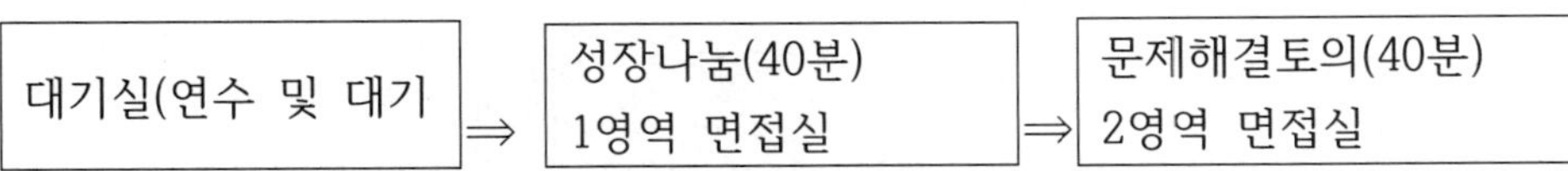

☞ *위 자료는 2025년도 시행공문이나 2026학년도 교감자격대상자를 위한 면접 고
사공문 발표가 2026년4월1일 예정이기에 전년도와 크게 변경되지 않으므로 교감
자격연수 대상자들은 참조 바랍니다*

자 면접시험 은 이렇게 (2024 동영상 자료)

　☞ https://youtu.be/es7vyt7iQ9s

6 2026학년도 교(원)감 자격연수 면접 기출 및 예상문제

가 2026 교감자격연수 면접 대비 기출문제

2025학년도 유·초등(특수 포함) 교(원)감 자격연수 대상자 선발을 위한
면접 복기 문항 및 예시답안(by. ChatGPT)

<제1영역 성장나눔 집단면접>
<정책 1. 학교 자율과 책임으로 역량을 키우는 교육>

역량기반 교육 강화		자율과 책임의 학교문화 조성	
영역	세부과제	영역	세부과제
경기미래 교육과정 운영	• 주도성을 키우는 교육과정 운영 • 질문과 탐구 중심 수업 내실화 • 학습으로의 평가 강화 • 유아 놀이중심 교육과정 운영 내실화	학교 자율성 확대	• 경기자율장학 활성화 지원 • 학교자율과제 운영 내실화 • 학교평가 선순환 시스템 강화 • 사학 및 학원 운영의 자율성 건전성 강화
맞춤형 교육 확대	• 학생의 학습 선택권 강화 • 기초 기본학력 보장 • 다문화학생 성장단계별 교육지원 강화 • 현장중심 특수교육 지원 확대	인성·시민 교육 강화	• 교육과정 연계 기본 인성교육 강화 • 미래세대를 위한 열린 세계시민교육 내실화 • 기후변화 대응을 위한 탄소중립교육 실천 • 사회정서학습 지원
IB 프로그램 운영	• 경기 IB 학교 운영 내실화 • IB 프로그램 단계별 확대	교육활동 보호	• 학교 교육활동 보장 확대 • 상호존중의 학생생활교육 활성화 • 학교폭력 예방 강화 • 화재중재단 운영을 통한 교육적 회복 지원

1. 위에 제시된 경기교육의 정책 중 학교(유치원)에서 실천하였던 세부과제를 2가지 고르고, 실천사례를 이야기하시오.(구상시간 8분, 답변시간 2분 30초)

선택 세부과제:
질문과 탐구 중심 수업 내실화 / 기초 기본학력 보장

답변 예시:
"첫째, 질문과 탐구 중심 수업 내실화를 위해 학년 협의회를 중심으로 '탐구중심 수업 공동설계 프로젝트'를 운영한 경험이 있습니다. 교사들과 함께 수업 속 탐구 질문을 재구성하고, 교과서 중심의 일방적 수업에서 벗어나 실생활과 연결된 문제 상황을 제시해 학생들이 주도적으로 질문을 만들어 가는 수업을 실천하였습니다. 예를 들어, '우리 마을에 쓰레기장이 왜 많을까?'라는 주제로 환경 관련 자료를 조사하고 해결방안을 토론하는 프로젝트를 진행했습니다. 이 과정에서 학생들은 교과 지식뿐만 아니라 비판적 사고력과 의사소통 역량을 키울 수 있었습니다.
둘째, 기초 기본학력 보장을 위해 학습지원 대상 학생을 조기에 파악하고, '맞춤형 학습 클리닉'을 운영하였습니다. 담임교사와 협력하여 학습결손 진단을 실시하고, 전담 교사와 외부 자원봉사자를 연계하여 수준별 보충지도를 주 2회 진행하였습니다. 특히 학습 부진의 원인을 단순히 인지 영역에만 두지 않고, 정서적 요인을 함께 진단하여 사회정서학습 프로그램도 병행했습니다. 결과적으로 학생의 학습 자신감이 회복되고, 수업 참여도가 눈에 띄게 높아졌습니다.
이러한 실천은 학교 구성원이 함께 고민하고, 학생 맞춤형 교육을 실현하는 방향에서 의미 있는 성과를 가져왔으며, 정책의 현장 안착에 기여했다고 생각합니다."

2. 다른 면접자들의 답변을 참고하여 교(원)감의 역할에 대해 이야기 하시오.
(구상시간 5분, 답변시간 1분)

답변 예시1:
"교(원)감은 학교 비전과 철학을 공유하고 실천으로 연결하는 핵심 리더입니다. 학교자율성과 책임의 균형을 이끄는 중간관리자로서, 교직원의 전문성을 지원하고 협력문화를 조성하는 역할이 중요하다고 생각합니다. 또한 공동선을 지향하는 의사결정 구조를 마련하고, 학교 구성원이 주체적으로 성장할 수 있도록 촉진자 역할을 해야 한다고 생각합니다."

답변 예시2(좀 더 길게, 실제 말할 때는 1분 시간 제한에 맞춰서 조정 필요):
"다른 면접자분들의 다양한 실천 사례를 들으면서 교(원)감의 역할에 대해 다시 한 번 깊이 생각해보게 되었습니다. 특히 교(원)감은 단순한 관리자가 아니라, 학교의 방향성을 제시하고 구성원의 전문성과 자율성을 신뢰하며 협력하는 리더라고 생각합니다.

첫째, 비전을 공유하는 방향 제시자입니다. 교육공동체가 함께 나아갈 미래지향적 비전을 수립하고, 정책과 학교 현장을 유기적으로 연결하여 구성원 모두가 동참하고자 하는 공감대를 형성하는 것이 중요합니다. 예를 들어 '역량 중심 교육'이나 '공동선 실현'이라는 목표가 있다면, 그것이 단순한 구호가 아닌, 교육활동 속에서 실제로 구현되도록 방향을 설정하고 구체화하는 역할을 해야 합니다.

둘째, 자율과 협력의 문화를 조성하는 촉진자입니다. 교사들이 교육활동의 주체로 설 수 있도록 신뢰 기반의 자율적인 분위기를 만들고, 수평적 소통을 통해 서로 배우고 성장하는 조직문화를 조성하는 것이 교(원)감의 중요한 책무라고 생각합니다. 이 과정에서 갈등이 발생할 수 있지만, 교(원)감은 공감과 조정의 리더십으로 갈등을 조율하고 회복 중심의 문화를 확산해야 합니다.

셋째, 교육활동 보호자이자 지원자로서 역할도 매우 중요합니다. 교육활동의 본질이 훼손되지 않도록 제도적 장치를 마련하고, 교사들이 수업과 학생 지도에 전념할 수 있도록 행정적·제도적 부담을 경감하는 구조를 마련해야 합니다. 예를 들어, 자율장학이나 학습공동체 운영을 행정과 유기적으로 연계하고, 교사들이 필요로 하는 연수나 장학이 실질적으로 이루어질 수 있도록 맞춤형 지원을 제공하는 것입니다.

마지막으로, 교(원)감은 미래를 준비하는 변화의 중재자입니다. 정책 변화나 사회 변화에 따라 학교의 역할도 진화해야 합니다. 교(원)감은 이러한 변화 속에서도 안정감을 주며, 교사들이 두려움 없이 도전하고 실천할 수 있도록 여건을 조성해야 한다고 생각합니다.

결국, 교(원)감은 '공동체와 함께 배우고 성장하는 교육 리더'로서, 단순한 관리자가 아닌 비전·지원·조율·혁신을 실천하는 통합적 역할자여야 한다고 생각합니다."

<제2영역 문제해결 협력토의>

> **(가) 다음은 교(원)감 지구장학협의회에서 A교(원)감과 B교(원)감이 나누었던 고민이다.**
>
> A교(원)감: 학교에서 교육과정 워크샵이 예정되어 있는데 구성원 모두가 함께 참여하는 의미있는 워크샵을 계획하는 과정에서 고민이 많다.
>
> B교(원)감: 차기학년도 업무분장을 안내하고 신청 받았는데, 보직업무 기피 현상이 심해 보직교사 2명이 공석이다. 또한, 특정업무에 편중 현상이 심해서 고민이 많다.
>
> **(나) 경기미래교육에서 학교의 자율성과 책무성은 공동선(the common good)을 지향합니다. 공동선은 학교 구성원이 계획하고, 만들며 누려야 할 개인과 공동의 이익이자 가치입니다. 학교는 공동선을 지향하는 학교자율운영으로 개인의 성장은 물론 바람직한 미래 사회와 지속 가능한 발전을 도모할 수 있습니다.**

1. (나)글을 참고하여 (가)의 문제상황에 대한 면접자들의 생각을 토의하시오.
(자유토의 25분)

☑ 문제 상황 요약

A교(원)감: 교육과정 워크숍을 구성원 모두가 의미 있게 참여할 수 있도록 기획하려 고민 중
B교(원)감: 차기 업무분장을 안내했지만 보직 업무 기피와 특정 업무 편중 현상으로 고민 중
공통 배경: 공동선(the common good)을 실현하는 학교 자율운영이 필요

👤 면접자 A:

"두 가지 고민 모두 구성원의 '자율성과 공동의 책임'이 핵심이라고 생각합니다. 교육과정 워크숍의 경우, 탑다운식 전달이 아니라, 교사들이 주도하는 형태가 중요합니다. 예전에 저는 '교사 선택형 워크숍'을 운영한 적이 있습니다. 교사들이 희망하는 주제를 미리 제안하고, 자율적으로 팀을 구성해 연구하고 발표하는 방식이었는데, 참여도와 만족도가 모두 높았습니다."

👤 면접자 B:

"좋은 사례네요. 저는 여기에 더해, 구성원 간의 신뢰를 기반으로 한 소통 구조가 꼭 필요하다고 생각합니다. 교육과정 워크숍을 앞두고 '사전 공감 토의'를 운영해 보면 어떨까요? 교사들이 느끼는 필요와 기대를 먼저 나눈 뒤 워크숍을 기획한다면, 자연스럽게 '나의 워크숍'이라는 주인의식을 가질 수 있을 것입니다."

👤 면접자 C:

"네, 그리고 A교(원)감 상황처럼 구성원 전체가 참여해야 하는 경우에는 '집단 성찰' 요

소도 포함되면 좋겠습니다. 저희 학교는 '수업나눔 대화' 세션을 정기적으로 운영하는데
요, 그 안에서 교사들이 스스로 교육과정을 되돌아보고 다음 학기의 방향을 제안합니다.
결국 교육과정은 교사들이 살아있는 맥락에서 의미를 찾을 때 지속가능성이 있다고 생각
합니다."

👤 면접자 D:
"말씀에 공감합니다. 그럼 B교(원)감 사례로 넘어가 보겠습니다. 보직 기피 문제는 학교
마다 고민이 깊은 부분이죠. 저는 교사들의 업무 부담에 비해 보직에 대한 보상과 인식
이 부족하다는 데 원인이 있다고 봅니다. '보직 순환제'와 함께, 보직교사의 성장을 위한
인센티브 구조-예를 들어 교원평가 반영, 연구활동 시간 확보 등이 병행되어야 한다고
생각합니다."

👤 면접자 E:
"맞습니다. 또 한편으로는 업무 분장이 공정하게 느껴지지 않는 것도 원인일 수 있어요.
보직배정을 할 때 '투명한 기준'과 '교사 참여'가 있어야 합니다. 저는 '보직설명회'를 열
어 업무의 성격과 기대 역할을 안내하고, 사전 희망 신청을 받은 후 학년이나 교과의 균
형을 고려하여 조율했습니다. 그 과정에서 교사들의 이해도가 높아지고, 수용성도 훨씬
좋아졌습니다."

👤 면접자 F:
"저는 여기에 '업무 재설계'가 더해져야 한다고 봅니다. 현재 보직이나 특정 업무가 과중
하다면, 그것을 어떻게 단순화하고 공동체가 분담할 수 있을지 구조를 점검해야 합니다.
예를 들어, 방과후 연계 업무를 팀제로 운영하거나, 교육복지 관련 행정은 외부 전문가와
연계하는 식으로 업무를 재조정한 경험이 있습니다. 행정이 아니라 교육 중심 보직이 되
려면 그런 접근이 필요하다고 생각합니다."

👤 면접자 A:
"좋은 말씀입니다. 사실 두 사례 모두 '공동선'이라는 개념으로 연결될 수 있다고 봅니
다. 워크숍도, 보직도, 결국은 학교 구성원이 공동체를 위해 각자의 역할을 인식하고, 책
임을 나누는 과정이라고 생각합니다. 그래서 교(원)감은 단순한 지시자가 아니라, 함께
계획하고 실천하는 조정자이자 촉진자 역할이 필요하다고 봅니다."

👤 면접자 C:
"맞습니다. 그리고 학교 운영의 자율성을 제대로 실현하려면, 구성원의 의견이 제도에 반
영되는 구조가 필수입니다. 교육과정 협의회, 학교운영위원회, 교직원 협의 등을 통해 다
양한 의견이 순환되도록 해야 구성원이 자율성과 책임을 함께 느끼게 됩니다."

👤 면접자 D:
"정리하자면, A교(원)감의 워크숍 사례는 참여 중심 기획, 수평적 소통, 성찰 기반 설계

로 접근하고, B교(원)감의 보직 문제는 공정성 확보, 보직 재설계, 동기 부여 체계 마련
으로 대응할 수 있겠습니다."

▲ 면접자 E (마무리):
"그리고 이 모든 과정을 조율하고, 공동선이라는 가치를 학교문화에 정착시키는 중심에
교(원)감이 있다고 생각합니다. 리더십의 본질은 '함께 만드는 힘'이라고 생각합니다."

☑ 토의 마무리 요약 포인트
☐ A교(원)감 문제 해결
 • 교사 참여형 워크숍 기획
 • 사전 수요조사 및 공감 기반 협의
 • 수평적 팀별 운영, 실천 중심 구조
☐ B교(원)감 문제 해결
 • 보직업무 분산 및 업무 경감
 • 공정한 배정 시스템과 설명회
 • 인센티브와 보직 순환제
 • 팀 기반 운영 및 외부 연계 활용
 • 공통된 가치
 • 공동선 기반 자율운영 실현
 • 교(원)감은 조정자, 촉진자, 리더십 중심

2. 토의결과를 바탕으로 교(원)감으로서 지원할 내용을 이야기하시오.
(구상시간 3분, 답변시간 1분 30초)

답변예시1:
"교(원)감으로서 A교(원)감 사례에는 구성원의 자율성과 전문성을 바탕으로 한 참여형 워
크숍 설계가 필요하다고 판단됩니다. 사전 설문을 통해 관심 있는 주제를 조사하고, 교사
들이 팀을 구성하여 교육과정의 방향성과 실천 전략을 함께 도출하는 방식으로 운영한다
면 자발적 참여와 실행력이 높아질 것입니다.
B교(원)감 사례의 경우에는 보직 업무의 공정성과 분산이 핵심입니다. 보직 순환제 도입
과 보직별 경감제도 확대, 성과에 따른 가시적인 보상 체계를 마련하여 교사의 동기를
높이겠습니다. 또한 업무 설명회를 통해 보직의 의미와 가치, 성장 기회를 공유함으로써
보직에 대한 인식을 긍정적으로 전환하겠습니다."

답변 예시2(좀 더 길게, 실제 말할 때는 1분 30초 시간 제한에 맞춰서 조정 필요):

"토의를 통해 교육과정 워크숍과 보직 업무 분장 모두 학교 자율성과 구성원의 공동 책임이라는 핵심 가치를 실현하기 위한 중요한 과제임을 확인하였습니다. 이에 교(원)감으로서 다음과 같은 방향으로 지원하고자 합니다.

첫째, 교육과정 워크숍은 '참여와 실천 중심'으로 전환되어야 합니다. 기존의 일방적인 전달 방식에서 벗어나, 교사들이 주도적으로 기획과 실행에 참여할 수 있는 구조를 마련하겠습니다. 이를 위해 사전 의견 수렴(설문, 인터뷰 등)을 통해 교사들이 관심 있는 주제를 파악하고, 자율적인 소모임 운영, 팀별 탐구 과제 설정 등으로 교사의 선택권과 책임감을 함께 높이겠습니다.

또한 '수업나눔'이나 '교사성장 공유회'와 연계하여 실천사례를 중심으로 한 워크숍을 구성하고, 이를 통해 실제 수업 개선과 전문성 향상으로 연결될 수 있도록 하겠습니다. 결과적으로 교육과정 워크숍이 교사 학습 공동체의 확장이자, '공동선' 실현의 장이 되도록 하겠습니다.

둘째, 보직 업무 기피와 편중 문제는 '공정성과 배려'의 시각에서 재구조화가 필요합니다. 우선 보직 배정을 사전에 공개하고, '업무 설명회'를 통해 각 업무의 성격, 기대 역할, 지원 방안 등을 안내하겠습니다. 또한 교사의 희망과 적성을 반영한 업무희망제 및 순환보직제를 운영하여 특정 업무에 편중되지 않도록 하겠습니다.

보직에 따른 가시적 보상도 중요합니다. 보직교사에게는 업무 경감 조치, 전문성 연수 기회 제공, 학기 말 성과 공유회 등을 통해 전문성과 보람을 동시에 느낄 수 있는 여건을 조성하겠습니다. 필요 시 업무를 분장 단위로 쪼개어 분담하거나, 업무 지원팀을 조직해 업무의 협업 구조화도 병행하겠습니다.

무엇보다 교(원)감으로서 중요한 것은 구성원 간의 신뢰를 기반으로 한 소통입니다. 교직원이 학교 운영의 동반자로 참여할 수 있도록 민주적인 협의 문화를 정착시키고, 문제 해결 과정에 함께 참여하는 구조를 만들겠습니다. 이를 통해 학교 구성원이 공동선을 실현하는 데 자발적으로 참여할 수 있도록, 조력자이자 촉진자로서의 역할을 다하겠습니다. 결국 교(원)감은 단순한 문제 해결자가 아니라, 지속 가능한 구조를 설계하고, 공동체의 성장을 지원하는 교육 리더여야 한다고 생각합니다."

2025년 교(원)감 자격연수 대상자 선발

면접고사 문항(수험자용)

○ 영역 : 교직

※ 다음의 질문에 모두 답하시오.(구상지에 답변자료 메모 가능)

번호	문　　　　항
1	<대구시교육청, 학교 업무경감 및 효율화 '총력'> 대구시교육청이 교육 구성원들이 교육 본연의 업무에 집중하는 학교문화 조성에 총력을 기울인다. 시대·사회적 변화와 교육적 상황 변화, 늘어나는 각종 정책과 사업 등으로 증가하고 있는 교직원들의 업무를 대폭 줄여 학생 교육에 집중하는 학교를 만들겠다는 취지이다. 대구시교육청은 26일 '2025년 학교 업무경감 및 효율화 추진 계획'을 발표하고…. <○○일보 2025.2.26.자 일부발췌> 교감으로서 학교의 업무를 경감하기 위해 지원할 수 있는 방안을 5가지 말하시오.
2	A학교는 가정 문제, 학교 부적응 등으로 인해 우울·불안한 모습을 보이고 있는 B학생에 대한 지원방안을 협의하기 위해 위기관리위원회를 개최하기로 하였다. 학교 위기관리위원회 협의를 통하여 B학생의 심리·정서성장을 지원할 수 있는 방안을 5가지 말하시오.

나 2023 경기도 초.중등교감 면접시험 복기 자료

< 1 영역 > 교감 직무수행
1-1. 구상 면접
에듀테크 활용 수업으로 미래교육을 위한 학교 체제를 구축하려고 한다. 이를 위해 '진단-과제설정-실행계획-평가' 단계로 교감의 역할을 기획하여 발표하시오.

<교육과정 평가회>
- 조건1(실태)
학생: 에듀테크 활용수업(디지털기기로 공부하는 것)을 좋아한다.
학부모: 에듀테크 수업도 좋지만, 아이들이 스마트폰 사용을 많이 하는 것이 걱정된다.
 A교사: 에듀테크 활용수업도 좋지만, 학생들의 기초학력이 부족하다.
 B교사: 학교업무가 과중하여 수업준비 시간이 부족하여 어려움이 많다.

- 조건2(실태)
교사의 에듀테크 활용수업 관련 교육과정 내용 편성 13%
에듀테크 활용 수업을 위한 외부강사 수업 빈도 80%
교원의 에듀테크 활용수업 관련 연수 이수율 30%
교원의 행정업무 처리 시간 주당 10시간
1-2. 위의 문제를 해결하기 위한 교감에게 필요한 역량 2가지를 제시하시오.
1-3. 에듀테크를 활용한 수업 사례를 말해 보세요.

< 2 영역 > 교육정책 및 실무

▶교육정책

1. 학교자율과제의 필요성 3가지와 이를 잘 실행하기 위한 교감의 역할을 3가지 말해 보시오.

2. 코로나19로 인한 비만, 체력 저하 학생과 비만학생을 위한 학교 지원의 교감 역할 3가지를 말해 보시오.

▶교직실무

3. 6월에 휴직하는 A교사가 있다. A교사를 위한 휴직과 복직 관련하여교감의 안내사항을 3가지 말해 보시오.

4. 교감의 대처방안을 3가지를 말해 보시오.

- 학생정서행동특성 검사 고위험군 학생

- 자해 흔적은 없지만 자해 시도를 수차례 한 것 같음

- sns에 비관적이고 부정적인 내용을 수차례 게시함(자실 징후)

- 집단 상담으로 학급 친구들도 함께 교육활동 진행한다.

▶교육정책

1) 인성교육관련 그래프를 보고 교육과정을 어떻게 수립할 것인지 교감의 역할을 말하시오.

2) 에듀테크 활용수업을 위한 교감의 역할 방안을 말하시오.

▶**교직실무**

3) 학교폭력 사안처리에서 분리 문제(틀린 것) 찾아서 이유를 설명하시오.

 (보기 5가지 제시)

 학교의 장은 학교폭력사건을 인지한 경우 피해학생의 반대의사 등 대통령령으로
 정하는 특별한 사정이 없으면 지체 없이 가해자(교사를 포함한다)와 피해학생을
 분리하여야 하며-> 48시간이라고 나와 있음
 가해자와의 분리 시행 당일은 분리기간에 산입(초일 산입)되며, 공휴일이나 토
 요일이 분리기간에 포함되더라도 이를 기간에 포함하여 계산-> 다음날부터 3일이
 라고 나옴
4) 외부강의 신고 이유(2개)를 말하시오.

 - 사립대학교 2회 강의 - 시청 강의료 35만원 -> 사립대학교 신고, -
   기초자치단체 : 신고에서제외

◐ 2023년 광주광역시교육청 초등교감 면접 기출문제
1.A고교 학생생활규정에서 인권침해 요소가 발견되었다.
 학생 생활규정 개정 절차와 이 과정에서 유의사항3가지 이상 말하시오.
2.징검다리 연휴에 한 교원이 해외여행을 위해 연가 사용을 요구할 때,관리자로서
  처리 방안을 설명하시오.
3.교권침해 상황이 발생하였다.이 때 침해 학생에게 취할 수 있는 조치사항을3가지
  이상 말하고,피해교원을 위한 지원방안을 설명하시오.
4. C고교 선택교과 수요조사 결과
  학생,학부모: A교과75%, B교과23%
 교사: A교과24%, B교과46%
 교원1명을 감축해야 하는 상황이다.교육과정 편성 방안을 설명하고,이 때 발생하는
 어려움을 설명하시오.
5. 우리시 중점 시책인 미래교육. 미래교육을 위해 해야 할 일을 말하시오.
6. 다문화학생 증가 추세. 교감으로서 지원 방안
7. 2022 개정교육과정 학교의 자율성 중시. 학교 자율시간 운영을 위한 지원 방안
8. 교사 만족도가 떨어지고 있는 현 추세. 이 현상의 원인과 교감으로서 지원 방안

⟨2024 교감 면접 (초등)⟩

⟨ 1영역 : 교감의 역할수행 평가 ⟩

구상 문제

1-1. 교육공동체와 학교 비전 및 교육목표 수립 시, 교육공동체의 조정자로서 교감의 역할에 대해 ⟨보기⟩를 참고하여 설명하시오

(보기)
계획-교육공동체 의견수렴　　　　　교육과정　　　　　평가

1-2. 학교 현장에서 이를 추진하는 과정에서 어려운 점과 개선 방안을 말하시오.

⟨추가 질문(즉답형)⟩

1-3. 학교교구성원을 지원하기 위한 교감으로서 자기 계발 계획을 말하시오.

⟨ 2영역 : 교육정책 및 교직실무 ⟩

2-1. 교사들의 전문성과 역량 강화를 위해 교감으로서 지원 방안을 말하시오.

2-2. 다음 학생 중 한 명을 골라 복합적인 학생의 문제를 지원하기 위한 방안을 말하시오.

○차상위계층(기초생활수급자)	○기초학력 부진 학생
○심리정서적 불안 학생	○다문화가정 학생

2-3. 학교 업무 중 불필요한 업무나 관행적으로 행해져 오는 업무가 무엇인지 말하고, 이를 개선하기 위한 방안을 말하시오.

2-4. 교사의 교육활동 보호와 학생의 학습권을 보장하기 위한 교감의 지원 방안을 2가지 말하시오.

<2024 교감 면접 (중등)>

구상문제

> (가) 경기도교육청의 정책~
> ㉠ 관행적인 업무나 비효율적인 업무
>
> (나) ㄱ. 업무를 하느라 수업 준비를 할 시간이 없다.
>   ㄴ. 학교폭력 업무를 아무도 안하겠다고 하여 4년째 하고 있다.
>   ㄷ. 에듀테크 같은 업무를 해 본적이 없어서 갈등을 유발하고 있다.
>   ㄹ. 서로 부장을 안하겠다고 해서 4년차인데 부장을 하고 있다.

1-1. 본인의 학교에서 ㉠의 사례를 제시하고 이를 개선하기 위한 방안을 제시하시오.

1-2. (나)의 ○○학교의 상황(?)을 진단하고, 이를 해결하기 위한 교감의 역할을 제시하시오.

<즉답 문제>

교감에게 중요하다고 생각하는 역량을 제시하고, 이를 위한 자기 계발 방안(?), 계획(?)을 제시하시오.

=================================
제2영역 : 교육정책 및 교직 실무

<정책, 교무>

1. 학생의 선택권을 확대하기 위한 교감의 역할을 제시하시오.

2. 00학교의 문제 진단, 이에 대한 교감의 역할을 제시하시오.
   00학교
   - 기초학력 부진 학생 17% (00시 평균 4.3%)
   - 심리·정서적 문제 학생 9.7 (00시 평균 3.4%)

3. A교사가 다리를 다쳐 8주간 입원 치료가 필요한 상황이다. 이에 대한 복무 처리 절차와 학생들의 학습권을 보장하기 위한 방안 제시

4. - 학생이 교사의 지도에 화를 내며 연필을 던지고 욕설을 함.
   - 학부모가 학교생활기록부에 제출한 내용을 기록해 줄 것을 요구함.

이러한 일을 겪고 있는 교사에게 교감으로서 지원 방안을 말하시오.

다 2024년5월12일   경기 중등 교감 면접 후기

☞ 글재주가 없다는 점 이해하시고 읽어주세요.
♤ 장소: 수원 효원고(매탄중에 주차)
♤ 일시: 5.11 오후조임, 오전조 보다 오후조가 여러모로 다소 편한점이 있는 것 같아요. 지각의 걱정도 적고 오전조는오후조 12시 입실이 완료될때까지 대기를 해야하는데 비해 오후조는 끝나는대로 바로 집에 갈 수 있어 좋았습니다.

그리고 나이가 들다 보니 아침에 머리 회전이 잘 안되는데 오후가 되니 살아나는 느낌(?)이 있어서 좋았던것 같습니다.

☞ 효원고 체육관 입실 후 40분간 면접에 관해 연수를 하는데 교육청 인사과 장학관님, 담당 장학사님이 안내 말씀을 해주십니다.

면접 관련 연수에서 어떤 특정 뉘앙스(?)가 있습니다. 지금은 퇴직하신 교장선생님께서 얼마전 채점위원으로 참가하셨는데 장학관님, 장학사님과 같은 뉘앙스의 말씀이셨습니다. 오후조 참가하신 분들은 다 아실거라 생각됩니다.

☞ 문제 난이도: 저는 교재를 구입해서 따로 공부했고 A친구는 공부를 전혀 하지 않았고 B선배는 지역 스터디를 하였습니다. 이 세명이 저녁에 이야기를 했는데 결론은 안해도 된다는 것이었습니다. 여기에 대해 논란이 있을 수 있지만 주관적인 내용이니 비판은 하지 말아주세요.

학교 업무에 최선을 다해왔으면 충분히 말씀하실 내용이고 학교부장하면서 공문이나 학교 부서별 연수, 전달 사항만 잘 알고 있어도 이야기할 수 있는 것 같습니다.

☞ 면접실: 체육관-구상대기실-구상실-면접실1-면접실2 로 되어 있고 계속 1층씩 올라가서 면접을 진행했습니다. 연수물에 안내가 되어 있는데 전혀 알 필요없고 진행요원 따라만 가면됩니다. 그리고 긴장이 되어서 그런지 10분이 생각보다 짧다는 점입니다.

저는 처음에 집에서 연습할 때도 10분이 엄청 길게 느껴졌는데 막상 들어가니 시계를 볼 여유가 없었던 것 같습니다. 구상면접 1-1, 1-2, 1-3 에서 우선 전체적으로다 발표를 하고 난 후 시간이 조금 남아서 추가 답변을 하니 정확히 10분에 끝냈습니다. 긴장감 때문에 시계가 눈에 안 들어온다는 점 참고하세요. 즉답 면접실에서한 교장선생님 같은 남자분 계셨는데 정말 친절히 대해주셔서 감사했고 아마 못 잊을 것 같았습니다. 그 옆 여자 분은 다소 통명했는데 비해 전체적으로 잘 리드해주셔던 것 같습니다.

즉답 면접 2-1.2-2.2-3.2-4 전체적으로 우선 다 이야기를 하고 나서 남은 시간 추가 발표를 하였습니다. 한 문항 이야기를 하지 않으면 문제가 될 수 있다고 해서 이런 전략으로 하였습니다.

☞ 면접문항 느낀점: 문장을 읽고 답을 해야 해서 순발력이 필요하고 만능 답안이 필요하다는 생각이 많이 들었습니다. 짧은 시간 동안 문장을 해석해서 정답을 이야기하기는 쉽지 않지만 본인의 학교 경험담이나 중요 문장을 외워서 믹스하면 정답은 아니지만 시간내에는 마무리 할 수 는 있을 듯 합니다.

☞ 정리: 동료평가가 생각보다 중요하다는 것을 알게 되었고 점수가 낮으면 교육청 조사(?) 한다고 하는 이야기도 들어서 동료들과의 관계가 중요하다는 생각이 들었습니다.

면접관들에게 인사 잘하시고 장학사 시험같은 경쟁 선발이 아니므로 자신이 할 수 있는 범위내에서 끝까지 최선을 다하는 모습을 보여주는것이 다른 어떤것 보다도 중요하다고 들어서 2026년에 강습 예정이신 분들은 학교 생활 충실히 하면서 평소 교감이 되면은 이렇게 해야지 라고 생각을 정리해두면 크게 어렵지 않을 듯 해 보입니다.

♠ (희망교육사랑 카페회원:에듀익스프레스 님이 보내주신 자료임)

라　2026 교감자격연수 대상자　면접 예상문제

1) 교감이 갖추어야 할 역량은?

1. 경기 미래 교육 실현을 위한 교감이 갖추어야 할 역량은 무엇인지 말하시오.

2. 다음 A. B 학생을 위해 교감이 도움을 줄 수 있는 방법은?

> A: 영화감독 하고 싶어서 수업 듣고 싶은데, 학교에서는 관련된 교육이 없어서 어려워요.
> B: 교과 수업에서 탄소중립을 배웠는데 삶속에서 이를 실천하기 위해 다른 나라 학생들과 함께 환경보존 프로젝트를 하고 싶습니다.

(A 학생은 경기교육의 2섹터 공유학교 프로그램 확인하여 이를 통해 안내함.
　B학생은 경기교육의 3섹터 온라인 학교나, 2섹터 공유학교 프로그램에서도 국제교류 프로그램이 있으면 찾아보고 안내함.)

3. 다음 제시문을 읽고 교감으로서 어떻게 조치할 것인지 말하시오.
　(담임교사. 담당 교사와 협력하여 학생 성장을 이룰 수 있는 방향으로)

> - A학생은 가정 내 보살핌 부족으로 기본 생활 습관이 부족한 상황이다. 하지만 담임교사와 지속적인 상담으로 생활 습관이 개선되고 있다. 그러다가 생활 규칙 위반하자. 생활지도 담당교사가 지도 규칙 그대로 적용해서 학교에 나오지 않고 있다.

4. 교감 선생님이 재직중인 학교 A 교사는 모든 학생 각각에게 성장과 배움을 주고자 합니다. 그런데 한 학생이 수업에 잘 참여하지 않고 수행평가도 잘 참여하지 않고 있습니다. 이에 A 교사는 교감에게 도움을 요청합니다. 교감으로서 학생의 수업과 평가 지원 방안을 제시하시오.

5. 자료 상황을 분석하고 왜 이런 현상이 생기는지 원인을 분석하고. 이를 해결하기 위한 교감으로서 지원 방안을 말해보시오.

> '상비약'. '구조' 등의 의미 등 정확한 의미를 모르는 문해력이 부족한 상황.
> 기초단어도 모르는 상황

6. 교육공동체가 상호 존중할 수 있는 방안을 본인의 강점을 활용하여 답변하시오.

7. 본인이 교감으로 재직하는 학교의 인문예술과 융합 프로그램 운영방안 1가지를 제시하고 이 프로그램의 교육적 효과를 말하시오.

8. 자신의 교육철학과 가치에 따라 다음 인성적 측면(존중. 배려. 협력. 책임) 중 한 가지를 선택하여 학교 운영 브랜드를 설정하고. 이것을 바탕으로 학부모-학생 참여 인성교육 방안 1가지를 말하시오.

9. 학생의 학교생활 불안감과 관련된 아래 <표> 자료를 통해 <표>에서 시사점을 2가지 제시하고 이를 해결하기 위한 학교 실천 방안 2가지를 말하시오.

학생이 불안감을 느끼는 2021-2023년 설문조사 통계자료

1) 학생 간의 괴롭힘(학교폭력, 따돌림): 높은 %

2) 타인의 무시 차별, 불공정한 대우 : 중간 %

3) 안전사고 : 낮은 %

10. 다음 중학교의 상황을 바탕으로 공평한 교육 기회를 제공해야 하는 이유 2가지와 이 학교에서 제공할 수 있는 학교 교육방안 2가지를 말하시오.

<학교 A의 상황>

- 농촌지역 학교이며 다문화 가정 학생이 많음

- 기초학력 미달 학생이 많아 문제가 되고 있음

11. 교감 선생님의 지난 교사 생활과 연관지어 교감이 되었을 때 지속적으로 발전시켜 나갈 것을 하나 정하고, 교감이 되었을 때 어떻게 발전시켜 나갈 것인지 설명해 보시오.

12. '학생이 심리 정서적인 안정을 느끼고 웰빙을 도모할 수 있는 학교'를 실현하기 위해 교감으로서 지원 방안을 말하시오.

13. 다음 학교 평가 결과를 참고하여 교감으로서 새학년 준비 프로그램 1가지와 이를 실현하기 위한 방안을 2가지 말하시오.

<학교 평가 결과>

- 학생: 학교 행사에 학생들의 의견이 반영되어 만족도가 높았다.

- 학부모: 학교 교육활동에 함께 참여하고 싶어한다.

- 생활교육에 학교의 모든 선생님이 참여하고 있다.

- 교사들의 일부는 가끔 학교가 어떤 프로그램을 하는지 모를 때가 있다.

2) 2026 교감면접 예상문제 및 예상답변

가) 교육철학·교감 리더십 영역

▶ 교감으로서 추구하는 학교 경영 철학은 무엇이며, 이를 학교 현장에 어떻게 구현하겠는가?

▶ 교감의 역할이 과거와 비교해 어떻게 변화하고 있다고 생각하는가?

▶ 교감이 학교장의 리더십을 보좌하면서도 독자적으로 발휘해야 할 전문성은 무엇이라고 생각하는가?

▶ 교감으로서 가장 중요하다고 생각하는 핵심 역량 3가지를 설명하라.

　학교 비전과 교육과정을 연계하여 운영하기 위한 교감의 역할은 무엇인가?

나) 경기도교육청 정책 이해 및 실천 영역

▶경기도교육청의 주요 교육정책(예: 경기미래교육, 자율·균형·미래, 학교자율운영 등) 중 하나를 선택하여 학교 현장에서의 실천 방안을 설명하라.

▶경기미래교육의 핵심 가치와 이를 학교 교육과정에 반영하는 방안은 무엇인가?

▶ 학교자율운영 확대에 따른 교감의 책무와 역할은 무엇이라고 생각하는가?

▶교육청 정책과 학교 현장의 현실 사이에 괴리가 있을 때 교감으로서 어떻게 조정하겠는가?

▶교육청 공문·지침 중심 행정에서 벗어나기 위한 교감의 행정 개선 방안을 제시하라.

다) 교육과정·수업·평가 지원 역량

▶교감으로서 교사의 수업 전문성 신장을 어떻게 지원하겠는가?

▶ 학생 중심 수업을 활성화하기 위한 교감의 구체적인 지원 방안은?

▶과정중심 평가가 학교 현장에 안정적으로 정착하기 위한 교감의 역할은 무엇인가?

▶교육과정 문해력이 낮은 교사 집단이 있을 경우 어떻게 지원하겠는가?

▶교감이 수업에 직접 개입하지 않으면서 수업 개선을 유도하는 방법은 무엇인가?

라) 교원 인사·조직 관리 및 갈등 조정

▶교사 간 갈등이 발생했을 때 교감으로서의 해결 절차와 원칙을 설명하라.

▶업무 배분에 대한 교사의 불만이 제기될 경우 어떻게 대응하겠는가?

▶저경력 교사와 고경력 교사가 함께 협력하는 조직문화를 만들기 위한 방안은?

▶소극적이거나 소진된 교사를 어떻게 지원하고 회복시키겠는가?

▶학교 조직에서 공정성과 배려를 동시에 실현하기 위한 교감의 역할은 무엇인가?

마) 학생 생활·인권·위기 대응

▶학생 생활지도에서 교감이 지켜야 할 기본 원칙은 무엇이라고 생각하는가?

▶학교폭력 사안 발생 시 교감의 역할과 유의점은?

▶학부모 민원이 과도하거나 반복될 경우 교감으로서 어떻게 대응하겠는가?

▶위기 학생(정서·행동 문제 학생)을 지원하기 위한 교감의 역할은 무엇인가?

▶학생 인권과 교권 보호가 충돌할 때의 조정 방안을 설명하라.

바) 학부모·지역사회 협력

▶학부모와의 신뢰 관계 형성을 위해 교감이 해야 할 역할은 무엇인가?

▶학교 운영에 학부모 참여를 확대할 때 발생할 수 있는 문제점과 해결 방안은?

▶지역사회 자원을 활용한 학교 교육 활성화 방안을 제시하라.

▶학교에 대한 부정적 여론이나 민원이 외부로 확산될 경우 교감의 대응 전략은?

사) 행정·법·책무성 영역

▶교감이 반드시 숙지해야 할 학교 관련 법·규정에는 어떤 것들이 있다고 생각하는 가?

▶학교 행정에서 절차적 정당성이 중요한 이유는 무엇인가?

▶감사 지적을 예방하기 위한 교감의 행정 관리 방안은?

▶학교장의 부재 시 교감의 의사결정 기준은 무엇이어야 하는가?

아) 상황 제시형(실제 면접에서 매우 중요)

▶학교장이 추진하는 정책에 다수 교사가 반대할 경우 교감은 어떻게 행동하겠는가?

▶특정 교사가 학생·학부모로부터 지속적인 민원을 받는 상황에서의 대응 방안을 설 명하라.

▶교육청 지침과 학교 여건이 맞지 않을 때 교감의 판단과 행동은?

▶동료 교감 또는 부장교사와 의견 충돌이 발생했을 때 해결 방법은?

▶교감 본인의 결정이 문제를 일으켰을 경우 어떻게 수습하겠는가

자) 자기성찰형

▶교감이 되었을 때 가장 먼저 개선하고 싶은 학교 문화는 무엇인가?

▶본인이 교감으로 적합하다고 생각하는 이유를 한 가지 사례와 함께 설명하라.

☞ **2026 경기도교육청 교감자격연수 면접 대비를 위해 실제 면접에서 바로 말할 수 있는 '2분 분량 모범답변'을 출제 가능성이 높은 핵심 예상문항 중심으로 정리한 자료입니다.**

※ 모든 답변은 ①**원칙** → ②**교감 역할** → ③**구체적 실천** → ④**기대 효과**구조로 설계 되었습니다. (현장에서 **1분 30초~2분**소요 분량)

가) 교육철학·교감 리더십

1) 교감으로서 추구하는 학교 경영 철학은?

◐**모범답변**

저는 교감으로서 *'사람을 살리는 교육, 과정을 존중하는 학교'*를 경영 철학으로 삼고자 합니다.

학교는 성과 이전에 학생과 교사가 안전하게 성장할 수 있는 공간이어야 하며, 교 감은 그 과정을 안정적으로 뒷받침하는 역할을 해야 한다고 생각합니다.

이를 위해 저는 학교장의 교육 비전을 교사들의 교육활동과 연결하는 중간 리더로 서, 정책이 부담이 아니라 의미로 전달되도록 조정하겠습니다.

구체적으로는 교육과정 협의회 활성화, 교사 의견이 반영되는 행정 구조 마련, 불

필요한 업무 경감을 통해 교사가 수업과 생활지도에 집중할 수 있는 환경을 만들겠습니다.

이를 통해 학교 구성원 모두가 신뢰 속에서 협력하는 교육공동체를 구현하고자 합니다.

2) 교감에게 가장 중요한 핵심 역량은?

◐모범답변

교감에게 가장 중요한 역량은 소통 능력, 조정 능력, 교육적 판단력이라고 생각합니다.

교감은 학교장과 교사, 학생과 학부모, 교육청과 학교를 연결하는 위치에 있기 때문에 일방적인 전달자가 아니라 의미를 해석하고 조정하는 역할이 중요합니다.

특히 갈등 상황에서는 규정보다 먼저 상황을 이해하고, 감정보다 원칙을 세워 판단해야 합니다.

저는 사안 발생 시 충분한 경청을 바탕으로 사실을 정리하고, 교육적 관점에서 최선의 대안을 제시하는 교감이 되고자 합니다.

이러한 역량은 학교 조직의 신뢰를 높이고, 안정적인 학교 운영으로 이어질 것이라 생각합니다.

나) 경기도교육청 정책 이해

1) 경기미래교육을 학교 현장에서 어떻게 실천하겠는가?

◐모범답변

경기미래교육은 학생의 삶과 성장을 중심에 둔 교육이라고 이해하고 있습니다.

교감으로서 저는 이 정책이 선언에 그치지 않고 교육과정 속에서 구현되도록 지원하는 역할을 하겠습니다.

먼저 학교 교육과정을 점검하여 학생 참여 중심 수업, 프로젝트 학습, 지역 연계 활동이 자연스럽게 녹아들도록 돕겠습니다.

또한 교사들이 미래교육을 부담으로 느끼지 않도록 연수와 협의 중심의 지원 체계를 마련하겠습니다.

2) 정책과 학교 현실이 충돌할 때 교감의 역할은?

◐모범답변

정책과 현장 사이의 간극을 줄이는 것이 교감의 중요한 역할이라고 생각합니다.무조건 정책을 따르거나, 반대로 현장만을 고집하는 것이 아니라 양쪽의 취지를 이해하고 조정해야 합니다.

저는 먼저 정책의 핵심 목적을 분석하고, 학교 여건에 맞는 실천 가능 수준을 설정하겠습니다.

이후 학교장과 협의하여 단계적·선택적 적용 방안을 마련하고, 그 과정과 이유를 교사들과 충분히 공유하겠습니다.

이러한 과정은 정책에 대한 신뢰를 높이고 학교의 자율성을 지키는 데 도움이 될 것입니다.

다) 교육과정·수업 지원

3) 교사의 수업 전문성을 어떻게 지원하겠는가?

◑모범답변

교감은 수업의 평가자가 아니라 조력자여야 한다고 생각합니다.

저는 교사의 수업 전문성이 존중받는 문화 속에서 자연스럽게 성장할 수 있도록 지원하겠습니다.

구체적으로는 수업 공개와 나눔이 부담이 되지 않도록 자율적 수업 나눔 문화를 조성하고, 교사 요구에 기반한 맞춤형 연수를 지원하겠습니다.

또한 수업 외 행정 업무를 점검하여 교사가 수업 준비에 집중할 수 있는 여건을 만들겠습니다.

이를 통해 수업 개선이 강요가 아닌 자발적 문화로 정착되도록 하겠습니다.

4) 과정중심 평가 정착을 위한 교감의 역할은?

◑모범답변

과정중심 평가는 평가 방법의 변화가 아니라 교육 철학의 변화라고 생각합니다.

교감으로서 저는 교사들이 평가에 대한 불안과 부담을 덜 수 있도록 지원하는 역할을 하겠습니다.

먼저 평가 기준과 사례를 공유하는 협의회를 활성화하고, 학년·교과 간 평가 일관성을 높이겠습니다.

또한 학부모에게 평가의 취지를 충분히 안내하여 오해를 줄이겠습니다.

이를 통해 평가가 학생 성장을 돕는 도구로 자리 잡도록 하겠습니다.

라) 조직 관리·갈등 조정

5) 교사 간 갈등 발생 시 어떻게 해결하겠는가?

◑모범답변

교사 간 갈등은 개인의 문제가 아니라 조직의 문제라고 생각합니다.

교감은 어느 한쪽의 편이 아니라 공정한 조정자 역할을 해야 합니다.

저는 먼저 당사자들의 이야기를 충분히 경청하고, 사실과 감정을 분리하여 상황을 정리하겠습니다.

이후 학교의 공동 목표와 원칙을 중심으로 해결 방향을 제시하고, 합의된 사항이 지켜질 수 있도록 지원하겠습니다.

이 과정은 조직 신뢰 회복과 건강한 학교 문화로 이어질 것입니다.

6) 업무 배분에 대한 불만이 있을 경우?

◑모범답변

업무 불만의 이면에는 공정성에 대한 인식이 있다고 생각합니다.

저는 업무 분장 시 명확한 기준과 절차를 우선 점검하겠습니다.

불만 제기 교사의 의견을 경청하고, 필요하다면 업무 조정을 검토하되 개인의 부담이 조직 전체로 전가되지 않도록 균형을 고려하겠습니다.

또한 다음 업무 분장 시 개선점을 반영하여 신뢰를 회복하겠습니다.

마) 학생·학부모·위기 대응

7) 학교폭력 사안 발생 시 교감의 역할은?

◐**모범답변**

학교폭력 사안에서 교감은 감정이 아닌 *절차와 교육적 관점*을 지켜야 합니다.

저는 즉각적인 사실 확인과 함께 학생 보호를 최우선으로 하겠습니다.

관련 법과 절차에 따라 공정하게 처리하되, 사후에는 관계 회복과 재발 방지를 위한 교육적 지원을 병행하겠습니다.

이를 통해 사안 처리를 넘어 학교 공동체의 안전을 회복하고자 합니다.

8) 과도한 학부모 민원에 대한 대응은?

◐**모범답변**

학부모 민원은 불만이 아니라 소통의 신호라고 생각합니다.

교감으로서 저는 감정적 대응을 지양하고, 사실과 원칙에 근거해 대응하겠습니다.

먼저 학부모의 입장을 경청하되, 학교의 교육적 판단과 규정을 명확히 설명하겠습니다.

반복·부당 민원에 대해서는 학교 차원의 공식 대응 체계를 마련하여 교사를 보호하겠습니다.

바) 상황 제시형 (가장 중요)

9) 다수 교사가 학교장 정책에 반대할 경우?

◐**모범답변**

이 경우 교감은 학교장과 교사 사이의 가교 역할을 해야 합니다.

저는 먼저 교사들의 우려와 반대 이유를 충분히 파악하겠습니다.

이후 그 내용을 정리하여 학교장에게 전달하고, 정책의 취지와 조정 가능성을 함께 논의하겠습니다.

필요하다면 실행 시기나 방식에 대한 대안을 제시하여 합의점을 찾겠습니다.

이러한 과정은 갈등을 최소화하고 학교 운영의 안정성을 높일 것입니다.

1) 교감 본인의 판단이 문제를 일으켰을 때?

◐**모범답변**

교감도 판단의 오류를 할 수 있다고 생각합니다. 중요한 것은 책임 있는 태도입니다.

저는 문제가 발생했을 경우 즉시 사실을 공유하고, 잘못된 판단에 대해 솔직히 인정하겠습니다.

이후 학교장과 협의하여 신속한 수습 방안을 마련하고, 재발 방지 대책을 세우겠습니다.

이러한 태도는 개인의 신뢰뿐 아니라 조직의 신뢰를 지키는 데 중요하다고 생각합니다.

마 2026 교감자격연수 면접실전 문제

1) 지역연계 '경기공유학교' 활성화 방안

최근 경기도교육청은 지역사회의 다양한 자원과 연계하여 학생 맞춤형 교육을 실현 하고자 '경기공유학교' 정책을 운영하고 있습니다.

제2섹터 "지역연계 경기공유학교 프로그램 활성화 방안"에 대해 본인의 실천 경험을 바탕으로 활성화 방안을 제안하고, 교감으로서 실천할 수 있는 방안과 의지를 함께 발표해 주시기 바랍니다.

(제시된 문항에 대해 경기교육 정책의 방향을 고려하고, 실제 경험 및 구체적 실행 방안을 중심으로 발표해 주십시오.)

▶(예시답안)

저는 학급운영과 교육과정 기획 경험을 통해, 지역사회와 연계된 교육활동이 학생들의 자기주도성 및 진로 탐색에 매우 긍정적인 영향을 준다는 것을 체감했습니다. 특히 학부모와 지역 기관이 협력한 진로 체험 프로그램 운영 경험이 있습니다.

경기교육의 핵심 방향은 학생 중심, 삶 중심의 교육 실현이며, '경기공유학교'는 이러한 교육철학을 실천할 수 있는 중요한 정책입니다. 이를 활성화하기 위해 다음과 같은 방안을 제안합니다.

첫째, 지역자원 발굴 및 공유 플랫폼 활성화입니다. 학교 단독으로 지역 기관과 연계하는 데 한계가 있으므로, 교육지원청 차원의 공유 플랫폼을 적극 활용하고, 협력기관과의 네트워크를 체계화해야 합니다.

둘째, 공유학교 간 교육과정 연계 확대입니다. 인근 학교들과 주제 중심의 공동 교육과정을 개발하고, 학생들이 학교 간 이동 없이 온라인 혹은 거점 학교에서 수업을 받을 수 있도록 시스템을 정비해야 합니다.

셋째, 교사의 업무 부담 완화를 위한 협업 체제 구축입니다. 교사 1인이 모든 것을 기획하지 않고, 지역사회 연계 담당 교사, 행정실, 교육지원청 간 분담 체계를 갖춰야 안정적인 운영이 가능합니다.

저는 교감으로서 학교 내외 자원을 연계할 수 있는 "학교 밖 교육 협력팀"을 구성하여 지역사회와 지속적인 협력 체계를 만들고, 교사들이 공유학교 프로그램을 수업과 자연스럽게 연계할 수 있도록 지원하겠습니다. 또한 교직원 회의나 연수를 통해 '공유학교'에 대한 공감대를 형성하고, 우수 사례를 확산하는 데 앞장서겠습니다. 공유학교는 학교 울타리를 넘는 교육입니다. 교감으로서 학생 중심의 교육과정 실현을 위해 적극적으로 실천하고, 학교의 문을 지역사회에 활짝 열겠습니다.

2) 교육과정 -수업 -평가의 일체화를 위한 방안은?

차년도 학년 배정과 금년도 업무를 12월에 가급적 마무리하고 1~2월은 교육과정, 수업, 평가 담당자의 소통을 위한 협의체를 구성·운영하면서 동학년별로 학교 교육 철학, 학교의 실정 및 여건, 각 교과의 핵심성취기준에 맞는 학급 교육과정 재구성에 몰입할 수 있는 여건을 조성합니다. 3월 이전 대강의 교육과정 운영계획을 수립하고 3월 이후 만들어가는 교육과정을 운영합니다.

교사의 참여와 협의를 통한 학년 교육과정을 운영하고, 수업과 평가가 연결된 실제적 재구성과 수업과정에서 이루어지는 평가를 실시하며 진도 나가기식 교과서 중심 수업을 탈피하고 다양한 자료를 수업에 활용하고 학생중심의 모둠별 협력학습을 확대해 나가야 하겠습니다.

교육과정의 성취기준에 맞는 평가를 먼저 생각한 다음 평가를 해결하기 위한 수업을 계획하는 Backward design(백워드 방식)을 도입하면 교육과정 -수업 -평가가 일체화 되고 교사들의 평가 부담이 줄어들 것이라 봅니다.

3) 학년 및 업무 배정 시 불만이 있는 교사들이 있다면 어떻게 대처 하겠는가?

본인 희망서를 받고 이를 바탕으로 교내 인사자문위원회의 협의를 실시하여 조정합니다

교사들에게 교육과정 중심의 학교시스템 구축과 학교조직의 학습조직화를 강조하여 학년과 업무를 부장교사와 사전협의를 실시합니다. 부장교사의 의견을 최대한 반영합니다.

(공동연구와 공동실천을 위한 최적화 체제 구축) 개별적 면담을 실시하여 양보와 배려를 유도하여 업무 배정을 함. 배정 규정을 다시 한 번 살펴 보고 중복된 교사들을 개별 면담하여 양보와 배려를 유도하여 학년 및 업무 배정을 함.

경력 있는 교사들에겐 노련함으로 후배들에게 좋은 가르침을 주는 의미에서 양보를 얻어 내고 경력이 적은 교사에게는 패기와 도전 의식을 심어주는 방법을 사용하면 효과적일 듯 보입니다.

4) 학교민주주의를 위해 교감이 해야 할 역할은?

학교 구성원이 수평적 협력 관계이며 학교 운영의 공동책임자라고 인식할 수 있는 학교시스템을 마련해야 합니다. 학교가 추구하는 비전과 기본 방향을 구성원의 합의에 의해 결정하기 위해 학생, 학부모, 교직원, 지역사회 대표가 참여하는 교육공동체 대토론회를 학기별 1회 이상 운영해야 할 것입니다. 교원의 자율성과 책무성을 강화하여 교직원회의 기능을 활성화하여 월1회 교직원회의를 정례화합니다.

학교민주주의 지수를 활용하여 학교의 취약점과 강점을 검토하여 민주적 의사소통체제를 만들어 교육공동체의 민주적 의사소통을 활성화시켜야 합니다. 학교행사가 끝난 직후에 행사에 대한 의견을 묻는 구글 독스 시스템과 항상 의견을 개진할 수 있는 SNS, 학교홈페이지를 활성화해야겠습니다.

학생자치의 활성화를 위해 우선 학생자치활동 센터 역할을 담당할 학생자치실을 구축하고 학교기본운영비에서 100만원 이상 학생자치회 운영비를 편성하며 학생들이 기획하고 운영하는 학교행사와 학생 대토론회 등을 적극 지원해 주고 학생의견 반영을 위한 의사소통 채널을 마련하는 게 중요합니다. 교육과정 및 학사일정 조정, 체험학습 협의 시 학생자치회 대표가 정책결정 참여하여 학생자치회에서 의견을 제시하기도 하고 학교운영위원회의 의견을 경청할 수 있는 기회를 제공하여야 합니다.

5) 마을교육공동체가 필요한 이유와 활성화 방안은?

마을교육공동체란 학교교육력 제고와 지역사회 발전을 위해 학교, 마을, 교육지원청, 지자체, 시민사회, 주민 등이 협력·지원·연대하는 교육공동체입니다.

마을교육공동체가 필요한 이유는 사회적 약자로 살아야 할 아이들을 위해, 학교가 학교다워지기 위해, 교육과정이 교육다워지기 위해, 풍성한 삶이 가능하기 위해 서입니다.학생이 기획하고 운영하는 꿈의 학교 협동조합 설립 및 교육자원봉사센터를 구축해서 문화예술, 진로체험, 인성교육 프로그램을 운영하여 학생들의 꿈을 실현할 수 있도록 지원해 주어야 합니다.

지역사회와 단체협약을 맺은 구체적사례를 추가로 제시하면 좋을 것 같습니다.(군부대 연계 공부방 운영, 청소년상담센터에서 상담교사 지원 및 학교폭력예방교육 실시, 청소년 수련관 연계 방과후학교 운영 등)

6) 학교폭력 신고가 들어왔을 때 대처 요령은?

학교폭력 신고가 들어오면 우선 학교폭력 전담기구 책임교사에게 알립니다 .

학교폭력 전담기구는 신고된 사안을 신고대장에 반드시 기록하고, 학교장 담임교사에게 보고한 후 가해·피해학생 학부모에게 통지합니다. 즉시조치가 필요한 경우 피해학생과 가해 학생을 즉시 격리시키거나, 가해학생에 대해 출석정지를 합니다. 학교폭력 전담기구에서 사안을 조사합니다.

조사한 결과를 바탕으로 가해자와 피해자를 확정합니다. 성폭력의 경우 비밀유지에 유의합니다.조사결과에 대해 부모에게 알리고 향후 처리 절차 등에 대해 통보합니다.

학교폭력 전담기구에서는 자치위원회 개최 시기를 결정하면 전담기구의 심의결과를 바탕으로 자치위원회 개최를 학교장이 요구합니다. 학교폭력자치위원회를 개최하여 가해학생 및 보호자에게 의견진술의 기회를 부여하는 등 적절한 절차를 거쳐가 피해 학생에 대한 조치를 결정합니다.

학교장은 자치위원회의 결정을 가해자와 피해자 및 그 보호자에게 통보합니다. 통보 시 재심을 받을 수 있는 방법도 안내해야 합니다. 학교장은 14일 이내에 자치위원회 조치를 이행해야 합니다. 가해자와 그 보호자가 조치를 거부하거나 회피하는 경우, 관련 법령에 따라 징계 또는 재조치됩니다.

7) 아동학대의 신고가 들어왔을 때 대처 요령은?

보호자를 포함한 성인이 아동의 건강이나 복지를 해치거나 정상적 발달을 저해할 수 있는 신체적, 정신적, 성적 폭력 또는 가혹행위를 하는 것과 아동의 보호자가 아동을 유기 및 방임하는 것을 아동학대라고 합니다.

우선적으로 아동학대의 신고가 들어오면 학교는 112에 무조건 신고하여 경찰관과 함께 아동의 상태·소재 등을 파악하고, 아동학대가 있었는지 여부를 확인해야 한다. 아동학대가 확인되면 학교에서는 학생의 신변 보호와 안정적인 학습을 위한 여건을 조성해 주어야 한다.

아동학대 발견시 유의점은 가능한 한 증거 사진 등을 확보한다. (얼굴이 나오도록) 아동에게 큰일이 난 것처럼 대해 불안에 빠지게 하지 않는다. (일상적으로 대하는 것이 중요) 성학대의 경우 증거 확보를 위해 씻기거나 옷을 갈아 입히지 않는다. 학대에 대해 계속 캐묻거나 유도 질문을 하지 않는다. (진술 오염의 위험이 있음. 진술이 오염되면 증거로 불채택)

8) 성폭행사건이 발생했을 때 처리 요령은?

성폭력사건 발생하면 ① 피·가해사실 확인 및 증거확보 ② 신속한 응급조치 및 보호 상담기관 연계 ③ 피·가해학생측 학부모 통보 ④ 교육청 사안보고 및 수사기관 신고 (원스톱 포함) 합니다. 피해학생 선조치 (동의필요)는 심리상담 및 조언, 임시보호, 그 밖의 피해학생의 보호를 위하여 필요한 조치를 합니다. 가해학생선조치 (동의불필요)는 피해학생에 대한 서면 사과, 피해학생 및 신고·고발학생에 대한 접촉, 협박 및 보복 행위금지, 학교에서의 봉사, 학내·외 전문가에 의한 특별교육이수 또는 심리치료 실시, 출석정지 등을 합니다.

경찰수사와 별도로 성폭력 피해학생 (보호자)이 희망하는 경우 학교폭력대책자치위원회 소집하여 피해학생 보호 등 조치를 합니다.

(참고) 학교장이나 교사가 청소년 대상 성범죄의 발생 사실을 알게 된 때에는 법률에 의거 즉시 수사 기관에 신고하여야 할 의무가 있음. 피해자가 신고를 원하지 않을 경우에도 신고 의무자는 피해자의 의사와 무관하게 성범죄의 발생 사실을 수사 기관에 신고해야 함.

▶ 성폭력 사건의 발생 직후에는 피해학생의 신체에 남은 흔적들이 모두 증거가 될 수 있으므로 몸을 씻지 않은 상태로 가능한 빨리 성폭력 여부를 진단해 줄 수 있는 의료기관으로 학생을 데리고 감

▶ 몸에 외상이 남아 있을 경우 사진 촬영을 함.
사진 촬영을 할 때에는 가급적 얼굴과 같이 찍도록 하며, 멍이나 긁히거나 뜯긴 상처 등이 있을 경우 발견되는 대로 촬영해 둠

▶병원 진단이나 몸에 남은 상흔 외에 다른 증거물, 이를 테면 가해자가 흘리고 간 물건 등은 반드시 보존하도록 함

▶ 피해학생의 보호자에게 연락을 취하여 성폭력 발생 사실을 알림

▶ 수사 기관에 신고
신속하게 보건교사와 함께 병원으로 이송하고 증거를 보존하여 경찰에 신고합니다.
성폭력의 경우 담임교사 혼자 증거를 파악, 보존하는데 어려움이 있으므로 반드시 보건교사, 책임교사 등과 협조하여 처리합니다. 아동·청소년의 성보호에 관한 법률에 따라 강제추행 이상의 중대 사안은 경찰 등 수사기관에 반드시 신고합니다. 이 때 가해자와 피해자의 신상정보가 드러나지 않도록 주의합니다.

9) 학교 앞 도로에서 학생이 교통사고가 났을 때 대처 요령은?

교통사고를 인지하면 바로 119 와 보건교사, 담임에게 통보를 합니다. 119가 도착하기 전까지 교통사고를 인지한 교사는 학생 상태를 확인하고 최대한 안전을 확보합니다.

(심폐소생술이 필요하다 판단되면 119가 올 때까지 심폐소생술을 실시합니다.) 학부모에게 이 사실을 알리고 119가 후송하는 병원으로 따라갑니다. 학부모가 오면 학부모에게 인계하고 추후 지속적으로 병원을 방문하여 학생의 상태를 살피고 학생과 학부모를 위로합니다.

10) 7대 안전교육이 무엇이고 안전한 학교를 위해 교감으로서 해야 할 일은?

학생안전교육은 일상생활 전반에 걸쳐 안전 의식을 개혁하고 안전습관을 형성함으로써 자신과 타인의 생명존중을 통해 모두가 안전하고 안심하는 사회실현에 기여할 수 있는 자질과 능력을 기르는 데 있습니다.

7대 안전 교육은 생활안전, 교통안전, 폭력예방 및 신변보호, 약물 및 사이버 중독예방, 재난안전, 직업안전, 응급처치교육을 말합니다.

효율적인 안전교육을 위해서는 학급교육과정에 7대 안전교육 51차시를 의무적으로 반영하고 교직원의 안전교육 연수를 의무화합니다.

주제별 체험학습이나 운동회, 축제 전 안전교육을 반드시 실시하고 숙박형 주제별체험학습 시에도 운전기사의 음주 측정, 숙박시설, 급식소 안전점검을 꼭 해야 합니다. 지역사회 어르신들을 활용한 학교안전지킴이, 녹색어머니회의 교통안전 활동 통신사를 활용한 안심알리미 서비스, 교내외 cctv 등을 적극적으로 이용해야 합니다.

11) 한 교사의 교권이 침해되었을 때 교감으로서의 역할은?

교권침해란 교육행정기관 , 학교행정 관계자, 동료교사, 학부모, 학생, 지역주민, 언론 등으로부터 교권을 부당하게 간섭받거나 침해받는 현상입니다. 사안이 발생하면 학교장은 해당 교사의 진단서나 진술서 등을 통해 증거를 수집하고 교권보호위원회에 보고합니다.

교권보호위원회에서는 당사자간의 중재나 조정, 교사 보호조치를 하고 교육지원청에 알리고 교권보호지원센터나 교육법률지원단과 고소, 고발 등을 논의합니다.

위원장은 위원회 심의 등의 결과를 관련 당사자에게 즉시 통지하는 등 적절한 조치를 취하여야 합니다. 당사자는 위원회의 심의 등 결과를 존중하여야 하는데 분쟁 당사자 쌍방의 조정이 성립되지 않았거나 어느 한 쪽이라도 계속 조정을 희망하는 경우 경기도교육청교권보호위원회로 안건을 이송합니다.

위원회는 교원에 대한 협박·폭행·폭언 등으로 당해 교원 또는 학교교육에 중대한 피해가 발생하였다고 판단되는 사안에 대하여는 학교장은 관련자를 사법기관에 고발할 수도 있습니다.

12) 학부모가 교무실로 다짜고짜 쳐들어와서 자기 아이가 계속 따돌림과 폭력을 당했다며 따지고 들 때 교감으로서의 대처 방법은?

일단 학부모의 흥분을 가라앉히기 위한 방법을 생각해야 합니다. 교무실 소파에 자리를 마련한 후 주변을 정돈합니다.(교무실 안에 있는 교사나 공무직원들을 잠시 밖으로) 차분한 표정으로 학부모의 이야기를 듣습니다 . 중간에 끼어들지 말고 이야기를 끝까지 듣습니다.

이야기가 끝나면 학교폭력 전담기구와 학교폭력자치위원회에 대한 내용 등에 대해 안내한 후 담임교사와의 면담 기회를 제공해 줍니다. 면담 전 담임교사에게 여러 가지 정황 등에 대해 이야기하고 학부모의 심기를 건드리지 않기를 당부합니다. 담임과의 면담 후에 학부모의 결정에 따라 절차를 진행합니다.

13) 계약제 교원의 임용 절차 및 관리에 대해 설명하시오.

교사가 1월 이상 결원이 발생하면 기간제교사를 채용할 수 있습니다 .

먼저 기간제교사 채용 계획을 수립하고 교육지원청 및 학교 홈페이지에 3일 이상 공고를 내야 합니다. 채용 공고 내용에는 계약 조건, 구체적인 직무 수행 요건, 구비 서류, 채용 일정 등이 있습니다.

서류심사 및 서면심사 후에 면접을 실시한 후 채용 대상자를 결정하고 통지합니다. 00도교육청 기간제교사 인력풀 등록자에 대해서는 채용공고 생략이 가능합니다.

기간제 교사가 채용되면 학교장은 기간제교사에 대한 자체연수, 동료장학, 자기장학 등을 통해 질 관리를 해야 합니다. 그리고 임용기간이 6개월 이상인 기간제교사는 복무자세, 인성과 태도, 교육자로서의 자질, 수업실적, 담임여부 및 학생생활교육 등 종합적으로 평가합니다.

14) 장기결석생의 처리는 ?

3일 이상 결석 시 담임교사는 아동의 집을 방문하여 사유를 조사하고 근무상황부 또는 출장복명서에 방문 조사 기록을 남겨 둡니다. 7일이 경과하면 1차 독촉 및 경고를 합니다.

1차 독촉 및 경고 후 7일 후에 2차 독촉 및 경고를 합니다. 2차 독촉 및 경고 후에는 해당 동 (주민센타에 거주 확인 및 출석 독려를 요청하는 공문을 발송하고 학교 규정에 의거 장기결석자 처리를 합니다. 정당한 사유 없이 3개월 이상 장기결석을 하면 정원외관리를 합니다.

15) 취학의무의 유예나 면제에 대해 설명하시오.

취학의무의 면제 또는 유예는 당해 학교의 장이 의무교육대상자의 보호자의 신청으로 이를 결정합니다. 다만 보호자가 행방불명 등 부득이한 사유로 이를 신청할 수 없을 때에는 당해 학교의 장이 그 사유를 확인한 후 면제 또는 유예를 결정할 수 있습니다.

초등학교의 장이 취학의무의 면제 또는 유예를 결정하는 경우에는 교육감이 정하는 질병, 기타 부득이한 사유가 있는 경우에 한하여 행하여야 합니다. 취학의무의 유예는 1년 이내로 하되, 특별한 사유가 있는 때에는 다시 이를 유예하거나 유예기간을 연장할 수 있습니다. 유예·면제된 자가 재취학할 때 거주지 이전 등의 사유로 학구가 변동된 때에는 타교에 재취학할 수 있습니다. 취학의무를 유예 방은 자는 학칙이 정하는 바에 따라 유예 처리 후 정원외로 학적을 관리할 수 있습니다.

16) 당신은 어떤 교감이 되고 싶은가 ?

교육은 나 자신부터 혁신적 마인드로 시대의 흐름을 읽고 민감하게 반응해야 변화된다고 봅니다. 서로의 권리를 존중하고 협력하는 민주적인 학교에서 선생님의 열정과 지혜가 온전히 발휘될 수 있도록 교육구조를 이끌고, 학생중심 수업·교실·학교문화 정착에 집중할 수 있는 환경을 구축해 나가는 데 지도적 역량을 발휘해야 한다고 생각합니다. 인간적으로 따뜻하고 업무적으로 능숙한 교감이 되고 싶습니다.

17) 다음 글을 읽고 물음에 답하시오.

가) 고교학점제의 의미
▶ 학생의 입장에서 : 자신의 진로에 따라 필요한 과목을 선택하여 이수하고, 이수한 학점이 일정한 기준에 도달했을 때 졸업을 인정받는 교육과정 제도
▶ 교육청과 학교 입장에서 : 학교 안팎을 넘나드는 교육과정 체제를 구축하여 학생들의 과목선택권을 보장하고 학교교육과정의 다양성을 확보하여 미래지향적 관점에서 고등학교 교육을 혁신하기 위한 제도
나) 고교학점제의 필요성
4차 산업혁명을 위시한 최근의 변화에 따른 필요 / 불확실성의 증가 / 학령인구 감소에 따른 필요 / 고등학교 교육 혁신에 대한 요구 / 시공간을 넘나드는 교육체제 구축
다) 고교학점제 운영 관련, 기본계획 내용
1) (학교) 교육과정 다양화
▶ 교과 특성화 학교 운영 : 특정 분야에 소질 .적성이 있는 고등학교 학생이 특성화된 교육을 받을 수 있도록 교과특성화 학교를 설치.운영하는 학교 (운영분야 : 기술.가정, 정보(소프트웨어), 사회교과 제 2 외국어, 융합)
▶ 교육과정 클러스터 운영 : 학생의 과목 선택권 확대를 위해 인근 지역 학교 간 상호 협력하여 운영하는 공동교육과정
▶ 오프라인 클러스터 : 클러스터 내 학생이 자신의 학교에 개설되지 않은 교과목을 타학교에서 수강
▶ 온라인 교육과정 클러스터 : 농산어촌 , 중소도시 등 지역 여건에 구애받지 않는 교육과정 다양화 자을 위해 실시간 쌍방향 온라인 운영
▶ 주문형 강좌 : 학생의 과목 개설 요구가 있으나 교사 수급 문제 또는 반 편성의 어려움 등으로 개설이 어려웠던 과목을 학생의 과목 선택권을 확보하기 위해 적극적으로 운영하는 강좌
2) (교육청) 교육과정 다양화 지원
▶ 순회전담교사제 확대 운영 : 2021년부터 행정기관에 소속되어 표시자격이 없거나 교사가 부족한 과목에 대하여 여러 학교를 순회하며 교과 수업 지원
▶ 다과목 교원 역량 강화 : 고교학점제 도입 대비 학생 과목선택권 보장 및 선택형 교육과정 운영 내실화를 위한 교양 과목 담당교사의 전문성 함양
▶ 고교학점제 공간 혁신 : 학생 중심의 다양한 교육과정 운영을 위한 학교 공간 개선
▶ 학점제 운영을 위한 학급 교실, 교과 교실 등 공간 재구조화 지원
▶ 고교학점제 연구.선도학교 우선 지원
▶ 학교밖 학습 경험 학점화 운영
▶ 마을(지역사회, 대학, 지자체 등)과 학교 교육과정 연계 지원 체제 구축

18) 학생들이 최소 학업성취 수준에 도달하지 못한 학생들에 대한 예방 대책 및 구제 방안에 대해 답변하시오.

▶예방대책

- 학생들이 선택한 다양한 과목 안에서 성장하도록 교사가 이끌어 주는 성취평가제도로 정착할 수 있도록 역량 강화
- 성취기준과 성취수준에 대한 바른 이해를 통해 성장 과정을 보여주는 과정 중심평가 운영 역량 강화 기초학력보장 프로그램을 이용하여 대학생 멘토링, 온라인 수강, 지역 내 인력풀을 활용한 자원봉사 활동 등을 통해 최소이수 수준 통과율을 높인다 .
- 수업을 배움중심수업과 성장중심 평가로 전환하고, 방과후교육과 연계하여 교육을 실시한다.

▶구제 방안

- 교과별 최소학업성취수준에 도달할 수 있도록 기준을 설정하고 미도달 예방 지도 및 미도달 시 지원 프로그램을 운영 교육과정위원회를 개최하여 최소 학업성취수준을 조정하여 지역과 학생 특성에 맞게 낮춘다.
- 1학년 공통과목을 중심으로 과목별 최소 학업성취기준 개발로 학교에서는 이를 활용하여 교과협의회를 통해 평가계획에 반영
- 대상 학생이 겪는 학습 결손의 원인을 정확하게 진단하고 책임지도를 실시
   (교육 내용이나 지도 방식에 대한 일관성이 요구됨)

19) 학생들의 과목선택권을 보장할 수 있는 방안을 말해보시오.

 가) 충분한 사전 안내와 교육실시, 학생들의 의견을 폭넓게 수용하여 다양한 교과목을 개설
 나) 교사들의 협력적 분위기 조성
 다) 문이과 통합형 교과 개설
 라) 개설이 어려운 교과는 교육지원청 교과순회 전담제 활용
 마) 교사들의 복수전공, 부전공 자격취득 권장
 바) 교육과정 클러스터, 온라인 교육과정 클러스터 운영
 사) 온라인 주문형강좌 개설
 아) 지역사회, 지역내 대학과 업무협약을 통한 과목 개설

20) 다음 글을 읽고 물음에 답하시오.

 가)온라인 수업 중에 A 교사가 교권침해를 당했다.

 B 학생이 A 교사의 사진을 캡처해서 온라인 상에 올리고 심한 욕설까지 댓글로 올렸다. A 교사는 심리적으로 큰 충격을 받고 병가를 낸 상태이다.

☞ 3-1. A 교사의 교권침해 사실을 서류로 접수 후, 교감의 조치 사항 3가지를 말하시오.

 ▶(답안)

- 교권보호위원회를 개최하여 사안 조사, 절차에 따라 처리한다.
   교사와 학생을 분리하고, 절차에 따라 사안을 처리하며, 교육지원청에 보고하고 수시로

교육지원청과 협의를 통해 원만하게 업무를 처리할 수 있도록 한다.

교사와 면담 및 이야기를 경청하고, 학부모와 학생이 사과하면 받아들일 수 있는지 중재를 하고 원만하게 이루어지지 않았을 때 교권보호위원회를 개최하여 매뉴얼대로 사안을 처리한다.

B 학생의 사이버 폭력 및 교권침해를 계기로 미디어 리터러시 교육과 디지털 성인지 감수성 등 디지털 리터러시 예방교육을 강화한다.

각 교과마다 교육과정 내용을 재구성하여, 사이버 인성교육 등 예방교육을 철저히 할 수 있도록 한다.

나) 3-2. A 교사에 대한 지원 방안을 말하시오.

▶예시답안

교육활동침해 행위라고 알리고, 최대한 신속하게 사안을 절차에 따라 처리한다.

특별휴가 실시 등 심리적 안정을 지원한다.

치유와 회복을 위한 예산지원 (100만원)과 최대한 A 교사의 정상적 교육활동을 돕는다.

☞즉답문제1

21)직장내 갑질문화 근절을 위해 교감으로서 노력해야할 역할과 임무에 대해 답변하시오.

▶예시답안

민주적 학교 문화를 조성한다. 서로 이해하지 못하고 소통하지 못한 원인으로 인해서 오해와 편견이 있을 수 있으므로 서로 소통하고 대화하는 민주적 학교 문화와 운영에 최선을 다한다.

갑질이 무엇인지 연수를 통해 알리고, 친교와 소통을 통해 협력과 연대의 문화를 확산시킨다 .

안건과 토론이 있는 교직원 회의, 민주적 학교 운영체제를 통해 이해와 소통의 학교문화를 조기에 정착시키도록 노력한다.

22) 교장-교감의 갈등 해결 방안

교감은 교장의 명을 받아 교무를 담당하며 학생을 교육하고 교장 유고시에는 교장을 대리한다. 또한 교감은 교장을 보좌하며 교장과 교사의 중간자적 위치에서 조정, 지도, 조언 및 교직원에 대한 자원인사로서의 역할을 한다.

교감의 역할은 교장의 역할 한계 내에서 보좌하고 장리하는 것이므로 교장의 역할과 불가분의 관계를 가지고 있다. 교감의 교무 장리권 및 교장 유고시의 대리권에 의거하여 교장의 역할이 곧 교감에게 적용될 수 있다고 볼 수 있다.

따라서 교감의 역할을 종합하면, 교감은 대내적 역할과 대외적 역할을 원활히 수행함으로써 학교 운영이 정상적으로 이루어지며, 대내 .외적 역할이 상보적 관계를 갖게 됨으로써 교육목표 달성과 집단의 결속유지를 강화하면서 조직원의 욕구를 충족시킬 수 있고, 이렇게 됨으로써 교감의 지도적 역할과 관리적 역할을 효과적으로 수행할 수 있게 된다.

학교 경영의 민주적 운영을 위한 교감에 대한 역할기대는 학부모의 기대, 교장의 기대, 그리고 교사의 기대가 모두 다를 것이다. 이런 기대와 교감 스스로의 역할지각 간의 상반으로 갈등이 조성될 수도 있다.

그 중에서 민주적인 학교 경영을 위해 교감의 역할은 몇 가지로 요약할 수 있다. 즉 ① 실력과 지도력을 겸비한 사람, ② 학식이나 인격 면에서 존경받고 신뢰를 받을 수 있는 사람, ③교사의 의향을 학교경영에 반영시킬 줄 아는 사람, ④ 판단이 정확하며 신념을 가지고 실천에 옮기는 사람, ⑤ 교육신념이 강한 사람, ⑥ 교사의 개성을 존중할 줄 아는 사람, ⑦ 인사에 공정을 기하는 사람, ⑧ 인간관계가 원만한 사람, ⑨ 교사들이 교감으로부터 인정을 받고 있다는 안정감을 주는 사람, ⑩ 지도성에 있어서 민주적인 사람 등이다.

1) 갈등의 실태

 * 교장이 지시, 교사의 의견, 애환, 불만 등 온갖 민원을 중간에서 처리

 * 대부분의 평교사-교감을 교장과 한 묶음으로 생각 ⇒ 교장과 교사 사이의 샌드위치, 모호한 위치 ⇒ 심리적 스트레스

 * 교감이 매일 아침 교장과 독대하여 학교 전반에 관한 이야기를 나눔 -교장이 권위적인가, 민주적인가에 따라 교감의 대처 방안이 달라진다.

▶ 권위적 교장 - " ~~하는 게 어떻겠습니까? : 민주를 가장한 독백

▶ 교감의 의견 존중 - " ~~에 대해 교감선생님은 어떻게 생각하십니까?"

 * 경영방식, 우선 순위, 관점의 차이에 대한 갈등⇒초점은 학생에게 둔다.

2) 각종 해당위원회 활용

* 교무 관리 시 교장이 교감의 의사결정권에 사사건건 간섭하면 일관성과 계획성이 없다. ⇒ 책임 행정

* 효율적인 학교 조직 관리를 위한 교감의 역할에서 교장은 항상 지시하고 책임을 물을 때 ⇒ 계획에서 과정, 결과, 환류에 이르기까지 교장은 지도하고 지원하고 도와주는 역할을 해야 함.

* 교장이 교감을 어떻게 생각하느냐에 따라 교감의 지위가 달라진다.(위계조직상의 부하직원이냐, 혹은 참모로 여기느냐?)

▶ 똑똑한 교장과 업무능력이 떨어지는 교감--무능력하다는 낙인⇒교감을 못믿는 교장이 일방적으로 수직명령을 내림.

▶ 교감-교장이 교육철학이 없고, 경영 마인드가 부족하다고 판단될 때 난처하고 스트레스 상황 : 교장 의견을 그대로 따르면 교감은 편하지만 교사로부터 인정받을 수 없다.

만일 교감이 똑똑해 교장 의견에 토를 달고 무시하면 직원화합이 무너짐 - '교장 파',. '교감 파'로 편이 갈리고 조직이 경직되기 싶다.

▶ 교감의 고민 - '교장과의 관계'를 어떻게 설정할 것인가?

교장 앞에만 서면 작아지는 교감이 되느냐? 아니면 "NO"라고 말할 수 있는 교감이

되느냐?

3) 갈등 해결 방안

(가) 교감 자신은 항상 보좌자, 관리자, 인간관계 형성자, 부단한 연수자, 지도조언자로서의 자신의 지도성을 개선하고 직원 통솔 방법을 민주화하여 인간관계에 소홀함이 없어야 하며, 교사의 사기진작에 힘써야 할 뿐만 아니라, 교장의 바람직한 학교운영방침을 강력히 뒷받침해서 학교교육의 목표를 달성해야 할 것이다.

(나) 민주적 학교 경영을 위해서 - 교장을 바르게 잘 보좌하기 위해 먼저 교장의 직무를 충실히 이해하도록 노력해야 한다. 또한 자신의 직무에 대해서도 상세히 파악하고 교무에 정통해야 한다.

(다) 교장에게 'NO"라고 말할 수 있는 용기

(라) 교장의 사안에 대해 스스로 잘못 이란 확신이 들면 요령껏 피해갈 수 있는 지혜 필요 - "다른 선생님들의 의견을 한번 모아보겠습니다." 등

(마) 교장은 교감의 역할을 존중한다.

(바) 교장과 교감은 교육동지로서의 연대의식을 가져야 한다.

(사) 교감은 자신의 위치를 정확히 파악하여 교장을 보좌 하고 교무를 관리하며 학생을 교육하는 일에 최선을 다 해야 한다.

(아) 교장과 교직원의 의견이 상충될 때에는 이를 미리 충분히 예견하여 순조롭게 조율하는 중재 능력을 갖춘다.

(자) 교장에 대한 교사들의 의사통로 창구 역할을 할 수 있어야 한다 .

(차) 하고 싶은 일은 교장의 이름으로 하라.

4) 교장-교감의 갈등 해결 방안

(1) 사소한 일도 보고한다(협의)

(2) 상호 권위 세워주기

(3) 선후배 관계에도 교장의 인격 존중 및 상호 칭찬하는 풍토 조성

(4) 상호 의견 차이가 있을 때 1:1 로 조용히 의견 조율

(5) 출장, 외출 때 상호 신고

(6) 중요한 일, 인사결정 내용 발표 시 창구를 교감으로 일원화 한다 .

23)교감자격연수후보자 현장평가 설문문항을 통해서 본 교감이 갖추어야 할 인품과 자질

가) 후보자는 교감으로서의 인성과 자질을 갖추고 있다.(나머지 9개 문항을 요약한 문항으로 볼 수있다.)

나) 후보자는 개인, 학교, 직장, 사회생활이 건전하고 모범적이다.

다) 후보자는 어려운 문제가 발생하면 동료를 배려하고 본인이 희생하려는 마음을지니고 있다.

라) 후보자는 맡은 일을 책임 있게 완수하며, 추진력과 업무 처리 능력이 뛰어나다.

마) 후보자는 수업/업무에 뛰어나며 학생/동료들의 신뢰도가 높다.

바) 후보자로부터 수업 또는 업무와 관련된 컨설팅을 받고 싶다.

사) 후보자는 생활지도 및 민원에 따른 상담 및 대처 능력을 갖추고 있다.

아) 후보자는 교직원들과 소통을 위해 노력한다.

자) 후보자는 동료들과 협력해서 업무를 처리하는 데 능숙하다.

차) 후보자가 교감이 되면 같은 학교에 근무하고 싶다.

바 2026 교감자격면접대비 스터디(교감자격면접학 개론)

1) 면접답변꿀팁

가) 답변을 카테고리화 해라. 나) 답변을 두괄식으로 해라.

다) 자신감 있게 큰목소리로 말하되 리드미컬하게 말해라.

라) 자기만의 답변 틀이 필요하다. 마) 관련 경험을 녹여라.

2) 면접답변시주의사항

정답을 맞추려고 하는 강박에서 벗어나라! 때로는 답변 기계처럼 많이 외워서 만들어진 유창한 답변보다 인간적인 매력을 느낄 수 있게 하는 포인트, 진솔한 답변이 강한 울림을 만들어 낼 수도 있음.

누가봐도 면접 스터디에서 준비한 것 같은 형식적인 답변보다 자신이 이야기를 끄집어 내고 풀어내는 것이 중요함.

3) 교감자격 면접 문제 주요 핵심포인트

정책 또는 사안에 대한 실천의지, 교육철학, 관점, 어려움을 극복할 수 있는 태도, 끈기, 노력하는(했던) 모습(경험) 등을 보는 문항들이 대부분임.

4)교감자격 면접 단골 문제

가)어떤교감이되시겠습니까?

나)교감으로서어떤역할을하고자하십니까?

다)구성원(교원,일반직,공무직,학부모,학생등)과의갈등이생겼을때어떻게해소하시겠습니까?

라)학교에서불필요한업무경감을위한창의적인업무개선방안이있다면?

5) 학교현장갈등해결에관한만능틀 ("너-나-우리")

가) 상대의 입장, 이야기를 들어본다.   나) 나의 감정을 전달한다.

다) 공동의 노력으로 해결을 모색한다.

사 2026 교감자격면접 예시주제 10가지와 예시 논지

1) AI 교육의 학교 현장 적용 및 활성화 방안

첫째, 학생 맞춤형 AI 교육 플랫폼을 구축하여 학생의 개별 학습 데이터를 분석해 개인화된 피드백을 제공하겠습니다.

둘째, 교사 연수를 통해 AI 활용 역량을 강화하고, AI 기반 교수·학습 사례를 공유하여 수업의 질을 높이겠습니다.

셋째, 학교 내 디지털 교육 인프라를 확충하고, AI 활용 수업 콘텐츠를 개발하여

교실 적용을 활성화하겠습니다.

2) 미래역량 중심 교육과정 운영 활성화 방안

첫째, 창의적 사고와 협력적 소통을 키우는 프로젝트 기반 수업(PBL)을 활성화하겠습니다.

둘째, 교사의 수업 설계 역량을 강화하기 위해 미래역량 기반 연수 프로그램을 운영하겠습니다.

셋째, 과정 중심 평가 방식을 도입하여 학생의 자기주도적 학습 능력을 촉진하겠습니다.

넷째, 지역사회와 협력하여 학생들의 진로 및 미래역량 체험 기회를 확대하겠습니다.

3) 디지털 문해력 강화를 위한 학교 교육 지원 방안

첫째, 학교급별 맞춤형 디지털 문해력 프로그램을 개발하여 체계적으로 교육하겠습니다.

둘째, 디지털 학습 도구와 자료를 적극 활용한 교실 수업을 활성화하고, 교사 연수를 통해 전문성을 높이겠습니다.

셋째, 디지털 안전과 윤리에 대한 교육을 강화하여 책임감 있는 디지털 사용 문화를 조성하겠습니다.

넷째, 교육청 온라인 플랫폼을 적극 활용하고 다양한 디지털 콘텐츠를 제공하겠습니다.

4) 인성교육 강화를 위한 실천 중심 프로그램 기획

첫째, 교과-비교과 연계 인성교육 프로그램을 개발하여 학교생활 속에서 인성을 실천하도록 하겠습니다.

둘째, 학생 중심의 인성 캠페인과 봉사활동을 확대하여 타인을 존중하고 배려하는 태도를 키우겠습니다.

셋째, 학급별 인성 성장 목표를 설정하고, 자기 성찰 및 토론 중심 수업을 통해 내면화를 촉진하겠습니다.

넷째, 가정과 연계하여 학부모와 함께하는 인성 교육 활동을 확대하겠습니다.

5) 기초학력 보장 책임교육 운영 개선 방안

첫째, 기초학력 진단-보정 지원 시스템을 구축하고, 개별 학생 맞춤형 지도를 강화하겠습니다.

둘째, 담임교사와 학습전문가의 협력 체제를 통해 지속적 학습 관리 및 피드백을 제공하겠습니다.

셋째, 가정-지역사회와 협력하여 학습 격차 해소를 위한 방과후 지원 프로그램을 운영하겠습니다.

넷째, 교사들의 기초학력 지도 역량 강화를 위한 전문 연수 프로그램을 확대하겠습니다.

6) 작은학교 활성화를 위한 지역 연계 협력 방안

첫째, 지역사회와 함께하는 특색 교육 프로그램을 개발하여 작은학교의 교육 경쟁력을 강화하겠습니다.

둘째, 작은학교 간 네트워크를 구축하여 공동 수업, 원격 교육 등을 통해 학습의 질을 제고하겠습니다.

셋째, 에듀테크를 활용한 온라인 플랫폼을 운영하여 작은학교 간 교육 자원 공유를 활성화하겠습니다.

넷째, 지역 주민, 졸업생 등과 연계한 교육 공동체를 구성하여 학교 활성화를 추진하겠습니다.

7) 교사의 수업 전문성 향상을 위한 협력적 전문학습공동체 운영 방안

첫째, 교사 간 협력적 수업 연구 및 상호 피드백 체제를 구축하여 전문성을 높이겠습니다.

둘째, 전문학습공동체 활동 결과물을 학교 내외로 공유하여 우수 사례 확산을 추진하겠습니다.

셋째, 정기적인 공동체 연수와 워크숍을 지원하여 교사들의 참여와 성장을 지원하겠습니다.

넷째, 전문학습공동체 네트워크를 통해 학교 간 협력과 소통을 촉진하겠습니다.

8) 다문화 학생 교육 지원을 위한 통합교육 프로그램 운영 방안

첫째, 다문화 학생 맞춤형 학습지원 체제를 구축하여 언어 및 학습 격차를 해소하겠습니다.

둘째, 전체 학생 대상 문화다양성 이해 교육을 운영하여 상호 존중의 학교 문화를 조성하겠습니다.

셋째, 다문화 가정과의 소통 채널을 강화하여 학교생활 적응을 체계적으로 지원하겠습니다.

넷째, 교사의 다문화 교육 전문성 향상을 위한 직무연수를 확대 지원하겠습니다.

9) 학교폭력 예방과 안전한 학교문화 구축 방안

첫째, 학생 주도의 학교폭력 예방 활동과 캠페인을 운영하여 자율적이고 책임 있는 문화를 형성하겠습니다.

둘째, 학교폭력 예방을 위한 정기적인 교사-학생 상담 체제를 구축하여 위기 상황을 사전에 예방하겠습니다.

셋째, 회복적 생활교육을 운영하여 갈등을 교육적으로 해결하고 긍정적인 관계 회복을 도모하겠습니다.

넷째, 학부모 참여형 학교폭력 예방 프로그램을 운영하여 가정과 연계한 학교 안전망을 강화하겠습니다.

10) 학교문화 개선을 위한 학교공동체 소통 및 협력 활성화 방안

첫째, 민주적 학교운영을 위한 공동체 원탁회의를 정례화하여 구성원 간 소통과 협력을 강화하겠습니다.

둘째, 교사 간 수업 협력과 학생 중심 프로젝트를 확대하여 참여와 협력 중심의 학교문화를 구축하겠습니다.

셋째, 학생자치회 활동 활성화를 통해 학생의 주인의식과 책임감을 높이겠습니다.

넷째, 학부모와의 파트너십 강화를 위한 정기적인 간담회와 프로그램 운영으로 교육적 협력을 증진하겠습니다

('희망교육사랑'운영자 '랜디'(닉)회원 제공)

아 2026 교감자격연수 면접대상자를 위한 예상핵심문제

1) 학교폭력사건발생시처리절차

가)폭력사건발생인지 나)신고접수및학교장보고다)피해학생과가해학생즉시격리및조치
라)학교폭력전담기구사안조사   마)가·피해학생학부모면담   바)처리방향심의및결정
사)자치위원회개최및조치   아)결정통보및재심안내   자)조치실행및사후관리

2) 학교폭력예방교육

(1)초.학교에맞는맞춤형학교폭력예방교육실시 (2)문화예술교육이나노래하는학교를운영
(3)인성교육주간운영   (4)친구주간,친구의날운영을통해친구사랑운동전개   (5)또래상담운영강화   (6)밥상머리교육을부모와함께실시   (7)매주수요일가족사랑의날운영
(8)상담활동강화,취약지구순시강화지도등학교폭력예방활동

3) 학교폭력관련업무내용

(1) 학교폭력실태조사학생.학부모100%참여안내
(2) 학교폭력사안인지및발생시업무규정에 의거처리
(3) 사안발생시즉시상급기관에보고및전담기구조사후학교폭력에해당될경우자치위원회개최
(4) 학교폭력피해학생보호조치강화및가해학생선도조치강화
(5) 학교폭력심의결과학생부기록 철저
(6) 학교폭력가해학생및학부모특별교육이수철저
(7) 교과연계학교폭력예방교육실시

4) 학교폭력사안처리과정유의사항

(1) 학교폭력사건이발행하면공정하고객관적인자세를끝까지견지
(2) 학생과학부모의공감을통해신뢰를형성하고불필요한분쟁이발생하지않게한다.
(3) 적극적인자세로사안을처리하고축소,은폐하거나성급하게화해를종용하지않는다.
(4) 사안조사는수업시간외의시간을활용한다.
(5) 학교폭력에해당되는사안은반드시자치위원회에회부
(6) 자치위원회결과는학교장명의로서면통보하고재심안내
(7) 동일한사안에대해재심성격의자치위원회는개최하지않는다.
(8) 학교자치위원회회의록및사안조사자료는비공개를원칙으로한다.
(9) 성범죄사안을인지한경우모든경우에예외없이수사기관에즉시신고한다.

5)학교폭력피해.가해학생에대한달라진 행정적 조치

(1) 피해학생경찰동행보호규정신설 (2)피해학생전학권고폐지 (3)피해.가해학생동일학교

진학금지 (4)피해학생치료비와학교안전공제회우선지원후가해학생부모에게구상권행사
(5) 학교폭력발생시가해학생출석즉시정지   (6)출석정지기간(무단결석처리)제한없음
(7) 출석정지로인한유급가능 (8)가해학생전학조치법적근거마련 (9)가해학생학부모소환
   불응시과태로부과검토

6) 반부패.청렴중점추진방향
(1) 반부패인프라구축   (2)정책투명성및신뢰성제고   (3)부패유발요인제거및개선
(4) 공직사회청렴의식및문화개선   (5)부패방지및신고활성화

7) 원포인트아웃제(공무원비위행위처리기준강화)
(1) 성범죄:검찰구약식처분이상배제징계(파면,해임)
(2) 청렴의무위반(금품수수,향응):10만원이상중징계,10만원이하경징계,중징계
(3) 업무상배임,공금횡령,유용:100만원이상형사고발및배제징계(파면,해임)
(4) 음주운전:2021년3월1일부터0.03이상~0.05미만중징계
(5) 부패행위자패널티강화:전보하급지전환,승급제한,승진제한,성과급제한

8) 미취학및무단결석등사안처리지침
(1) 유선연락시학생과직접통화하여안전확인
(2) 학생의소재및안전이확인되지않을경우즉시경찰에수사의뢰
(3) 가정방문은학교교직원읍.면.동사회복지전담직원과2인이함께실시
(4) 가정방문에도불구하고미취학미입학하는경우경찰에수사가의뢰됨을안내
(5) 면담요청은유선연락을통해실시하고유선이불가능할경우통지문전달
(6) 유선연락또는가정방문후아동학대가의심되는경우발견즉시경찰수사 의뢰
(7)경찰수사 의뢰시112에우선 신고한후 추후공문으로 수사의뢰

9) 초등학교미취학아동관리대응(주요점검사항및조치필요사항)
(1) 입학일~2일:취학대상아동취학여부확인후미취학현황을읍.면.동장통보및교육장보고
(2) 3~5일:미취학여부파악후가정방문실시,소재안전이확인이되지않는경우경찰에수사의뢰
(3) 6일:미취학아동면담요청
(4) 7~8일:미취학아동및보호자면담후'의무교육학생관리위원회'개최
(5) 9일:취학대상아동입학현황정리및보고
(6) 9일후:전담기구에서지속관리,소재.안전이확인되지않는경우경찰에수사 의뢰

10) 무단결석아동관리대응(주요점검사항및조치필요사항)
(1) 결석당일~2일:결석학생의결석사유확인후지속적유선연락을통한출석독려
(2) 3~5일:결석학생의출석여부확인후가정방문실시,소재안전이확인이되지않는경우경찰에 수사의
   뢰
(3) 6일:결석학생면담요청
(4) 7~8일:결석학생및보호자면담후'의무교육학생관리위원회'개최
(5) 9일:결석학생현황정리및보고
(6) 9일후:전담기구에서지속관리,소재.안전이확인되지않는경우경찰에수사 의뢰

11) 교권보호

(1) 교권침해:교원의정당한 교육활동과 관련하여 교육행정기관,상급자,동료,학부모,학생으로부터 교권이훼손 당한 것

(2) 교육주체가동참하고분위기조성으로공교육에대한신뢰회복을위해교권보호

(3) 교원이안심하고교육활동에전념할수있도록교권침해억제력강화및피해교원의적극적치유필요

(4) 교권보호인프라구축과교권침해피해교원의상담.치료를지원하고교권침해학생.학부모의 선도.치유 및 조치강화

12) 초.중.등교육법제20조 교감의임무와 역할

▶교감의임무:

(1) 교장보좌:교장의직무에관한모든일을도와서처리

(2) 교무관리:복무,인사,교내장학,시설재정관리

(3) 학생교육:학습지도,생활지도등직.간접적으로직무대행

(4) 교장직무대행:교장부득이한사유로직무를수행할수없을 때

▶교감의역할:

(1) 중간관리자:학교장과교사사이의조정자역할

(2) 교육전문가:자율장학담당자역할

(3) 민주적행정가:모든교직원의상담적역할수행

(4) 정보화,세계화시대를주도하는개혁   의촉진자역할수행

13) 계약제교원의임용업무처리순서

(1) 도교육청,지역교육청, (2)서류전형및면접심사   (3)임용예정자선정및근무시간계약서작성 (4)임용결과를전자문서공문으로5일내교육청에보고 (5)나이스신규등록/계약만료시나이스퇴직처리 (6)계약직교원발령대장비치하여활용

14) 교내장학지도활성화방안

(1)허용적개방적분위기조성 (2)표준화되고객관적인수업분석도구 (3)교사들의연수기회확대   4)교사잡무줄이기   (5)자기장학기회확대,치밀하고체계적인자율장학계획수립

자 2026 교감면접에서 주의 해야 할 금지어 9가지

2026년 교감자격연수를 위한 면접에서 주의해야 될 말입니다. 꼭 참고 하셔서 좋은 면접결과 있으시길바라겠습니다^^!!

1) 아... 다시 하겠습니다

면접은 자연스러운 교감과 소통 이라고 생각합니다. 내가 준비해온 답변만을 줄줄이 말하다보면 말이 꼬일 수도 있죠? 그럴땐 간단히 죄송합니다 라고 말한 후 차분히 대답을 이어나갈 여유를 길러봅시다!

2) 무조건 / 무슨 일이 있어도

자기 생각을 솔직하게 드러내는 것은 매우 중요하지만! 무조건 잘 할수 있습니다 와 같이 근거 없는 자신감이 충만한 답변은 오히려 부정적인 인상을 심어 줄 수 있습니

다. 상황에 따라 융통성을 발휘할줄 알아야 됩니다^^

3) 잘은 모르겠지만...

면접에서 자신감은 가장 중요한 요소입니다. 면접에서 명확한 답변이란 있을 수 없죠.. 소극적인 태도 보다는 적극적이고 자신감 넘치는 어조로 내생각을 전달 할 수 있도록 해봅시다! 면접관과의 아이 컨택도 중요!

4) 뭐라고 하셨죠?

면접은 시간과의 싸움 입니다. 질문을 다시 물어보는 것은 나에게 주어진 소중한 시간을 날리는 것이고 면접에 집중하지 못하고 있다는 뜻이죠.

또, 다른 질문자에게 물어본 질문을 다시 물어보는 상황도 있으니 내 차례가 아니라고 멍때리지 말고 집중!!또 집중!! 합시다^^

5) 그게...음....그러니까

습관적으로 내뱉는 추임새는 반드시 고쳐야 할 습관입니다. 이처럼 말끝을 흐리게 되면 나의 생각을 정확히 전달 할수 없죠.. 그리고 면접관은 나를 흐리멍텅하고 우유부단 하다고 판단 할수있죠. 충분한 사전 연습으로 안좋은 습관은 고쳐나가도록 합시다^^

6) 뼈를 묻겠습니다

이와 같은 표현뿐만 아니라 누구나 할 수 있는 진부한 멘트는 진정성이 결여되어 있기 때문에 자신의 매력을 깍을 수 있습니다. 따라서 차별화된 나만의 키워드로 재미있는 한 줄 자기소개를 준비해 가시기 바랍니다^^

7) 그럴 것 같습니다

애매하고 두리뭉실한 표현은 쓰지 말아야 됩니다. 이 같은 문장보다는 '~라고 생각합니다' 혹은 '~입니다' 라고 분명한 어조로 답변하는 것이 중요합니다. 수 많은 지원자 중 소극적인 태도를 보인다면 강한 인상을 줄 수 없습니다.

8) 열심히 배우겠습니다

배움의 자세... 정말 중요하지만!!! 면접은 자신의 직무역량을 증명하는 자리입니다. 취업을 준비하면서 내가 경험했던 것과 이를 통해 내가 습득한 능력! 이것을 말하는 게 중요합니다.

9) 각종 줄임말 /은어

마지막으로 면접 중에 자신도 모르게 줄임말 / 은어 를 사용하곤 합니다. 면접관은 당신의 친구가 아니기 때문에 말을 할 때도 세심한 주의가 필요합니다.

충분한 사전 연습으로 성공적인 면접 마무리 하시고!!말을 할때 세심한 주의도 필요하지만 자기가 하고 싶은말은자신감 있게 표현하고 오세요^^

7 2026년 교감자격 연수 시 필독 자료

가 교직실무 핵심요약

	교육공무원의 정의 (교육공무원법 2조)	① 교육기관에 근무하는 교원 및 조교 ② 교육행정기관에 근무하는 장학관, 장학사 ③ 교육기관, 교육행정기관, 교육연구기관에 근무하는 교육연구관, 교육연구사
	교원의 정의 (유아교육법 20조, 초중등교육법19조,고등교육법 14조)	① 유치원의 원장, 원감, 수석교사 ② 초·중·고 및 공민, 고등공민, 고등기술, 특수학교의 교장, 교감, 수석교사, 교사 ③ 대학의 총장, 학장, 교수, 부교수, 조교수, 강사
	임용의 종류 (교육공무원법 제2조)	① 신분의 발생 : 신규채용, 특별채용 ② 신분의 변경 : 승진, 승급, 전직, 전보, 겸임, 파견, 휴직, 직위해제, 정직, 복직 ③ 신분의 소멸 : 퇴직, 면직, 해임, 파면, 정년 ☞ **임용이 아닌 것 = 감봉, 견책, 징계**
▶임용	**공무원의 임용결격사유**(국가공무원법제33조)	① 미성년후견인 또는 피한정 후견인 ② 파산선고를 받고 복권되지 아니한 자 ③ 금고 이상의 실형을 받고 집행이 종료되거나 집행을받지아니하고 확정된 후 **5년이끝나지아니한자** ④ 금고 이상의 형을 받고 그집해유예기간이 끝나지아니한자 ⑤ 금고 이상의 형의 선교유예를 받은 경우 그 **선고유예** 기간 중에 있는 자 ⑥ 법원의 판결 또는 법률에 따라 자격이상실되거나 정지된 자 ⑦ 징계로 파면처분을 받은때부터5년미만자
	임용일자 소급 금지의 예외사항(교육공무원임용령제6조)	① 공무로 인하여 사망한 때, 그 **사망전일**을 임용일자로 **추서**하는 경우 ② 휴직기간 **만료일** 또는 휴직사유 **소멸일** 을 임용일자로 **면직**하는 경우 ③ 형사사건으로 기소된 때, 직위해제하는 경우 **기소일** 자와 대법원 **판결일**로 **직위해제** 함.
	'당해직 임용 1년이내의 전직 제한'을 받지 않는 경우	① 기구의 개편, 직제의 개폐, 정원의 변경이 있는 경우 ② 당해 교육공무원의 승진 또는 강임으로 인한 경우 ③ 전보권자, 전보 제청권자를 달리하는 기관 간에 전보하는 경우 ④ 임용 예정 직위에 관련된 특수한 연수를 받았거나 임용 예정 직위에 상응한 근무 또는 연구 실적이 있는 자를 당해 직위에 보직하는 경우 ⑤ 징계처분을 받은 경우 ⑥ 형사사건에 관련된 혐의가 있는 경우 ⑦ 당해 직위나 근무지에 계속하여 근무하는 것이 교육상 심히 부적당하다고 인정되는 사유로서 장관이 정하는 경우
	생활근거지가 아닌 비경합지구에 전보할 수 있는 경우(수급 상 부득이한 경우와 본인 희망제외)	① 직위 해제된 후 복직된 자 ② 감사결과 인사조치 지시된 자 ③ 직무수행능력이 부족하거나 근무성적이 극히 불량한 자 또는 근무태도가 심히 불성실한 자 ④ 신체·정신상의 장애로 장기요양을 요하는 자

▶임용	교직원 배치 기준 (중학교)	① 교장, 교감 외에 3학급까지는 3인의 교사를, 3학급 초과 시 1학급 증가할 때마다 **1.5인 이상**의 비율로 배치 ② 3학급마다 1인 이상의 실업과 담당교사를 둔다. (교육청, 매년도마다 변경 됨)
	교직원 배치 기준 (고등학교)	① 교장, 교감 외에 3학급까지는 3인의 교사를, 3학급 초과시 1학급 증가할 때마다 **2.0인 이상**의 비율로 배치 ② 3학급마다 1인 이상의 실업과 담당교사를 둔다.
	교감의 배치 기준	① 초, 중, 고 공통으로 **43학급 이상**의 학교에 1인 추가 배치 (이 경우 교감 중 1인은 수업 담당 가능) ② 학생수가 **100명 이하**인 학교, **5학급 이하**인 학교에는 교감을 두지 않을 수 있음(만약 교감을 둔다면 수업을 담당해야 함)
	보직교사 배치 기준 (2025경기도교육청) (초등학교)	① 6~11 학급 :2~3명 ② 12~17학급 : 4~5명 ③ 18~23학급 :6~7명 ④ 24~29학급 : 8~9명 ⑥ 30학급이상 :10~11명 ☞ 11학급 이하인 학교 중, 장관 지정 연구학교와 체육중학교는 1인 추가 가능 (각 시·도교육청 기준에 따라 차이가 있음)
	보직교사 배치 기준 (고등학교)	① **3학급** 이상 5학급 이하 = 3명 ② **6학급** 이상 8학급 이하 = 4명 ③ **9학급** 이상 11학급 이하 = 5명 ④ **12학급** 이상 = 17학급 이하 =8명 ⑤ **18학급**이상 = 11명 (2026년경기도교육청 : 각 시·도교육청 기준에 따라 차이가 있음)
	직권면직의 사유 (국가공무원법제70조)	① 직제·정원의 개폐, 예산의 감소 등에 의하여 폐직 또는 과원이 되었을 때 ② 휴직기간 만료 또는 휴직사유 소멸 후에도 복귀하지 않거나 직무를 감당할 수 없을 때 ③ 직위해제 되어 3개월간의 대기명령을 받은 자가 능력 또는 근무성적의 향상을 기대하기 어렵다고 인정된 때 ④ 전직시험 3회 이상 불합격자로서 직무수행능력이 부족하다고 인정된 때 ⑤ 병역기피, 군무를 이탈하였을 때 ⑥ 당해 직급에서 직무를 수행하는 데 필요한 자격증의 효력이 상실되거나 면허가 취소되어 담당직무를 수행할 수 없게 된 때
	직위해제의 사유 (국가공무원법제73조의 3)	① 직무수행능력이 부족하거나 직무성적이 극히 불량한 자 ⇒ 이 경우, **3월 이내의 기간 대기**를 명함, 필요조치를 수행 ② 파면, 해임 또는 정직에 해당하는 징계의결 요구중인 자 ③ 형사사건으로 기소된 자(약식명령이 청구된 자는 제외) ☞ 위의 모든 경우 **8할의 봉급** 지급 ☞ 직위해제일로부터 3월이 경과된 후 직위를 받지 못하는 경우 **5할의 봉급** 지급
	퇴직의 종류 (국가공무원법)	① 정년퇴직 : 만 62세 ② 당연퇴직 : 국가공무원법제 33조의 임용결격사유에 해당 (선고 유예기간 중인 자 제외) ③ 명예퇴직 : 공무원으로 **20년 이상 근무**하고 정년퇴직일로부터 **1년 이상 남은 자**가 자진 퇴직하는 경우
	의원면직이 제한되는 경우	① 비위와 관련하여 형사사건으로 기소 중일 때 ② 징계위원회에 중징계의결 요구중일 때 ③ 감찰, 수사기관 등에서 비위와 관련하여 조사 또는 수사 중일 때 ④ 각급 행정기관 감사부서 등에서 비위와 관련하여 내사 중일 때

	명예퇴직수당 지급대상자 제외 조건	① 신청개시일 현재 징계요구중인 자 ② 수당지급 신청기간 개시일 현재 징계처분으로 승진임용 제한기간 중에 있는 자 ③ 형사사건으로 기소 중인 자, 직무상 비위와 관련되어 수사기관에서 조사 중인 자 ④ 명예퇴직 예정일까지 명예퇴직 대상 공무원으로 계속해서 근무한 기간이 **5년 미만**인 자 ⑤ 기타 재직 중 물의를 야기하며 퇴직을 권고당하는 등 취지에 부적당하다고 판단되는 자
	명예퇴직 수당 환수의 경우	① 공무원으로 재임용된 경우 ② 재직 중의 사유로 금고 이상의 형(선고유예 포함)을 받은 경우 ③ 경력, 별정, 계약, 고용직 공무원으로 재임용될 경우
	계약제 교원의 종류	① 기간제교원 ② 산학겸임교사 ③ 명예교사 ④ 강사
	계약제 교원 4대 보험 가입 기준	① 연금보험 = 기간제 당연 가입, 시간강사 가입 가능 ② 건강보험 = 기간제 당연가입, 시간강사 가입 가능(1월 이상) ③ 고용보험 = 기간제 당연가입, 시간강사 부분 가입 ④ **산재보험 = 기간제 당연가입, 시간강사 당연가입**
▶임용	**계약제 교원의 휴가 운영**	① 휴가종류 = 연가, 병가, 공가, 특별휴가 ② 연가 = 3월 이상 6월 미만 : 3일, 6월 이상 1년 미만 : 6일 1년 이상 2년 미만 : 9일 2년 이상 3년 미만 : 12일 ③ 일반병가 = 3개월 미만 계약일 때 : 3일, 3개월 이상 〃 : 7 일 ⇒ 치료기간이 정상적 교육과정 운영이 어려울 정도로 장기간일 때 해임, 새로운 계약제 교원 임용 ④ 공무상병가 = 연 60일 안에서 ⑤ 특별휴가 = 경조사휴가, 보건휴가, 육아시간 보장 ⇒ 포상휴가, 출석수업 휴가, 재해구호휴가 언급 없음 ⑥ 출산휴가 = 대체교원이라는 특성을 고려하여 관련법에 따라 계약내용
	교원정원 내에서 기간제 교원을 임용하는 경우(교육공무원법제32조)	① 교원이 휴직으로 후임자의 보충이 불가피한 때 ② 특정교과를 한시적으로 담당하도록 할 필요가 있을 때 ③ 교육공무원이었던 자의 지식이나 경험을 활용할 필요가 있을 때
	교원 정원 외에서 기간제 교원을 임용하는 경우(교육공무원법 제32조)	교원이 파견, 연수, 정직, 직위해제 등으로 후임자의 보충이 불가피한 때
	기간제 교원의 휴가 처리 규정	① 휴가종류는 연가, 공가, 공무상병가, 일반병가, 특별휴가 ② 연가는 3개월 계약 이상 일 때 ③ 공무상병가는 연60일 범위 내에서 ④ 일반병가는 3개월 계약 이상일 때는 7일 이내, 그 이하일 때는 3일 이내 ⑤ 치료기간이 정상적 교육과정 운영이 불가능할 정도로 장기간일 경우 해임하고 새로운 계약제 교원 임용 ⑥ 특별휴가는 일반교원과 동일하게 적용 - 경조사, 여성보건, 육아시간 ⑦ 특별휴가 중 포상휴가, 출석수업 휴가, 재해구호휴가, 퇴직준비휴가 등은 언급 없음 ⑧ 출산휴가는 동일 적용 - 90일(계약내용으로 정함)
	공무원의 의무 중, 신	① 선서 의무 ② 영예제한 의무 ③ 품위유지의 의무④ 영리업무 및 겸직금지의

▶ 복무	**분상 의 의무**(국가공무원법제55조외)	의무⑤ 정치운동금지의 의무⑥ 집단행위금지의 의무⑦ 재산등록의 의무 ⑧ 병역신고의 의무
	공무원의 의무 중 직무상의 의무(국가공무원법제56조 외)	① 성실 의무　　② 복종 의무　　③ 직장 이탈 금지 의무 ④ 친절공정의 의무 ⑤ 비밀엄수의 의무 ⑥ 청렴 의무 ⑦ 공공기관의 기록물보호 의무
	휴업의 효력과 절차 및 교원의 복무(초중등교육법 64조, 시행령 47조)	① 효력 : 휴업기간 중, 수업과 학생의 등교가 정지됨 ② 절차 : 　ㄱ. 관할청의 명령-재해 등의 긴급한 사유로 정상수업이 불가능하다고 인정하는 경우 학교장에게 휴업을 명할 수 있음 　- 관할청의 명령을 받은 학교의 장은 지체 없이 휴업 실시 　ㄴ. 학교장의 휴업결정-매 학년도 시작되기 전 학교운영위원회의 심의를 거쳐 정함. 관공서의 공휴일 및 여름, 겨울 휴가가 포함되어야 함. 　- 학교의 장이 비상재해 기타 급박한 사정이 발생한 때 실시. 이 경우 지체 없이 소속 교육청에 보고
	휴교의 효력과 사유 및 교원의 복무	① 효력 : 휴교기간 중 , 단순한 관리업무를 제외하고는 학교의 모든 기능이 정지됨. ② 사유 　- 학교의 장이 명령에도 불구하고 휴업을 하지 않는 경우 　- 특별히 긴급한 사유가 있는 경우 ③ 교원의 복무 　- 휴교명령권자는 휴교명령의 목적 달성 및 업무수행의 효율화를 도모하기 위해 소속 교원의 복무에 관한 사항을 정함
	직위, 직급, 직렬, 직군(국가공무원법 제5조)	① 직위 : 1인의 공무원에게 부여할 수 있는 직무와 책임 　(예 : 교육과장, 관리과장) ② 직급 : 직무의 종류, 곤란성, 책임도가 상당히 유사한 직위의 군 　(예 : 장학관, 사무관) ③ 직렬 : 직무의 종류가 유사하고, 그 책임과 곤란성의 정도가 상이한 직급의 군 ④ 직군 : 직무의 성질이 유사한 직렬의 군
	직위 승진, 직급 승진	① 직급 승진의 예 = 교사 ⇒ 교감, 교감 ⇒ 교장, 장학사 ⇒ 장학관 ② 직위 승진의 예 = 무 보직(장학관) ⇒ 교육과장(장학관), 교육과장 ⇒ 교육국장
	연가를 활용할 수 있는 경우	① 본인과 그 배우자의 부모 생신일 또는 기일 ② 공무 외 국외여행을 하는 경우 ③ 병가기간을 사용한 후에도 직무를 수행할 수 없거나 요양할 필요가 있을 때 ④ 한국방송통신대학교 출석 수업에 참석하는 경우 ⑤ 기타 정당한 사유가 있다고 학교장이 판단하는 경우 ⑥ 6일 이상 지속되는 7일 이후의 병가(진단서 없는 경우) ⑦ 민사소송의 경우, 당사자로 참석하는 경우 ⑧ 주간대학원 수강 시, 학교장에게 연가 결재를 받는 경우
	공가를 활용할 수 있는 경우	① 병역법, 다른 법령에 의한 징병검사, 소집, 검열점호 등에 응하거나 동원, 훈련에 참가할 때 ② 공무에 관하여 국회, 법원, 검찰 기타 국가기관에 소환될 때 　- 징계, 소청, 행정소송 : 업무담당자 ⇒ 출장, 당사자 및 참고인 ⇒ 공가 　- 민사소송 : 당사자 ⇒ 연가, 참고인 ⇒ 공가 ③ 법률 규정에 의한 투표에 참가할 때 ④ 승진, 전직 시험에 응시할 때

▶ 복무		⑤ 원격지간 전보발령을 받고 부임할 때 ⑥ 법률이 정한 건강진단을 할 때(재검진 포함) ⑦ 연수규정에 의한 외국어능력시험에 응시할 때 ⑧ 올림픽, 전국체전 등 국가적인 행사에 참여할 때 ⑨ 천재지변, 교통차단, 기타의 사유로 출근이 불가능할 때 ⑩ 교원노동조합법에 의한 단체교섭위원으로 참석할 때, 교섭관련협의회를 위하여지명된 자로 참석할 때
▶ 휴직/ 복직	휴직제도의 목적 (교육공무원법)	① 공무원이 재직중 일정한 사유로 직무에 종사할 수 없는 경우에 ② 면직시키지 아니하고 ③ 일정기간 동안 신분을 유지하면서 ④ 직무에 종사하지 않고 ⑤ 질병치료, 의무이행, 능력개발을 위한 연수기회를 부여하는 등 ⑥ 공무원의 신분을 보장하기 위한 제도
	휴직의 효력 (국가공무원법 73조)	① 공무원의 신분은 보유하나 직무에는 종사하지 못함 ② 휴직중이라도 신분상의 의무를 위반하였을 때, 징계처분의 대상이 됨 ③ 휴직 중에 정년 및 명예퇴직 신청도 가능함 ※ 별도의 복직절차 없이 바로 퇴직, 면직처분 가능 ④ 직권면직처분도 가능함
	휴직기간 중의 일정액의 봉급액을 지급하는 경우 (공무원 보수규정 28조)	① 질병휴직 = 봉급의 7할 지급 ② 결핵성 질환으로 인한 휴직 = 봉급의 8할 지급 ③ 공무상 질병휴직 = 전액 지급 ④ 해외유학 또는 1년 이상 국외연수 휴직 = 봉급의 5할 지급
	휴직자의 봉급 처리	① **2년 이상** 근속한 공무원이 휴직할 경우 ⇒ 그 달의 봉급액 전액 지급 ② **2년 미만** 근무한 자가 휴직할 경우 ⇒ 휴직일 기준으로 일할계산하여 지급(※ 생사불명 휴직 제외)
	결원보충의 조건과 할 수 없는 경우 (국가공무원법 43조)	① 조건 = **6개월 이상 휴직**하는 경우(별도의 승인 불필요) ② 할 수 없는 경우 = **질병휴직, 생사불명휴직**
	휴직업무 처리 시 유의점	① 휴직기간의 연장 = 휴직기간 만료일 **15일 전**까지 신청 ② 휴직자의 보고 의무 = **6개월마다** 소재지, 휴직사유의 계속 여부 ③ 복직 시 직무연수를 받아야 하는 휴직 = **육아휴직, 동반휴직**
	직권휴직의 종류 (교육공무원법제44조)	① 질병휴직 - 신체정신상의 장애로 장기요양을 요할 때, 1년 이내 ② 병역휴직 - 병역의무를 위해 징집, 소집된 때, 복무기간 ③ 생사불명 - 생사, 소재 불명한 때, 3월 이내 ④ 법정의무수행 - 법률상 의무수행을 위해 직무를 이탈하게 된때, ⑤ 노조전임자 - 교원노동조합 전임자로 종사하게 된 때, 전임기간
	청원휴직의 종류 (교육공무원법제44조)	① 유학휴직 - 학위취득 혹은 1년 이상 연구, 연수를 해외에서 하게 된 때, 3년 이내(학위취득의 경우 3년 연장 가능) ② 고용휴직 - 국제기구, 외국기관, 재외국민교육기관에 임시 고용된 때, 고용기간 ③ 육아휴직 - 1세 미만의 자녀를 양육하거나(남, 여교원 모두 가능) 또는 여교원이 임신, 출산하게 된 때, 1년 이내(여교원의 경우 2년 연장가능) ④ 연수휴직 - 교육부장관이 지정하는 국내의 연구, 교육기관에서 연수하게 된 때, 3년 이내 ⑤ 간병휴직 - 부모, 배우자, 자녀 또는 배우자의 부모의 간호를 위해, 1년 이내(재직기간 중, 총 3년)

▶ 휴직/ 복직		⑥ 동반휴직 – 배우자가 국외근무를 하거나 유학, 연수, 연구를 하게 된 때, 3년 이내(3년 연장 가능)
	질병휴직의 연장 및 재휴직	① 휴직기간 = **1년 이내** ② 휴직기간의 연장 = 휴직기간을 초과하지 않는 범위 내에서 **연장 혹은 복직** **후 재휴직 가능** ③ 휴직의 횟수에는 제한이 없음. ④ 단, 동일질병으로 1년을 초과할 수 없음. ⑤ 휴직기간이 만료된 후에도 정상근무 어려울 경우 = 직권면직처분 가능
	질병휴직에서병가 및 연가와의 관계	① 일반 질병휴직의 경우 **일반 병가(60일)** ⇒ **법정 연가 사용** (미사용 연가 범위 내) ⇒ **일반 질병휴직(1년)** ② 공무상 질병휴직의 경우 **공무상 병가(180일)** ⇒ **일반 병가(60일)** ⇒ **법정 연가 사용**(미사용 연가 범위 내) ⇒ **공무상 질병휴직(1년)**
	병역휴직의 발령기준 일과 입영준비 기간 처 리	① 발령기준일 = **입영일자** ② 입영준비기간 = 당해 공무원이 요구하는 경우 **연가**로 처리
	유학휴직의 사유	① 학위취득을 목적으로 해외유학을 하는 경우 ② 외국에서 1년 이상 연구 또는 연수를 하게 된 때
	유학휴직의 기간 및 횟수	① 법정휴직기간 = 3년 이내 ② 단, 학위취득의 경우 3년의 범위 내에서 연장 가능 ③ 법정 휴직기간 내에서 본인의 희망기간에 따라 정함 ④ 휴직의 횟수는 제한 없음
	유학휴직 – 3년의 범 위 안에서 연장가능의 의미	① 유학휴직은 최초 3년 이내에서 가능 ② 최초에 1년 또는 2년간만 휴직을 하였다 하더라도 최초 3년의 기간 모두 사용한 것으로 간주 ③ 그 후, 연장하는 3년은 횟수에 관계없이 3년 이내에서 연장 가능
	휴직·정직·직위해제 사유와 신분변동 사항	① 휴직의 사유 – 직권휴직, 청원휴직의 사유가 있을 때 정직의 사유 – 국가공무원법 및 명령 위반, 직무상 의무 위반, 직무 태만, 체면 또는 위신손상 행위가 있을 때 직위해제의 사유 – 직무수행능력 부족, 직무성적 극히 불량, 중징계의결 요구중, 형사사건으로 기소 되었을 때 ② 휴직시 신분변동 – 신분은 보유하나 직무에 종사하지 못함. 휴직사유 소멸시 복직이 보장됨 정직시 신분변동 – 신분은 보유하나 직무수행 못함 직무복귀 전제로 미리 기간(1~3월)을 정하여 실시 직위해제 – 본인의 귀책사유로 보직을 강제로 해제시킴 복직이 보장되지 않음
▶ 상훈/ 징계	공무원 표창의 종류	① 공적상 ② 창안상 ③ 우등상 ④ 협조상
	공무원 포상 수공 기간	① 훈장 : 15년 이상 ② 포장 : 10년 이상 ③ 표창 : 5년 이상
	공무원 포상 재 포상 금지 기간	<훈장 또는 포장을 받은 자>는 ① 훈·포장의 종류를 불문하고 5년 이내에 다시 훈·포장을 받을 수 없으며 ② 2년 이내에 다시 대통령, 국무총리 표창을 받을 수 없으며

▶ 상훈/ 징계		<대통령, 국무총리 표창을 받은 자>는 2년 이내에 다시 정부포상(훈·포장, 대통령, 국무총리표창)을 받을 수 없으며 <단체표창을 받은 자>는 2년 이내에는 동일분야 공적으로 다시 단체표창을 받을 수 없음.

	퇴직 공무원의 재포상
	제한 사항
		<퇴직공무원 포상대상자는 재포상 금지기간의 적용>을 받지 않되
		① 재직 중 정부포상을 받은자 : 동종동급 또는 그 하위의 포상을 받을 수 없고
		   (동종상종, 타종은 포상 가능)
		② 퇴직일 기준 1년 이내에 정부포상을 받은 자 : 그 보다 높은 훈격에 대해서만
		   받을 수 있음(동종, 타종 불문 상종만 가능)

	공무원의 징계 사유 (국가공무원법제78조)	① 국가공무원법 및 국가공무원법에 의한 명령을 위반하였을 때 ② 직무상의 의무에 위반하거나, 직무를 태만한 때 ③ 직무의 내외를 불문하고 그 체면 또는 위신을 손상하는 행위를 한 때

	징계위원회의 종류와
	징계 대상(교육공무원
	징계령2-4조)
		① 대학의장 징계위원회 - 대학의 장, 부총장
		② 특별 징계위원회 - 단과대학장, 전문대학장, 교육장, 교수, 교육부, 시도교육
		   청 국장 이상의 장학관
		③ 시도교육청 일반징계위원회 - 공립 각급 학교 교장, 교감, 시도교육청 장학
		   관, 장학사, 공립 고등학교 교사, 공립 유치원, 초·중학교 교사의 중징계
		④ 지역교육청 일반징계위원회 - 공립 유치원, 초·중학교 교사의 경징계

	중징계의 종류와 신분 조치	① 파면 - 공무원 관계로부터 배제, 5년간 공무원 임용결격사유 ② 해임 - 공무원 관계로부터 배제, 3년간 공무원 임용결격사유 ③ 정직 - 신분은 보유하나 직무에 종사하지 못함. 18개월+정직처분기간(1~3월) 승진, 승급 제한,처분기간 경력 평정에서 제외 징계말소기간 7년
	경징계의 종류와 신분 조치	① 감봉 - 12개월 + 처분기간(1~3월) 승진, 승급 제한징계말소기간 5년 ② 견책 - 6개월간 승진제한 징계말소제한기간 3년

	징계의 감경 사유
	(교육공무원 징계양정
	등에 관한 규칙4조)
		① 상훈법에 의한 훈장, 포장을 받은 공적
		② 정부표창규정에 의하여 국무총리 이상의 표창을 받은 공적
		   (교사는 중앙행정기관의 장인 청장(차관급상당) 이상 또는 교육감 이상의
		   표창을 받은 공적)
		③ 모범공무원규정에 의하여 모범공무원으로 선발된 공적

	징계를 감경할 수 없는 사유	① 징계의결 요구 시효가 3년인 징계사유에 해당할 때 ② 직무와 관련한 금품 수수 및 중점정화대상으로 인정된 비위 ③ 시험문제를 유출하거나 학생성적을 조작하는 등 학생성적과 관련된 비위 ④ 성폭력 범죄를 범하여 징계의 대상이 된 경우 ⑤ 상습적이고 심각한 신체적 폭력 행위로 인해 징계대상이 된 경우
▶ 교원 지위 향상	교원의 의사에 반하여 휴직, 강임, 면직되는 경우(교원지위향상을 위한 특별법 제6조)	① 형의 선고 ② 징계처분 ③ 법률이 정하는 사유
	교원지위향상을 위한 교섭·협의 사항 범위 (동규정 3항)	① 봉급 및 수당체계 개선에 관한 사항 ② 근무시간, 휴게, 휴무 및 휴가 등에 관한 사항 ③ 여교원의 보호에 관한 사항 ④ 안전보건에 관한 사항 ⑤ 교권신장에 관한 사항

		⑥ 복지후생에 관한 사항 ⑦ 연구 활동 육성 및 지원에 관한 사항 ⑧ 전문성 신장과 연수 등에 관한 사항 ⑨ 기타 근무조건에 관한 사항 ※ 교육과정 운영에 관한 사항은 교섭·협의 사항 아님
▶ 실무 법규	학생징계의 종류 (초중등교육법제18조)	① 학교내의 봉사 ② 사회 봉사 ③ 특별교육 이수 ④ 퇴학(고)
	퇴학처분의 사유 (동법 제18조)	① 품행이 불량하여 개전이 가망이 없다고 인정된 자 ② 정당한 이유없이 결석이 잦은 자 ③ 기타 학칙을 위반한 자
	학교폭력대책자치위 원회의 구성(학교폭력 예방및대책에관한법 률 제10-19조)	위원장(학교장) 포함 5인 이상 10인 이하의 위원으로 구성 ① 학생생활지도경력이 있는 자로서 10년 이상의 경력을 가진 자 ② 학교운영위원회의 학부모 대표 ③ 판사·검사 또는 변호사 자격을 가진 자 ④ 해당 학교의 구역을 관할하는 경찰서 소속 경찰공무원 ⑤ 청소년 보호에 지식과 경험을 가진 자
	학교폭력대책자치위 원회의 기능 (동법)	① 학교폭력예방 및 대책을 위한 학교체제 구축 ② 학교폭력예방 프로그램의 구성 및 실시 ③ 피해학생의 보호 ④ 가해학생에 대한 선도 및 징계 ⑤ 피해학생과 가해 학생간의 분쟁 조정
	학폭법에서 규정한 피해 학생에 대한 보호 조치	① 심리상담 및 조언 ② 일시보호 (※ 출석인정) ③ 치료를 위한 요양 (※ 출석인정) ④ 학급교체 ⑤ 전학권고 ⑥ 그 밖에 피해학 생의 보호를 위한 필요한 조치
	학폭법에서 규정한 가해학생에 대한 조치	① 피해학생에 대한 서면사과 ② 피해학생에 대한 접촉 및 협박의 금지 ③ 학급교체 ④ 전학 ⑤ 학교에서의 봉사 (※출석인정) ⑥ 사회봉사 (※출석인정) ⑦ 학내외 전문가에 의한 특별교육이수 또는 심리치료 (※ 출석인정) ⑧ 출석 정지(※ 무단결석처리, 기간의 상·하한선이 없고 학교장이 정함) ⑨ 퇴학처분
	학폭법이 정한 분쟁조정 기간	① 분쟁조정의 개시 - 신청 받은 날로부터 5일 이내 ② 분쟁조정 기간 - 1월을 넘지 않음
	학폭 관련 문서 보존 기간	① 안건 접수부 및 처리부 -5년 ② 회의록 -10년
	연구학교의 종류 (연구학교에 관한 규 칙)	① 정책연구학교 ② 실험학교 ③ 시범학교 ④ 선도학교
▶ 학교 경영	학교경영 기본조직 (교직실무편람)	① 교육지도조직 ② 교무분장조직 ③ 운영협의조직 ④ 지역사회관련조직
	학교경영의 성격 (학교관리와 비교)	① 일차적·직접적 배려 ② 교육내용 그 자체 운영 ③ 학교조직의 목표인 교육의 효과와 능률의 극대화를 지향 ④ 학교장이 교육적 이상에 의한 자율적·창의적 관점에서 교육활동을 운영

▶ 학교 경영		⑤ 학교가 목적 달성을 위해 인적·물적자원과 기술·정보의 활용을 조성·통합하는 활동
	학교운영위원회의 권한	① 학교운영 참여권　② 중요사안 심의·자문권 ③ 보고 요구권　④ 교육감 및 교육위원 선출권
	학교운영위원회의 의무	① 회의 참여의 의무　② 지위 남용 금지의 의무
	학교운영위원회의 성격	① 단위학교 차원의 교육자치 기구 ② 학교내외의 구성원이 함께하는 학교 공동체 ③ 개성있고 다양한 교육을 할 수 있는 제도적 장치
	학교운영위원회의 구성 절차(초중등교육법 시행령32조)	① 학교운영위원회 규정 제·개정 ② 선출관리위원회 구성 ③ 선거공고 및 입후보 ④ 학부모위원 및 교원위원 선출(임기만료일 10일전까지) ⑤ 지역위원 선출 ⑥ 위원장 선출 ⑦ 구성 완료
	학교운영위원회 운영위원 정수 (초중등교육법 31조)	① 학생수 200명 미만일 경우 : 5~8명 ② 학생수 200~1천명 미만일 경우 : 9~12명 ③ 학생수 1천명 이상일 경우 : 13~15명 ※ 운영위원 정수를 위한 학생수 기준일 - 새 임기의 학교운영위원회가 구성되는 해의 3월1일(신입생 예정 학생수 포함)
	학교운영위원의 구성 비율(동법)	①교원위원수:30%~40%(20%~30%)②학부모위원수 : 40%~50%(30%~40%) ③ 지역위원수 : 10%~30%(30%~50%) ※ ( )는 실업계고교의 경우 ※ 실업계학교 지역위원의 경우 1/2 이상은 사업자로 구성
	학교운영위원 중 지역위원의 자격요건 (서울시 조례)	① 당해 학교가 소재하는 지역을 생활근거지로 하는 자로서 교육행정에 관한 업무를 수행하는 공무원 ② 당해 학교의 소재지역을 사업활동의 근거지로 하는 사업자 ③ 당해 학교를 졸업한 자 ④ 기타 학교운영에 이바지하고자 하는 자
	학교운영위원으로 선출될 수 없는 자 (서울시 조례)	① 국가공무원법 제 33조에서 규정하고 있는 결격 사유자 ② 타 학교의 운영위원을 겸하고 있는 자 ③ 정당의 당원인 자
	학교운영위원의 자격 상실 요건 (서울시 조례)	① 교원위원이 소속을 달리할 때 ② 학부모위원은 자녀학생이 졸업, 전학, 퇴학한 때 ③ 회의소집통고를 받고도 사전 연락 없이 3 회 연속 회의에 불참할 때 ④ 학부모위원이 제출한 신상자료에 허위사실이 있는 것이 발견된 때 (단, 운영위원회 결정에 의함)
	학교운영위원의 임기	① 운영위원 : 2년, 1차에 한하여 연임 가능 ② 위원장, 부위원장 : 1년, 연임 가능
	학부모 위원의 선출 (조례 3조 2항)	① 학부모 전체 회의에서 직접 선출 ② 서신 또는 우편 투표도 가능 ③ 학급별 대표로 구성된 학부모대표회의에서 선출 가능(단, 학교규모, 시설 등 객관적 사유가 있을 경우, 당해 위원회 규정이 정하는 바에 따라 ※ 참석율 저조는 객관적 사유가 될 수 없음) ④ 임기만료일 10일 이전에 선출

▶ 학교 경영	교원 위원의 선출 (국·공립의 경우) (초중등교육법시행령 63조 2항)	① 당연직 교원위원을 제외한 교원위원의 선출 ② 교직원(교원, 교육공무원) 전체회의에서 무기명 투표 ③ 기간제 교원은 당해위원회 규정에 따라 투표권 부여 가능 　(단, 피선거권은 없음)
	지역위원의 선출 (조례 3조 2항)	① 학부모위원, 또는 교원위원의 추천을 받아 학부모위원 및 교원위원이 무기명 투표로 선출 ② 임기만료일 전일까지 ③ 당해 연도에 새로 선출된 학부모위원과 교원위원이 선출
	위원장, 부위원장의 선출 (조례 8조 3항)	① 교원위원이 아닌 자 중에서 무기명 투표로 선출 ② 재적위원 과반수의 득표로 당선 ③ 재적위원 과반수 득표자가 없을 때에는 2차 투표, 최고득표자를 당선자로 함. 이 경우 최고득표자가 2인 이상인 경우는 연장자를 당선자로 함.
	학교운영위원회의심 의사항(초중등교육법 제32조)	① 학교헌장 및 학칙의 제정, 개정에 관한 사항 ② 학교의 예산안 및 결산에 관한 사항 ③ 학교 교육과정 운영방법에 관한 사항 ④ 교과용 도서 및 교육 자료의 선정에 관한 사항 ⑤ 정규 학습 시간 종료 후 또는 방학기간 중의 교육활동 및 수련활동 사항 ⑥ 초빙교원의 추천에 관한 사항 ⑦ 학교운영지원비의 조성·운영 및 사용에 관한 사항 ⑧ 학교급식에 관한 사항 ⑨ 대학입학 특별 전형 중 학교장 추천에 관한 사항 ⑩ 학교 운동부 구성·운영에 관한 사항 ⑪ 학교운영에 대한 제안 및 건의 사항 ⑫ 기타 대통령령, 시·도의 조례로 정하는 사항 ※ 학교발전기금의 조성·운용·사용에 관한 사항 ⇒ 심의·의결 (공·사립 공통)
	국·공립학교와 사립학 교의 보고의 의무	① 국공립 = 학교장은 심의결과와 다르게 시행하고자 하는 경우, 학교운영위원 회와 관할청에 서면으로 보고 ② 사립 = 보고의무 없음
	학교발전기금의 종류	① 기부금품 - 개인, 조직, 단체 등이 자유의사에 따라 **기부**하는 금품 ② 모금금품 - 학교운영위원회에서 특정 목적(사업)을 위해 심의·의결과정을 거쳐 **일반인**(학부모 참여 가능)을 대상으로 모금한 금품 ③ 자발적 조성금품 - 학교운영위원회에서 특정한 목적을 위해 심의·의결을 거쳐 **학부모**들의 자발적 참여로 조성하는 금품
	학교발전기금의 사용 목적	① 학교교육시설의 보수 및 확충 ② 교육용 기자재 및 도서의 구입 ③ 학교체육활동 기타 학예활동의 지원 ④ 학생복지 및 학생자치활동 지원 (※ 학생 수련활동 지원×)
	학교발전기금 조성에 서의 금지 사항	① 학년별, 반별, 개인별 등으로 할당하여 조성하는 행위 ② 기부액의 최조, 최고액을 정하여 조성하는 행위 ③ 사전에 기부금액을 조사하거나 신청 받는 행위 ④ 기부를 직·간접적으로 요구하거나 강요하는 행위 ⑤ 발전기금 기탁서, 기부서를 일괄 배부하는 행위 ⑤ 발전기금 조성 안내문(가정통신문)을 교사나 학생을 통하여 배부하는행위 （※ 학부모에게 직접 우편으로 안내하거나 학교홈페이지를 이용） ⑥ 학부모를 대상으로 하는 자발적 조성금품의 경우, 기금 조성 및 홍보에 학부 모, 학교단체, 교사, 학생을 동원하는 행위 ⑦ 학부모를 대상으로 하는 자발적 조성금품의 경우, 개별적으로 접촉하거나 전화 등을 통하여 요구, 강요하는 행위 ⑧ 기탁서, 기부서에 기부자 이외에 자녀(학생) 인적사항을 기재하여 접수하는 행위 ⑨ 기타 학부모의 자발적 행위에 반하는 행위

▶ 학교 경영	학교회계의 중요 원칙 (국립및공립초중등학교회계규칙)	① 예산공개의 원칙 ② 회계연도 독립의 원칙 ③ 예산총계주의
	학교예산의 종류 (동 규칙)	① 본예산 - 매 회계연도 최초의 예산 ② 수정예산 - 학운위 심의 종료 전에, 학교장이 일부 내용을 수정하여 제출 ③ 추가경정예산 - 예산 성립 후, 필요 경비의 과부족이 생길 때 본예산에 추가, 변경을 가한 예산
	학교 예산안의 편성 절차 (동 규칙)	① 학교회계예산편성 기본지침 시달(회계연도 개시 3개월 전) ② 교직원의 예산요구서 제출 ③ 연간 총 전입금 및 분기별 자금 교부계획 통보(50일 전) ④ 예산조정작업 및 예산안 확정 ⑤ 예산안 제출(30일 전까지 학운위에 제출)
	학교 예산안 심의·확정 절차 (동 규칙)	① 예산안 통지 ② 예산심사소위원회 구성 ③ 학교장 제안 설명 및 관계자 의견 청취 ④ 예산안 심의 결과 송부(회계연도 개시 5일 전까지) ⑤ 예산 확정
	학교 회계 결산 절차 (동 규칙)	① 회계연도 종료(매년 2월말일 기준) ② 출납 폐쇄(회계연도 종료 후 20일) ③ 결산서 작성 ④ 결산서 제출(종료 후 2개월 이내 학운위에) ⑤ 결산 심의 ⑥ 결산 심의 결과 통보(종료 후 4개월 이내)
	예산 불성립 시의 예산 집행가능 사항	① 교직원 인건비 ② 학교교육에 직접 사용되는 경비 ③ 학교시설의 유지 관리비 ④ 법령상 지급의무가 있는 경비 ⑤ 이미 예산으로 확정된 경비
	학교예산의 전용 불가 사항	학교장은 필요한 경우 동일한 항 내에서 각 목사이의 예산을 전용할 수 있는데, 전용할 수 없는 사항 ① 인건비에 사용하려는 경우 ② 시설비에 사용하려는 경우 ③ 업무추진비 사용하려는 경우 ④ 회계연도 경과 후에는 전용 불가
	개산급으로 할 수 있는 경우 (동 규칙)	① 여비 ② 업무추진비(기관운영업무추진비에 한함) ③ 수학여행, 수련활동비 ④ 성질상 개산하여 지급하지 않으면 지장을 초래하는 경우 ⑤ 개산급 지출자는 지출 후 5일 이내 정산서 지출 (과부족이 없는 경우는 정산서 제출 생략)
	선금급으로 할 수 있는 경우 (동 규칙)	① 운임 ② 사례금 ③ 관보 및 정기간행물의 대가 ④ 기타 미리 지급하지 않으면 지장을 초래하는 겨우 ⑤ 금융기관 계좌 또는 전산망 이용 (10만원 미만 개산급의 경우는 아니할 수도 있음)
	물품관리공무원의 관직 지정	① 물품관리관 = 학교장 ② 물품출납원 = 행정실장(서무부장) ③ 분임물품출납원 = 학교장이 임명(주요부서 부장교사 등)
▶ 학적 관리	의무교육의 법적 근거 (교육기본법 제8조)	① 의무교육은 6년의 초등교육 및 3년의 중등교육으로 함 ② 모든 국민은 6년의 초등교육과 3년의 중등교육을 받을 권리를 가짐 ③ 지방자치단체는 의무교육에 필요한 초등, 중학교, 특수학교를 설립·경영하여야 함
	유예 및 면제 학적처리	① 의무교육대상자의 경우 퇴학(자퇴)시킬 수 없으므로 사유에 따라 유예 또는

(의무교육대상자)	면제처리 해야 함 ② 유예 또는 면제는 교육감이 정하는 질병 등 부득이한 사유가 있는 경우에 함 ③ 보호자의 신청으로 학교장이 최종 결정함 ④ 보호자가 행방불명일 경우 학교장이 사인 확인 후 보호자 신청없이 결정 가능 ⑤ 유예는 1년 이내로 하되 특별한 사유가 있는 경우 연장 및 재차 유예를 할 수 있음
재·편입학 학적처리 (의무교육대상자) (초중등교육법시행령 29조 외)	① 정당한 사유없이 3개월 이상 장기결석한 자는 정원외로 학적 관리할 수 있음 ② 면제, 유예, 정원 외 학적 관리 중인 자가 다시 학교에 다니고자 할 경우 초·중학교의 학칙이 정하는 바에 따라 학교장이 해당학년 수학가능성을 평가하여 취학할 학년 결정할 수 있음 ③ 재입·편입·전입생의 수업일수는 다른 학생의 수업일수와 같지 않을 수 있으나(법정 수업 일수 220일 이상이 안 될 수도 있음) 그 수업일수 가 **당해 학년 수업일수의 2/3 미만일 경우는 당해 학년도 재·편·전입이 불가능함** ④ 외국에서 귀국한 학생, 외국인 학생, 북한이탈주민의 자녀는 학칙이 정하는 바에 따라 중학교 입학, 전학 또는 편입학할 수 있음. ⑤ 편입학할 수 있는 자는 편입학하는 학년의 전 학년까지의 과정을 수료한 자 및 이와 동등 이상의 학력이 있다고 인정되는 자이어야 함 ⑥ 퇴학한 자가 재입학할 수 있는 학년은 퇴학당시의 이하 학년에 한함.
수업일수 2/3 이상에 미달하여도 해당 학년 수료에 영향을 받지 아니하는 경우 (초중등교육법 시행령 제29조 혹은 75조)	① 학업중단자(면제·유예·정원외학적관리자)가 취학, **재취학할 때** ② 귀국학생 등이 편·입학하는 경우 ※ 이유 ⇒ 재취학 및 편입학 당시 해당 학년 수업일의 수학가능성을 인정한 것이므로 ⇒ 수업일수가 당해연도 수업일수의 2/3 이상에 미달하여도 해당 학년 수료에 영향을 받지 아니함

☞ **법령은 수시로 개정 될 수 있으니 시행 공문에 의하여 변경된 사항은 최신 자료를 참조 바랍니다.**

Ⅴ. 交感하는 校監

V. 交感하는 校監

1 교감의 자질과 업무

가 교감의 사회적 대우와 교감의 자질

1) 만족도가 높은 직업 Top10(한국고용정보원의 <2023 한국의 직업정보>)

1위:대학교수	2:의사	3위:행정부 고위 공무원	**4위: 초·중고 교장과 교감**	5위:성우
6위:대학교총장및대학학장	7위:공무원	8위: 변호사	9위: 변리사	10위:초등학교 교사

2) 교감의 자질

가) 교감으로서의 마음가짐

 1) 업무처리의 일관성 및 공정성 유지 2) 합리적이고 민주적인 업무처리 관행 확립

 3) 인사관리의 공정성 및 합리성 유지 4) 감정의 절제 및 균형 감각 유지

 5) 공적 사적 품위 유지 및 근무시간 준수 6) 교직원 및 학생, 학부모와의 약속 이행 7) 학교구성원인 교직원, 교육공무직원,학생,학부모의 인격 존중 8) 교감으로서 권위 확보 및 유지 9) 청렴한 마인드와 청렴한 공직 생활

나) 교감과 인간관계

1) 모든 일은 대인관계에서 출발된다는 평범한 이치를 인식하고 언제나 겸손한 태도 견지

2) 효율적인 인간자원관리를 위해

가) 인화단결의 분위기조성및 대화의 시 간 나) 바람직한 인간관계 형성을 위한 효과적인 의사 소통능력 다)교사들과더불어일하며작은성취라도칭찬하고 격려하는 태도	라)조직구성원들의개인차(욕구,능력,성격특성의 차이) 인식 마)교사들의 애로사항 해결 및 어려운 일을 도와 주는 자세 바)애경사참석,교직원의대소사에적극적인관심 표현

다) 민원 처리 요령

1) 의사 소통을 잘하기 위해서는 먼저 다른 사람의 이야기를 잘 들어주는경청 이중요

2) 잘 듣는다는 것은 상대방이 자발적으로 이야기할 수 있도록 주의 깊게 듣는 것

3) 상대방을 존중하는 태도를 가지고, 말하는 사람의 이야기를 주의 깊게 들으면서

　　상대방의 감정을 이해하려고 노력
　4) 상대방의 이야기에 적절한 반응을 보임으로써 잘 듣고 있음을 표현해 주는 것이
　　좋다.
　5) 대부분의 민원은 경청하면서 공감하며 잘 들어주기만 하여도 민원인의 격양된 감
　　정 이 누그러지고, 민원이 쉽게 해결되기도 한다.
　6) 사람이 입은 하나, 귀가 두 개인 이유는 말하는 것보다 다른 사람의 말을 두 배
　　로 이상으로 잘 들어주라는 뜻이다.
　7) 상대방의 말을 경청하면서 공감해야 한다.
　8) 한 번 말하고 두 번 듣고 세 번 공감하는 1-2-3법칙을 항상 기억하고 대화에 임
　　해야 한다.
라) 지속적인 사랑과 관심
　1) 학교교육이란 학력 신장을 통한 실력 있는 인재 양성도 물론 중요하지만, 실천
　　위주의 인간교육과 도덕성 함양을 통해 올바른 심성을 기르는 것이 무엇보다도
　　중요
2) 바닷가의 조약돌을 그처럼 둥글게 다듬은 것은 단단한 망치나 정이 아니라, 쉼없이
　　밀려 오는 물결이다.
3) 학생 교육과 청소년 문제를 해결하는 데 있어서도 '지속적인 사랑과 관심' 이상의
　　좋은 처방은 없다.
4) 교사들의 마음이 모여 우리 학생들이 밝고 건전하게 생활할 수 있고, 항상 안심하
　　고 다닐 수 있는 '행복하고 즐거운 학교'의 이상이 실현되리라 확신합니다.
마) 갈등해소(행복한 학교)
1) 순기능적 갈등: 의도적으로 개입하여 해결
2) 역기능적 갈등: 사전 예방 및 차단
3) 원만한 인간관계 확립, 열린 의사소통 체제 유지, 민주적 절차 중시, 역지사지하는
　　자세와 수평적 사고, 구성원 이해-인정-존중
4) 학교경영의 투명성 확보로 운영의 합리화, 효율화 추구
5) 관리자의 카리스마적 지도력과 민주적 지도성의 조화
6) 관리자의 권위 확보
7) 갈등 해소 방안에 대한 사례연구, 연수 등을 통한 역량 강화
8) 교육청 등 자문기관의 도움
바) 참여의 효과
1) 문제의 본질을 이해하는 교육적 효과　　2) 자신이 의견 반영과 실현을 통한 자존적
　　효과
3) 다양한 의견 노출과 협의 과정이 주는 개방적 효과　　4) 조정, 타협, 합의를 바탕으
로 하는 소통적 효과 5) 함께 제안하고 실현하는 과정을 통한 공동체형성 효과 6) 다
각적인 이해와 대안 모색을 통한 창의 적 효과

사) 교감에게 요구되는 리더십

1) 교직원 및 학생에 대한 애정과 신뢰 2) 높은 전문성과 뛰어난 기획력 3) 법률과 지침, 매뉴얼과 규정에 따른 업무 처리 4) 경청과 소통, 존중	5) 청렴과 공평무사 6) 솔선수범 7) 문제 발생시 신속하고 엄정한 대처 8) 인근 학교와 정보 공유

아) 교원의 복무상 의무

1) 성실 의무 가) 모든 공무원은 법령을 준수하며 성실히 직무를 수행하여야 한다. 나) 공무원은 국민 전체의 봉사자로서 직무를 민주적이고 능률적으로 수행하기 위하여 창의와 성실로써 맡은 바 책임을 완수하여야 한다. 2) 복종의 의무 3) 직장이탈 금지 가) 공무원은 소속 상관의 허가 또는 정당한 사유가 없으면 직장을 이탈하지 못한다. 나) 나이스 상신 후 결재 필요	4) 친절, 공정의 의무 5) 종교 중립의 의무 6) 비밀엄수의 의무 7) 청렴의 의무 8) 품위유지의 의무 9) 정치 운동의 금지 10) 집단 행위의 금지 11) 영리 업무 및 겸집 금지

나 교감의 법률상의 의무

1) 초·중등교육법 제20조(교직원의 임무)

가) 교장은 교무를 총괄하고, 민원처리를 책임지며, 소속 교직원을 지도·감독하고, 학생을 교육한다.

나) 교감은 교장을 보좌하여 교무를 관리하고 학생을 교육하며, 교장이 부득이한 사유 로 직무를 수행할 수 없을 때에는 교장의 직무를 대행한다. 다만, 교감이 없는학교에서는 교장이 미리 지명한 교사(수석교사를 포함한다)가 교장의 직무를 대행 한다.

다) 수석교사는 교사의 교수·연구 활동을 지원하며, 학생을 교육한다.

라) 교사는 법령에서 정하는 바에 따라 학생을 교육한다.

2) 초·중등교육법 시행령 제9조의8(수석교사의 우대)

가) 학교의 장은 수석교사의 원활한 활동을 지원하기 위하여 수석교사의 수업시간 수 를 해당 학교별 교사 1인당 평균수업시간 수의 2분의 1로 경감하되, 학교 여건 등을 고려하여 조정할 수 있다.

나) 수석교사에게는 예산의 범위에서 연구활동비를 지급할 수 있다.

3) 교장 보좌

가) 학교장의 경영방침 이해와 교직원 전달

나) 교직원의 의견수렴과 학교장에게 보고(건의)

4) 교무 관리

가. 학교 교육계획 수립 및 교육과정 편성 운영 나. 교무업무 분장 및 각종 회의 주관 다. 학사 운영 및 교원 인사 복무 관리 라. 교내 자율장학	마. 학교행사 및 교육시설 관리 바. 문서관리 및 각종 규정 검토 관리 사. 교사의 업무 고충 파악 및 해결 아. 청렴 책임관 활동과 교직원 복지 확 　　대 등

5) 학생교육

가) 직접교육: 학습지도, 생활지도, 상담활동, 학생 대상 설명회 등

나) 간접교육: 교사의 학습지도 방법 연수, 전문성 신장 지도 등

6) 직무 대행

가) 학교장 유고 시(출장, 휴가 등) 교장의 업무 대행[대결, 직무대리 등]

▶ 대결: 학교회계 결정권X

▶ 직무대리: 학교회계 결정권O

나) 직무대리 명을 받지 않았을 경우에는 긴급사항은 보고 후 교장의 지시에 따라
　　처리하고, 경미하고 통상적인 사안은 우선 처리후 보고(최종 결정권자가 아님)

7) 조정: 학교 구성원 간의 이견이나 업무 조정

8) 기타

가) 학교 내 교육시설, 가구 등 배치 및 관리 상태 파악

나) 각종 법규, 지침, 조례, 학칙 등의 내용 숙지

다) 교내 공식, 비공식 교사 조직과 학부모 요구 및 지역사회 요구 파악 관리

※ 초중등교육법 시행령 제9조(학교규칙의 기재사항 등) ①항①법 제8조에 따른 학교의 학교규칙(이
　하 "학칙"이라 한다)에는 다음 각 호의 사항을 기재해야 한다.
1. 수업연한·학년·학기 및 휴업일
2. 학급편제 및 학생정원
3. 교과·수업일수 및 고사와 과정수료의 인정   4. 입학·재입학·편입학·전학·휴학·퇴학·수료
　및 졸업
5. 조기진급, 조기졸업 및 상급학교 조기입학 자격 부여 6. 수업료·입학금 기타의 비용 징수
7. 학생 포상, 징계, 교육목적상 필요한 지도 방법, **학업 중단 예방 및 학교 내 교육·연구활동 보
호에 관한 사항**등 학생의 학교생활에 관한 사항   8. 학생자치활동의 조직 및 운영
9. 학칙개정절차   10. 그 밖에 법령에서 정하는 사항

2 교감의 주요 업무

가 교장 보좌

1) 교감의 법적 지위

가) 교장 보좌, 교무 관리   나) 학생 교육   다) 교장 유고 시 직무 대행

 ※ 유고(有故): 특별한 사정이나 사고가 있음

2) 교감의 임무

가) 교무 총괄

 ▶ 학교에서 이루어지는 여러 가지 사무 관리 ▶ **교무 통할→교무 총괄로 변경**

 ▶ 용어 정의

 ☞ 교무(校務): 학교에서 이루어지는 사무

 ☞ 통할(統轄): 모두 거느려 다스림

 ☞ 총괄(總括): 모든 일을 한데 묶어 관할함

나) 소속 교직원 지도·감독

 (1) 소속 교원과 직원에 대한 지도 및 감독

 (2) 구 교육법 제75조제1항에 명시되어 있던 교장의 교감 및 교사에 대한 명령권이

    지도·감독권으로 변경

 ▶ (구) 교감은 교장의 명을 받아 → (현행) 교장을 보좌하여

 ▶ (구) 교사는 교장의 명을 받아 → (현행) 법령에서 정하는 바에 따라

 (3) 용어 정의

 ☞ 교직원(敎職員): 교원(교장·교감·수석교사, 교사)과 직원(행정직원 등)

 ☞ 지도(指導): 어떤 목적이나 방향으로 남을 가르쳐 이끔

 ☞ 감독(監督): 일이나 사람 따위가 잘못되지 아니하도록 살피어 단속함. 또는일의

    전체를   지휘함

 ☞ 장리(掌理): 일을 맡아서 처리함

 ☞ 보좌(補佐): 상관을 도와 일을 처리함

 (4) 학생 교육

 ▶ 학생들에게 지식과 기술 따위를 가르치며 인격을 길러 줌

 ▶ 학생 교육은 학습지도, 생활지도, 상담활동 등 교육활동 전반을 통해 학생들이 바른

    인격체로성장하는 데 도움을 주는 교원의 기본 임무

3) 교장 보좌

 가) 교감은 상관인 교장을 도와 일을 처리하는 보조자

 (1) 학교경영에 있어 최종 결정자인 교장이 올바른 의사결정을 할 수 있도록 다양한

    의견 제시, 아이디어 제공, 판단 자료를 제공해 줄 수 있는 보조자

 (2) 사안 분석 판단에 도움을 주어 교장이 올바른 결정을 하도록 보조

 나) 교장 교육 비전과 학교 교육목표를 공유하고 실천해나가는 조력자

 (1) 교장의 교육철학, 경영관을 이해하고 구현하며 의견을 제시하는 동반자

　(2) 교육공동체 및 지역사회와 갈등이 빚어지지 않도록 보좌
　(3) 교육에 대한 철학과 전문성을 바탕으로 포괄적이고 전문적인 보좌
다) 교장과 교감의 관계는 상명하달식 수직관계에서 직무상 협력자로 개선
　(1) (구) 교감은 교장의 명을 받아 → (현행) 교장을 보좌하여
라) 교장 위임사항 실무 실행자
　(1) 보직교사의 임용
　(2) 기간제교사의 임용
　(3) 소속 교원의 호봉 재획정 및 호봉정정 등
4) 교무 관리
가) 교무 관리
(1) 교무(校務)는 교무(敎務)보다 포괄적인 의미를 지님
(2) 교무업무 조정·통합, 교육과정 운영, 행사 운영 등 교무(敎務) 및 학교별 업무분장에 따른
　　교직원관리, 문서관리, 시설관리 등 일반사무 관리
(3) 용어 정의
　(가) 교무(校務): 학교에서 이루어지는 사무 전반. 교무(敎務)와 일반사무 포괄
　(나) 교무(敎務): 학생을 가르치는 일에 대한 사무
　(다) 관리(管理): ① 어떤 일의 사무를 맡아 처리함 ② 시설이나 물건의 유지, 개량 위
　　　의 일을 아 함　③ 사람을 통제하고 지휘하며 감독함
5) 교감의 교무 관리
　가) 교원 복무 관리
　(1) 청탁금지법, 공무원행동강령, 이해충돌방지 홍보
　　　▶ 청렴담당관, 공무원행동강령관, 이해충돌방지담당관 지정
　　　▶ 갑질 금지, 외부강의 신고, 이해충돌방지 안내
　　　▶ 유튜브 등 인터넷 개인방송 활동 겸직허가 안내
　　　▶ 예산 집행의 투명성
　(2) 법령, 규정, 지침 등 내용 숙지
　　　▶ 국가법령정보센터(www.law.go.kr) 등을 통해 법령 등 변동 수시 확인
　(3) 교원 휴가업무처리 요령 안내
　(4) 교육공무원의 복무상 의무 강조
　　　▶ 성실 의무　▶ 품위 유지의 의무　▶ 영리 업무 및 겸직 금지 등
　　※ 교원: 국가공무원-경력직공무원-특정직공무원-교육공무원
　나) 교원 인사 관리
　(1) 임용 관리: 신규채용, 승진, 승급, 전직, 전보, 겸임, 파견, 강임, 휴직, 직위해제, 정
　　　직, 복직, 면직, 해임 및 파면 등에 관한 업무
　(2) 계약제 교원 채용　　　　　　　　(3) 휴·복직 관리, 호봉 및 승급
　(4) 승진 및 평정, 다면평가　　　　　(5) 교원능력개발평가 관리 등
　(6) 각종 위원회 운영, 표창 추천　　 (7) 공정하고 건전한 학교문화 조성
　(8) 업무분장, 담임배정, 보직교사 배정　(9) 위임전결규정, 학교규칙 제정·개정

(10) 교육활동보호(교권침해 방지 및 지원) 11) 교사 개개인의 교직 진로 지도와 상담

(12) 교직원 능력과 자질 중심의 민주적 인사 시스템 운영

(13) 징계사유 홍보(음주운전, 성관련 범죄, 겸직허가 위반 등)

다) 교무 관리

(1) 학교자체평가 관리　　　　　　　　　(2) 각종 위원회 운영 관리

(3) 단위 학교 장학활동 활성화　　　　　(4) 각종 보고 자료 확인 및 점검

(5) 교직원 복지, 건전한 학교문화 조성

(6) 자기개발에 충실할 수 있는 근무환경 조성

(7) 컨설팅 활성화 및 교수·학습 전문성 배양

(8) 학교 교육과정 편성 및 운영에 대한 전문가

(9) 교실수업의 관리 및 감독자로서 조력 및 지원 등

(10) 경력·연령·성별 교사 특성에 따른 선택적 장학활동

(11) 교사 수업전문성 신장을 위한 교감의 수업장학 전문성

(12) 교직원 상호 간 인화와 우호적인 분위기 조성과 유지를 위한 노력

(13) 교직원 회의와 학부모회의 등 의견 수렴과 의사 결정 시 협동적 체제 유도

(14) 교사의 교육활동을 지도·조언하며 교사의 교수 능력을 극대화 할 수 있는 장
　　 학자서의 역할 수행

라) 행정 관리

(1) 교사들의 행정업무가 원활하게 진행될 수 있도록 도와주는 행정관리자

　▶ 필요 시 교무실과 행정실간 가교 역할 수행

(2) 교사의 행정업무 처리 능력 향상을 위한 연수

　▶ 신규교사 공문서 작성 및 업무포털 시스템 업무 처리 지원

　▶ 공문서 관리 기본

(3) 기본적인 학교회계 제도에 대한 이해

　▶회계연도에 대한 이해, 학교회계 예산 편성, 집행잔액 파악 및 추가경정예산 편
　　성

　▶ 학교운영위원회 운영 이해

6) 학생 교육

가) 학생 교육

(1) 학습지도, 생활지도, 상담활동 등 교육활동 전반을 통해 학생들이 바른 인격체로 성장
　　하는 데 도움을 주고자 하는 학교의 존립 목적 자체

종 류	내 용
직접 교육활동	학습지도, 생활지도, 상담활동, 학생 건강
간접 교육활동	교사의 교육활동 지원, 각종 연수 및 장학활동 참여, 제반 교육활동 계획 수립과 조정, 학부모교육, 학교 시설을 활용하는 교육활동 조정 등

　(2) 학생 교육은 교장, 교감, 수석교사, 교사 등 교원의 기본 임무로 공통 명시

나) 교감의 학생 교육

　(1) 학생 교육을 위한 학교교육과정 운영 계획과 목표 비전 제시 및 관리, 교육활동 계획
　　　수립 및 조정

　(2) 교육의 질적 향상을 위한 교사의 교육활동 지원, 각종 연수 및 장학활동 참여, 학부모교육
　　　등 지원

　(3) 전체 학급 수가 5학급 이하인 학교 중 배치된 교원 수가 최소 배치기준 이하에 해당하는
　　　학교에 교감이 배치될 경우 교감은 법령에 의해 수업 담당

　(4) 학생 생활지도 업무의 총괄자로서 사안이 발생했을 때 침착하게 처리

　(5) 다양한 인성교육 프로그램을 운영하여 예방활동에 노력

　(6) 사안 발생 등 다양한 상황으로 수업을 해야할 경우 학생들의 성향을 이해하고 지
　　　도할 수 있는 자세

　(7) 원격수업, 참여형 수업, 블렌디드 수업 등 다양한 환경에 맞춰 교실수업 개선

7) 교장 직무 대행

가) 직무 대행

(1) 교장이 직무를 수행할 수 없을 때 교감이 교장 직무대리

(2) 법정대리와 지정대리로 구분

(3) 용어 정의

　(가) 직무(職務): 직책이나 직업상에서 책임을 지고 담당하여 맡은 사무

　(나) 대행(代行): 남을 대신하여 행함

　(다) 직무대리: 기관장, 부기관장이나 그 밖의 공무원에게 사고가 발생한 경우에 직무
　　　상 공백이 생기지 아니하도록 해당 공무원의 직무를 대신 수행하는 것(직무대리규
　　　정제2조)

8) 교감이 교장직무대리를 수행할 때의 주요 내용

　1) 법적·행정적 지위

(가)교장 부재(휴가, 연수, 공석 등) 시 **학교 대표자**로서 교장 권한 대행

(나)학교장 명의로 처리되는 공문·결재의 **최종 책임자**

　2) 학교 운영 총괄

(가)학교 전반 운영 관리 (나)교육과정 운영 (다)학사 일정 관리 (라)학교 주요 계획
　　추진 (라)긴급 사안 발생 시 **최종 의사결정**

3) 인사 및 복무 관리

(가)교직원 **복무 관리** (나)출장, 연가, 병가 승인 (다)근무 상황 점검

(라)기간제 교원, 강사 등 **인력 운영 관리**　　　　(마)교직원 관련 민원 1차 책임

4) 학생 생활·안전 관리

(가)학생 생활지도 전반 총괄 **(나)학교폭력, 안전사고**발생 시 즉각 대응 및 보고

(다)학생 징계, 선도위원회 운영 시 학교장 역할 수행

◑ 직무대리 명령서

직무대리 명령서

1. 직무대리 직명:

2. 직무대리자의 직위와 성명:

3. 직무대리 기간:

「**직무대리규정**」 **제6조에 따라 위와 같이 직무대리를 명합니다.**

년   월   일

직위   성명   (서명 또는 인)

나   교감의 리더쉽

1) 교직원이 꺼려하는 교감

가) 권위주의적 태도

▶ 결정된 사항에 대해 번복하기   ▶ 리더십을 약자에게만 발휘하기

▶ 교사의 말을 듣기 전에 감정을 드러내거나 비난

▶ 설명이나 보충 내용 없이 일방적인 업무지시 내리기

나) 무기력한 태도

▶ 매사에 책임 회피   ▶ 본인 업무를 남에게 시키기

▶ 무기력하고 방임하는 태도로 업무 처리하기

▶ 업무 파악을 제대로 못하고 작은 일에도 허둥대기

다) 공사를 구별하지 못하는 태도

▶ 학부모나 교사에게 흠을 보여 약점이 있는 경우

▶ 자리를 지키지 않고 소재 파악에 어려움을 주는 경우

▶ 교무실 전화를 개인 전화로 알고 지나치게 사적으로 쓰는 경우

2) 교직원이 바라는 교감

가) 인간 관계 측면

▶ 근면 성실한 태토   ▶ 의사소통 능력이 좋은 분

▶ 편애하지 않고 매너가 깔끔한 분 ▶ 교사가 부족하더라도 믿고 격려해 주는 분

▶ 교사의 고충을 해결하고 열린 태도를 지닌 분 ▶ 웃음 띤 얼굴로 인사 나누고 부드러운 말씨 사용 ▶ 청렴결백하고 교사나 학부모에게 신뢰감을 주는 분

▶ 교사의 작은 성취에도 격려와 칭찬을 아끼지 않는 분
▶ 교사와 교사, 교장과 교사 간의 인간관계를 잘 조정하는 분

나) 지도 능력의 측면

▶ 교육과정 및 교육 행정에 식견이 넓은 분
▶ 교육에 관한 전문 지식과 교직에 대한 소신과 철학이 있는 분
▶ 교내 장학 활동 시 정확한 평가와 대안을 제시해 줄 수 있는 분

3) 리더십의 종류

가) 카리스마적 리더십(Charismatic leadership)

▶ 강압적이고 독재적인 의미가 아닌 자발적으로 따르게 하는 리더십
▶ 공감할 줄 알고 특권의식이 없고 상대방을 배려할 줄 아는 리더십
▶ 복잡하고 방대한 조직 관리를 위해 상황에 맞는 카리스마적 리더십 요구
▶ 카리스카적 리더십의 원천: 사람의 마음을 끌어들이는 집중력과 유인력, 명확한
　미래의 비전, 일관성 및 상황판단력, 철저한 자기관리

나) 서번트 리더십(Servant leadership)

▶ 구성원들이 공동 목표를 이루고자 할 때 섬김과 배려의 자세로 환경을 조성하
　며 도와주는리더십
▶ 인간 존중을 바탕으로 모든 구성원의 잠재력을 발휘해 시너지 효과를 창출할
　수 있도록 이끔
▶ 서번트 리더십의 원천: 스스로 시종이 되어야 한다는 의식, 구성원 개개인의 생각
　과 성장에 대한 지원, 공감대 형성
▶ 정착화되기까지 상당한 시간이 걸리고, 리더의 정신적인 스트레스가 높으며, 연
　약한 조직으로 보일 수 있고, 리더가 우유부단해질 수 있음

다) 거래적 리더십(Transactional leadership), 변혁적 리더십(Transformational
　leadership)

▶ 거래적 리더십: 구성원의 결핍요구를 자극하고 이를 충족시켜주는 것을 반대급
　부로 조직에 필요한 임무를 수행하도록 동기화시키는 리더십
　* 특징: 단기적, 현실중시, 지시적, 수직적
　* 원천: 지위로부터 얻음
▶ 변혁적 리더십: 구성원의 성장욕구를 자극하고 동기화시킴으로써 태도와 신념을
　변화시켜 더 많은 노력과 헌신을 이끌어내는 리더십
　* 특징: 장기적, 미래지향적, 합리적 설명, 다방향적, 동기부여
* 원천: 인간존중, 솔선수범, 변화선도, 교수·학습 실행을 통해 구성원들이 부여

4) 요구되는 교감의 리더십

(가) 경청하고 소통하자　　　　　　　　(나) 사람의 마음에 주목하라
(다) 팀워크를 다지는 데 집중하라　　　　(라) 교직원 모두에게 동기를 부여하라
(마) 칭찬으로 사람들을 성공으로 이끌어라 (바) 갈등을 교육발전의 동력으로 활용하라

3 교감이 알아야 할 교원 복무 관리

1. 학교에 근무하는 교육행정직 공무원과 교사의 근무시간
☞ 초중.고교의 경우, 교사는 교육부장관이 국가공무원복무규정 제10조의 규정에 의거 협의·변경한 근무시간을 준수하여야 하고, 교육행정직 공무원은 국가공무원 복무규정이 정한 근무시간을 준수하여야 하므로 같은 학교에서 근무하더라도 양자의 근무시간은 서로 다를 수 있음.

2. 종무식이 있는 날의 퇴근시간
☞ 종무식은 한해의 마무리를 기념하는 행사에 불과하고 근무 시간의 종료를 의미하는 것은 아니므로 종무식이 있는 날에도 국가공무원복무규정에 규정된 근무 시간을 준수하여야 함.

3. 지하철·시내버스 파업 시 근무시간 변경 가능 여부
☞ 지하철·시내버스 등 대중교통수단 파업 발생 등으로 교통 불편이 예상 될 경우에도 대체교통수단을 이용할 수 있고 대 국민 서비스와 각급기관의 유기적인 업무처리를 위하여 출,퇴근시간은 변경하지 않음. 다만, 교통 불편으로 인하여 1시간이내의 지참에 대해서는 이를 지참으로 처리하지 아니함.(대중교통수단 파업대비 복무관리지침, 공무원단체복무팀)

4. 특정일의 근무시간에 정기적인 체육시간 운영 가능 여부
☞ 특정일의 근무시간 중 일부를 정기적인 체육시간으로 지정·운영하는 것은 본연의 직무에 지장을 초래하거나 민원 불편이 야기될 우려가 있으므로 허용되지 않음. 다만, 군인이나 경찰·소방 등 직무 특성상 체력훈련이 필요한 경우 직무에 지장을 초래하지 않는 범위 내에서 가능함.

5. 불법행위(시위) 목적의 외출신청에 대한 처리
☞ 불법집회를 지원 또는 참가할 목적으로 외출 등을 신청한 경우 허가권자는 동 외출 등의 불법성을 고려하여 외출을 허가하지 아니할 수 있음.

6. 출장명령과 출장여비 지급
☞ 출장명령은 출장여비의 지급 근거가 되는 것이나, 출장명령이 있다 하여 반드시 출장여비를 지급하는 것은 아님.(직무와 관련하여 공무원교육원에 출강하여 강사료를 받은 경우 출장여비 지급 없이 출장으로 처리함.)

7. 근무지내 출장자의 초과근무 인정
☞ 근무지내 출장명령을 받은 공무원은 출장업무를 마치고 사무실로 귀청하여 계속 근무하는 경우에는 초과근무를 인정할 수 있음.

8. 근무지내 출장명령 및 출장여비 지급
☞ 근무지내 출장을 마치고 귀청 후에 또다시 근무지내 출장 명령은 가능하나, 공무원여비규정에 근무지내 4시간 이상 출장은 20,000원, 4시간 미만 출장은 10,000원을 지급하므로 20,000원을 초과하는 여비를 지급할 수 없음.

☞ 왕복2키로 이하의 근거리출장인 경우 실비지급 **(최신법령에 따름)**

9. 근무시간 이후 근무지내 출장용무가 발생한 경우
☞ 근무시간 중 근무지내 출장명령과 이에 따른 여비를 지급 받고 귀청 후 근무시간 이후 근무지내 출장용무가 발생한 경우에는 시간외 근무명령을 하고 이에 따른 수당을 지급함.

10. 동호인회 모임 참석자의 출장처리 여부

☞ 근무시간 내에 직원의 친목 도모와 사기진작을 위하여 동호인회를 개최하는 것은 불가함. 또한, 근무시간 이외의 시간에 동호인회에 참석하는 공무원에 대하여 출장으로 처리할 수 없음.

11. 민간단체 주관 행사 참석시 복무관리

☞ 보이스카웃, 사회복지법인 등 민간단체 행사에 초청되어 참석하는 경우 당해 공무원의 업무와 관련성이 있고 소속기관의 대표 자격으로 참석할 경우에는 출장 조치가 능하나, 개인 자격으로 참석할 경우에는 연가로 처리해야 함.

12. 외부 출강 시 출장처리 등

☞ 민간기관 또는 산하기관에 출강할 경우 강의가 직무수행과 관련이 있는 경우에는 출장 조치가 가능하나, 직무수행과 무관한 출강의 경우에는 연가를 사용해야 함.

☞ 출장조치가 가능한 출강의 경우에도 강의를 요청한 기관에서 실비를 지급할 경우에는 출장여비를 지급할 수 없음.

13. 소속직원의 경조사에 기관대표로 참석

☞ 소속지원의 경조사에 기관대표로 참석 할 경우 출장조치와 여비지급은 가능하나, 최소한의 인원에 한함.

14. 근무시간 중의 주간대학원 수강

☞ 공무원이 주간대학원에 수학하는 문제는 소속기관이 관여할 사항이 아니며, 근무시간 중 동 대학원의 강의를 듣기 위한 출장 처리도 불가함.

☞ 다만, 수강을 위하여 소속 기관장 또는 부서장의 허가를 얻어 연가를 사용할 수 있으나, 본인의 연가일수를 초과한 경우에는 결근으로 처리함.

15. 교원노조, 교원단체 활동과 공가 · 출장

☞ 단체교섭, 교섭·협의를 위한교원노조, 교원단체의 단체교섭위원 · 교섭관련협의 지명자에 한하여 단체교섭 및 교섭·협의에 직접 소요되는 시간(이동시간 포함)은 공가 처리(사전협의 등에는 적용 불가)

☞ 원칙적으로 근무시간 중에는 노조활동이 불가능 하나, 단체교섭 등에 의하여근무시간 중 이루어지는 교원노조, 교원단체가 주관하는 행사 및 회의(대의원회, 집행위원회 등)에 참석하는 경우 연가의 범위 내에서 조퇴·외출등을 활용한 참석을 허가할 수 있음. (공무에 해당하는 경우가 아니면 출장처리 할 수 없음)

16. 국외에서 훈련 중인 공무원이 일시 귀국하는 경우

☞ 국외에서 위탁 교육훈련을 받는 공무원이 일시 귀국하고자 하는 때에는 귀국사유 등을 명시하여 소속 중앙행정기관의 장을 거쳐 훈련주관부서(중앙행정기관의 장 또는 중앙인사위원회)의 승인을 얻어야 함.

☞ 공무원교육훈련법시행령

제40조(일시귀국) ①국외훈련공무원이 일시 귀국하고자 하는 때에는 귀국사유 등을 명시하여 소속 중앙행정기관의 장을 거쳐 국외훈련을 주관하는 중앙인사위원회 또는 중앙행정기관의 장의 승인을 얻어야 한다. 다만, 직계존비속이나 배우자의 사망 등으로 미리 승인을 얻을 시간적 여유가 없는 경우에는 일시귀국 기간 중에 승인을 얻을 수 있다.

17. 공휴일을 이용하여 공무외의 국외여행을 하는 경우

☞ 공휴일에 공무외의 국외여행을 하는 경우에는 근무상황부에 기재하거나 소속기관에 신고할 의무는 없으나,사전에 여행일정과 여행지 등을 비상 연락담당자에게 통보하여 긴급시 소재 파악 및 비상연락이 될 수있도록 비상 연락체계가 유지되어야 함.

18. 찢어진 청바지 착용

☞ 공무원이 업무에 임함에 있어 국민에게 신뢰감을 심어주고 혐오감을 불러일으키지 않도록 하기 위해서는 단정한 용모를 갖추어야 하므로 삼가야 할 것임.

19. 재직기간과 휴가

☞ 연가는 개인별 재직기간에 따라 정해진 사용 가능 일수의 범위 내에서만 사용할 수 있는 반면,병가·공가·특별휴가는 모든 공무원이 재직기간에 관계없이 휴가사유가 동일하다면 동일한 휴가일수를 사용할 수 있음.

20. 휴가기간 중 전보 발령

☞ 휴가기간 중 전보된 경우 동 휴가는 전보발령일 전일까지 유효하고,전보발령일 이후의 휴가는 새로운 허가권자에게 다시 허가를 받아야 함.

21. 가족의 연락에 따른 휴가 허가

☞ 휴가는 본인의 신청이 있는 경우에 허가 하며,공무원 본인의 연락 없이 가족의 연락만으로 휴가를 허가하는 것은 불가함.

다만, 갑작스런 병가나 특별휴가 등 불가피한 경우에는 가족이 연락하여 다른 공무원으로 하여금 휴가신청을 대행하게 할 수 있음.

22. 휴가 사유가 중복되는 경우

◇ 같은 날 병가·공가·특별휴가 등2개 이상 휴가 사유가 중복되는 경우 본인이 선택하여 신청하는 하나의 휴가만을 허가함.

23. 휴가일수 계산 방법

☞ 연가·병가·공가·특별휴가는 그 사유와 용도가 각각 다르고 별개의 휴가로서 휴가일수를 종류별로 따로 계산함.

24. 연속 30일 이상의 병가

☞ 동일한 질병으로 화·수·목·금 4일간 병가,토요일 · 일요일 쉬고,월요일에 출근하여 근무한 후 화요일부터 25일간 병가를 신청한 경우 형식상 연속 30일 이하의 병가라 하더라도 30일 이상을 이어서 병가 사유에 의한 휴가로 인정되는 만큼 30일 이상의 병가가 연속된 것으로 간주하여 공휴일과 토요일을 휴가일수에 산입해야 함.

25. 병가와 연속된 연가

☞ 7일간의 병가를 사용한 후 23일간의 연가를 사용함으로써 사실상 휴가기간이 30일 이상인 경우, 병가와 연가는 별개의 요건에 따라 운영되고 그 기간을 따로 계산하므로 각각 30일을 초과하지 않으므로 공휴일과 토요일을 산입하지 않고 계산함.

26. 연가일수를 초과하여 출근하지 못한 경우

☞ 부득이한 사정으로 본인의 연가 가능일수를 초과하여 출근하지 못하게 된 경우에는 결근으로 처리됨.

▶ 당해 공무원의 연가일수를 초과한 결근일수 매1일에 대해봉급일액의 2/3를 감함.

▶ "결근일수"는 당해 공무원의 결근일수(결근일과 결근일 사이에 있는 공휴일은 결근일수로 봄)가 당해 공무원의 연가일수를 초과한 경우 그 초과한 결근일수를 말함.

27. 연가일수를 초과한 외출 등 금지

☞ 외출·조퇴·지참·반일 연가는 연가일수를 초과하여 사용할 수 없음.

☞ 연가일수 공제 시 연간 외출 등의 잔여시간 8시간 미만을 계산하지 않는다고 하여 연가일수를 초과한 8시간 미만의 외출 등을 허용한 것은 아님.

28. 연가일수 산정 시 재직기간 계산 방법

☞ 연가일수를 산정할 때의 재직기간에는 공무원연금법 제23조 제1항, 제2항, 제3항에서 규정된 공무원, 군인, 사립학교교직원, 현역 및 하사관의 복무기간 등을 합산함.
다만 위 재직기간을 합산할 때에는 공무원연금법 제23조 제1항 규정의 년·월로 계산하는 것이 아니라 민법의 계산방법에 따라 년·월·일로 계산함.

☞ 현역 복무기간(2년 3월)과 공무원경력(2월10일)이 있는 상태에서 2026. 7. 1. 임용되어 2026. 12. 31.까지 재직한 경우의 재직기간은 2년 11월 10일(2년 3월 + 2월 10일 + 6월)이고, 재직기간별 연가일수는 재직기간 2년 이상 3년 미만에 해당 되므로 12일임.

☞ 공무원의 재직기간은 임용일을 포함하고, 퇴직일은 제외하나 군 복무기간은 입대일과 전역일을 모두 포함.

29. 연금합산 않은 과거 경력

☞ 공무원연금법상 인정되는 과거 경력은, 공무원연금법 제23조 제2항의 규정에 의한 연금 합산신청을 하지 않았더라도 연가일수 산정을 위한 재직기간에는 합산됨.

30. 휴직·결근·정직·직위해제 일수가 있는 경우의 연가가산

☞ 연가가산은 1년간 성실하게 근무한 공무원에 대한 인센티브 이므로 휴직·결근·정직·직위해제일수가 있는 공무원은 병가 미활용 및 연가보상비 미수령 일수가 있더라도연가 가산할31. 연가일수에서 공제한 정직처분이 사면된 경우

☞ 정직처분이 사면되었더라도 이미 처분받은 불이익을 소급하여 원상회복하는 것은 아니므로 사면일 이전의 정직처분은 유효하고 연가가산 할 수 없음.

31. 공무상병가 사용자의 병가 미활용 사유로 연가가산 불가

☞ "병가"를 활용하지 않은 경우의 연가 가산은 일반병가는 물론 공무상병가도 없어야 함.

32. 연가가산이 되지 않는 휴직의 의미

☞ 전년도 휴직일수가 있어 연가가산을 할 수 없는 경우에서의 휴직이라 함은 일반 휴직뿐만 아니라 공무상질병 휴직이나 병역복무 휴직 등모든 휴직을 의미함.

33. 연간 누계 8시간미만의 질병치료 외출 등이 있는 경우 연가 가산

☞ 질병치료 목적의 외출·조퇴·지참을 연간 누계 8시간 미만 사용한 경우 연가 가산 사유 중 "병가 1일 이상을 사용하지 않은 것"에 해당됨.

34. 연가신청만 한 채 출근하지 않는 경우

☞ 연가는 본인의 필요에 의하여 허가권자에게 신청하고, 허가권자는 업무의 형편과 연가신청 사유 등을 감안하여 허가 또는 불허가를 판단하여 본인에게 통보함.

☞ 공무원이 연가신청만 한 채 허가를 통보받지 않았음에도 출근하지 않은 경우 에는결근으로 처리하여야 함. 또한, 동 행위는직장이탈에 해당됨.

35. 연도 중 퇴직예정자의 연가 사용

☞ 연가는 연도 중 어느 시점에 사용하여도 무방함. 따라서 8월말 정년퇴직이 예정된 공무원의 경우에도 8월말 이전에 본인의 재직기간별 연가일수의 범위 내에서 연가를 사용할 수 있음.

36. 연도 중 휴직예정자의 연가 사용

☞ 연도 중 해외유학을 사유로 휴직할 예정인 경우 휴직 이전에 본인의 재직기간별 연가일수 범위 내에서 연가를 사용할 수 있음.

37. 연가실시 중 병가 등 다른 휴가사유 발생

☞ 연가를 실시하는 기간 중에 병가 또는 특별휴가 사유가 발생한 경우 본인의 신청에 의하여 연가를 중지(취소)하고, 병가 또는 특별휴가를 허가받을 수 있음.

38. 누계시간의 연가 일 단위 계산

☞ 1년간 외출 15시간, 조퇴 9시간, 지참 1시간, 오후 반일연가 1회를 사용한 경우

▶ 29시간(15시간 + 9시간 + 1시간 + 4시간) ÷ 8시간 = 3일 5시간

▶ 연가공제일수는 3일이며, 잔여 5시간은 계산하지 아니함.

39. 연가공제일수가 잔여연가일수를 초과하는 경우

☞ 결근·정직·직위해제 일수가 본인의 연가일수를 초과하는 경우 당해연도에는 연가를 사용하거나 다만, 결근·정직·직위해제 이전에 사용한 연가는 유효함.

40. 정직 처분이 소청 결과 견책으로 변경된 경우

☞ 정직 2월의 징계처분이 소청 결과 견책으로 변경되었다면 정직 처분으로 인한 불이익은 소급하여 회복하므로, 이 경우 정직으로 이미 공제한 연가일수도 소급하여 회복함.

41. 정직 처분이 사면된 경우

☞ 정직 처분이 사면되었더라도 이미 처분 받은 불이익을 소급하여 원상회복되는 것은 아니므로 정직으로 인한 연가일수 공제는 유효함.

42. 직위해제 기간중의 공휴일의 연가일수 공제

☞ 직위 해제된 공무원의 경우 직무에 종사할 수 없는 신분으로서 직위해제 기간중의 공휴일이라 하더라도 직위해제 기간에 포함되므로 이를 연가일수에서 공제 하여야 함.

43. 미용을 위한 성형수술의 병가 가능 여부

☞ 치료가 아닌 미용을 위한 성형수술은 병가 사유인 질병이나 부상으로 볼 수 없으므로 병가 사용 불가하며, 필요한 경우에는 개인연가를 사용하여야 할 것임.

44. 장기기증을 위한 병가 가능 여부

☞ 장기기증으로 인한 수술이나 입원 기간에 대하여는 병가를 사용할 수 있음.

45. 불임의 치료 및 라식수술을 위한 병가 가능 여부

☞ 불임 및 라식수술의 경우 병가사유인 질병에 해당 되므로 불임의 치료 및 라식 수술로 인하여 직무를 수행할 수 없는 경우에는 병가를 사용할 수 있음.

46. 질병이나 부상으로 60일을 초과하여 쉬고자 하는 경우

☞ 일반병가는 연간 60일 범위 내에서만 가능하므로 60일을 초과하여 쉬고자 하는 경우에는 본인의 연가일수 범위 내에서 연가를 사용하여야 함.
그 이후에도 계속 질병치료 등으로 출근이 불가능한 경우에는 휴직을 해야 함.

47. 병가 사용 중 특별휴가 사유가 발생했을 경우

☞ 병가 사용 중 경조사 등 특별휴가 사유가 발생한 경우 병가와 특별휴가는 별도로 사용이 가능하므로 본인의 신청에 따라병가를 취소하고 특별휴가로 처리할 수 있음.

48. 연도를 달리하는 경우의 일반병가 사용

☞ 일반병가는 1년 단위로 60일을 사용할 수 있으므로 11월부터 12월말일까지 병가 60일을 사용한 경우에도 다음해 1월1일부터 병가 60일을 다시 사용 가능함.
연도를 달리하더라도 동일 사유 병가인 경우 최초 제출한 진단서로 갈음할 수 있음.

49. 진단서와 병가 허가

☞ 병가는 질병이나 부상으로 인하여 정상적인 직무 수행이 어렵다고 인정될 때 허가함. 허가 권자는 병가를 신청한 공무원의 진술이나 진단서, 기타 질병 치료와 관련된 자료 등을 참고하여 이러한요건에 해당되는지를 판단하여 허가 여부를 결정하여야 함.

☞ 진단서를 제출한 경우 진단서가 병가를 신청한 공무원의 건강 상태에 대한 관련 전문가의 의학적 소견인 점을 감안하여, 동 내용을 신뢰하기 어려울 정도의다른 객관적인 사실이 없는 한 병가 사유로 인정해 주는 것이 바람직함.

50. 진단서의 제출 시기

☞ 진단서는 병가 신청과 동시에 제출하는 것이 원칙임. 다만, 갑작스런 발병 등으로 진단서를 첨부할 시간적인 여유가 없을 때에는 우선 병가 신청을 하고 최대한 빨리 진단서를 제출해야 함.

51. 치료기간이 명시되지 않은 진단서와 병가 허가

☞ 진단서에 치료기간이 명시되지 않았을 경우에도 병가를 허가할 수 있음. 다만, 병가의 허가 여부와 병가 기간은 소속 기관장이 첨부된 진단서와 당해 공무원의 직무수행 가능 여부 등 제반 정황을 참작하여 결정해야 함.

52. 진단서만 제출하고 병가 허가 없이 출근하지 않는 경우

☞ 공무상요양 승인을 받은 공무원도 본인의 공무상병가 신청에 대한 소속 기관장의 진단서 등 제반 객관적인 정황을 근거로 한 병가허가의 판단이 있어야 할 것인 바,공무상병가 100일을 허가 받아 사용한 이후에 별도의 공무상병가의 허가 없이 진단서만 제출한 채 출근하지 않을 경우에는 무단결근으로 처리함.

☞ 일반병가의 경우에도 본인의 신청에 의하여 소속 기관장이 제반 여건을 감안하여 허가를 한 후에 가능 하므로 진단서만 제출하고 출근하지 않는 것은 복무규정을 위반한 것임.

53. 공무상병가의 분할 실시

☞ 공무상병가 180일은 연속사용을 원칙으로 하나, 부득이한 경우 공무상 요양승인 기간 내에서 분할 사용할 수 있음.

54. 공무상요양 승인 결정 이전에 사용한 연가와 일반병가의 처리 방법

☞ 공무상요양승인 결정 이전에 사용한 연가 또는 일반병가를 공무상 병가로 소급처리하는 것은 연가 또는 일반병가 사용에 따른 금전적 불이익 등을 해소해 주기 위한 취지이므로,공무상요양승인 기간 중에 사용한 연가나 일반병가를 모두 공무상병가로 소급처리하지 않고, 공무상요양승인 결정 이후에 공무상병가를 사용하거나 공무상 요양승인 기간 중에 사용한 연가·일반병가의 전부 또는 일부만 공무상병가로 소급 처리 하는 것도 무방함.

55. 출산예정일 전에 일반병가 사용 가능 여부

☞ 임신 중인 여자공무원에 대하여는 그 출산의 전후를 통하여 90일의 출산휴가를 허가 하여하고, 출산예정일 기준, 출산 후에 45일 이상이 확보되도록 하여야하므로 출산예정일 45일전 이후부터는 출산휴가의 요건이 갖추어진 상태이므로 임신검진을 위한 보건휴가 이외에일반병가를 수시로 사용하는 경우, 출산휴가를 신청하도록 하는 것이 타당함.

56. 징계·소청·행정소송의 당사자 등 공가처리

☞ 징계·소청·행정소송 절차에 출석하는업무담당 공무원은 출장으로 처리하고, 당사자 또는 참고인으로 출석하는 공무원에 대하여는 공가로 처리. 다만, 행정소송의 경우 그 내용이 공직신분과 무관한 민사에 관한 사항은 연가를 활용해야 함.

57. 군 입대 예정자에 대한 입대 전 공가 가능 여부

☞ 공무원이 군 입대 전에 며칠간의 휴가를 얻고자 할 경우공가를 사용할 수 없음. 다만,연가를 사용하는 것은 무방함.

58. 지방자치단체장 보궐선거 투표참가를 위한 공가 가능 여부

☞ 공직선거법에 의한 지방자치단체장 보궐선거 투표에 참여하는 공무원도 공가를 사용할 수 있음.

59. 한글날 등 각종 기념행사 참석을 위한 공가 가능 여부

☞ 한글날 등 국가가 주관하는 각종 기념행사에 참석할 때에는 공가를 사용할 수 있음.

60. 국외훈련대상자 선발관련 외국어능력시험을 위한 공가 가능 여부

☞ 국외훈련대상자 선발을 위한 외국어능력시험 응시의 경우에도 국내 위탁훈련 대상자 선발을 위한 외국어능력시험 응시와 동일하게 공가를 사용할 수 있음.
국외훈련 대상자의 선발에 관하여는 공무원교육훈련법시행령 제32조에 따른 국내위탁훈련의 규정을 준용(공무원교육훈련법시행령 제43조)

61. 연가 종료 후 기상악화로 출근이 불가한 경우 공가 가능 여부

☞ 연가를 허가받고 섬으로 여행을 떠났다가 기상이 악화되어 연가 종료 후 출근을 할 수 없는 경우에는 공가를 사용할 수 있음. 이 경우 기상이 정상화된 후에는 최단시간 내에 근무지로 복귀해야 함.

62. 전보로 인한 이사의 경우 공가 가능 여부

☞ 인사발령에 의해 이사를 하는 경우(본인만 이사하는 경우도 포함)에는 이사시기에 상관없이 공가를 사용할 수 있음. 이 경우 공가 일수는 최소한으로 한정하여야 할 것임.

63. 다른 공무원으로 신규임용교육 참석의 경우

☞ 재직 중인 공무원이 다른 공무원 시험에 합격하여 임용 전 교육을 받고자 할 경우에 공가를 사용할 수 없음. 다만,연가를 사용하는 것은 무방함.

64. 퇴근시간 이후에 발생한 경조사 휴가 일수 계산 방법

☞ 정규근무를 마치고 <u>퇴근시간 이후</u>에 상을 당한 경우에는 당일은 경조사 휴가 일수에서 제외하고, 그 다음날 부터 경조사휴가 일수를 계산함.

65. 공휴일에 발생한 경조사휴가 일수의 기산일

☞ 공휴일에 상을 당한 경우에는 경조사가 발생한 시간에 관계없이 당일인 공휴일을 포함하여 경조사 휴가 일수를 계산함.

66. 경조사 특별휴가 발생 사유의 소명 방법

☞ 특별휴가를 신청할 경우 이를 소명할 수 있는 증빙자료(예 : 결혼청첩장, 부고장 등)를 첨부하는 것이 원칙임. 그러나특별휴가 사유가 객관적으로 명확한 경우에는 생략할 수 있음.

67. 특별휴가일수 가산대상인 원격지의 판단 기준

☞ 특별휴가일수 가산대상인 원격지의 개념을 획일적으로 규정하기는 곤란하며, 지역과 교통여건 등을 감안하여, 왕복소요 일수를 가산하지 않으면 특별휴가 목적을 달성할 수 없다고 판단되는 경우, 허가권자의 판단에 의하여 가산할 수 있음.

☞ 예를 들어, 서울에서 근무하는 공무원이 경조사에 참석하기 위해 육로와 배를 이용하기 위해 장시간 소요되는 전남 흑산도까지 가야 할 처지라면 왕복소요 일수를 추가해 줄 수 있을 것임.

68. 사실혼 관계인 배우자의 경조사휴가 가능 여부

☞ 사실혼 관계인 배우자의 경조사에도 경조사휴가를 얻을 수 있음.

69. 배우자의 출산 시 경조사휴가 사용 시기

☞ 배우자가 출산한 당일에 실시하는 것이 원칙임. 다만, 출산 전후로 7일을 사용하는 것도 무방함.

70. 미혼인 여성의 출산휴가

☞ 출산휴가제도는 산모의 건강을 보호해 주기 위한 제도 이므로, 출산휴가는 산모의 혼인 여부에 관계없이 허가받을 수 있음.

71. 출산 후 임용된 공무원의 출산휴가

☞ 출산 이후에 임용된 공무원도 출산휴가를 허가받을 수 있으나,휴가기간은 출산일을 포함한 90일의 범위 내에서 남은 일수에 한함.

72. 휴직기간 중 출산을 한 경우 출산휴가

☞ 육아휴직 등의 휴직기간 중에 출산을 하고휴직중인 경우에는 출산휴가를 사용하지 못함. 다만, 휴직에서복직한 때에는 출산휴가를 허가받을 수 있으나, 이 경우 휴가일수는 출산일을 포함한 90일의 범위 내에서 남은 일수에 한함.

73. 퇴근 이후, 토요일 또는 공휴일에 출산 시 출산휴가 기산 시점

☞ 여성공무원이 정규근무를 마치고 퇴근한 후 출산한 경우에는 당일은 제외하고 다음날 부터 기산하고, 토요일 또는 공휴일에 출산한 경우에는 그 날을 포함하여 90일의 출산휴가를 허가받을 수 있음.

74. 병가 중 유산한 경우 출산휴가

☞ 병가 사용중에 있는 임신한 공무원이 유산을 당한 경우에는유산일부터 병가사용을 중지하고 출산휴가를 허가받을 수 있음.

75. 출산휴가 신청 시 진단서 첨부

☞ 여성공무원이 출산휴가를 얻고자 할 경우 출산 사실을 객관적으로 확인하기 위해서 의사의 진단서를 첨부해야 함.

76. 여성보건휴가의 시간단위 분할 사용 가능 여부

☞ 매월 1일 실시하는 여성보건휴가는 일단위로 실시하여야 하며, 시간으로 나누어 여러 번에 걸쳐 사용할 수 없음.

77. 여성보건휴가 사용 횟수
☞ 여성보건휴가는 월 2회의 생리가 있더라도 월 1회에 한하며, 임신의 경우 검진도 같음.

78. 장기재직휴가일수 계산
☞ 공휴일, 토요일은 장기재직 휴가일수에서 제외하며, 시간단위로는 사용 불가함.

79. 퇴직준비휴가 대상 퇴직 유형
☞ 퇴직준비휴가 대상자는 정년퇴직·명예퇴직·조기퇴직하는 공무원에 한하여 사용할 수 있으며, 의원면직이나 직권 면직되는 공무원은 퇴직 준비휴가를 사용할 수 없음.

80. 명예퇴직 신청의 철회
☞ 명예퇴직 예정자로 결정되어 퇴직준비휴가를 사용하다가 명예퇴직신청을 철회함으로써 명예퇴직예정자에서 제외된 경우기 사용한 퇴직준비휴가기간은 결근으로 처리함.

81. 야간 대리운전
☞ 공무원이 퇴근 이후 음주자의 차량을 대리 운전하는 경우에는 동 행위가 심야에 집중됨에 따라 다음날 정상근무에 지장을 초래할 우려가 있으므로 영리업무 종사 금지의무에 위반된다고 판단됨.

82. 상가 임대사업
☞ 공무원이 부친의 상가를 상속받아 사업자 등록을 하고 임대사업을 하는 것은 위에서 설명한 영리업무종사 금지 판단기준에 벗어나지 않는다면 가능함.

83. 다단계 판매원 활동 금지
☞ 「방문판매 등에 관한 법률」제15조(다단계 판매원)제2항 제1호에 의하면 국가공무원·지방공무원 또는 교육공무원 및 사립학교법에 의한교원은 다단계 판매원으로 등록을 할 수 없으며, 동법 제55조(벌칙)에 의하면 이를 위반할 시 1년 이하의 징역 또는 3천만원 이하의 벌금에 처하도록 규정하고 있음.

84. 부동산 임대업
☞ 선친으로부터 상속받은 건물을 처분하여 은행융자·세액공제 등을 위하여 세무서에 임대사업자로 등록한 후 다가구주택을 지어 관리인을 두고 임대할 경우
영리업무금지 규정에 해당되는지의 여부는 첫째, 국가공무원복무규정 제25조제1호 내지 제4호에서 정한 업무에 종사하고 있는가, 둘째, 동 업무에 종사함으로써 공무원의 직무상의 능률의 저해, 공무에 대한 부당한 영향, 국가의 이익과 상반되는 이익의 취득 또는 정부에 대한 불명예스러운 영향을 초래할 우려가 있는가 라는 두 가지 요건에 해당되는지를 기준으로 판단하여야 하는 바,부동산 임대업의 경우 첫째 요건에는 해당되나 사회통념상 부동산 임대업에 소요되는 노력의 정도 등을 감안할 때 둘째 요건에는 해당된다고 보기 어려움. 다만, 지나치게 과도한 부동산 임대로 담당직무 수행에 지장을 초래하거나 관련법령에 저촉되는 부당한 이익을 취득할 경우에는 금지된 영리행위에 해당된다고 볼 수 있음.

85. 서적 출판권
☞ 공무원이 서적을 편집하고 그 판권을 가지고 인세를 받는다 하여도 그 행위는 영리 업무금지 규정에 저촉되지 않으며, 다만, 출판 · 판매까지 종사함으로써 직무상 능률저해 등의 영향이 초래될 우려가 있다면 이는 마땅히 금지되어야 할 것이나 그 사실 여부 및 영리업무의 한계 저촉 여부는 구체적인 자료에 입각하여 소속 기관장이 판단하여야 함.

86. 겸직허가의 기준

☞ 공무원의 겸직허가의 판단 기준은① 금지대상이 되는 영리업무에 해당되지 않아야 하고, ②
담당직무 수행에 지장이 없어야 하며, ③ 해당 기관이나 단체로부터 정기적인 보수를 받지 않
아야 함.

87. 겸직가능 범위

☞ 공무원의 겸직가능 범위에 대하여는 구체적인 상황과 공무원의 관여 정도 방법 등을 종합
적으로 검토하여 판단해야 하며, 특히 공무원은 성실의무·품위유지 의무가 있고 일반적인
국민정서를 감안해야 하므로 겸직 허가 시에는 다음의 기준을 적극 고려해야 할 것임.
1) 직무수행에 지장이 없어야 하고,
2) 직무와 관련된 영리행위는 할 수 없으며,
3) 특히, 근무시간내의 영리행위와 미풍양속을 저해하거나 공공복리에 저촉되는 영리행위는 금
지됨.

88. 시민단체 가입 및 활동

☞ 공무원이 시민단체에 가입하는 것은 가능하지만, 그 단체의 구성이나 활동이 공무원의 복무
에 관한 질서유지나 품위를 손상하는 등 공익을 해치는 경우에는 불가함. 따라서, 공무원이
시민단체에 가입할 경우에는소속 기관장의 겸직허가를 받아야 하며,겸직허가 시 시민단체
의 성격 및 활동상황 등을 면밀히 검토하여야 할 것임.

89. 휴직기간 중인 공무원의 영리행위 등 겸직 가능여부

☞ 휴직이란 재직 중 일정한 사유가 있을 때 공직신분을 유지하면서 직무에 종사 할 수 없도
록 하는 것으로 휴직의 종류에 따라 각기 다른 이유와 목적이 있는 것임. 따라서휴직기간
중 영리행위가 휴직제도의 취지와 목적에 반하거나, 공무에 부당한 영향, 정부에 불명예스
러운 영향 등의 초래 우려가 있을 경우에는 금지되어야 함.

90. 판례 - 직무와 무관한 금품수수

☞ 공무원으로서 관내의 사업자로부터 금품을 수수하는 행위는 설사 그것이 직무상 관련이 없
다 하더라도 공무원으로서 지켜야 할 성실의무를 저버리고 공무원의 품위를 손상하는 행위
를 저지른 것으로서 징계사유에 해당함.)

91. 판례 - 교원의 품위손상의 의미 및 판단기준

☞ 교원은 항상 사표가 될 품성과 자질의 향상에 힘쓰며 학문의 연찬 및 교육의 원리와 방법을
탐구, 연마하여 학생의 교육에 전심전력하여야 하는 점을 고려할 때 교원에게는 일반 직업
인보다 더 높은 도덕성이 요구되고 교원의 품위손상행위는 본인은 물론 교원사회 전체에 대
한 국민의 신뢰를 실추시킬 우려가 있으므로 사립학교법은 사립학교 교원에 대하여도 직무
와 관련된 부분은 물론 사적인 부분에서도 품위를 유지할 의무를 규정하고 있는데, 여기서
품위라 함은 국민에 대한 교육자로서의 직책을 맡아 수행해 나가기에 손색이 없는 인품을
말하고 어떤 행위가 품위손상행위에 해당하는가는 구체적 상황에 따라 건전한 사회통념에
의하여 판단하여야 한다.
<출처 : 공무원 복무제도 해설(행안부)>

▶ **일부 내용은 법령이 개정되어 변경된 사항이 있음으로 최신 법령을 적용 바랍니다.**

4 교감의 연간 추진업무 및 확인사항

가 교감의 일반적 직무

교감의 일반적 직무

교육과정 관리	사무 관리	기타
• 학교교육계획의 수립 및 추진 • 교육과정 편성 및 운영 • 교육활동의 분석 및 평가관리 • 교원연수 계획 및 추진 • 교육 프로그램 개선 • 학교경영의 종합평가	• 교사의 교육활동 지도 조언 • 교무분장 조직 및 배치 • 각종 회의 진행 • 교직원 복무관리 • 공부 및 공문서 관리 • 교사 근무평정 및 인사관리	• 학생 생활지도 및 진로지도 • 학교시설 및 설비관리 • 교육기자재 관리 • 학부모 및 외래객 응접 • 교직원의 화합적인 분위기 조성

주요업무	시기	세부업무
기간제교사		발령대장. 관련서류
		결격사유조회
		아동학대성범죄경력조회
휴직, 복직		휴직 및 연장제정
		휴직교원 숙지사항지도
		복직제청. 관련서류
면직		면직신청 및 사망 보고
정기승급		학교장 승급
		호봉 재획정
		호봉정정 보고
		정기승급
근무평정		근무평정(징계자 평정)
		자기실적 평가서
자격연수.승진		연수. 승진대상자
		개인별카드 관리
		자격.이수증 원본대조
		각종 평정표 작성
인사기록관리		교육공무원 전력조회
		인사기록카드 정리 발령대장. NEIS 정리
행사		학교행사 식순
현장체험학습		교환학습(위탁교육)
		현장체험학습
전결		전결규정(업무간소화)
학년수련		수학여행. 수련활동
학생사고		사고보고서.상담신청서
시간강사		시간강사채용
		임명기안. 임명장
		시간강사 관리

주요업무	시기	세부업무
각종 증명		보직교사. 교과전담
		성적증명서(행정실)
		재직.경력증명서(행정실)
자율장학		교내 자율장학 이론
		유치원 자율장학
		교내자율장학 추진
		자기장학 누가기록
		지역별 장학협의
성과급		성과급 지급계획
복무관리		근무상황부(NEIS관리)
		복무관리 상황통보
		국외여행. 초과근무관리
		근무지외 연수 허가원
		연가. 병가. 특별휴가
기타(양식)		교원명부
		개명서류 색인목록
		위촉장 및 수여대장
		전출교사 서류
		교무업무시스템 관리 (교육과정. 학적. 학생부)
		발령통지서
연수		1급정교사 자격연수
		교원국외연수 신청
		연수대상자 교체보고
인수인계		학급 인계인수서
		업무 인계인수서
		교감업무 인계인수서
청령업무		공무원행동강령 업무
		감사대비 업무

나 교감의 일.월별,수시 업무

※ 교감의 업무에는 일별, 월별, 분기별로 추진해야 할 업무, 수시로 혹은 반복적으로 해
 야할 업무, 해당 기관의 공문에 의해 처리해야 할 업무로 나눌 수 있다.

1) 일별업무

주요 업무 및 하는 일	비고
◦ 학생 안전: 등·하교 교통안전, 구석진 곳 확인(주차장, 강당 등) 위험한 곳(놀이시설, 창문, 운동장 등) 점검	-오전,오후순시
◦ 근무상황: 오전/오후 확인(각 1회 이상), 출장, 조퇴 등 사전 승인	
◦ 공문확인: 자료집계, 보고공문, 생산공문, 공문게시판	
◦ 보결배당 사전결재 확인	
◦ 스포츠동아리 활동 학생 안전 확인	
◦ 학교홈페이지 확인: 공지사항, 가정통신문, 학급홈페이지	-민원확인
◦ 언론 스크랩 확인	

2) 월별업무

주요 업무 및 하는 일	비고
◦ 월중행사 확인	
◦ 현장체험학습계획서 검토	-시간외근무확인
◦ 정기승급 확인(교육지원청 송부 자료와 대조 확인)	-발령대장확인
◦ 안전점검의 날 추진 확인/돌봄교실 등 안전점검	
◦ 휴·복직 관리교사 확인(정원 내/외 등)	
◦ 각종 동아리활동 관리	
◦ 각종 매뉴얼 숙지	

3) 수시업무

주요 업무 및 하는 일	관련
◦ 학교장 복무 확인: 출장 시(대리 결재 및 전결)	
◦ 학부모 및 외부 민원 확인 및 조정	
◦ 교사 및 직원 갈등 상황 파악 및 지원	
◦ 기간제교사(강사) 채용: 학교업무지원센터 활용	-홈페이지공고
◦ 교사 근무상황 근거자료 취합 관리	
◦ 출장: 전결규정 확인, 관외출장 복명 확인	
◦ 강사근무상황 등 관리: 영어원어민, 예술, 스포츠강사 등	-원어민매뉴얼
◦ 각종 교육청 반영사업 수시 확인	
◦ 휴업일 교사 근무상황 확인	
◦ 발령대장 확인	

다　2026학년도 교감의 월별 업무 추진 내용 및 확인사항

3월　교감의 업무

	업무추진내용 및 확인사항	비 고
업무추진내용	◦ 시업식/입학식: 교직원(부장/담임/전담교사 등) 소개자료 준비	-유인물확인
	◦ 업무관리시스템 수신자 그룹 설정	
	◦ 나이스 임용발령: 부장/담임/전담 구분, 계약직 임용, 퇴직예정자 관리	-전년도명부확인
	◦ 발령대장 정리: 교원 이동상황, 보직교사 임용, 기간제교사	
	◦ 교직원 정원 및 현황 파악(휴직자, 파견자 등) 후 교육청에 보고	
	◦ 통합학급 담임교사 발령대장 정리	
	◦ 교원 복무 연수: 영리업무 및 겸직 금지, 겸직 허가 및 외부강의 신고	
	◦ 스승의 날 유공 포상 대상자 사전협의 및 선정, 추천서류 제출	-인사위원회
	◦ 전출입 교원 나이스 인사기록 확인 및 정리	
	◦ 학교현황 및 인사 참고자료 제출(1학기)	-교육지원청
	◦ 교육공무원(기간제교사 포함) 성과상여금 지급계획 수립	
	◦ 다면평가관리위원회 협의: 정성평가 비율, 다면평가 기준안	

업무추진내용 및 확인사항	비 고
◦ 다면평가 운영계획 수립: 다면평가관리위원회 구성, 평가기준 협의	
◦ 성과상여금 평가기준 학교 홈페이지 공개	
◦ 관리자 성과상여금 자기실적평가서 및 비교과교사 자료 제출	
◦ 성과상여금 지급을 위한 교원명부 제출	
◦ 교육공무원(기간제교사) 성과상여금 지급 등급결과 안내	
◦ 위임전결규정 점검(업무경감을 위한 위원회 통합 운영)	
◦ 인사자문위원회 규정 점검 및 조직	
◦ 8월 명예퇴직 희망자 사전 수요조사	
◦ 청탁방지담당관, 행동강령책임관 지정(내부결재)	
◦ 초등학교 교사 전보 대상자 예비조사	
◦ 1급 자격연수 대상자(정교사 2급자격 취득 후 실경력 3년 이상) 파악	
◦ 시업식, 입학식 점검(담당자)	-유인물확인
◦ 직원주소록, 비상연락망 정비(담당자)	-주소변경확인
◦ 각종 위원회 정비(담당자)	
◦ 학급물품 수리 및 보충사항 파악(담당자)	
◦ 학교교육계획서 및 학교요람 완성·제작 확인(담당자)	
◦ 교육과정설명회 점검(담당자): 학부모 연수, 학부모회 조직	
◦ 학교규칙, 학생생활규정 정비(담당자)	
◦ 학업성적관리위원회: 규정 제·개정 확인(담당자): 연1회	
◦ 교원능력개발평가관리위원회 운영규정(개정시, 학운위 심의)	
◦ 기초학력진단평가(기초/교과) 확인(담당자)	
◦ 평가계획 확인(담당자)	
◦ 학부모 교통지도인력(녹색어머니회) 조직(담당자)	-가정통신문
◦ 청렴(담당자): 연수(관리자, 수석·부장, 실장, 신규교사/공무원, 2시간-그외), 청렴서약서(교장, 방과후강사, 업체대표 등), 청렴대장 비치	
◦ 학교현황, 교육목표, 특색사업 등 확인(담당자)-학교 홈페이지 포함	
◦ 1학기 학부모 상담주간 확인(담당자): 일과후 상담시 초과근무 확인	
◦ 학교폭력예방, 아동학대예방, 성폭력예방연수(담당자)	
◦ 교내 개인정보보호 추진계획(동의서 등) 확인(담당자)	
◦ 건전한 놀이문화 운영계획(담당자): 중간놀이시간 확보	
◦ 고농도 미세먼지 발생시 대처방안 확인(담당자): 예보상황 수시 확인	
◦ 성폭력예방업무 확인(담당자): 성희롱고충상담원 배치(교사/남1,여1) 성고충심의위원회(지원청 개최), 여성폭력 2차 피해방지지침 제정	
◦ 전교/학급 임원선거(담당자): 학교규칙과 선거일정 확인, 민원 유의	
◦ 1,4학년 건강검진계획(담당자): 건강검진기관 선정, 4학년 치과주치의 검진	

업무추진내용 및 확인사항	비 고
◦ 1학기 개별화교육지원팀 협의 및 개별화교육계획 수립(담당자): 업무포털 나이스 개별화교육 활용 개별화교육계획 수립 가능	
◦ 특수교육대상자 1학기 통학비 및 방과후교육활동비 신청(담당자): 월말 관련 경비 집행, 영수증 첨부	
◦ (매월말) 각종 수당 집행(담당자): 방과후학교/연계형돌봄 강사비, 자원봉사자(배움터지킴이/방역/원격학습/명예사서/차량안전요원) (매월말) 보결수당 지급(담당자): 학교계획(학기별/분기별) 확인	
◦ 요주의학생명단(담당자):느린학습자(기초,교과부진/학습클리닉), 특수교육대상자, 다문화/탈북/요양호/식품알레르기/교육복지대상학생	

4월 교감의 업무

	업무추진내용 및 확인사항	비 고
업무추진내용	◦ 교(원)장 및 교(원)감 성과상여금 평가기준 의견 수렴	
	◦ 교육활동보호 기본계획 수립 및 관련교육(연수) 실시	
	◦ 갑질근절교육: 연1회 이상, 1년 365일 상호존중의 날 운영	
	◦ 8월 말 퇴직교원 정부포상 대상자 추천	
	◦ 성과상여금(교사/기간제/관리자) 지급 관련	
	◦ 성과상여금 관련 온라인 설문조사(전교사)	
확인사항	◦ 4월 초 식목·식수 행사 준비(담당자)	
	◦ 1차 정보공시 및 교육통계(담당자): 통계결과 제장부 반영	
	◦ 현장체험학습(담당자): 학년별 체험학습계획(사전답사), 매뉴얼 준수, 학운위 심의(2월), 안전사고예방계획 수립 확인	
	◦ 학생정서행동특성검사(1,4학년), 체격 및 시력검사(2,3,5,6학년)(담당자)	
	◦ 학교자체평가계획 수립(담당자)	
	◦ 청렴(담당자): 상반기 공무원 행동강령연수, 불법찬조금 및 촌지근절연수	
	◦ 교원통합직무연수 안내(담당자)	
	◦ 재량휴업일 등교학생 지도계획 수립(돌봄 포함)(담당자) 휴업일 사전안내(담당자): 방과후강사, 문화예술강사, 자원봉사자 안내	
	◦ 교원능력개발평가관리위원회(담당자): 계획안 심의, 일정 협의 등	
	◦ 학교운영위원회(담당자): 현장체험학습, 수학여행, 방과후학교 및 돌봄교실 운영 변경 등(여름방학 포함)	

5월 교감의 업무

	업무추진내용 및 확인사항	비고
업무내용	◦ 상반기 모범공무원 대상자 추천	
	◦ 8월말 교육공무원 명예퇴직자 신청	
	◦ 재량휴업일 교직원 복무 확인: 교사(근무조, 41조 연수), 행정직(학습휴가), 공무직	
	◦ 1차 나이스 인사기록 정제작업	
확인사항	◦ 고위공직자 등 청렴도 및 부패위험도 관련자료 제출(담당자)	
	◦ 어린이날 기념행사, 소운동회 점검(담당자)	
	◦ 2차 정보공시(담당자)	
	◦ 학부모 초청 공개수업(담당자): 학교별 일정 확인 및 점검	
	◦ 재난대응훈련(담당자): 실시계획 확인, 지진/화재 대비 훈련	
	◦ 1학기 과정중심 평가계획 수립 및 학교홈페이지 탑재(담당자)	

6월 교감의 업무

	업무추진내용 및 확인사항	비고
업무내용	◦ 9.1.자 교장(감) 승진, 전직, 전보 임용 관련 서류 제출	
	◦ 휴직자 실태 보고(6.30.)	
	◦ 9.1.자 휴직, 복직, 휴직연장 예정교사 및 복직예정자 연수 신청	
확인사항	◦ 호국보훈의 달 계기교육(담당자): 현충일, 6.25 전쟁일	
	◦ 1,4학년 학생건강검진(담당자): 학운위 사전심의, 검사병원 안내	
	◦ 1차 학교폭력 실태조사(담당자)	
	◦ PAPS 측정(담당자): 5,6학년	
	◦ 방과후학교, 돌봄교실 공개수업 및 만족도 조사(담당자)	

7월 교감의 업무

	업무추진내용 및 확인사항	비고
업무추진내용	◦ 휴직교사 근무상황 파악 및 관리카드 기록: 휴직교사 근황, 연락처 변동사항 등 파악, 소멸사유 시 30일 이내 복직 확인	
	◦ 여름방학 근무관련 복무규정, 41조 연수 안내	
	◦ 1학기 일람표, 생활통지표 작성 확인	
	◦ 차기년도 명예퇴직 사전 수요조사	
	◦ 복직예정자 직무연수 조사: 2년 이상 휴직자(육아·동반휴직), 9.1.자 복직예정자 확인	
	◦ 기간제교원(6개월 이상 임용시) 근무평가	

	업무추진내용 및 확인사항	비고
확인사항	◦ 1학기 교육과정 시수 점검(담당자)	
	◦ 여름방학계획서 점검(담당자): 안전생활, 교직원연수/근무상황, 방과후학교, 돌봄교실계획, 도서관 운영, 각종 캠프, 교육방송 등	
	◦ 방학중 직무연수 참여 안내(담당자)	
	◦ 발령대장 확인(담당자): 7.1.자 행정직 인사이동 확인(계약직 포함)	
	◦ 여름방학 중 영어캠프 계획(담당자): 일자, 시간, 대상 학생 파악	

8월 교감의 업무

	업무추진내용 및 확인사항	비고
업무추진내용	◦ 9.1.자 교장, 교감, 전문직 인사발령 발표	
	◦ 여름방학 중 각종 프로그램 및 안전관리	
	◦ 휴가 중 교원 복무관리 및 동태 파악: 복무 변경사항 점검, 병가 등 관리, 휴직교사 공무외 국외여행 관리(자녀동반 육아휴직자만 가능)	
	◦ 2학기 근무사항 파악: 휴직, 복직, 파견, 자격연수대상자 등	
	◦ 기간제교원 채용(필요시)	
	◦ 9.1.자 관리자 이동시: 2학기 개학식 관리자 소개자료 준비	
확인사항	◦ 관리자 이동시 업무 인수인계	
	◦ 2학기 개학 준비(담당자)	
	◦ 2학기 학사일정 점검(담당자)	
	◦ 9.1.자 관리자 이동시 사전준비(담당자): 입간판 등	

9월 교감의 업무

	업무추진내용 및 확인사항	비고
업무추진내용	◦ 9.1.자 인사이동에 따른 전(출)입 교사 인사관리: 교직원 현황, 명부, 업무분장(결재) 수정	
	◦ 학교현황 및 인사 참고자료 제출(2학기)	-교육지원청
	◦ 발령대장 기록(퇴임, 전출입 교사, 기간제교사 포함)	
	◦ 청탁방지담당관, 행동강령책임관 지정(9월 교감 이동시 내부결재 처리)	
	◦ 교원능력개발평가 학생만족도조사 관리자(교감) 사전연수	
	◦ 학교생활 부적응 학생 및 무단결석 학생 파악 및 관리	
	◦ 재량휴업일 교직원 복무 확인: 교사(근무조, 41조 연수), 행정직(학습휴가), 공무직	
확인사항	◦ 2학기 학부모 상담주간 확인(담당자): 일과후 상담시 초과근무 확인	
	◦ 재량휴업일 돌봄교실 및 학생 등교여부 확인(담당자) 휴업일 안내(담당자): 방과후강사, 문화예술강사, 자원봉사자 안내	
	◦ 2학기 개별화교육지원팀 협의 및 개별화교육계획 수립(담당자)	
	◦ 특수교육대상자 2학기 통학비 및 방과후교육활동비 신청(담당자)	

업무추진내용 및 확인사항	비고
◦ 2차 학교폭력 실태조사(담당자)	
◦ 3차 정보공시 확인(담당자)	
◦ 청렴(담당자): 하반기 행동강령연수, (추석 전)불법찬조금 근절 안내, 가정통신문 및 문자 발송	
◦ 교원능력개발평가 연수 및 홍보(담당자): 일정 확인 및 문항 심의	
◦ 교원능력개발평가 맞춤형연수 이수현황(담당자): 3.1.~8.31. 15시간 이상 직무연수 이수 확인	

10월 교감의 업무

	업무추진내용 및 확인사항	비고
업무내용	◦ 교사 전보회의: 전보관련 상황파악 및 안내(초빙, 전입요청, 휴직 등 파악), 초빙교사 공고, 전보내신서 작성 연수 및 작성	
	◦ 교사 전보업무 대상자 명단 제출	
	◦ 교원 시도간 교류 및 교환근무 서류 제출	
	◦ 초빙교사, 전입요청, 전보유예 운영계획	
	◦ 2월 말 퇴직교원 정부포상 대상자 추천	
	◦ 하반기 모범공무원 대상자 추천	
	◦ 각종 유공자 포상 추천	
	◦ 2차 나이스 인사기록 정제작업	
확인사항	◦ 2학기 학부모 상담주간(담당자)	
	◦ 개천절, 한글날 계기교육(담당자)	
	◦ 동료수업 공개 및 협의회(담당자)	
	◦ 의무취학(담당자): 행정복지센터와 연계한 추진일정 확인	
	◦ 학교축제 준비 점검(담당자): 일정, 내용, 방법 등 확인	
	◦ 현장체험학습(담당자): 매뉴얼 준수, 사전답사, 사전안전지도(성교육포함)	

11월 교감의 업무

	업무추진내용 및 확인사항	비고
업무추진내용	◦ 3.1.자 관리자 승진,전직,전보 임용 관련 서류 제출	
	◦ 학습연구년 및 교육연구년 신청 명단 제출	
	◦ 새학기 예산편성을 위한 금년도 예산집행결과 분석	
	◦ 유공교원 표창대상자 추천	
	◦ 3.1.자 휴직,복직,휴직연장 대상자 명단 제출	
	◦ 2월말 교육공무원 명예퇴직 신청	
	◦ 수석교사 업적 평가	
	◦ 학교관리자 학교경영평가: K-에듀파인 설문조사, 교원 개별 참여	

	업무추진내용 및 확인사항	비고
확인 사항	◦ 운영보고서(담당자): 학교특색경영, 학교평가자료, 각종 실천사례	
	◦ 교원능력개발평가 완료(담당자): 결과보고서 작성	
	◦ 학운위 심의(담당자): 예산안 추경, 교과서 선정, 초빙교사 요건 등	
	◦ 2학기 방과후학교 만족도 조사(담당자): 강사 재계약 자료 확인	
	◦ 학교생활기록부 작성(담당자): 오류 점검/정정, 기재요령 연수	

■12월■ 교감의 업무

	업무추진내용 및 확인사항	비고
업무 추진 내용	◦ 초등학교 교사 전보 '현원 증감 현황' 제출	
	◦ 학교폭력 예방 및 해결 기여교원 승진 가산점 명부 제출	
	◦ 교육활동 우수지도실적 승진가산점 부여 대상자 관련 서류 제출	
	◦ 다면평가: 다면평가자 선정 및 협의회	
	◦ 교사 및 교감 근무성적평정 자료 제출	
	◦ 겨울방학 근무관련 복무규정, 41조 연수 안내	
	◦ 3.1.자 교장(감) 승진, 전직, 전보 임용서류 제출	
	◦ 3.1.자 시간선택제 교사 제도 희망 명단 제출	
	◦ 휴직자 실태 보고(12.31.)	
	◦ 복직 및 복직예정자 직무연수 대상자 명단 제출	
	◦ 인사자문위원회: 인사내규 심의, 업무분장(사전 조율), 담임 및 보직교사 희망, 교실배치도, 교과전담 시수 등	
	◦ 다면평가(정량) 기준안(초안) 마련: 담임 및 업무 희망서와 함께 배부	
	◦ 담임 및 업무희망서 받기: 인사규정, 업무분장표, 다면평가 기준표 제시	
	◦ 차기 학년도 휴복직자 점검: 전보대상자 확인	
	◦ 진로교사 보직교사 증치 신청 공문 제출	
확인 사항	◦ 교육과정 편성을 위한 워크숍(담당자)	
	◦ 겨울방학계획서(학교, 학년) 점검: 안전생활, 직원연수/근무상황, 방과후학교, 돌봄교실계획, 도서관 운영, 각종 캠프, 교육방송 등	
	◦ 학년말 생활기록부 입력 및 정리(담당자)	
	◦ 신입생 관리(담당자, 유치원): 유치원 입학생 포함	

업무추진내용 및 확인사항	비고
◦ 학교자체평가 보고서 제출(담당자): 평가결과 학교교육계획에 반영	
◦ 교원능력개발평가 관리위원회(담당자): 보고서 심의 및 결과 공유, 평가결과 학교홈페이지 안내	
◦ 영어회화강사 평가(담당자)	
◦ 방학중 직무연수 참여 안내(담당자)	

1월~2월 교감의 업무

	업무추진내용 및 확인사항	비고
업무추진내용	◦ 교사 근무성적평정 나이스 입력(유치원, 전출교사 입력 확인)	
	◦ 공무원행동강령 정비: 각종 장부 비치(누가기록) 점검	
	◦ 휴가 중 교직원 동태 관리: 휴직자 및 장기 특휴자 등	
	◦ 전입교사 부임 안내	
	◦ 전출교사 부임 안내	
	◦ 담임 및 업무분장 발표: 희망대로 배정 불가 시 사전 개별면담	
	◦ 업무인수인계: 파일, 공문 사본 등	
	◦ 기간제교사 근무평가, 퇴직처리(나이스), (재)임용	
	◦ 학교현황 확인 및 준비	
	◦ 교육활동 준비 집중의 달 운영: 집중연수기간, 새학년 준비기간	
	◦ 개학 준비 확인: 교원 근무상황 파악, 교실 정비	
	◦ 차기 학년도 휴복직자 점검: 전보대상자 확인, 교육청 보고	
	◦ 발령대장 기록(퇴임, 전출교사)-기간제교사 포함	
	◦ 계약직교원 및 각종 강사 채용 계획	
	◦ 개학식, 입학식 교직원 소개자료 준비	
	◦ 학년말 방학 근무관련 복무규정, 41조 연수 안내	
확인사항	◦ 발령대장 확인(담당자): 1.1.자 행정직 인사이동 확인(계약직 포함)	
	◦ 가입학식(담당자): 예비소집 및 학교생활 안내책자 확인	
	◦ 유예, 면제, 의무취학 확인(담당자)	
	◦ 학교생활기록부 최종점검, 마감(담당자): 출결, 진로, 교과평가, 수상대장 등 기재 점검 철저(점검표 활용)	
	◦ 2학기 일람표, 생활통지표 작성 확인(담당자)	
	◦ 졸업식 계획 수립(담당자)	
	◦ 졸업식 및 종업식 점검(담당자)	
	◦ 학년별 교육과정 연간 수업시수 점검(담당자)	
	◦ 학년말 방학계획 수립(담당자)	
	◦ 특수교육대상자 상급학교 진학시 서류 송부(담당자): 개별화교육내용 및 특수교육지원내용 등(졸업시)	
	◦ 기록물 관리 확인(담당자): 회의록 및 교외체험학습/출결확인대장 (증빙서류) 점검정리(나이스 출결과 일치 여부 확인)	
	◦ 2월 계약만료 각종 지원인력 계약관리(담당자): 영어회화강사, 자원봉사자(배움터지킴이, 학부모명예사서, 방역/원격학습, 차량안전요원 등)	

◦ 전·출입교사 입간판 안내(담당자)	
◦ 새학년 교육과정 준비, 교실환경 정비(담당자)	
◦ 개학식 및 입학식 준비(담당자)	
◦ 교실패찰 교체, 환경정비(학급책걸상 높이조절, 사물함 등)(담당자)	
◦ 교직원 비상연락망, 교무실 교직원현황·패찰·이름표 정비(담당자)	
◦ 학교연혁, 학교 홈페이지 정비(담당자)	
◦ 방과후학교 외부강사 연수(담당자): 강사 협조사항, 기본수칙 안내 등	
◦ 학교운영위원회 심의 안건 점검: 교육과정, 인성교육, 안전교육, 방과후학교 운영 등	
◦ 학교교육계획 점검 및 교육방향 설정(담당자): 교육청 추진과제 반영	
◦ 예산 관련 연수: 예산편성 및 집행 연수	

※ 위 교감의 월별 업무는 학교실정 및 교육(지원)청 계획에 의해 변경 가능하며 예시 자료임.

라 교감의 교원복무 및 인사 업무

항목	참 고 내 용
교원정·현원관리	■ 교육청 배정 교원수 확인 ■ 나이스 교원현황 확인 및 관리 1. 절차: 업무포털 접속 → 나이스 → 교원인사 → 인사기록 → 기능별명부 → 기관별 교원현황 2. 경력, 호봉, 생년월일, 연락처, 주소 등 관리·활용
발령대장 정리	■ 교원: 3.1.자, 9.1.자 인사이동 시 ■ 계약직: 계약 시점, 기간제교사 및 시간강사 정리
임용·근평관련 나이스 입력	■ 임용(3월): 부장, 담임, 전담 설정 1. 교원인사 → 임용발령 → 퇴직예정 및 겸임자 관리 → 보직구분 설정 ※ 보직구분(부장교사/담임교사/교사) 교원구분(초등학급담임/초등교과전담) 2. 이름 조회 → 권한조직(○○초)조회 → 신규발령(부장(담임)교사) 등록 ■ 근무평정(1월 말) 1. 대상: 초등교사(병설유치원교사 포함) 2. 절차: 교원인사 → 평정 → 근무성적평정 → 결과관리 → 개요선택후입력 ※ 입력기간(1월 말)에 꼭 참여하기, 전출교사는 2월까지 입력완료 확인
근무상황 관련 나이스 처리	■ 근무상황 대리신청 1. 절차: 나이스 → 복무 → 개인근무상황신청 → 대리신청 ■ 근무상황부 출력 1. 절차: 나이스 → 복무(상단) → 근무상황관리 2. 관내: 개인/기간설정 3. 관외: 출장관리에서 출력
특휴 신청 나이스 처리	■ 나이스 → 복무 → 개인근무상황신청(특별휴가, 해당내용 체크)
휴직교사 나이스 처리	■ 교육감 임용시: 별도 없음 → 교육지원청에서 일괄 처리함 ■ 학교장 임용시: 나이스 교원인사/임용발령 → 휴직 → 보유권한 입력 → 추가(제목, 기안일자, 공개여부) 입력 *결재완료후 시행처리

항목	참고내용
나이스 복무관련 결재경로	■ 관내출장, 조퇴, 보결 등: 교무-교감 ■ 관내(종일)출장, 41조연수, 병가, 연가, 시간외: 교무-교감-교장 ■ 관외출장: 교무-실장-교감-교장 ■ 자료집계: (부장)-교감 ■ 에듀파인(30만원 이하): (부장)-실장-교감 ※ 학교별 위임전결규정에 따라 실시
제41조연수 일괄 신청방법	■ 교육공무원법 제41조연수 일괄 신청방법(요일별 시간이 다를 경우) 예) 월, 수~금요일 9:00~17:00 41조연수 화요일 9:00~14:00 41조연수, 14:00~17:00 근무지내출장 절차) 근무상황신청: 연수 → 교육공무원법제41조연수 → 기간 설정 → 해당요일 설정 → 연락처,목적지,사유·용무 입력 → 승인 요청 → 요일 반복 확인 → 해당일 시간 수정 → 저장 → 기안문서 상신 ※ 연수일 변경시 결재 상신한 전체 일수 기결취소후 수정 처리 유의
나이스대결지정	■ 나이스 상신함 → 대리결재자 지정 → 학교명 클릭 → 추가 → 지정 → 대리결재자 및 적용기간 입력 → 저장
나이스육아시간 실적조회	■ 나이스 → 복무 → 기준관리 → 육아시간 대상자 관리
나이스 개인정보 변경	■ 나이스 개인정보는 변경 신청기간에 개인이 신청하여 변경할 수 있음 나이스 인사기록 → 개인정보 변경신청 → 기존자료정정 → 변경 혹은 삭제 신청
K-에듀파인품의/ 자료집계	■ 품의: K-에듀파인(하단) 업무관리 → 학교회계 → 사업관리 → 품의등록
병가 관련	■ 병가일수는 1월 1일부터 12월 31일까지 1년 단위로 계산 ■ 병가일이 연속 7일 이상과 병가의 연간 누계 6일 초과시 진단서 제출(의료법 제18조) ■ 병가 → 공무상 병가로 바뀐 경우 처리 절차 - 병가 상신 기결취소 후 공무상 병가로 재상신
공가 관련	■ 건강검진, 백신접종 등 건강관련: 증빙서류 제출 ※ 건강검진 확진검사는 공가 대상이 아님 ■ 병역판정검사·소집·검열점호 등에 동원, 훈련 참가: 증빙서류 제출 ■ 승진시험·전직시험에 응시할 때 ※ 승진시험 준비기간은 공가의 승인대상이 아님
가족돌봄휴가 등 교원 복무	■ 모성보호시간: 임신기간 내내, 1일 2시간(단, 하루 4시간 이상 근무 (증빙서류 제출) ■ 육아시간: 만5세 이하(생후 72개월 이전까지), 24개월의 범위 내에서 1일 2시간(단, 하루 4시간 이상 근무), 증빙서류(주민등록등본) 제출 ※ 육아시간 사용시 시간외근무를 명할 수 없음 ■ 가족돌봄휴가(증빙서류 제출) 1. 유·무급 포함 연간 10일(※무급 휴가는 일할계산하여 급여 감액) 2. 자녀돌봄을 위한 유급 가족돌봄휴가 - 입학식, 상담, 병원진료, 검진, 예방접종 등 - 일수: 연간 2일(자녀 2인 이상/연간 3일, 3자녀 이상/1일 가산)
정보공시휴직교원 입력	■ 휴직교원은 직위별 교원현황(남/여)에 포함하여 입력한 후, 휴직교원 수에 별도 재입력

항 목	참 고 내 용
1정 자격연수호봉 재획정	■ 1정 자격증 연수자 호봉재획정시 1정 자격증 첨부(이수증 첨부×) - 1정 자격증 취득한 <u>다음 달부터</u> 호봉 재획정됨
학교장 임용 휴직 처리 절차	■ 질병, 육아(산전육아), 입양, 불임, 난임, 가사휴직 ■ 휴직 확인: 휴직서류(휴직원, 서약서) 작성, 증빙서류 접수 → 휴직 임용 → 휴직 발령 → 휴직 보고(교육청)
학교장 임용 휴직 복직 처리절차	■ 복직 확인: 복직서류(복직원) 작성, 증빙서류 접수 → 복직원 작성, 증빙서류 접수 → 복직 임용 → 복직보고(교육청) ※ 교육공무원법 제44조 제1항제7호(육아휴직) 또는 제10호(동반휴직)의 사유로 2년 이상 휴직한 교원은 복직시 대통령령으로 정하는 바에 따라 연수를 받아야 함(교육공무원법 제45조3항)
관리자 청렴도 평가 관련	■ 고위공직자 부패진단 평가단 명부 제출: 전년도 평가단 명부에 금년도 전입 교직원 자료 수정하여 활용
교감 직무연수 관련(60시간)	■ 교감 직무연수 시간 인정: 학년도 기준 - 2025.3.1.~2026.2.29. 연수는 2025년에 해당함 ■ 교장자격연수 대상자 직무연수 성적평정 1. 2021.1.1.이후 이수한 직무연수실적부터 적용(연수시작일 기준) 2. 원격연수 포함
출장비 지급 관련	■ 출장 내용, 공문 여부 등의 기준에 따라 학교장과 협의 필요 1. 여비지급과 부지급 확인(공문 참고) 2. 근무지내 출장이 하루 2건 이상일 경우: 출장비 합산 2만원 초과 금지, 나머지 부지급 처리
국내 출장비 및 초과근무수당 중복지급 관련	■ 교육과정 운영상 필요할 경우 지급 가능 - 수학여행, 근무시간 외 교육활동 관련 학생지도 및 인솔 등 ※ 방학중 근무시간 외 신청 확인
방학중 국외여행	■ 종류: 공무외국외여행 → 연가/국외자율연수 → 41조 연수 사용 ■ 사유: 공무외국외여행 ■ 연가, 41조 연수 모두 휴일 제외함
성과상여금처리 방법	■ 성과상여금 지급 대상자: 전년도 근무교원 ■ 절차: 계획 수립(내부결재) → 위원회 구성(학교별 인원수 참고) → 개인별 점수 확인 → 협의록 작성 → 금년도 기준안 마련 ■ 전년도 복무 확인: 나이스에서 복무 확인 - 나이스 → 복무 → 기간 조정 → 근무상황 선택 → 조회 ■ 성과상여금 관련 서류 자체 보관 ※ 당해연도 성과급 기준안은 2학기 공문 접수 후 추진하는 것이 좋음 ■ 성과상여금 보고 7일 전에 문자 발송, 이의신청기간(7일) 확보 ※ 성과급 등급 문자는 개별 발송, 보낸 문자 삭제하기
각종 포상처리 시 유의점	■ 해당 영역 대상자 또는 전체 대상 공람하기 ■ 특정 영역의 경우 해당자에게 통보 및 의견 확인 ※ 반드시 공람하여 교사들에게 사전 안내하기(중요)
다면평가	■ 교원 전체 회의 → 다면평가관리위원 선정 협의 → 다면평가관리위원회회의(다면평가자 자격, 제출물 확인) → 서식 배부 → 다면평가 → 결과 취합 → 제출

항목	참고내용
교감 자기실적 평가서 근무성적 평정표(근평)	■ 교육공무원승진규정에 따른 사무처리요령 서식 참고 ■ 교사 근평 자료 제출 시 같이 제출
전보 관련	■ 전보 대상자 확인 → 나이스 전보 기초작업 → 전보 내신서 작성(대상자) → 검토·수정(교감) → 제출
	■ 전보 대상자 연수자료: 교사 전보 내신서 작성방법, 전보 내신서 서식, 학교 급지표, 전보 대상자 근무평정 순위별 배점표
	■ 전보 및 근평 제출 표지 공문 처리 공문 작성 및 결재→발송(인편 선택)→시행문 출력→직인→제출
	■ 전보가산점 확인: 전보사정 자료 참조 ※ 나이스 가산점은 승진 가산점임 ■ 전보내신서 확인: 증빙서류 참고하여 확인해야 함
	■ 제출서류(공문내용 숙지) - 개별(사본) 제출: ①전보 내신서 ②6학년 담임 및 교과전담 확인서 - 학교별 제출: ①전보 임용제청서 ②현임교 동명이인자 명부, ③부부 및 직계존비속, 친인척 교(직)원 전보대상자 명부 ※ 전보 임용제청서: 나이스 전보시스템에서 바로 출력하여 활용, 교번: 강남○○(수기 입력)
	※ 연수시간 120시간까지만 입력(초과하지 않도록 유의) - 증빙서류 단면 출력 후 원본대조필(양면일때 양면 모두 원본대조필)
학년말복무 확인	■ 연가: 해당 경력에 따른 연가일수 초과여부 확인 - 나이스 → 복무 → 기준 관리 → 개인 연가관리 ■ 병가: 연간 6일 초과의 경우 진단서 첨부여부 확인 - 병지참, 병조퇴, 병외출 포함, 8시간 → 1일
인사발령교사 안내	■ 발령교사에게 내교 날짜 안내 ■ 절차: 신입교사 내교 → 학교장 인사 → 학교 안내(담임 및 업무 희망, 새학년 준비기간 등) ■ 신입교사 안내자료: 담임 및 업무 희망서, 교실배치도, 업무배정표 ■ 새학년 준비기간 출장 관련 사전협의 필요 ※ 학교사정에 따라 출장비 지급여부 결정
교직수당가산금 지급 절차	■ 경력 확인: 교육경력 30년, 만 55세 이상 동시 만족(본인 확인) ■ 절차: 내부기안(행정실 협조) → 행정실 교육청 보고 기안문 예시 참조
유치원교사 보결수업 관련	■ 유치원교사 사유 발생시 보결수업계획 내부결재처리 - 보결수업자(원감 또는 대체인력) 지정, 보결수당 지급 품의 결재 ※ 유치원 방과후전담사(보육교사 자격소지자)는 보결 불가

항목	참 고 내 용
	■ 유치원 지원을 위한 순회교사(기간제) 운영계획(유아특수교육과- 12670, 2021.8.26.): 보결수업 지원
유초등교사 보결 수당	■ 유초등교사 시간당 20,000원 (시도별 지급기준 다름)
전담사 대체강사수당	■ 초등돌봄전담사(현직교사) 시간당 15,000원(2022년부터 변경) 대체강사 시간당 11,150원, 자원봉사자(4시간 이내 1일 3만원) ■ 유치원 방과후과정전담사 시간당 15,000원 이내 (학교 보결수당기준에 따름)
교육공무직 유급휴일 관련	■ 유급휴일: 재량휴업일(개교기념일 등) 최초 3일 이내 유급휴일 인정 ■ 초등돌봄전담사, 유치원방과후과정전담사 - 재량휴업일 근무시 시간외 신청
학교 도서관 도서 구입현황	■ 도서 구입비: 학교 전체예산의 3% 이상 확보
공문 발송 시 수신자 지정이 많을 경우	■ 해당 수신자 지정 후 오른쪽으로 옮기기 ■ 아래 쪽 수신자 표기 체크 후 내용 삭제 및 수정
교육공무직 명칭	■ 초등돌봄전담사, 유치원방과후 과정 전담사 ■ 교육업무실무사 ■ 행정실무사, 조리실무사, 특수교육실무사
교원직무연수 및 법정이수교육관련	■ 청렴연수: 관리자, 행정실장, 부장, 신규교원(5시간), 그 외(2시간) - 청렴교육: 학부모, 학생교육(1시간) - 행동강령교육: 교직원(학기별 1회) ■ 공직자 안보교육(1시간) ■ 교권보호교육: 학생, 학부모, 교직원(1시간) ■ 갑질근절교육: 교직원(1시간) ■ 아동학대 신고의무자교육: 교직원(1시간) ■ 긴급복지 신고의무자교육: 교직원(1시간) * 통합직무연수 긴급지원(1) ■ 안전연수(15시간/3년마다 이수, 2021~2023) ■ 통합직무연수

마 중간,기말고사 관련 교감이 처리해야할 업무

1) 원안 검토: 고사일시, 과목명(코드번호), 오탈자, 문두, 선택지, 복수정답또는 정답 없음 유의, 선행 출제 및 기출문제·참고서 전제, 그림 및 지도 인쇄상태, 서답형 답안지 등
2) 서답형:**지필평가 만점의 50% 이상 의무 반영**, 채점기준표 등
3) 성적정보에서 '표준편차' 삭제
가) 문항정보표: 과목명, 단위수, 서답형 비율, 역배점, 난이도 등

나) 단위학교 산출 분할점수는 매 지필평가때마다 평가 전 제출
다) 교과협의회: 출제범위(진도), 선행출제금지, 공동출제, 채점기준 등
 < 고사 전> ([메모관리] 공동출제 및 검토 자체 체크리스트 서식 활용)
라) 교직원 연수: 선행출제, 기출문제/문제지 전제 금지, 문제지 보완, 인쇄 상태, 답안지 관리, 감독교사 유의사항 등
마) 위탁생 사전 안내(학생 등교 협조 요청 공문 발송)
바) 고시 기간 교원복무: 근무지내 출장(여비 지급하지 않음)/조퇴
사) 고사(중/후) 교과 협의회: 채점과정에서 유사정답, 부분점수 부여, 정답없음 등 협의→ 학업성적관리위원회 심의(재시험 시 가정통신문, 학생통지, 문제 재출제, 문항정보표수정 결재
4) 출제문항 오류 시 재시험이 원칙: 평가의 공정성과 신뢰성 제고 목적. 단, 원시험 과동일한 인원이 응시할 수 없는 불가피한 사정이 있는 경우, '모두 정답' 또는 '문항삭제'후 100점 환산처리를 할 수 있음

5) 불가피한 사정의 사례
가) 상고, 병결 등 예측할 수 없는 갑작스런 결석 및 코로나19로 인한 등교 중지자 발생
나) 원격/등교수업 병행 또는 기말고사 이후 촉박한 학사일정으로 시험일 확보가 안 되는 경우 성적 이의 기간 설정
다) (고사 후) 교과협의회: 결과분석 환류([메모관리] 정기고사 결과분석표 활용)

바   초임교감이 궁금한 것 해결방법

1) 1학기 업무 / 2학기 업무 / 기간제 교원, 시간강사 업무 처리
가) 1학기에 궁금한 것

순	궁금한 것	해결 방법
1	□ 교원 정·현원	■ 정원수 확인용이므로 현재 교원수 대상임 ■ 교육지원청 배정 교원 수 확인 ■ 명부작성 시 휴직자는 6개월 기준 - 6개월이하 휴직자는 명부에 현원으로 입력 (기간제 입력 안함) - 6개월이상 휴직자는 명부 끝에 노란 셀에 입력 ■ 총 교사수는 현재 있는 교사수 전체 (교장, 교감, 영양사 제외) ※ 영양교사 포함
2	□ 스승의 날 표창	■ 인사자문위원회 개최 및 대상자 2배수 추천 - 회의록 교무 작성 (본교 전입 후 표창 수령 현황표 자문위원회에 보여주어야 함) ■ 학교장 승인 후 공문 2종 작성- 보고 (내부), 서류제출 (지원청) ※ 정부포상 사전공개에 따른 조치결과 3일 동안 학교홈페이지에 해야 함

순	궁금한 것	해결 방법
3	□ 각종실무원,강사 등 결원시처리	■ 업무 지침서의 처리 절차 확인 후 처리
4	□ 보결처리방법	■ 기능 미비로 NEIS 처리 불가 ■ 증빙서류 구비해야 함 내부결재 문서, 보결수업 배당 대장 등.. ■ 참고로 이번 개정 취지는 초등학교 급식지도 수당을 지급하는 근거를 마련한 것으로 반드시 지급해야하는 것이 아님에 유의
5	□ 5월 정보공시/ 직위별교원현입 력휴직교원입력	■ 휴직 교원은 직위별 교원현황 (남/여)에 포함하여 입력한 후, 휴직 교원 수에 별도 재입력
6	□ 고유 번호 증 학교장 이름	■ 학교장이 바뀐 경우 학교장 이름 반드시 확인하기
7	□ 연도가다른연수 기간의연수시간 인정	■ 연수 수료 연도 기준으로 인정함 (예, **2025.12.25. - 2026.1.5.** 의 연수는 **2026**도에 해당함)
8	□ 고위공직자부 진단평가명단제출	■ 3.1 일자 교원명부 복사 활용. 교장 메일 주소 미리 알아놓기 ■ 매년 제출 시 전입 교사와 전출 교사만 바꾸면 됨
9	□ 성과금 처리	■ 성과금 지급 대상자는 전년도 근무 (2025.3.1.- 2026. 2.28.) 교원이나, 공문 이름은 당해 연도 (2025년도 교원성과금 상여금)으로 오는 것에 혼돈이 없도록. ■ 5월 중 공문 접수 후 처리할 내용 - 계획 수립 (내부기안) -> 위원회 구성 (예시, 7인 : 위원장1, 비교과 1, 부장대표 1, 전담대표1, 학년 군 각 1명씩) -> 개인이 제출한 점수 확인 -> 협의록 작성 -> 2025년 기준안 초안 마련 -> 세부 기준안은 2학기 ■ 전년도 복무 확인은 나이스에서 복무 확인하면 됨 . - 나이스 -> 복무 -> 기간조정 -> 근무상황 선택 -> 조회 ■ 성과상여금 지급액 신청서 작성 - 대상 기간 중간에 휴직이나 휴가가 있을 경우 해당 교사의 입력 줄을 한 줄 늘려 추가 입력 예) 3.1-6.1 근무, 6.1-7.1 병가이면 두 줄로 나누어 첫 줄은 근무, 둘째 줄은 휴가 후 근무 시작 기간 중심으로 입력함 ■ 성과상여금 관련 서류 보관 방법 - 붙임 2~5 는 사송 (전자문서발송 않음) - 수신자 : '○○교육지원청 유·초등 교육지원과장 '으로 하고 교장 결재 득한 후 발송하지 말고 발송 보류로 처리하고, 결재 받은 공문을 출력하여 학교 직인 찍은 후 표지공문과 붙임파일과 같이 사송하는 것이 정석 ※ 당해 연도 (2025년) 성과금 기준안은 2학기 별도 공문 접수 후 추진하는 것이 좋음 ※ 성과금 등급 문자 발송 후 반드시 보낸 문자 삭제해야 함 (성과상여금 보고 7일 전에 문자로 보내야 함. 금요일 적절) <문구> 지난 1 년간의 교육활동에 깊이 감사드립니다. 2025년 성과상여금 평가결과 선생님은 ("S")("A")("B")등급입니다. 이의제기기간은 3월15일(금)까지입니다.

순	궁금한 것	해결 방법
		○○학교 성과상여금 심사위 배상
10	□ 도서관현황조사	■ 도서 구입비가 학교 전체 예산의 3%가 되도록 확인 (미만 안됨)
11	□ 출장비지급관련	■ 출장 내용, 공문 여부 등의 기준에 따라 학교장과 협의 필요 - 지급할 출장과 여비 부지급 출장
12	□ 국내 출장비 / 초과근무수당 중복지급 관련	■ 원칙적으로 중복 지급 불가 - 단, 교육과정 운영상 필요하다고 학교장이 판단하는 경우 가능
13	□ 시간 강사채용	■ 절차 : 결원 발생 → 일수 (30일 미만) → 시간강사 → 주변에 물어 보고 구 → 선정 → 구비서류 징구 및 학교 서류 준비 → 채용 및 임용 → 행정실에 알리기 (임금 관련)
	□ 나이스임용처리	■ 나이스 등록 : 교원인사 → 계약직교원 - 계약직교원 신규임용 / 퇴직예정자관리 (계약직)/계약직교원퇴직 - 0 호봉, 근무년수 0년, 최초임용일 = 현부서임용일 - 퇴직예정자관리 (계약직) 등록 - 계약만료 시 : 계약직교원퇴직 등록
14	□ 특수학급시간 강사 서류	■ 채용계약서(간인-교장,교감,본인), 초본, 최종학력증명서, 경력증명 서, 공무원 채용신체검사서 (제목은 달라도 내용에 '공무원 채용신 체검사 규정에 따라 ~'라는 말이 있으면 됨), 특수교사 자격증 사 본 (초등교사 자격증만은 안됨), 범죄전력조회 동의서 /신청서 /회 신서, 결격사유조회 회보서, 시간강사 수업 시간표 ■ 기안해야 할 것 : 기존 : 범죄경력조회, (주소지 경찰서), 결격사유조 회 (본적지)
	□ 나이스퇴직처리	■ 교원인사 -> 계약직교원 -> 계약직인사기록 -> 계약직교원 퇴직
15	□ 방학 중 국외 여행	■ 종류 : 공무 외 국외여행 -> 연가 사용 / 국외 자율연수 -> 41조 사용 ■ 사유 : 공무 외 국외여행 ■ 가능하면 연가 사용을 권장하고, 부족하면 41조 사용 권장 ■ 연가, 41조 모두 휴일 제외함
16	□ 방학 중 복무 확인 방법	■ 이름으로 검색 후 개인연수 허가원과 대조 결재
17	□ 업무관리대결 지정	■ 업무관리 (업무포털 아님) -> 부서 /개인설정 (오른쪽위) -> 개인 정보 ->부재정보 -> 입력 -> 저장
	□ 나이스 대결 지정	■ 나이스 -> 상신함 -> 대리결재자지정 -> 학교명 클릭 -> 추가 -> 지 정 -> 입력 -> 저장

2) 2학기에 궁금한 것

순	궁금한 것	해결 방법
1	□ 내부메일 개인주소록 만드는 방법	■ 내부메일 -> 오른쪽 위 부서 /개인설정 -> 변경 주소록 체크 -> 반영취소 -> 변경 주소록 클릭 -> 수정 -> 저장 -> 반영
2	□ 계약직 교원 나이스 입력	■ 나이스 -> 메뉴 더보기 -> 교원인사 -> 계약직교원 - 계약직인사기록 -> 계약직교원 신규임용 -> 내용 입력
3	□ 기간제 교사 성과금 처리	■ 기간제 교사 성과금 지급 회의록 ■ 다면평가자별 일람표 ■ 정성평가 합산표 ■ 기간제 교사 자기실적평가서
4	□ 병가 -> 공무상 병가로 바뀐 경우 처리 절차	■ 병가 상신 기결 취소 후 공무상병가로 재 상신
5	□ 업무포털에서 나이스바로접속 안 될 경우	■ Ctrl+Alt+Del -> 작업관리자 -> XPlatform 삭제 -> 나이스 접속 ※ 계속 반복될 경우 오른 쪽 아래 도구 모음 칸에 방패모양 색깔이 주황색으로 되었다가 사라진 후 다시 접속하면 됨
6	□ 출산휴가 후 3일 병가신청기간교사연장여부	■ 방법 : 기간제 교사 연장 채용 -> 연장 내부기안 -> 기간 변경 -> 계약서 다시 작성 (기간만 변경해서) -> 서류는 기존 제출 서류로 갈음 ※ 출산 휴가 시 출산 후 반드시 증빙서류 받아야 함 (출생증명서, 주민등록등본)
7	□ 점심시간보결 배당	■ 내부기안 -> 수기 장부 마련 (나이스에 없음) -> 점심 보결 배당
8	□ 대결 지정	■ 나이스 : 상신함 -> 대리결재자지정 -> 지정 ■ 업무관리 -> 개인설정 -> 개인정보 -> 부재정보
9	□ 특휴 신청 교사 나이스 처리	■ 나이스 -> 복무 신청 (특휴, 출산으로 인함)
	□ 휴직교사 나이스 처리	■ 별도 없음 -> 교육지원청 에서 일괄 처리함
	□ 기간제 교사 나이스 처리	■ 학교 나이스 담당자 -> 권한 부여 ■ 나이스 -> 교원인사 -> 계약직교원 신규임용 -> 내용 기록 ※ 내용 수정 : 인사기록 (계약직) -> 근무사항에서 정정
10	□ 교육활동우수 교사선정	■ 보건교사, 영양교사는 해당 없음 (특수교사는 해당) ■ 자기실적 평가서 서식의 버전 확인 필수 인사자문위원회 -> 승진 1.5 배수, 전보 2배수 추천 -> 학교장 선정
11	□ 영재 관찰수행 평가	■ 개인준비물 일체 학교에서 준비 배부 - 개인유출 금지
12	□ 연말 각종 포상 처리 시 유의점	■ 해당 영역 대상자 또는 전체 대상 공람 반드시 실시 ■ 특정 영역의 경우 해당자에게 통보 및 의견 확인 ※ 공람하지 않을 경우 교사들의 민원 발생 소지 있음
13	□ 공문 발송 시 수신자 지정이 많을 경우	■ 해당 수신자 지정 후 오른쪽으로 옮기기 ■ 아래 쪽 수신자 표기 체크 후 내용 삭제 및 수정

순	궁금한 것	해결 방법
	□ 다면평가	■ 교육청 회의 →학교 업무 처리 → 제출 ■ 교원 전체 회의 → 다면평가관리위원 선정 협의 및 선정 → 다면평가관리위원회 회의 (다면평가자 자격, 제출물 확인) → 서식 배부 → 다면평가 → 결과 취합 → 제출
14	□ 관리자용 다면평가 순위 작성 시 고려 사항	■ 전보 대상자는 항상 당사자끼리 순위가 중요함 ■ 다음 해 상장 추천, 중요 연수자 추천 등은 근평이 요구되므로 필요한 경우 고려해야 함 ■ 1년 후 전보자 끼리도 순위를 고려해야 함 ■ 다면평가자의 결과도 고려해야 함
	□ 교감자기실적평가서.교감 근무성적 평정표(근평)	■ 교육공무원승진규정에 따른 사무처리요령 책자에 서식 있음 ■ 교사 근평 자료 제출 시 같이 제출
15	□ 전보	■ 교육청 회의 → 학교 업무 처리 → 제출 ■ 전보 대상자 확인 (정기, 비정기, 청간, 특례, 초빙, 타시도) → 해당 대상자 → 나이스 전보 기초 작업 → 전보 내신서 작성 (전보 대상자) → 검토, 수정 (교감) → 제출
		■ 전보대상자 연수 자료 : 교사 전보내신서 작성 방법, 전보내신서 서식, 학교 급지, 전보대상자 근무평정 순위별 배점표
		■ 전보 및 근평 제출 표지 공문 처리 공문 작성 및 결재 -> 발송 (인편 선택) -> 시행문 출력 -> 직인 -> 제출
		■ 전보가산점 확인 : 전보사정 자료 참조 ※ 나이스 가산점은 승진 가산점임 ■ 전보내신서 확인 : 증빙서류 참고하여 확인해야 함
16	□ 기간제 교사 채용 연장	■ 기간제교사로 계약 후 1달 미만 연장 계약 가능 ■ 절차 : 연장 계약서 작성, 연장 내부기안
17	□ 영어회화 전임 강사 연수 입력	■ 비공무원 -> 영어회화 전문강사 -> 강사관리 -> 입력 -> 저장
18	□ 복직 처리 절차	■ 복직 확인 -> 복직원 작성, 등본 접수 -> 기안 -> 서류는 사송
19	□ 나이스 개인 정보변경	■ 개인정보는 나이스에서 개인이 신청하여 변경할 수 있음 나이스 -> 인사기록 -> 개인정보변경신청 -> 기존자료정정 -> 변경 혹은 삭제 신청
20	□ 기간제 등의 경력증명서	■ 기간제 발령대장 혹은 공문 확인 ■ 경력증명서 엑셀 서식에 입력 후 송부
21	□ 휴직 처리 절차	■ 휴직 확인 -> 휴직서류 (휴직원, 서약서) 작성, 등본 접수 -> 기안 -> 서류는 사송
22	□ 영어회화 전문 강사 재계약	■ 운영위원회 안건 상정 -> 재계약 (계약서, 재계약 공적조서,신체검사서 범죄경력조회서, 영어공인인증시험 성적표 -해당자만) -> 기안

순	궁금한 것	해결 방법
23	▫학년말 복무확인	■ 연가: 해당 경력에 따른 연가일수 초과 여부 확인 -> 행정실에서 일괄 처리함 ■ 병가 : 연간 6일 초과의 경우 진단서 첨부 여부 확인 (병지참, 병조퇴, 병외출 포함, 8시간 - 1일)
24	▫새 학년도 인사 발령 교사 안내	■ 내교 날짜 알림 (전임교 전화) ■ 절차 : 신입교사 내교 -> 모여서 학교장 인사 -> 안내 (담임 및 업무 희망, 임시 소집일 등) ■ 신입 교사 안내 자료 : 담임 및 업무 배정서, 교실배치도, 배정 기준, 업무 배정표
		■ 신임지 업무 추진 복무 시 출장비 지급 여부 협의 필요 - 업무 준비로 인한 신임지 출장은 출장비 지급 (경기도교육청)
25	▫교직수당 가산금 지급 절차	■ 경력확인- 교육경력 30년, 만 55세 이상 동시만족(본인확인) ■ 절차 : 내부기안 (행정실 협조 넣고) -> 행정실 교육청 보고

※ 기간제 교사 (계약제, 시간강사) 채용 및 퇴직 시 반드시 해야 할 일 : 나이스 처리, 발령대장 수기기록

※ 휴직, 복직 교사 발생 시 반드시 발령 대장 수기 기록

※ 자세한 것은 2026계약제 채용지침을 참조 바랍니다.

사 교감 부임 전에 할일

1)교장 및 전임자 만나기

▶ 학교의 역사, 교육목표, 비전, 교훈 등 ▶ 학생의 지적 정의적 특성 ▶ 만남의 장소: 학교(공식적인 장소) ▶ 교직원 현황 및 교사 이동 상황, 특별관리가 필요한 교직원 파악	▶ 올해의 우선 순위 사업과 목표 ▶ 학교 중장기 발전 계획 ▶ 현안 및 애로 사항 ▶ 학교운영위원회, 학부모회, 학생회 및 동창회 구성 현황 ▶ 학교 시설 현황 등

2) 업무 인계 인수 및 확인 사항

가) 업무 인수인계: 전임자와 후임자 사전 약속

(1) 대면 업무 인수인계: 학교 방문 업무 협의

(2) 비대면 업무 인수인계: k-에듀파인>업무인계 인수>인계함>인계신청

나) 학교 현황 및 예산 편성 현황

다) 역점 추진 업무 목록과 현안 및 기획 중인 사항

라)보존문서 목록 및 비밀 소유 현황, 업무 파일 (외장하드/USB)

마) 교육계획서, 규정집, 학생 및 학부모 안내 책자, 학교 홍보자료

바)교무업무분장,교직원실태조사서,교직원연락망, 학교 전화번호, 팩스 번호
사) 학생회 명단 및 학교운영위원회, 학부모회, 유관기관 연락처
아) 서랍 및 사물함(캐비넷) 열쇠, 컴퓨터 패스워드, 내선 전화 번호 등
자) 휴직자 실태 파악 관리 대장, 각종 위원회 구성 현황
차) 연수 실시 현황, 복무 증빙서류, 다 면평가, 교원능력개발평가 자료
3) 첫 만남 준비하기
  ▶ 학교교육목표 및 학교장 경영방침, 교육철학 등 숙지
  ☞ 개학 첫 날의 계획 의논
  ▶ 첫 직원 모임 및 학생에게 할 인사말
  ☞ 매일 해야 할 일과 학교 하루 일과 등의 숙지
  ▶ 학교 시설(교실, 특별실 등) 배치, 교직원의 좌석 배치 등

아 교장 부임 시 교감의 역할 및 주요업무

1) 학교 현황 보고의 필요성
 가) 학교 현황 및 업무의 신속한 파악과 대처
 나)학교 교육과정 중심 및 운영의 정상화 도모 및 학교와 지역사회의 유대 강화
2) 보고 시기
 가) 부임일 이전 또는 부임 후 (사전 연락하여 학교 내 혹은 외부에서 면담)
 나) 신임 교장과 협의하여 결정
3) 보고 자료 작성 방법
 가) 학교 연혁 : 간단히 크고 최근의 것 중심
 나) 학교 교육 목표 : 학교 교육목표와 실태와의 관계 안내
 다) 학교 교육 여건 및 실태 : 시급을 요하는 내용 우선
 라) 학교 특성 및 사안 : 차별화된 특성 및 특별한 사안의 과정과 현황
 바) 지역사회 인사 및 동창회 관련 사항 : 지역사회 지원 현황
 사) 학교 특색 및 교육 활동 추진 현황 : 최근 2년 전부터의 현황
 아) 학교 시설 현황, 공사 상황 및 시설 개선 사항 : 대형 공사 및 소규모 공사의 시
    작과 종료 및 현황
 자) 교직원 현황 : 특히, 최근 경조사 및 특별한 현황 중심
 차) 교직원 명부 및 사진 자료 등
 카) 휴직자, 승진대상자 현황
 타) 교육과정 운영상 특이점 및 업무 분장 상황
 파) 부서별 추진 현황, 학부모 단체 현황 및 청소년 단체 등 교내 인사 및 업무
    분장 자문은 퇴임교장과 신임교장 양쪽 보고

자 ▌ 어떤 교감이 되겠습니까?

1) 리더십이 있는 교감의 특성을 살펴보았더니!
  ▶ 인간적인 친숙미가 있고 정서가 안정되어 있는 교감
  ▶ 교육에 대한 두터운 신념과 확신을 가지고 있는 교감
  ▶ 교육의 성과보다 과정에 중점을 두고 교사의 공동 협력자로 행동하는 교감
  ▶ 책임을 기꺼이 맡으며 공정성을 준수하는 교감
  ▶ 교장의 의견에 순종하는 것보다 교사의 의견을 존중하고 조정하는 데 더 많은 가
    치를 두는 교감
  ▶ 시사에 밝고 정보화 능력이 우수한 교감

2) 이런 교감에 대한 여러분의 평가는?

가) 교장과 이런 문제로 갈등이 있는 교감
▶ 교장의 예우 문제(출퇴근 및 출타 시 인사, 말 벗, 동행 시 태도 등)
▶ 교감, 교무(담당자)가 결정하여 교육활동 운영 또는 변경
▶ 교장의 결재(서면,구두) 없이 교감 지시로 사소한 물품 구입
▶ 교사가 품의한 물품의 구입을 교장(행정실장)과 협의 없이 주문
▶ 교사의 기안 공문을 수정할 곳이 많은 데도 교감이 결재하여 교장에게 상신
▶ 교장은 학교환경 정비를 위해 중노동을 하는데 교감은 모른 채
▶ 교장의 의견보다는 교사의 의견을 존중 경우(대개 교사 편에 선다)
▶ 학교회계에 대해 깊은 관심을 가지고 관여

나) 교사와 이런 문제로 갈등이 있는 교감
▶ 급한 공문을 교사에게 주면서 신문이나 뒤적이고 있는 교감
▶ 말로 지시는 잘 하면서 거들어주지 않는 경우
▶ 교감이 시킨 일을 열심히 하고 있는데 계획을 자주 바꿔 새로운 일을 지시
▶ 교육과정에 대한 전문성이 부족하면서도 끝까지 우기는 경우
▶ 감사에서 지적받은 사항에 대해 책임을 교사에게 전가하는 경우
▶ 교사의 의견보다는 교장의 의견을 일방적으로 따르는 경우
▶ 쉬는 시간에 교사들이 휴게실 등에 모여 음식물 등을 먹는 모습이 싫은 경우
▶ 특정 교사를 눈에 띠게 편애하는 경우

다) 행정실과 이런 문제로 갈등이 있는 교감
▶ 품의서 없이 구두로 물품 구입을 요구
▶ 교감단 친목회비 납부 요구
▶ 교장의 결재(서면,구두) 없이 교감 지시로 사소한 물품 구입
▶ 교사가 품의한 물품의 구입을 행정실장과 협의 없이 주문(납품업체 임의 선정)
▶ 행정실 직원 근무 상황에 철저히 관여

▶ 교감이 행정실 업무에 대해 반드시 협조를 얻도록 요구
▶ 학교회계 문제에 깊은 관심과 관여

3) 현장 교원들은 이런 교감을 바란다

가) 교사가 바라는 교감

▶ 가슴이 따뜻하고 인간적인 품성을 지닌 교감
▶ 교육 문제의 해답을 찾아주려 애쓰는 교감
▶ 상황 판단 능력이 빠르고 융통성이 있는 교감
▶ 진심으로 칭찬해 주고 실수에 대해 질책보다는 격려를 자주 해주는 교감

나) 교감의 입장에서 높은 점수를 주는 교감

▶ 교장을 잘 보좌하고 교직원들을 잘 이끄는 통솔력 있는 교감
▶ 수업장학 능력이 있는 교감
▶ 교육법규나 사무관리 업무에 밝은 교감
▶ 학부모와의 교육공동체 구축에 힘쓰는 교감
▶ 교직원들의 부족한 부분을 보완해 주려고 노력하는 교감

다) 교장이 바라는 교감

▶ 교장의 의중을 잘 파악하는 교감
▶ 업무에 대한 다양한 아이디어를 가지고 추진력이 있는 교감
▶ 교육과정 전문가 및 교내 장학 담당자로서 교사들을 잘 이끄는 교감
▶ 인간적인 리더십을 발휘하여 인화와 화합으로 직원을 이끄는 교감
▶ 교직원의 상담자로서 역할을 잘 하는 교감
▶ 문서관리와 교육관계 법령, 법규, 지침에 대한 이해가 깊고 처리를 잘 하는 교감
▶ 책임을 남에게 전가하지 않는 교감(공은 직원에게, 책임은 자신에게)

라) 교육전문직이 바라는 교감

▶ 교육 행정력과 사무 처리 능력을 갖춘 교감
▶ 각종 문제 사태 발생시 이의 해결 능력을 갖춘 교감
▶ 전문성을 갖춘 교감(교육과정, 교과 본질, 교육 관련 법규)
▶ 최종 의사 결정권자가 아니라는 자세를 견지하는 교감
▶ 인간관계 전문가로서의 역할을 잘 수행하는 교감
▶ 지역사회에 대한 역할을 잘 수행하는 교감

4) 현장 교원들은 이런 교감을 싫어한다

▶ 아는 것이 없다 : 교육과정과 교수학습지도, 생활지도 등에 대해 아는 것이 없어 교사 들을 지도할 수 없고, 그저 교사들 자율에 맡기고 있다.
▶ 융통성이 없다 : 교감은 업무추진을 위하여 여러 가지 대안이 필요하다. 적절한 대안을 선택적으로 활용할 필요가 있다. 이를 위해서 교직원의 편의에 의한 융통성이 아니라 교육 본질에 근거한 그리고 교육계획 속에서의 융통성이 필요하다.

▶ 말만 앞선다(게으르다) : 계획했으면 실천해야 하고 실천했으면 그 결과를 파악해야 한다. 계획만 있고 실천과 평가를 챙기지 않으면 곤란하다.

▶ 의견을 존중하지 않는다 : 학교운영을 위해서는 교직원들의 역할이 중요하다. 교직원들의 역할을 잘 수행하게 하려면 교직원들의 의견이 충분히 수렴되고 존중되어야 한다.

▶ 사람에 따라 의사결정이 달라진다(편애한다) : 의사결정시 누구의 의견이냐에 따라 반영 여부가 결정 되어서는 안 된다. 의견의 타당성 등을 고려하여 결정되어야 한다.

▶ 칭찬에 인색하다 : 과업지향형으로 일을 철저히 챙겨 시키면서도 수고했다는 말 한마디 하지 않는다.

5) 여러분이 이런 상황에 직면했다면 어떻게 할 것인가?

▶ 교감 승진 발령이 공고 되었는데 부임 때까지 교직원들로부터 전화 한 통화 없을 때

▶ 교내 순시 중에 교실 문이 닫힌 상태에서 교사가 학생을 체벌하고 있을 때

▶ 장학 지도 전날 교장이 교실 순회를 하다 일부 교사들이 바둑 두고 있는 것을 목격하고 교감에게 직원 복무 감독 소홀을 탓하며 나무랄 때

▶ 복수교감으로 배치되어 근무하는데, 보고 공문의 기안 사항에 결함이 있음에도 선임 교감의 검토(결재가 아님에 유의)가 완료되어 내게 상신되어 왔을 때

▶ 보고 공문이 공문의 작성 형식에 벗어나 상신되어 와서 이를 시정했더니 담당 교사가 "내용이 중요하지 형식이 뭐가 중요하냐?"며 반박했을 때

▶ 도서 바자회를 했는데 바자회 수익금 사용에 대하여 일부 교사가 교장의 의도가 의심스럽다고 이야기했을 때

▶ 아침 출근시나 퇴근시에 직원들이 교장이나 교감에게 인사 한 마디 하지 않고 바로 자기 교실로 들어 갈 때

▶ 특정 교사가 사사건건 교감의 의견이나 지시에 이의를 제기하며 불만을 토로할 때

차   교감의 리더쉽

1) 교직원이 꺼려하는 교감

가) 권위주의적 태도
  ▶ 결정된 사항에 대해 번복하기   ▶ 리더십을 약자에게만 발휘하기
  ▶ 교사의 말을 듣기 전에 감정을 드러내거나 비난
  ▶ 설명이나 보충 내용 없이 일방적인 업무지시 내리기

나) 무기력한 태도
  ▶ 매사에 책임 회피   ▶ 본인 업무를 남에게 시키기

> ▶ 무기력하고 방임하는 태도로 업무 처리하기
> ▶ 업무 파악을 제대로 못하고 작은 일에도 허둥대기

다) 공사를 구별하지 못하는 태도
> ▶ 학부모나 교사에게 흠을 보여 약점이 있는 경우
> ▶ 자리를 지키지 않고 소재 파악에 어려움을 주는 경우
> ▶ 교무실 전화를 개인 전화로 알고 지나치게 사적으로 쓰는 경우

2) 교직원이 바라는 교감

가) 인간 관계 측면
> ▶ 근면 성실한 태도　　　　　　　▶ 의사소통 능력이 좋은 분
> ▶ 편애하지 않고 매너가 깔끔한 분　▶ 교사가 부족하더라도 믿고 격려해 주는 분
> ▶ 교사의 고충을 해결하고 열린 태도를 지닌 분
> ▶ 웃음 띤 얼굴로 인사 나누고 부드러운 말씨 사용 ▶ 청렴결백하고 교사나 학부모
> 에게 신뢰감을 주는 분
> ▶ 교사의 작은 성취에도 격려와 칭찬을 아끼지 않는 분 ▶ 교사와 교사, 교장과 교
> 사 간의 인간관계를 잘 조정하는 분

3) 지도 능력의 측면
> ▶ 교육과정 및 교육 행정에 식견이 넓은 분 ▶ 교육에 관한 전문 지식과 교직에 대
> 한 소신과 철학이 있는 분 ▶ 교내 장학 활동 시 정확한 평가와 대안을 제시해 줄
> 수 있는 분

3) 리더십의 종류

가 카리스마적 리더십(Charismatic leadership)
> ▶ 강압적이고 독재적인 의미가 아닌 자발적으로 따르게 하는 리더십
> ▶ 공감할 줄 알고 특권의식이 없고 상대방을 배려할 줄 아는 리더십
> ▶ 복잡하고 방대한 조직 관리를 위해 상황에 맞는 카리스마적 리더십 요구
> ▶ 카리스마적 리더십의 원천: 사람의 마음을 끌어들이는 집중력과 유인력, 명확한 미
> 래의 비전, 일관성 및 상황판단력, 철저한 자기관리

나) 서번트 리더십(Servant leadership)
> ▶ 구성원들이 공동 목표를 이루고자 할 때 섬김과 배려의 자세로 환경을 조성하며
> 도와주는 리더십.
> ▶ 인간존중을 바탕으로 모든 구성원의 잠재력을 발휘해 시너지 효과를 창출할 수 있
> 도록 이끔.
> ▶ 서번트 리더십의 원천: 스스로 시종이 되어야 한다는 의식, 구성원 개개인의 생각
> 과 성장에 대한 지원, 공감대 형성.
> ▶ 정착화 되기까지 상당한 시간이 걸리고, 리더의 정신적인 스트레스가 높으며, 연약
> 한조직 으로 보일 수 있고, 리더가 우유부단해질 수 있음.

다) 거래적 리더십(Transactional leadership), 변혁적 리더십(Transformational leadership)

▶ 거래적 리더십: 구성원의 결핍요구를 자극하고 이를 충족시켜주는 것을 반대급부로 조직에 필요한 임무를 수행하도록 동기화시키는 리더십

▶ 변혁적 리더십: 구성원의 성장욕구를 자극하고 동기화시킴으로써 태도와 신념을 변화시켜 더많은 노력과 헌신을 이끌어내는 리더십

 *특징: 장기적, 미래지향적, 합리적 설명, 다방향적, 동기부여
 *원천: 인간존중, 솔선수범, 변화선도, 교수·학습 실행을 통해 구성원들이 부여

4) 요구되는 교감의 리더십

▶ 경청하고 소통하자 ▶ 사람의 마음에 주목하라 ▶ 팀워크를 다지는 데 집중하라
▶ 교직원 모두에게 동기를 부여하라   ▶ 칭찬으로 사람들을 성공으로 이끌어라
▶ 갈등을 교육발전의 동력으로 활용하라 ▶ 좋은 리더는 갈등을 추진력으로 삼는다
▶ 겸손하되 적극적으로 질문하는 리더가 되자
▶ 제대로 가르치고 즐겁게 일할 수 있는 환경을 만들어 주라

카 학교경영에서의 교감의 역할

학교 교육의 직접적인 담당자로서 교감의 역할은 교수.학습지도 및 생활지도뿐만 아니라 교장과 교사 사이의 교량자,조정자,안내자,조언자,상담자의 역할까지 포괄하며 넓은 의미의 학교경영자,관 리자,책임자의 역할까지 포함하게 된다.

1) 법규면에서 본 교감의 역할

초.중등교육법 제20조②에 의하면"교감은 교장을 보좌하여 교무를 관리하고 학생을 교육하며 교장이 부득이한 사유로 직무를 수행할 수 없을 때에는 그 직무를 대행한다."라고 되어 있다.여기에서 각각의 의미를 간략하게 정리해보면 다음과 같다.

▶교장보좌:교장의 의사결정과 자료제공　　　　　▶교무관리:학교의 사무 관리권
▶학생교육:교육과정　　　　　　　　　　　　　　▶직무대행:교장의 직무의 법정 대리인

2) 학교 경영의 합리화의 역할

학교 경영에서 합리화와 민주화의 양립관계는 학교 경영의 당면 과제이다.학교 경영의 합리화는 학교의 경영 계획의 수립과 추진,교원 조직과 관리,교육과정 운영,사무 관리 및 분석등 학교경영을 신속하고 원활하며 효과적으로 처리하는 것을 말한다.

뚜렷한 교육 신념과 목표로 교육의 전문성과 생산성을 민주적으로 수행할 수 있는 체제를 강구하여 자율성의 기능이 충분히 발휘될 수 있는 여건 조성과 조정의 역할로 합리적이면서 민주적인 경영 철학이 충분히 발휘되고 교사의 의견이 반영되어 학교 교육체제가 당면한 문제들을 합리적으로 해결할 수 있도록 경영 계획을 수립하고 조정하고 분석하고 평가하는 중간자의 역할 또한 교감의 몫이다.

3) 장학담당자로서의 역할

장학은 교사와 학생과의 관계를 개선하여 교수.학습의 질을 고양시켜 학습 효과를 극대화시키기 위하여 지도 조언하는 전문적 봉사활동이다.즉,학교장,교감,교사를 중심으로 교육과정 운영과 교수.학습 지도,교육환경 등을 개선하여 교사의 직무 만족을 증가시킴으로써 궁극적으로 학습활동의 효율성을 증대하는 것이다.

장학담당자로서의 교감의 역할은 학교 상황과 각 교사에게 적합한 교내 장학 유형을 선택하여 적용하여야 하며 원만한 인간관계를 바탕으로 문제의 발견과 협동적 해결을 위한 촉진자로서의 장학 담당자가 되어야 한다.

장학담당자는 교사가 교직을 능률적,효과적으로 수행하도록 지도하기 위하여 필요한 지식과 기술을 습득하고,새로운 교육 이론과 전문 지식을 지도.조언하는 기능을 통하여 교사의 전문성 신장을 돕고,교육과정 운영과 교수.학습 지도 개선에 직접적인 도움을 주어야 한다.

4)조정자로서의 역할

교감은 교장과 교사와의 중간자의 위치에서 교장을 보좌하며 교사를 대변하는 매개 조정의 역 할을 해야 한다.문제발생시 참모로서의 입장,교사의 대변자로서의 입장을 지닌 이중성을 가진다.

이 경우 교감은 문제의 발생 원인과 분석,문제점 해결 방안을 구체적으로 수립하여 교장의 입장과 교사의 입장에서 상호 이해 관심사와 공통점을 찾아 문제 해결에 적극적이어야 하며,기본원칙과 운영의 묘수를 찾아 확고한 신념과 지도력을 발휘하여 상호 조정에 앞장서야 한다.정의감과 용기를 가지고 공정심과 창의성,교수 조직 능력과 지도 조언능력을 키워 조정의 역할을 수행하여야 한다.

4) 아이디어 창조자로서의 역할

급변하는21세기의 다원화,세계화,지식 정보화,민주화를 바탕으로 하는 국제 경쟁사회에서 변화 하지 않으면 교육도 국제 경쟁사회에서 뒤지게 되고 결국은 요즈음 흔히들 교육계에서 풍미되고 있는 교육 붕괴 특히 공교육의 붕괴현상을 면하기 어려울 것이다.

교육체제의 다양화와 개방화 및 정보통신 기술을 활용한 교육 방법의 획기적 개선은 새로운 지식과 가치 창출 능력을 위한 교육내용의 변화를 요구하며,사교육비 경감방안의 일환인 e-Learning 학습체제의 조속하고 안정적 구축을 위해서 다양한 아이디어를 창출하고,자신과 다른 의견을 과감하게 수용할 수 있는 열린 사고를 소유해야 한다.

5) 인간관계 형성의 역할

인간관계는 인간 생활의 기본 원리로서 상호 이해를 돕고 상호 유대 관계를 공고히 하는 실천적,기술적인 의미가 내포되어 있으며,인간의 심성,태도,행동 등의 반응을 통하여 인간 상호 관계 사실에서 대립과 소통을 뜻하게 된다.

학교 조직에서의 인간관계는 교장과 교감,교장과 교사,교감과 교사,기타 사무직원과의 상호 의사소통의 단절과 편견,주관,선입견,잘못 된 정보 등에서 기인하여 대립과 반목으로 비화되는 경우가 종종 있다.단절된 인간관계의 복원과 바람직한 인간관계 형성을 위한 교감의 역할은 학교장이 학교 운영에 있어 민주적인 행정체제를 갖추도록 조언하고 의사소통의 기회 조성에 노력 하여야 한다.

6) 지도자로서의 역할

지도자로서의 교감에게 요구되는 자질은 교직원간의 인간관계를 잘 형성하며 학교 운영을 성실하게 추진할 수 있어야 하고 인재를 적재적소에 활용할 수 있는 능력을 갖추어야 한다.

교직원 및 학부모,학생 파악 능력과 학교 교육계획 추진 능력은 물론 교육 관계법, 학사 업무에 밝아야 한다.

교감의 역할은 집단의 화목을 중시하고 새로운 아이디어를 받아들일 수 있는 아량과 신뢰받을 수 있는 성품으로 학교 운영과 교무 학사에 지도력을 발휘하여야 한다.

7) 관리자로서의 역할

학교관리는 교육 행정의 일부분이며 동시에 교육행정 활동에 수반되는 지원적 보조 활동이다. 관리의 개념은 교육활동의 계획과 조직,연구와 홍보,문서 관리,제반 기록과 장부의 작성,회계,경리,시설,재무,인사,학생 및 교육내용에 관한 모든 영역의 교육 행정 활동을 뜻한다.

1차적인 관리 책임은 교장에게 있으나 교장 유고시의 교감의 직무 또한 교장과 같기 때문관리자로서의 교감 역할 또한 대단히 중요하다.

직무 내용과 관련하여①교지.교사에 관한 관리②교구 및 학교의 제반 시설 관리③교육활동 계획 관리④교직원 인사 관리⑤학생.입퇴학 관리⑥학생 생활 지도 관리⑦교육과정 운영 관리⑧평가 관리⑨행사 관리⑩학교 규정 및 위원회 관리⑪교무분장 조직 운영 관리⑫대외 관리 등 여러 분야가 있으나 가장 우선하여 관리해야 할 분야는 학생 교육활동 직결되는①학교 교육계획 추진②교육과정 편성과 운영③교무분장의 조직 운영④평가 관리⑤학생생활 지도⑥교원의 인사⑦공부 및 공문서 관리⑧ 교사의 복무 관리⑨기교재 사용 관리⑩교원 연수 연찬 관리⑪학급관리⑫규정 및 위원회 관리 등을 들 수 있다.

교감은 법적인 지위로서의 책임과 관련하여 수행되는 상기 분야에 관심을 가지고 항상 점검 확인하여 관리자로서의 역할을 다할 수 있도록 노력해야 한다.

8) 연수자로서의 역할

학교교육의 가장 중요한 부분이 창의성 신장과 특기.적성의 발굴을 위한 교수.학습 지도 방법과 평가 방법의 개선이다.교감은 부단한 자기 연찬과 연수로 새로운 학습 이론과 지도 방법을 전수 이해시켜 교과 교육의 질 개선에 앞장서야 한다.

5 아무도 가르쳐주지 않는 교감의 역할

가 중간 관리자로서의 교감의 역할

교감의 역할에 대한 여러가지 이론들이 있다.

교육전문가, 관리자, 의사결정자, 행정가 이기도 하고 '교무업무를 총괄한다'는 역할분담이 명문   화 되어 있다.

▶ **여기에서 교무란?**

가) 가르칠 '교'의 敎務 교무 업무(행정업무를 총괄하는 행정실장과 구분되는 의미)

나) 학교'교' 校務 교무업무(교장이 교무업무를 총괄하지만, 교감은 교장의 유고시에,
출장시에 이 업무를 실행한다.)

그러나 실제로 교감업무를 하다 보면 교감이 무엇을 해야 하는지 명확히 가르쳐줄 사람이 없다.

교장선생님으로 부터 이렇게 하세요~ 저렇게 하세요~ 하는 조언을 듣거나아니면 교장선생님 이 뭐라고 하든지 말든지 '마이웨이' 스타일로 쭉 간다고 해서 학교가 뒤집히지는 않는다.

갈등과 반목이 배경으로 흐를 뿐. 그러면, 교직원중에는 반드시 교장파와 교감파가 나뉘게 되어 있다.

교장이 파워가 세긴 하지만(100명의 교감이 1명의 교장을 못당한다 라는 말이 여기서 나옴)

교감이 작심하고 교직원들을 선동한다면 견뎌낼 교장은 많이 없다.

왜냐하면, 실무는 교감이 하기 때문이다. 이는 선생님과 대면하여 일을 많이 한다는 이야기 이다.

교사가 직접 부딪힐 일은 교장보다는 교감이 많다.

교장과 교감이 서로 반목하고 다투게 되면, 교장의 명예가 떨어지지 교감의 명예가 크게 떨어지지는 않는다.

다만, 교장이 교감의인사에 불이익을 주는 영향력을 크게 가진다.

하지만, 나는 일찍 교장 안되어도 좋소~ 라는 태도를 가지거나, 교감으로 살다가 죽을라오~ 하고 엇나가면 막을 교장이 없다.

좋은 선배교감을 두면 더없이 좋지만, 학교간에 민감한 정보들은 모두가 밖으로 내놓기를 꺼린다.

교감연수에 가서 보면 모두가 자기학교 교장,교사가 제일 잘한다고 자랑한다.

그래서 힘들다....라는 말은 거의 하지 않는다.

일부 초임교감이나, 소신있는 사립학교 교감이 사실을 있는 그대로 이야기 하지, 대부분은 자기최면을 걸고 있는 듯하다.

그래서 털어놓고 이웃학교 교감선생님과 같이 교감선생님을 하다가 교장으로 진급

하신분 몇몇분을 만나서 느낀 교감에 대한 역할을 이렇게 정리해 본다.

▶ 교감은 학교 구성원끼리 힘을 모아 열심히 하는 역할이다.

▶ 교감은 교직원의삶의 질이 높아지도록 해야 한다 .

▶ 교감은 교장으로 한칸 더 올라가야 하니 인내하고 배우는 사람이다.

▶ 교감은 과연 바른 교육, 옳은 교육이 무엇인지 깊은 생각을 하고스스로를 정제하는 시간이 필요하다.

▶ 교감은 배우고 생각하는 마음을 가지고 직에 임해야 한다.

▶ 교감은 바쁜 중에라도 인간관계에 대한 책을 보아야 한다.

▶ 교감은교장이라는 직책에 대한 공부를 하되롤 모델이 되는 사람책이 제일 확실한 교재이다.

▶ 교감은 더 많은 조언을 받아야 하는 자리인데, 내가 저 교장보다는 잘하겠다는교만한 자세가 있으면배울 기회를 놓친다.

▶ 교감은바뀌는 교육환경과 학교환경에 대해서 조금만 더 일찍 생각해야 한다.

▶ 교감은언제라도 교장으로 올라선다는 준비하는 마음이 있어야 한다.

▶ 교감은 사람을 관리하는 자리이지만, 사람관리가인력으로 되지 않는다는 사실을 기억해야 한다.

▶ 교감은 사람을 얻는 것도 중요하고 사람을 키우는 것도제일 중요하다.

▶ 교감은나를 내려놔야 이룰 수 있다.

▶ 교감은 사람을 보는 눈이 긍정적이어야 한다.

▶ 교감은자신을 더자세히 살펴 보아야 한다.

▶ 교감은단호함, 결단력, 부족한 사람도 쓸모에 맞게 배치하는 지혜, 긍정적 기대를 심는법, 섬세함을 갖추어야 한다.

▶ 교감은일을 하다 보면 경계하고 조심하며 보게되는 자리이다.

▶ 교감은교직원에게 잘해주고 싶으나걱정이 크니 믿음도 쉬이 가지 않는 자리이다.

▶ 교감은 힘들어도 인내하는 과정이다.

▶ 교감은그 시간을 거치면 한칸 올라가게 된다.

　그래서 언젠가 교장으로 올라가면 완전 낮은 자세로 다시 시작하는 자리이다.

▶ 교장이 되면진정 고마움만 남는 인간관계가 된다.

▶ 교장이 되면여유,포용력이저절로 나도 모르게 생겨지는 자리이다.

▶ 그래서 한칸한칸 그 자리에서 열심히 하며 다음 자리로 올라올수 있는 내공이 갖춰진다.

▶ 교감은무엇보다 객관성있게 살펴보고 알아보아야 한다.

▶교감은 소통의 교감이다.

▶교감은수용적이어야 한다.

▶교장 이라고 하는 위치가 슈퍼파워 같은 느낌이겠지만,몰라도 한 참 모르는 이야기

이다.

▶교장은 의사결정의 권한과 책임이 있기에, 인사나 의사결정을최종적으로 해야 한다. 그래서 교감은 의사만 비치고 결정은 교장이 하니까, 최종 책임은 교감은 지지 않아도 된다.

▶ 그러나,교감선생님의 말씀과 의견이 교장이최종 판단하게 만든다.

☞ 이글은 대안학교 에클라시아 교장 님의 주관적인 생각을 옮긴글임을 밝힘.

나 어떤 교감이 되겠습니까?

1) 리더십이 있는 교감의 특성을 살펴보았더니!
- 인간적인 친숙미가 있고 정서가 안정되어 있는 교감
- 교육에 대한 두터운 신념과 확신을 가지고 있는 교감
- 교육의 성과보다 과정에 중점을 두고 교사의 공동 협력자로 행동하는 교감
- 책임을 기꺼이 맡으며 공정성을 준수하는 교감
- 교장의 의견에 순종하는 것보다 교사의 의견을 존중하고 조정하는 데 더 많은 가치를 두는 교감
- 시사에 밝고 정보화 능력이 우수한 교감

2) 이런 교감에 대한 여러분의 평가는?
가) 교장과 이런 문제로 갈등이 있는 교감
- 교장의 예우 문제(출퇴근 및 출타 시 인사, 말 벗, 동행 시 태도 등)
- 교감, 교무(담당자)가 결정하여 교육활동 운영 또는 변경
- 교장의 결재(서면,구두) 없이 교감 지시로 사소한 물품 구입
- 교사가 품의한 물품의 구입을 교장(행정실장)과 협의 없이 주문
- 교사의 기안 공문을 수정할 곳이 많은 데도 교감이 결재하여 교장에게 상신
- 교장은 학교환경 정비를 위해 중노동을 하는데 교감은 모른 채
- 교장의 의견보다는 교사의 의견을 존중 경우(대개 교사 편에 선다)
- 학교회계에 대해 깊은 관심을 가지고 관여

나) 교사와 이런 문제로 갈등이 있는 교감
- 급한 공문을 교사에게 주면서 신문이나 뒤적이고 있는 교감
- 말로 지시는 잘 하면서 거들어주지 않는 경우
- 교감이 시킨 일을 열심히 하고 있는데 계획을 자주 바꿔 새로운 일을 지시
- 교육과정에 대한 전문성이 부족하면서도 끝까지 우기는 경우
- 감사에서 지적받은 사항에 대해 책임을 교사에게 전가하는 경우
- 교사의 의견보다는 교장의 의견을 일방적으로 따르는 경우
- 쉬는 시간에 교사들이 휴게실 등에 모여 음식물 등을 먹는 모습이 싫은 경우
- 특정 교사를 눈에 띠게 편애하는 경우

다) 행정실과 이런 문제로 갈등이 있는 교감
○ 품의서 없이 구두로 물품 구입을 요구
○ 교감단 친목회비 납부 요구
○ 교장의 결재(서면,구두) 없이 교감 지시로 사소한 물품 구입
○ 교사가 품의한 물품의 구입을 행정실장과 협의 없이 주문(납품업체 임의 선정)
○ 행정실 직원 근무 상황에 철저히 관여
○ 교감이 행정실 업무에 대해 반드시 협조를 얻도록 요구
○ 학교회계 문제에 깊은 관심과 관여

3) 현장 교원들은 이런 교감을 바란다
가)교사가 바라는 교감
○ 가슴이 따뜻하고 인간적인 품성을 지닌 교감
○ 교육 문제의 해답을 찾아주려 애쓰는 교감
○ 상황 판단 능력이 빠르고 융통성이 있는 교감
○ 진심으로 칭찬해 주고 실수에 대해 질책보다는 격려를 자주 해주는 교감
나) 교감의 입장에서 높은 점수를 주는 교감
○ 교장을 잘 보좌하고 교직원들을 잘 이끄는 통솔력 있는 교감
○ 수업장학 능력이 있는 교감
○ 교육법규나 사무관리 업무에 밝은 교감
○ 학부모와의 교육공동체 구축에 힘쓰는 교감
○ 교직원들의 부족한 부분을 보완해 주려고 노력하는 교감
다) 교장이 바라는 교감
○ 교장의 의중을 잘 파악하는 교감
○ 업무에 대한 다양한 아이디어를 가지고 추진력이 있는 교감
○ 교육과정 전문가 및 교내 장학 담당자로서 교사들을 잘 이끄는 교감
○ 인간적인 리더십을 발휘하여 인화와 화합으로 직원을 이끄는 교감
○ 교직원의 상담자로서 역할을 잘 하는 교감
○ 문서관리와 교육관계 법령, 법규, 지침에 대한 이해가 깊고 처리를 잘 하는 교감
○ 책임을 남에게 전가하지 않는 교감(공은 직원에게, 책임은 자신에게)
라) 교육전문직이 바라는 교감
○ 교육 행정력과 사무 처리 능력을 갖춘 교감
○ 각종 문제 사태 발생시 이의 해결 능력을 갖춘 교감
○ 전문성을 갖춘 교감(교육과정, 교과 본질, 교육 관련 법규)
○ 최종 의사 결정권자가 아니라는 자세를 견지하는 교감
○ 인간관계 전문가로서의 역할을 잘 수행하는 교감
○ 지역사회에 대한 역할을 잘 수행하는 교감

4) 현장 교원들은 이런 교감을 싫어한다

▶ 아는 것이 없다 : 교육과정과 교수학습지도, 생활지도 등에 대해 아는 것이 없어
교사 들을 지도할 수 없고, 그저 교사들 자율에 맡기고 있다.

▶ 융통성이 없다 : 교감은 업무추진을 위하여 여러 가지 대안이 필요하다. 적절한 대
안을 선택적으로 활용할 필요가 있다. 이를 위해서 교직원의 편의에 의한 융통성
이 아니라 교육 본질에 근거한 그리고 교육계획 속에서의 융통성이 필요하다.

▶ 말만 앞선다(게으르다) : 계획했으면 실천해야 하고 실천했으면 그 결과를 파악해
야 한다. 계획만 있고 실천과 평가를 챙기지 않으면 곤란하다.

▶ 의견을 존중하지 않는다 : 학교운영을 위해서는 교직원들의 역할이 중요하다. 교직
원들의 역할을 잘 수행하게 하려면 교직원들의 의견이 충분히 수렴되고 존중되어
야 한다.

▶ 사람에 따라 의사결정이 달라진다(편애한다) : 의사결정시 누구의 의견이냐에 따라
반영 여부가 결정 되어서는 안 된다. 의견의 타당성 등을 고려하여 결정되어야 한
다.

▶ 칭찬에 인색하다 : 과업지향형으로 일을 철저히 챙겨 시키면서도 수고했다는 말
한마디 하지 않는다.

5) 여러분이 이런 상황에 직면했다면 어떻게 할 것인가?

○ 교감 승진 발령이 공고 되었는데 부임 때까지 교직원들로부터 전화 한 통화 없을
때

○ 교내 순시 중에 교실 문이 닫힌 상태에서 교사가 학생을 체벌하고 있을 때

○ 장학 지도 전날 교장이 교실 순회를 하다 일부 교사들이 바둑 두고 있는 것을 목
격하고 교감에게 직원 복무 감독 소홀을 탓하며 나무랄 때

○ 복수 교감으로 배치되어 근무하는데, 보고 공문의 기안 사항에 결함이 있음에도
선임 교감의 검토(결재가 아님에 유의)가 완료되어 내게 상신되어 왔을 때

○ 보고 공문이 공문의 작성 형식에 벗어나 상신되어 와서 이를 시정했더니 담당 교
사가 "내용이 중요하지 형식이 뭐가 중요하냐?"며 반박했을 때

○ 도서 바자회를 했는데 바자회 수익금 사용에 대하여 일부 교사가 교장의 의도가
의심스럽다고 이야기했을 때

○ 아침 출근시나 퇴근시에 직원들이 교장이나 교감에게 인사 한 마디 하지 않고 바
로 자기 교실로 들어 갈 때

○ 특정 교사가 사사건건 교감의 의견이나 지시에 이의를 제기하며 불만을 토로할 때
(희망교육사랑 카페 제공)

Ⅵ. 부 록

VI. 부 록

1   Q&A로 알아보는 교감 업무

가   학교 교육계획

Q. 01   교육목표, 경영목표, 경영방침의 차이점은?

교육목표는 학교가 1년 동안 학생들을 대상으로 실천하고자 하는 최종목표이고, 경영목표는 교육 목표 달성을 위해 수행되어야 할 경영상의 실천에 따른 기본 방향입니다. 경영방침은 경영목표를 더욱 구체화한 수단으로 기본적인 지침 내지 활동 원칙입니다.

Q. 02   학교교육계획 수립 시 고려해야 할 사항은?

매년도 각시.도교육청에서 발표하는 주요업무계획을 기초로, 교육공동체의 의견을 수렴하고 단위학교의 여건과 특성에 맞는 교육방향 및 교육활동 모색하여 단위학교만의 특색있는 교육계획을 수립할 필요가 있습니다.

▶ 학교별 비전과 교육목표, 중점 교육활동 구체화
▶ 특색 있는 학교교육계획 수립 및 자율적 학교경영 여건 조성
▶ 전 교(직)원들이 연중 활용하며 교육활동을 추진할 수 있도록 계획
▶ 관행적이거나 불필요한 업무 덜어내기

나   휴.복직

Q. 01   휴직자의 실태 보고 시기는?

휴직 중에 있는 자(본인)는 휴직기간 중 매반기별(6월 30일, 12월 31일)로 소재지, 연락 처, 휴직사유의 계속 여부 등을 소속 기관의 장에게 보고합니다. 다만 보고시점이 휴 직 시작 후 1개월 이내인 경우에는 보고를 생략합니다.

Q. 02   휴직 중에 있는 자가 명예퇴직이 가능한지?

휴직 중에 있는 자도 명예퇴직 요건에 해당되면 명예퇴직을 할 수 있습니다.
[총무처 인기 01254-1294, 1985.4.19.]

Q. 03   공무원이 근무 중 사고로 인하여 일반 병가와 미사용 연가를 모두 사용한 후 질병휴직 기간 중에 공무원연금관리공단으로부터 공무상 요양승인 결정통보를 받은 경우 기 휴직처분을 취소하고 공무상 병가로 처리가 가능한지?

질병휴직기간 중에 공무상 요양승인 결정통보를 받은 공무원에 대하여는 당초의 휴직처분을 소급하여 취소하고 기 경과한 휴직기간을 공무상 병가기간으로 대체하되, 공무상 요양승인이 공무상 병가(180일), 일반병가(60일) 및 개인의 법정 연가일수(최고 23일)를 경과하여 결정된 경우에는 공무상 병가·일반 병가 및 법정 연가를 합산한 날이 경과한 날에 휴직처리가 가능합니다.

Q. 04   질병으로 인하여 휴직 중에 있는 자가 동 질병이 완치되지 않아 1년간 연장하고자 할 때, 그 가능여부와 절차는?

「교육공무원법」 제44조제1항제1호 및 제45조제1항제1호의 규정에 의하면 '교육공무원이 신체·정신상의 장애로 장기요양을 요할 때 임용권자는 휴직을 명하여야 하며 그 기간은 1년 이내로 하되, 부득이한 경우 1년의 범위에서 연장할 수 있다'라고 규정하고 있는 바, 질병휴직을 시작한 지 1년이 지난 이후에 휴직을 계속 연장하고자 할 경우에는 증빙자료를 첨부하여 휴직을 연장할 수 있습니다.

☞ 도움자료

※ **질병 휴직에 따른 병가 및 연가 사용 방법**

▶ **일반 질병휴직 사용 시**

☞ 일반병가(60일) → 법정연가 사용(미사용 연가 범위 내) → 일반질병휴직(1년, 1년 범위 내 연장가능)

▶ **공무상 질병휴직 사용 시**

☞ 공무상병가(180일) → 일반병가(60일) → 법정연가 사용(미사용 연가 범위 내) → 공무상질병휴직(3년, 질병휴직위원회 자문 후 2년 범위 연장 가능)

Q. 05 질병휴직 1년(1년 연장 가능)의 휴직기간이 만료된 후 복직하여 정상근무 중에 동일 질병이 재발하는 경우에는 어떻게 처리하는지?

복직 후의 근무가 완전하고 정상적인 상태로서 상당기간 지속되었다면 그 재발된 질병의 정도, 요양기간, 요양 후 정상적인 근무수행 여부 등을 종합적으로 판단하여 새로운 휴직을 부여할 수 있습니다. 다만, 복직후의 근무상태가 불완전하고 비정상적인 상태여서 직무를 감당하지 못할 정도로 지장이 있다고 판단될 때에는 직권면직함이 타당하다고 사료됩니다.

Q. 06 휴직기간이 만료된 후에도 직무를 정상적으로 감당할 수 없을 때의 처리 방안은?

「국가공무원법」 제70조제1항제4호의 규정에 의하여 직권면직처분을 할 수 있습니다. 본인의 원에 의하지 않은 휴직 또는 면직처분을 할 경우에는 처분의 사유를 기재한 설명서를 교부하여야 합니다. 그 처분에 불복이 있는 교육공무원은 그 설명서를 받은 날부터 30일 이내에 교원소청심사위원회에 재심을 청구할 수 있으며, 이 경우 면직처분에 대하여는 교원소청심사위원회의 최종결정이 있을 때까지 후임자를 보충하지 못합니다.

Q. 07 「교사임용후보자명부작성규칙」 제8조의 규정에 의하면 명부에 등재된 자가 「병역법」에 의한 병역복무를 위하여 임용의 연기를 받고자 할 때에는 병역복무기간 동안 임용을 유예하도록 규정하고 있으나 군 장학금 혜택을 받고 졸업후 5년(장학금혜택을 2년간 받은 경우) ~ 7년(장학금혜택을 4년간 받은 경우)간 장교로 복무하는 자도 임용유예 대상이 되는지?

장기복무장교를 지원하였을 경우는 임용유예 또는 휴직사유가 안되며 면직처리하여야 합니다.

Q. 08 「국가공무원법」 제72조제5호의 규정에 의하여 3년의 유학휴직 기간을 연장받은 자가 학위를 취득코자 다시 2차로 3년을 연장할 수 있는지?

「국가공무원법」 제71조제2항제2호 및 제72조제5호에 의해 해외유학 휴직기간은 3년 이내로 하되 학위취득 등 부득이한 경우에는 3년의 범위 내에서 연장할 수 있도록 규정되어 있으므로 동 규정에 의해 휴직기간을 3년 연장한 자에 대해서는 다시 휴직기간을 연장할 수 없습니다.

Q. 09 유학휴직 기간 만료 시 복직 후 곧바로 국제기구 또는 외국기관에 임시로 고용될 경우 「국가공무원법」 제71조제2항 제1호의 규정에 의하여 또 다시 휴직이 가능한지?

　해외유학 휴직은 타 휴직과 달리 휴직기간 중에도 보수의 50%를 지급하고 경력평정에서도 50%를 인정하는 등 공무원의 능력향상과 행정발전을 도모하는 데 그 목적이 있으므로 국가가 직접 훈련계획을 수립·시행하는 특별훈련파견에 준하여 특별관리하며 휴직기간 만료후에는 즉시 직무에 복귀하여 관련 훈련분야에서 근무하여야 합니다. 따라서, 해외유학 휴직기간 만료 후 다시 국제기구나 외국기관에 고용되기 위해 휴직하는 것은 유학휴직을 허가한 본래의 취지와 상반되므로 휴직을 제한함이 타당합니다.

Q. 10 「국가공무원법」 제71조제2항제1호의 규정에 의하여 휴직 중에 있는 공무원이 외국에 체류하면서 동 고용휴직을 동조동항제2호에 의한 해외유학 휴직으로 변경 가능한지?

　「국가공무원법」 제71조제2항제1호(고용휴직)의 사유로 현재 휴직 중에 있는 공무원에 대해서 휴직사유를 동조동항제2호(해외유학)의 사유로 변경하여 휴직을 명하는 것은 복직 등 다른 임용 행위 없이 휴직 중인 자에게 다시 휴직이라는 임용상의 이중 인사발령을 명하는 것이 되어 인사발령의 절차상에 문제가 있습니다. 뿐만 아니라 휴직사유가 소멸되면 직무에 복귀할 것이 예상되는 점 등 휴직자 복귀 시의 인사처리 취지에 비추어 볼 때, 복직 절차를 거친 후 다시 다른 사유로 휴직을 명할 수는 있으나(복직된 날에 동일자로 다른 사유로의 휴직을 명할 수 있음) 휴직 중인 자를 휴직사유만 변경하여 휴직을 명할 수는 없다고 판단됩니다.

Q. 11 남성공무원의 경우에도 배우자의 임신 중 육아휴직을 낼 수 있는지?

　「국가공무원법」 제71조는 육아휴직의 사유로 '여성공무원이 임신 또는 출산하게 된 때'와 '자녀양육을 위하여 필요한 때'를 구분하고 있습니다. 따라서 남성공무원의 경우는 후자에 해당하는 경우에만 가능하므로 배우자의 임신 중에는 휴직이 불가능합니다.

Q. 12 국내연수휴직을 2년간 허가받고, 대학원에서 교육과정을 1년 6개월만에 조기에 수료하였습니다. 이런 경우에 즉시 복직을 해야 하는지?

원래 휴직사유가 학위취득이므로, 교육과정을 수료만 하고 학위를 못 받았을 경우에는 조기복직 사유에 해당되지 않습니다. 그러므로 남은 6개월 동안 계속해서 휴직을 유지할 수 있습니다.

도움 자료

- **배우자 출산휴가 및 배우자 유산·사산 휴가 가능**
  - ▶ 배우자 출산휴가: 그 사유가 발생한 날(출산일)부터 90일 이내의 범위에서 10일 사용가능하며 1회에 한정하여 나누어 사용 가능함(이 경우 휴가 사용 시 마지막 날이 90일 범위 내에 있어야 함)
  - ▶다태아를 출산한 경우 15일로 확대
  - ▶ 배우자 유산·사산 휴가: 해당 교원이 신청 시 3일의 배우자 유산휴가 또는 사산휴가를 주어야 함(단, ①~④임신기간에 따른 기간 내에 휴가를 사용하여야 하며, 1회에 한하여 분할사용 가능)

    ① 임신기간이 15주 이내인 경우 : 유산 또는 사산한 날부터 10일까지

    ② 임신기간이 16주 이상 21주 이내인 경우 : 유산 또는 사산한 날부터 30일까지

    ③ 임신기간이 22주 이상 27주 이내인 경우 : 유산 또는 사산한 날부터 60일까지

    ④ 임신기간이 28주 이상인 경우 : 유산 또는 사산한 날부터 90일까지

      (단, ②~④의 경우에는 토요일 또는 공휴일 포함하여 부여)

Q. 13 가족돌봄휴직 중 해외여행이 가능한지?

간병대상자를 동행하여 해외에 요양 차 출국하는 것은 가능하나, 간병대상자를 국내에 두고 휴직자만 특별한 이유 없이 출국하는 것은 휴직 사유소멸에 해당되며, 이 경우 지체없이 복직을 하여야 하고, 사안에 따라서는 징계 사유에 해당될 수 있습니다.

◆ 참고자료: 교원인사과-8116(2023.4.21.)교육공무원임용령 일부개정에 따른 가족돌봄휴직 관련 처리 요령

Q. 14 동반휴직과 육아휴직 사유가 동시에 발생했다면 어느 것을 사용해야 하는지?

　두 가지 휴직은 모두 청원 휴직으로 본인이 판단하여 유리한 쪽을 선택해야 합니다. 동반휴직은 외국에 거주해야 할 때 청원 가능하고 경력과 승급이 제한을 받는 반면, 육아휴직은 국내든 국외든 거주 장소에 대한 제한사유가 없으며 자녀 1인에 대해 최초 1년 간 경력 및 승급을 인정받을 수 있습니다. 단, 셋째자녀는 3년 인정합니다.

다　학교 자체평가

Q. 01 우리 학교에 알맞은 자율지표를 만들고자 할 때, 평가지표나 평가 요소를 어떤 근거로 만들어야 하는가?

　우리 교육청의 학교자체평가 공통지표는 도교육지표, 정책 방향, 역점과제 등을 기초로 하여 개발되었습니다. 따라서 단위학교의 자율지표 역시 학교의 교육목표, 교육전략, 중점교육 활동, 특색교육 활동 등을 근거로 다양하게 개발될 수 있습니다.

Q. 02 학교자체평가 시 전 교직원이 꼭 평가 활동에 참여해야 하는가?

　그렇습니다. 학교자체평가의 가장 중요한 의의가 구성원의 공동사고에 의한 협의와 소통입니다. 이를 통해 단위학교의 교육 책무성을 공감하고 학교의 여건과 상황에 적합한 교육의 질 개선을 위해 함께 노력해야 하기에 전 교직원의 평가 결과 하나하나는 학교에 대한 객관적인 자료 도출에도 영향을 줍니다.

Q. 03 학교자체평가위원회 구성 시 학생을 반드시 포함해야 하는가?

　학생, 교직원, 학교운영위원, 학부모, 외부인사 등으로 학교자체평가위원회를 구성하되, 위원의 수, 기준 등은 학교의 여건을 고려하여 자율적으로 정하고 학교자체평가의 목적과 의의를 충분히 반영해야 합니다. 적어도 학생, 교직원, 학부모는 반드시 포함하는 것이 좋습니다. 다만, 초등학교 및 특수학교와 같이 학교의 여건에 따라 학생 포함 여부가 어려울 때는 학교장의 재량으로 미포함할 수 있습니다. 또한 학교자체평가위원회에서 학생이 직접 지표별 평어를 부여하는 역할수행에 무리가 있을 시, 학생 의견수렴 및 모니터링 등의 역할을 분담함으로써 평가위원의 활동을 수행할 수 있습니다.

Q. 04 학교자체평가위원회 구성 시 학부모를 외부위원으로 분류해도 되는가?

 학교자체평가의 목적과 의의를 생각해 볼 때 학부모는 내부위원으로 분류하는 것이 바람직합니다. 따라서 학교자체평가위원회 구성 시 외부위원 포함 여부에 대한 단위학교의 자율권은 학부모를 제외한 외부인사 포함여부를 결정하는 재량권으로 이해하는 것이 좋겠습니다. 다만, 매년 10월에 실시되는 외부위원 연수 참석자 대상에는 학부모를 포함하여 추천함으로써 교직원을 제외한 평가위원들의 평가 역량을 강화하는데 적극 협조해 주시면 감사하겠습니다.

Q. 05 학교자체평가를 학교교육과정 편성·운영을 위한 교육과정 운영 평가로 대체해도 되는지?

 학교자체평가와 교육과정 운영 평가를 통합하여 운영해도 됩니다. 단, 학교자체평가는 구성원들의 참여와 소통을 바탕으로 학교의 교육과정 전반을 평가하게 되므로 학교 전반 교육영역으로 더 포괄적으로 이해하는 것이 좋습니다. 학교자체평가의 목적은 일반적으로 학기별·학기말에 행해지고 있는 단위학교의 교육과정 운영 평가와 그 목적이 동일합니다. 따라서 업무추진의 효율성을 확보하고 교육 활동 개선을 위한 실질적인 논의를 이루어내기 위해서 학교자체평가와 교육과정 운영 평가를 일원화할 수 있습니다.

 덧붙여, 업무추진의 효율성과 효과성을 고려할 때 교육과정 업무와 학교자체평가 업무의 담당자를 일원화하는 것도 좋은 방법입니다. 만약 불가피하게 교육과정 업무와 학교자체평가 업무 담당자가 이원화되어 있다면 동일한 부서로 배정하여 상호 소통이 원활하게 이루어질 수 있도록 배려해야 할 것입니다. 이 경우 학교자체평가와 교육과정 운영 평가가 일원화되어 학교현장의 업무 부담을 경감시키고, 실질적인 교육 활동 피드백 자료를 수집할 수 있는 의미 있는 시도가 될 것입니다.

라 승진

Q. 01 1급정교사 자격취득 후에 석사학위를 취득한 경우 대학원 이수성적을 1급정교사 자격연수성적으로 대체할 수 있는지?

 「교육공무원인사관리규정」 제12조제1항제1호에 따라 교감자격연수대상자 지명을 위한 응시대상자 순위 명부작성시 평정하는 자격연수는 「1급정교사·전문상담교사 또는 1급정교사 자격증 취득 후의 사서교사 자격연수」 성적으로 정하고 있어 자격연수 성적으로 평정할 수 없습니다.

Q. 02 교사 임용 전 취득한 석·박사 학위는 연구실적으로 평정가능한지?

「교육공무원 승진규정」 제36조 규정에 의해 당해 직위나 전직된 경우 직전 직위에서 취득한 학위를 연구실적으로 평정하고 있으므로 임용 전 학위취득은 평정대상이 아닙니다.[교육공무원 인사실무, 교육부]

Q. 03 ROTC 장교로 군복무기간이 4년4개월인 경우 2년의 가산근무기간을 '가'경력으로 하여 임용전 군경력으로 평정할 수 있는지?

교육공무원의 임용 전 경력은 「병역법」 그밖에 법률에 의한 의무수행을 위하여 징집 또는 소집되어 근무한 기간만을 승진 시 경력평정 기간으로 산입합. ROTC 장교로 복무한 기간 중 가산복무기간은 병역의무를 수행하기 위하여 징집 된 기간이 아니라 당사자의 지원에 따라 「군인사법」에 의해 현역으로 임용되어 복무한 기간입니다. 그러므로 교원의 직무와 관련이 없는 일반 경력은 남녀 모두 승진 경력평정의 대상으로 인정하지 않는 원칙에 따라서 ROTC 장교 복무경력 중 가산복무기간은 산입하지 않는 것이 타당합니다.〔교원 12113-880(2001.11.29.)〕

Q. 04 석사학위가 2개까지 인정되는 것은 언제까지?

2005년 1학기에 대학원에 입학한 자까지는 석사학위 2개를 개정 「승진규정」 제37조가 시행된 후에   도 평정대상으로 인정합니다.

Q. 05 「교육공무원법 승진규정」제37조제3항의 규정에 의하면 직무와 관련있는 석사학위를 취득할 경우 1점의 연구실적평정대상이 되는 바, ○○대학교 교육대학원 학칙에 의거 논문을 쓰지 않고 논문에 상응하는 학점을 이수하여 취득한 석사학위가 연구실적 평정대상인 학위취득에 해당하는지?

「교육공무원법 승진규정」 제36조 규정에 의거 학위취득실적평정은 교육공무원이 당해직위에서 취득한 학위를 대상으로 하므로 관련 법령과 대학원 학칙에 따라 적법한 절차를 거쳐 취득한 학위는 평정대상이 됩니다.

Q. 06 교원이 동반휴직 기간 중에 외국에서 학위를 취득한 경우 인사기록변경 신청 및 연구실적으로 평정 가능한지?

「교육공무원법」 제44조제1항제10호의 규정에 의한 동반휴직기간동안 학위취득을 했다면, 동반휴직의 목적에는 부합하지 않으나, 휴직명분을 유지하면서 교원의 전문성 향상을 위한 차원에서 적법한 학위를 취득하였을 경우에는 교육공무원인사기록 변경(추가)등재 신청이 가능합니다. 아울러 적법한 학위취득실적은 「교육공무원 승진규정」에 의한 연구실적 평정대상이 됩니다.

마　외부강의, 겸직허가

Q. 01 공무원 외부강의 사례금은 얼마까지 가능한지?

직급 관계없이 시간당 40만원(학교 100만원)까지 받을 수 있고, 1시간 넘게 강의하더라도 최대 1시간 상한액의 150퍼센트까지 받을 수 있으므로 최대 60만원 (학교는 상한액 미적용) 까지 받을 수 있습니다.

바　출장.초과근무 수당

Q. 01 대학원 강의 수강을 위해 출장 처리가 가능한지?

공무원이 석사과정을 이수하기 위하여 대학원에 다닐 경우 대학원 강의를 듣기 위해 근무시간 내에 근무지를 벗어나게 되는 경우에는 연가를 사용해야 하며 출장조치 불가합니다.

Q. 02 초·중등 교원의 야간제·계절제 대학원 수강은 가능한지?

고등학교 이하 국·공립 각급 학교에 재직 중인 교원은 교육활동에 지장을 받지 않는 한 학교장의 허가를 받고 야간 또는 계절제 대학원을 수강할 수 있음. 이 때 근무상황은 '출장(연수)'로 처리하면 됩니다. 야간제대학원이라고 하더라도 장거리 수강이나 주간대학원의 수업 시간대에 운영되는 등 복무 지도감독권자인 학교의 장의 종합적인 판단에 의하여 주간대학원의 복무에 준하여 처리할 수 있을 것입니다. [교정 07000-666. 1998. 7. 28.]

Q. 03 교원단체 주최 체육행사에 교원이 선수로 참여하는 경우 출장이 가능한지?

 체육행사의 주체가 행정기관이 아닐 뿐만 아니라 교원 본연의 직무수행과 무관한 활동이므로 출장조치 불가합니다.

Q. 04 소속직원의 경조사에 기관대표의 자격으로 참석하는 경우 출장조치가 가능한지?

 소속직원의 경조사에 기관대표의 자격으로 참석하는 약간 명의 공무원에 대하여 출장조치가 가능합니다. 이 경우 경조사가 있는 직원과 출장명령을 받는 공무원은 동일한 단위 기관에 근무하고 있어야 합니다(지방의 지소 또는 지원 등의 하부기관의 경우도 동일).

Q. 05 수학여행 기간 중 학생지도 담당 교원의 초과근무수당이 가능한가?

 수업 시수에 직접적 영향을 주는 교육과정 운영상 불가피한 '수학여행 기간 중 야간 학생지도 담당 교원', '주말 체육특기자 등 전국규모 대회 등의 학생 인솔 담당 교원', '현장체험활동 사전답사'등에 대해서는 학교장의 판단 하에 관계 법령 및 지침에 의거 실제로 당일 총 근무한 시간이 드러나는 객관적인 증빙이 있는 경우 출장여비 외에 초과근무수당 지급이 가능합니다. [교원인사과-18476(2017. 12. 27.)]
 - 객관적인 증빙 예시 : 교장, 교감 등 초과근무명령권자의 현지 확인서, 시간외 근무조 편성이 포함된 '세부계획서', 대회 주관 협회 등의 해당학교 학생들의 대회 일정 및 출전 시간 확인 공문 등
 - 수당 지급 불가 예시 : 교직원 체육대회, 교원연수, 전국대회 참관 등에 대해서는 초과근무수당 지급 불가

Q. 06 민간단체 행사에 초청되어 참석하는 경우 복무처리는?

 당해 공무원의 업무와 관련성이 있고 소속기관의 대표 자격으로 참석할 경우에는 출장조치가 가능하나 개인자격으로 참석할 경우에는 연가로 처리해야 합니다.

Q. 07 교사가 초과근무를 신청하지 않으면 학교장은 강제로 초과근무명령을 내릴 수 없는 것인지요?

「국가공무원 복무규정」 제11조에 따라 기관장은 근무시간 외의 근무를 명할 수 있습니다. 초과근무 신청 자체는 수당 관련하여 근거를 남기는 것에 불과하고 근무 시간 외의 근무를 위의 규정에 따라 근무를 명하는 것입니다. 초과근무를 신청하지 않으면 근무시간 외의 근무를 명할 수 없는 것이 아니라 기관장은 필요하다고 인정할 때는 근무를 명하는 것입니다.

Q. 08 2024.7.2. 시행된 국가공무원 복무 관련 예규 개정으로 변경된 긴급 초과근무 사후승인 허용 내용은?

퇴근 후(주말 포함) 또는 원격근무 중 긴급한 업무로 사무실이 아닌 장소에서 초과근무를 할 경우 사후승인의 경우에도 초과근무를 인정하게 되었습니다.

사   연가, 병가, 공가 등

Q. 01 휴가 기간 중 공휴일의 산입은?

휴가기간 중의 공휴일과 주 5일 수업제의 휴무토요일은 그 휴가일수에 산입하지 않으나, 휴가(연가는 제외)일수가 연속하여 30일 이상 계속되는 경우는 산입합니다.

Q. 02 교사가 학교장으로부터 연가 허가를 받기 전에 직장을 이탈한 경우 직장이탈금지의무 위반에 해당하는지요?

공무원이 법정 연가일수의 범위 내에서 연가신청을 하였고 그와 같은 연가신청에 대하여 행정기관의 장은 공무 수행 상 특별한 지장이 없는 한 이를 허가하여야 한다고 되어 있더라도 그 연가신청에 대한 허가도 있기 전에 근무지를 이탈한 행위는 특단의 사정이 없는 한 「국가공무원법」 제58조에 위반되는 행위로서 징계사유가 됩니다.

Q. 03 재직기간 1년 이상 4년 미만 공무원의 연가일수가 확대되었습니다. 자세한 내용은?

현 행	
재직기간	연가 일수
1년 이상 2년 미만	12
2년 이상 3년 미만	14
3년 이상 4년 미만	15

⇨

개 선	
재직기간	연가 일수
1년 이상 2년 미만	15
2년 이상 3년 미만	15
3년 이상 4년 미만	16

Q. 04 종전 최대 3일이던 가족돌봄휴가 유급일수가 확대되었습니다. 자녀가 2명일 경우 부여받는 유급일수는 몇 일인지?

자녀를 돌보기 위한 경우 자녀 수에 1을 더한 일수의 범위에서 유급으로 사용 가능하기에 3일을 부여받게 됩니다.

현 행		개 선
자녀돌봄 시 2일(다자녀는 3일)	⇨	자녀수 + 1일

단, 장애인인 자녀가 있거나 한부모가정은 1일을 추가 부여받을 수 있습니다.

Q. 05 육아시간 대상 및 기간은 어떻게 확대가 되었는지?

8세 이하 또는 초등학교 2학년 이하의 자녀가 있는 공무원은 36개월의 범위에서 사용할 수 있도록 확대되었습니다.

현 행		개 선
▸ (대상) 5세 이하 자녀	⇨	▸ (대상) 8세 또는 초2 이하 자녀
▸ (기간) 24개월간		▸ (기간) 36개월간

교육공무원은 수업 등 학교교육과정 운영에 지장이 없는 범위로 자녀를 돌보는 목적에 맞게 사용할 수 있도록 하며, 사용대상은 '만 9세가 되는 날(생일)의 전날' 또는 '초등학교 3학년이 되는 날(해당 학년 3월 1일)의 전날' 두 가지 요건 중 하나만 충족해도 사용 가능합니다.

Q. 06 수업일(학기 중) 중 연가 사용이 가능한가요?

- 「교원휴가에 관한 예규」제5조(연가) 제1항 제9호에 따르면 학교장은 기타 상당한 이유가 있다고 인정하는 경우 수업일* 중에 소속 교원의 연가를 승인할 수 있음.
  - *「초·중등교육법 시행령」제45조에 따른 수업일로서 학교 교육과정이 운영되는 출근일을 의미
  - ▶ 여기서 '기타 상당한 이유'는 교원이 수업일 중 연가를 사용할 필요가 있는 특별한 사유로서 동 예규 제5조의 제1항 제1호부터 제8호까지에 규정되지 않은 사유로 볼 수 있으며, 학교 업무 및 학교 교육과정 운영상 지장이 없는 범위에서 학교장이 상당한 이유가 있는지를 판단하여 승인하도록 규정되어 있음.
  - ▶ 따라서 학교의 장은 동 예규 제4조(휴가 실시의 원칙)와 제5조(연가) 규정을 종합적으로 고려하여 제5조 제1항 제1호부터 제8호까지에 규정되지 않은 사유에 대해서도 연가 사용의 필요성이 있고, 수업 및 교육과정 등에 지장을 초래하지 않는다고 판단하는 경우 연가를 승인 할 수 있음.
    - 고등학교 이하 각급 국·공립학교에 근무하는 교원의 휴가 관련 질의·답변 자료집(제1-1판)

Q. 07 수업일 중 연가 (반일연가 포함) 사용 시 신청은 어떻게 하나요?

- 교원은 수업일 중 연가를 신청하는 경우 교육정보시스템(나이스) 또는 별도의 근무상황부에 「교원휴가에 관한 예규」제5조 제1항 제1호부터 제9호까지 중 연가 사유에 해당하는 호 등을 기재하여 신청해야 합니다.
- ▶ 제1호부터 제8호까지의 사유에 해당하는 경우, 교육정보시스템 (나이스, 근무상황부 또는 근무상황카드 포함)의 사유란에 "제1호", "제2호" 등 해당하는 호를 입력함.
- ▶ 제9호 사유의 경우 학교장이 '기타 상당한 이유가 있는지'를 판단할 수 있도록 사유 및 비고란에 "제9호"를 선택한 후 제9호에 해당하는 사유를 기재함.
- * 단, 사유를 구체적으로 기재할 경우 개인의 민감한 정보가 유출된다면 학교장에게 구두 등의 방법으로 사유를 전달하고, 나이스 신청 시 사유를 '개인용무' 등으로 기재하는 것도 가능합니다.
- ◈ 참고자료: 고등학교 이하 각급 국·공립학교에 근무하는 교원의 휴가 관련 질의·답변 자료집

Q. 08 지각·조퇴·외출은 연가의 일종인가요?

- 연가는 학교의 장이 일정한 사유가 있는 교원의 신청 등에 의하여 일정 기간 출근의 의무를 면제하여 주는 휴가의 일종이므로, 근무사항*에 해당되는 지각·조퇴·외출은 연가에 해당되지 않습니다.
  - ▶ 지각·조퇴·외출은 근무를 전제로 한 날에 특별한 사유가 발생하여 정상근무를 할 수 없게 된 경우이므로, 그 사유를 기재**하여 학교장에게 허가를 받아야 합니다.
  - * 근무사항에는 출근, 지각, 조퇴, 외출, 퇴근, 결근이 해당됩니다.
  - ** 단, 사유를 구체적으로 기재할 경우 개인의 민감한 정보가 유출된다면 학교장에게 구두 등의 방
    법으로 사유를 전달하고, 나이스 신청 시 사유를 '개인용무' 등으로 기재하는 것도 가능합니다.

도움 자료

- 근무사항
  - ▶ (출근) 근무시간 시작 전까지 근무장소(사무실 또는 현장)에 도착하는 것
  - ▶ (지각) 근무장소에 근무시작 시간 이후에 출근하는 것
  - ▶ (조퇴) 근무종료 시간 이전에 퇴근하는 것
  - ▶ (외출) 근무시간 중 개인용무를 위하여 근무장소 외부로 나간 후, 근무종료 시간 이전에 돌아오는 것
  - ▶ (퇴근) 그 날의 업무를 종료하고 근무종료 시간 이후에 근무장소를 떠나는 것
  - ▶ (결근) 출장, 휴가 등의 정당한 사유 없이 근무종료 시간까지 출근하지 아니하거나 국가공무원 복무규정에서 정한 휴가일수를 초과하여 휴가를 사용한 경우

Q. 09 교사가 학교장으로부터 연가 허가를 받기 전에 직장을 이탈한 경우 직장이탈금지 의무 위반에 해당하는지요?

공무원이 법정 연가일수의 범위 내에서 연가신청을 하였고 그와 같은 연가신청에 대하여 행정기관의 장은 공무 수행 상 특별한 지장이 없는 한 이를 허가하여야 한다고 되어 있더라도 그 연가신청에 대한 허가도 있기 전에 근무지를 이탈한 행위는 특단의 사정이 없는 한 「국가공무원법」 제58조에 위반되는 행위로서 징계사유가 됩니다.

Q.10 재직기간 10년인 교사, 2026. 1. 1. ~ 1. 31. 41조 연수, 2026. 2. 1. ~ 2. 29. 정상근무, 2026. 3. 1. ~ 4. 29. (60일) 병가, 이후 연가를 사용한 뒤 질병휴직을 희망할 경우 사용 가능한 연가일수는?

 4일 사용 가능 (2개월/12개월*21일=3.5일)
▶ 실근무 기간: 2개월(1월 41조 연수, 2월 정상 근무)
 * 사실상 직무에 종사하지 아니한 기간: 병가 2개월
▶ 재직기간 6년 이상 연가 일수: 21일
▶ 산출된 소수점 이하의 일수는 반올림

Q.11 교사가 질병으로 인하여 2월 미만의 병가원을 제출하여 병가를 허가 받은 다음 병가일 만료후 2~3일 출근하여 동일사유로 다시 병가원을 제출한 경우에 재차 2월의 범위 내에서 수차 반복 허가가 가능한지?

 연 60일을 초과하지 않는 범위 내에서 동일한 사유에 대하여 바로 허가할 수 있음. 그러나 연 60일을 초과할 시는 결근 또는 휴직의 조치를 취하여야 할 것입니다.

Q.12 공무상 부상으로 병가를 6개월 사용하고 1년간 휴직한 교원이 복직하였으나 동일질병의 후유증으로 5~6개월의 요양이 더 필요한 경우 다시 공무상 병가 6개월을 허가받을 수 있는지?

 공무상 병가를 180일 모두 사용하였으면 비록 연도가 바뀌었다고 하더라도 같은 질병으로 인하여   또 다시 공무상 병가를 허가할 수 없습니다.
 [참조] 국가공무원복무규정 제18조제2항의 공무상 병가는 공무원 연금관리공단의 공무원연금급여심의회의 심의에서 공무상 질병 또는 부상으로 승인된 기간에 한하여 허가할 수 있습니다.

Q.13 2개 연도에 걸쳐 30일을 초과하는 병가의 공휴일 산입 여부는?

 연도별로 구분하여 각각 30일 이상인 경우에만 공휴일과 토요일을 휴가일수에 산입해야 함

Q. 14 공무상 병가기간(연 6월) 만료 후에도 재수술 등으로 직무수행이 곤란하여 계속 요양이 필요한 경우 일반병가(연 2월)를 사용할 수 있는지?

　소속교원이 질병 또는 부상으로 직무를 수행할 수 없을 경우 연 60일의 범위 안에서, 공무상 질병 또는 부상으로 직무를 수행할 수 없거나 요양을 요할 경우에는 연 180일의 범위 안에서 각각 병가를 허가할 수 있도록 규정하고 있으므로 병가의 요건과 기간을 별개의 사항으로 운영하고 있음. 따라서 개인적으로 볼 때 연간 허가 가능한 병가기간은 공무상 병가와 일반병가를 합한 240일이 될 것이므로 「공무원 재해보상법」상 공무상 질병 또는 부상으로 인정되어 연 180일 동안을 다 사용하여도 직무수행이 어렵거나 계속 요양할 필요가 있으면 일반병가도 허가할 수 있음

Q. 15 퇴직예정자의 '퇴직 후 적응 준비'를 위한 연가 사용이 가능한가요?

　「교육공무원법」제47조에 의한 정년퇴직과「교육공무원법」제36조에 의한 명예퇴직을 할 교원이 퇴직 준비를 위하여 연가를 신청하는 경우 (구)「교원휴가업무처리요령」(현 「교원휴가에 관한 예규」)의 '기타 상당한 이유가 있다고 소속 학교의 장이 인정하는 경우'에 해당하여 연가를 허가할 수 있음.(2016.2.25.)
　* 다만, 이는 퇴직예정일이 속한 학기 중에만 적용됨

Q. 16 진단서에 치료기간이 명시되지 않았을 경우에도 병가를 허가할 수 있는지요?

　병가의 허가여부와 그 기간은 소속기관장이 첨부된 진단서와 직무수행 가능여부 등 제반 정황을 참작하여 결정해야 합니다.(공무원 복무제도 해설)

Q. 17 퇴근시간 이후에 발생한 경조사휴가 일수 계산방법은?

　정규근무를 마치고 퇴근시간 이후에 상을 당한 경우에는 당일은 경조사휴가 일수에서 제외하고 그 다음날부터 경조사 휴가 일수를 계산함

Q. 18 교육청과 교원노조 간에 체결한 단체협약의 이행을 위한 행사(교육청과 교원노조와의 상호 의견수렴을 위한 간담회 등)에 참석하는 노조 측 비전임 조합원에 대한 ① 공가 처리 가능한지? ② 출장 처리 가능한지?

① 교원노조활동과 관련한 교원의 공가는 「교원의 노동조합 설립 및 운영 등에 관한 법률」 제6조에 의한 단체교섭위원으로 참석할 때와 동법 시행령 제3조제3항에 의한 교섭관련 협의를 위하여 지명된 자로 참석할 때'라고 규정(교원 휴가업무 처리요령, 4.휴가 종류별 실시방법, 다.공가)하고 있음. 따라서 단체협약 이행을 위한 간담회 등의 행사는 교섭 관련 협의로 볼 수 없어 공가 처리 대상이 아님 ② 공무원의 출장은 국가 또는 해당기관의 공무를 수행하기 위한 것으로, 출장 처리 여부는 출장 명령권자인 소속기관장이 판단하여 결정할 사항임.(교육부 교원81811-369, 2001. 5. 15.)

Q.19 교장이 소속 직원에게 주의나 경고를 할 수 있는지?

「초·중등교육법」 제20조(교직원의 임무) 제1항의 규정에 의하여 교장은 소속교직원을 지도·감독하도록 하고 있음. 따라서 교장은 복무지도감독권자로서 복무지도권한과 감독관계에 기초하여 징계의결요구대상에 이르지 아니하는 경미한 비위나 불성실한 근무자세 등에 대하여 근무태도의 개선을 목적으로 각성을 촉구하는 주의·경고 등의 행정조치를 문서나 구두로 할 수 있음

Q. 20 출·퇴근 시간이 학교장의 지시로 예를 들어 출근은 07:40, 퇴근은 18:00일 경우 학교장의 근무시간 변경에 대한 근거는?

(단위학교별 탄력적근무시간제 시행 전) 교원의 근무시간은 09:00~17:00까지이나, 학생생활지도, 교육활동 또는 학교 내 업무처리를 위하여 학교의 장은 필요한 경우 교원에게 시간외 근무 및 휴일근무를 명할 수 있으므로 정규근무시간 시작 전인 09:00 이전이라 하더라도 수업시작 전 교재 준비, 교무회의, 근무시간 전 등교한 학생의 생활지도, 기타 교육활동 지도를 위하여 시간외 근무를 명할 수 있고 이 경우 교원은 이에 따라야 함. [국가공무원 복무 징계 관련 예규 제184호(2024.7.22.)]

Q. 21 병가 등 여타 사유로 다른 교원의 근무상황을 대신 신청하는 방법은?

· 경로: 나이스 / 복무/ 개인근무상황관리 / 대리 신청 / '성명' 조회
· 내용 입력 후 승인요청

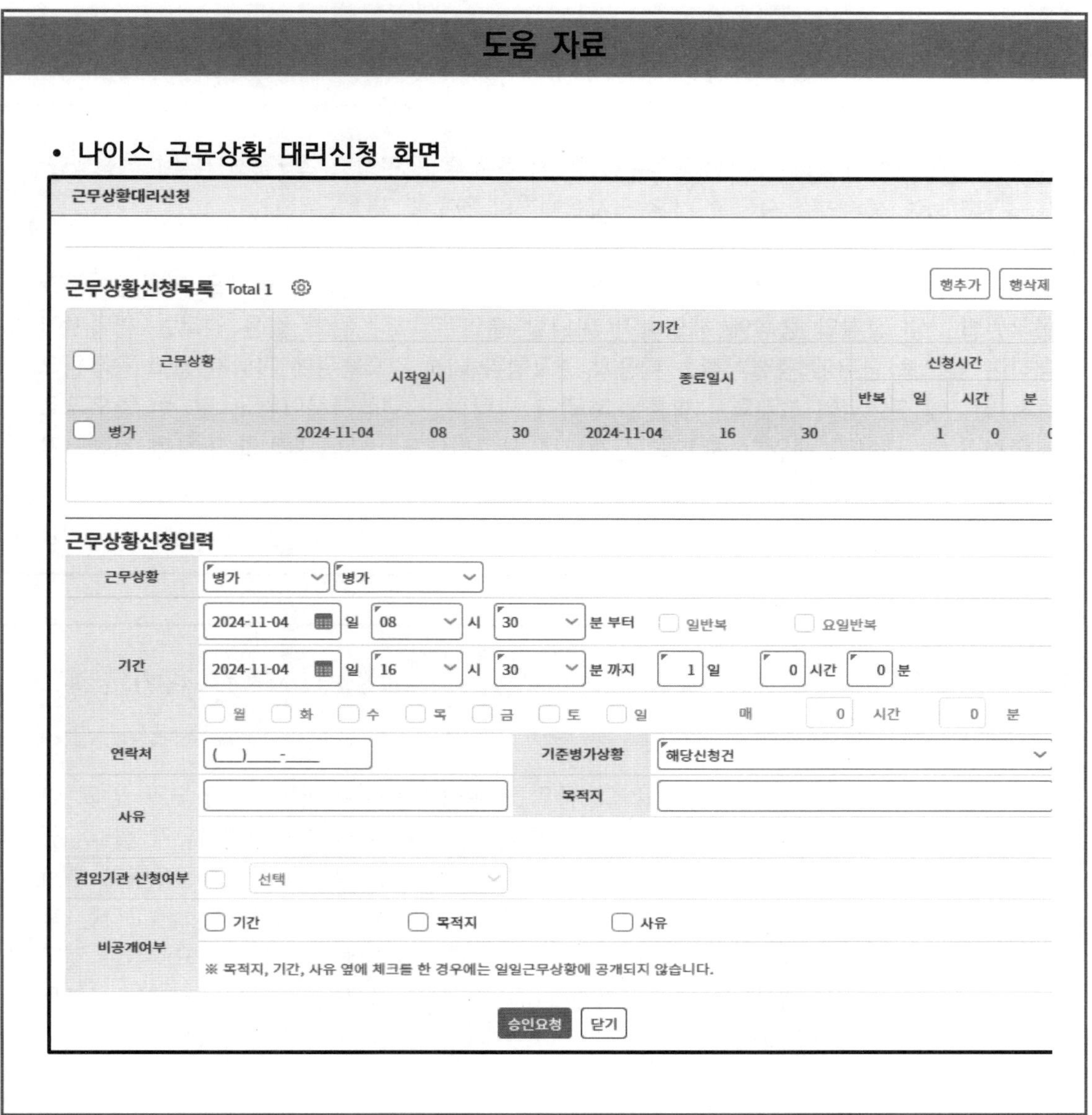

Q. 22 나이스 대결 지정 방법은?

• 나이스 대결 지정

▶ 업무포털 / 나이스 / 상신함 / 대리결재자지정 / 학교명클릭 / 행추가 / 적용시작일, 종료일, 대리결재자 지정 / 저장

• K-에듀파인 대결 지정

▶ 업무포털 / K-에듀파인 / 개인설정(오른쪽 위) / 신규 / 사용자 부재설정 정보 입력 (대리결재자 검색 후 지정) / 저장

아   상훈, 징계

Q.01 징계사유에 해당하는 비위(음주운전)를 범한 경우 서면경고 후 징계사유에 해당함을 발견하여 징계의결 요구할 경우 일사부재리의 원칙에 저촉되는지?

기관장이 서면에 의한 경고장을 발부하는 것은 공무원의 신분에 영향을 미치는 「국가공무원법」 상 징계의 종류에 해당하지 아니할 뿐만 아니라 위와 같은 경고는 혐의자에 대하여 앞으로 근무에 충실하라는 내용의 권고행위 내지 지도행위에 지나지 않고 공무원으로서 신분에 불이익이 초래되는 법률상 효과가 나타나는 행정처분이라고 할 수 없으므로 서면경고 한 내용과 동일한 사유로 징계의결 요구하여도 일사부재리의 원칙에 저촉되지 아니합니다. [복무12152-595, 1997. 12. 1.]

Q.02 공무원이 사기죄에 해당되어 약식명령으로 벌금 1백만원을 선고받은 행위가 징계사유에 해당되는지?

공무원은 직무의 내외를 불문하고 그 품위를 손상하여서는 아니 될 의무가 있고 이에 위반하여 공무원의 체면 또는 위신을 손상하는 행위를 한 때에는 징계사유가 될 수 있지만 실제 징계에 있어서 징계요구사유의 인정 여부는 징계요구권자가 소속공무원이 형사사건으로 인하여 사회적 물의를 야기한 정도 및 평소 근무태도 등 제반 정상을 고려한 후 동 행위가 징계사유에 해당된다고 판단되면 관할 징계위원회에 징계의결을 요구하는 것이므로 단지 벌금을 선고받은 사실 그 자체가 곧 징계사유로 되는 것은 아닙니다. [복무 01152-1243, 1985. 12. 31.]

자   출결관리

Q.01 출석 독촉·경고장을 보내는 방법은?

출석 독촉·경고장은 학부모에게 직접 전달함을 목적으로 하기 때문에 우체국의 내용증명을 통해 발송하는 것을 권장합니다.

Q. 02 태만, 연락두절과 같은 미인정결석의 경우 결석계를 제출받아야 하는가?

미인정결석은 말 그대로 인정할 수 없는 경우로서 태만, 연락두절과 같은 경우는 학교장이 인정할 수 없는 사유이기 때문에 결석계를 제출받지 않습니다. 결석계에 표시되어 있는 미인정 표기란은 정원외 학적 관리로 인한 장기 결석 또는 교외체험학습초과로 인한 결석 등 학교장이 사전에 인지(인정)하는 경우에 한해 작성합니다.

Q. 03 학생이 감염병에 걸렸을 경우 학교 출결인정 기준은?

학교는 많은 학생들이 밀집해서 공동생활을 하므로 감염병이 발생하면 급속이 전파될 수 있습니다. 교내에 감염병 환자가 발생하게 되면 확산되지 않도록 하기 위해 신속하게 격리하도록 조치하고 있는데, 이때 출결인정 기준은 다음과 같습니다.

▶ 학교장이 감염병 확산방지를 위하여 각종 감염병에 감염되었거나, 감염 의심자에 대하여 등교중지를 명하였을 경우 '출석'으로 인정됩니다.

▶ 학교장의 사전허가를 받지 않고 감염병으로 결석한 후 추후 진단서 또는 의사 소견서 등 제출 시 법정 감염병에 한해 출석으로 인정하고, 그 외 감염병은 '병결' 처리됩니다.

▶ 다시 학교에 등교할 수 있는 시기는 적절한 치료를 통해 감염의 우려가 없다는 의사의 진단을 받은 후 학교에 등교할 수 있습니다.

Q. 04 수업일수가 191일인 경우 3분의 2는 어떻게 계산하나?

수업일수가 191일인 경우 191일의 3분의 2는 127.33…으로 계산되나 소수점 이하를 올림하여 128일로 계산합니다.

차   전.입학 및 전출

Q. 01 전입생의 경우 수업 일수가 190일 미만인데 진급이 가능한가?

네. 전입생의 경우에는 학사 일정에 따라 190일 미만이라도 진급이 가능합니다. 다만, 전입교 기준 수업일수 3분의 2 이상은 충족해야 합니다.

Q. 02 전출생이 2025. 4. 29.까지 등교하고 전출하여 이 날을 전출일자로 해서 학적반영까지 마친 상태인데 전입교에서 4일간의 단기방학으로 2025. 5. 7.에 전입교로 등교하였다.
전출일자는 어떻게 되는가?

2025 학교생활기록부 기재요령에 따르면, 전출일과 전입일은 연중 공백 기간이 없도록 처리해야 합니다. 따라서, 전입교에서 전입아동 발생을 인지하여 전입교의 상황(단기방학)에 대해 학생 및 보호자에게 안내가 있었고, 전입교의 학사 일정에 의해 학생이 5월 7일에 등교하였다면, 전출일은 4. 29. 전입일은 4. 30.로 처리해야 합니다.

Q. 03 2월에 본교에서 전출을 갔는데, 입을 간 해당 시·도는 이미 학사 일정을 종료하여 새 학년도의 입학일(3월 2일)에 등교하라고 하는데, 이 때 전·출입 처리는?

2024 초등학교 생활기록부 기재요령 '전출일과 전입일은 연중 공백 기간이 없도록 처리한다'에 의거하여 전입을 받은 해당 시도의 학교에서는 학사 일정과 상관없이 즉시 전입 처리를 해야 합니다. 전입을 받은 해당 시도의 학교에서 전입 처리를 하지 않는 것은 기재요령에 위배됩니다. 전출교에서는 학부모에게도 반드시 전출일 다음 날 전입교를 방문하여 바로 전입 처리할 수 있도록 사전에 안내해야 합니다.

Q. 04 학교폭력 피해학생이 전학을 희망하는 경우 전학은 가능한지?

2020. 3. 1. 학교폭력 예방 및 대책에 관한 법률 개정에 따라 심의위원회의 피해학생에 대한 보호조치 중 전학권고 조항이 삭제되었습니다. 이는 학교폭력 사안처리 과정에서 가해학생 선도노력보다 피해학생에게 전학가도록 권고하는 현실을 개선하기 위해서였습니다. 만약, 피해학생이 자발적으로 전학을 희망하는 경우, 학교장은 피해학생 보호를 위해 불가피하다고 판단되면 해당 학생의 전학을 교육장 또는 교육감에 추천할 수 있습니다. 교육장 및 교육감은 학교의 장이 학생의 교육상 교육환경을 바꾸어 줄 필요가 있다고 인정하여 다른 학교로의 전학 또는 편입학을 추천한 자에 대하여 전학 또는 편입학할 학교를 지정하여 배정할 수 있습니다.

Q. 05 학교폭력 가해학생 전학 시 반드시 교육장(교육감)에게 학교배정을 요청해야 하나?

요청해야 합니다. 학교장은 반드시 학교폭력대책심의위원회에서 '전학' 조치를 받은 학생의 명단을 교육감 또는 교육장에게 통보하고 학교배정을 요청하여야 합니다.(교육장 학교 지정 전학 절차 참고)

Q. 06 학교폭력 가해학생이 심의위원회 개최 또는 교육장의 조치가 시행되기 전에 다른 학교로 전학을 가는 경우 어떻게 하는가?

가해학생(또는 가해추정학생)이 심의위원회 개최 이전에 다른 학교로의 전학절차(거주지 이전 등)를 진행하는 경우, 가해학생이 전학 가기 전 소속학교(이하 원 소속교)에서는 재학증명서, 학교생활기록부 등 전학에 필요한 서류의 발급을 보류하고 가해학생에 대한 조치를 실시하여야 합니다. 원 소속교에서는 반드시 가해학생에 대한 조치 및 특별교육(학교폭력예방 및 대책에 관한 법률 제17조 제3항)과 학생생활기록부 기재를 완료한 후 재학증명서 발급 등 전학에 필요한 절차를 진행해야 합니다. 아울러 교육지원청(또는 시교육청)에서도 학교폭력 관련 조치를 회피하기 위한 전학 신청을 인지한 경우에는 가해학생에 대한 원 소속교의 조치가 완료되는 시점까지 서류 검토, 학교 배정 등 전학 관련 절차의 진행을 보류해야 합니다.

* 가해학생(또는 보호자)의 원 소속교에서 특별교육을 이수하지 않고 전학을 가는 경우, 전입교에서 특별교육을 이수하도록 해야 합니다. 원 소속교에서 학교폭력 사안을 인지하기 이전에 가해학생이 이미 전학을 간 경우에는 학교폭력 피해학생과 가해학생이 각각 다른 학교에 재학 중인 경우에 해당하므로 학교폭력예방 및 대책에 관한 법률 제12조에 따라 교육감의 보고를 거쳐 둘 이상의 학교가 공동으로 심의위원회를 개최할 수 있습니다.

카 유예 및 면제(재취학, 편입학)

Q. 01 2025학년도 2학년 재학 중 질병으로 인하여 6월부터 유예를 하였다. 이후 병세가 호전되어 2026학년도에 재취학할 경우, 3학년으로 재취학이 가능한가?

장기결석 또는 취학 의무의 면제나 유예결정을 받은 학생이 다시 학교에 다니고자 하거나 취학하고자 하는 경우에는 유예 당시의 학년에 취학하는 것이 원칙이나, 초·중등교육법 시행령 제29조2항에 의거 학교의 조기진급·졸업·진학 평가위원회에서 시행하는 교과목별 이수인정평가 결과(학칙에 의거)에 따라 학년을 정하여 재취학 할 수도 있습니다.

Q. 02 정원외 학적관리는 수업일수의 3분의 1일이 되는 날에 꼭 처리를 해야 하는가?

2024 학생부 기재요령(42쪽 마항에 의하면 "정원 외 학적관리는 취학 의무를 유예받은 학생이나 정당한 사유 없이 해당 학년도 수업일수의 3분의 1 이상 장기결석한 학생에 대해서 학칙이 정하는 바에 따라 교육정보시스템에서 유예처리 후 정원 외로 학적을 관리할 수 있다"로 되어 있습니다. 따라서 결석일수의 3분의 1 이상이 되는 날 처리해야 하지만 부득이한 경우 3분의 1에서 며칠 지난 날짜에 처리 할 수도 있습니다. 또. "할 수 있다"의 개념임으로 학교에서 학칙이 정하는 바에 따라 해당 학생의 학적을 정원 외 관리로 처리할지 판단 및 결정도 가능합니다. 다만, 학생의 안전 관리 및 취학기구전담기구 보고를 위해서 부득이한 경우를 제외하고 수업일수의 3분의 1 이상이 되는 날에 정원 외 학적 관리로 처리하기를 권장합니다.

Q. 03 2학년 학생이 당해 연도에 미인정 유학으로 인하여 정원 외 학적관리 처리가 되었는데 2학년 말에 귀국하여 당해 학년도에 재취학을 희망하는 경우 재취학이 가능한가?

미인정 유학으로 인해 정원 외 학적관리가 된 경우에는 당해 연도에 재취학이 어렵습니다. 이는 학업중단일부터 재취학 신청일까지의 학업공백이 해당 학년 수업일수의 1/3이상이 되어, 해당 학년 수료에 필요한 수업일수 2/3이상이 확보되지 않기 때문입니다. 수료가 되지 않음에도 재취학을 희망한 경우에는 상급 학년 진급이 불가하다는 내용을 학생과 학부모에게 충분히 고지한 후, 이에 동의한 경우에 한해 재취학 처리를 하시면 됩니다.

Q. 04 유급과 유예의 차이는?

유급은 상급학년으로 진급하지 못한 상태이므로 새 학년도가 시작되면 정정대장을 통해 중복된 학년의 지난 학년도 학교생활기록부의 내용을 삭제합니다. 신학기 첫날부터 학교를 다시 다녀야 하며, 다니지 않으면 결석 처리됩니다. 유예는 학업 중단일까지 학교생활기록부의 내용이 그대로 남아있으므로 신학기가 시작되어 바로 학교에 다닐 필요는 없으며, 재취학 시점은 학업 중단일을 기점으로 진급 가능한 시기에 맞추어 늦게 할 수 있습니다. 유예 대상자가 유예를 거부할 경우 유급으로 처리합니다.

Q. 05   유예와 정원 외 학적관리의 차이점은?

유예는 의무교육 대상자의 해당 학년 취학(교육)의 의무를 1년(해당 학년도 말까지)의 범위 안에서 보류하는 것입니다.(다시 유예하거나 유예기간 연장 가능) 취학 전 유예, 취학 중 유예 모두 가능합니다.

정원 외 학적관리는 위의 유예자와 정당한 사유 없이 해당 학년도 수업일수의 3분의 1 이상 장기 결석한 학생에 대한 학적 처리를 말합니다.

정당한 사유 없이 장기결석(수업일수의 3분의 1 이상 결석 또는 연락두절 등)하여 이후 출석하여도 해당 학년의 수료 및 졸업이 불가능(수업일수 3분의 2 미달)한 자를 정원 외 학적관리합니다.

Q. 06   정원 외 학적관리 대상 학생이 중학교 입학 나이 또는 성인이 된 이후에는 학적을 어떻게관리해야 하는지?

정원 외 학적관리 대상 학생이 초등학교 졸업 이후의 나이가 되었더라도 초등학교에서 별도로 처리해야 할 일은 없습니다. 정원 외 학적관리 시기에 학적 매뉴얼 서식에 있는 '의무교육관리대장'에만 정리를 해놓으면 됩니다. 다만, 유예 또는 정원 외 학적관리된 학생이 외국에서 초등학교에 해당하는 학교교육과정을 마치거나 국내 초등학교 졸업학력 검정고시를 합격한 것으로 확인된 경우 '면제'로 처리할 수 있습니다.

Q. 07   재취학(편입학) 학생의 학년 중복기간 동안 영역별 학교폭력 관련 조치사항이 기재되어 있는 경우 이를 삭제해야 하는지?

삭제하지 않습니다. 재취학(편입학) 학생 등의 학적변동자의 학년 중복기간 동안의 출결상황의 '특기사항'란과 '행동특성 및 종합의견'란에 기재된 학교폭력 관련 조치사항은 삭제하지 않습니다. 다만, 중복기간 동안의 출결상황의 자료는 삭제합니다. 또한 중복되는 기간 동안의 학년이력, 인적사항, 학적사항은 삭제하지 않기 때문에 학적사항에 기재된 학교폭력 관련 조치사항도 삭제하지 않습니다.

Q. 08   6학년 말에 미인정 유학을 가면 졸업이 가능한가?

6학년 말에 미인정 유학으로 출국을 하면 출국한 시점부터 미인정결석으로 처리하여도 당해 학교 수업일수 3분의 2 이상 출석하였으므로 졸업이 가능합니다.

Q. 09 학력심의위원회에서 결정된 학년보다 1~2학년 낮추어 학년배정을 원할 때 처리 방법은?

　탈북학생이 학력심의위원회에서 결정된 학년보다 1~2학년 낮추어 학년배정을 원할 때에는 우선 결정된 학년에 재학할 것을 권유합니다. 그럼에도 학습공백에 대한 두려움 때문에 본인과 학부모가 학년을 낮추길 원할 때에는 교육과정 이수 능력을 고려하여 1~2학년 낮추어 학년을 배정할 수 있습니다. 나중에 자기 연령에 맞는 학년으로 올라가길 원할 경우에는 조기진급 등에 대한 규정에 의하여 조기진급 할 수 있으나, 기준이 까다로워 조기진급이 어려울 수 있으니 가능한 자기연령에 배정받는 것이 좋습니다.

Q. 10 미국에서 학교를 다니고 있는 학생이 6월부터 한국에 와서 한국 학교를 다니고 싶어 하는데 가능한지, 이런 경우 위탁교육에 해당이 되는지, 그리고 기간이 2개월인데 이렇게 짧은 기간에도 학교에 다닐 수 있는지, 가능하다면 어떤 서류를 준비해야 하는지?

　초·중등교육법 시행령 제19조에 '재외국민 또는 외국인이 보호하는 자녀 또는 아동이 국내의 초등학교에 입학하거나 최초로 전·입학하는 경우에는 출입국관리사무소장이 발행한 출입국에 관한 사실증명서 또는 외국인등록사실증명서를 거주지를 관할하는 해당 학교의 장에게 제출함으로써 입학 또는 전학절차에 갈음할 수 있다.'라고 규정되어 있습니다. 한국 학교를 다니고 싶을 경우, 주거를 증명할 수 있는 서류 및 주거지 읍·면·동의 장으로부터 받은 학교 배정서를 학교에 제출하여 학적 생성 후 취학하는 것이 원칙입니다. (청강은 존재하지 않는 제도입니다.)

Q. 11 6학년 말에 미인정 유학을 가면 졸업이 가능한가?

　6학년 말에 미인정 유학으로 출국을 하면 출국한 시점부터 미인정결석으로 처리하여도 당해 학교 수업일수 3분의 2 이상 출석하였으므로 졸업이 가능합니다.

Q. 12 귀국 후 재취학 신청은 언제 할까?

　귀국 후 즉시 재취학 신청하는 것을 권장하며, 이는 수업일수(수학기간) 미달로 인한 학년배정 상의 문제를 예방하기 위한 권장사항으로 학생들의 학교생활 적응을 돕기 위한 것입니다.

Q. 13 외국학교에서의 성적 기록은 어떻게 처리하는가?

　유학(미인정 유학 포함)을 하고 귀국한 학생의 유학기간의 '교과학습발달상황'란은 공란으로 둡니다. 다만, 관련 서류는 별도 관리하다가 해당 학생 졸업 후 전산출력물에 첨부하여 보관합니다. 동 기간의 기록은 학년을 결정하는 참고자료로 해당 학년의 정규교육과정을 이수한 기록이 아니므로 해당 학교의 학교생활기록부에 기록할 대상이 아닙니다. 다만, 교육부가 인가한 한국학교에서 취득한 학업성적은 국내 해당학년의 동일(유사) 교과 학업성적으로 반영하여 처리하되, 동일(유사)교과 인정 등의 사항은 전입교 학업성적관리위원회의 결정에 따릅니다.

Q. 13 외국 국적 학생이 취학을 할 경우에도 이수인정 평가를 실시해야 하는지?

　외국 국적의 학생에 대해서는 조기진급·졸업·진학 평가위원회의 교과목별 이수인정평가를 실시하지 않습니다. 학년의 결정은 학생의 학력을 기준으로 하여 배정하되 해당 학령을 적극 고려하며, 본인이 낮은 학년의 배정을 희망하는 경우 가급적 학생의 나이와 해당 학령의 차이가 2년을 초과하지 않도록 권장합니다. 자세한 내용은 2024 외국 국적 학생을 위한 학적관리 매뉴얼을 참고합니다.

타 수료.진급.졸업.유급

Q. 01 6학년인 학생이 3월에 미인정 유학을 갔다가 12월에 돌아온 경우 재취학이 가능한가?

　학생의 학습권 보호 차원에서 재취학은 가능합니다. 단, 수업일수의 3분의 2 출석을 하지 못한 경우에는 수료 및 진급이 불가능합니다.

Q. 02 조기진급 및 조기졸업 대상자의 조기이수 인정을 위한 이수인정평가 대상 교과목 및 실시 방법, 이수 인정 기준은?

조기진급 및 조기졸업 대상의 조기이수 인정을 위한 이수인정평가 교과목은 다음 학년도의 교육과정 편성 교과목이 대상이며, 실시 방법 및 이수 인정 기준은 해당 학교의 「조기진급·졸업·진학 평가위원회」에서 정합니다.

Q. 03 학년말에 미인정 유학으로 미인정 결석 중인 학생의 학적 처리 방법은?

초·중등교육법 시행령 제50조의 수료 및 졸업 요건(교육과정 이수 또는 수업일수)을 갖춘 경우, 진급 또는 졸업으로 처리. 이때 시행령 제29조제1항의 장기결석자는 최초 결석일로부터 수업일수의 3분의 1 이상이 되는 시점에서 정원 외 학적관리 하는 것이 적절합니다.

예) 2025. 11. 15. 5학년에서 미인정 유학한 학생에게 적용할 수 있는 학적처리 방법

① '25. 11. 15. ~ '26. 2. 28.: 미인정 결석으로 처리 후 초등학교 6학년으로 진급(방학 기간은 수업일수에 포함되지 않아 미인정 결석일에서 제외)

② '26. 3. 1.부터 수업일수 3분의 1 미인정 결석 처리 후 유예처리, 유예 처리 다음 날 학칙에 따라정원 외 학적관리

Q. 04 학부모가 학년말에 학생의 진급을 원하지 않을 경우 유급시킬 수 있는지?

단순히 학부모가 원한다고 하여 유급을 할 수는 없습니다.

「초·중등교육법 시행령」 제50조에 의거 유급을 할 수 있는 근거는 학생이 수업일수의 3분의 2 이상을 출석하지 않았거나, 학교장이 학생의 교육과정 이수정도를 평가하여 이수하지 않았다고 할 경우에 한해 가능합니다.

만약 법적 근거가 없는 사항에 대해 유급을 허락할 경우 내신 문제나 학생 생활지도상의 문제가 발생할 수도 있을 것입니다. 만약 질환으로 인한 경우라면 유예를 통하여 충분히 건강을 회복한 후 진급하는 것이 바람직합니다.

Q. 05 지금 초등학교 6학년인데 7월에 1학기 마치고 아빠가 해외 파견근무로 인해 온 가족이 1년간 미국에 체류하고, 1년 후 돌아오면 초등학교 6학년 2학기에 입학하게 되는지, 아니면 중학교로 바로 입학하게 되는지?

「국외유학에 관한 규정」에 의거 이민, 공무원 및 상사주재원으로 해외파견, 부모의 해외취업 등에 의해 가족(부 또는 모)이 외국으로 출국하여 합법체류하며 우리나라 교육부 인정학교에 재학[출국 후부터 귀국 전까지 빠짐없이 수학(단, 방학 등 교육과정에 의한 것은 제외)]하다가 귀국한 경우에 인정됩니다.

차후 귀국으로 귀하 자녀의 학년 배정은 외국학교 학교장이 발행한 재학증명서상의 수학 기간과 성적증명서상의 교육과정 이수 내용을 우리나라 학제(12학년제)에 맞추어 계산하여 정하며, 9월에 1학기가 시작되는 나라에 가서 공부한 학제 차이는 한 학기 중복이 되었을 경우, 국내 학교에 입학할 때 한 학기 내려서 학년을 배정하고 있습니다.

학력이 인정된 경우 거주지 인근 중학교 편입학이 가능하며, 재학증명서(입퇴학연월일 및 재학 학년 명시, 학교장 서명 또는 날인), 성적증명서, 국내 이전학교 학교생활기록부, 출입국사실증명서, 주민등록등본(귀국일자 이후 발행된 것), 예방접종증명서를 첨부하여 해당 중학교에 문의 및 재취학(편입학)을 안내 받으시기 바랍니다.

※ 교육부의 '귀국학생 등의 학적서류 처리절차 간소화 안내'(2014. 8. 22.)에 따라 외국 학력 인정학교에서 유학을 한 경우, 재취학(편입학)시 제출해야 할 서류에 대해 아포스티유 또는 영사확인 절차를 생략하고, 학교장 발급서류만으로 갈음함.-

※ 교육부 홈페이지에 미탑재 학교일 경우, 민원인이 해당국의 정규교육기관임을 소명(소재국 관할 교육청의 학력 인정학교 목록 등)하거나 종전처럼 아포스티유 또는 영사관 공증절차를 거쳐 확인함.

파 교육과정 및 평가 (중등)

Q. 01 신입생 및 재학생 3개년 교육과정 편제는 변경 가능한지?

신입생 및 재학생 3개년 교육과정 편제는 되도록 수정하지 않는 것이 바람직하나, 부득이 수정이 필요한 경우는 「중·고등학교 교육과정 편성·운영 지침」을 준수하는 범위 내에서 수정할 수 있음. 이때 교과서 신청 및 교사 수급(시수) 등에 대한 신중한 검토가 요구되며, 「중학교 교육과정 전산화시스템」의 입력도 변경하여야 함. 교육과정 수정 절차는 '교과협의회 → 학교교육과정위원회 → 학교운영위원회 심의 → 학교장 결재 → 교육지원청 공문 발송(변경 전·후 교육과정 편성표 및 변경 사유서 첨부)'임.

Q. 02 여름방학 기간 중 2학기 교육과정 운영을 위한 준비 사항은?

여름방학은 1학기 학교교육과정 및 교육활동을 정리하고 2학기를 준비하는 기간으로 1학기 학교생활기록부 기재 상황을 최종 점검하고(출결, 교과 및 창체 시수 반영 확인) 학교교육활동 중간 평가(예산 집행 현황 포함), 교내 교육환경(게시판) 점검, 기자재 및 방송시설 등 행정실과 협조하여 학기 중에 공사하기 어려웠던 교내외 각종 시설 보수 공사 등을 하는 것이 효과적임. 또한 퇴직, 인사이동(전직, 파견 등)에 따른 결원 기간제교사 채용, 보직교사 및 담임교사 추천(인사자문위원회 개최), 휴직자 실태조사와 휴직(연장)원 및 복직원 관련 공문 발송, 학교스포츠클럽 강사 채용 여부 확인, 2학기 시간표 작성, 나이스 권한 부여, 2학기 교육과정 재구성 및 평가 계획 수립 등에 대한 업무를 확인해 보는 것이 좋음. 2학기에 보직교사가 변경된 경우에는 보직 면직 및 임용 변경 사항을 교육(지원)청에 보고해야 함. 관련 서식은 「보직교사 임용 업무 처리 지침」을 참고

Q. 03 문항 출제 오류로 인하여 '정답이 없는 문항이 발생'한 경우 반드시 재시험을 실시해야 하는지?

'정답이 없는 문항' 발생 시 재시험을 원칙으로 함.

학업성적관리위원회에서 재시험 진행이 불가능하다고 판단한 경우에는 해당 문항을 '모두 정답' 또는 '문항 삭제' 후 100점 환산 처리할 수 있음(나이스에서 지원하지 않음). 재시험을 실시할 때에는 학생과 학부모에게 사전 공지(가정통신문, 문자전송 등)를 하고 성적처리에 대한 불만이 최소화될 수 있도록 처리 절차를 준수하며, 원시험과 동일한 인원이 응시하도록 세심한 배려와 철저한 준비가 필요함. 재시험 당일 예상치 못한 결시자 발생시 '해당 문항 결시에 따른 인정점을 부여' 할 수 있음.

Q. 04 학기 초에 수립한 평가계획을 부득이하게 수정해야 할 경우 절차와 방법은?

학업성적관리위원회의 심의를 통해 평가계획을 수정할 수 있으나, 부득이한 사유에 대한 면밀하고 엄격한 심의가 필요함. 코로나19와 같은 감염병의 전국적 유행 등 국가재난에 준하는 상황에서는 학교 학업성적관리위원회의 심의를 거쳐 지필 및 수행평가 횟수 및 반영비율을 조정할 수 있음. 이때 평가계획은 해당 평가 실시 전 수정하여야 하며, 정보공시도 수정해야 함. 또한 수정한 평가계획은 학교홈페이지, 가정통신문 등의 방법으로 학생과 학부모에게 안내하여야 함.

하 **학적 및 학교생활기록부**

Q. 01 수업일수 190일인 학교입니다. 장기결석에 따른 정원 외 관리의 기준과 장기결석에 따른 정원 외 관리는 어떻게 처리하나요?

　정당한 사유없이 연간 수업일수의 3분의 1이상 결석한 장기결석생 발생 시 의무교육관리위원회를 개최하여 해당학생의 정원 외 학적 관리 여부를 결정하고 장기결석에 따른 정원 외관리로 처리함,
처리 시 변동일자는 정원 외 관리 시작일, 학적특기사항에는 정원 외 관리 시작일자 및 사유를 기재함.

Q. 02 학교운동부 운영 및 관리 시 유의해야 할 점은?

　학교운동부가 있는 학교는 '학교운동부 운영계획'을 수립(관련 법령 명시사항 및 반영사항을 반드시 포함)한 후 반드시 학교운영위원회 심의를 거쳐야 함. 특히 학교운동부와 관련하여 기탁된 학교발전기금은 학교회계에 전출하여 집행해야 하며, 대회 출전 시 예산 사용 내역 및 결산서는 학교홈페이지에 공개하여야 함.
　학교운동부지도자는 청탁금지법 적용 대상이므로 학교 회계를 통하지 않은 금품·향응·편의 등 제공이 금지되어 있으며, 학교운동부지도자 채용 시 교육청이 정한 채용 절차에 따라 계약하고 징계이력 등을 확인 후 채용 여부를 결정해야 하며, 반드시 '체육지도자' 자격증 소지자에 한하여 채용해야 함. 또한 학생선수의 학습권 보장을 위해 최저학력 적용 교과 및 기준을 사전에 알리고, 1·2학기 기말고사(지필고사+수행평가) 성적이 산출되면 최저학력 도달 여부를 파악하고, 미도달 학생선수에게는 과목별 기초학력보장프로그램 운영 후 관련 사항을 내부결재를 득해 두어야 함.

Q. 03 교육부 훈령 「학교생활기록 작성 및 관리지침」출결상황에서 학교장이 정하도록 되어 있는 것에는 어떤 것이 있는지?

　교육부 훈령 「학교생활기록 작성 및 관리지침」제8조(출결상황)에서 장기결석의 특기사항은 결석 종류별로 사유를 입력함. 이때, '장기결석'은 같은 종류로 연속하여 출석하지 않은 경우로, 그 기간은 7일 내외의 범위(최대 3일의 범위에서 조정 가능)에서 학교장이 정함.
　지각·조퇴·결과의 특기사항은 입력하지 않으나 반복적인 지각·조퇴·결과의 경우 사유를 입력할 수 있으며, 입력할 수 있는 반복적인 지각·조퇴·결과 횟수는 학교장이 정함.
　학교장이 정한 기간의 장기결석 중 질병결석의 경우 개인정보 보호 필요가 있다고 판단되는 질병의 경우에는 학업성적관리위원회 심의를 통해 사유를 입력하지 않음.

미인정결석(미인정유학, 미인가 대안교육 등 포함) 학생에 대한 관리를 어떻게 하는지?

미인정결석을 연속하여 10일 할 경우(토, 일, 공휴일, 재량휴업일 제외) 나이스에 담임교사가 등록하여 학생의 소재 확인 등 안전 여부를 관리해야 하며, 소재 확인이 안 될 경우(보호자가 가출신고 한 경우 포함) 공문으로 경찰수사를 의뢰해야 함.

유선 연락으로 안전을 확인하기 어려운 경우에는 가정 방문을 해야 하며, 유선 확인 시에도 학생 본인과 통화하여 안전을 확인해야 함. 이를 위해서는 유예 또는 면제 시에도 보호자로부터 최대한 많은 연락처를 받아두고 초·중등교육법에 의해 소재 확인을 위한 연락이 있음을 미리 고지하는 것이 좋음. 해외출국으로 인한 유예.면제 학생 소재는 출입국 사실을 확인하여, 출국 이후 계속 해외 체류 중으로 확인되면 이번 소재 확인은 종결, 입국한 사실이 있으면 학생 또는 보호자 연락하여 소재 확인해야 함.

학교는 매월 초에 '미인정결석학생 중 집중관리대상자 관리카드'를 제출하도록 되어 있으며, 해당 학생이 있을 경우 매월 안전 및 소재를 확인하여 관리카드를 누가작성하고 이를 나이스와 자료집계에 수정 제출해야 함. 단, 소재·안전이 확인된 미인가 대안교육, 질병치료, 행정정보공동이용시스템으로 출국 확인된 미인정 해외유학 등은 학기당 1회(6월, 12월) 나이스로 보고하면 됨. 미인정결석학생이 의무교육관리위원회에서 유예·면제 처리된 경우에는 승인완료일자를 복귀일자로 입력하여 미인정결석학생 관리를 종료하고, 나이스(장학) 학업중단학생관리의 '취학관리전담기구보고현황'에 유예·면제자를 등록하여 연 2회 이상 소재·안전을 확인해야 함. 취학관리전담기구 보고는 초.중등교육법에 의한 의무취학 관리를 위한 것이므로 학생의 개인정보제공동의는 필수사항이 아님.

학교생활기록부 자료 관리와 관련하여 교감이 꼭 챙겨 보아야 할 사항은?

학교생활기록부Ⅰ과 학교생활기록부Ⅱ는 해당학생 졸업 후 8년 동안 학교에서 보존·관리하고 이후 관할 교육청 자료관으로 이관하여 '기록물 전문 관리기관'으로 이관하기 전까지 보존·관리하여야 함. 교육정보시스템의 졸업생 학생부 보존 시스템을 통해 학교생활기록부Ⅰ과 학교생활기록부Ⅱ 전산자료를 준영구 보존·관리하므로 별도로 출력하여 보관하지 않음.

졸업대장은 졸업과 동시에 교육정보시스템에서 전자결재 후 출력하여 보관함(전자자료와 종이 출력물로 동시 관리).

학교생활기록부의 학적사항 '특기사항'란 및 '행동특성 및 종합의견'란에 입력된 「학교폭력예방 및 대책에 관한 법률」 각 호의 조치사항 삭제 여부(졸업과 동시 삭제 및 졸업한 날로부터 2년 경과 후 삭제 등) 및 처리결과를 담당자에게 확인해보는 것이 필요함.

학교생활기록부 정정대장 결재는 담임(담당), 담당부장, 교감, 교장의 4단 결재를 거치며 대결 또는 전결로 처리하지 않음.

Q. 06 학업중단숙려제 참여 학생 성적 및 출결 처리 시 유의할 점은?

학업중단숙려제 기간은 시험기간 포함 여부를 반드시 확인하여 승인하고, 정기고사 기간을 피하여 실시할 것을 권장함. 안내에도 불구하고 학생과 학부모가 시험기간에 숙려제 실시를 희망한다면, '정기고사에 응시해야 하며 응시하지 않았을 경우' 출결은 '미인정결석', '성적 처리는 해당 학교의 성적관리 규정 및 학업성적관리위원회의 결과에 따름'을 사전 안내해야 함.

학업중단숙려제 기간 동안 출결은 출석인정결석으로 처리되지만, 창의적 체험활동(자율활동, 동아리활동, 봉사활동, 진로활동)은 본인이 실제로 참여한 시간만을 입력함.

학업중단숙려제 운영 기준은 당해 학년도이므로 만약 1학기에 참여한 학생이 2학기에 전학을 가면 전출교에서는 해당 학생의 학업중단숙려제 참여 현황(기간 및 일수)을 학교생활기록부에는 기재하지 않고 전입교에 별도 공문으로 알려 주어, 학생 희망 시 전입교에서 나머지 기간 동안 적용하여 운영할 수 있도록 하여야 함(1학기와 2학기 참여한 주 합산 7주가 초과되지 않도록 하고, 만약 초과될 경우, 학업성적관리시행지침 등에 따라 출결 처리해야 함.).

Q. 07 학생선수가 훈련이나 대회에 출전할 경우 출결은 어떻게 처리하는지?

학생선수(학교운동부 소속이거나 체육단체에 등록되어 선수로 활동하는 학생)가 대회 및 훈련에 참가할 경우, 중학교는 35일, 고등학교는 50일 범위 내에서 출석 인정을 허가할 수 있음. 단, 국가대표는 대한체육회에서 인정하는 관련 공문을 근거로 허용일수를 초과할 수 있음. 학생선수는 정규수업 이후 훈련에 참가하여야 하며, 대회출전에 따른 수업결손은 시합 종료 후 1개월 이내 e-School 시스템 등을 활용하여 보충학습을 제공해야 함.

Q. 08 학교운동부 운영 및 관리 시 유의해야 할 점은?

학교운동부가 있는 학교는 '학교운동부 운영계획'을 수립(관련 법령 명시사항 및 반영 사항을 반드시 포함)한 후 반드시 학교운영위원회 심의를 거쳐야 함. 특히 학교운동부와 관련하여 기탁된 학교발전기금은 학교회계에 전출하여 집행해야 하며, 대회 출전 시 예산 사용 내역 및 결산서는 학교홈페이지에 공개하여야 함.

학교운동부지도자는 청탁금지법 적용 대상이므로 학교 회계를 통하지 않은 금품·향응·편의 등 제공이 금지되어 있으며, 학교운동부지도자 채용 시 교육청이 정한 채용 절차에 따라 계약하고 징계이력 등을 확인 후 채용 여부를 결정해야 하며, 반드시 '체육지도자' 자격증 소지자에 한하여 채용해야 함. 또한 학생선수의 학습권 보장을 위해 최저학력 적용 교과 및 기준을 사전에 알리고, 1·2학기 기말고사(지필고사+수행평가) 성적이 산출되면 최저학력 도달 여부를 파악하고, 미도달 학생선수에게는 과목별 기초학력보장프로그램 운영 후 관련 사항을 내부결재를 득해 두어야 함.

하 현장 체험학습

Q. 01 현장체험학습 불참학생 환불 시 환불 범위는?

현장체험학습에 소요된 수익자 부담금이 있다면 소요된 수익자 부담금이 있다면 불참자의 경우 자체 기준에 따라 전액 환불이 원칙임. 다만, 학부모 전체에게 사전 공지되었거나 별도로 학교운영위원회의 심의를 받아 수익자부담경비 환불에 관한 규정을 제정한 경우 필요경비(예: 차량비, 보험료, 예비비 등)를 공제하고 환불할 수는 있음.

Q. 02 현장체험학습 전세버스 운전자 성범죄 경력 및 아동학대관련범죄 전력 조회는 어떤 방법으로 하나요?

「아동.청소년의 성보호에 관한 법률」제56조, 「아동복지법」제29조의3에 따라 학교장은 수학여행·수련활동 등 현장체험학습 전세버스 운전자에 대한 성범죄 경력 및 아동학대관련 범죄 전력 조회 의무가 있음. 학교에서 「행정정보공동이용시스템」을 통한 조회 가능함. 전세버스 운전자의 경우, 직접 「범죄경력회보서발급시스템」을 사용하는 데에 현실적인 어려움이 있으므로, 업체 등 관계자와 소통을 통해 상호 협조필요함. (학교안전총괄과-12954, 2024.10.15.)

Q. 03 현장체험학습 전세버스 운전자 법정 휴식시간은 어떻게 보장해야 하나요?

「여객자동차운수사업법」시행규칙 제44조의6에 따라 운수종사자가 2시간 연속 운전한 경우, 휴게소 등에서 15분 이상의 휴식시간을 보장하고, 천재지변, 교통사고, 차량고장, 극심한 정체 등의 사유로 휴게소 진입 불가의 경우 등 연장운행이 필요한 경우에는 1시간까지 연장운행을 하게 할 수 있으며, 운행 후 30분 이상의 휴식시간을 보장해야 함. 또한 운수종사자의 출근 후 첫 운행 시작 시간이 이전 퇴근 전 마지막 운행 종료 시간으로부터 8시간(중략) 이상이 되도록 해야 함.

Q. 04 학부모(또는 자원봉사자)를 인솔자로 할 경우 여행경비는 누가 부담하는지?

교직원을 제외한 인솔자의 여행경비도 학교에서 업체로 일괄 송금해야 함. 단, 이 경우에는 사전에 내부결재를 받아 인솔자를 명예교사로 위촉하고, 체험학습 계획서에 명예교사의 역할을 명확히 해야 함. 또한 교통비의 경우 필요한 차량 대수에 대해 계약한 후 전체 인원(인솔자 포함)으로 나누어 부담해야 함.

2 똑똑 교직상식

가 교육공무원의 일반 병가와 공무상 병가

1) 병가 의 종류와 내용

일반병가	공무상병가
• 연 60일의 범위 • 질병·부상으로 직무 수행이 불가할 때 • 감염병으로 출근이 타인 건강에 영향을 미칠 우려가 있을 때	• 연간 180일의 범위(단, 공무상병가기간은 기관장이 진단서와 직무 수행 가능 여부 등을 종합적으로 검토해 실시 여부를 결정) • 공무 수행 중에 발생한 질병·부상으로 직무를 수행할 수 없거나 요양이 필요할 때

2) 일반병가의 운영 방법

가)연간 누계 6일까지는 진단서 제출 없이 병가를 사용할 수 있습니다.

나)다만 7일 이상 연속하여 병가를 사용하거나, 연간 누계가 6일을 초과하는 경우에는 「의료법」 제17조에 따라 발급된 진단서를 제출해야 합니다.

다)동일한 사유로 병가를 사용하는 경우, 최초에 제출한 진단서로 갈음할 수 있습니다.

라)진단서를 제출하지 못할 때는 연가를 대신 사용해야 하며, 동일 사유에 해당하는지 여부는 학교장이 진단서 내용 등을 종합적으로 고려해 판단합니다.

3) 공무상병가의 운영상 유의 사항

가) 공무상병가는 「공무원 재해보상법」에 따른 요양 승인 결정 범위 내에서, 기관장이 진단서와 직무 수행 가능 여부 등을 종합적으로 검토해 실시 여부를 결정합니다.

나) 공무상요양승인기간 중이라도 공무상병가 일수 180일이 만료된 이후에는, 동일 사유로 다시 공무 상병가를 승인할 수 없습니다.

다) 공무상요양승인을 신청 후 심의 중인 경우에는 결정 통보를 받을 때까지 일반병가 또는 연가를 사용할 수 있습니다. 이후 해당 질병·부상이 공무상 발생으로 인정되면, 사용한 일반병가·연가를 공무상병가로 소급 처리할 수 있습니다.

4) 선생님들의 Q&A

Q. 동일한 사유의 질병으로 연도를 달리하여 병가를 연속 사용하는 경우, 진단서를 다시 제출해야 하나요?

A. 일반병가는 매년(1월 1일부터 12월 31일까지) 60일 한도 내에서 사용할 수 있습니다. 따라서 다음해(1월 1일부터)에는 병가 60일을 다시 사용할 수 있습니다. 또한 연도가 바뀌어도 진단서에 기재된 치료기간이 계속되는 동일 사유라면, 이전 연도에 제출한 진단서로 갈음할 수 있습니다.

Q. 치료기간이 명시되지 않은 진단서를 제출한 경우, 병가를 승인할 수 있나요?

A. 가능합니다. 학교장은 진단서(전문가의 의학적 소견·진술 등)를 종합적으로 검토해 직무 수행 가능 **여부를 판단 후 병가 승인 여부 및 기간을 결정합니다. 따라서 진단서의 치료기간은 병가 판단의 참고 기준일 뿐, 필수 요건은 아닙니다. 학교장은 진단서에 치료기간이 명시되지 않은 경우에도 병가를 승인할 수 있습니다.**

Q. 공무상 부상으로 병가를 6개월 사용하고 1년간 휴직한 교원이 복직하였으나, 동일 질병의 후유증으로 5~6개월의 요양이 더 필요한 경우 다시 공무상병가 6개월을 허가받을 수 있나요?

A. 공무상병가는 최대 180일까지만 허가할 수 있으며, 연도가 바뀌어도 동일 질병에 대해서는 추가적인 허가가 불가합니다. 또한 「국가공무원복무규정」 제18조 제2항에 따라 인사혁신처에 공무상요양 승인기간 내에서만 허가할 수 있습니다.

Q. 병가일수(기간)는 어떻게 산정하나요?

A. 질병 또는 부상으로 인한 지각·조퇴 및 외출은 구분 없이, 누계시간을 합산해 8시간을 1일로 계산합니다. 2개 연도에 걸쳐 병가를 사용하는 경우, 각 연도별로 30일을 초과하는 병가에 한하여 공휴일과 토요일을 휴가일수에 포함합니다. 서로 다른 사유의 병가일지라도, 연간 병가 일수 총합이 30일이상이면 공휴일·토요일을 포함합니다.

Q. 병가·병조퇴·병지각·병외출을 합산하여 병가를 50일 5시간을 사용하였을 때, 향후 실시할 수 있는 병가일수는 어떻게 되나요?

A. 병가는 연간 60일 이내 사용 가능하므로, 잔여 일수는 9일 3시간입니다. 요양이 더 필요할 경우에는 잔여 연가를 사용하거나 질병휴직을 신청해야 합니다

나 가족수당

공무원수당 등에 관한 규정에 따라 부양가족이 있는 교원에게는 가족수당을 지급하게 됩니다. 가족수당 지급 요건을 명확히 알지 못해 추후에 환수 조치를 당하게 되는 경우가 종종 발생하고 있습니다. 가족수당의 부양가족 지급 요건 등에 대해 알아보도록 하겠습니다.

1)근거: 공무원수당 등에 관한 규정 제3장(가계보전수당)

부양가족 기본 요건(다음 요건을 모두 충족해야 함)

가) 부양의무를 가진 공무원과 주민등록표상 세대를 같이 하여야 한다.

나) 해당 공무원의 주소 또는 거소에서 실제로 생계를 같이 하여야 한다.

다) 공무원수당규정 제10조 제2항 각 호에 해당하는 부양가족이어야 한다.

2)부양가족의 범위

가) 배우자(혼인관계가 성립된 경우로서 사실혼은 제외한다.)

나) 본인 및 배우자의 60세(여자인 경우는 55세) 이상 직계존속(계부 및 계모를 포함한다. 이하 이 호에서 같다)과 60세 미만 장애가 있는 직계존속

　＊직계존속은 조부모(외조부모 포함) 및 부모(양부모 포함)를 말한다.

다) 본인 및 배우자의 19세 미만 직계비속(재외공무원인 경우는 자녀로 한정한다)과 19세 이상 장애가 있는 직계비속

　＊여기서 직계비속은 자(子) 및 손(孫, 외손 포함)을 말한다.

라) 본인 및 배우자의 형제자매 중 장애가 있는 사람, 또는 부모가 사망·장애로 부양 능력이 없는 경우의 19세 미만 형제자매

3)지급액

•배우자: 월 40,000원　•직계존속·비속(배우자·자녀 제외): 1명당 월 20,000원

•자녀 - 첫째 자녀: 월 50,000원 - 둘째 자녀: 월 80,000원 - 셋째 이후 자녀: 월 120,000원

※ '셋째 이후 자녀'란 19세 미만 자녀 중 셋째부터 해당되며, 가족관계증명서 등으로 입증해야함.

가) 셋째 이후 자녀 수당 지급 예시

▶ 첫째 또는 둘째 자녀가 19세 이상이 된 경우: 지급 - 첫째 또는 둘째 자녀가 사망한 경우: 지급

▶ 이혼 후 실제 양육 자녀가 3명 미만으로 줄어든 경우: 미지급 - 재혼으로 양육 자녀가 3명 이상이된 경우: 지급 - 셋째 이후 자녀가 장애인으로서 19세 이상인 경우: 지급

나) 변상

(1) 소속 공무원이 가족수당을 과다 지급 받은 경우 : 소속기관장은 전액 환수 조치(소멸시효 5년이내)

＊ 소멸시효에 관하여는 「국가재정법」」제96조 제1항(5년)

(2) 소속 공무원이 거짓으로 가족수당을 지급 받은 경우 : 소속기관장은 전액 환수 + 최대 1년간 가족수당 지급 정지 + 징계조치

(3) 부부 공무원의 이중 수급 : 소속기관장은 전액 환수 + 최대 1년간 가족수당 지급
정지 + 징계조치

다) 유의사항

(1) 가족수당은 부부 공무원 중 1인에게만 지급

(2) 지급 요건 충족 여부는 가족관계증명서·주민등록등본 등을 통해 반드시 확인

(3) 요건 미비 또는 허위 신청 시 환수 및 징계 처분

4)가족수당 Q&A

Q. 부부 공무원 중 한쪽이 육아휴직 시 가족수당 지급 여부는?

A. 육아휴직자는 육아휴직수당만 지급받으므로 가족수당 지급 불가. 배우자가 가족수
당을 새로 받으려면 '부양가족신고서'와 '상대방 동의서'를 제출해야 함.

**Q. 사립학교 교원으로서 가족수당을 지급받고 있는 경우, 배우자인 공무원도 가족수
당을 받을 수 있는가?**

A. 사립학교 교원이 「지방교육재정교부금법」 등에 따른 인건비 보조를 받고 그 기관
에서 가족수당을 받는 경우, 공무원 배우자에게 가족수당 이중 지급 불가. 단, 인건
비 보조를 받지 않는사립교원의 경우에는 예외적으로 공무원 배우자가 받을 수 있
음.
공무원수당 등에 관한 규정에 따라 부양가족이 있는 교원에게는 가족수당을 지급하
게 됩니다. 가족수당 지급 요건을 명확히 알지 못해 추후에 환수 조치를 당하게 되
는 경우가 종종 발생 하고 있습니다. 가족수당의 부양가족 지급 요건 등에 대해 알
아보도록 하겠습니다.

가) 근거: 공무원수당 등에 관한 규정 제3장(가계보전수당) 부양가족 기본 요건(다음
요건을 모두 충족해야 함)

1) 부양의무를 가진 공무원과 주민등록표상 세대를 같이 하여야 한다.

2) 해당 공무원의 주소 또는 거소에서 실제로 생계를 같이 하여야 한다.

3) 공무원수당규정 제10조 제2항 각 호에 해당하는 부양가족이어야 한다.

나) 부양가족의 범위

1) 배우자(혼인관계가 성립된 경우로서 사실혼은 제외한다.)

2) 본인 및 배우자의 60세(여자인 경우는 55세) 이상 직계존속(계부 및 계모를 포함한
다. 이하 이 호에서 같다)과 60세 미만 장애가 있는 직계존속

＊직계존속은 조부모(외조부모 포함) 및 부모(양부모 포함)를 말한다.

3) 본인 및 배우자의 19세 미만 직계비속(재외공무원인 경우는 자녀로 한정한다)과
19세 이상 장   애가 있는 직계비속

＊여기서 직계비속은 자(子) 및 손(孫, 외손 포함)을 말한다.

4) 본인 및 배우자의 형제자매 중 장애가 있는 사람, 또는 부모가 사망·장애로 부양능
력이 없는 경우의 19세 미만 형제자매

다) 지급액

•배우자: 월 40,000원 •직계존속·비속(배우자·자녀 제외): 1명당 월 20,000원

•자녀 - 첫째 자녀: 월 50,000원 - 둘째 자녀: 월 80,000원 - 셋째 이후 자녀: 월 120,000원

※ '셋째 이후 자녀'란 19세 미만 자녀 중 셋째부터 해당되며, 가족관계증명서 등으로 입증해야 함.

1)셋째 이후 자녀 수당 지급 예시

▶ 첫째 또는 둘째 자녀가 19세 이상이 된 경우: 지급

▶ 첫째 또는 둘째 자녀가 사망한 경우: 지급

▶ 이혼 후 실제 양육 자녀가 3명 미만으로 줄어든 경우: 미지급

▶ 재혼으로 양육 자녀가 3명 이상이 된 경우: 지급

▶ 셋째 이후 자녀가 장애인으로서 19세 이상인 경우: 지급

라) 변상

1) 소속 공무원이 가족수당을 과다 지급 받은 경우 : 소속기관장은 전액 환수 조치(소멸시효 5년 이내)

 * 소멸시효에 관하여는 「국가재정법」제96조 제1항(5년)

2) 소속 공무원이 거짓으로 가족수당을 지급 받은 경우 : 소속기관장은 전액 환수 + 최대 1년간 가족수당 지급 정지 + 징계조치

3) 부부 공무원의 이중 수급 : 소속기관장은 전액 환수 + 최대 1년간 가족수당 지급 정지 + 징계 조치

마) 유의사항

1) 가족수당은 부부 공무원 중 1인에게만 지급

2) 지급 요건 충족 여부는 가족관계증명서·주민등록등본 등을 통해 반드시 확인

3) 요건 미비 또는 허위 신청 시 환수 및 징계 처분

   는 사립교원의 경우에는 예외적으로 공무원 배우자가 받을 수 있음.

다 공무원의 41조연수

방학은 학생의 수업이 없는 기간(휴업일)이며, 공식적으로 법령상 교원의 휴무일이 아닙니다. 따라서 수업이 없더라도 교원은 방학 중에도 출근 의무가 있습니다. 관련하여 방학 기간 중 교원의 제41조 연수에 대한 문의가 많아 유의사항을 안내해 드립니다.

 1) 법적 근거

「교육공무원법」 제41조(연수기관 및 근무장소 외에서의 연수) 교원은 수업에 지장을 주지 아니하는 범위에서 소속 기관의 장의 승인을 받아, 연수기관이나 근무장소 외의 시설 또는 장소에서 연수를 받을 수 있다.

휴업과 휴교

구분	휴업	휴교
효력	• 학교 수업 및 학생 등교 정지 • 교직원은 출근하여 행정업무 수행	• 단순 관리업무 제외, 학교 기능 전면 정지 • 교직원 복무 사항은 별도로 정함
사유	• 학교 재량 • 재해등 긴급 사유 발생 시 관할청 휴업명령	• 재해, 전염병 등 긴급 사유 시 관할청 휴교명령
결정권한	• 학교장	• 교육청 또는 교육부

2) 「교육공무원법」 제41조 연수 사용시 유의사항

가) 「교육공무원법」 제41조 연수는 휴업일에 실시하는 것이 원칙(학기 중 시험일 등에 단축
   근무 용도로 사용 불가)

나) 방학 중 근무와 방과후수업 등의 사유가 발생할 경우 해당 업무 추진 후 잔여 시간에
   대하여는 「교육공무원법」 제41조근무지외 연수 처리 가능(교원인사과-13341(2021.6.21.)).
단, 법의 본래 취지에 맞게 복무하고 단축근무·조기퇴근 등의 용도로 사용하지 않도록 함.

다) 「교육공무원법」 제41조 연수 기간 중 출장 등 별도 복무가 발생한 경우 기존 결재한
   41조 연수를 기결 취소 후 출장 처리를 원칙으로 함. 다만 기결 취소 및 복무 분할 처
   리에 따른 번거로움을 피하기 위해 1일(8시간) 미만 출장의 경우 제41조 연수 상황에서
   출장 중복 처리 가능

라) 1일(8시간) 이상의 출장은 초과근무수당 정액분 지급 대상인 관계로 혼선 방지를 위하
   여 중복 복무 처리 불가(제41조 연수 기결취소 후 해당일 출장 처리 및 그 외 기간
   41조 연수 처리)

3) 「교육공무원법」 제41조 연수를 이용한 공무외 국외여행
   교직단체가 주관하는 연수, 해외교육기관 초청연수, 개인의 학습자료 수집 등(신청인의
   재직기간, 법 정 연가일수와는 무관함)

4) 「교육공무원법」 제41조 연수 Q&A

**Q. 방학 중 등교하지 않는 날은 학교 외 기관에서 「교육공무원법」 41조 연수를 학교장으
   로부터 허가받아 연수를 하면 되는데, 방학 중 방과후수업(보충수업)을 하러 출근하여 수
   업하는 경우도 41조 연수 를 내서 허가를 받아야 하는지요?**

A. 보충수업은 '수업'이므로 「교육공무원법」 41조 연수로 대체할 수 없습니다. 「교육공무원

법」 제41조 (연수기관 및 근무 장소 외에서의 연수) 교원은 수업에 지장을 주지 아니하는 범위에서 소속 기관의   장의 승인을 받아 연수기관이나 근무 장소 외의 시설 또는 장소에서 연수를 받을 수 있습니다.

Q. 방학 중인 현재 교사가 병원에 입원해 있습니다. 방학 전에 「교육공무원법」 제41조의 근무지외 연수를 신청하였는데 병가처리를 방학 날부터 신청해야 하나요? 아니면 개학 후부터 신청해도 되는지요?

A. 방학 등 휴업일에도 학기 중과 마찬가지로 병가 등 휴가사유일 경우에는 휴가요건에 따라 휴가를 허가해야 하며, 「교육공무원법」 제41조의 근무지외 연수승인은 연수목적과 내용 등을 학교장이 판단하여 효과가 있을 경우에 승인하는 것입니다. 연가나 병가사유가 있는 자에게 검토 없이 「교육공무원법」 제41조의 근무지외 연수 승인을 할 수 없습니다.

라 질병휴직

질병휴직은 교원이 재직 중 신체상·정신상의 장애로 직무에 종사할 수 없는 사유가 발생한 경우 질병치료의 기회를 부여하여 교원의 신분을 보장하기 위해 만들어진 제도입니다. 질병휴직의 기본적인 사항과 운영 원칙 등 선생님께서 꼭 알고 계셔야 할 사항을 안내해 드립니다.

1) 법적 근거

「교육공무원법」 제44조(휴직) 및 제45조(휴직기간 등)의 각 제1항 제1호

2) 질병휴직과 공무상 질병휴직 비교

항목	일반 질병휴직	공무상 질병휴직
봉급	• 1년 이하: 봉급액의 70% 지급 • 1년초과 2년 이하: 봉급액의 50% 지급	• 봉급액 전액 지급

수당	• 정근수당 가산금, 가족수당, 가족수당 가산금, 자녀학비보조수당, 보전수당(교원연구비)
	  - 1년 이하: 수당액 × 0.3 감액
	  - 1년 초과 2년 이하: 수당액 × 0.5 감액
	• 정근수당: 휴직 1월에 대하여 수당액의 6분의 1을 감액
	• 시간외근무수당: 월중에 휴직처분을 받거나 복직한 경우 시간외근무수당은 실제 근무한 실적에 따라서 지급
	• 정액급식비, 직급보조비, 교직수당, 담임교사수당: 지급하지 않음. 다만 월중에 휴직처분을 받거나 복직한 경우 실제 근무한 일수에 따라 일할 계산하여 지급
	• 명절휴가비: 지급기준일(설날·추석) 현재 휴직 중이면 미지급
		• 시간외근무수당 제외, 모든 수당 전액 지급

3) 자주 묻는 질문 Q&A

Q. 질병휴직기간이 끝난 뒤, 동일 사유로 병가 승인이 가능할까요?

A. 「국가공무원 복무·징계 관련 예규」에 따라 질병휴직은 질병·부상의 완쾌 등 휴직사유가 소멸 된 경우에 복직할 수 있습니다. 따라서 질병휴직 종료 직후 동일 사유로

연속하여 병가를 승인받을 수 없습니다. 다만 복직 후 정상근무 상태가 일정 기간 유지된 후 재발한 경우에는 병가 승인이 가능합니다.

Q.1년(부득이한 경우 2년)의 휴직기간이 만료된 후 복직하여 정상근무 중에 동일 질병이 재발한 경우 어떻게 처리하나요?

A.복직 후의 근무가 완전하고, 정상적인 상태에서 상당기간 지속되었다면, 재발한 질병의 정도, 요양기간, 요양 후 정상적인 근무수행 여부 등을 종합적으로 판단하여 새로운 휴직을 부여할 수 있습니다. 다만 복직 후의 근무상태가 불완전하고, 비정상적인 상태여서 직무를 감당하지 못할 만한 지장이 있다고 판단될 때는 직권면직 대상이 될 수 있습니다.

Q. 질병으로 인하여 최초 1년간 휴직 중인 자가 동일 질병이 완치되지 않았으면 휴직 연장이 가능한가요?

A.「교육공무원법」 제44조 제1항 제1호 및 제45조 제1항 제1호의 규정에 의하면 '교육공무원이 신체상·정신상의 장애로 장기요양이 필요할 때 임용권자는 휴직을 명하여야 하며, 그 기간은 1년 이내로 하되, 부득이한 경우 1년의 범위에서 연장할 수 있다'라고 규정하고 있는바, 최초 1년 질병휴직한 이후 1년 범위 안에서 휴직을 연장할 수 있습니다. 단, 최대 2년을 초과할 수 없습니다.

Q. 질병휴직기간 중 해외에 나가려고 합니다. 이 경우 법령에 위배되나요?

A. 교원에 대하여 질병휴직 중 해외 출국을 금지하거나 해외 체류 가능 기간 등을 명시한 규정은 없습니다. 다만 「공무원임용령」 제57조의 5에 따라 휴직자가 휴직목적 달성에 현저히 위배되는 행위를 하는 경우 복직을 명할 수 있도록 규정하고 있습니다. 따라서 휴직사유에 반하는지 아닌지는 해당 교원의 해외 체류시 질병치료 여부, 해외방문 기간·목적, 동반자, 체류지 등 에 대한 내용을 바탕으로 임용권자에게 사전에 보고하는 것이 필요합니다.

Q. 질병휴직 후 복직한 교사가 정상적인 상태로 학급담임을 맡아 근무하다가 다른 질병이 발생 하였다면 새로운 질병휴직을 명할 수 있나요? 휴직 후 질병이 완치되어 정상적인 근무상태가 가능하다면 복직을 명할 수 있나요?

A. 질병으로 인하여 휴직한 교사가 복직하여 정상적인 상태로 근무하던 중 다른 질병이 발병한 경우에는 새로운 휴직사유의 발생으로 보아 최대 2년(1년 + 1년 연장) 범위 내에서 휴직이 가능합니다.
일반적으로 질병휴직은 임용권자가 본인이 제출한 의사의 진단서에 의하여 직권으로 휴직을 명하는바, 본인이 질병휴직기간 중이라도 질병이 완치되었다는 의사의 진단서를 첨부하여 복직을 신청하면, 임용권자는 그 진단서에 의해 복직 후 정상적인 직무수행 가능 여부를 판단하여 복직시킬 수 있습니다. 따라서 휴직기간이 만료되었거나 남아있다 하더라도 복직 후 정상적인 근무가 가능하다고 판단되면 지체없이 복직시켜야합니다.

마 공무상 요양 승인 안내

교권침해나 교육활동 중 발생한 사고 등으로 질병·부상을 입었을 경우, 치료 및 요양에 필요한 비용을 지급하는 공무상요양제도가 있습니다. 공무상요양승인을 받으려면 국·공립교원은 공무원연금공단에, 사립교원은 사학연금에 신청하여 심사·심의를 받아야 합니다.

1) 공무상병가

▶ 180일 범위 안에서 승인함.

▶ 공무상병가 만료 후에도 직무수행이 어렵거나 계속 요양이 필요한 경우에는 일반병가를 승인 받을 수 있음.

▶ 공무상요양승인 결정이 나기 전까지는 일반병가·연가·질병휴직을 사용할 수 있고, 이후 공무상 요양승인 결정을 통보받으면 기존에 사용했던 병가·연가·질병휴직을 공무상병가로 소급처리 가능함.

2) 공무상질병휴직

▶ 3년 이내 가능하며, 의학적 소견 등을 고려해 질병휴직위원회 자문을 거쳐 2년 범위에서 연장 가능함.

▶ 공무상요양(재요양)승인을 받은 기간까지만 공무상질병휴직을 명할 수 있음.

3) 공무상요양승인 Q&A

Q. 교권침해를 당했을 때 공무상질병으로 인정되나요?

A. 교육활동 침해로 인한 교원 보호를 위해 특별휴가 5일을 사용한 뒤에도 추가 요양이 필요한 경우에 학교장이 6일 이내에서 공무상병가를 승인할 수 있습니다. 그러나 6일을 초과한 공무상 병가와 요양급여를 받기 위해서는 교권침해에 대한 경위서(교권보호위원회의 교권침해 인정 결정문 등), 진단서, 최초 병원진료 기록 등을 공무원연금공단에 제출해 승인을 받아야 합니다.

Q. 공무상요양승인을 받으면 병원 치료비 전액을 보상받을 수 있나요?

A. 법률로 정한 요양급여 산정기준에 해당하는 범위 내에서 지급이 되며, 지급 기준에 해당하지 않는 비용은 본인이 부담해야 합니다. 급여 항목의 일부 본인부담금은 요양급여비를 별도로 청구하지 않아도 4~5개월 뒤 자동 환급되지만, 전액 본인부담금과 비급여 항목에 해당하는 요양급여 비용은 별도로 공무원연금공단에 청구해야 하며, 지급기준에 따라 심사 후 공무원연금공단이 지급합니다.

Q. 요양승인이나 급여 결정에 이의가 있는 경우에는 어떻게 해야 하나요?

A. 결정 등이 있었던 날부터 180일, 결정서를 송부받은 날 등 그 사실을 안 날로부터 90일 이내에 공무원재해보상연금위원회에 심사를 청구할 수 있습니다. 사립교원은 사립학교교직원연금 급여재심위원회에 심사를 청구할 수 있습니다. 재심사를 거치지 않고 바로 행정소송을 제기할 수도 있습니다. 이 경우 결정 등이 있었던 날부터 1년, 결정서를 송부받은 날로부터 90일 이내에 제기해야 합니다. 단, 행정심판은 청구할 수 없습니다.

Q. 일반병가와 공무상병가는 어느 때 얼마 기간의 범위 안에서 허가하나요?

A. 가) 일반병가는 다음의 경우 연 60일의 범위 안에서 허가합니다. 질병이나 부상으로 인한 지참·조퇴 및 외출은 구분 없이 누계시간으로 계산하여 누계 시간을 병가 1일로 처리합니다.

1) 질병 또는 부상으로 인하여 직무를 수행할 수 없을 때

2) 전염병의 이환으로 인하여 교원의 출근이 다른 교원이나 학생 건강에 영향을 미칠 우려가 있을 때

나) 공무상병가는 공무상질병 또는 부상으로 직무를 수행할 수 없거나 요양을 요할 경우에 연간 180일의 범위 안에서 허가합니다. 단, 병가 사유가 동일한 경우에 연도의 구분 없이 180일의 범위 안에서 허가합니다.

Q. 공무상병가제도를 운영할 때 주의할 점은 무엇인가요?

A. 가) 공무상질병·부상 사실 여부는 「공무원연금법」에 의한 공무상요양승인 결정에 따릅니다. 가해자에 의한 손해배상 등의 사유로 공무상 요양비가 지급되지 않는 경우에도 공무상요양승인을 받아야 합니다.

　나) 아래의 경우에는 허가권자가 공무상질병·부상여부를 판단하여 공무상병가를 허가할 수 있습니다.

▶ 「공무원연금법」을 적용받지 않는 교원(기간제교원 등)의 경우

▶ 6일 이내의 단순안정만을 요하는 경미한 질병·부상의 경우

다) 공무상요양승인기간 중이라도 공무상병가일수 180일이 만료된 후에는 동일한 사유로 재차 공무상병가를 허가할 수 없습니다.

라) 공무상요양승인 결정 전 병가(연가)에 대한 소급처리

▶ 공무원연금관리공단에 공무상 통보를 받기 전까지는 일반병가와 연가를 허가할 수 있으며, 이후 공무상질병 또는 부상으로 결정되면 사용한 일반병가와 연가를 소급처리할 수 있습니다.

▶ 이는 공무원에 대한 불이익을 최소화하기 위한 취지이므로, 본인이 원하는 경우 공무상 병가 로 소급처리하지 않거나 일반병가·연가의 일부만 소급처리할 수도 있습니다.

마) 질병휴직 중 공무상요양승인 결정 시

▶ 일반병가 및 연가를 사용한 후에도 공무상요양승인이 결정되지 않아 질병휴직 중인 경우, 휴직 기간 중에 공무상질병 또는 부상으로 결정된 때에는 당초의 휴직처분(일반병가·연가 포함) 을 취소하고 공무상병가로 처리할 수 있습니다.

Q. 공무상병가를 분할하여 실시할 수 있나요?

A. 공무상병가 180일은 연속사용을 원칙으로 하나, 부득이한 경우

공무상요양승인기간 내에서 분할하여 사용할 수 있습니다.

바 시간 외 근무

가) 내용

(1) 행정기관의 장은 민원 편의 등 공무수행을 위하여 필요하다고 인정할 때는 제9조 및 제10조에도 불구하고 근무시간 외의 근무(이하 '시간외근무'라 한다)를 명하거나 토요일 또는 공휴일 근무를 명할 수 있다.

(2) 행정기관의 장은 제1항에 따라 근무를 한 공무원에 대하여 그다음 정상근무일을 휴무하게 할 수 있다. 다만 해당 행정기관의 업무 사정이나 그 밖의 부득이한 사유가 있는 경우에는 다른 정상근무일을 지정하여 휴무하게 할 수 있다.

(3) 제1항에도 불구하고 행정기관의 장은 임신 중인 공무원 또는 출산 후 1년이 지나지 않은 공무원에게 오후 9시부터 오전 8시까지의 시간과 토요일 및 공휴일에 근무를 명할 수 없다. 다만 다음 각호의 어느 하나에 해당하는 경우에는 그렇지 않다.

(가) 임신 중인 공무원이 신청하는 경우

(나) 출산 후 1년이 지나지 않은 공무원의 동의가 있는 경우

(4) 제1항에 따라 근무를 한 공무원은 「공무원수당 등에 관한 규정」 제15조에 따른 시간외근무수당의 지급 범위에서 시간외근무수당을 지급받는 대신에 해당 근무시간을 연가로 전환할 수 있다.

(5) 제2항 및 제4항에서 규정한 사항 외에 휴무 부여 기준, 시간외근무시간의 연가 전환 절차 등 에 관하여 필요한 사항은 인사혁신처장이 정한다.

나) 시간외근무시간 산정방법

근무명령에 따라 하루 1시간 이상 시간외근무를 한 경우, 평일은 1시간을 공제한 후 남은 시간 (분 단위까지) 합산하며, 휴일과 토요일은 공제 없이 총 근무시간(분 단위까지)을 합산하여 월별 총 시간외근무시간을 계산한다. 다만 월별 총 시간외근무시간을 계산할 때 1분 미만은 제외한다.

▶ 평일 정규 근무시간 이후 시간외근무 :근무명령에 따라 하루 1시간 이상 시간외근무를 한 경우 에 1시간을 공제한 후 매분 단위까지 인정.

▶ 조기출근으로 인한 정규 출근시간 이전의 시간외근무 :근무명령에 따라 정규 출근시간보다 1시간이상 조기출근하여 담당업무를 수행한 경우, 해당 조기 출근시간은 당일 정규 퇴근시간 이후의 시간외근무시간과 합산. 이때 합산된 총 근무시간에서 1시간을 공제한 후 매분 단위까지 인정.

▶ 지각·외출 및 반일연가 사용자의 시간외근무:근무당일 지각·외출 또는 반일연가를 사용한 공무원이 근무명령에 의한 초과근무를 한 경우에도 시간외근무는 인정. 이 경우 시간외근무시간 계산방법은 일반적인 평일 정규 근무시간 외의 시간외근무 계산방식과 동일하게 적용.

육아시간 사용자의 시간외근무 :「국가공무원 복무규정」 제20조에 따른 육아시간을 사용한 공무원이 근무명령에 의한 초과근무를 한 경우에도 시간외근무는 인정. 이

경우 시간외근무 계산방법은 일반적인 평일 정규 근무시간 외의 시간외근무 계산 방식과 동일하게 적용.

▶ 휴일 및 토요일 근무:시간외근무명령에 따라 1일 1시간 이상 근무한 공무원에 한하여 매분단위 까지 합산합니다.(시간외근무명령은 1일 4시간)

Q. 시간외근무는 어떤 경우 신청이 가능한가요?

A. 「국가공무원 복무규정」 제11조(시간외근무 및 공휴일 등 근무)에 따라 기관장인 학교장이 공무수행을 위하여 필요하다고 인정할 때에 소속 교원은 근무를 신청할 수 있습니다. 이때 '공무'란 원칙적으로 그 공무원의 법령상 직무를 의미하며, 「초·중등교육법」 제20조(교직원의 임무) 제4항에 따라 교원은 학생 교육의 임무를 수행합니다. 따라서 학습활동 준비나 평가문항 출제 등은 교원의 시간외근무로 인정될 수 있습니다. 다만 학교장에게는 초과근무수당이 부당하게 지급되지 않도록 관리할 책임이 있으므로 시간외근무 명령 여부를 신중하게 결정하여야 합니다.

Q. 학교장이 생활지도를 위해 매일 30분의 초과근무를 시키고 있습니다. 복무규정에 어긋나는 것은 아닌가요?

A. 공무원은 월 근무일수가 15일 이상이면 별도의 근무명령이나 승인 없이 월 10시간분의 시간외근무수당을 정액으로 지급받습니다. 교육공무원의 경우 학교장은 학생 생활지도 및 안전관리 등을 이유로 초과근무를 명령할 수 있으며, 소속 교원은 이에 따라야 할 의무가 있습니다. 따라서 학생 생활지도 등의 명목으로 30분의 초과근무를 명령한 것은 적법한 근무명령으로 판단됩니다.

사 휴업일 중 공무 외 국외여행

1) 휴가일수 범위 내 공무외 국외여행

가) 근거

(1) 국가공무원 복무규정 제23조(공무 외의 국외여행)

(2) 교원휴가에 관한 예규 제5조(연가): 교원은 수업일 중 연가 사유 제한.

나) 사유: 본인 또는 친인척의 경조사, 질병의 치료, 친지방문, 단순 해외문화 탐방이나 견문 목적의 해외여행, 취미활동, 가족 기념일 여행 등.

※ 감사 지적 사례 ▶ 학기 중 부당한 공무외 국외여행

해외 유학 중인 자녀의 수업상담을 위해 학기 중 3회에 걸쳐 근무상황부에 해외 친지방문으로 기재 한 후, 학교장 승인을 받아 공무외 국외여행 실시.

다) 복무처리: 나이스 근무상황 신청에서 연가 또는 특별휴가 선택, 사유는 휴업일을 선택하고 비고란 에 공무외의 국외여행, 방문 국가를 기재해 학교장 승인을 받아 실시. 학교장은 직근 상급기관의 장 (교육감 또는 교육장)의 허가 받아 실시.

라) 나이스 처리 시 유의 사항

(1) 출국 시간부터 귀국 시간까지 단절 없이 시간을 설정하되, 근무일 근무시간을 고려해 설정 필요. 평일은 1분이라도 포함되면 연가 1일로 산정되므로 근무 후 출국 시에는 근

무 다음일 0시부터, 입국 후 당일 근무 시에는 입국일 전일 24시로 복무 상신.

예) 2026.8.5.(수) 근무 후 오후 10시에 출국하고, 8.10.(월) 오전 5시에 입국해 해당일에 바로 출근 해 근무한 경우에는 '8.5.(수) 00:00~8.10.(일) 24:00'로 연가 2일 상신.

2) 국외자율연수를 위한 공무외 국외여행

가) 근거:「교육공무원법」제41조(연수기관 및 근무장소 외에서의 연수)

나) 사유: 교직단체가 주관하는 연수 또는 해외 교육기관의 초청에 의한 연수 참가, 개인의 학습자료 수집. 구체적인 인정 범위는 시·도교육감이 정하도록 하고 있음.

다) 기간: 휴업일 중 실시하되 학교교육에 지장이 없는 범위 내(신청 교원의 재직기간이나 법정연가일수와는 무관)

라) 복무처리: 연수계획서 작성(연수 목적, 기간, 방문 국가나 기관, 연수 내용, 기대성과 등) → 나이스 근무상황에서 제41조 연수, 사유는 국외자율연수로 표기하고, 연수계획서 첨부해서 학교장 승인 받아 실시.

※ 연수계획서 제출은 의무사항이며, 보고서는 연수 목적에 반하는 비위 혐의 등 필요한 경우에 제출 토록 하는 등 시·도교육청에 따라 제출 여부를 달리 정하고 있음.

3) 공무외 국외여행 복무처리 Q&A

Q. 공휴일을 이용해 공무외 국외여행을 하는 경우에도 복무 조치가 필요한가요?

A. 공휴일에는 연가나 41조 연수 등 별도의 복무처리가 필요하지는 않습니다. 다만 사전에 여행 일정과 여행지 등을 학교 관리자, 비상연락 담당자에게 통보해 긴급 시 소재 파악이나 비상 연락이 될수 있도록 해야 합니다.

Q. 방학 중에 연가를 이용해 공무외 국외여행을 하는 경우에도 연가 사유를 기재해야 하나요?

A. 교원휴가에 관한 예규에 휴업일 중 연가를 신청할 때는 나이스에 사유를 기재하지 않도록 하고 있기 때문에 필수 사항은 아닙니다. 그러나 국외여행에 대해서는 긴급 시 소재 파악 등을 위해 '공무 외 국외여행'임과 '방문 국가'를 최소 구두 보고의 형태로라도 보고하도록 하고 있습니다.

Q. 학기 중 징검다리 휴일과 같이 하루나 이틀의 평일을 포함한 경우에 공무외 국외여행이 가능한가요?

A. 휴업일이 아닌 학기 중에는 특별한 사유가 아닌 이상 연가를 사용한 공무외 국외여행을 하지 않도록 하고 있습니다. 따라서 국외여행 기간에 수업일이 포함돼 있는 경우 학교장이 판단하여 수업에 지장이 있다면 연가를 허가하지 않을 수 있습니다. 구체적인 사안의 판단은 학교장이 결정토록 하고 있습니다.

Q. 공무외 국외여행에 친지방문과 국외자율연수가 이어서 이뤄진 경우에 복무처리를 구분해서 할 수 있나요?

A. 친지방문에 대해서는 연가로 신청하고, 동시에 국외자율연수 승인절차를 취해서 각각 별도의 복무처리를 진행하시면 됩니다.

교원의 의무위반에 대해서 행정상의 제재로서 징계를 부과하게 됩니다. 징계는 형사벌과는 별개로 이뤄지게 됩니다. 즉 형사사건이 진행되거나 형벌이 나오는 것과는 관계없이 교육청 또는 사립학교 법인에서 징계할 수 있다는 것입니다. 또한 반대로 무혐의 처분이나 무죄 판결을 받는다고 할지라도 징계사유에 해당하면 징계를 할 수 있습니다. 징계는 교원의 의사에 반하여 불이익을 주는 처분인 만큼 법률로서 절차 등을 규정하고 있으므로 이에 대해 살펴보도록 하겠습니다.

아 교원의 징계업무 처리절차

1. 비위사실 적발	• 감사원·검찰·경찰·자체조사 등 ※ 비위 정도가 경미해 징계하지 않아도 될 경우 행정처분(경고·주의 등)
2. 심의·징계 등 의결요구	• 자체감사처분심의회 개최 • 징계사유 통보받은 날로부터 1개월 이내 중징계·경징계로 구분해 교육감(장)이 징계위원회에 징계의결 요구 – 징계혐의자에게 징계의결요구서 사본 및 우선심사 신청서 교부 – [사립교원] 파면·해임·정직은 교원의 임용에 속하는 사항으로 교원인사위원회 심의, 학교장 제청, 이사회 의결을 반드시 거친 뒤에 징계의결 요구해야 함.
3. 징계의결	• 관할 징계위원회 접수 – 징계위원회 개최일 3일 전까지 출석 통지 ※ 출석 거부 시 진술권포기서를 제출토록 하고 서면심사 가능. 접수일로부터 60일 이내 처리(성관련 비위 30일 이내), 부득이한 사유의 경우 30일에 한하여 기간 연장
4. 징계의결 통보	• 징계위원회위원장은 징계의결요구권자에게 지체 없이 통보
5. 징계처분	• 징계의결서를 통보받은 날로부터 15일 이내 처분사유설명서 및 징계의결서 사본 교부, 징계처분사유설명서 통보일로부터 효력 발생 • 인사발령통지서 교부

1) 교원 징계절차 Q&A

Q. 징계처분을 이미 한 사안과 관련해 추가적으로 비위 사실이 드러난 경우에 다시 징계할 수있는지요?

A. 징계처분을 한 후 사안과 관련해 새롭고 중대한 사실이 사후에 드러나는 경우에도 동일 사건에 대한 징계처분이 확정된 이상 이미 징계처분을 행한 사건으로는 다시 징계할 수 없습니다.

Q. 교원의 징계시효는 어떻게 되나요?

A. 징계사유 발생일로부터 3년을 경과한 때에는 징계시효가 완성돼 징계할 수 없습니다. 다만 금품 및 향응수수, 공금횡령, 유용의 경우에는 5년이며 성폭력범죄, 아동청소년대상 성범죄의 경우에는 10년이 징계시효입니다.

Q. 징계의결이 요구된 징계사유가 아닌 사유로 징계위원회에서 징계의결을 할 수 있는지요?

A. 징계위원회는 징계의결이 요구된 사유가 아닌 사유로 징계의결을 할 수 없습니다. 징계사유가 추가나 가중 변경된 경우에는 징계의결 등 요구서를 철회하고 다시 징계의결을 요구하는 것이 원칙입니다. 다만 징계사유가 축소되는 등 예외적인 경우에는 징계의결 요구권자가 징계위원회에 출석하거나 서면 의견 진술을 통해 철회

없이 징계양정 결정이 가능합니다.

Q. 사립학교 교원징계위원회에 당해 학교 교원이 징계절차에 참여해야 하나요? 또 동일 학교법인 소속 다른 학교 교원이 징계위원으로 포함될 수 있는지요?

A. 당해 학교 교원이 징계절차에 참여토록 한 것은 징계대상자의 자질이나 근무상황을 잘 알지못하는 징계위원이 관여하게 되는 불합리함을 방지하고 절차의 적정성을 도모하려는 취지이므로, 타 학교 소속 교원이 포함되는 것은 적법하지 않습니다.

Q. 법원에서 파면처분 취소 사유가 징계양정의 과다가 아닌 절차상의 하자인 경우에는 파면으로 재징계가 가능한지요?

A. 원래의 징계처분이 취소된 이유가 단순히 절차상의 하자로 인한 것이라면 정당한 절차를 밟아 원래 처분내용대로 다시 파면으로 재징계의결하는 것도 가능합니다.

Q. 재판이 진행 중인 사안에 대해 재판 종결 때까지 징계위원회의 의결을 보류할 수 있는지요?

A. 징계위원회에 징계의결요구서가 접수되면 징계시효는 정지됩니다. 징계위원회는 징계의결요구서가 접수된 후 60일 이내에 징계의결을 하여야 하나, 부득이 형사상 재판 중일 경우 위원회의 의결로 비위 내용의 정확한 심의를 위해 일정기간(예: 1심 판결 시까지) 보류 결정을 할 수 있습니다.

(출처 : 한국교총 교권강화국 제공)

3 성희롱,성폭력 사안처리

가 성희롱 · 성폭력 · 사안처리 흐름도

1단계 신고 및 접수	2단계 사실확인	3단계 심의 및 조치결정	4단계 조치이행	5단계 재발방지대책 수립, 제출
1) 인지 및 상담 2) 신고 접수 3) 교육(지원)청보고 및 수사기관 신고 4) 여성가족부발생통보 5) 분리 및 초기대응	1) 사실확인 2) 사실확인 결과보고	1) 대상별 위원회 개최 및 심의 2) 조치결정 3) 심의및조치 결정통보	1) 조치이행 2) 조치불복	1) 재발방지 대책 수립 2) 재발방지대책 여성가족부에제출

※ 단계별 세부 내용은 사안에 따라 일부 상이할 수 있음

나 학생(피해자)-학생(행위자)

학교폭력 사안처리 절차에 따라 처리

다 학생(피해자) -교직원(행위자)

1) 인지 및 접수: 성사안 신고접수대장, 학교폭력 신고대장 접수

2) 신고 및 보호자 통보: 인지 즉시 성범죄 및 아동학대범죄의 수사기관 신고(112) 및 교육(지원)청 보고(48시간 내), (피해자의 명시적 반대의사가 없다면) 여성가족부 통보, 보호자에 사안발생 사실 및 처리절차 안내

3) 초기대응: 긴급조치, 피해자 보호 조치, 2차 피해방지

4) 사안조사: 피해학생(전수조사)→참고인(필요시)→피신고 교직원 순, 접수일로부터 20일 이내 조사 완료(필요시 10일 연장 가능)

5) 보고: 조사결과 보고서 작성 및 보고(기관장, 교육(지원)청)

6) 심의 및 사후 처리: 학교성고충심의위원회 심의.의결(피해학생은 학교폭력대책심의위원회 결과를 통한 피해학생 보호조치 가능)→심의결과 보고(학교장, 교육청)→당사자에게 심의결과 통보

※ 성범죄 신고 의무(112): 성범죄 발생 사실을 알게 된 즉시 수사기관 신고(「아동.청소년의 성보호에 관한 법률」제34조제2항)

라   교직원(피해자) -학생(행위자)

1) 인지 및 접수: 성사안 상담일지 작성, 피해자가 교원인 경우 교권보호위원회 개최 가능

※ 성고충심의위원회는 피해자가 교권보호위원회 미인정시 운영 가능.

2) 신고 및 보호자 통보: 피해교직원 요청 시 수사기관에 신고(112), 교육(지원)청 보고, 여성가족부 통보

3) 초기대응: 피신고학생 및 보호자 통보, 필요시 긴급조치(분리조치 및 2차 피해방지, 희망에 따라 특별휴가, 공무상병가 등)

※ 단, 교권보호위원회 개최전 침해학생에게 출석정지 조치 불가

※ 모든 단계에서 피해교사의 의견에 따라 진행 종결 가능(심의 의결 전까지)

4) 사안조사: 사실확인(피해교원.가해학생 조사), 증거확보

5) 보고: 조사결과 보고서 작성 및 보고(기관장, 교육(지원)청)

6) 심의 및 사후 처리: 교권보호위원회 운영→심의결과→피해교원·가해학생 조치결정통보

※ 가해학생은 학교장 판단에 따라 선도위원회 개최 가능

※ 교권보호위원회를 운영하지 않고 성고충심의위원회 개최를 요청한 경우에는 사안조사시 피해교원→참고인(필요시)→가해학생 순서로 진행되며 이후 진행과정은 위와 동일함

마   교직원(피해자)-교직원(행위자)

1) 인지 및 접수: 성사안 상담일지 작성, 성고충심의위원회 개최(피해자가 교원인 경우 교육활동 침해가 인정될 경우 교권보호위원회 개최 가능)

2) 신고 및 피신고인 통보: 성폭력 사안 발생 시 피해자 요청에 따라 수사기관에 신고(112), 피신고인에게 신고사실 통보(구체적 내용 언급하지 않도록 주의), 교육(지원)청 보고, 여성가족부 통보

3) 초기대응: 필요시 분리조치, 피해교직원 의사에 따라 안전조치(휴가 등)
※ 모든 단계에서 피해교사의 의견에 따라 진행 종결 가능(심의 의결 전까지)
4) 사안조사: 피해교직원→참고인(필요시)→피신고교직원 순
5) 보고: 조사결과 보고서 작성 및 보고(기관장, 교육(지원)청)
6) 심의 및 사후 처리: 학교성고충심의위원회 심의.의결→심의결과 보고(학교장, 교육청)→당사자 에게 심의 결과 통보
※ 상세내용은 부산광역시교육청「학교·기관 내 성희롱·성폭력 사안처리 절차 및 서식」참고

바 성고충 심위원회 구성

1) 위원장 포함 6인 이상으로 구성 (상시종사자 30인 미만의 기관은 성고충상담원 제외 3인으로 구성)
2) 위원장: 학교장이 지명하는 자
3) 남성 또는 여성의 비율이 전체인원의 10분의 6을 초과하지 않도록 함.
4) 위원 중 2명 이상을 외부 성희롱.성폭력 방지 관련 전문가로 위촉
※ 학생(피)-교직원(행) 사안의 경우 외부위원의 비율을 50% 이상으로 구성

사 성희롱.성폭력. 피해.행위자 대상별 주관 위원

행위자 / 피해자	학생	교원	직원
학생	학교폭력대책심의위원회	학교폭력대책심의위원(피 성고충심의위원회(행)	*학교폭력 대책심의위원 (피) 성고충심의위원회(행)
교원	교권보호위원회 성고충심의위원회(가능)	성고충심의위원회(우선) 교권보호위원회	성고충심의위원회(우선) 교권보호위원회
직원	성고충심의위원회(피) 선도위원회(행)	성고충심의위원회	성고충심의위원회

▶ 학생(피)-교직원(행)인 경우 피해학생은 학교폭력대책심의위원회에서 피해자 보호 조치를 위해 심의 가능
▶ 피해자가 교원인 경우 교권보호위원회 우선 개최

아   성희롱.성폭력. 사안처리 관련 업무분장 (학교 및 부서)

▶ 학교 내 성고충심의위원회 실시 후 감사관실 제출서류

해당학교	교육지원청(해당부서)	성인식개선반

- 수사기관 신고, 교육청 보고
  (교육지원청, 시교육청)
 * 피해자의 명시적 반대가 없으면 여성가족부 통보
- 피/행위자 분리 조치
- 피해학생 측 희망 시, 학교폭력 전담기구 개최
- 피해자 조사
  (성인권시민조사관 요청 가능)
- 조사위원회 주관
  (외부전문조사위원 요청 가능)
- 성고충심의위원회 개최
- 2차 피해 모니터링, 예방
- 재발방지대책 수립
- 조치 이행, 관리·감독
	- 전수조사 주관
	  (해당경찰서 담당자, 아동학대담당공무원 연락, 성인권시민조사관 요청, 전수조사 입회, 조사결과 취합 및 학교 통보)
	- 사안처리 컨설팅
	  (보호조치 및 절차 안내 등)
	- 신고·피신고인 조사 입회
	- 성고충심의위원회 심의 결과에 따른 인사조치
	- 징계의결요구(공립)
	- 징계의결요구절차 안내(사립)
		- 성사안처리지원단 운영·지원
		  성인권시민조사관 운영
		  사안처리전문가(변호사 및 공인노무사, 속기사 등) 지원
		- 사안처리 컨설팅 지원
		- 피해자 심리상담 및 법률 지원 연계
		- 피해자 의료비 지원

▶ 학교 내 성고충심의위원회 실시 후 감사관실 제출서류

(필수)	① 성고충심의위원회 결과 보고서	② 심의위원회 회의자료
	③ 신고인, 피신고인 조사문답서 및 의견서	④ 성고충심의위원회 회의록
(선택)	① 서면진술서 ② 전문가(변호사) 의견서	

▶2025년1학기 교사 때리고 성희롱… 퇴학-전학 1학기에만 178명

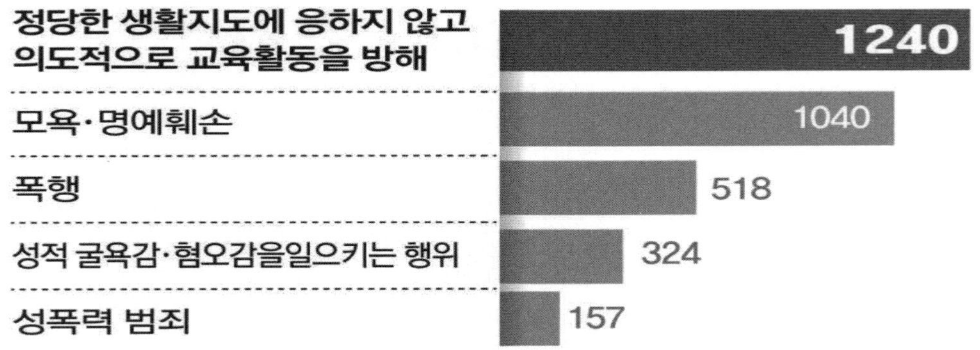

4 2026학년도 학교운영위원회 구성

가) 월별 안건목록 (예시)

월	목록 예시(교무실)
2	▸ 학사일정, 신입생 3개년 및 당해연도 교육과정 ▸ 3학년 졸업앨범 제작안 심의 ▸ 학교폭력 전담기구 학부모위원 추천, 학교안전계획 ▸ 교육복지우선지원사업, 방과후학교 운영안 계획 심의 ▸ 학교급식, 학교회계 예산안 심의, 학교발전기금 조성
3~4	▸ 학교운영위원회 소위원회 구성 ▸ 학교헌장 및 학칙 제·개정안 심의(사립: 자문) ▸ 봉사활동, 동아리활동 운영계획안 심의 ▸ 학교운동부 구성·운영 계획안 심의(학교체육소위원회 구성 및 운영 포함) ▸ 통합교육반 방과후 운영계획 ▸ 학생건강검진 기관 선정안 심의 ▸ 방과후학교 운영(1기) ▸ 강사수당 지급기준 ▸ 자매학교 교류 계획안 등 ▸ (봄) 현장체험학습 운영계획안 심의
6~8	▸ 2학기 교과용 도서 및 교육자료의 선정안 심의 ▸ 여름 방학 중 교육과정 운영 계획(체험학습, 청소년 단체활동, 운동부 훈련 계획 등) ▸ 교복 구매 계획(차년도 신입생 동복 및 하복) ▸ 방과후학교 운영(여름방학, 2기) ▸ 교장 초빙에 관한 사항 심의(사립 제외)
9~10	▸ 방과후학교 운영(3기) ▸ 체육복 선정안 심의(차년도 동복 및 하복) ▸ (가을)현장체험학습, 체육대회, 학예제(학교예술제) 운영계획안 심의
11~12	▸ 방과후학교 운영(겨울방학, 4기) ▸ 겨울방학 중 교육과정 운영계획안 심의 ▸ 교원 초빙에 관한 사항 심의(사립 제외) ▸ 차년도 교과용 도서 및 교육자료 선정안 심의

※ 예시 자료이므로 학교별로 차이가 있을 수 있음.

나) 위원 선출 방법(초·중등교육법 시행령 제 59조, 유아교육법시행령 제 22조의 4)

구분	국·공립학교	사립학교	유치원
학부모위원	학부모전체회의에서 직접 선출	국·공립학교와 같음	학부모 전체회의에서 직접 선출
교원위원	교직원 전체회의에서 무기명투표로 선출	교직원 전체회의에서 추천자 중 학교의 장이 위촉	교직원 전체회의에서 무기명투표로 선출
지역위원	학부모위원 또는 교원위원의 추천을 받아 학부모위원 및 교원위원이 무기명투표로 선출	국·공립학교와 같음	해당 없음

다) 학교 운영위원회의 기능(초·중등교육법 제 32조, 유아교육법 제19조)

국·공 립 학 교	사 립 학 교	유 치 원
• 학교헌장 및 학칙의 제정 또는 개정에 관한 사항 • 학교의 예산안 및 결산에 관한 사항 • 학교교육과정의 운영방법에 관한 사항 • 교과용도서 및 교육자료 선정에 관한 사항 • 교복·체육복·졸업앨범 등 학부모가 경비를 부담하는 사항 • 정규학습시간 종료후 또는 방학기간 중의 교육활동 및 수련활동에 관한 사항 • 교육공무원법제31조제2항의 규정에 의한 초빙교원의 추천에 관한 사항 • 학교운영지원비의 조성·운용 및 사용에 관한 사항 • 학교급식에 관한 사항 • 대학입학 특별전형중 학교장 추천에 관한 사항 • 학교운동부의 구성·운영에 관한 사항 • 학교운영에 대한 제안 및 건의 사항 • 기타 대통령령, 시·도의 조례로 정하는 사항	※ 아래의 사항을 제외하고국·공 립학교의 기능과 같음 <학교법인의 요청시 자문사항 > • 학교헌장 및 학칙의 제정 또는 개정에 관한 사항 <제외되는 자문사항> •교육공무원법 제29조의 3 제8 항에 따른 공모교장의 공모방법, 임용, 평가 등에 관한 사항 •교육공무원법제31조제2항의 규정에의한초빙교원의 추천에 관한 사항	• 유치원 규칙의 개정에 관한 사항 • 유치원의 예산 및 결산에 관한 사항 • 유치원교육과정의운영방법에 관한 사항 • 학부모가 부담하는 경비에 관한 사항 • 유치원 급식에 관한 사항 • 방과후 과정 운영에 관한 사항 • 유치원운영에 대한 제안 및 건의 사항 •「교육공무원법」 제 29조의 3 제8항에 따른 공모원장의 공모방법, 임용, 평가등에 관한 사항(사립은 제외) •「교육공무원법」제31조 제2항 의규정에의한 초빙교원의 추천에 관한 사항(사립은 제외) • 유아의 보건 및 안전관리에 관한 사항 • 기타 대통령령 및 시·도의 조례로 정하는 사항

라) 심의 사항

1) 학생지도를 위한 지원 사항
2) 교복·체육복의 선정, 수학여행, 학생수련활동 등 학부모가 경비를 부담하는 사항(다만, 특정 동아리 등에서 특정 학생을 대상으로 하는 사항은 제외한다)
3) 학부모 및 일반인을 대상으로 한 평생교육 프로그램의 설치·운영에 관한 사항
4) 학부모, 학생, 지역주민으로부터 제출된 학교운영 등과 관련된 건의사항
5) 그 밖에 학교운영에 관한 위원들의 제안사항과 학교장이 심의 요청한 사항
6) 구체적 사항
 ▶ 학교헌장과 학칙의 제정 또는 개정에 관한 사항　　▶ 학교의 예산안 및 결산에 관한 사항
 ▶ 학교교육과정의 운영방법에 관한 사항　　　▶ 교과용도서 및 교육자료 선정에 관한 사항
 ▶ 교복·체육복·졸업앨범 등 학부모가 경비를 부담하는 사항 ▶ 교복·체육복·졸업앨범 등 학부모가 경비를 부담하는 사항　▶ 정규학습시간 종료 후 또는 방학기간중의 교육활동 및 수련활동에 관한 사항

▶ 교육공무원법 제29조의3제8항에 따른 공모 교장의 공모방법, 임용, 평가 등에 관한 사항
▶ 교육공무원법 제31조제2항의 규정에 의한 초빙교원의 추천에 관한
▶학교운영지원비의조성·운용및사용에 관한 사항
▶ 학교급식에 관한 사항 ▶ 대학입학 특별전형 중 학교장 추천에 관한 사항
▶ 학교운동부의 구성·운영에 관한 사항
▶ 학교운영에 대한 제안 및 건의 사항   ▶ 기타 대통령령, 시·도의 조례로 정하는 사항

마) 월별 심의사항(예시)

※ 학교급별 또는 학교 상황에 따라 다를 수 있음

월별	활 동 계 획
3월	○ 학교헌장 및 학칙 제·개정안 심의(사립: 법인 요청 시) ○ 홍보활동(운영경과 및 실적, 운영위원회 기능 등) ○ 1학기 주요 교육사업 협의 ○ 학교회계 결산안 심의(학교실정에 따라 4월에 심의 가능) ○ 학교 운동부 구성·운영계획안 심의(학교체육소위원회 구성 및 운영 계획안 포함)
4월	○ 학교운영위원회 활동상황보고서 작성 및 홍보 ○ 학교발전기금 조성 계획 수립 ○ 수학여행계획안 심의 ○ 자매학교 교류계획안 심의 ○ 앨범제작안 심의 ○ 봄 현장학습 및 수련회 계획안 심의 ○ 추가경정예산안심의 ※ 운영위원 연수 실시- 학교운영위원회 전반사항(청렴, 교육과정 운영 등)
5월	○ 학교발전기금 결산 및 집행결과 보고 ○ 대입특별전형중 학교장 추천에 관한 사항 심의 ○ 학교운영에 대한 제안 및 건의사항 심의 ○ 2학기 교과용 도서 및 교육자료의 선정안 심의 ○ 교복 구매 계획(다음연도 동복, 하복, 생활복) 및 체육복 선정안 심의
6월	○ 학교 현안 사업 협의 ○ 학교 운영에 대한 제안 및 건의 사항 심의 ○ 하계방학 중 교육과정 운영계획안 심의(체험학습, 청소년단체 활동, 운동부 훈련계획 등 포함)
7월	○ 교장 초빙에 관한 사항 심의(사립 제외) ○ 추가경정예산안 심의
8월	○ 가을 체육대회 운영계획안 심의 ○ 학교예술제 계획안 심의 ○ 2학기 주요 교육사업 협의
9월	○ 각종 교육자료 선정안 심의 ○ 가을 현장체험학습 계획안 심의
10월	○ 학교운영에 대한 제안 및 건의 사항 심의
11월	○ 추가경정예산안 심의 ○ 대입 특별전형중 학교장 추천에 관한 사항 심의
12월	○ 겨울방학 중 교육과정 운영계획안 심의

월별	활 동 계 획
	○ 교원초빙에 관한 사항 심의(사립 제외) ○ 다음연도 교과용 도서 및 교육자료의 선정안 심의 ○ 방과후학교 연간운영계획 심의 ※ 운영위원 연수 실시- 학교운영위원회 전반사항(청렴, 예산의 편성 및 심의에 관한 사항 등)
1월	○ 학교운영위원회 연간 운영계획안 수립 ○ 학교급식 운영 계획안 심의 ○ 학교생활기록부 기록사항 협의 ○ 기타 각종규정 정비(포상 등)
2월	○ 운영위원회 규정 정비(학생수 변동에 따른 위원정수, 학부모위원 선출 방법 등) ○ 학교운영위원회 구성계획 수립 ○ 교육과정 운영계획안 심의 ○ 학교(안전)계획 심의 ○ 학교회계 예산안 심의 ○ 학교운영지원비 조성·운용 및 사용에 관한 사항 심의 ○ 수학여행, 학생수련계획에 대한 사전계획 수립 ○ 체육복 선정 및 앨범 제작안 심의(신설학교)

5 청탁금지 연수자료 (예시)

가. 근거: 「부정청탁 및 금품등 수수의 금지에 관한 법률」

나. 대상: 공직자등(공무원, 사립학교·학교법인, 공직유관단체의 장과 임직원, 공적 업무 종사자, 공직자등의 배우자, 공무수행사인 및 일반인 등)

학교	적용대상자	비적용대상자
공사립 유·초· 중·고 (특수) 학교	▶ 공무원, 기간제교사, 교육공무직원 ▶ 학교·학교법인과 직접 근로계약을 체결하고 근로를 제공하는 자(학교운동부지도자, 급식보조원 등) ▶ 교직원 등의 배우자 ▶ 학부모위원, 지역위원(공무수행사인)	▶ 방과후강사, 산학겸임교사 ▶ 자원봉사자(예:배움터지킴이 등) ▶ 용역(도급)계약을 체결한 업체의 직원

다. 내용

1) 직접적인 이해관계가 있는 경우 어떠한 금품도 허용되지 않는다.

2) 학생, 학부모가 교사에게 제공하는 음식물, 선물, 경조사비 등은 소액이라도 수수 금지 금품 등에 해당된다.

※ 교사는 학생에 대한 성적(평가)를 담당하는 위치에 있으므로 학생, 학부모와 교사는'직접적인 이해관계자'

3) 공직자는 직무와 관련이 없더라도 1회 100만 원, 회계연도 기준 동일인으로부터 300만 원을 초과할 경우 형사처벌 대상

※ 공직자의 **직무와 직접적인 이해관계가 있는 경우***에는 원활한 직무수행, 사교·의
례 목적으로 볼 수
없으므로 **어떤 선물도 줄 수 없음.**

| ***인허가 신청 민원인, 지도·단속 대상자, 입찰참가자, 고소·고발인, 피의자 등** | 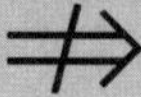 | 담당 공직자 |

※ 예외

구분	예외사유	구분	예외사유
제1호	소속기관의 장 등 또는 상급자가 하급자에게 제공하는 금품 등	제5호	단체의 기준이나 장기적·지속적 친분관계에 따른 금품 등
제2호	사교·의례 등 목적으로 제공되는 음식물·선물·경조사비 등	제6호	공식적인 행사에서 통상적·일률적으로 제공하는 금품 등
제3호	채무의 이행 등 정당한 권원에 의하여 제공되는 금품 등	제7호	기념품·홍보용품 등이나 경연·추첨을 통하여 받는 상품 등
제4호	친족이 제공하는 금품 등	제8호	사회상규에 따라 허용되는 금품 등

4) 처리 방법

가) 공직자의 의무: 공직자등은 자신이나 배우자가 수수 금지 금품등을 수수한 경우(제공의 약속, 의사표시 포함)에는 지체없이 반환 및 소속 기관장(청탁방지 담당관)에게 신고하여야 함. 반환하고 미신고한 경우는 징계 처분 대상임.

나) 신고 처리:

(1) 과태료 부과 대상일 경우 - 관할 법원에 위반사실 통보, 부과대상자에게 지체없이 과태료 부과사실통보

(2) 수사가 필요한 경우 - 수사기관에 통보(수사 의뢰)

5) 처리 절차

① 신고	- 금품등 수수 시 청탁방지담당관 신고 접수	①신고서(자진신고용) ②신고 접수 처리부 ③접수증　　④신고 기록 표지 ⑤신고 기록 목록　⑥ 신분공개 동의 여부 등 확인서(신고자)
② 반환	- 제공자에게 거절의 의사표시 또는 제공자에게 반환	- 금품등 반환확인서(사진,금액등 증거자료 확보 필수)
③ 처리	- 금품등 수수 금지행위 위반 여부 조사 - 과태료 부과 필요성이 있는 경우 관할 법원 민원실에 통보	- 청탁금지법 위반사실 통보 공문 예시 - 청탁금지법 위반 내역서

▶ 공직자 간 명절선물 가액 범위(「청탁금지법 시행령」2024.8.27. 개정·시행)

> ■ 원활한 직무수행, 사교·의례 목적으로 주는 명절선물: <u>5만 원 이내</u>
> ■ 농수산물·농수산가공품*: <u>30만 원 이하</u>(명절기간 제외: 15만 원 이하)
> * 농수산물에는 농산물·수산물·축산물·임산물 모두 포함, 농수산가공품은 농수산물 원료를 50%
> 　이상 사용하여 가공한 제품만 해당함. 상품권 포함
> ■ '선물'의 범위에 '상품권'이란 물품상품권(기프티콘), 용역상품권(문화관람권)만 해당
> ■ 백화점상품권, 온누리 상품권, 문화상품권 등 금액상품권은 제외
> 　※ 음식물(제공자와 공직자 등이 함께 하는 식사, 다과, 주류 등)의 경우는 <u>5만 원</u> 한도
> 　※ 가액기준 내라도 직무관련성 및 대가성이 있으면 원활한 직무수행, 사교·의례의 목적을 벗어나 허용되지 않음.

▶ '스승의 날' 청탁금지법 가이드라인

대상	구분	행위	허용 여부
- 담임교사, 기간제교사 등 - 유치원 원장, 교사 - 어린이집 원장 (어린이집교사는 미해당)	카네이션, 꽃	일반학생이나 학부모가 개별적으로 주는 것	× (원칙)
		학생 대표 등(반장, 부반장, 학생회 임원에 한정되지 않음)이 공개적으로 주는 것	○ (예외적 허용)
	선물	담임교사, 교과교사, 교장, 교감 등 학생의 지도·평가에 영향을 미칠 수 있는 자에게 선물을 주는 것	× (금액 상관없이 허용 안 됨)

※ 학생들이 돈을 모아 선생님에게 5만원 상당의 케이크 선물

▶학생에 대한 평가.지도를 상시 담당하므로 가액기준인 5만원 이하라도 청탁금지법 제8조제3항제2호의 예외사유에 해당될 수 없음.

더 알아봅시다!!　　　　불법찬조금과 청탁금지법

▶ 근거: 학교발전기금의 조성 운용 및 회계관리요령

▶ 정의: 불법찬조금이란 학부모 단체(학부모회, 운동부 후원회, 학부모 임의단체) 등이 학교 전기금의 목적, 조성절차와 방법 등을 위반하여 교육활동지원 명목으로 학부모로부터 임의· 당 모금해서 학교발전기금 회계에 편입하지 아니하고 임의로 사용하는 일체의 금품

▶ 유형 ① 학교운영위원회의 심의·의결 절차 없이 모금 또는 금품 접수

　② 학부모를 대상으로 학부모회, 학급임원회 등에서 개별적인 접촉 또는 전화 등을 통해 학생 간식비, 학교행사 지원, 심화학습반 운영비, 교직원 선물비 등의 명목으로 일정액을 할당하거나 모금을 직·간접적으로 요구하는 경우

③ 학교운동부 학부모회에서 경기지도자의 계약서상의 급여 외 별도의 인건비 보조, 출전비 및 훈련비 명목으로 정당한 회계절차 없이 모금하여 집행하는 경우

※ 학부모회 및 학교운영위원회의 대표에게 발전기금 등 기부 강요 금지

<학부모 모금 금품의 처리에 따른 적법성 구분>

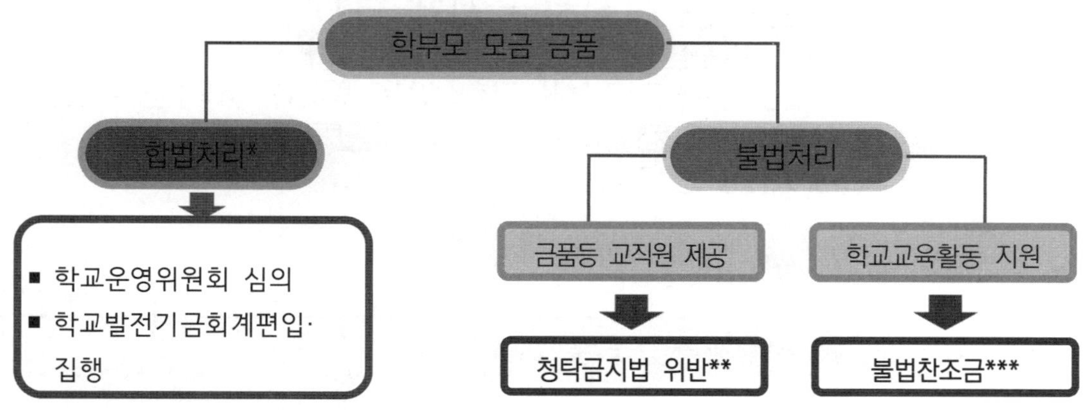

* 합법처리: 학교운영위원회의 학교발전기금 심의·의결을 통한 모금 금품 또는 자발적 조성 금품(학생복지 지원 및 교육활동비 지원 등의 조성 가능, 교직원 복지비 명목으로 조성 불가)

**청탁금지법 위반: 학교발전기금 조성 목적과 합법적인 절차를 벗어난 학부모 모금금품이 교직원에게 제공되는 경우(수수한 교직원 및 제공한 학부모 모두 처벌: 2~5배의 과태료 부과 및 형사처벌, 교직원-징계 의무)

***불법찬조금: 학부모단체 등이 학교발전기금의 목적, 조성 절차와 방법 등 위반하여 교육활동지원 명목으로 학부모로부터 임의·할당 모금해서 학교발전기금 회계에 편입하지 아니하고 임의로 사용하는 일체의 금품

① 학부모회 회비 조성은
불법찬조금 모금 행위이므로 원칙적으로 불가
학교장 승인 없이 교직원, 학부모 등이
임의로 간식을 제공하는 사례 금지
② 학교나, 교육청의 예산을 지원받아
학교의 행사와 연계해 진행하는 행사 수익금의 경우
발전기금으로 편입해 학생교육활동지원,
장학금 지원 등 가능

▶ 학교에서 알아야 할 Q&A

1 담임선생님의 결혼식에 축의금을 드릴 수 있나요?

☞ (X) 담임교사 및 교과담당교사와 학부모는 원활한 직무수행, 사교·의례, 부조의 목적을 벗어나므로 5만 원 이하라도 허용될 수 없습니다.

2 학부모회 또는 학교운영위원회의 학부모위원이 교장, 교감 선생님께 5만 원 상당의 선물을 해도 되나요?

☞ (X) 학부모와 교장, 교감 선생님은 직무관련성이 인정되므로, 5만 원 이하의 선물이라도 허용되지 않습니다.

3 담임교사가 학생들에게 각종 기념일에 학용품을 선물해도 되나요?

☞ (○) 학생은 청탁금지법의 적용을 받는 공직자등이 아니므로 제한 없이 가능합니다.

4 제자가 퇴직하신 은사님께 스승의 날 선물로 15만 원 상당의 꽃바구니를 드려도 되나요?

☞ (○) 퇴직자는 퇴직 후 공직자등 또는 공무수행사인의 지위를 가지게 되었다는 특별한 사정이 없는 이상 청탁금지법의 적용대상이 아닙니다. 1회 100만 원(매 회계연도 300만원) 이내의 선물은 허용될 수 있습니다.

5 각종 기념일(발렌타인데이, 빼빼로데이) 등에 학생들이 선생님께 초콜릿, 과자 등의 선물을 줄 수 있나요?

☞ (X) 학생에 대한 평가, 지도를 상시적으로 담당하는 교사와 학생 사이의 선물은 어떠한 경우라도 허용될 수 없습니다.

6 종업식 날 학생이 다른 학교로 전보하시는 담임 선생님께 3만 원 상당의 선물을 해도 되나요?

☞ (○) 성적평가 등이 종료된 후 종업식 이후에 담임선생님 등에게 제공하는 선물의 경우 허용 가능합니다.

7 학교운영위원회 회의 후에 학교에서 학부모위원에게 식사를 제공할 수 있나요?

☞ (○) 통상적인 회의가 끝난 후 원활한 직무수행, 사교·의례의 목적으로 제공되는 5만 원 이내의 식사는 허용 가능합니다.

8 선생님과의 면담 시 커피나 간식이라도 드리고 싶은데 괜찮을까요?

☞ (X) 학생의 평가.지도를 상시 담당하므로 가액기준인 5만원 이하라도 원활한 직무수행, 사교.의례목적을 벗어나므로 허용될 수 없습니다.

6 교육공무원 등의 경력 환산율표 적용기준

가 교육경력, 교원외의 공무원경력, 유사경력

▶ 교육공무원 호봉획정시 경력환산율표의 적용 등에 관한 예규' [별표 1]

교육공무원 등의 경력환산율표

※ 공무원보수규정 [별표22]

구분	경력	환산율
1. 교원 경력	가. 「유아교육법」 제22조, 「초·중등교육법」 제21조 및 「고등교육법」 제16조에 따른 자격을 갖추고 「교육공무원법」 제2조제1항에 따른 교육공무원(「교육공무원법」 제32조에 따른 기간제 교원 및 「유아교육법」 제23조에 따른 기간제 교사를 포함한다)으로 「교육공무원법」 제2조제3항제1호에 따른 교육기관에서 근무한 경력	100퍼센트 이내. 다만, 교원자격증의 종류와 근무한 학교가 일치하지 않는 기간제 교원 경력은 80퍼센트 이내, 관할청에 보고되지 않은 사립학교 교원 경력은 50퍼센트 이내의 환산율을 적용한다.
	나. 「유아교육법」 제22조, 「초·중등교육법」 제21조 및 「고등교육법」 제16조에 따른 자격을 갖추고 「사립학교법」 제53조 및 제53조의2에 따라 임면되어 「사립학교법」 제54조에 따라 관할청에 보고된 교원(「사립학교법」 제54조의4에 따른 기간제 교원을 포함한다)으로 「교육공무원법」 제2조제3항제1호에 따른 교육기관에서 근무한 경력	
	다. 「초·중등교육법」 제21조에 따른 자격을 갖추고 「평생교육법」 제31조제2항에 따라 학력이 인정되는 학교형태의 평생교육시설에서 교원으로 근무한 경력	100퍼센트 이내
	라. 「초·중등교육법」 제21조에 따른 자격을 갖추고 「재외국민의 교육지원 등에 관한 법률」 제21조에 따라 임면된 교원으로 같은 법 제5조에 따라 설립된 한국학교에서 근무한 경력	100퍼센트 이내
	마. 「유아교육법」 제22조에 따른 자격 또는 「초·중등교육법」 제21조에 따른 특수학교 교원 자격(유치원 과정만 해당한다)을 갖추고 「영유아보육법」 제19조제2항에 따라 시장·군수·구청장에게 임면이 보고된 보육교직원으로 「영유아보육법」 제10조에 따른 어린이집에서 근무한 경력	100퍼센트 이내
2. 교원외의 공무원경력	가. 국가공무원 또는 지방공무원으로 근무한 경력[현역으로 복무한 군 경력 또는 현역병에 준하는 관리·감독과 보수를 지급받는 보충역 경력을 포함하되, 이에 해당하지 않는 예술체육요원·산업기능요원·전문연구요원, 승선근무예비역, 군간부후보생(법률 제14183호로 개정되기 전의 「병역법」에 따른 무관후보생을 포함한다) 경력은 제외한다]. 다만, 법령에 따른 봉급을 받지 않는 공무원 경력, 「국가공무원법」 제26조의2 및 「지방공무원법」 제25조의3에 따라 통상적인 근무시간보다 짧게 근무한 공무원 경력 외의 비상근 공무원 경력은 제외한다.	100퍼센트

	나. 고용직공무원(대통령령 제12705호 고용직공무원규정 시행일 전의 경노무고용직 외의 고용직공무원과 같은 영 부칙 제2항에 따른 1종 및 2종 고용직은 제외한다)으로 근무한 경력	80퍼센트
3. 유사경력	가. 강사 등 경력 　1)「유아교육법」제22조에 따른 자격을 갖추고 같은 법 제23조에 따른 강사 등(기간제 교사는 제외한다)으로 같은 법 제2조제2호에 따른 유치원에서 근무한 경력 　2)「초·중등교육법」제21조에 따른 자격을 갖추고 같은 법 제22조에 따른 산학겸임교사 등으로 같은 법 제2조에 따른 학교에서 근무한 경력 　3)「고등교육법」제17조에 따른 시간강사로 같은 법 제2조에 따른 학교에서 근무한 경력	교육부장관이 정하는 바에 따라 30퍼센트 이상 100퍼센트 이하의 환산율을 적용한다.
	나. 연구경력 　1) 대학(전문대학을 포함한다) 또는 대학원에서 임용권자의 임명을 받아 연구원으로 근무한 경력 　2)「정부출연연구기관 등의 설립·운영 및 육성에 관한 법률」에 따라 설립된 연구기관,「특정연구기관 육성법」및 같은 법 시행령에 따라 지정된 연구기관 등 교육부장관이 정하는 연구기관에서 연구원으로 근무한 경력 　3)「고등교육법」제2조에 따른 학교 및 같은 법 제29조의2에 따른 대학원에서 연구전담 조교로 근로계약을 체결하고 정기적인 보수를 지급받으며 근무한 경력 　4) 대학원에서 석사학위 또는 박사학위를 취득한 경우로서「고등교육법」제31조에 따른 수업연한에 따라 각 대학에서 학칙으로 정한 최저 수업연한. 다만, 박사학위의 수업연한은 최대 3년의 범위에서 인정한다.	100퍼센트 이내
	다. 국가 또는 지방자치단체 등에서의 근무경력 　1)「잡급직원규정」(대통령령 제7265호) 및「지방잡급직원규정」(대통령령 제7976호)에 따른 잡급으로 근무한 경력과「잡급직원규정」(대통령령 제7265호) 및「지방잡급직원규정」(대통령령 제7976호) 시행일 전의 임시직, 촉탁, 잡급 등 국가기관 또는 지방자치단체의 기관에서 근무한 경력 　2) 국가 또는 지방자치단체 등의 기관에서 임시직, 촉탁, 잡급 등으로 근무한 경력 중 1) 외의 경력으로서 교육부장관이 인사혁신처장과 협의하여 정하는 경력	80퍼센트 이내. 다만, 2)의 경력 중 업무분야와 동일한 교원자격증 취득 후의 경력 외의 경력은 50퍼센트 이내의 환산율을 적용한다.
	라. 그 밖의 경력	
	1)「병역법」에 따른 예술·체육요원, 산업기능요원, 전문연구요원, 승선근무예비역으로 복무한 경력	100퍼센트
	2)「초·중등교육법」제21조에 따른 특수학교 교원 자격을 갖추고「장애인복지법」제58조제1항제2호에 따른 장애인 지역사회재화시설 중 교육부장관이 인사혁시처장과 협의하여 정하는 시설에서 근무한 경력	80퍼센트 이내

3) 변호사 또는 법무사의 자격을 갖춘 후 국가, 지방자치단체, 공공기관 및 그 밖의 법인 또는 개인사무소에서 법률에 관한 사무에 종사한 경력	70퍼센트 이내
4)「교육기본법」제15조제1항에 따른 교원단체 또는「교원의 노동조합 설립 및 운영 등에 관한 법률」시행 이후 같은 법 제4조에 따라 설립된 노동조합에서 근무한 경력	70퍼센트 이내
5)「초·중등교육법」제21조에 따른 자격을 갖춘 후「초·중등교육법 시행령」제54조제2항에 따라 교육감이 지정한 대안교육 위탁교육기관에서 소지한 자격과 동일한 분야의 학생교육을 전담하면서 근무한 경력	70퍼센트 이내
6)「민법」제32조에 따라 설립된 비영리 종교법인에서 교육활동과 관련된 직무에 근무한 경력으로서 교육부장관이 인사혁신처장과 협의하여 정하는 경력	60퍼센트 이내
7)「공공기관의 운영에 관한 법률」또는 개별법에 따른 공공법인으로서 인사혁신처장이 정하는 법인 또는 교육부장관이 정하는 법인에서 행정·경영·연구·과학기술 분야에서 근무한 경력	50퍼센트 이내
8)「재외국민의 교육지원 등에 관한 법률」제30조에 따라 등록된 재외교육기관(한국학교 또는 교육원은 제외한다) 및 재외교육단체에서 근무한 경력	50퍼센트 이내
9)「학원의 설립·운영 및 과외교습에 관한 법률」제6조에 따라 교육감에게 등록된 학원 또는 같은 법 제14조에 따라 교육감에게 신고된 교습소에서 근무한 경력	50퍼센트이내. 다만, 강사 또는 교습자로교육감에게 등록 또는 신고되지 않은 경우에는 30퍼센트이내의 환산율을적용한다.
10)「상법」제169조 및 제170조에 따른 회사(외국회사를 포함한다)에서 근무한 경력	40퍼센트 이내
11) 그 밖의 직업에 종사한 경력으로 교육부장관이 인사혁신처장과 협의하여 정하는 경력	30퍼센트 이내

▶비고

1. 위 표 중 제1호, 제2호, 제3호가목·나목에 해당하지 않는 사람이라도 과거 경력이 채용될 직종과 상통하는 분야의 경력인 경우에는 교육부장관이 인사혁신처장과 협의하여 100퍼센트까지의 비율을 적용할 수 있다.
2. 같은 수준의 2개 이상의 학교를 졸업한 경우에는 1개 학교 외의 수학연수는 80퍼센트의 비율을 적용한다.
3. 학력과 경력이 중복되는 경우에는 그 중 하나만 산입한다.
4. 위 표 제1호 및 제3호의 경력(제1호에 따른 경력 중 공무원으로 근무한 경력 및 제3호가목의 경력은 제외한다) 중 통상적인 근무시간보다 짧게 근무한 경력(1주 동안 15시간 미만 근로한 경력은 제외한다)에 대해서는 통상적인 근무시간에 비례하여 환산한다. 이 경우 통상적인 근무시간 및 환산 방법 등에 관한 구체적인 사항은 인사혁신처장이 정하는 바에 따른다.
5. 교육공무원 등의 경력환산율표의 해석 및 적용에 관한 구체적인 사항은 교육부장관이 인사혁신처장과 협의하여 정하는 바에 따른다.

<교육공무원 등의 경력환산율표 적용 기준>

※「교육공무원 호봉획정시 경력환산율표의 적용 등에 관한 예규」별표1

1. 교원경력(환산율 5~10할 이내)

경력구분	인정대상기관	인정대상경력
가. 국·공립학교 교원 (기간제 교원 및 기간제 교사 포함) 근무경력	■「교육공무원법」제2조 제3항 제1호에 따른 교육기관 ※ 교원임용기간 중 교육행정기관, 교육연구연수기관에 발령·파견되어 근무한 경력을 포함한다.	■「유아교육법」제22조,「초·중등교육법」제21조 및「고등교육법」제16조에 따른 자격을 갖추고, 교원(기간제교원 및 기간제 교사 포함)으로 근무한 경력(10할 이내) ※ 단, 소지한 교원자격증의 종류와 근무한 학교급이 일치하지 않는 기간제교원(중등교원자격증→초등학교 근무)의 경우(8할 이내로 인정)
나. 사립학교 교원(기간제 교원 및 기간제 교사 포함) 근무경력	■「교육공무원법」제2조 제3항 제1호에 따른 교육기관	■「유아교육법」제22조,「초·중등교육법」제21조 및「고등교육법」제16조에 따른 자격을 갖추고 ▸「사립학교법」제54조에 따라 관할청에 임면이 보고된 교원(기간제교원 및 기간제교사 포함)으로 근무한 경력(10할) ▸ 관할청에 임면이 보고되지 않은 교원으로 근무한 경력(5할) ※ 단, 소지한 교원자격증의 종류와 근무한 학교급이 일치하지 않는 기간제 교원(중등 교원자격증→초등학교 근무)의 경우(8할)
다. 학교 형태의 평생교육시설 교원 근무경력(10할 이내)	■「평생교육법」제31조제2항에 따라 학력이 인정되는 학교형태의 평생교육시설	■「초·중등교육법」제21조에 따른 자격을 갖추고 교원으로 근무한 경력
라. 한국학교 근무경력(10할 이내)	■「재외국민의 교육지원 등에 관한 법률」제5조에 따라 설립된 한국학교	■「초·중등교육법」제21조에 따른 자격을 갖추고,「재외국민의 교육지원 등에 관한 법률」제21조에 따라 임면된 교원으로 근무한 경력
마. 어린이집 근무 경력(10할 이내)	■「영유아보육법」 제10조에 따른 어린이집	■「유아교육법」제22조에 따른 자격을 갖추고,「초·중등교육법」제21조에 따른 특수학교 교원자격(유치원 과정만 해당한다)을 갖추고「영유아보육법」제19조제2항에 따라 시장·군수·구청장에게 임면이 보고된 보육교직원으로 근무한 경력
바. 장애영유아 어린이집 근무 경력(8할 이내)	■「장애아동 복지지원법」제32조에 따른 장애영유아 어린이집	■「초·중등교육법」제21조에 따른 특수학교 교원자격(유치원 과정은 제외한다)을 갖추고「영유아보육법」제19조제2항에 따라 시장·군수·구청장에게 임면이 보고된 보육교직원으로 근무한 경력

2. 교원 외의 공무원 경력(환산율 8~10할)

경력구분	인정대상경력
가. 국가공무원 또는지방공무원 경력(10할)	■「공무원보수 규정」[별표 22] 교육공무원 등의 경력환산율표 제2호 교원 외의 공무원 경력 가목에 규정된 경력
나. 고용직공무원(8할)	■「공무원보수 규정」[별표 22] 교육공무원 등의 경력환산율표 제2호 교원 외의 공무원 경력 나목에 규정된 경력

3. 유사경력(환산율 3~10할 이내)

가. 강사 등 경력

경력구분	인정대상기관	인정대상경력
1) ~ 2)유치원, 초·중등학교 강사 등 경력 (3~10할)	■「유아교육법」 제2조2호에 따른 유치원 ■「초·중등교육법」 제2조에 따른 학교	■「유아교육법」 제22조에 따른 자격을 갖추고 같은 법 제23조에 따른 강사 등(기간제 교사 제외)으로 근무한 경력 ■「초·중등교육법」 제21조에 따른 자격을 갖추고 같은 법 제22조에 따른 산학겸임교사 등으로 근무한 경력 ※ 강사 근무 경력에 대한 환산율은 ■전일제 또는 종일제(1일 8시간 이상) 강사로 근무한 경력은 10할을 인정하고, ■시간제 강사로 근무한 경력은 다음의 계산방법에 따르되, 주당 실근무시간이 명확하지 않거나 12시간 이하인 경우에는 3할을 인정한다. $$근무기간 \times \frac{주당\ 실근무시간}{유치원\ 및\ 초·중등교원\ 평균\ 주당\ 근무시간}$$ ※ 주당 실근무시간 : 계약으로 정한 주당 수업시간을 말하며, 계약으로 정해져 있지 않는 경우에는 평균으로 계산한다. **초·중등교원 평균 주당 근무시간** 05.2.28. : 44시간 / 05.3.1.~06.2.28 : 43시간 / 06.3.1.~12.2.29 : 42시간 / 12.3.1. 이후 : 40시간 □「유아교육법」 제23조 및 「초·중등교육법」 제22조에 따른 강사의 종류는 유치원방과후과정강사, 영어회화강사, 스포츠강사, 수준별 이동수업 강사, 특수교육지원센터 순회강사, 방과후학교 강사, 인턴교사 등이 있다. □ 소지한 교원자격증의 종류와 근무한 학교급이 일치하지 않는 경우(중등 교원자격증➜ 초등학교 근무 등)에는 근무시간에 따라 계산된 환산율의 8할을 인정한다.
3)대학 시간강사 경력(5~10할)	■「고등교육법」 제2조에 따른 학교	■「고등교육법」 제17조에 따른 시간강사로 근무한 경력으로 수업시수에 따라 다음과 같이 인정하되, 수업시수가 명확하지 않은 경우에는 5할을 인정한다. 주당 수업시수 / 환산율 5시간 이하 / 5할 6시간 / 6할 7시간 / 7할 8시간 / 8할 9시간 / 9할 10시간 이상 / 10할

나. 연구경력

경력구분	인정대상기관	인정대상경력
1) 대학 및 대학원의 연구원 경력 (10할 이내)	■ 대학(전문대학 포함) 또는 대학원 ■ 대학(전문대학 포함) 또는 대학원의 부속시설	■ 임용권자의 임명을 받아 연구원으로 상근한 경력 ■ 대학의 부속시설규정 중 연구원 보직에 대한 근거규정이 있고, 그 규정에 따라 정원 내에서 유급·상근으로 임용되어 근무한 경력 ※ 연구지원, 연구보조업무 및 외부용역의 연구프로젝트를 추진

		하는 기관에서 임시로 채용된 경력은 제외
2) 교육부장관이 인정하는 연구기관의연구원 경력 (10할 이내)	■ 교육부장관이 인정하는 연구기관 ▶ 「정부출연 연구기관 설립·운영 및 육성에 관한 법률」에 의해 설립된 연구기관 ▶ 「과학기술분야 정부출연 연구기관 등의 설립·운영 및 육성에 관한 법률」에 의해 설립된 연구기관 ▶ 「특정연구기관육성법」 및 동 시행령에 따라 지정된 연구기관 ▶ 기타 법률에 의해 주무관청의 설립 허가를 받은 법인체로서의 연구기관	■ 교원 또는 연구원으로 상근한 경력
3)대학(대학원)의 연구전담 조교 경력10할 이내)	■ 대학(대학원)	■ 연구전담 조교로 근로계약을 체결하고 정기적인 보수를 받으며 근무한 경력
4) 대학원에서 학위 취득 경력 ((10할 이내)	■ 대학원 (법령에 의해 석사 또는 박사학위를 수여할 수 있는 기관 포함)	■ 석사 또는 박사학위를 취득하는데 필요한 수업연한으로 실제 등록하여 수학한 연한 - (석사) 각 대학원에서 학칙으로 정한 최저 수업연한을 인정한다. - (박사) 3년의 범위에서 인정한다. ※ 경력기간은 학기단위로 계산함. (1학기 : 3. 1.~8. 31. / 2학기 : 9. 1.~2. 28) ※ 학기제를 달리하는 대학원 및 계절학기제 대학원의 석사학위는 2년의 범위에서 인정한다.

다. 국가 또는 지방자치단체 등에서의 근무경력

경력구분	인정대상 기관	인정 대상 경력
1-① 「잡급직원규정」 (대통령령 제7265호) 및 「지방잡급직원규정」(대통령령 제7976호)에따른 잡급직원 근무경력(8할 이내)	■ 국가 또는 지방자치단체의 기관	■ 「잡급직원규정」(1975.1.1.~1981.12.31.)에 의한 잡급경력(예산과목상 상용잡급이라 하였음) ■ 「지방잡급직원규정」(1976.1.1.~1982.3.4.)에 의한 잡급경력(예산과목상 상용잡급이라 하였음)
1-② 「잡급직원규정」 및 「지방잡급직원규정」 시행일 전의 임시직, 촉탁, 잡급 등 근무경력(8할 이내)	■ 국가 또는 지방자치단체의 기관	■ 「잡급직원규정」 및 「지방잡급직원규정」 시행일 전, 임시직, 촉탁, 잡급 등으로 2월 이상 상근하고 봉급이 인건비에서 지급된 경력
2) 국가 또는 지방자치단체 등의 기관에서 임시직, 촉탁, 잡급 등으로 근무한	■ 국가 또는 지방자치단체 등의 기관	■ 「잡급직원규정」 및 「지방잡급직원규정」 시행일 전, 임시직, 촉탁, 잡급 등으로 3월 이상 상근하고 봉급이 인건비 이외의 예산에서 지급된 경력(5할 이내) ■ 「잡급직원규정」 및 「지방잡급직원규정」 시행일 후, 임시직,

경력 중 3.다.1)외의 경력으로 교육부장관이 인사혁신처장과 협의하여 인정하는 경력(5할~8할 이내)		촉탁, 잡급 등으로 3월 이상 상근한 경력(5할 이내) ■ 국·공·사립 유·초·중등학교 육성회 및 대학의 기성회 직원으로 3월 이상 상근한 경력(5할 이내) ■ 기타 국가 또는 지방자치단체 등의 기관에서 사실상 공무를 수행하고 3월 이상 상근한 경력((5할 이내) ■ 국·공·사립의 유·초·중등학교 및 대학·대학원에서 「학교회계직원 관리규칙」 등의 규정에 따라 근로계약을 체결하고 정기적인 보수를 지급 받으며 상근으로 근무한 경력(5할 이내)) 다만, 방학 등으로 일을 하지 않고 보수를 지급받지 않은 기간은 제외 ▸위의 경력 중 다음의 표와 같이 업무분야와 동일한 교원 자격증 취학 후의 근무경력 근무경력은 8할 이내를 인정한다.

직종	교원자격증(표시과목)
영양사	영양교사
전산보조	초·중등교사(전산)
과학실험보조	초·중등교사(과학과)
사서, 사서보조	사서교사
유치원교육보조	유치원교사
전임코치(체육)	초·중등교사(체육)
특수교육원	특수교사
상담사	전문상담교사

※ 단, 이 지침의 시행 전(2011.9. 이전), 개별 지침(IMF 실업구제책 등)에 의해 표시과목에 관계없이 교원자격증을 소지하고, 과학실험보조, 전산보조, 수업보조, 초등영어보조교사 등으로 근무한 경력을 8할로 인정받은 경우에는 당해 경력환산율(8할) 적용 인정

라. 그 밖의 경력

경력구분	인정대상기관	인정대상경력
1) 「병역법」에 따른 예술·체육요원, 산업기능요원, 전문연구요원, 승선근무예비역으로 복무한 경력(10할)	■ 「병역법」에 따른 복무기관	■ 「병역법」에 따른 예술·체육요원, 산업기능요원, 전문연구요원, 승선근무예비역으로 복무한 경력(단, 의무복무기간이 3년을 초과하는 경우에는 의무복무기간을 3년으로 산정)
2) 장애인 지역사회 재활시설 근무 경력(8할 이내)	■ 「장애인복지법」제58조제1항제2호에 따른 장애인 지역사회 재활시설 중 장애인복지관	■ 「초·중등교육법」제21조에 따른 특수학교 교원 자격을 갖추고 근무한 경력
3) 변호사 또는 법무사 근무경력(7할 이내)	■ 국가, 지방자치단체, 공공기관 및 그 밖의 법인 또는 개인사무소	■ 변호사 또는 법무사 자격을 갖추고 법률에 관한 사무에 상근으로 종사한 경력
4) 교원 노동조합 근무경력(7할 이내)	■ 「교육기본법」 제15조 제1항에 따른 교원단체 ■ 「교원의 노동조합 설립 및 운영 등에 관한 법률」 제4조에 따라 설립된 노동조합	■ 교원단체에서 상근으로 근무한 경력 ■ 「교원의 노동조합 설립 및 운영 등에 관한 법률」(1999.1.29. 공포, 1999.7.1. 시행) 제정 이후 노동조합에서 상근으로 근무한 경력

5)대안교육 위탁교육기관 근무 경력(7할이내)	■「초·중등교육법시행령」 제54조 제2항에따라 교육감이 지정한 대안교육 위탁교육기관	■「초·중등교육법」 제21조에 따른 자격을 갖추고 소지한 자격과 동일한 분야의 학생교육을 전담하면서 근무한 경력
6) 종교법인에서 교육활동 관련 직무에 종사한 경력(6할이내)	■ 기독교 ■ 천주교 ■ 불교 ■ 원불교	■ 교회의목사, 부목사, 강도사, 전도사, 전임전도사, 선교사로근무한 경력 ■ 성당의 신부, 수녀, 수사로서 상근으로 근무한 경력 ■ 불교의 승려, 총무원임명 주지로서 상근으로 근무한 경력 ■ 원불교의 교역자(교무, 도무, 덕무)로서 상근으로 근무한 경력 ※ 주일학교 등에서 학생부 선생님으로 활동한 것은 제외
7) 공공기관 등 근무경력(5할이내)	■ 인사혁신처장이 인정하는 기관으로 다음과 같다. -「공공기관의 운영에 관한 법률」에 의한 공기업 및 준정부기관 -「지방공기업법」에 의해 설립된 공사 및 공단 -개별법에 근거한 공공법인으로서인사혁신처장이 인정하는 법인 ■ 기타 교육부장관이 인정하는 기관은 다음과 같다. ▸「사립학교법」 제2조 제1항 및 제2항에 규정된 사립학교 또는 학교법인 -학교법인 의료법인 등 법인체 병원 -기타 교육부 산하(유관)단체 및 공공기관으로 오른쪽 표와 같다.	■ 행정·경영·연구·기술 분야에서 상근으로 근무한 경력 ※ 교육부 관련 공공기관 및 산하(유관) 단체 **공공기관(준정부편):** 사립학교교직원연금공단, 한국교육학술정보원, 한국과학창의재단, 한국연구재단, 한국장학재단, 한국원자력안전기술원 **기타 공공기관:** (과기원)고등과학원, 광주과학기술원, 국립대병원 동북아역사재단, 평생교육진흥원, 한국고전번역원 대구경북과학기술원, 한국과학기술원, 한국사학진흥재단, 한국원자력통신기술원, 한국학중앙연구원 **산하(유관)단체:** 과학기술연합대학원대학교, 과학기술인총연합회 과학기술인공제회, 과학기술한림원, 대학교육협의회, 연구개발인력교육원, 유네스코한국위원회, 전문대학교육협의회, 한국교육개발원, 한국교육방송공사, 한국교육과정평가원, 한국교직원공제회, 한국직업능력개발원
8) 재외교육기관 및 재외교육단체 근무경력(5할 이내)	■「재외국민의 교육지원 등에 관한 법률」 제30조에 따라 등록된 재외교육기관 및 재외교육단체 ※ 한국학교 또는 교육원은 제외한다.	■ 근무한 경력
9) 학원 강사 근무경력(5할 이내)	■ 교육감에게 등록된 학원 또는 교육감에게 신고한 교습소	■「학원의 설립·운영 및 과외교습에 관한 법률」에 따라 등록된 학원의 강사 또는 신고된 교습소의 교습자로 상근한 경력 ※ 교습자 근무 경력은 관할 세무서에 사업자등록, 소득세 및 부가세 신고 내역을 확인 ※ 교육감에게 등록 또는 신고하지 않은 학원/교습소의 강사/교습자 경력은, 근로소득세 납입증명서 등 객관적 증명자료를 제출한 경우에 한하여 3할 이내 인정

10) 회사 근무경력 (4할 이내)	■ 「상법」 제169조에 따라 상행위나 그 밖의 영리를 목적으로 하여 설립한 같은 법 제170조에 규정된 합명회사, 합자회사, 주식회사, 유한회사(외국회사 또는 외국 사설연구소 포함)	■ 점원, 외교인(보험판매원, 외판원 등)이 아닌 직원으로 상근한 경력 ■ 선박에서 근무한 경력
11) 그 밖의 직업에 종사한 경력으로 교육부장관이 인사혁신처장과 협의하여 정하는 경력(3할 이내)	■ 민법에 따라 설립된 재단법인 및 사단법인	■ 근로계약을 체결하고, 정기적인 보수를 지급받으며 근무한 경력
	■ 개별법에 의한 연구기관 등 법인체	■ 근로계약을 체결하고, 정기적인 보수를 지급받으며 근무한 경력
	■ 법인격이 없는 개인회사	■ 근로계약을 체결하고, 정기적인 보수를 지급받으며 근무한 경력
	■ 개인병원 또는 의료법인이 아닌 종합병원	■ 간호사 자격(면허)증을 가지고 간호사로 정기적인 보수를 지급받으며 근무한 경력
	■ 「정당법」에 의해 설립된 정당의 사무처	■ 「정당법」 제30조에 규정된 유급사무직원 중 상근으로 근무한 경력
	■ 학생을 직접 방문·지도를 목적으로 설립된 「상법」 제170조에 규정된 회사	■ 정기적인 보수를 지급 받으며 학생을 직접 방문하여 학습지 지도교사로 근무한 경력
	■ 기타	■ 2011년 12월 31일 이전 신규 임용된 교육공무원 중, 농업에 종사한 사람으로 다음에 해당하는 경우에만 인정 -「농지법」 제49조에 의한 농지원부에 명의 등록된 사람 -「농업협동조합법」 제19조에 의한 조합원 자격을 가진 사람 -농업인 건강보험료 지원 대상자 ※ 본인 명의의 농지세 납입증명서 및 영수증, 농지등기부등본, 당시 현지에 거주했던 주민등록등본 등을 검토하여 농업에 종사한 사실이 확인되는 경우에 한해 인정하며, 농지원부 명의 등록자와 부부관계이며 농지원부에 세대원으로 등록된 여성 농업인은 면장이 발급한 경작사실 확인서를 통해서도 인정 가능 (인우증명,사실증명등은제외)

나 계약직 교육공무원 등의 경력 환산율표 적용기준

경력내용	경력구분	인정율(%)	증빙자료(조건)	비고
정규교사		100%	‣ 나이스 대국민서비스(www.neis.go.kr)에서발급 ‣ 퇴직일이 표시되어 있어야 함(현직교사의 경우 퇴직일이 표시되어 있지 않으면 사직원 사본(원본대조필)도 함께 제출)	
기간제교사 (전일제강사포함)	•공립교	100	‣ 학교장 발행 경력증명서	공식학교명칭기입(설립유형표시)
	•사립교	100	‣ 교육청 보고 경력(교육감,교육장 발행 경력증명서)	
		50	‣ 교육청 미보고 경력(학교장 발행 경력증명서)	
시간제강사	•유치원종일반강사, 영어회화강사, 스포츠강사, 수준별 이동수업강사, 특수교육지원센터순회강사, 방과후학교강사, 인턴교사등이 있음	주당시수비례	‣ 경력증명서에 반드시 주당 수업시수 표시 (미기입 및 12시간 이하는 30%인정) ‣ 계산 방법 : 근무기간×(주당 실근무시간/평균 주당 근무시간)	

※ 단, 기간제교사, 시간제강사의 경우 소지한 교원자격증의 종류와 근무한 학교급이 일치하지않을 경우 인정율의 80%를인정한다.
　(중등 교원자격증 소지→초등학교 근무 또는 초등 교원자격증 소지→중등학교 근무)

경력내용	경력구분	인정율(%)	증빙자료(조건)	비고
회사경력	•상법상의회사 (합명,합자,유한,주식회사)	40	‣ 근로소득세 납입증명서, 국민연금 등 객관적 증 명자료 제출 ‣ 실업계교원 교원자격 상통직산업체 근무 (100%)	‣ 점원,보험판매원,외판원등제외 ‣ 인턴사원(연구원)불인정
	•개인회사	30	‣ 근로소득세 납입증명서, 국민연금 등 객관적 증명 자료 제출 ‣ 실업계교원 교원자격 상통직 산업체 근무 (90%)	
군경력	•의무복무	100	‣ 사실상의 실역복무 기간만을 인정 ‣ 병역증명서 또는 주민등록초본의 병역사항 포함 제출 ‣ 무관후보생 경력(RNTC, 장교임관전 훈련기간) 불인정	
대학원	•석사:각 대학원에서 학칙으로 정한 최저수업연한인정 •박사(3년)	100	‣ 학위를 취득한 경우에 한하며 성적증명서, 학위 기첨부 ‣ 대학원 최저수업연한이 명시된 자료(학칙 등) 첨부 ‣ 학기단위로계산(1학기: 3.1.~8.31. 2학기: 9.1.~2 월말) ‣ 학기제를 달리하는 대학원 및 계절학기제 대학원 석사는 2년 범위에서 인정	

※ 참고 : 교육공무원 보수업무편람, 교육공무원 호봉획정시 경력환산율표의 적용 등에 관한
　　　　예규

7 교육관련 참조 사이트

가 교육관련 기관/단체

- □ 교육부 ▶ http://www.moe.go.kr/main.do?s=moe
  - ☞ 대한민국 교육 현황, 주요 사업, 자료열람실, 교육월보, 교육소식, 학교정보, 교육과정정보 등으로 구성
- □ 대한교원공제회 ▶ http://www.ktmf.or.kr
  - ☞ 대한교원공제회 사이트. 금융상품 소개, 서비스 소개 등
- □ 문화관광부 ▶ http://www.mct.go.kr
  - ☞ 각종 문화 정보 서비스, 이 달의 문화인물, 세시풍속, 산하 문화 관련 단체 링크
- □ 서울특별시교육청 ▶ http://www.sen.go.kr
  - ☞ 서울시 교육 안내, 민원 안내, 교육정보마당, 온라인스쿨, 입시/취업정보, 인터넷 강좌 및 교육 관련 사이트 링크, 새 소식 등.
- □ 서울특별시교육과학연구원 ▶ http://www.sesri.re.kr
  - ☞ 탐구학습관, 진로정보센터, 통일교육 자료/교원 미술관 등 자료실 운영
- □ 전국교직원노동조합 ▶ http://www.ktu.org
  - ☞ 전교조 소개, 전교조 사업, 교육상담, 교육자료, 교육정보, 소식 등 제공
- □ 한국교원단체총연합회 ▶ http://www.kfta.or.kr
  - ☞ 교총 소개, 교직/교권 상담실, 교원 동호회 코너, 연구대회/자료전 안내 등 제공
- □ 한국교육개발원 ▶ http://www.kedi.re.kr
  - ☞ 기관 소개, 연구사업, 학점은행제 소개, 전자도서관, 영재교육, 학교 종합평가, 교육통계시스템, 열린 사이버고 등의 서비스 운영
- □ 한국교육과정평가원 ▶ http://www.kice.re.kr
  - ☞ 기관 소개, 주요 연구사업, 평가/고시관련 사업, 연구물DB, 기출문제, 컴퓨터 학력고사 서비스 운영

나 교육 일반

- □ 21세기교육공동체 ▶ http://www.educyber.org
  - ☞ 교육토론의 장, 결식 학생, 폭력 당하는 학생, 수업 방법 등의 사이버 토론장
- □ 국립중앙도서관 ▶ http://www.nl.go.kr
  - ☞ 도서 검색, 논문 검색, 각종 발간 자료 안내
- □ 국회도서관 ▶ http://www.nanet.go.kr
  - ☞ 입법 관련 정보, 논문 및 도서 검색, 일본 역사 교과서 왜곡 자료 수록
- □ 국립특수교육원 ▶ http://kise.or.kr
  - ☞ 연수 안내, 장애인 교육 복지정보, 각종 특수교육 관련 연구자료 및 학습자료 제공
- □ 교육방송 ▶ http://www.ebs.co.kr
  - ☞ EBS방송을 인터넷에서도 볼 수 있도록 VOD 서비스 제공
- □ 대구에듀넷 ▶ http://www.tgedu.net
  - ☞ 교육소식, 교사·학생 마당, 인터넷 교육방송, 정보화 자율 연수 등 서비스 제공
- □ 디그 ▶ http://www.dig.co.kr
  - ☞ 교육 전문 검색 서비스. 주제로 찾기, 교과서로 찾기, 선생님 페이지, 학부모 페이지, 섹션 서비스, 맞춤형 홈페이지 등 제공
- □ 아이엘리트 ▶ http://www.i-elite.co.kr
  - ☞ 초등학교 학생, 선생님, 학부모를 위한 인터넷 사이버 스쿨로 아동교육 전반에 걸친 포털사이트로 교육전문

포탈 사이트, 교사들을 위한 수업자료 풍부

☐ 에듀넷 ▶ http://www.edunet4u.net

☞ 교육소식, 초·중등 교육정보통신망, 교사지원연구센터, 학부모사이트, 교육관련 기관, 자료실 제공

☐ 에듀박스 ▶ http://www.edubox.com

☞ 교육 전문 포탈사이트, 초중고 대상 학습자료, 학부모와 교사를 위한 자료, 게임

☐ 에듀파인더 ▶ http://www.edufinder.or.kr

☞ 교육 웹진 사이트, 교육 관련 뉴스, 교육자료실, 10대들의 쪽지, 자유게시판 운영

☐ 에듀포아이 ▶ http://www.edu4i.com

☞ 초등학교 교사, 학생, 학부모를 위한 교육 포탈사이트, 교과교육, 학급경영, 교과연구, 특별활동 등 초등교육
   학습자료 모음

☐ 한국대학교육협의회 ▶ http://univ.kcue.or.kr

☞ 대입 관련 소식, 입학 정보, 학과 정보, 경쟁률 정보, 논술 정보, 면접 정보, 진로 정보 등 대학 입시 관련
   다양한 자료 제공

☐ 학술연구정보서비스 ▶ http://www.riss4u.net

☞ 학술정보 통합 검색, 해외 학술 정보, 논문 검색 등 제공

☐ NIE 신문을 활용한 교육 ▶ http://nie.joins.com

☞ 신문을 이용한 NIE 교육, 각종 NIE 자료 및 결과물 모음, 신문이야기, 수업에 쓸수 있는 활용지 제공

다   교과 관련

〈국어〉

☐ 국립국어연구원 ▶ http://www.korean.go.kr

☞ 국어사전, 각종 어문 규정(한글 맞춤법, 표준어 규정, 외래어 표기법, 로마자 표기법) 안내, 어문 자료 제공

☐ 우리말 배움터 ▶ http://urimal.cs.pusan.ac.kr

☞ 어문 규정, 글쓰기 교실, 우리말 화법·시사정보, 속담풀이, 어원 이야기 등 제공

☐ 한글학회 ▶ http://www.hangeul.or.kr

☞ 학회 소개, 맞춤법·표준어 규정, 외래어 표기, 북한 규정, 표준말 모음 등 제공

☐ 한국 고전의 세계 ▶ http://bh.knu.ac.kr/~mkkim

☞ 속담, 해학, 고사성어, 민속, 전통예절, 무속, 설화, 풍수, 수맥 및 고전문학에 대한 자료, 해설, 논문 소개

〈수학〉

☐ 중학교 수학 ▶ http://math.kongju.ac.kr/math

☞ 중학교 수학 영역별 이론적 배경, 학습 내용, 평가 문제, 용어 사전, 수학이야기, 자바 학습자료 제공

☐ 수학 나라(수학교사동호회) ▶ http://www.math119.com

☞ 고등학교 수학관련 자료, 질문방 운영, 수학관련 사이트 디렉토리 서비스 실시

〈과학〉

☐ 과학문화포탈 사이언스올 ▶ http://www.scienceall.com

☞ 국내외 과학 뉴스 및 기술정보, 정보 검색, 과학용어사전, 인물 DB, 외국 잡지 번역 기사, 과학실험실습 자료,
   가상과학실험실 운영

☐ 과학발명놀이연구회 ▶ http://www.waterrocket.com

☞ 물로켓, 에어로켓 원리 및 제작 방법, 과학놀이 실험 자료, 문서 자료 제공

☐ 동아사이언스 ▶ http://www.dongascience.com

☞ 인터넷 과학동아, 관련 기사, 칼럼, 가상 실험, 퍼즐, 과학 도서 소개 및 리뷰, 커뮤니티   서비스

☐ 사이버 공룡 박물관 ▶ http://www.vrdino.co.kr

☞ 퀵타임 VCR을 사용 공룡의 세계를 가상공간에서 구현, 종류별 소개, 공룡크기 비교, 카드와 퍼즐, 퀴즈, 인기투표,
   멀티미디어 영상 제공

라   온라인 학습

☐ EBS www.ebs.co.kr_______________   ☐ 디지털교과서 www.webdt.edunet.net
☐ e학습터 www.cls.edunet.net_________   ☐ 사이언스ALL www.scienceall.com
☐ 엔트리 www.playentry.org___________   ☐ 커리어넷 www.career.go.kr
☐ 에듀에이블 www.nise.go.kr_________   ☐ 위두랑 www.rang.edunet.net

마   교육정보화/ 종합

☐ 교실 밖 선생님 ▶ http://webtutor.shinbiro.com
☞ 교육마당, 컴퓨터 강좌, 교실 밖 BBS, 종합자료실, 교실 밖 스튜디오, 스페셜 등 각종 교육정보 및 컴퓨터
  자료 제공
☐ 아이를 사랑하는 사람 ▶ http://www.edu4kid.net
☞ 초등학교 어린이를 위한 홈페이지로 수업에 활용할 수 있도록 과목별 디렉토리 서비스 제공
☐ 초등교육길라잡이 ▶ http://user.chollian.net/~aaads
☞ 국어, 수학, 사회, 자연, 음악, 미술, 체육, 영어, 기타 초등학교 학습자료 및 웹사이트를 과목별, 주제별로 분류하여
  서비스, 인터넷 관련자료 서비스
☐ 선생님 나라 ▶ http://tnara.net
☞ 초등학교 교사들을 위한 학년별, 과목별 교수학습자료 제공(유료 사이트)
☐ 교육용 소프트웨어 품질인증 ▶ http://www2.edunet4u.net/quality/
☞ 한국교육학술정보원에서 제공하는 품질이 인증된 우수 교육용 소프트웨어 소개사이트. 학교에서 소프트웨어
  구입 시 참고.
☐ 교육정보화 지원센터 ▶ http://acedu.kies.co.kr
☞ 학교업무 포탈사이트. 학교정보시스템·학생부SA 자료실, Q&A 모음
☐ 마이폴더넷 ▶ http://www.myfolder.net
☞ 각종 프리웨어 및 쉐어웨어 다운로드, 정보기술(IT), 하드웨어, 소프트웨어, 게임 정보, 클럽, 정보통신 관련
  구인뉴스, 전자상거래 서비스 제공
☐ 보물섬 ▶ http://www.bomul.com
☞ 윈도우즈 및 인터넷 관련 쉐어웨어, 프리웨어 등을 간략한 소개 및 추천그래프와 함께 제공, 프로그램 사용법,
  최신 컴퓨터 관련 뉴스 소개
☐ 온라인 컴퓨터 용어사전 ▶ http://www.terms.co.kr
☞ 가나다식 컴퓨터 관련 용어 사전 서비스 제공
☐ 정보통신윤리위원회 ▶ http://www.icec.or.kr
☞ 정보통신윤리 강령 소개, 인터넷 유해정보 DB, 불건전정보신고센터, 청소년 추천 사이트 운영
☐ 학교정보시스템 ▶ http://sims.keris.or.kr
☞ 학교종합정보관리시스템 운영을 위한 사이트. 학생부 훈령, SIMS 자료실, TIP&TECH, 분야별 Q&A 제공
☐ 한국교육학술정보원 ▶ http://www.keris.or.kr
☞기관소개,교육정보화동향, 각종 사업별 홈페이지(월간에듀넷,정보소양인증, PASS2000 정품 S/W보급)

參考 文獻

♠ 경기도교육청 학교업무 매뉴얼(2025)
♠ 경기도교육청 교육공무원인사실무편람(2025)
♠ 경기도교육청초.중등교감자격연수공문(2025)
♠ 경기도교육청 초.중등교감자격연수대상자면접고사공문(2025)
♠ 세종특별자치교육청 교감보감슬기로운학교살피기(2024)
♠ 부산광역시교육청 교감업무돋보기(2025)

♠ 전라북도교육청 교무업무 매뉴얼(2025)
♠ 울산광역시교육청 교감업무도움자료(2026)
♠ 경상북도교육청 학교지원종합자료실(2025)
♠ 한국교총(새교육) 및 한국교육신문(2025~6)
♠ 희망교육사랑 카페(https://cafe.daum.net/shm16)

編著 profile

編著者:潘光得(前職 校長)

♠ 경력

전남 여수시, 순천시, 광양시 관내 중학교 교사재직

경기도 광명 소하중학교 교사(도간교류)

경기도 시흥중학교 교감

경기도 시흥월곶중학교 교장(정년퇴임)

경기도 시흥시중등교감협의회장

경기도교육청 학력향상컨설팅 강사

통일원 통일교육원 전문교육위원

한국교총 교육신문 리포터

교육전문카페 '희망교육사랑' 카페지기(현)

♠ 저서 및 編著

개정교육과정연수자료(경기도시흥교육지원청)

사랑과 대화로 폭력없는 학교만들기(폭력예방연수)

2015개정교육과정 운영과 창의적 학교경영

交感하는 校監이 되자(교감 연수자료)

삐딱하게 바르게(초·중·고용 인성교육 도서)

交感하는 校監의 길잡이(2020~2022)

학급경영 교직실무 길잡이(2022)

交感하는 校監의 길잡이(2023개정판)

交感하는 校監의 길잡이(2024개정판)

交感하는 校監의 길잡이(2026개정판)

交感하는 校監의 길잡이(2026 개정)

2024년 3월 05일 1판 1쇄 발행
2026년 2월 28일 2판 1쇄 발행
저　　자　반광득
발 행 인　심혁창
디 자 인　박성덕
인　　쇄　김영배
마 케 팅　정기영
펴 낸 곳　도서출판 한글
우편 07384
서울특별시 영등포구 신길로 41라길 13-9
☎ 02-363-0301 / FAX 02-362-8635
E-mail : simsazang@daum.net
창업신고 1980년 2월 20일
신고번호 제2025-000116호
* 파본은 교환해 드립니다.
* 정가 49,000원
* 국민은행(019-21-0314-095 도서출판한글 심혁창)
ISBN 978-89-7073-654-9-(13370)